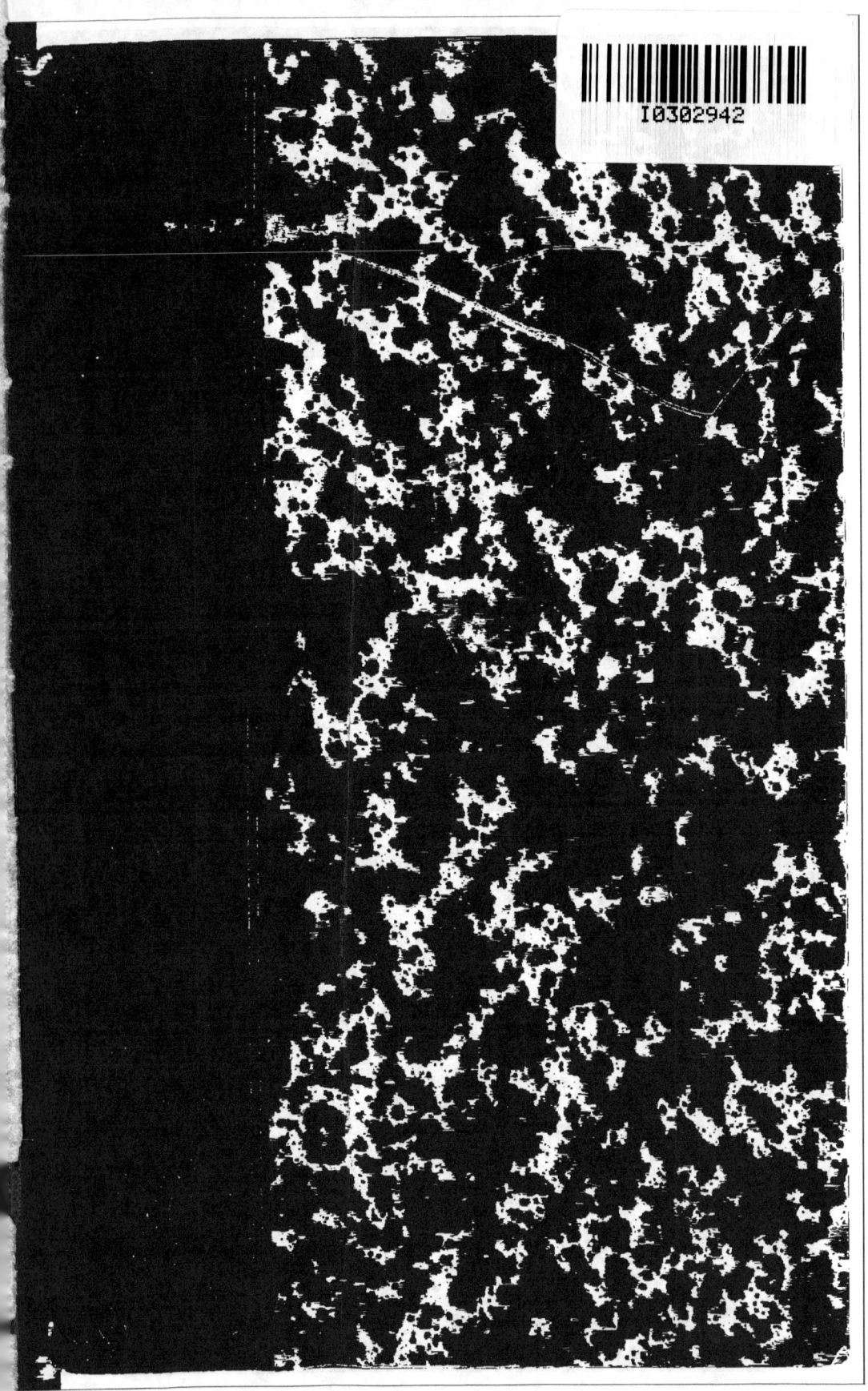

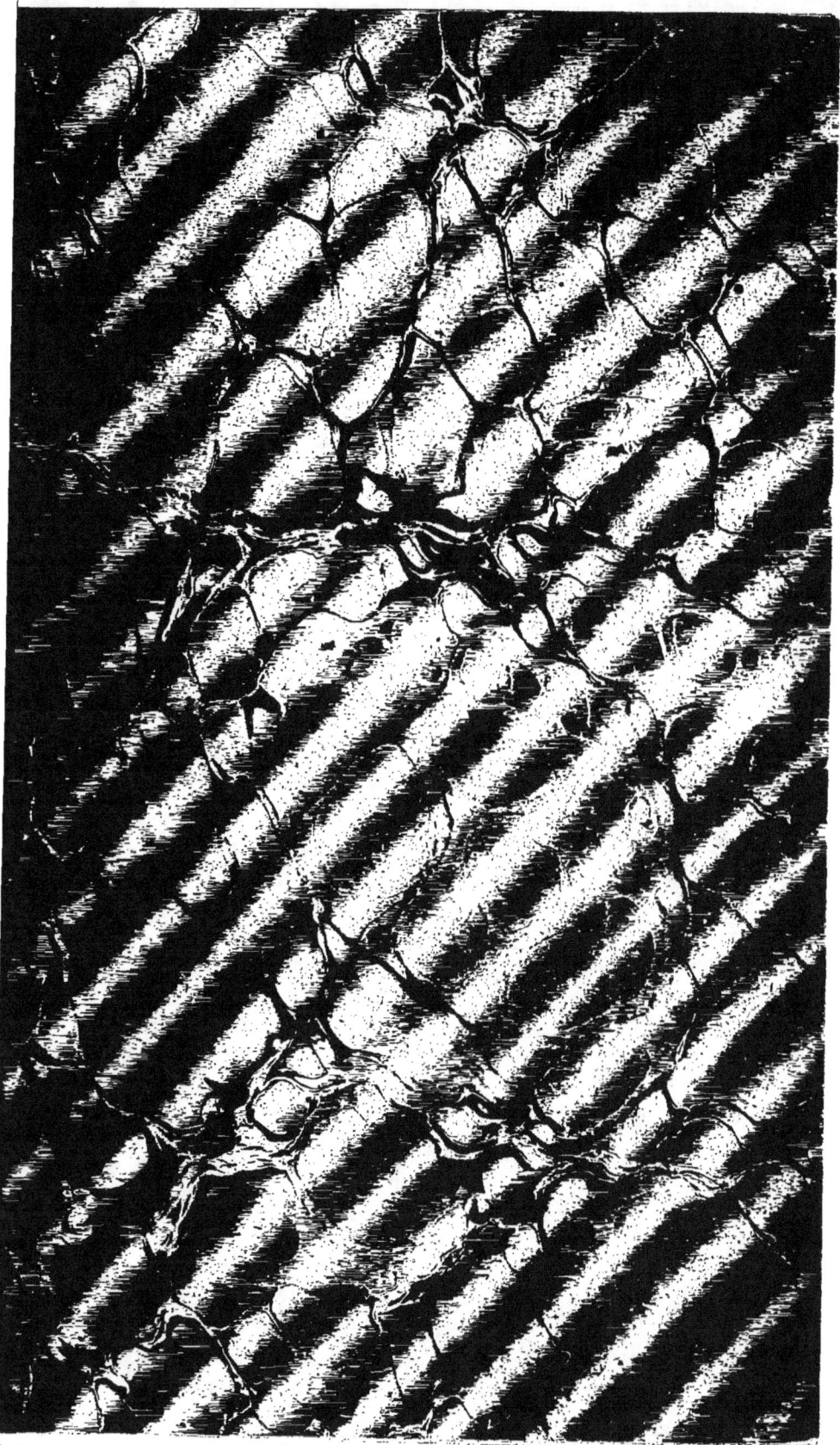

LA Guerre

DE

1870-71

LES OPÉRATIONS AUTOUR DE METZ
Du 13 au 18 Août

II

Journées des 15 et 16 Août

DOCUMENTS ANNEXES

PARIS
LIBRAIRIE MILITAIRE R. CHAPELOT et C⁰
IMPRIMEURS-ÉDITEURS
30, Rue et Passage Dauphine, 30

—

1904
Tous droits réservés.

LA

GUERRE DE 1870-71

LES OPÉRATIONS AUTOUR DE METZ
Du 13 au 18 Août

II

Journées des 15 et 16 Août

DOCUMENTS ANNEXES

Publié par la **Revue d'Histoire**
rédigée à la Section historique de l'État-Major de l'Armée

LA Guerre DE 1870-71

LES OPÉRATIONS AUTOUR DE METZ
Du 13 au 18 Août

II
Journées des 15 et 16 Août

DOCUMENTS ANNEXES

PARIS
LIBRAIRIE MILITAIRE R. CHAPELOT et Cⁱᵉ
IMPRIMEURS-ÉDITEURS
30, Rue et Passage Dauphine, 30
—
1904
Tous droits réservés.

SOMMAIRE

DOCUMENTS ANNEXES

La journée du 15 août en Lorraine.

Grand quartier général	1
2ᵉ corps	12
3ᵉ corps	26
4ᵉ corps	42
6ᵉ corps	47
Garde impériale	56
Réserve de cavalerie	70
Réserve générale d'artillerie	84
Réserve du génie de l'armée	88
Place de Metz	90
Renseignements	107

La journée du 16 août.

Grand quartier général	119
2ᵉ corps	141
3ᵉ corps	216
4ᵉ corps	277
6ᵉ corps	353
Garde impériale	405
Réserve de cavalerie	488
Commandement de l'artillerie de l'armée et réserve générale d'artillerie	525
Place de Metz	542
Renseignements	550

DOCUMENTS ANNEXES.

La journée du 15 août en Lorraine.

GRAND QUARTIER GÉNÉRAL.

a) Journaux de marche.

Journal de marche de l'armée du Rhin.

15 août.

L'armée continue son mouvement sur Verdun. Le Maréchal commandant en chef donne l'ordre d'occuper les positions suivantes :

Le grand quartier général à Gravelotte;

Le 2ᵉ corps à Rezonville et Vionville jusqu'à Mars-la-Tour;

Le 3ᵉ, derrière le 4ᵉ, à hauteur de Vernéville, à cheval sur la route, entre Vernéville et Saint-Marcel;

Le 4ᵉ corps à Doncourt-lès-Conflans;

Le 6ᵉ en arrière du 2ᵉ à Rezonville;

La Garde autour de Gravelotte;

La 1ʳᵉ division (du Barail) de la réserve de cavalerie vers Jarny; la 3ᵉ (de Forton) à Mars-la-Tour.

En arrivant à Mars-la-Tour cette division rencontre l'ennemi à 9 h. 30 du matin. A la suite d'une courte canonnade, celui-ci se replie sur Puxieux.

La 3ᵉ division de la réserve de cavalerie reste en position à Mars-la-Tour jusqu'à 1 heure de l'après-midi et se replie sur Vionville, où se trouve la division de cavalerie du 2ᵉ corps.

Par suite du retard occasionné par le combat du 14 (?), le 3ᵉ et le 4ᵉ corps ne peuvent occuper les positions, qui leur ont été indiquées.

Le 3ᵉ corps n'a que la 1ʳᵉ division (Montaudon) établie à Saint-

Marcel (1), les 2ᵉ et 4ᵉ rejoignent dans la nuit (2) et la 3ᵉ division (Metman) reste à la Maison de Planches (3). Quant au 4ᵉ corps, il reste aux environs de Devant-les-Ponts et de Woippy; sa 3ᵉ division seule va se camper à Lessy.

Le 1ᵉʳ corps se porte à Saint-Dizier; les nouvelles cessent pour le 5ᵉ.

Le maréchal Lebœuf est nommé au commandement du 3ᵉ corps, à la place du général Decaen blessé au combat de Borny.

b) Organisation et administration.

Ordre du maréchal Bazaine.

15 août.

Le paquetage des hommes d'infanterie devra être fait de manière à ne jamais gêner le jeu des armes et être plutôt en hauteur qu'en largeur; la charge des chevaux sera autant que possible allégée et l'on se dispensera désormais de faire emporter aux cavaliers des bottillons de fourrages, qui les surchargent inutilement. Avec du grain, la cavalerie doit pouvoir marcher plusieurs jours.

L'artillerie doit éviter de mettre sur ses voitures de combat toute espèce de surcharge en vivres, pour les hommes ou pour les chevaux.

Les bagages des officiers de toutes armes et de tous grades seront immédiatement réduits à leurs limites réglementaires comme volume et comme poids; tout l'excédent sera laissé en arrière et, sous aucun prétexte, ne sera toléré dans les colonnes.

Le Maréchal commandant en chef a remarqué que dans les colonnes en route, les têtes de colonne d'infanterie marchent d'un pas trop accéléré et que, même par bataillon, les derniers pelotons sont obligés de courir. Il recommande expressément que les têtes de colonne marchent toujours à l'allure du pas de route; que chaque colonne formée par demi-section, marche à distance entière, afin d'être toujours prête à se former à droite ou à gauche en bataille.

Il y aura toujours, à la gauche de chaque régiment, une arrière-garde de gradés chargée de faire rejoindre les hommes qui restent en arrière.

Chaque régiment aura, à sa suite et à la disposition du médecin-major,

---

(1) En réalité, entre Montigny-la-Grange et Vernéville.
(2) Les 2ᵉ et 4ᵉ divisions passèrent la nuit respectivement à Vernéville et Devant-les-Ponts.
(3) Entre Plappeville et Ban-Saint-Martin.

un certain nombre de cacolets, pour ramasser les hommes malingres et fatigués par la marche.

Les bagages des corps, à moins d'ordre contraire, ou, en cas de marche à proximité de l'ennemi, n'auront d'autre garde que les hommes chargés de leur conduite, les ordonnances d'officiers et un petit nombre d'hommes mis à la disposition du vaguemestre; MM. les Prévôts des divisions devront veiller scrupuleusement à ce que, sous aucun prétexte, ces hommes ne mettent leur fusil ou leur fourniment sur les voitures.

Le commandant du corps d'armée jugera de l'opportunité qu'il pourrait y avoir à donner aux bagages une escorte plus considérable.

Quant aux transports auxiliaires de l'administration, ils seront toujours maintenus, au moins à une demi-journée en arrière du corps d'armée.

Toutes les permissions, qui ont été accordées à des cantiniers civils, pour suivre l'armée, seront retirées immédiatement. MM. les Prévôts sont chargés de l'exécution de cet ordre, sous leur responsabilité personnelle.

On devra s'assurer que les cantinières régimentaires sont réduites au chiffre réglementaire et que leurs attelages sont en état de suivre les colonnes.

Le Maréchal commandant en chef insiste de nouveau sur la nécessité absolue, lorsqu'on sera en position de combat ou de campement, de tenir constamment toutes les voies de communication, en avant, à gauche et à droite de chaque division, dégagées de toutes voitures inutiles.

Au besoin on fera jeter dans le fossé tous les récalcitrants.

Le Maréchal recommande expressément que chaque régiment d'infanterie, même en colonne de route, soit suivi de ses caissons de munitions à deux roues (1); l'artillerie a été prévenue et doit donner des ordres en conséquence.

Le Maréchal a eu l'occasion de remarquer que le service des avant-postes est généralement mal compris.

Il rappelle à tous les généraux, chefs de corps et officiers de tous grades, placés sous ses ordres, qu'ils ne peuvent avoir de meilleur guide, dans cette partie importante du service, que les prescriptions du 3 mai 1832.

Ce règlement, résultat de l'expérience de nos pères dans les grandes guerres de la République et de l'Empire, doit être notre Évangile. Que chacun, du haut en bas de la hiérarchie, s'en inspire, et, nous ne pouvons avoir de meilleure règle, en ajoutant les nécessités qui résultent du nouvel armement, de notre ennemi et de nous.....

---

(1) Caissons légers des réserves divisionnaires.

Le maréchal Bazaine à l'intendant général Wolff.

Moulins-les-Metz, 15 août.

J'ai décidé à la date de ce jour que toutes les voitures de réquisition et d'entreprise cesseraient de suivre l'armée.

Après déchargement partiel ou total des denrées qu'elles transportent, elles seront dirigées sur Metz et mises à la disposition de l'Intendant de la 5e division pour être licenciées ou utilisées s'il y a lieu pour les besoins de la place.

L'intendant général Wolff au Ministre de la guerre (D. T.).

Metz, 15 août, 5 h. 55 matin.

Ne faites plus rien expédier sur Metz, l'armée se retire sur Verdun.

Je préviens l'Intendant général, et le sous-intendant militaire Richard à Verdun.

c) Opérations et mouvements.

Le général Coffinières au maréchal Bazaine, à Moulins (D. T.).

Metz, 15 août, 7 h. 35 matin.

Metz est très sérieusement attaqué du côté du chemin de fer (1). Impossible de réunir les gardes nationales; les isolés sans officiers sont insaisissables. Pour avoir le temps de me reconnaître je retiens une brigade de grenadiers (2). Le général qui commande cette brigade attendra un ordre de vous porte Serpenoise.

Extrait du mémoire justificatif du maréchal Bazaine relatif à la destruction du pont de Longeville.

Le 15 au matin, l'ennemi se rapprocha de Montigny et envoya des obus sur le quartier impérial, ainsi que sur les troupes massées à la sortie de ce village, et qui attendaient qu'elles pussent monter sur le plateau par la seule route convenable (?) montant à Gravelotte.

C'est à ce moment qu'on fit sauter une des arches du pont du che-

---

(1) Canonnade de la 6e division de cavalerie allemande.
(2) La 2e brigade.

min de fer afin d'éviter d'être obligé de livrer un nouveau combat d'arrière-garde, si l'ennemi s'en était emparé.

Relation du colonel Petit, directeur des fortifications à Metz, sur la destruction des ponts de la Moselle.

Cherbourg, 8 juin 1872.

Le 15 août dans la matinée, les Prussiens étant venus avec quelques pièces de campagne sur la courbe qui relie le chemin de fer de Paris à celui de Thionville (1), et ayant lancé des projectiles sur Longeville où se trouvait l'Empereur, le maréchal Bazaine donna au général Coffinières l'ordre de faire sauter le pont de Longeville. Cet ordre me fut transmis verbalement par un des officiers de l'état-major général du génie. Le capitaine Boyenval, qui avait été chargé de reconnaître les dispositifs de mines du pont de Longeville et des autres en amont jusqu'à Ars, fut envoyé aussitôt avec une prolonge et un petit détachement de sapeurs; il devait prendre la poudre nécessaire soit à l'arsenal d'artillerie, soit au magasin du fort Moselle.

Le chemin que devait suivre le capitaine Boyenval pour arriver à Longeville étant encombré de troupes et de voitures, sa marche fut un peu retardée. Pendant qu'il était en route, vers 11 heures, si j'ai bonne mémoire, nous entendîmes de Metz une explosion; on venait de faire sauter la première arche du pont sur la rive gauche de la Moselle. Après un laps de temps assez long, dont je ne puis préciser la durée, une seconde explosion eut lieu; cette dernière fut faite par le capitaine Boyenval pour agrandir la coupure du pont, qui lui avait paru sans doute insuffisante. C'est par cet officier que j'ai appris, lorsqu'il est venu me rendre compte de l'accomplissement de sa mission, qu'une première explosion avait été faite par un officier du génie de l'armée du Rhin, et il est à supposer qu'une telle opération n'a pas été faite sans un ordre verbal ou écrit émanant de l'autorité supérieure. Je n'ai pas souvenir que le capitaine Boyenval m'ait cité le nom de l'officier qui a concouru avec lui à la destruction du pont; peut-être l'ignorait-il lui-même.

Les chambres de mine, ménagées dans les culées du pont du chemin de fer près de Magny, étaient insuffisantes, je crois, et sans issue pour les eaux d'infiltration; je me rappelle fort bien qu'on y a exécuté des travaux en vue de les améliorer et j'ai lieu de croire qu'elles étaient chargées, mais je ne pourrais l'affirmer. Je n'ai rien à dire au sujet du pont de Marly.

---

(1) Près de la ferme Bradin.

Quant aux ponts d'Ars je serais surpris qu'on se fût borné à en charger un seul ; lorsque nous avons appris à Metz que les Allemands arrivaient entre Pont-à-Mousson et Novéant, j'écrivis au général Coffinières pour lui demander s'il fallait détruire les ponts d'Ars ; le capitaine Boyenval porta lui-même ma lettre ; si j'ai bonne mémoire, il lui fut répondu qu'il fallait se borner à faire replier le petit détachement de sapeurs qu'on avait laissé pour surveiller les fourneaux chargés. Ceci se passait, je crois, le 12 août. A ma connaissance on n'a pas fait de préparatifs de mines au pont de Pont-à-Mousson.

Le 14 août, jour de la bataille de Borny, j'écrivis au général Coffinières pour lui demander ses ordres au sujet du pont de Richemont-sur-l'Orne, à moitié chemin entre Metz et Thionville ; il m'écrivit qu'il n'y avait pas encore lieu de couper cette ligne, qui pouvait nous être utile, et en effet il y passa plusieurs trains de blessés des batailles sous Metz.

Relation du capitaine Boyenval, du génie de la place de Metz, sur la destruction des ponts de la Moselle.

Paris, 31 mai 1872.

Au commencement du mois d'août, je fus chargé par le colonel Salanson, chef du génie de la place de Metz, de reconnaître les dispositifs de mines existant dans un certain nombre de ponts des environs de la ville, afin d'être prêt, le cas échéant, à détruire ces ouvrages. D'après les indications du colonel Salanson, j'étais dans cette reconnaissance accompagné d'un garde du génie, afin qu'il y eût toujours deux hommes prêts à exécuter le travail et que l'indisposition de l'un d'eux ne fût pas un dommage pour la défense. Je visitai ainsi le grand pont-barrage d'Ars-sur-Moselle, le pont du chemin de fer sur la Moselle à Ars, les deux ponts de la Seille à Magny, le grand pont du chemin de fer de Longeville.

Les fourneaux préparés dans le pont-barrage d'Ars, de construction toute récente, ne présentaient au chargement aucune difficulté. L'ouverture des puits pratiqués au-dessus de la culée du pont du chemin de fer fut un peu aménagée et relevée pour faciliter le chargement au moment opportun. Les fourneaux du pont du chemin de fer à Magny furent reconnus d'un chargement excessivement difficile, mais ne purent être modifiés à cause des objections présentées par la direction des travaux du chemin de fer. Les fourneaux du pont de la route de Magny, quoique d'un chargement difficile, furent également maintenus tels quels. Enfin, le grand pont du chemin de fer à Longeville portait dans les piles-culées des chambres auxquelles on arrivait en galerie, et d'un chargement très aisé.

Quelques jours après ce premier travail de reconnaissance, je reçus l'ordre de charger les fourneaux du grand pont-barrage d'Ars. Les fourneaux placés suivant l'axe du pont et à chacune de ses extrémités reçurent chacun 150 kilos de poudre. Ils furent bourrés solidement en terre avec deux étages de cloisons formées de poutrelles de $0^m,10$ et reçurent deux systèmes d'amorces : l'amorce électrique et l'amorce au cordeau Bickford. Ce travail fut fait environ vers le 8 ou le 9 août ; un poste de dix sapeurs et un sous-officier fut laissé sur le pont d'Ars pour garder les fourneaux et éviter que l'ennemi ne vînt les éventer. Cette circonstance du chargement du pont d'Ars me mit en rapport avec les francs-tireurs d'Ars, qui me firent l'honneur de prendre mes avis sur le rôle qu'ils pouvaient remplir et qui contribuèrent à la surveillance du pont. C'est par eux que, le 13 août (je n'oserais certifier cette date d'une manière absolue) j'appris qu'un parti de cavalerie prussienne avait passé la Moselle à Corny. Je fis part de cette nouvelle au colonel Salanson, lui demandant de provoquer du commandement l'ordre de détruire le pont d'Ars et en même temps le pont suspendu de Novéant. Le colonel Salanson me renvoya au colonel Petit, directeur des fortifications, qui m'autorisa à aller trouver en son nom le général Coffinières et à lui proposer ce que je désirais faire. Je courus chez le général Coffinières, lui rendis compte du passage de la Moselle par le parti ennemi et m'offris pour aller sur-le-champ détruire le pont d'Ars, dont la rupture ne pouvait manquer de réussir, et tenter de détruire le pont de Novéant, si je pouvais tromper la surveillance de l'ennemi. Le général m'opposa un refus formel ; j'obtins seulement de lui l'autorisation de faire rentrer à Metz le poste de sapeurs qui était resté à la garde du pont et qui, complètement isolé, eut été indubitablement enlevé.

Je retournai dans la soirée chez le général Coffinières, que je vis seulement vers 11 heures du soir, après un conseil tenu avec les chefs de service de la garnison de Metz. Je lui demandai, puisqu'il me refusait l'autorisation de détruire le pont, de me permettre simplement d'aller noyer les poudres ou déranger les amorces afin que, si nous renonçions aux fourneaux, ils ne puissent pas au moins devenir, le cas échéant, utiles à l'ennemi.

J'essuyai ses nouveaux refus et dus renoncer à m'occuper du pont d'Ars.

Ce pont est le seul que j'aie été chargé de préparer à l'avance.

Le pont de chemin de fer à Ars avait des chambres toutes prêtes à recevoir la poudre, mais on ne les avait pas chargées. Je crois me rappeler qu'on avait craint des accidents en bourrant les fourneaux alors que les trains de chemin de fer passaient encore sur la voie et qu'on avait, pour ce motif, ajourné le chargement au dernier moment.

Ce chargement n'eut pas lieu d'être fait du moment qu'on abandonnait le pont qui était prêt à sauter.

Le 15 août, en vertu de l'invitation qui lui en était faite par le Maréchal commandant en chef de l'armée, le colonel Petit me chargea de détruire le grand pont du chemin de fer de Longeville. Il me remit les ordres nécessaires pour que je pusse me procurer des moyens de transport et de la poudre, et je partis à Longeville, où je n'arrivai que vers 2 heures après-midi, à cause de l'encombrement extraordinaire qui régnait dans les rues de la ville et sur les routes, et qui rendait très dificile le mouvement de mes deux voitures. Avant d'arriver à Longeville, j'appris par un lieutenant du génie des divisions actives, qui se trouvait sur les lieux, qu'il venait de détruire une arche du pont. Je voulus néanmoins savoir si le travail qu'il avait exécuté était le même dont j'étais chargé moi-même et je me rendis au grand quartier général. Je rendis compte au Maréchal de la mission que j'avais reçue et lui demandai s'il restait quelque chose à faire; le Maréchal s'informa de l'état dans lequel la première explosion avait mis le pont et s'il était encore possible de passer.

Je lui répondis que le lit de la Moselle, en dessous de l'arche rompue, avait été comblé par les débris de cette arche, que les traverses du chemin de fer formaient une sorte d'échelle ayant les rails pour montants, grâce à laquelle les piétons pouvaient encore passer. Il me demanda alors s'il était possible de rompre une seconde arche malgré l'absence de fourneaux préparés à l'avance, et sur ma réponse affirmative, il me chargea d'aller exécuter ce travail immédiatement.

Je me rendis aussitôt au pont de Longeville et je fis sauter la seconde arche.

Relation du capitaine Philippe sur la destruction des ponts de la Moselle.

Paris, 3 juin 1872.

L'explosion du pont de Longeville a eu lieu le 15 août; ce jour-là, requis, vers 8 à 9 heures du matin, au nom du général Coffinières, par M. Bausset, capitaine du génie, puis par le commandant Chrétien, j'ai conduit ma compagnie aux Sablons, près du séminaire de Montigny et fait tirailler sur quelques cavaliers ennemis qui appartenaient à la brigade de cavalerie qui avait amené sur les ponts du chemin de fer, au triangle des Sablons, les pièces qui avaient envoyé quelques projectiles sur Montigny et sur Longeville. La veille, la compagnie avait fonctionné au combat de Borny et desservi les stations télégraphiques du château de Borny, de la Bévoye (général Frossard), du Soleil d'Or, de Plantières et de Vallières.

Quelques jours avant et le lendemain même de notre arrrivée du camp de Châlons à Metz, le 8 août, j'ai reçu l'ordre d'envoyer à M. le capitaine Boyenval un sergent (Lupozini) et onze sapeurs avec deux soldats-conducteurs et quatre chevaux harnachés. L'ordre était signé du colonel Boissonnet. Le détachement a été employé par M. Boyenval à préparer les mines des ponts de Jouy et d'Ars ; les sapeurs sont restés à Ars jusqu'au moment où des cavaliers ennemis s'étant présentés, les habitants du village ont fait fuir mes sapeurs en les suppliant de ne pas faire usage de leurs armes. Aucun ordre n'aurait été donné à ces hommes pour l'explosion des mines chargées ; le maire d'Ars seul, je crois, avait la responsabilité de la mise en exécution de cette mesure. Dans tous les cas, mes hommes étaient à la disposition du capitaine Boyenval, qui ne m'a jamais fait savoir exactement l'emploi fait par lui du petit détachement du sergent Lupozini, lequel, d'après mes souvenirs, a rejoint la compagnie avant le 15, jour de l'explosion du pont de Longeville. Je ne saurais donc indiquer le nom de l'officier autre que le capitaine Boyenval, qui aurait pris part à cette explosion, et ne vois que les officiers attachés à la place: colonel Salanson, commandant Gacon, qui puissent préciser quelque chose à cet égard.

Destruction des ponts de la Moselle jusqu'à Novéant. — Arrivé avec ma compagnie le 7 août à Metz et absorbé pendant le reste de cette journée par le débarquement du chemin de fer, du matériel et des 120 chevaux de ma troupe, je ne pus me rendre que le 8 chez le général Coffinières. Le général me parla de la destruction des ponts de la Moselle et me prescrivit de me renseigner à cet égard auprès des ingénieurs chargés de la canalisation de la Moselle. Dans la journée je réunis à la Direction du génie, auprès de M. le colonel Petit, tout ce qui existait de renseignements sur les dispositifs de mines des ponts de la Moselle et recueillis de même auprès de M. Derôme, ingénieur des ponts et chaussées, les croquis des ponts du canal et tous les détails de leur construction essentiels à connaître. Je revins avec ces documents chez le général Coffinières, qui était chez l'Empereur et que j'attendis jusqu'à l'heure du dîner ; je dînai moi-même à l'hôtel de Metz, d'après les conseils du capitaine Serval ; mais lorsque le général revint, il me rendit ma liberté sans me donner d'ordre. Le commandant Guichard avait fait observer au général que ma compagnie n'avait même pas d'outils portatifs en raison de son service télégraphique spécial et que la compagnie des chemins de fer du 3e régiment (capitaine Fontaine) était bien plus susceptible d'entreprendre cette opération et de la mener à bonne fin.

Quoi qu'il en soit et sur l'ordre du général, je revins le 9, à 7 heures du matin, à l'hôtel de Metz ; le général entra dans les détails les plus circonstanciés sur la destruction des ponts de Novéant (suspendu) et de Pont-à-Mousson (en maçonnerie) ainsi que sur celle des ponts métalliques, à petite portée, des segments du canal de la Moselle. Il ne se montra jamais décidé, bien que je lui eusse demandé de prendre une décision prompte, puisqu'on voulait opérer avant l'arrivée de l'ennemi. Je me rappelle que le général Coffinières exprimait la crainte d'enlever, par la destruction des ponts de Novéant et de Pont-à-Mousson, deux passages sur lesquels le général Frossard pouvait compter pour sa retraite que l'on connaissait à cette époque. La conversation relative à ces ponts fut interrompue par la réunion d'un conseil de guerre auquel j'assistai jusqu'à midi, malgré mon désir de retourner à ma compagnie et à la suite duquel je reçus l'ordre de me rendre au fort de Plappeville pour y faire le service. Ainsi tombèrent les projets de mission sur Novéant et je m'empressai de retourner à ma compagnie que j'installai le 9 au soir, à 7 heures, au fort de Plappeville, occupé seulement par quelques artilleurs. Dans la même soirée, arrivèrent le bataillon de mobiles, commandant Carlier, et un détachement de soldats d'infanterie, qui rejoignaient leur corps sous la conduite d'un officier.

Le lendemain, le commandant Duchêne succéda au commandant Lhotte dans le commandement du fort, et mes hommes furent donnés au capitaine de génie Gillet pour son travail de clôture (il existait encore deux ponts de service coupés par de mauvaises barrières). Mon capitaine en second, M. Berger, et 50 hommes furent envoyés au commandant Le Coispellier au fort de Saint-Quentin. Le 10 au soir, je reçus l'ordre de revenir avec ma compagnie à Metz, le 11, à 4 heures du matin, pour faire le service télégraphique entre Metz, le quartier général de Borny et les quartiers généraux des corps d'armée. Ce service fut assuré par le 2e sapeurs jusqu'au 14 au soir et troublé ensuite par notre envoi aux Sablons contre les cavaliers ennemis, dans la matinée du 15. La compagnie ne redevint télégraphique que le 25 août, époque à laquelle elle revint au Ban-Saint-Martin, au grand quartier général.

Relation du lieutenant Compagnon, de la 1re compagnie de sapeurs du 1er régiment (3e corps), sur la destruction des ponts de la Moselle.

Satory, 12 juin 1872.

Le 15 août 1870, à 8 h. 30 du matin environ, l'ordre de détruire le pont de Longeville fut transmis à la 1re section de la 1re compagnie de sapeurs du 1er régiment du génie (chemins de fer) par un commandant d'artillerie de la Garde, attaché à l'état-major du maréchal Bazaine. Cet ordre devait être exécuté dans le plus bref délai. La section, commandée par M. le capitaine Émile Richard, se rendit à Longeville avec sa voiture de poudre et trouva un dispositif de mines établi dans l'arche formant culée et soutenant la voûte du chemin de halage et la première travée sur la rive gauche de la Moselle.

Le double rameau de mines fut immédiatement chargé et bourré et le feu fut mis vers 9 h. 30 environ.

L'explosion détruisit la première travée et la voûte du chemin de halage et ébranla toutes les maçonneries de la culée.

La section quitta le pont et se rendit à son campement (porte de France) pour se mettre en marche vers Gravelotte.

En revenant de Longeville à la porte de France, le lieutenant en second, M. Compagnon, rencontra le maréchal Bazaine accompagné de l'officier d'artillerie de la Garde, qui avait transmis l'ordre, et lui rendit compte verbalement de l'opération qu'il venait d'exécuter.

Au moment où la compagnie quittait son campement, M. le capitaine du génie Boyenval de la place de Metz se rendait au front de Longeville pour le détruire. Il fut prévenu par le lieutenant Compagnon de la destruction de la première arche. M. le capitaine Boyenval se rendit au pont de Longeville et fit sauter la seconde arche vers 1 h. 30 de l'après-midi.

Relation du général Vialla, commandant le génie du 3ᵉ corps, sur la destruction des ponts de la Moselle (pont de Longeville).

Paris, 9 juin 1872.

Après la bataille de Borny nous étions venus camper vers 2 heures du matin sur les glacis du fort Moselle; le 15 août à 10 heures ou 11 heures du matin le maréchal Lebœuf me fit donner l'ordre de me mettre en route avec mon état-major et ma réserve pour aller prendre position sur la route d'Étain et quelques moments après il me prescrivait de faire sauter le pont de Longeville. Pour me conformer à ces deux ordres je dus laisser en arrière le capitaine Richard avec la compagnie pour procéder à cette dernière opération.

Cet officier s'est très bien acquitté de son devoir; il a fait sauter deux arches avec 400 kilogrammes de poudre en se servant d'un fourneau préparé dans la pile du milieu entre les deux arches; puis il m'a rejoint sur la route d'Étain.

Journée du 15 août.

2ᵉ CORPS.

a) Journaux de marche.

Journal de marche du 2ᵉ corps.

15 août.

Au point du jour le 2ᵉ corps continue son mouvement, il devait se porter jusqu'à Mars-la-Tour, mais par suite des retards éprouvés dans la marche des autres corps d'armée, il reçoit du Maréchal commandant en chef l'ordre de s'arrêter à Rezonville.

La brigade Lapasset prend la tête de la colonne, elle est suivie par la division Vergé qui, arrivée à 1 kilomètre au delà de Rezonville, campe à gauche de la route sur deux lignes.

La division Bataille vient également s'établir sur deux lignes en avant de la 2ᵉ division.

Pendant ce temps, la brigade Lapasset faisant face en arrière et à gauche, campait : sa droite sur les hauteurs qui dominent et commandent le débouché de la vallée de Gorze ; sa gauche au village de Rezonville. Elle observait avec soin les grands bois de Saint-Arnould et des Ognons, qui couvrent ce débouché.

Après avoir pris quelque temps de repos dans le village de Longeville, la division de cavalerie continue sa marche, formant toujours l'extrême arrière-garde du corps d'armée (1). Elle arriva vers le milieu du jour un peu en arrière du village de Vionville, où elle campa, étendant ses avant-postes sur la route de Verdun et sur les chemins à gauche, qui donnent accès dans la vallée du Rupt du Mad.

La réserve et le parc d'artillerie campent en avant du village de Rezonville, à gauche et près de la route.

Le parc du génie avec sa compagnie de réserve reste à Gravelotte ; le 6ᵉ corps était venu s'établir à notre droite de l'autre côté de la route et en avant de Rezonville. Les quartiers généraux des 2ᵉ et 6ᵉ corps étaient à Rezonville.

---

(1) La division de cavalerie du 2ᵉ corps partit de Longeville dans la nuit. A 5 h. 30 du matin elle faisait une halte sur le plateau du Point-du-Jour.

Division Vergé.

Journal de marche de la 1re division du 2e corps.

15 août.

Départ de Rozérieulles pour Rezonville sur la route de Verdun. Les troupes s'établissent en avant de ce village à 9 heures du matin. Tout le corps d'armée est réuni.

Journal de marche de la 2e brigade de la 1re division du 2e corps.

15 août.

La brigade quitte son campement à 4 heures du matin, prend l'ancienne voie romaine qui conduit à la route de Verdun, suit cette route et vient s'établir sur la gauche de cette route en avant du village de Rezonville.

Rapport du général Vergé.

21 août.

Le 15 août, la division avait été placée en avant de Rezonville, à gauche de la route de Metz à Verdun. La 1re brigade en entier était déployée en première ligne derrière la 2e division, la droite à la route, la gauche se prolongeant vers les hauteurs. La 2e brigade était en seconde ligne : 3 bataillons du 76e et 1 bataillon du 77e déployés, les deux autres bataillons de ce dernier régiment avaient été placés perpendiculairement aux deux lignes pour fermer le rectangle sur la gauche, et surveiller les bois qui se trouvaient de ce côté (1).

L'artillerie était placée entre les deux lignes d'infanterie.

Division Bataille.

Journal de marche de la 2e division du 2e corps.

15 août.

La division se met en route à 7 heures dans l'ordre suivant : les chasseurs à pied, le 8e et le 23e formant la 1re brigade ; l'artillerie et la 2e brigade précédée de la compagnie du génie ; les bagages suivent la division.

---

(1) Le bois de Vionville.

On fait la grande halte sur le plateau de Rozérieulles à un endroit désigné sous le nom de Bellevue (Point-du-Jour). L'empereur passe devant le front de la division et est acclamé.

On quitte le plateau et la division se dirige par Gravelotte sur Rezonville; on campe à environ 1 kilomètre au delà de ce dernier village, sur deux lignes : la 1re brigade en première ligne, placée de la manière suivante : le 12e bataillon de chasseurs sur la droite et perpendiculaire à la route, le 23e à la gauche du 12e bataillon et le 8e en arrière du 23e. Ces deux derniers régiments sont sur la gauche de la route (1). La 2e brigade est placée à la gauche de la 1re brigade, le 66e en première ligne et le 67e en seconde ligne. L'artillerie en arrière de la division ainsi que l'escadron de cavalerie (du 5e chasseurs), mis à la disposition du général de division.

Journal de marche de la 1re brigade de la 2e division du 2e corps.

15 août.

La brigade se met en marche à 7 heures dans l'ordre suivant : 12e bataillon de chasseurs, 8e et 23e de ligne : on fait la grande halte sur le plateau de Rozérieulles, à un endroit désigné sous le nom de Point-du-Jour.

L'Empereur passe devant le front de la division et est acclamé.

Après le plateau, la brigade se dirige par Gravelotte sur Rezonville et campe à 1 kilomètre en avant de ce village, le 12e bataillon à droite de la route et en première ligne, le 23e également en première ligne à gauche de la route, le 8e en deuxième ligne derrière le 23e et à environ 200 mètres.

Division de Laveaucoupet.

Journal de marche de la 3e division du 2e corps.

15 août.

Conformément aux ordres du général commandant supérieur de la place de Metz, le général de Laveaucoupet quitte le fort de Queuleu à 6 heures du matin et vient établir son quartier général à l'hôtel de Metz au centre de la place qui est aussi le centre de ses troupes.

Suivant la répartition arrêtée la veille, la 7e batterie du 15e d'artillerie reste au fort de Queuleu pour être utilisée pour la défense du fort.

---

(1) Le 12e bataillon de chasseurs était par conséquent au Nord de la route.

La 8ᵉ quitte le fort de Queuleu à 6 heures du matin et va s'installer au fort de Bellecroix où elle arrive à 8 heures.

La batterie à balles (1) part du fort de Queuleu à 4 heures du matin et arrive à 9 heures au fort de Saint-Julien, sa destination.

Le personnel de l'ambulance et des subsistances militaires et le matériel des deux services sont mis à la disposition des services administratifs de la place de Metz.

Le personnel médical et administratif de l'ambulance de la 3ᵉ division installe le service hospitalier dans la caserne du génie et s'occupe depuis cette installation des malades transportés dans ce local.

Extrait du rapport de la 2ᵉ brigade de la 3ᵉ division du 2ᵉ corps.

16 août.

Le canon du fort Saint-Quentin a protégé, le 15 au matin, les troupes campées dans la plaine. Une batterie ennemie qui les a attaquées dans leurs camps a été obligée de se retirer. Dans la journée, quelques projectiles de 24 ont été envoyés dans les bois de Frascati où l'on voyait se réunir quelques troupes. Dans la soirée, un projectile a suffi pour éloigner des cavaliers ennemis cherchant à se rendre compte de la marche des colonnes sur le bord de la Moselle. Une dépêche a annoncé que ce dernier coup avait été tiré sur des chasseurs à cheval français. Pour éviter pareille méprise il serait à désirer que les commandants des forts soient instruits des mouvements de la place.

Deux arches du pont de chemin de fer de Longeville ont été détruites hier matin et hier soir (2).

Le général réside au fort Saint-Quentin. Il s'est entendu avec les commandants de l'artillerie et du génie pour la répartition des troupes.

Journal de marche de l'artillerie de la 3ᵉ division du 2ᵉ corps.

15 août.

7ᵉ *batterie.* — Au fort de Queuleu.

8ᵉ *batterie.* — Part à 6 heures du matin pour le fort Bellecroix. Arrivée à 8 heures, la réserve rejoint à 9 heures.

11ᵉ *batterie.* — Départ du fort Queuleu à 4 heures du matin. Arrivée au fort Saint-Julien à 9 heures. Les canons à balles ont été immédiatement mis en batterie : 3 sur la courtine Est, 2 sur le flanc Sud du bas-

---

(1) 11ᵉ batterie du 15ᵉ régiment.
(2) C'est-à-dire le 15.

tion, et le dernier à l'angle d'épaule du même bastion (Sud-Est). Tous tirant à embrasure et protégés par un épais parapet.

Journal de marche de la brigade Lapasset.

15 août.

Départ de Rozérieulles à 1 heure du matin.
Arrivée à Rezonville à 10 h. 30.

DIVISION DE CAVALERIE DE VALABRÈGUE.

Journal de marche de la division de cavalerie du 2ᵉ corps.

15 août.

Après avoir traversé Metz, la division s'engage sur la route de Verdun. Elle s'arrête un instant près de l'auberge de Saint-Hubert vers 5 h. 30 du matin, et, se remettant en marche presque aussitôt, va s'établir au village de Vionville où la brigade de dragons arrive vers 9 h. 30 du matin. La brigade de chasseurs y arrive trois heures plus tard.

Vers 11 heures, la division Forton (3ᵉ) qui occupait le village de Mars-la-Tour, est attaquée. La brigade de dragons monte à cheval et se porte sur la crête entre Vionville et Mars-la-Tour, elle rentre à son bivouac à 2 heures du soir.

Dans la soirée, un escadron du 7ᵉ dragons (1) et un du 5ᵉ chasseurs (2) sont envoyés comme cavalerie divisionnaire auprès des généraux Vergé et Bataille.

ARTILLERIE.

Journal de marche de l'artillerie du 2ᵉ corps.

15 août.

Le quartier général se transporte à Rezonville, sur la route de Verdun.

L'artillerie de la 1ʳᵉ division part de Metz à 2 heures du matin et arrive à Rezonville à 11 heures.

L'artillerie de la 2ᵉ division part de Moulins à 5 heures du matin. Les batteries campent avec leur division en avant de Rezonville.

A la 3ᵉ division, la 7ᵉ batterie du 15ᵉ reste au fort de Queuleu ; la 8ᵉ est envoyée au fort Bellecroix, la 11ᵉ au fort Saint-Julien.

---

(1) Affecté à la division Vergé.
(2) Le 5ᵉ escadron, affecté à la division Bataille.

L'artillerie de la brigade Lapasset arrive à Rezonville à 10 heures du matin.

La réserve suit, avec le corps d'armée, la route de Verdun et va camper à gauche de la route, en avant du village de Rezonville. La 7ᵉ batterie du 17ᵉ est détachée un peu en avant avec la division de cavalerie à hauteur de Vionville.

Le parc, suivant le corps d'armée, va camper en avant de Rezonville.

Rapport du général commandant l'artillerie du 2ᵉ corps pour la journée du 15 août.

Le 14 août, les troupes du 2ᵉ corps de l'armée du Rhin, campées au Sud-Est de Metz, en avant du fort de Queuleu, reçoivent l'ordre du départ.

La 3ᵉ division d'infanterie, désignée par le Maréchal pour rester à la garde de Metz, ne prend pas part au mouvement. Les deux autres divisions, la brigade du général Lapasset, séparée du 3ᵉ corps et qui, depuis le départ de Sarreguemines, s'est réunie au 2ᵉ corps, traversent successivement la Seille et la Moselle, sur trois ponts construits ou réparés par les pontonniers (capitaine Pépin) et couchent à la Maison-Neuve, où elles sont rejointes par toute l'artillerie divisionnaire, la réserve et le parc, qui ont dû traverser la ville et passer la rivière sur le pont de pierre du fort Moselle (1).

Le 15 au matin, la colonne quitte son bivouac et s'arrête par ordre supérieur, à Rezonville (16 kilomètres de Metz). Tout le 2ᵉ corps établit son camp en sortant du village et à gauche de la route, l'infanterie en avant, la réserve d'artillerie derrière l'infanterie, le parc derrière la réserve.

Une division de cavalerie (2), soutenue par la 7ᵉ batterie du 17ᵉ (capitaine Saget) est portée du côté de Vionville, avec mission de surveiller la route de Metz à Verdun, de fouiller les bois qui bordent notre flanc gauche, les crêtes qui s'étendent devant le front du camp.

A midi, le corps du maréchal Canrobert rejoint le 2ᵉ corps et s'établit en avant et à droite de Rezonville.

Dans la nuit, des ordres sont donnés pour le départ, qui doit s'exécuter le lendemain 16, à 4 heures du matin.

---

(1) Pont Pontiffroy.
(2) La division Valabrègue.

GÉNIE.

Journal de marche du génie du 2ᵉ corps.

15 août.

Marche sur Rezonville. — Les compagnies divisionnaires sont employées à aménager des sources ou à creuser quelques puits et à faire des rampes pour venir de la route dans la plaine.

b) Organisation et administration.

L'intendant Bagès, du 2ᵉ corps, au général Frossard.

Rezonville, 15 août.

Le troupeau du grand quartier général avec les bouchers n'étant pas arrivé, je viens d'acheter au village 17 têtes de bétail, que j'ai versées à la 2ᵉ division d'infanterie, qui est à côté de nous et qui est chargée de faire la distribution au quartier général et à la division de cavalerie.

J'ai l'honneur de prier M. le général Saget (1) d'en donner avis par note au quartier général, car je suis débordé par suite de manque de personnel de détail.

Notre convoi n'est pas encore complètement arrivé, de sorte qu'il m'est impossible de pouvoir compter sur les 20,000 rations de biscuit qui nous restaient hier au soir. Je ferai distribuer proportionnellement ce que nous pourrons réunir de biscuit.

Ce qui nous manquera en biscuit, nous ne pourrons faire autrement que de donner de la viande et du riz en place, c'est-à-dire donner 100 grammes de viande de plus et doubler la ration de riz.

Je viens d'acheter du foin et de l'avoine au village ; le foin, environ 600 rations, l'avoine environ 150.

Au moyen de ces dispositions, nos besoins en biscuit et avoine sont assurés jusqu'au 16 inclus et en vivres de campagne au delà du 17 ; viande sur pied assurée.

P.-S. — Je viens de faire verser par le quartier général les différentes quantités dont nous pouvions disposer aux divisions.

---

(1) Chef d'état-major du 2ᵉ corps.

Au camp de Rezonville, 15 août.

Relevé général approximatif des denrées du service des subsistances, non compris celles qui sont sur les voitures auxiliaires du grand quartier général et des divisions qui n'ont pas rejoint (1).

DENRÉES.	QUARTIER général.	1re DIVISION d'infanterie.	2e DIVISION d'infanterie.	BRIGADE Lapasset (1).	DIVISION de cavalerie (2).	TOTAUX.
Pain................	1,200	»	»	»	»	1,200
Biscuit.............	14,000	»	»	25,000	»	39,000
Riz.................	120,000	3,200	50,000	80,000	»	282,000
Sel.................	12,500	3,200	40,000	60,000	»	114,500
Sucre...............	28,000	3,200	40,000	80,000	»	150,000
Café................	80,000	3,200	40,000	160,000	»	282,000
Lard salé...........	14,000	»	»	»	»	14,000
Eau-de-vie..........	40,000	»	8,000	51,000	»	99,000
Viande sur pied.....	........Le service est assuré........					»
Avoine..............	3,350	800	600	3,000	»	7,750
Pain................	1,000	»	100	»	»	1,100
Farine..............	8,500	»	»	1,000	»	9,500

(1) Les quantités affectées à la brigade Lapasset ne sont pas encore arrivées.
(2) Le convoi de la division de cavalerie vient seulement d'être signalé, mais il est tout à fait impossible de savoir ce qu'il apporte; en attendant je viens de prescrire le versement sur cette division de 3,000 rations de biscuit, 12,000 de riz, 1200 de café, 4,000 d'eau-de-vie, 8,000 de sucre, 4,000 de sel. Des envois de biscuit vont être faits également à la 1re et à la 2e division, ainsi que 10,000 rations d'eau-de-vie à chacune.
NOTA : — La brigade Lapasset est alignée jusqu'au 16 inclus, d'après la déclaration du sous-intendant, qui espère encore être rejoint par une partie de son convoi.

Journal tenu par M. l'adjoint à l'intendance Bouteiller, du 2e corps.

15 août.

Résumé des opérations administratives du 2e corps. — Le 2e corps continua son mouvement vers l'Ouest, le 15 dès la pointe du jour; mais au moment où le convoi de l'administration allait se mettre en route, des officiers de l'état-major de l'armée parcouraient le chemin et faisaient impitoyablement descendre dans les prés à droite et à gauche toutes les voitures, afin de laisser la voie libre pour le passage des bagages de l'Empereur qui, le 14, avait quitté la préfecture et s'était ins-

---

(1) État signé Bagès, et joint à la lettre précédente.

tallé à Longeville et qui, le 15, devait continuer son mouvement de retraite à la suite de l'armée. Toutes nos voitures auxiliaires restées sur la route furent obligées de se retirer dans les champs; notre convoi, que nous avions eu toutes les peines du monde à maintenir en ordre, se trouva coupé en plusieurs tronçons, et la tête dut attendre plus de (?) (1) heures à hauteur de la Maison-Neuve avant de pouvoir se remettre en marche. Les bagages impériaux arrivèrent enfin à la Maison-Neuve et gagnèrent l'auberge du Point-du-Jour par Rozérieulles pendant que notre convoi suivait la route de Gravelotte.

L'Empereur avait quitté Longeville le matin. Une pointe hardie des Prussiens leur avait permis de lancer des obus sur les troupes qui se trouvaient à l'entrée de Longeville et un projectile avait atteint quelques hommes de l'escorte impériale tandis que d'autres blessaient le colonel et des militaires du 10e de ligne. Pendant que les bagages suivaient la route de Moulins et de Rozérieulles sous l'escorte d'un peloton de guides, de gendarmes d'élite et d'un bataillon de grenadiers de la Garde, l'Empereur (avec son état-major et les cent-gardes) quittait Longeville par le chemin qui passe par Scy, gagnait Lessy, descendait à Châtel-Saint-Germain et arrivait par la voie romaine à l'auberge du Point-du-Jour, où, vers 11 heures du matin, nous le vîmes pour la dernière fois assis devant cette auberge avec le Prince impérial et le prince Napoléon, entouré de sa maison militaire et du maréchal Lebœuf qui avait quitté ses fonctions de major général et ne prit que le soir ou le lendemain (2) le commandement du 3e corps laissé vacant par la blessure que le général Decaen avait reçue le 14 à Borny.

Avant de quitter le bivouac de la Maison-Neuve, l'intendant du 2e corps avait tenté de mettre à profit le retard imposé à sa marche en allant prendre le chargement d'une journée de pain à Metz; mais le fonctionnaire chargé de cette mission ne put même pas arriver à Moulins et dut faire exécuter demi-tour à ses voitures en présence de la défense absolue qui lui fut signifiée par le colonel d'état-major chargé de la police de la route.

Le troupeau avait été envoyé dès le matin à la suite des troupes qui avaient reçu leur pain pour la journée du 15 avant de quitter la Basse-Bévoye.

Le 2e corps occupa le terrain situé en avant de Rezonville. Le convoi fut installé à la sortie du village et à gauche de la route de Vionville. La journée fut employée à acheter par réquisition des bœufs et des moutons qu'on fit prendre en compte par l'entrepreneur, le sieur Hirsch,

---

(1) Laissé en blanc sur l'original.
(2) Erreur.

dont le marché, expirant le 20, avait été prorogé jusqu'au 25. Onze têtes de bétail achetées par le 2e corps, ayant eu le malheur de passer, en se rendant à notre bivouac, à portée du 4e de ligne, le colonel de ce régiment s'en empara de force. Tout ce qu'on put obtenir ce fut le règlement du prix. Il n'y eut aucune mesure disciplinaire prise pour cet abus de pouvoir et le colonel se vante encore du beau tour joué à l'administration du corps voisin.

On espérait gagner le 16 un point au delà de Mars-la-Tour avec la ration de biscuit de réserve, et le lendemain si on ne pouvait rien recevoir de Verdun, vivre avec la farine. Mais l'intendant général (1) était parti pour Verdun; on comptait recevoir des vivres par ses soins dès qu'on serait à portée de cette place.

Exécution des transports au 2e corps. — Le 15 août, dès la pointe du jour le convoi du 2e corps fut remis en route. Pendant que l'on remettait de l'ordre dans la file des voitures requises laissées sur la route, le train régulier sortait du parc où il avait passé la nuit et prenait la tête. A peine était-il en route que des officiers de l'état-major du grand quartier général arrivaient et donnaient l'ordre non seulement de suspendre tout mouvement mais encore de faire évacuer la route par toutes les voitures afin de laisser le passage libre pour les bagages de l'Empereur. Le train régulier poussa en avant, dépassa la Maison Neuve et s'engagea sur la route qui monte vers le plateau de Gravelotte; mais nos voitures de réquisitions, que nous avions eu tant de peine à conserver massées depuis la veille, furent refoulées impitoyablement dans tous les champs et les cours mêmes des fermes où elles purent trouver accès. Cette exécution qui mettait le désordre dans nos services avait lieu à 5 heures du matin. La route resta libre jusqu'à 9 heures avant qu'on vit arriver les caissons et les carrosses de la cour impériale. De temps à autre un tronçon de convoi en retard appartenant à une division, ou les bagages d'un régiment détaché pendant la nuit arrivaient sur la route et étaient impitoyablement refoulés sur les voitures de réquisition au milieu desquelles, elles portaient le désordre.

L'intendant du 2e corps avait pris le parti d'attendre à la Maison-Neuve pour surveiller le ralliement des voitures après le passage du cortège impérial.

Enfin, un peu avant 9 heures, nous vîmes arriver un maréchal des logis des guides répondant au nom de Mouleur accompagné de deux guides criant à tue-tête « la voie libre ». Puis quelques instants après, les bagages arrivèrent dans l'ordre suivant : un peloton de guides; un peloton de gendarmes d'élite, à la suite desquels marchaient les voitures

---

(1) De l'armée.

particulières de l'Empereur, du Prince impérial et du prince Napoléon et enfin les fourgons spéciaux, chariots du train des équipages, etc., etc... La marche était fermée par un peloton de gendarmes d'élite, et un bataillon de grenadiers de la Garde escortait le tout; quelques voitures étaient occupées. Dans l'une on reconnut le docteur Ricord, dans l'autre le cuisinier du prince Napoléon. La tête s'arrêta à la bifurcation de la route de Gravelotte et du chemin qui prend à droite et monte par Rozérieulles jusqu'à l'auberge du Point-du-Jour (1).

De ce point, la crête du plateau de Gravelotte se présentait garnie de troupes. Après avoir reconnu les abords du côté de Jussy le chef de l'escorte se décida à diriger son convoi par Rozérieulles.

L'Empereur était parti le matin de Longeville où, le 14, il avait son quartier général. Quelques instants avant son départ, des pièces de campagne mises en batterie par les Prussiens sur la voie ferrée à hauteur de la ferme de la Horgne, lancèrent des obus sur la partie comprise entre Longeville et Moulins. L'un des projectiles vint éclater auprès de l'escorte et le colonel du 10º de ligne fut atteint sur cette partie de la route à la tête de son régiment. Bien que le fort de Saint-Quentin se mit aussitôt à riposter et que le pont par lequel la voie de Thionville traverse la Meuse fut sous le canon de ce fort, l'Empereur donna l'ordre de le faire sauter et partit avec son état-major par Scy, Châtel-Saint-Germain et la voie romaine; il s'arrêta à l'auberge du Point-du-Jour, au point où la voie romaine rejoint la grande route de Verdun, sur le plateau de Gravelotte. Il est vrai qu'on n'avait songé ni à faire sauter le pont d'Ars sur la Moselle, ni à occuper les gorges débouchant à travers les bois entre le Point-du-Jour et Gravelotte, sur la route que l'on suivait.

Lorsque la grande route fut débarrassée des bagages impériaux, nous pûmes songer à réunir nos voitures de réquisition. Ce ne fut pas sans peine; mais enfin elles se retrouvèrent formées sur une file et commencèrent à gravir la rampe de Gravelotte. L'intendant se porta alors en avant autant que l'encombrement de la route le permettait. Les bagages impériaux, en débouchant au Point-du-Jour, avaient produit un nouveau temps d'arrêt dans les voitures qui se trouvaient engagées entre la Maison-Neuve et cette auberge, sur la grande route. Il faisait très chaud; le milieu du jour était arrivé; les soldats d'escorte, les conducteurs des voitures régulières ou de réquisition se répandaient dans les jardins et y maraudaient les fruits à moitié mûrs. Enfin, nous arrivâmes devant le Point-du-Jour. L'Empereur était assis, ayant le Prince impérial à ses côtés, sur des chaises de l'auberge, contre le mur

---

(1) Ancienne route.

extérieur d'une grange, de manière à faire face au plateau de Gravelotte, que la vue embrasse jusqu'au village de Vionville. Le prince Napoléon lisait assis à quelque distance de l'Empereur. Plus loin, assis sur des charrues, des troncs d'arbres, se trouvaient le maréchal Lebœuf, les officiers d'ordonnance, écuyers, etc. Des aides de camp traversaient la route à chaque instant et venaient indiquer sur une carte à l'Empereur les mouvements qui s'exécutaient. L'Empereur était immobile, comme pétrifié, parlant à peine, sans remuer la tête, les yeux sur la carte qu'on plaçait chaque fois devant lui. Le Prince impérial avait les coudes appuyés sur les genoux et la tête cachée entre les mains. Un silence complet régnait autour d'eux. Les voitures défilaient lentement sur la route et leur cachaient la vue. Les soldats regardaient ce spectacle avec curiosité, mais sans le moindre cri, la moindre démonstration qui prouvât quelque sympathie. Les officiers passaient en saluant, mais personne ne s'arrêtait devant ce premier acte de l'agonie de la dynastie napoléonienne.

A partir de ce point, notre convoi se dirigea, comme tous les autres d'ailleurs — car on les avait jetés tous sur la même route, ainsi que les troupes — par la route de Verdun jusqu'à Rezonville. Là, il fut parqué en avant du village et à gauche de la route, le train régulier près de la route et les voitures de réquisition à la gauche, ainsi que l'ambulance.

On s'attendait à continuer la route le lendemain matin. Des ordres avaient été donnés pour que, dès la pointe du jour, toutes les voitures fussent chargées et les troupes prêtes à prendre leurs positions de marche ou de combat ; mais, vers 7 heures (1), le quartier général fit connaître qu'on devait manger la soupe avant de partir et qu'on pouvait dresser quelques tentes.

En même temps, on prescrivait de compléter les distributions. Les voitures furent dételées ; la plupart des attelages étaient à l'abreuvoir et les distributions en cours d'exécution avaient fait décharger de nouveau une certaine quantité de denrées lorsque l'attaque des Prussiens se manifesta comme un coup de foudre sur la gauche de nos positions. Les obus arrivaient à portée de nos voitures. Ce fut en un clin d'œil un désordre inexprimable. Parmi les compagnies du train régulier où une partie des chevaux étaient à l'abreuvoir, il y eut le même sauve-qui-peut. L'une des compagnies fut maintenue en ordre, mais les deux autres se trouvèrent dispersées et après l'évacuation du terrain on vit quatorze caissons ou chariots abandonnés par leurs attelages.

Les officiers battirent la plaine entre Rezonville et Gravelotte et ramenèrent chevaux et cavaliers reprendre ces voitures. Quant aux voi-

---

(1) Le 16 au matin.

tures de réquisition, un certain nombre resta aussi sur place, abandonnées par les attelages qui étaient à l'abreuvoir ou tombées dans les fossés.

Le quartier général du 2ᵉ corps avait conservé jusqu'à ce jour des tables à levier et autres engins destinés à la fabrication du biscuit, bagage inutile et embarrassant ; ce matériel fut perdu par la chute, en avant de Rezonville, de la voiture qui le portait.

Pendant que l'action s'engageait sur notre droite, l'intendant du corps d'armée et les fonctionnaires qui lui étaient adjoints, après s'être assurés de l'évacuation du bivouac par toutes les voitures attelées, s'occupèrent jusqu'au lendemain matin des ambulances établies à Rezonville et à Gravelotte.

L'état-major général fit ramasser toutes les voitures qui sillonnaient la plaine par le colonel Hugueney, commandant supérieur du train, qui les massa d'abord dans le ravin qui sort du bois de la Jurée, entre Rezonville et Gravelotte, et enfin sur la route d'Étain, où nous les retrouvâmes le 17.

c) Opérations et mouvements.

Le général Frossard au général Vergé.

Rezonville, 15 août.

Je vous informe que je donne des ordres pour qu'un escadron de dragons (1) soit mis immédiatement et jusqu'à nouvel ordre à votre disposition.

Le général Frossard au général Bataille.

Rezonville, 15 août.

Je vous informe que je donne des ordres pour qu'un escadron du 5ᵉ chasseurs soit mis immédiatement et jusqu'à nouvel ordre à votre disposition (2).

Le maréchal Bazaine au général Frossard, à Rezonville.

Gravelotte, 15 août.

Je vous prie de donner des ordres pour que vos troupes aient mangé

---

(1) Du 7ᵉ régiment de dragons.
(2) Le 5ᵉ escadron.

la soupe demain à 4 heures et qu'elles se tiennent prêtes à se mettre en mouvement à 4 h. 30. Les tentes seront abattues, les chevaux seront sellés et on ne les bridera qu'au moment de quitter le bivouac.

Je vous prie de vouloir bien me faire connaître d'une manière précise où est installé votre quartier général afin que mes ordres, si j'ai à vous en donner, puissent vous parvenir d'une manière certaine et le plus promptement possible.

Le général Frossard au maréchal Bazaine.

15 août, minuit.

Conformément aux ordres de Votre Excellence les troupes du 2ᵉ corps se tiendront prêtes à marcher à 4 h. 30.

Mon quartier général est à Rezonville, ainsi que celui du maréchal Canrobert.

Le 2ᵉ corps est campé entre Rezonville et Vionville.

La division Forton est en avant de lui à Vionville, ainsi que ma division de cavalerie.

L'artillerie de réserve et les parcs du 2ᵉ corps sont campés à Rezonville.

Je prie Votre Excellence de vouloir bien me faire connaître en temps opportun, la direction et l'ordre dans lesquels il conviendrait de mettre en mouvement les troupes du 2ᵉ corps. La division Forton, qui occupait ce matin Mars-la-Tour, s'est repliée sur Vionville en présence des forces prussiennes qui se présentaient sur sa gauche.

Un détachement prussien fort d'environ deux régiments (infanterie et cavalerie) commandé par un général et venant par la route de Novéant est passé à Gorze vers 9 heures du soir s'enquérant de la distance qu'il y avait de là à la route de Verdun. Ils ont ensuite rétrogradé précipitamment par la même route.

Ils ont cherché à se venger des habitants qui ne les avaient pas renseignés.

Journée du 15 août.

3ᵉ CORPS.

a) **Journaux de marche.**

Journal de marche du 3ᵉ corps.

15 août.

Le 15 au matin, le 3ᵉ corps avait achevé le passage de la Moselle et se trouvait massé dans un espace très resserré sur les flancs du côteau de Plappeville (1).

Le 15 août, l'armée devait commencer son mouvement sur Verdun; la route passant par Doncourt et Jarny avait été assignée aux 3ᵉ et 4ᵉ corps, tandis que celle de Mars-la-Tour devait être suivie par les 2ᵉ et 6ᵉ corps et par la Garde. Pour éviter l'encombrement dans le défilé de Rozérieulles, le 3ᵉ corps fut dirigé par Lessy, Châtel-Saint-Germain et Vernéville sur les positions où il avait à établir son bivouac, qui s'étendaient de Saint-Marcel à Amanvillers.

Dans la journée du 15, au moment où les têtes de colonnes se mettaient en mouvement, le maréchal Lebœuf qui succédait au général Decaen dans le commandement du 3ᵉ corps rejoignit son poste.

. . . .

La marche des troupes du 3ᵉ corps se trouva considérablement retardée par le défaut de largeur des chemins encaissés, qui du plateau de Lessy débouchent sur Châtel-Saint-Germain, et par des fractions de troupe et de matériel, entre autres par un équipage de pont, appartenant à d'autres corps (2).

Le 15 au soir, les divisions Montaudon et Nayral avaient pris position entre Amanvillers et Vernéville étendant leur gauche dans la direction de la Caulre. Le Maréchal établit son quartier général à la ferme de Bagneux. La division Aymard ne put occuper ses positions sur la route de Doncourt à la hauteur de la Caulre que le 15 au matin.

La division de cavalerie vint également le matin se placer en arrière de Vernéville. L'artillerie de réserve s'établit près de Villers-aux-Bois.

---

(1) Exact pour les 1ʳᵉ et 3ᵉ divisions seulement.
(2) Au 2ᵉ corps.

Quant à la division Metman, coupée d'abord par des troupes appartenant au 4ᵉ corps, dirigée ensuite par ordre du Maréchal commandant en chef, elle coopéra, le 17, à couvrir le mouvement de concentration de l'armée et ne rejoignit le 3ᵉ corps que dans la soirée du même jour.

Notes du maréchal Lebœuf (1).

15-16 août.

Le 3ᵉ corps, qui avait combattu fort tard, dans la soirée, ne peut franchir la Moselle que pendant la nuit. La 3ᵉ division traversant Metz, n'arrive à son bivouac de Plappeville qu'à 8 h. 30 du matin. Les autres divisions sont bivouaquées sur les pentes le long du défilé.

Ordre de se réapprovisionner en munitions d'infanterie, à la porte de Thionville où se trouvait le quartier général, et en munitions d'artillerie à l'arsenal.

Vers 9 h. 30, j'arrive au quartier général, après avoir pris les ordres du maréchal Bazaine, que je préviens que mon intention est de rendre le commandement au général Decaen, dès qu'il sera en état de le reprendre.

L'ordre de marche était le suivant (2) : Le 3ᵉ corps s'engagera dans les défilés qui, de Metz conduisent au plateau de Doncourt, par Lessy et Châtel-Saint-Germain, le reste de l'armée suivant la grande route par Rozérieulles et Gravelotte.

Vers midi, le 4ᵉ corps ne pouvant se mettre en mouvement qu'à 2 heures, au plus tôt, le 3ᵉ corps s'engage dans les défilés. (Voir les lettres de Ladmirault.)

Je marche avec la 1ʳᵉ division. En arrivant sur les plateaux, je reçois l'ordre d'occuper la position d'Amanvillers, par Vernéville jusqu'à Saint-Marcel, à cheval sur la route de Gravelotte à Doncourt.

A 6 h. 30, je rends compte que la 1ʳᵉ division seule est arrivée au bivouac, ainsi que la réserve d'artillerie, venue par Gravelotte; que le reste du 3ᵉ corps arrivera entre 7 heures et 10 heures du soir.

Le Maréchal me répond qu'il est satisfait et qu'il me prescrit de faire manger la soupe, le lendemain, à 4 heures du matin. Il ajoute : « Que le général Frossard et le maréchal Canrobert l'informent que d'après les renseignements qu'ils ont recueillis, ils ont devant eux une force ennemie qu'ils évaluent à 30,000 hommes et s'attendent à être attaqués le lendemain. »

A 11 h. 5, n'ayant encore autour de moi, que les divisions Montau-

---

(1) Provenant de la succession du Maréchal.
(2) Selon d'Ornant. (Note du maréchal Lebœuf.)

don et Castagny (1), leur artillerie divisionnaire, l'artillerie de réserve et le parc, j'écris au Maréchal en lui disant que, « *si l'on doit combattre,* il serait vivement à désirer que le 3ᵉ corps fût entièrement réuni ; que le 4ᵉ corps ne s'est pas encore ébranlé et que je soumets à *son appréciation,* si, dans cet état de dispersion, il ne serait *pas utile d'attendre que tout le 3ᵉ corps soit réuni.* »

Le Maréchal me répond que, *sur ma demande, il arrête le mouvement de l'armée...* que l'on reprendra la marche dans l'après-midi... (2) que le 3ᵉ corps se placera en deuxième ligne des 2ᵉ et 6ᵉ.

Lettre du colonel d'Ornant (3) *au maréchal Lebœuf* (4).

16 février 1872.

Je me hâte de répondre aux questions que vous voulez bien me poser.

Et tout d'abord, permettez-moi de vous dire qu'il est bien difficile, à mon sens, d'expliquer en quoi et comment le 3ᵉ corps pourrait être rendu responsable du retard apporté à la marche de l'armée dans la journée du 16 août.

Le 15 au matin, nommé au commandement du 3ᵉ corps d'armée et après être allé de votre personne prendre à Moulins-lès-Metz les instructions de M. le maréchal Bazaine, vous rejoigniez vers 9 heures votre quartier général sur les glacis du fort Moselle, au moment où nous arrivait l'ordre de mouvement pour la journée. Cet ordre vous prescrivait de vous engager, à la suite du 4ᵉ corps, dans les défilés qui de Metz conduisent au plateau de Doncourt, par Lessy et Châtel-Saint-Germain, pendant que le reste de l'armée suivait la grande route par Rozérieulles et Gravelotte.

A midi votre mouvement était commencé. La marche fut lente d'abord et il n'en pouvait être autrement si l'on se reporte aux difficultés de la route, sorte de chemin encaissé, sinueux, à tournants brusques et étroits entre des maisons et des clôtures, à pentes rapides, ne permettant que la marche de flanc et dans lequel vous étiez précédé par tout un corps d'armée avec ses chevaux, ses voitures et ses bagages. Peu à peu, grâce à l'ordre établi dans les colonnes, le mouvement put s'accélérer et nous étions en pleine marche de route lorsqu'au sortir du

---

(1) Alors commandée par le général Nayral.
(2) Du 16.
(3) Aide de camp du maréchal Lebœuf.
(4) Provenant de la succession du Maréchal.

défilé, à la naissance du plateau, un peu au-dessous de l'arbre-signal, vous avez été rejoint par le capitaine de Salles vous apportant l'ordre du grand quartier général pour les bivouacs de la soirée. Il était environ 5 heures.

D'après cet ordre vous deviez aller occuper la ligne des crêtes d'Amanvillers et Vernéville à Saint-Marcel, votre quartier général à la ferme de Bagneux ; le 4e corps en avant de vous à Doncourt, si le temps lui permettait de s'y rendre.

Les emplacements furent immédiatement reconnus et à la tombée de la nuit, la cavalerie (1), l'artillerie et trois de vos divisions d'infanterie (2) qui n'avaient pas un instant suspendu leur marche, en prenaient possession. Les bagages arrivèrent un peu tard; pas assez cependant pour que les bivouacs n'aient pu être formés et vos troupes eurent toute la nuit pour se reposer.

Une seule division (3), la division Metman qui s'était malheureusement laissée couper dans sa marche vers le défilé, ne put vous rallier ce jour-là, retenue sur un autre point par ordre du général en chef ; elle prit cependant part à la bataille du lendemain et vous rejoignit ensuite.

Sauf ce retard, regrettable sans doute, mais tout à fait fortuit et qui n'est que le résultat d'un de ces accidents toujours possible à la guerre lorsque autant de troupes partant de points différents sont appelées à suivre la même route et que cette route n'est qu'un étroit et long défilé, rien ne s'opposait à ce que le 3e corps se remit en mouvement le matin du 16, si l'on voulait réellement poursuivre la marche sur Verdun.

1re DIVISION (MONTAUDON).

Journal de marche de la 1re division du 3e corps.

15 août.

La 1re division campe au col de Plappeville où elle arrive à 11 heures du matin, à cause de l'encombrement des ponts.

Le général Decaen, commandant le 3e corps d'armée, ayant été blessé au combat de la veille, le maréchal Lebœuf est nommé au commandement de ce corps d'armée.

A 1 heure de l'après-midi, la division part de Plappeville, descend à

---

(1) Erreur. La cavalerie resta à la porte de Thionville.
(2) Deux seulement : les 1re et 2e.
(3) Deux : les 3e et 4e.

Lessy et va camper sur le plateau d'Amanvillers, la droite à la ferme de Montigny-la-Grange, la gauche vers Vernéville, le quartier général à la ferme de Champenois.

3ᵉ DIVISION (METMAN).

Journal de marche de la 3ᵉ division du 3ᵉ corps.

15 août.

Après avoir traversé Metz pendant la nuit, au milieu d'*impedimenta* sans nombre qui retardèrent sa marche, la division arriva à son campement de Plappeville le 15 août à 8 heures du matin.

Le 15 au soir, la 3ᵉ division reçut l'ordre de partir aussitôt après que tous les convois seraient passés et d'aller occuper l'espace compris entre Vernéville et Anoux-la-Grange. Cet ordre fut impossible à exécuter ; les bagages ne cessèrent de passer et, à un moment donné, la route fut complètement obstruée ; la marche des colonnes de bagages fut arrêtée et la 3ᵉ division fut immobilisée sur son bivouac parce que la route à suivre, qui passe par Châtel-Saint-Germain est profondément encaissée et ne peut donner passage qu'à une voiture à peine.

Le général Metman fit connaître cette situation au maréchal Lebœuf.

Journal de marche de la 1ʳᵉ brigade de la 3ᵉ division du 3ᵉ corps.

15 août.

La nuit du 14 au 15 est employée à traverser la Moselle. La division arrive le 15 au matin sur le plateau de Plappeville, où elle campe.

Relation du capitaine Mignot de la 5ᵉ batterie du 11ᵉ régiment (3ᵉ corps, 3ᵉ division).

15 août.

Le 15 août, vers 1 heure du matin, nous recevons l'ordre de continuer le mouvement vers Metz, interrompu par l'attaque des Prussiens.

La batterie traverse Metz, refait ses munitions, partie à l'arsenal, partie à l'aide des caisses blanches reçues le 13 et vient camper vers 9 heures du matin entre Devant-les-Ponts et Plappeville.

A 4 heures du soir arrive l'ordre de continuer le mouvement. Nous nous mettons en marche vers Lessy ; mais, à un kilomètre environ de notre camp la colonne s'arrête. Notre division, qui est en queue du corps, est, dit-on, coupée par le 4ᵉ corps (1). Nous couchons sur la route sans dételer. Au jour nous parquons dans un pré à gauche de la route.

Division Aymard.

Journal de marche de la 4ᵉ division du 3ᵉ corps.

15 août.

Les troupes de la division, arrivées au bivouac à 3 heures et à 6 heures du matin, campent au lieu dit de la Maison de Planches et reçoivent à midi l'ordre de continuer le mouvement de retraite en passant par Plappeville, le col de Lessy et Châtel-Saint-Germain.

Elles ne peuvent se mettre en marche qu'à 5 heures du soir; et lorsque la tête de colonne a marché environ l'espace de 2 kilomètres, elle est arrêtée par l'encombrement des bagages et des colonnes et obligée de bivouaquer jusqu'au lendemain matin à 4 heures.

Note du général Aymard sur la marche de la 4ᵉ division pendant la journée du 15 août.

20 février 1872 (1).

Le 15 août dans la journée, la 4ᵉ division du 3ᵉ corps, qui s'était portée dans la nuit du 14 sur la rive gauche de la Moselle, reçut l'ordre de se mettre en marche de manière à suivre la 3ᵉ division par la route passant entre les forts Saint-Quentin et Plappeville et de déboucher sur les plateaux en se dirigeant sur Vernéville et Saint-Marcel.

Le mouvement commença entre 4 et 5 heures du soir; mais à peine engagée sur la route indiquée, la division fut obligée de s'arrêter, ayant devant elle, dans la même position, la 3ᵉ division, de nombreux bagages, un pont de bateaux, etc.

Toute la nuit se passa ainsi; tous les officiers envoyés en avant constatèrent qu'il était impossible d'avancer.

Au petit jour, le général commandant la 4ᵉ division, ayant appris que M. le Maréchal commandant le 3ᵉ corps avait fait demander la division de cavalerie qui était en arrière, et craignant qu'une affaire eut lieu sur les plateaux sans qu'il put y prendre part, fit reconnaître la route de Moulins, Châtel et ayant appris qu'elle était entièrement dégagée, n'hésita pas à faire faire demi-tour à la division et à prendre cette route;

---

(1) Par la 3ᵉ division du 4ᵉ corps.
(2) Provenant de la succession du maréchal Lebœuf.

il déboucha au delà de Châtel sur les plateaux et arriva en vue de Saint-Marcel, laissant Vernéville à sa droite, lorsque les premiers coups de canon se firent entendre. La division fut formée en ordre de bataille et marchant rapidement sur Saint-Marcel arriva en deuxième ligne de la division Tixier (6e corps) vers 11 heures.

Lettre du général de Geslin au Ministre de la guerre.

Orléans, 12 février 1900.

Pour répondre à votre lettre du 1er de ce mois, n° 428, bureau de l'état-major général (Section historique), j'ai l'honneur de vous donner connaissance de ce que je sais *d'une manière très certaine* sur le rôle rempli en 1870 par le 3e corps d'armée pendant les journées des 14, 15 et 16 août. Ce que j'avance pourrait être contrôlé par le général Mojon (1), aujourd'hui en retraite et habitant Paris, je crois.

Le général Aymard a pris le commandement de la 4e division du 3e corps d'armée le 14 août, à midi, en remplacement du brave général Decaen, qui fut blessé mortellement ce jour-là même.

L'officier d'ordonnance du général Aymard était M. le lieutenant de chasseurs à pied de Lardemelle, aujourd'hui colonel du 79e à Nancy. C'est un enfant de Metz, connaissant parfaitement le pays où avaient lieu nos luttes avec les Prussiens. Aussi cet officier fut-il très utile à son chef qui, étranger à cette région, n'avait pas une carte locale.

La division Aymard tint énergiquement à la ferme de Bellecroix pendant toute la bataille de Borny, le 14 août. Le soir, elle reçut l'ordre d'aller passer la Moselle sur un pont de bateaux jeté à Chambière, près du pont suspendu. Cette division se mit donc en mouvement sur Metz en suivant la route dite « des Allemands », parce que la porte à laquelle elle aboutit porte ce nom. Il y avait un pêle-mêle complet avec la Garde et les trois autres divisions du 3e corps.

Arrivé au chemin des Bordes allant vers Saint-Julien-lès-Metz et longeant le pied du fort Bellecroix, chemin qui conduisait au pont de bateaux (2), le général Aymard ne voulut pas le prendre..... J'ignore pourquoi..... C'était cependant la route qui conduisait le plus directement audit pont et sans aucun encombrement à craindre. La 4e division continua à marcher directement sur notre chère ville par cette route dite des Allemands. Après avoir franchi la porte, elle s'engouffra dans la rue de la Grande-Armée.

---

(1) Ancien aide de camp du maréchal Lebœuf.
(2) Sans doute le chemin partant des Bordes et longeant ensuite le ruisseau de Vallières.

L'ordre prescrivant la traversée de la Moselle sur le pont de bateaux avait été complété par l'indication suivante : *Vous irez camper en dehors de la ville, sur les glacis de la porte de Thionville.* Ainsi, très sagement, l'ordre faisait passer la division au Nord et en dehors de Metz pour gagner le pont de bateaux et en évitant l'encombrement existant forcément dans nos rues.

La route des Bordes n'ayant pas été prise, ainsi que je l'ait dit plus haut, on fit remarquer au général qu'au lieu de traverser Metz derrière la Garde, il serait préférable de prendre le chemin le long du rempart, à l'intérieur bien entendu, puisque l'on s'était engagé, pas très heureusement, dans la ville et qu'on gagnerait ainsi la porte de Thionville. Le général Aymard, cette fois, se rendit à l'observation de l'enfant de Metz. La division s'engagea donc par la caserne Chambière et la rue de Pontifroy, vers le pont de la porte de Thionville par laquelle on sortit de la ville. Cette marche s'exécuta sans rencontrer absolument personne. Toutes les autres troupes avaient traversé la ville dans la direction du Pont-des-Morts pour gagner la porte de France, direction de Moulins. La division Aymard arriva vers minuit sur les glacis de la porte de Thionville. Elle passa la nuit du 14 au 15 dans cette situation, ainsi qu'elle en avait reçu l'ordre. Une partie de la journée du 15 fut employée sans doute à refaire les approvisionnements.....

Division de cavalerie.

Journal de marche de la division de cavalerie du 3ᵉ corps.

15 août.

La division passe la journée dans le campement où elle s'est établie le matin. A 4 heures après-midi, elle reçoit l'ordre de monter à cheval à 6 heures du soir et de se rendre à Châtel-Saint-Germain, par Plappeville, en couvrant le mouvement du 3ᵉ corps, dont la 4ᵉ division d'infanterie (Aymard) ferme la marche (1).

Note. — Cet ordre ne put être exécuté, par suite de l'encombrement des chemins, que le lendemain matin.

Rapport du général de Clérembault, commandant la division de cavalerie du 3ᵉ corps, sur la journée du 15 août.

Au camp de Metz, 21 août.

La nuit du 14 au 15 fut employée à traverser Metz, et la division

---

(1) Des divisions d'infanterie.

campait, à 6 heures du matin, sur les glacis en avant du fort Moselle.

La division, qui devait monter à cheval le 15, à 6 heures du soir, pour se rendre à Châtel-Saint-Germain, par Plappeville, en suivant la division Aymard, ne put exécuter cet ordre, la 4ᵉ division du 3ᵉ corps ayant été arrêtée par l'encombrement qui existait au dernier de ces villages. A 11 heures, fatigué de ne pouvoir bouger, j'envoyai un officier d'état-major à S. E. le maréchal Bazaine, à Gravelotte, pour lui rendre compte et demander des ordres. A son retour, autorisé à changer d'itinéraire, j'acheminai ma division par Moulins sur Gravelotte, où S. E. M. le Maréchal commandant en chef me dirigea sur Vernéville, où j'arrivai vers 8 heures du matin (le 16).

Réserve d'artillerie.

Journal de marche de la réserve et du parc d'artillerie du 3ᵉ corps.

15 août.

La réserve et le parc reçoivent, le matin, au polygone de Metz, l'ordre de partir pour Gravelotte, et, en route, ils sont dirigés sur un point situé entre Villers-aux-Bois et Saint-Marcel. L'armée entière encombrant les routes, on arrive très tard au bivouac, dans un lieu privé d'eau.

Extrait d'une lettre du général Zurlinden au Ministre de la guerre (datée du 2 février 1901).

.....Le lendemain, 15 août, nous étions de bonne heure auprès du pont, avec le parc et la réserve d'artillerie du 3ᵉ corps. On nous fit passer la Moselle, et nous nous trouvâmes mêlés à la cohue de tous les corps, qui remontaient la route de Metz à Gravelotte.

A Gravelotte, je suis laissé contre l'auberge, à l'embranchement des deux routes de Conflans et de Mars-la-Tour, pour tirer de la cohue les troupes et le matériel appartenant au 3ᵉ corps et pour les diriger, par la route de Conflans, vers notre bivouac de Saint-Marcel.

L'Empereur, paraissant très fatigué, et le Prince impérial étaient là, près de l'auberge. Le maréchal Bazaine vint les rejoindre et causa longuement avec l'Empereur.....

Génie du 3ᵉ corps.

Journal de marche du génie du 3ᵉ corps.

15 août.

La compagnie de chemin de fer fait sauter, par ordre du maréchal

Bazaine, le grand pont de Longeville sur la Moselle (route de Thionville). L'état-major et la réserve du génie quittent le campement vers 1 heure et vont, par Plappeville, Lessy, Châtel-Saint-Germain, la ferme de Moscou et Gravelotte, s'établir sur la route de Verdun par Étain, entre la Malmaison et Bagneux.

b) Organisation et administration.

Ordre du 3ᵉ corps.

Sous Metz, 15 août.

Les troupes du 3ᵉ corps d'armée installées au camp vont immédiatement s'aligner en vivres et en grains pour les chevaux jusqu'au 17 inclus, disposition de rigueur.

Des ordres sont donnés à l'artillerie d'apporter au camp des cartouches pour remplacer, tant dans le sac que dans les caissons divisionnaires, celles qui ont été consommées hier et qui manquent au complet. Il n'y a pas de temps à perdre pour se remettre en état de marcher aujourd'hui même. Dans cette marche, les divisions n'emmèneront *absolument* que les voitures régimentaires, l'artillerie, l'ambulance, les mulets de cacolet.

Le Maréchal commandant en chef donnera des ordres en ce qui concerne les convois administratifs.

Note.

15 août.

Les corps enverront prendre les cartouches dont ils ont besoin en dehors de la porte de Thionville, près du bureau de l'octroi. Elles leur seront délivrées sur des bons provisoires.

Par ordre :
Le sous-chef d'état-major général,
GRANGEZ DU ROUET.

P.-S. — Que les commandants d'artillerie envoient compléter immédiatement à l'arsenal l'approvisionnement de leur réserve divisionnaire (1).

---

(1) Voir plus loin (Réserve générale d'artillerie : organisation et administration) la note du colonel de Girels, indiquant les munitions délivrées le 15 août par la Direction d'artillerie de Metz.

Ordre de la 2ᵉ division du 3ᵉ corps.

Metz, 15 août.

Il sera organisé immédiatement une compagnie d'éclaireurs par brigade, de 200 hommes environ. Les hommes devront être de bonne volonté et choisis parmi les bons tireurs, habitués à parcourir les bois et à s'y reconnaître. Un lieutenant-colonel commandera et dirigera cette troupe. Chaque compagnie se composera de : 1 capitaine, 2 lieutenants, 2 sous-lieutenants, des sous-officiers et caporaux volontaires nécessaires à la constitution de cette troupe. Les noms seront remis aujourd'hui même par les commandants de compagnie. Ces hommes ne feront pas d'autre service que celui d'éclaireurs et ils recevront une gratification journalière, soit en argent, soit en vivres. Les prises de toute nature leur seront reconnues au moyen de primes données par les généraux de division et les commandants de corps.

Ces éclaireurs devront surtout opérer la nuit et se reposer la journée, en aussi grand nombre que possible, dans les fermes et villages à proximité de la division. En un mot, on leur facilitera les moyens de vivre et de se reposer pendant le jour, de façon à pouvoir exiger d'eux un maximum de service pendant la nuit.

Le Sous-Intendant militaire de la 3ᵉ division du 3ᵉ corps au général Metman.

Plappeville, 15 août.

Malgré la précision des ordres donnés, certains corps n'ont pas touché les vivres (biscuit) jusqu'au 17 inclus. J'ai l'honneur de vous en rendre compte, en vous priant de vouloir bien répéter les ordres. On peut toucher du foin à raison de 5 kilos la ration, en même temps que l'avoine pour deux jours.

Note de la 4ᵉ division du 3ᵉ corps.

Au camp, 15 août.

Les corps feront percevoir immédiatement la viande pour la journée du 15 et le biscuit pour la journée du 17.

La distribution aura lieu sur le glacis à droite en entrant par la porte de France, près du Ban-Saint-Martin.

On fera connaître ultérieurement le lieu et l'heure de la distribution de l'avoine pour la journée du 16.

On rappelle qu'il est défendu aux hommes d'aller en ville autrement qu'en corvée, sous le commandement d'un officier.

Ordre de la 4ᵉ division du 3ᵉ corps.

Sous Metz, 15 août.

Par suite des fatigues éprouvées par les troupes pendant le long combat d'hier soir, j'accorde une ration extraordinaire d'eau-de-vie à titre de gratification aux hommes de la division.

Note de l'artillerie du 3ᵉ corps.

15 août.

Les corps enverront prendre les cartouches dont ils ont besoin en dehors de la porte de Thionville près du bureau de l'octroi.

Elles leur seront délivrées sur des bons provisoires.

Que les commandants d'artillerie envoient compléter *immédiatement* à l'arsenal leurs caissons d'approvisionnement de leurs réserves divisionnaires.

Le général de Rocheboüet, commandant l'artillerie du 3ᵉ corps, au général de Berckheim, commandant la réserve et le parc d'artillerie du 3ᵉ corps.

Fort Moselle, 15 août.

Prière au général commandant la réserve et le parc du 3ᵉ corps de faire sur-le-champ compléter son approvisionnement en munitions d'artillerie avec des ressources tirées de la direction de Metz qui a reçu des ordres en conséquence.

Prière d'envoyer dans la journée au général de division commandant l'artillerie, l'état numérique pour la troupe, nominatif pour les officiers, des tués, blessés et disparus. Prière également de faire connaître la quantité des munitions consommées par les batteries.

Le sous-intendant Rossignol, du 3ᵉ corps, à l'Intendant de la 5ᵉ division, à Metz.

Ban-Saint-Martin, 15 août.

Le 3ᵉ corps se met en marche sur Plappeville, Saint-Germain et Doncourt, etc. Ordre est donné aux troupes de partir seulement avec les voitures militaires. Toutes les voitures du *train auxiliaire* doivent être laissées à Metz vides ou pleines. Elles sont presque toutes chargées de denrées diverses et même de pain.

Si vous n'avez point reçu d'ordres au sujet de ce convoi, je vous prie d'en provoquer de suite de la part du général commandant à Metz, à l'effet d'utiliser ces denrées au profit de la place.

Un inventaire sera nécessaire.

Nous partons; je ne puis entrer dans d'autres détails. Je remets cet avis à la porte de France pour qu'il vous soit envoyé par une personne sûre.

Rapport de l'intendant Rossignol, du 3ᵉ corps, sur le chargement du convoi laissé à Metz le 15 août.

Biscuit............	53,000	rations;	1 jour.
Farine.............	225,000	—	4 jours, largement.
Pain...............	80,000	—	2 jours, presque.
Riz................	429,000	—	8 jours.
Sel................	569,000	—	11 jours.
Sucre..............	800,000	—	16 jours.
Café...............	622,000	—	12 jours.
Vin................	100,000	—	2 jours.
Eau-de-vie.........	70,000	—	1 jour 1/3.
Lard...............	45,000	—	1 jour, presque.
Viande sur pied....	6 jours d'approvisionnements.		
Avoine.............	20,000	rations;	2 jours.

En outre, à Metz dans les grands magasins de la place de la Comédie, mis gratuitement par la ville à la disposition de l'intendant du 3ᵉ corps d'armée, nous laissions en partant beaucoup de riz, de sel, de sucre, de café, des liquides, 60,000 rations d'avoine déjà reçues, et plus de 150,000 autres rations d'avoine en cours de réception.

Nous avons, au retour sous Metz le 19 août, retrouvé nos denrées intactes, sous la garde de l'officier d'administration qui avait eu la gestion de ces magasins.

c) Opérations et mouvements.

Ordre du 3ᵉ corps pour la journée du 15 août.

Sous Metz, lundi 15 août.

A 1 heure, les quatre divisions d'infanterie du 3ᵉ corps lèveront le camp pour se diriger les unes à la suite des autres dans l'ordre de leur campement d'aujourd'hui. Elles s'achemineront par Plappeville sur Châtel-Saint-Germain où elles recevront par l'indication du chef d'état-major général la direction qu'elles doivent suivre.

Chaque division marchera en colonne par demi-section et serrée autant que possible.

Les voitures régimentaires de chaque division, ainsi que les batteries divisionnaires et l'ambulance marcheront entre les deux brigades, l'artillerie d'abord, ensuite l'ambulance en tête des colonnes de voitures. Ainsi qu'il a déjà été prescrit, les mulets de cacolets seront à la suite de chaque bataillon et les voitures à deux roues, de cartouches, suivront leurs régiments.

La 1re brigade se mettra en route la première.

Il est expressément défendu à une division de couper la colonne de la division engagée avant elle. Dans ce cas on fera halte et au besoin on fera mettre sac à terre.

Les colonnes d'infanterie marcheront d'un pas lent et modéré, en faisant des haltes dans la mesure que les généraux divisionnaires jugeront convenable. L'emplacement du bivouac de chaque division sera indiqué à la fin de la journée par les soins de l'état-major général.

L'ambulance et les bagages du quartier général du 3e corps rejoindront la route de Plappeville et entreront dans la colonne de route à la queue de la division d'infanterie qu'ils rencontreront sur cette route, et aussi ne pourront être coupés par les divisions qui suivront.

Si l'artillerie est campée au Ban-Saint-Martin elle prendra la place indiquée ci-dessus au passage de la colonne.

Le général Montaudon, commandant la 1re division d'infanterie au maréchal Lebœuf, commandant en chef le 3e corps.

15 août.

J'ai l'honneur de faire connaître à Votre Excellence que ma division vient d'arriver sur les hauteurs de Plappeville et y tient son camp.

Mes troupes sont excessivement fatiguées de la journée d'hier et d'avoir passé la nuit sans dormir.

Mon quartier général est chez le maire de Plappeville.

Le Maréchal Lebœuf, commandant le 3e corps, au Maréchal commandant en chef l'armée du Rhin.

Au quartier général de Bagneux, 15 août (1).

J'arrive à mon quartier général à Bagneux après avoir reconnu la position d'Amanvillers passant par Vernéville et s'étendant jusqu'à Saint-Marcel, à cheval sur la route de Gravelotte à Doncourt avec retour vers Rezonville.

C'est la position que doit occuper le 3e corps en conformité des in-

---

(1) Écrit vers 6 h. 30 du soir.

structions de Votre Excellence. La position est belle et facile à défendre quoique un peu boisée.

Malheureusement la division Montaudon seule qui est à l'extrême droite prend position en ce moment (6 h. 30) ainsi que les réserves d'artillerie venues par Gravelotte.

Quant à mes trois autres divisions et à la cavalerie elles n'arriveront qu'entre 7 heures et 10 heures du soir.

Dès que j'aurai sous la main un régiment de dragons je le pousserai jusqu'à Doncourt pour garder les équipages du 4e corps (1).

Je n'ai rien à signaler à Votre Excellence au sujet de la marche qui s'est faite avec ordre; cependant je dois lui dire que la troupe me paraît fatiguée et qu'elle aurait besoin de passer une bonne nuit et de manger une bonne soupe avant de se mettre en route demain matin.

P.-S. — Pendant la marche, vers 5 heures du soir, j'ai entendu vers Montigny une forte explosion qui m'a paru provenir du pont du chemin de fer que la garnison de Metz aurait fait sauter.

Le Maréchal commandant en chef l'armée du Rhin au Maréchal Lebœuf, commandant le 3e corps.

Au grand quartier général à Gravelotte, le 15 août.

Je viens de recevoir la lettre que vous m'avez écrite tout à l'heure, de votre quartier général de Bagneux. J'apprends avec plaisir que vos quatre divisions seront établies ce soir entre Vernéville et Saint-Marcel.

Je vous prie de donner des ordres pour que vos troupes aient mangé la soupe demain matin à 4 heures et qu'elles se tiennent prêtes à se mettre en mouvement à 4 h. 30; les tentes seront abattues, les chevaux seront sellés et on ne les bridera qu'au moment de quitter le bivouac.

M. le général Frossard et M. le maréchal Canrobert m'informent que, d'après les renseignements qu'ils ont recueillis, ils ont devant eux une force ennemie qu'ils évaluent à 30,000 hommes et s'attendent à être attaqués demain.

Je vous prie de vouloir bien me faire connaître d'une manière précise où se trouve établi votre quartier général, afin que mes ordres, si

---

(1) Le commandant du 3e corps ignorait sans doute encore que le 4e corps était resté sous Metz en entier.

j'ai à vous en donner, puissent vous parvenir le plus promptement possible.

P.-S. — La détonation que vous avez entendue hier (*sic*), en effet, était produite par la destruction du pont du chemin de fer.

Le maréchal Lebœuf, commandant le 3ᵉ corps, au Maréchal commandant en chef l'armée du Rhin.

Quartier général de Bagneux, 15 août, 11 h. 5 soir.

J'ai l'honneur de faire savoir à Votre Excellence qu'à l'heure où j'écris, je n'ai encore d'arrivé et campé autour de moi que les divisions Montaudon et Castagny (1) avec leurs batteries divisionnaires et, en sus de cela, mes huit batteries de réserve et le parc.

L'itinéraire qui m'avait été indiqué, franchissant par un chemin étroit des ravines nombreuses, de Plappeville jusqu'à Châtel-Saint-Germain, les voitures régimentaires, toujours trop chargées, ne pouvaient franchir les pentes et arrêtaient les colonnes ; telles sont les causes de retard de mes deux autres divisions et de la cavalerie.

Je donne des ordres pour que l'on se conforme autant que possible aux ordres de Votre Excellence en ce qui concerne l'heure de la soupe et celle à laquelle on doit se tenir prêt à partir. Mais, si l'on doit combattre, il serait vivement à désirer que mon corps d'armée fût réuni avant de s'ébranler.

Votre Excellence n'ignore pas que le 4ᵉ corps tout entier, qui devait me précéder, n'a pas fait le mouvement hier et qu'il est encore, à l'heure où j'écris, sous ou même dans Metz.

Dans ces conditions de dispersion, Votre Excellence appréciera s'il ne serait pas plus utile d'attendre l'ennemi plutôt que d'aller à lui jusqu'au moment où tout le 3ᵉ corps sera réuni.

Je préviendrai Votre Excellence au fur et à mesure de l'arrivée de mes autres troupes. Il existe naturellement en ce moment une grande trouée entre ma gauche et la droite du 6ᵉ corps. La route de Gravelotte à Mars-la-Tour (2) n'est couverte que par l'artillerie.

P.-S. — Mon quartier général est à Bagneux, à trois kilomètres environ en avant de Gravelotte.

---

(1) Maintenant, Nayral.
(2) Il convient sans doute de lire : de Gravelotte à Conflans.

Journée du 15 août.

4ᵉ CORPS.

a) Journaux de marche.

Journal de marche.

Lille, 15 août.

Le quartier général se transporte du château de Grimont au village de Devant-les-Ponts et au château du Sansonnet.

Les divisions ont repris, à 1 heure du matin, le mouvement interrompu la veille. Elles sont campées dans la plaine de Devant-les-Ponts, à l'Ouest de la route de Thionville, principalement entre la route de Metz à Woippy et le chemin de fer; les trois divisions dans l'ordre de bataille, face à l'Est; l'administration à l'Est de la route de Thionville.

Les bagages du quartier général du corps d'armée et de la division de cavalerie, engagés sur la route de Longeville depuis la veille, ne peuvent rejoindre que le lendemain et aussi le surlendemain, arrêtés par le mouvement des autres corps d'armée vers Gravelotte.

La 3ᵉ division se met en route pour aller camper à Lessy.

Opérations du 4ᵉ corps le 15 août.

Le 4ᵉ corps avait bivouaqué, le 15 dans la matinée, en avant du fort Moselle, au lieu dit Devant-les-Ponts, à droite et à gauche de la route de Thionville (1).

Ce jour-là, il avait reçu l'ordre de se porter sur Doncourt-en-Jarnisy; mais les troupes étaient fatiguées par les marches qu'elles venaient de faire et le combat qu'elles avaient soutenu si glorieusement le 14. Il leur fallait de plus compléter leurs munitions. Aussi leur était-il impossible de gagner Doncourt le jour même. Le général commandant en chef le 4ᵉ corps, pour se conformer cependant aux ordres reçus, mit en

---

(1) Ceci n'est pas en contradiction avec l'indication du Journal de marche, car, dans la soirée du 15, les bivouacs des 1ʳᵉ et 2ᵉ divisions furent modifiés après le départ de la 3ᵉ.

mouvement, vers 3 heures de l'après-midi, la 3ᵉ division, qui avait le moins souffert au combat du 14 (1).

Comme la route de Longeville était aussi encombrée que la veille, il mit cette division en marche par la route passant à Plappeville, entre le fort de ce nom et celui de Saint-Quentin. Elle devait camper vers Lessy et, le lendemain, gagner Gravelotte, puis prendre la route qui conduit de ce point à Doncourt.

Le lendemain, au point du jour, les deux autres divisions devaient la suivre; mais, dans la soirée, le général commandant en chef le 4ᵉ corps, apprenant que la route de Plappeville était aussi encombrée par les voitures du 3ᵉ corps, se décide à opérer son mouvement sur Doncourt par la route de Briey, puis par le chemin passant à Habonville et Jouaville.

Il en donne avis au général commandant la 3ᵉ division pour que, le lendemain, il appuie dans cette direction en faisant reconnaître les chemins conduisant sur Doncourt.

Division de Cissey.

Journal de marche de la 1ʳᵉ division du 4ᵉ corps.

15 août.

A la pointe du jour, exécution du passage de la Moselle au moyen des ponts jetés à hauteur de l'île Chambière. La 1ʳᵉ division, après avoir exécuté cette opération, vient s'installer provisoirement à la Maison de Planches, près du Ban-Saint-Martin. Dans l'après-midi, la division va bivouaquer à Woippy.

Division Grenier.

Journal de marche de la 2ᵉ division du 4ᵉ corps.

15 août.

Pendant la nuit, la division passe la Moselle sur les ponts de l'île Chambière, se repliant régulièrement, et elle va installer son camp près du village de Woippy, à 4 heures du matin.

Elle passe la journée du 15 à se refaire et à se reposer.

---

(1) Le rapport passe sous silence la prescription formelle du maréchal Bazaine au 4ᵉ corps de passer par Longeau, prescription qui fut la véritable cause du retard de ce corps d'armée.

Division de Lorencez.

Journal de marche de la 3ᵉ division du 4ᵉ corps.

15 août.

La division quitte ses bivouacs de la Maison-Neuve, près Woippy, 3 heures de l'après-midi, pour marcher sur Doncourt par la route qui passe au Sud de Woippy, au Coupillon, entre Plappeville et le fort Saint-Quentin, à Lessy et au moulin de Longeau.

A Plappeville, la division fut longtemps arrêtée par les troupes et les voitures allant à Metz et à Châtel-Saint-Germain; elle ne put dépasser Lessy, où elle s'arrêta vers 9 heures du soir. Le 2ᵉ bataillon de chasseurs à pied et deux bataillons du 15ᵉ de ligne campèrent sur le plateau qui s'étend entre Lessy et Lorry.

Le reste de la division fut forcé de bivouaquer sur la route qui va du fort Saint-Quentin à Lessy.

Journal de marche de la 2ᵉ brigade de la 3ᵉ division du 4ᵉ corps.

15 août.

Vers minuit, le général de Lorencez donna l'ordre de rallier la brigade et d'aller camper sur l'emplacement dit Devant-les-Ponts, où nous arrivâmes, vu l'encombrement de la route, à 5 heures du matin. A 4 heures du soir, ordre de lever le camp; nous nous dirigeons sur le col de Lessy; nous marchons toute la nuit par des chemins atroces, encombrés de voitures. La brigade est obligée de s'arrêter au col de Lessy et d'attendre que tous les *impedimenta* qui obstruent la route s'écoulent pour nous permettre de passer. L'équipage de ponts était précisément engagé sur cette voie et la largeur des bateaux était telle qu'il était impossible à un cavalier de passer soit à droite soit à gauche; les voitures étaient dételées et arrêtées au milieu de ce petit chemin......

Division de cavalerie Legrand.

Journal de marche.

Le 15 août, on bivouaque à Woippy (1).

---

(1) Entre Woippy et le Sansonnet, d'après les historiques des régiments.

Rapport du Capitaine commandant la 6e *batterie du* 8e.

15 août.

Le 15, nous avons de nouveau passé la Moselle pour nous porter à gauche de Woippy, où nous avons campé près du chemin de fer.

c) Opérations et mouvements.

Notes du maréchal Lebœuf (1). — *Dépêches du général de Ladmirault au maréchal Bazaine.*

Château du Sansonnet, 15 août.

1° J'ai dû garder les positions jusqu'à 1 heure de la nuit et diriger alors les troupes vers les ponts de la Moselle. A peine avais-je pu rallier tout le monde aujourd'hui à midi.

Le général commandant le 4e *corps,*
DE LADMIRAULT.

(*Donc j'ai bien fait de prendre la tête.*)

Château du Sansonnet, 15 août.

2° Conformément aux ordres de Votre Excellence, je vais mettre en route les troupes du 4e corps pour les diriger sur Doncourt-en-Jarnisy. Je suis loin d'avoir rallié tous les hommes des régiments; mais ils arrivent successivement et je regarde comme complète la 3e division (Lorencez) qui, ce matin à 10 heures, est arrivée la première au bivouac. Je fais remplacer les munitions, surtout celles des batteries d'artillerie qui, hier 14, ont pris une part très active au combat qui s'est livré sur le plateau de Saint-Julien. Je lui fais distribuer les vivres dont elle a besoin et enfin je compte la mettre en route à 2 heures. Le reste des troupes du 4e corps suivra cette division à de très courts intervalles, mais de manière à empêcher les encombrements. Enfin demain, dans la matinée, j'espère que tout le 4e corps sera réuni à Doncourt-en-Jarnisy.

Le général commandant le 4e *corps,*
DE LADMIRAULT.

P.-S. — *Comment se fait-il que la division Lorencez, qui a été la première prête, ne soit pas arrivée sur le terrain le 16?* (2).

---

(1) Provenant de la succession du Maréchal.
(2) Annotation du maréchal Lebœuf.

Ordre du 4ᵉ corps pour la marche du 16 août.

Camp près Metz, 15 août.

Les troupes compléteront aujourd'hui les cartouches de leurs gibernes et les munitions de leurs batteries ; les caissons d'infanterie seront également complétés en cartouches.

Les chevaux de l'artillerie, de la cavalerie et des autres corps seront complétés à deux jours de fourrage (16 et 17).

Demain, 16 août, les troupes du 4ᵉ corps se mettront en marche pour gagner Doncourt-en-Jarnisy ; elles suivront, à cet effet, la direction indiquée pour la 3ᵉ division, qui part ce soir. Cette route traverse l'extrémité Sud du village de Lessy et vient aboutir à la Maison-Neuve, sur la grande route de Conflans.

La division de cavalerie quittera le bivouac à 3 h. 30 du matin. Cette division amènera ses bagages réglementaires sans autre addition de transport.

A 4 heures, la 2ᵉ division d'infanterie se mettra en marche ; chaque régiment emmènera avec lui six caissons de munitions.

La réserve d'artillerie, le parc d'artillerie, ainsi que le parc du génie, se mettront en marche à 5 heures et suivront la 2ᵉ division.

Le trésor et l'ambulance suivront immédiatement la réserve du génie.

Tous les bagages des corps d'infanterie et d'artillerie suivront le trésor.

La 1ʳᵉ division fermera la marche.

La colonne n'emmènera aucune réserve de vivres, si ce n'est le troupeau.

Le général commandant la division de cavalerie se procurera un guide qui recevra une rétribution.

Par ordre :
Le chef d'état-major du 4ᵉ corps,
Osmont.

Le général de Ladmirault au général Legrand.

Le Sansonnet, 15 août.

D'après les renseignements que j'ai pris, il y a tout avantage pour la colonne à prendre à Woippy, qui se trouve derrière votre bivouac, la route impériale qui va de Metz à Briey et de la suivre jusqu'à Saint-Privat-la-Montagne. De ce point, il existe de bonnes routes de plateau qui conduisent directement à Doncourt-en-Jarnisy.

Demain 16 août, toute la colonne prendra cette direction dans l'ordre que j'ai déjà indiqué, avec cette seule modification que la cavalerie partira à 4 heures, la 2ᵉ division à 5 heures et la 1ʳᵉ à 6 h. 30. L'artillerie et les corps qui s'intercalent calculeront leur départ d'après ces nouvelles instructions.

Prenez un guide et payez généreusement.

Journée du 15 août.

6ᵉ CORPS.

a) Journaux de marche.

Journal de marche du 6ᵉ corps.

15 août.

La division de Laveaucoupet est désignée pour occuper les forts de Metz, et le reste de l'armée quitte cette place pour se diriger sur Verdun. Le 6ᵉ corps ainsi que le 2ᵉ prennent la route de Mars-la-Tour et vont bivouaquer à Rezonville.

Le 2ᵉ chasseurs de France est attaché au 6ᵉ corps.

Journal du général Henry, chef d'état-major du 6ᵉ corps.

15 août.

Le 14, vers 11 heures du soir, un officier du grand quartier général vint donner des ordres verbaux ; le 6ᵉ corps doit se mettre en mouvement le 15 dès l'aube ; la division Tixier passera la Moselle sur le pont du chemin de fer, débouchera à Longeville et se dirigera de là sur Gravelotte. Son mouvement de passage est terminé vers 5 heures (1) ; et quelques instants après, le génie fait sauter une arche de ce pont ; on a complètement oublié de faire sauter ceux de Jouy et de Novéant, par lesquels l'ennemi débouchera tout à l'heure. Elle est établie sur la route entre Longeville et Moulins, reçoit quelques boulets, qu'une bat-

---

(1) Du matin, le 15 août.

terie prussienne, qui l'a suivie, lui lance de l'autre rive; elle perd un colonel, un commandant et un capitaine. Le maréchal Canrobert est, à la pointe du jour, à la porte de France; il n'y trouve aucun officier de l'état-major général pour lui donner les directions à suivre; il y laisse son état-major pour diriger les colonnes.

La Garde impériale suit la route de Longeville; sa cavalerie s'établit au Ban-Saint-Martin; une grande partie de l'infanterie du 6ᵉ corps est dirigée par la route de Plappeville, sur le col de Lessy, et se dirige de là sur Gravelotte.

A midi, le 6ᵉ corps est tout entier formé autour de Gravelotte, il attend des ordres (1).

Entre 4 et 5 heures, l'Empereur arrive à ce village, et le 6ᵉ corps est dirigé sur le village de Rezonville; le 2ᵉ y est déjà établi en avant et à gauche de la route; le 6ᵉ s'établira en avant et à droite de cette même route. Le Maréchal fait la reconnaissance du terrain; en arrivant, il envoie des paysans aux renseignements dans les bois vers Ars et Gorze; il reconnaît que la position peut être tournée par les défilés qui traversent les bois des Ognons et en confie l'observation à la division Levassor-Sorval, qui reste ainsi en seconde ligne.

Le reste du corps d'armée se forme, la droite au bois de Saint-Marcel, la gauche à la route de Rezonville (2). Le maréchal Canrobert rentre à son quartier à la nuit.

La division Forton (cavalerie) nous couvre en avant de notre front à grande distance; nous en avons été prévenus par un ordre du 14 août.

Dans la soirée, le Maréchal reçoit l'ordre d'être prêt à partir le 16, à 4 h. 30 du matin, les tentes doivent être abattues, les chevaux sellés.

Division Tixier.

Journal de marche de la 1ʳᵉ division du 6ᵉ corps.

15 août.

Les troupes se mettent en marche avant le jour, de manière à passer sur la rive gauche de la Moselle. Vers 7 heures du matin, les deux brigades sont réunies dans la plaine de Longeville; on a suivi la voie ferrée pour s'y rendre. Pendant la halte de Longeville, quelques obus tirés par les Prussiens tombent au milieu de groupes au repos et bles-

---

(1) Erreur manifeste. A midi, la division de tête du 6ᵉ corps (3ᵉ division) faisait encore sa grand'halte au Point-du-Jour.

(2) La division Tixier s'arrêta, en effet, au Sud de la voie romaine, mais elle se porta ensuite entre le bois Pierrot et Saint-Marcel.

sent dangereusement le colonel Ardant du Picq, qui a une jambe fracassée ; le commandant Deschenes et un capitaine, du 10ᵉ régiment, sont tués ; en même temps nous perdons plusieurs hommes. Les troupes se mettent en marche et gagnent les coteaux de Scy et Lessy afin de laisser libre la grande route sur laquelle les voitures se précipitent en désordre. La division continue son mouvement et campe à 8 h. 30 (1) sur des plateaux en avant de la ferme de Villers-la-Forêt (2), où s'établit le quartier général de la division.

Journal de marche de la 1ʳᵉ division du 6ᵉ corps (3).

15 août.

Avant le jour, les troupes se mettent en marche sur la chaussée du chemin de fer de Thionville, et après avoir traversé la Moselle, elles descendent dans les prairies de Longeville, où l'on fait le café.

Vers 7 heures du matin, des obus lancés au milieu du bivouac par une batterie prussienne, établie à la ferme de Bradin, forcent la division à se remettre en marche. Elle se dirige sur Gravelotte par Scy, Lessy et Châtel-Saint-Germain. Les batteries divisionnaires et l'ambulance prennent la grande route et passent par Moulins-lès-Metz.

Après avoir fait une halte à l'auberge Saint-Hubert, la division dépasse Gravelotte et arrive à Rezonville vers 7 heures du soir.

La division campe sur deux lignes parallèles en avant de la ferme de Villers-aux-Bois, la droite de la première ligne appuyée au village de Saint-Marcel.

Extrait du rapport du général Péchot, commandant la 1ʳᵉ brigade de la 1ʳᵉ division du 6ᵉ corps, sur la bataille de Rezonville. (Mouvements du 15 août).

Sous Metz, 19 août.

Le 15 août, à 3 heures du matin, la brigade quittait sa position et venait par une marche en retraite se placer au pré Saint-Symphorien en passant la Moselle sur le pont du chemin de fer. A peine les troupes étaient-elles arrivées dans cette position que l'ennemi profita de l'agglomération qu'elles produisaient pour y lancer quelques obus, qui

---

(1) Du soir.
(2) Villers-aux-Bois.
(3) Autre rédaction.

firent de nombreuses victimes parmi lesquelles le colonel Ardant du Picq, du 10ᵉ de ligne, mort des suites de ses blessures ; le commandant Descheues, blessé grièvement ; le capitaine Reboulet, tué, et neuf hommes atteints, tous au 10ᵉ de ligne. On quitta immédiatement ce campement pour se mettre en marche sur Gravelotte en passant par la montagne à Scy, Lessy et Châtel-Saint-Germain. Le camp de la 1ʳᵉ division fut établi sur le plateau situé entre Rezonville et Saint-Marcel, la gauche appuyée à une ancienne voie romaine et la droite au village de Saint-Marcel.

La 1ʳᵉ brigade (4ᵉ et 10ᵉ de ligne) fut placée en première ligne, la 2ᵉ en seconde ligne (12ᵉ et 100ᵉ de ligne). Quant au 9ᵉ bataillon de chasseurs à pied, trois compagnies furent désignées pour servir de soutien à l'artillerie (1), les trois autres restaient en réserve sous la main du général commandant la 1ʳᵉ division d'infanterie du 6ᵉ corps (2)......

Historique du 9ᵉ bataillon de chasseurs à pied.

15 août.

Le mouvement de retraite commence : on traverse Montigny-lès-Metz ; on regagne la route de Verdun à 6 heures du matin à Longeville-lès-Metz. Grand'halte à Longeville. Une batterie prussienne venant s'établir entre le fort Queuleu et Montigny fait feu sur la division qui a de nombreux blessés. Pas de pertes au bataillon qui se jette sur les hauteurs dans la direction de Lessy. Le bataillon regagne la route de Verdun à Gravelotte, par Lessy et Rozérieulles. A Gravelotte, ordre est donné de se préparer au combat, puis continuation de la route ; le bataillon prend position, à six heures du soir, à la droite du château de Villers-sous-Bois, derrière la chaussée romaine, en avant de Vionville. Trois compagnies, 3ᵉ, 4ᵉ et 6ᵉ, sont détachées comme soutiens des batteries d'artillerie.

Le Lieutenant-colonel du 10ᵉ d'infanterie au général Péchot.

Camp sous Metz, 15 août au soir.

Ce matin, le régiment était placé près de la route de Longeville pour y faire le café avant de se mettre en route.

Deux pièces d'artillerie avaient été placées par l'ennemi sur la rive droite de la Moselle que nous venions de quitter et ont fait feu au mo-

---

(1) Restée au Sud de la voie romaine.
(2) C'est-à-dire à Villers-aux-Bois.

ment où on s'y attendait le moins. Les pertes que nous avons faites sont sensibles.

Le colonel Ardant du Picq a été grièvement blessé, ainsi que le commandant Deschenes. Le capitaine Reboulet a été tué ; 1 lieutenant et 9 hommes ont été blessés, l'un d'eux gravement.

Historique du 4ᵉ régiment de ligne (1ʳᵉ *division*, 1ʳᵉ *brigade*).

15 août.

Au point du jour, nous passons sur la rive gauche de la Moselle et nous faisons halte en face de notre campement de la veille ; sous le fort Saint-Quentin et au Sud de ce fort, dans l'angle formé par les talus des chemins de fer de Reims et de Thionville, en face des hauteurs de Longeville. Au moment où les escouades font le café, une reconnaissance prussienne d'environ 150 cavaliers, accompagnée de quelques pièces d'artillerie, est signalée sur la droite de Moulins-lès-Metz, et quelques minutes après, plusieurs obus tombent sur notre droite et tuent ou blessent plusieurs officiers et soldats de la division. Celle-ci commence aussitôt le mouvement qu'elle doit exécuter. On traverse successivement les villages de Scy, Lessy, Châtel-Saint-Germain, Gravelotte.

Après une marche pénible, qui dure jusqu'au soir, le régiment campe à 17 kilomètres à l'Ouest de Metz, en ordre de bataille, face à la route de Verdun et dans l'ordre suivant : la droite appuyée au village de Saint-Marcel, qu'occupe militairement le 1ᵉʳ bataillon ; le 2ᵉ bataillon au centre et le 3ᵉ à gauche. Entre le 2ᵉ et le 3ᵉ bataillon se trouve l'artillerie de la division (1) ; en arrière de Saint-Marcel, une batterie de réserve et un bataillon du 12ᵉ de ligne, le tout sous les ordres du colonel du régiment (colonel Vincendon).

Historique du 10ᵉ régiment de ligne (1ʳᵉ *division*, 1ʳᵉ *brigade*).

15 août.

Le 15 août, le lendemain de la bataille de Borny, la division traverse la Moselle à la pointe du jour ; puis, marchant sur Gravelotte, elle des-

---

(1) D'après le rapport du colonel de Montluisant, trois batteries de l'artillerie de la division $\left(\dfrac{5,\ 7,\ 12}{8}\right)$ campaient au Sud de la voie romaine. La 8ᵉ batterie du 8ᵉ était seule restée avec la brigade Péchot ; c'est d'elle qu'il est question dans l'Historique du 4ᵉ régiment.

cend dans la plaine, au Sud de Longeville-lès-Metz et s'y arrête en grand'halte pour faire le café. A peine les faisceaux étaient-ils formés et les hommes occupés à préparer des feux que des obus éclatent au milieu des troupes. Les projectiles partent de la ferme Bradin, située sur les hauteurs de Montigny, que le régiment vient de quitter le matin même et où s'est portée subitement une reconnaissance de cavalerie allemande appuyée de deux pièces. Le colonel fait aussitôt prendre les armes et dispose les hommes au Nord de la route qui, étant en chaussée, procure ainsi un abri suffisant pour défiler les troupes. Lui-même reste debout sur la route afin de raffermir les soldats un peu ébranlés par ce feu, qu'ils subissent pour la première fois. Tout à coup, un obus éclate à ses côtés et le blesse grièvement en lui mutilant les deux jambes d'une manière affreuse. Le même obus tue le capitaine Reboulet et atteint le commandant Deschenes, le lieutenant Pône et huit soldats.

Le colonel montre alors un courage admirable ; il fait demander le lieutenant-colonel Doléac, lui remet le commandement, puis exprime à tous ceux qui l'entourent le regret d'être ainsi frappé avant d'avoir pu conduire le régiment au feu. Transporté à l'hôpital, il y mourait le 19 août.

Après cette halte, qui a coûté si cher au régiment, la division, continuant sa marche, vient camper, vers 7 heures du soir, sur les hauteurs situées à l'Ouest de Rezonville, face à la direction de Mars-la-Tour, la gauche appuyée à la route de Metz à Verdun (1), la droite vers Saint-Marcel. Six compagnies s'établissent en grand'garde.

Historique du 12e régiment de ligne (1re *division*, 2e *brigade*).

15 août.

L'armée entière quitte Metz pour prendre la route de Verdun. Campés le soir à droite de Gravelotte : le 3e bataillon à droite de la ferme de Caulre, en amont de Saint-Marcel, et les deux autres bataillons en avant de Rezonville.

Historique du 100e régiment de ligne (1re *division*, 2e *brigade*).

15 août.

Le 15 au matin, vers 3 heures, le régiment reçoit l'ordre de suivre la voie ferrée pour rejoindre la division à hauteur de Longeville-lès-Metz.

---

(1) Il y a évidemment erreur. Il faut lire : *voie romaine*.

Après une marche assez pénible, le 100ᵉ et le 12ᵉ de ligne, à leur arrivée, à 6 heures du matin, sont placés dans la prairie, au pied du remblai du chemin de fer qui relie la ligne de Frouard à celle de Thionville, face à la route, ayant à leur gauche le 10ᵉ et le 4ᵉ de ligne et derrière eux la Moselle.

Une reconnaissance de cavalerie prussienne avec de l'artillerie légère a suivi la colonne et lance quelques obus qui causent des pertes sensibles au 10ᵉ de ligne. Le canon du fort Saint-Quentin force cette colonne à se replier et à 8 heures la division se remet en marche sur Châtel-Saint-Germain, où elle arrive à midi après avoir traversé les villages de Scy et de Lessy. Après une halte d'environ deux heures, la division se remet en marche vers Gravelotte, qu'elle traverse pour bivouaquer vers 5 heures en face de Rezonville sur la droite de la route ayant à gauche le corps Frossard, couvert par la cavalerie du général Forton, et à sa droite le corps Lebœuf; les régiments sont placés en ordre de bataille par brigades accolées. Vers 11 heures du soir, la division en entier est portée sur sa droite sous bois, près de Villers-aux-Bois et y reste campée jusqu'au moment où une forte canonnade se fait entendre sur sa gauche à 9 heures du matin. Le régiment prend les armes et est placé en colonne derrière le 12ᵉ de ligne.

Journal du lieutenant-colonel de Montluisant, commandant l'artillerie de la 1ʳᵉ division du 6ᵉ corps.

15 août.

L'ordre était arrivé à minuit de passer sur la rive gauche de la Moselle. Le mouvement s'effectue au milieu d'un désordre et d'un encombrement dont rien ne peut donner une idée. La 12ᵉ batterie du 8ᵉ régiment arrive dans la nuit par Mézières et Thionville; elle est placée provisoirement sous mes ordres. Enfin j'arrive à Longeville à 6 heures du matin pour me mettre en batterie contre les Prussiens qui, admirablement renseignés, sont venus occuper notre camp de la veille et lancer quelques obus sur le logement de l'Empereur et les bivouacs voisins. On emporte le colonel Ardant du Picq, tué près de nous, avec plusieurs de ses officiers. L'Empereur, logé à Longeville, chez le colonel Henocque, est réveillé par les obus; il monte à cheval avec son fils et sort de son logement au milieu d'une émotion de sa Maison indescriptible. Les voitures, fort nombreuses, partent sur la route de Verdun aux plus grandes allures; les chevaux de main, l'escorte sont au galop; cette avalanche traverse mes batteries.

Pendant que l'artillerie de la 1ʳᵉ division reprend la route de Verdun, le général Tixier, avec toutes ses troupes, escorte l'Empereur, qui se dirige directement sur Gravelotte, à travers les vignes et les coteaux.

L'Empereur est bien fatigué, sa figure est altérée.

Nous faisons halte à la ferme de Saint-Hubert, où la 1re division rejoint son artillerie. Nous apercevons une seconde fois l'Empereur et son fils au Point-du-Jour; nous croisons ses équipages remisés à Gravelotte, et nous venons camper sur les plateaux en avant de Rezonville, à gauche de la voie romaine. Le général Tixier nous laisse avec notre escorte (1) sur les plateaux et se place avec ses troupes sur la droite, derrière des bois et sur l'alignement de Saint-Marcel.

Nos bagages, chargés depuis le 13, ne nous ont point rejoints. Les officiers sont sans abris, ils se reposent sur les affûts, pendant que les artilleurs dorment sous leurs tentes-abris.

Journal de marche du génie de la 1re *division du* 6e *corps.*

15 août.

Le bivouac est quitté à 2 heures du matin. La 1re compagnie du génie seule et ses voitures de section traversent les trois ponts qui séparent Montigny du bourg de Longeville.

A 8 heures, au moment où une forte canonnade, dirigée par les Prussiens établis à la ferme de Bradin, au Sud-Est de Montigny, près de notre bivouac de la veille, commence à jeter une panique extrême sur l'agglomération de l'armée entière campée entre Longeville, Metz et Moulins, à ce moment, dis-je, la compagnie de tête de la 1re division (6e corps) s'engage dans la montagne par les bourgs de Scy, Lessy, Châtel-Saint-Germain, la ferme de Moscou, celle de Saint-Hubert.

Les voitures de section, qui nous ont quitté à Scy pour prendre la route de Verdun, par l'Ouest, nous retrouvent à Saint-Hubert, vers 2 heures après-midi.

Arrivée à 6 heures du soir, à Villers-aux-Bois, en face et à 2 kilomètres au Nord-Est de Rezonville, à 16 kilomètres de Metz. Le soir pas de vivres, un convoi parti de Metz dans la nuit de dimanche au lundi ayant été égaré.

Division Bisson.

Journal de marche de la 2e *division du* 6e *corps.*

15 août.

La 2e division reçoit à 3 heures du matin l'ordre de commencer son

---

(1) $\dfrac{3, 4, 6}{9 \text{ B. Ch}}$.

mouvement et de se porter sur les glacis en avant de la porte de France. Deux batteries de 12 appartenant à la réserve générale de l'armée (1) lui sont adjointes provisoirement, jusqu'à ce que les batteries divisionnaires aient rejoint. A 10 heures du matin, elle poursuit sa marche en suivant la route de Plappeville et Lessy ; elle rejoint la grande route de Verdun, au hameau de Maison-Neuve, rejoint ses bagages en haut de la montée de Rezonville et continue jusqu'au village de Gravelotte, point de bifurcation des deux routes de Verdun : l'une au Nord par Conflans et Étain, l'autre au Sud par Fresnes. Elle y arrive vers 2 heures et y attend jusqu'à 4 heures pour recevoir son emplacement. Elle vient camper à la droite de la route de Verdun par Fresnes, à hauteur du village de Rezonville, perpendiculairement à la route, sa gauche à environ 500 mètres de celle-ci ; elle est formée en troisième ligne des 1re et 3e divisions du 6e corps. Elle est établie dans son camp à 5 heures du soir. Distance parcourue : 19 kilomètres.

Division La Font de Villiers.

Journal de marche de la 3e division du 6e corps.

15 août.

La 3e division quitte son campement sous Sainte-Ruffine, et se dirige par ce village, Jussy et le plateau de Jussy sur Gravelotte et Rezonville, route de Verdun par Mars-la-Tour. Elle établit ses bivouacs sur la droite de la route au delà du village sur deux lignes, la gauche appuyée à la route, la droite aux bois de Villers-aux-Bois. Une batterie de la division reste jusqu'à la soirée en avant de Gravelotte, vers la Moselle, et observe la route d'Ars, soutenue par un bataillon du 94e de ligne.

Journal de marche du génie de la 3e division du 6e corps.

15 août.

On a quitté le bivouac de Moulins le 15 au matin, pour se diriger sur Verdun en suivant la grande route qui passe à Gravelotte et gagne l'étape de Mars-la-Tour.

Le 15 au soir, on a campé au village de Rezonville, à 2 kilomètres environ au delà de Gravelotte.

---

(1) Batteries $\frac{9, 10}{13}$.

DIVISION LEVASSOR-SORVAL.

Journal de marche.

Le 15 août, la division part pour rejoindre le 6ᵉ corps au camp de Rezonville.

Journal de marche de la 8ᵉ batterie du 18ᵉ régiment.

15 août.

Arrivée au Ban-Saint-Martin à 4 heures du matin. Départ à 10 heures du matin avec la 4ᵉ division d'infanterie, général Levassor-Sorval, 25ᵉ, 26ᵉ, 28ᵉ et 70ᵉ de ligne.

Arrivée à Rezonville à 4 heures du soir avec la division et le 6ᵉ corps tout entier.

c) Opérations et mouvements.

Le maréchal Canrobert au maréchal Bazaine, à Gravelotte.

Rezonville, 15 août.

J'ai l'honneur d'accuser réception à Votre Excellence de la dépêche par laquelle elle me donne l'ordre que les troupes du 6ᵉ corps aient mangé la soupe demain matin à 4 heures et qu'elles se tiennent prêtes à se mettre en mouvement à 4 h. 30, les tentes abattues, les chevaux sellés; on ne les bridera qu'au moment de quitter le bivouac.

Mon quartier général est établi à Rezonville, chez le maire.

Les ordres sont donnés.

Journée du 15 août.

GARDE IMPÉRIALE.

a) Journaux de marche.

Journal de marche de la Garde impériale.

15 août.

Les Prussiens ayant établi une batterie sur les hauteurs qui commandent la rive droite de la Moselle, les projectiles arrivent dans le camp de la 1ʳᵉ division, qui se porte plus près du village de Moulins.

Un bataillon du 3ᵉ grenadiers est placé pour garder le pont du chemin de fer sur la Moselle, dont on fait sauter une arche.

Par suite d'un ordre reçu vers 1 heure du soir, les troupes de la Garde se mettent en marche dans la direction de Gravelotte, dans l'ordre suivant :

Par la route de Longeville à Moulins-lès-Metz :

A 2 h. 30, la division de cavalerie toute constituée ;

A 3 heures, les batteries de réserve avec leurs bagages régimentaires ;

A 3 h. 15, le génie, avec son parc, précédant le quartier général avec les ambulances et les équipages du quartier général, le parc d'artillerie ; la division Picard formant une arrière-garde, composée d'un régiment d'infanterie, d'un escadron de cavalerie et d'une batterie d'artillerie.

La division Deligny, partie d'avance sur un ordre verbal du général commandant en chef la Garde, s'installe au Point-du-Jour. Son bataillon de chasseurs à pied et une batterie sont postés à gauche de la route de Gravelotte, pour surveiller les débouchés du bois de Vaux.

La division Picard est placée au Sud et à l'Est de Gravelotte, surveillant le même ravin et le bois.

La cavalerie au Nord du village ainsi que l'artillerie de réserve et le parc d'artillerie.

Le convoi d'administration, composé du train auxiliaire, reste au Ban-Saint-Martin.

Les dernières troupes sont arrivées à Gravelotte à 11 h. 30 du soir.

L'Empereur était à Gravelotte avec son quartier général.

Note du général Bourbaki pour sa déposition devant le Conseil d'enquête.

15 août.

La division de voltigeurs quitta son campement pour s'engager sur la route de Verdun et aller bivouaquer, d'après les ordres du Maréchal, à droite de cette route, sur le plateau de la ferme de Moscou. Le reste de la Garde s'installa dans le voisinage de Gravelotte, sur la rive droite du ruisseau de la Mance, coulant au fond du ravin d'Ars, qui sépare Gravelotte de la ferme de Moscou.

Il est incontestable que nous possédions, ce jour-là, les deux routes conduisant à Verdun par Conflans et par Mars-la-Tour, et que, si nous avions reçu le moindre ordre, la moindre indication relative aux intentions du Maréchal, nous aurions pu rejeter les Prussiens dans la Moselle.

Division Deligny.

Journal de marche de la division des voltigeurs de la Garde.

15 août.

Les Prussiens ayant établi une batterie sur les hauteurs qui commandent la rive droite de la Moselle, ont couvert de projectiles le camp qui a été aussitôt levé et rapproché du village de Moulins.

La division s'est mise en marche à 11 heures du matin et a gagné par Rozérieulles le plateau de Gravelotte.

Elle a bivouaqué au lieu dit le Point-du-Jour. Le bataillon de chasseurs à pied et une batterie d'artillerie ont été détachés en avant pour couvrir à gauche les approches du village de Gravelotte.

Historique du bataillon de chasseurs de la Garde.

15 août.

Par suite de l'encombrement des routes et des ponts, le bataillon n'arrive dans la plaine entre Longeville et Moulins qu'à 7 heures du matin ; toute la division y bivouaque à côté du 6ᵉ corps arrivé là dans la nuit.

Les Prussiens envoient des obus dans les bivouacs : le bataillon, sur l'ordre du général Deligny, change de position pour éviter toute surprise de la part de l'ennemi, et se place près de Moulins afin de pouvoir garder le pont construit sur la Moselle en amont de Moulins, avec deux compagnies. A 4 heures (1) le bataillon reçoit l'ordre de se porter sur les hauteurs de Gravelotte. A son arrivée, vers 6 heures, il est placé en avant du village, à cheval sur la route conduisant de Gravelotte à Ars-sur-Moselle, et ayant trois compagnies de grand'garde avec une batterie d'artillerie (2).

Historique du 1ᵉʳ régiment de voltigeurs.

15 août.

A minuit et demi le régiment quitte le bivouac près du fort de Queuleu, traverse la ville de Metz, et vient camper à 7 heures au delà du village de

---

(1) Heure très erronée.
(2) 2ᵉ batterie montée.

Longeville. A 8 heures des obus tombent dans le camp et viennent tuer et blesser quelques hommes et deux officiers. A midi le régiment quitte le camp de Moulins et arrive à 4 heures sur le plateau de Gravelotte (1), où il campe, ainsi que la division en entier (2).

Journal de marche de la 2e brigade de la division de voltigeurs de la Garde.

15 août.

A 6 heures du matin, nous sommes réveillés en sursaut par quelques coups de canon partis des hauteurs de Montigny et dirigés sur les camps. Les tentes sont roulées aussitôt, les troupes ont l'ordre de se tenir prêtes à partir. Vers 10 heures une explosion se fait entendre, c'est le pont du chemin de fer que l'on fait sauter.

A midi, la marche commence au milieu d'un encombrement indescriptible; M. le général Deligny se servant des sentiers de la voie romaine, qui conduisent sur les hauteurs, dégage sa division, ce qui nous permet de continuer notre marche sans trop d'à-coups.

Vers 1 heure de l'après-midi, la division prend position sur le plateau du Point-du-Jour. Là nous attendons pendant plusieurs heures des ordres qui n'arrivent pas; enfin vers le soir nous recevons l'ordre d'établir les bivouacs (3).

Historique du 3e régiment de voltigeurs.

15 août.

A 6 h. 30, alerte à Longeville où l'on campe; des projectiles sont lancés sur le camp par des pièces établies sur l'autre rive de la Moselle. La division part vers 1 h. 30 sur la route de Verdun, et vient camper à Châtel-Saint-Germain, en arrière de Gravelotte.

Historique du 4e régiment de voltigeurs.

15 août.

Le régiment arriva au camp de Longeville à 3 h. 30 du matin.
Vers 7 heures une vive canonnade des Prussiens vint jeter l'alarme

---

(1) *Lire :* Point-du-Jour.
(2) En réalité, le 3e voltigeurs bivouaqua à Châtel-Saint-Germain. Le 4e entre le Point-du-Jour et Saint-Hubert, au Sud de la route.
(3) Les 1er, 2e et 4e voltigeurs seulement ; car le 3e resta à Châtel-Saint-Germain.

au milieu des troupes campées à droite de la 2ᵉ brigade de la division de voltigeurs. Les Prussiens, croyant encore l'Empereur à Longeville, s'avancèrent jusqu'à Montigny, tout près de la rive droite de la Moselle, lancèrent plusieurs obus sur Longeville et se retirèrent à la hâte quand ils virent le fort du mont Saint-Quentin leur répondre vigoureusement. Le 10ᵉ régiment de ligne éprouva néanmoins des pertes très sérieuses. Les troupes ayant évacué leur camp dans le plus grand désordre en abandonnant des armes et un grand nombre d'effets de campement, le IIIᵉ bataillon du 4ᵉ voltigeurs fut déployé immédiatement en tirailleurs sur la rive gauche de la Moselle, et les deux premières compagnies eurent pour mission de défendre le pont en pierre sur lequel passait le chemin de fer de Thionville à Sarrebrück. Mais comme on craignait une seconde tentative des Prussiens, le génie fit sauter la première arche du pont du côté de Longeville. Ce fut une mesure inutile que l'on regretta vivement, car on fut obligé de reconstruire ce pont quelques jours après.

Vers 10 heures on aperçut toutes les voitures de l'Empereur défiler devant le front de bandière et prendre la route de Verdun. L'Empereur était parti dès le matin de très bonne heure. A 11 heures la division se mit en marche la gauche en tête, et alla s'établir vers 2 heures entre le Point-du-Jour et la ferme Saint-Hubert, à droite de la route qui conduit à Gravelotte. A la nuit, le régiment traversa la route, prit position à 300 mètres sur la gauche, et quelques compagnies furent placées en grand'garde.

Historique du régiment d'artillerie montée de la Garde. (Extrait relatif à l'artillerie de la 1ʳᵉ division.)

15 août.

La 1ʳᵉ division et son artillerie entrent dans Metz par la porte Mazelle, traversent à grand'peine la ville encombrée et arrivent à Longeville à 3 heures du matin ; elles campent entre ce village et Moulins, dans une prairie à gauche de la route. A 5 h. 30 (1), une batterie prussienne établie sur le plateau de Montigny, qui domine l'autre rive de la Moselle, tire dans son camp, où les troupes entassées font la soupe, et y détermine un trouble et une confusion inexprimables. En un clin d'œil, le camp est levé et l'artillerie de la 1ʳᵉ division va prendre position dans les vignes, au-dessous du village de Scy, pour protéger le défilé de sa division ; quand les batteries prussiennes se sont retirées,

---

(1) Heure erronée.

elle reprend son mouvement de retraite, et les 1re et 5e batteries vont camper près de la ferme de Moscou, où elles passent la nuit. La 2e est détachée en avant de Gravelotte, avec le bataillon de chasseurs à pied. Ses pièces sont mises en batterie de manière à battre le débouché de la route d'Ars, sur le plateau de Gravelotte, et la lisière des bois.

Division Picard.

Journal de marche de la division de grenadiers de la Garde.

15 août.

..... Cependant, toute l'armée passait ainsi par Metz pour venir s'établir sur la rive gauche de la Moselle. On peut se faire une idée du pêle-mêle, de l'enchevêtrement, des embarras résultant de la longueur du défilé de la masse des troupes, de voitures, etc....., sans compter les convois en grande partie arrêtés dans l'intérieur de la ville, au lieu d'aller se masser au Ban-Saint-Martin ainsi qu'on l'avait ordonné.

La division arrive à Longeville-lès-Metz à 10 heures du matin, après avoir mis douze heures pour faire le trajet!!..... Un bataillon du 3e grenadiers est placé pour garder le pont du chemin de fer de la Moselle dont on fait sauter une arche, et les trois batteries divisionnaires s'établissent sur les hauteurs dans les vignes pour battre le terrain en avant du pont. Vers 4 heures la division reçoit l'ordre de partir pour Gravelotte où elle arrive à 11 h. 30 du soir. L'Empereur a son grand quartier général impérial dans le village. Un bataillon du 3e grenadiers et un escadron des guides en font partie.

La 1re brigade, les guides et deux batteries d'artillerie sont établis en amont du village, à gauche de la route, près de la Maison-de-Poste. La 2e brigade et une batterie sont établies à gauche du village, se reliant à la 1re brigade, faisant ensemble une enceinte autour du village et de tous les parcs et quartiers généraux qui y sont accumulés.

Journal de marche de la 2e brigade des grenadiers de la Garde.

15 août.

Partie, dans la nuit, du chemin conduisant de Borny aux Bordes, la brigade va regagner la route de Strasbourg en traversant le ruisseau de la Chenau. La route est pénible, car nous rencontrons plusieurs colonnes d'infanterie qui effectuent le même mouvement de retraite sur Metz. Enfin, nous arrivons à 5 heures du matin seulement à la porte Mazelle. On longe les fortifications jusqu'à ce qu'on débouche sur la place. Le défilé dans Metz ne dure pas moins de quatre heures; on sort par la porte de Thionville et on arrive à Longeville-lès-Metz à 9 heures du matin.

Pendant ce temps le général de Lacroix, sollicité par le général Coffinières, commandant la place de Metz, prend position dans un faubourg de Metz avec un bataillon du 3ᵉ grenadiers et y reste pendant environ 45 minutes pour répondre à une attaque possible de l'ennemi, qu'on dit avoir paru jusqu'aux portes de Metz.

La brigade campe provisoirement dans un pré sur le bord de la Moselle, où elle trouve, entre Moulins et Longeville, nombre d'objets laissés par nos régiments, surpris par des obus en faisant leur repas.

Vers 4 heures, ordre est donné de poursuivre sur la route de Verdun. Les 2ᵉ et 6ᵉ corps doivent se diriger sur Rezonville, les 3ᵉ et 4ᵉ sur Doncourt-en-Jarnisy, en laissant les bagages en arrière.

Partie vers 6 heures, la brigade, mêlée à l'artillerie de réserve de l'armée gravit la vallée de Rozérieulles et arrive sur le plateau deux heures après; à partir de ce moment la marche devient excessivement lente; les convois encombrent la route; on traverse Gravelotte dans toute sa longueur et les bagages du grand quartier impérial.

Vers minuit, la brigade est installée : le 2ᵉ grenadiers à droite de la route d'Ars-sur-Moselle ; le 3ᵉ à gauche, bordant un ravin que surveillent les grand'gardes.

Journal du lieutenant de Laforest-Divonne, du 1ᵉʳ grenadiers.

15 août.

A 1 heure du matin, le 1ᵉʳ régiment de grenadiers se met en marche et gagne la porte Saint-Thiébault par la route de ..... (1); il met cinq heures pour arriver à cette porte, c'est-à-dire pour faire quelques kilomètres, au milieu de files interminables de voitures, de bagages, etc... Nous traversons la ville de Metz au milieu de rues encombrées d'une foule de soldats de toutes armes mêlés dans un désordre indescriptible. Nous passons la Moselle sur le Pont-des-Morts et nous sortons de la ville par la porte de France.

Le Ban-Saint-Martin est encombré de voitures, de mulets et de chevaux.

Nous prenons la route de Verdun au pas gymnastique.

Les Prussiens sont à Moulins (?) et ils y ont tué le colonel et un chef de bataillon du 10ᵉ de ligne. En route, nous rencontrons des blessés du 10ᵉ et un capitaine étendu mort sur le revers du fossé.

---

(1) Laissé en blanc sur l'original.

Des régiments d'infanterie de ligne gravissent les pentes du mont Saint-Quentin.

Le pont sur la Moselle qui relie la voie ferrée de Thionville à Metz avec celle de Metz à Nancy saute à Montigny.

Nous nous arrêtons enfin dans un pré à gauche de la route.

Les voitures du quartier impérial et une file immense d'artillerie, de voitures à vivres et à bagages défilent devant nous sur la route, allant sur Verdun.

Je suis très fatigué de ma nuit blanche. L'artillerie de la Garde part; le canon retentit par intervalles.

A 7 heures du soir, le régiment se remet en marche en côtoyant sur la route, avec beaucoup de peine, la file des voitures et des convois.

Il n'y a rien d'éreintant comme une marche de nuit dans la poussière et au milieu des voitures. A chaque temps d'arrêt, à chaque à-coup, nos grenadiers s'allongeaient sur la route dans la poussière.

Journal de marche du 2e régiment de grenadiers.

15 août.

Le régiment arrive à Metz le 15 au matin par la porte Mazelle et en ressort par la porte de France pour aller s'établir à Longeville-lès-Metz où l'on fait le café à 10 h. 30 du matin.

Le régiment campe sur l'emplacement abandonné quelques instants avant par le 10e de ligne, dans le camp duquel un obus prussien, tiré de fort loin, a tué le colonel, un chef de bataillon et un adjudant-major.

Le général Bourbaki (?) fait sauter le pont du chemin de fer.

Vers 2 heures la division se remet en marche, prend la route de Metz à Verdun par Rozérieulles, gravit péniblement la longue côte jusqu'au Point-du-Jour au milieu d'un encombrement produit par l'artillerie de réserve qui marche à côté d'elle et sur le flanc droit de la route, et arrive à minuit au village de Gravelotte qu'elle traverse, pour se porter à gauche de ce village en avant de la Maison-de-Poste. Le 2e grenadiers établi en bataille, faisant face au bois des Ognons, détache une grand'garde en avant de son front et à la tête du ravin qui les sépare du bois, et bivouaque toute la nuit; une alerte fait prendre les armes à 3 heures.

Dans cette position, le régiment, appuyé à droite au 1er grenadiers e ayant le 3e à sa gauche, couvre tout le flanc gauche du village dan lequel Sa Majesté l'Empereur est établi avec tout le parc de réserve e les différents quartiers généraux.

Rapport sur les opérations du génie de la 2ᵉ division de la Garde.

Plappeville, 18 août.

La division Picard, à laquelle se trouve attachée la 1ʳᵉ section de la 10ᵉ compagnie du 3ᵉ régiment, avait reçu l'ordre le 14 à 11 heures du soir après le combat de Borny, de descendre sur Metz, de traverser la ville et de venir camper sur la rive gauche de la Moselle. Ce mouvement, commencé tout de suite, n'a été terminé que le 15 à 9 heures du matin par suite de l'encombrement de routes.

La 2ᵉ brigade (général de Lacroix), avec la section en tête, a pris le chemin des Bordes à Borny, le chemin de Borny au pied des glacis en traversant le ruisseau de la Chenau sur le pont de pierre, le pied des glacis, puis la route de Metz à Strasbourg et la porte Mazelle et pour venir déboucher par la porte de France et venir camper en avant de Longeville.

La section a été placée entre la route et la Moselle sur le pont même où deux officiers supérieurs du 10ᵉ de ligne avaient été tués quelques heures avant par un obus tiré de l'autre rive.

Pendant le séjour de la compagnie sur ce point, on a d'abord fait sauter la dernière arche du pont du chemin de fer du côté de la rive gauche, puis, quelques heures après, la deuxième arche.

Ces deux opérations ont parfaitement réussi, la pile même qui séparait les deux arches, ayant été elle-même entièrement rasée.

Le 15 à 2 heures du soir la division s'est portée en avant sur la route de Verdun jusqu'à Gravelotte; là, laissant le village à droite, elle est venue camper sur le plateau qui le sépare des bois qui s'étendent sur la crête et dans le ravin descendant vers la Moselle.

DIVISION DE CAVALERIE DESVAUX.

Journal de marche de la cavalerie de la Garde.

15 août.

Les corps de la division, réunis à 4 heures du matin au Ban-Saint-Martin sous les murs de Metz, y passent toute la matinée dans un bivouac provisoire.

A 2 heures après-midi, la division tout entière se met en marche sur la route de Longeville et vient camper le soir au village de Gravelotte, situé à l'intersection des deux routes qui conduisent de Metz à Verdun, l'une par Mars-la-Tour, l'autre par Étain.

Journal de marche de la 1re brigade de cavalerie de la Garde.
   15 août.

Dans la nuit du 14 au 15 la brigade traverse Metz pour se porter sur la rive gauche de la Moselle. Le régiment des guides s'arrêta quelques heures dans une prairie près de la rivière, entre Longeville et Moulins, et alla bivouaquer à la nuit, après une marche fatigante, sur une route encombrée, un peu au delà du village de Gravelotte.

Journal de marche de la 2e brigade de cavalerie de la Garde.
   15 août.

Ce ne fut qu'à 4 heures du matin le 15 août que la brigade arriva au Ban-Saint-Martin après avoir traversé Metz dont les rues étaient barrées par des chariots dont les conducteurs dormaient. Elle y resta jusqu'à trois heures après-midi pour donner le temps aux différents convois de s'écouler. A 7 heures du soir, elle arrivait au bivouac de Gravelotte, sur la route de Verdun.

ARTILLERIE (Général PÉ DE ARROS).

Journal de marche de l'artillerie de la Garde.

Le 15, la réserve et le parc, complété par l'arrivée de sa 3e colonne qui l'a rejoint à Metz, vont camper à Gravelotte.

GÉNIE (général DURAND DE VILLERS).

Journal de marche du génie de la Garde.

Le génie vient camper à Gravelotte, sur la route de Verdun.

c) Opérations et mouvements.

Ordre de mouvement de la Garde pour la journée du 15 août.
   Devant-les-Ponts, 15 août.

Les troupes de la Garde se mettront immédiatement en marche, dans l'ordre suivant, pour se rendre à Gravelotte, par la route de Longeville et Moulins-lès-Metz.

Elles marcheront sur une seule colonne :

La division de cavalerie, avec ses bagages et toute constituée ;

Les batteries de réserve, avec leurs bagages régimentaires ;

Le génie avec son parc, précédant le quartier général, avec les ambulances et les équipages du quartier général ;

Le parc d'artillerie.

La division Picard ne se mettra en mouvement que sur un ordre ultérieur du général commandant en chef la Garde.

Elle aura soin de former une arrière-garde composée d'un régiment d'infanterie, d'un escadron de cavalerie et d'une batterie d'artillerie. Cette arrière-garde occupera les campements actuels de la Garde, dans le voisinage de Longeville, aussitôt qu'ils seront évacués.

Il est expressément recommandé de s'éclairer avec le plus grand soin sur la gauche, jusqu'à Gorze.

La division Deligny a reçu verbalement des ordres et est déjà en route. Le convoi d'administration, composé du train auxiliaire, restera jusqu'à nouvel ordre au Ban-Saint-Martin. Il formera une seconde colonne qui recevra ultérieurement des instructions.

Ordres du Général commandant la Garde (1).

15 août.

A tous les chefs de service. — Dans la marche d'aujourd'hui, on emmènera seulement les bagages régimentaires, ni plus, ni moins. Le convoi d'administration restera sur l'emplacement du camp pour former une colonne à part, qui recevra ultérieurement des ordres.

Il est bien entendu que les ambulances et le trésor marcheront avec les troupes et après les bagages régimentaires.

La Garde restera provisoirement sur l'emplacement qu'elle occupe, où des ordres lui seront donnés.

Toutefois, la division Deligny ira, au reçu du présent ordre, entre Longeville et Moulins-lès-Metz, de manière à battre Montigny et couvrir Longeville.

A défaut de place pour établir la division dans cette position, on y enverra seulement le nombre de régiments qui peuvent s'y installer ; mais toute l'artillerie de la division Deligny devra y prendre position.

Le troupeau marchera en avant des bagages régimentaires de chaque division.

---

(1) Ces ordres sont extraits d'un registre intitulé : « Garde impériale. Armée du Rhin. Mouvements ».

On distribuera, s'il est possible, dès ce matin, deux jours de pain ou de biscuit, deux jours d'avoine et deux jours de vivres de campagne.

Infanterie, artillerie et cavalerie. — Les 2e et 6e corps seront dirigés sur Rezonville; les 3e et 4e sur Doncourt-en-Jarnisy, où ils doivent bivouaquer.

Intendant. — Faites-moi savoir tout de suite si vous êtes en mesure de distribuer du pain ou du biscuit et de l'avoine.

Artillerie. — Le parc d'artillerie marchera avec les troupes.

15 août.

A tous les chefs de service. — Les troupes de la Garde se mettront en marche aujourd'hui à (1) heures.

Elles seront formées sur une seule colonne et dans l'ordre suivant :

    Le parc d'artillerie;
    La section du génie du quartier général;
    Le parc du génie;
    Le trésor;
    Tous les bagages régimentaires, rangés dans l'ordre prescrit par le service en campagne (art. 164).
    L'ambulance du quartier général;
    La division de cavalerie;
    Les batteries de réserve;
    La division Deligny;
    La division Picard.

Chaque division aura avec elle son ambulance et ses mulets de cacolets.

Les troupeaux marcheront à hauteur des voitures régimentaires de leur division.

Les troupes d'infanterie marcheront en colonne par section et conserveront entre elles le moins de distance possible.

Les voitures des équipages et celles de l'artillerie marcheront sur deux de front.

15 août.

2e division, cavalerie, artillerie, génie, intendant Lebrun. — Les troupes de la Garde se mettront immédiatement en mouvement pour se rendre à Gravelotte par la route de Longeville et Moulins-lès-Metz.

Elles seront formées sur une colonne dans l'ordre suivant :

2 h. 30. La division de cavalerie toute constituée;

---

(1) L'indication de l'heure manque dans cet ordre.

3 heures. Les batteries de réserve avec leurs bagages régimentaires;

3 h. 15. Le génie avec son parc, précédant le quartier général, avec les ambulances et les équipages du quartier général;

Le parc d'artillerie.

La division Picard. — Cette dernière division ne se mettra en mouvement que sur un ordre ultérieur du commandant en chef de la Garde; elle aura soin de former une arrière-garde composée d'un régiment d'infanterie, d'un escadron de cavalerie et d'une batterie d'artillerie.

Cette arrière-garde occupera les campements actuels de la Garde, qui sont voisins de Longeville, aussitôt que ces campements seront évacués.

Il est expressément recommandé de s'éclairer avec le plus grand soin sur la gauche jusqu'à Gorze.

La division Deligny a reçu des ordres verbaux et elle est déjà en route.

P.-S. — Le convoi d'administration, composé du train auxiliaire, restera jusqu'à nouvel ordre au camp du Ban-Saint-Martin et il formera une seconde colonne qui recevra ultérieurement des ordres.

15 août.

Cavalerie. — Le régiment de dragons et le régiment de lanciers devront être à cheval demain à 3 h. 30 du matin. Les colonels de ces deux régiments se rendront chez l'Empereur à cette heure pour prendre les ordres de Sa Majesté.

Veuillez m'accuser réception de cette dépêche.

Extrait de l'ordre de mouvement de la 2e division de la Garde pour la journée du 15 août.

. . . .

(*Reproduction textuelle des six premiers alinéas de l'ordre du corps d'armée, page 65.*)

La division Picard ne se mettra en route que sur un ordre ultérieur du général commandant en chef la Garde.

Elle marchera dans l'ordre suivant :

> Un escadron des guides à l'avant-garde, avec une compagnie du régiment d'infanterie, tête de colonne;
> La compagnie du génie;
> Un régiment de la 2e brigade;
> Une batterie d'artillerie;
> Le 2e régiment de la 2e brigade;
> La batterie de canons à balles;
> Ambulances, train, postes;

Bagages régimentaires;
Un régiment de la 1re brigade;
Régiment des guides (2 officiers d'état-major).

L'arrière-garde, sous les ordres du général Jeanningros, sera formée d'un régiment de la 1re brigade, d'un escadron de cavalerie et d'une batterie d'artillerie. Elle occupera les campements actuels de la Garde, dans le voisinage de Longeville, aussitôt qu'ils seront évacués.

Il est expressément recommandé de s'éclairer avec le plus grand soin sur la gauche, jusqu'à Gorze.

Le convoi d'administration, composé du train auxiliaire, restera jusqu'à nouvel ordre au Ban-Saint-Martin. Il formera une seconde colonne, qui recevra ultérieurement des instructions.

Une ration de lard pour la journée du 15 août va être immédiatement distribuée dans l'ordre suivant : on s'y présentera de quart d'heure en quart d'heure, dans l'ordre de marche.

Le maréchal Bazaine au général Bourbaki.

Gravelotte, 15 août.

Je vous prie de donner des ordres pour que vos troupes aient mangé la soupe demain à 4 heures et qu'elles se tiennent prêtes à se mettre en mouvement à 4 h. 30; les tentes seront abattues, les chevaux seront sellés, et on ne les bridera qu'au moment de quitter le bivouac.

Le général Frossard et le maréchal Canrobert m'informent que, d'après les renseignements qu'ils ont recueillis, ils ont devant eux une force ennemie qu'ils évaluent à 30,000 hommes, et ils s'attendent à être attaqués demain.

Je vous prie de vouloir bien me faire connaître d'une manière précise où est installé votre quartier général, afin que mes ordres, si j'en ai à vous donner, puissent vous parvenir d'une manière certaine et le plus promptement possible.

Le général d'Auvergne au général Jarras, à Moulins.

Gravelotte, 15 août.

Le quartier général de la Garde impériale est, pour cette nuit, à la maison No, boulanger du village.

A partir de 4 h. 30 (1), le général commandant en chef la Garde se tiendra à cheval sur la route, devant le logis de Sa Majesté.

---

(1) Du matin, le 16 août.

Journée du 15 août.

RÉSERVE DE CAVALERIE.

1re DIVISION (DU BARAIL).

a) Journaux de marche.

Rapport du général du Barail sur les opérations du 15 août.

Doncourt-les-Conflans, 15 août, 6 h. 15 soir.

Je reçois à l'instant (6 h. 15) votre dépêche et je m'empresse de vous faire connaître que, suivant l'ordre que m'en a transmis M. le capitaine Jung (1), je me suis porté ce matin de Gravelotte sur Jarny. Au moment où j'allais m'établir au bivouac, une assez vive canonnade, qui se faisait entendre du côté de Mars-la-Tour, attira mon attention. Je pris immédiatement la route de cette localité et je rencontrai en chemin un officier d'état-major, envoyé par M. le général de Forton, qui me demandait d'appuyer un mouvement offensif dirigé par lui contre de la cavalerie ennemie.

Au moment où j'arrivais sur les hauteurs qui dominent le village, l'ennemi se retirait dans les bois situés au Sud du village.

Je repris alors le chemin de Jarny, où j'arrivai à 4 heures et, ne voyant arriver aucune troupe d'infanterie et apprenant que la cavalerie ennemie avait réoccupé Mars-la-Tour, je me suis retiré en avant de Doncourt, où j'occupe une bonne position avec une avant-garde à Jarny.

Nos reconnaissances, qui rentrent à l'instant, nous ramènent quelques prisonniers, que j'envoie au quartier général.

Dans les engagements qui ont eu lieu entre la cavalerie ennemie et nos chasseurs, une vingtaine des leurs sont restés sur le terrain, atteints par notre mousqueterie.

Je vous envoie un officier de mon état-major, M. le lieutenant Lorain, pour compléter les renseignements.

---

(1) Du grand quartier général.

Journal de marche de la 1re division de cavalerie de réserve.

15 août.

Le 15, la division, sur l'ordre qui lui en est renouvelé, s'avance sur la route de Conflans, en se reliant à la division de Forton, qui marche parallèlement à elle et au Sud. Elle parcourt ainsi 4 kilomètres, en laissant sur sa gauche, dans un fond, le village de Saint-Marcel, qu'elle fouille soigneusement et en face duquel elle s'arrête un quart d'heure. Elle continue sa route, traverse le village de Doncourt et, à 800 mètres plus loin, elle reçoit du général commandant l'arrière-garde la nouvelle que ses éclaireurs ont eu sur la gauche un petit engagement. Un escadron du 2e chasseurs d'Afrique, tête de colonne, déboîte alors de la route et un peloton en est détaché vers Bruville, où serait l'ennemi. Pendant ce temps, toute la brigade d'arrière-garde s'est avancée par la route, qui mène de Doncourt à Bruville et pénètre dans le village d'où venaient de partir six hulans prussiens. Après une légère poursuite sans résultat, la marche est reprise par la grande route, vers Jarny pour la 2e brigade, pendant que la 1re suit un chemin qui relie directement ce village à Bruville.

A Jarny, la colonne entend la canonnade sur sa gauche; elle prend alors le trot et se dirige sur Mars-la-Tour, où la division de Forton est engagée. Au moment où la colonne arrive sur ce point, il est 11 h. 30, et l'engagement est terminé. Les Prussiens se sont retirés à un kilomètre dans les bois, après avoir démasqué une forte brigade de cavalerie, de l'artillerie et un bataillon d'infanterie.

La division de Forton ayant reçu l'ordre de se replier de Mars-la-Tour sur Vionville, la division du Barail reprend le chemin qui conduit à Jarny et fait une halte de deux heures à l'Est de ce village. Elle repart ensuite pour Doncourt, de manière à ne pas être trop exposée, et elle bivouaque au Nord-Ouest du village, couvrant ainsi les bagages du 4e corps d'armée, qui sont arrivés à 5 heures du soir.

Les éclaireurs rentrent enfin à 6 heures, ramenant d'une part cinq prisonniers, et de l'autre trois, qui appartiennent au 16e lanciers prussien formé à Magdebourg et venant de Niederbronn. Ces lanciers assurent avoir quitté la Moselle le matin et appartenir à l'armée du prince Frédéric-Charles.

Journal de marche de la 2e brigade de la 1re division de cavalerie de réserve.

15 août.

Le camp est levé à 4 heures du matin; la division se met en marche à 5 heures, précédant sur la route d'Étain les 3e et 4e corps, dont elle forme l'avant-garde générale. Le 2ᵉ chasseurs d'Afrique prend la tête de la colonne; il se couvre sur son front et sur son flanc gauche par un escadron déployé en tirailleurs.

Les flanqueurs signalent quelques cavaliers prussiens dans le village de Bruville; un peloton détaché de la colonne les déloge du village et les poursuit dans la direction de Mars-la-Tour.

A l'arrivée à Jarny, le général donne l'ordre de bivouaquer; mais tout à coup, le canon se faisant entendre sur la gauche, la division remonte à cheval et se dirige au trot sur Mars-la-Tour, où la division Forton est aux prises avec l'avant-garde prussienne. Le 2ᵉ chasseurs d'Afrique déploie un escadron en tirailleurs; après un engagement de courte durée, le général de Forton ayant reçu l'ordre de rétrograder, la 1ʳᵉ division retourne à Jarny, et recule même jusqu'à Doncourt, où elle bivouaque, se tenant ainsi à la hauteur de la division de Forton, qui s'est repliée sur Vionville.

Historique du 2ᵉ chasseurs d'Afrique.

15 août

Départ de la Malmaison à 9 heures du matin (1) pour Jarny.

Le régiment, formant tête de colonne de la division détache des escadrons en avant des flancs et éclaire les abords de la route de Doncourt à Jarny.

Les villages de Saint-Marcel, Bruville et Jouaville sont reconnus; l'avant-garde pousse même jusqu'à 4 kilomètres en avant de Jarny. Avant d'entrer dans ce village, la colonne s'arrête un instant, puis elle se porte au trot vers le Sud, en suivant le chemin de Jarny à Mars-la-Tour; les escadrons se déploient en avant de la ferme de la Grange, marchent quelque temps en bataille puis reviennent à Jarny et à Doncourt, où ils s'établissent au bivouac à 5 heures du soir.

Des reconnaissances sont envoyées vers l'Ouest et surveillent les bois de ce côté.

A 6 heures, plusieurs hulans, faits prisonniers par les chasseurs d'Afrique, sont amenés au camp. Une fusillade assez vive se fait entendre pendant la soirée et une partie de la nuit vers le château de Moncel et le moulin du Breuillot (2), où le commandant de Mangou est envoyé avec un escadron pour soutenir nos tirailleurs. Nous n'avons éprouvé aucune perte dans cette affaire.

---

(1) Heure manifestement erronée.
(2) Près de Jarny.

c) Opérations et mouvements.

Le maréchal Bazaine au général du Barail.

Gravelotte, 15 août.

Je reçois à l'instant votre rapport. Je suis bien aise de votre succès de ce matin et je vous en félicite. J'entendrai avec plaisir les renseignements qui vont m'être donnés par l'officier que vous m'envoyez.

Le général Frossard et le maréchal Canrobert, qui sont établis à Vionville et à Rezonville, m'informent que, d'après les renseignements qu'ils ont recueillis, ils ont devant eux une force ennemie qu'ils évaluent à 30,000 hommes et s'attendent à être attaqués demain. Je vous recommande de faire vigilance en avant de vous aussi loin que possible et de me prévenir sans retard de tout ce qui pourra survenir.

Je vous prie de donner des ordres pour que vos troupes aient mangé la soupe demain matin, à 4 heures, et qu'elles se tiennent prêtes à être mises en mouvement 4 h. 30. Les tentes seront abattues, les chevaux sellés, mais on ne les bridera qu'au moment de quitter le bivouac.

Le général du Barail à..... (1).

15 août.

Un officier de mon état-major est annoncé comme arrivant avec sept prisonniers. Cet officier sera envoyé au Maréchal quand il sera à Gravelotte.

3ᵉ DIVISION (DE FORTON).

Journal de marche de la 3ᵉ division de cavalerie.

15 août.

Le 15, à 5 h. 15 du matin, départ de la division pour Mars-la-Tour. Arrivée à ce village à 9 heures, en éclairant et fouillant tous les environs. La 1ʳᵉ brigade est envoyée en reconnaissance en avant de Tronville, vers le village de Puxieux, qu'elle dépasse pour reconnaître l'ennemi ; la brigade le trouve en face, en arrière de ce village ; elle se replie. A 9 h. 15, combat de vedettes et d'artillerie. L'engagement dure une heure environ.

---

(1) Destinataire inconnu — sans doute le général Jarras.

Devant l'infanterie de l'ennemi et sur l'avis du général commandant le 2ᵉ corps, la division, qui était restée en position jusqu'à 2 heures de l'après-midi (1), quitte Mars-la-Tour, et va camper à Vionville où elle arrive à 3 h. 30.

Rapport du général de Forton au maréchal Bazaine sur le combat du 15 août.

Vionville, 16 août.

J'ai l'honneur de rendre compte à Votre Excellence qu'en exécution de vos ordres, je suis parti de Gravelotte le 15 août, à 5 heures du matin, pour aller occuper Mars-la-Tour. Deux escadrons du 9ᵉ dragons éclairaient la marche de ma division en avant et sur mon flanc gauche, en fouillant et battant le pays en tous sens; l'avant-garde ayant signalé des hulans en assez grand nombre à Rezonville et dans les environs, j'ai fait appuyer l'avant-garde par le reste du régiment sous les ordres du colonel.

Après m'être mis en communication avec la division du Barail, qui marchait sur la route de Conflans en arrière de mon flanc droit, je dépasse ce village et j'arrive à Vionville. Le 2ᵉ régiment de la 1ʳᵉ brigade part sous les ordres du général Murat pour rallier le 1ᵉʳ régiment de la brigade et reconnaître le village de Tronville et ses abords, où la présence de l'ennemi était signalée.

Il dépasse ce village, refoule les éclaireurs ennemis, marche sur Puxieux; plusieurs escadrons de hulans se replient en arrière de ce village : la brigade Murat les suit et dépasse Puxieux pour reconnaître le terrain vers les villages de Sponville et de Xonville. Là, il trouve l'ennemi en force considérable : une brigade de cavalerie (cuirassiers et hulans) en colonne par régiment, une batterie entre les deux colonnes, une autre batterie à droite masquée par un petit bois et, sur la gauche, une troupe d'infanterie (?).

La brigade Murat, ayant reconnu l'ennemi, se replie sur Trouville, poursuivie par l'artillerie ennemie et les éclaireurs : aussitôt prévenu de ces dispositions, au moment où j'entrais dans le village de Mars-la-Tour, je fais placer mes deux batteries en avant du village, flanquées des deux côtés par la brigade de cuirassiers (général de Gramont). La brigade Murat nous ayant ralliés peu de temps après, vient s'établir

---

(1) Le rapport du général de Forton, daté du 16 août, dit 1 heure; mais il y a lieu de remarquer que, d'après les historiques du 7ᵉ cuirassiers et des deux batteries à cheval, toute la division s'arrêta à Mars-la-Tour, pour faire boire les chevaux.

à gauche de nos batteries, et le régiment de cuirassiers, qui occupait ce point, va rejoindre l'autre régiment de la brigade.

Ces dispositions étaient à peine prises que l'artillerie ennemie paraissait sur la crête de Puxieux, entre ce village et le petit bois qui le flanque à l'Ouest (1).

La brigade de cuirassiers se replia sur mon ordre dans un pli de terrain situé en arrière de la position de nos batteries : pendant qu'elle effectuait ce mouvement, la canonnade commença. Il était 9 h. 30 environ.

La brigade de dragons conserva sa position un peu en avant du flanc gauche de l'artillerie; elle était défilée autant que possible du feu de l'ennemi.

Pendant un quart d'heure environ, l'artillerie prussienne ne put régler son tir : les obus, au début, passaient trop haut, ensuite tombaient trop en avant. Aucun projectile ne fut lancé sur la cavalerie; le feu était concentré sur nos batteries. Quelques obus sillonnèrent nos batteries sans leur faire de mal.

Notre artillerie eut plus de succès; engagée dès le début avec moins de précipitation, elle put régler son tir rapidement et dut faire du mal à l'ennemi, en dirigeant une partie de son feu contre les troupes de soutien et l'autre sur les batteries ennemies, dont un caisson sauta.

Le feu continua dans ces conditions pendant une demi-heure : l'ennemi commença à se replier en s'appuyant sur Puxieux, occupé par son infanterie (?).

Pendant ce temps, la division du Barail, en marche sur Conflans, que j'avais fait prévenir, se rapprochait de Mars-la-Tour et arrêtait son mouvement à la cessation du feu.

La division Valabrègue, qui était à Vionville, prenait position en avant de ce village, sur la route impériale, face au village de Tronville.

Je restai en position devant Mars-la-Tour jusqu'à 1 heure ; des tirailleurs d'infanterie assez nombreux commencèrent à se rapprocher de nos vedettes. Jugeant qu'ils allaient être suivis par leurs bataillons, je rendis compte de ma position au général Frossard et, d'après son avis, je repliai ma division pour l'établir en avant de Vionville, après avoir donné connaissance de ce mouvement au général du Barail.

A Vionville, j'ai trouvé la division Valabrègue et, en arrière du village, les troupes du 2ᵉ corps.

Je n'ai qu'à me féliciter de la bonne tenue de mes troupes devant le feu, principalement de la solidité et du calme des artilleurs de mes batteries.

---

(1) Bois de la Truelle.

Rapport du général de Forton au Maréchal commandant en chef, sur le combat de Puxieux, livré le 15 août à Mars-la-Tour, à l'avant-garde de l'armée prussienne (1).

D'après les ordres de M. le Maréchal commandant en chef, la division partit de Gravelotte à 5 h. 15 du matin pour aller occuper Mars-la-Tour, en se faisant éclairer en avant et sur son flanc gauche par deux escadrons de dragons; elle dépassa ainsi Rezonville et Vionville; en approchant de Tronville, nos éclaireurs signalent des vedettes ennemies et ne tardent pas à apercevoir des détachements assez nombreux de cavalerie.

Je fis soutenir aussitôt l'avant-garde par trois escadrons du 1er dragons sous les ordres du colonel, et le général Murat, prenant avec lui l'autre régiment de sa brigade, refoulait les détachements prussiens au delà de Puxieux, qui était occupé; il continua ensuite son mouvement de reconnaissance offensive vers les villages de Sponville et de Xonville.

Là, il aperçut l'ennemi en forces assez considérables : deux régiments de cavalerie formés en colonne, une batterie entre ces deux colonnes, une autre sur la droite masquée par un petit bois, et une colonne d'infanterie peu profonde (?).

Après avoir observé avec soin cette position, la brigade Murat se replia vers Mars-la-Tour, où je venais d'arriver avec le reste de ma division, en me mettant constamment en communication avec le général du Barail.

D'après les renseignements obtenus, je fis mettre mes deux batteries en position en avant du village de Mars-la-Tour, un régiment de cuirassiers à droite, l'autre à gauche; aussitôt que la brigade de dragons fut ralliée, je la fis placer à gauche de l'artillerie et le régiment de cuirassiers qui occupait cette position, rejoignit l'autre régiment de sa brigade (général de Gramont), que je fis placer derrière un pli de terrain pour la défiler du feu de l'ennemi; la brigade de dragons était masquée en partie par le rideau de peupliers de la route qui conduit de Mars-la-Tour à Pont-à-Mousson; à peine ces dispositions étaient-elles prises que l'ennemi ouvrait le feu; notre artillerie ripostait aussitôt, l'engagement dura une heure environ; le feu de l'artillerie prussienne était exclusivement dirigé sur nos batteries; trois obus

---

(1) Communiqué par le général Leplus, alors aide de camp du général Murat; non daté.

seulement portèrent sur elles, tandis qu'elles firent sauter un caisson prussien et forcèrent l'ennemi à se retirer. Le village de Puxieux resta occupé par l'infanterie.

Je fis prévenir M. le général Frossard, commandant du 2ᵉ corps, de la position où je me trouvais ; et sur son avis, après être resté deux heures en position devant Mars-la-Tour, je me repliai sur Vionville, où je trouvai la division Valabrègue et les troupes du 2ᵉ corps ; j'avais fait prévenir le général du Barail du mouvement que j'allais exécuter.

Dans cette affaire, trois hommes du 1ᵉʳ dragons furent faits prisonniers, un officier blessé, personne ne fut tué ; nous prîmes deux éclaireurs ennemis appartenant au *11ᵉ* hussards.

Pendant le combat, la division du Barail s'était rapprochée de moi, ainsi que la division Valabrègue, qui avait pris position sur la route impériale, à hauteur du village de Tronville.

De Forton.

Historique du 1ᵉʳ *régiment de dragons* (3ᵉ *division*, 1ʳᵉ *brigade*).

15 août.

La nuit les chevaux restent sellés par ordre et tout le monde se tient sur le qui-vive. L'escadron qui servait d'escorte à l'artillerie arrive à 3 heures du matin au moment où nous nous apprêtions à repartir.

Le 15 août la division quitte le campement à 4 h. 30 et marche dans la direction de Mars-la-Tour. Le 1ᵉʳ dragons, comme toujours par son numéro, était en tête de colonne ; deux pelotons étaient en éclaireurs ; ceux-ci près du village de Vionville nous signalent les Prussiens ; on les poursuit chaudement ; près d'un bois les éclaireurs ramassent des épaves de l'ennemi : une voiture de bagages, sept chevaux, deux prisonniers, qui sont emmenés par les nôtres. Le régiment s'engage de plus en plus dans les terres, sur la gauche de Mars-la-Tour et y rencontre un régiment de cavalerie prussienne ; celui-ci tourne bride. Le colonel de Forceville n'ayant sous la main que trois escadrons (le reste était en éclaireurs) le poursuit tout en faisant prévenir le général de brigade, qui était avec le 9ᵉ dragons. La poursuite se continue pendant plus de trois kilomètres (?) ; tout le monde attendait avec anxiété l'autre régiment demandé avec insistance par le colonel, et les cuirassiers, et nous eussions alors remporté un beau succès. Mais le général de division restait avec les cuirassiers à Mars-la-Tour, le général de brigade ne suivait avec le 9ᵉ dragons qu'avec une extrême lenteur ; engagés tout à fait en avant, nous avons poussé les Prussiens sur leurs renforts. Là, trouvant de l'artillerie et même de l'infanterie (!), ils ont repris l'offensive ; il a fallu songer à la retraite par échelons d'abord, puis plus rapide, car les projectiles auxquels nous ne pouvions répondre commençaient à salver nos derniers rangs.

En arrivant à Mars-la-Tour, nous nous sommes joints au 9ᵉ dragons et aux cuirassiers et nous avons pris position à droite et au Sud en avant du village. Notre artillerie est venue combattre les batteries prussiennes et ce ne fut qu'un duel entre les deux armes. Les Prussiens, qui auraient pu nous faire beaucoup de mal, ont constamment tiré sur nos batteries. La canonnade a duré de 10 h. 30 à 11 h. 15 et l'ennemi s'est retiré après quelques pertes. Nous avons cru pouvoir constater qu'un des caissons a sauté. Nous nous sommes mis en retraite nous-mêmes et nous sommes venus prendre position en contrebas de la petite colline, qui surplombe le village de Vionville, l'artillerie contre le village, le 9ᵉ dragons un peu en avant d'elle, le 1ᵉʳ en avant et près de la crête, les deux régiments de cuirassiers de l'autre côté de la route.

Le régiment avait bien marché pendant cette journée du 15; les Prussiens avaient reculé; les pertes étaient presque nulles (4 hommes et 4 chevaux) et l'entrain général était augmenté. Pendant le reste de la journée les éclaireurs prussiens se sont montrés autour du camp. Les hommes à pied, en chemise, prenaient leurs chassepots et allaient à plusieurs centaines de mètres du camp essayer leur adresse sur ces cibles vivantes.

Les chevaux sont restés sellés pendant la nuit, tout le monde était prêt à marcher au premier signal.

Historique du 9ᵉ régiment de dragons (3ᵉ division, 1ʳᵉ brigade).

15 août.

Le 15, à 5 heures du matin, au moment où le 3ᵉ lanciers, qui vient d'arriver, s'établit au bivouac à hauteur du 9ᵉ dragons sur le côté droit de la route, le régiment monte à cheval pour faire une reconnaissance sur la route de Verdun. On signale la présence d'une troupe de cavalerie ennemie dans le village de Mars-la-Tour; les 1ᵉʳ et 9ᵉ dragons prennent le trot et se mettent à sa poursuite à travers champs, tandis que la brigade de cuirassiers et une batterie à cheval continuent à suivre la route. Le sous-lieutenant Vacquier, portant des ordres du général de brigade, dont il est officier d'ordonnance, se trouve tout à coup assailli à quelque distance du village de Mars-la-Tour par plusieurs cavaliers prussiens. Il se défend énergiquement, blesse d'un coup de revolver l'officier prussien et tombe lui-même atteint d'un coup de feu et de deux coups de sabre. A la vue de quatre dragons conduits par un maréchal des logis, les cuirassiers prussiens prennent la fuite emmenant avec eux leur officier blessé et le cheval du sous-lieutenant Vacquier. Le maréchal des logis Ledoux emporte devant lui sur son cheval le sous-lieutenant Vacquier, qu'il vient d'arracher à une mort certaine.

L'ennemi ayant connaissance de notre marche se retire et la poursuite continue. Quelques instants après on aperçoit deux colonnes imposantes de cavalerie et d'infanterie (?) prussiennes, suivant une direction parallèle à une batterie d'artillerie, qui marche entre elles. Deux pièces, qui se détachent immédiatement de la colonne ennemie se mettent en batterie et nous envoient quelques projectiles, qui ne nous atteignent pas. N'ayant pas de canon à leur opposer, le prince Murat se retire avec sa brigade et se replie sur Mars-la-Tour où se trouvent rangés en bataille et adossés au village les deux régiments de cuirassiers ayant à leur gauche la batterie d'artillerie de la division.

Le régiment ayant la droite de la brigade se forme en bataille, à la gauche de l'artillerie, qui ouvre presque aussitôt son feu. L'artillerie prussienne soutient le sien de midi à 1 h. 30 environ et est réduite au silence, sans avoir fait éprouver aucune perte à notre batterie. Elle se retire faisant couvrir sa retraite par de nombreux tirailleurs, que les nôtres tiennent à distance grâce au fusil chassepot, dont la portée et la justesse sont appréciées en cette occasion. La division se porte un peu sur la gauche. Les 1er et 2e escadrons restent en observations en face de l'ennemi, puis exécutent une retraite par échelons pour venir occuper le bivouac de la veille ayant devant lui le 1er dragons et derrière deux batteries d'artillerie. Pendant la nuit des coups de feu sont échangés avec les éclaireurs ennemis. Deux escadrons ont leurs chevaux sellés.

Historique du 7e régiment de cuirassiers (3e division, 2e brigade).

15 août.

Le lundi 15, la division continua sa marche sur Mars-la-Tour et rencontra une forte avant-garde ennemie concentrée au village de Puxieux, à 2 kilomètres à l'Ouest. Les dragons exécutent une reconnaissance autour du village.

La brigade de cuirassiers, avec les deux batteries divisionnaires s'établit en bataille sur la gauche de Mars-la-Tour. Les dragons après avoir terminé leur reconnaissance vinrent se former à la gauche des cuirassiers et presque aussitôt une force considérable de cavalerie avec plusieurs pièces se montra sur le plateau entre le village de Puxieux et les bois.

Les batteries prussiennes ouvrirent un feu violent sur l'artillerie française qui riposta immédiatement avec un entrain et une vigueur remarquables. Cette canonnade dura environ une heure sans nous causer aucun dommage. Les batteries prussiennes cessèrent le feu après avoir eu cinq pièces démontées.

La division fit boire tranquillement ses chevaux dans le village de Mars-la-Tour et reçut l'ordre de rétrograder sur Vionville où la brigade de cuirassiers campa à la droite de la grand'route ; la brigade de dragons à la gauche de la route.

Pendant la nuit, à deux reprises différentes, les grand'gardes furent inquiétées et le cri de : « Aux armes ! » se fit entendre.

Plusieurs coups de feu furent tirés sur les rondes et patrouilles, et un maréchal des logis du régiment eut son cheval tué sous lui.

Historique du 10ᵉ régiment de cuirassiers (3ᵉ division, 2ᵉ brigade).

15 août.

Le 15 au matin, la division se remet en marche, traverse les villages de Rezonville, de Vionville et arrive à Mars-la-Tour, poussant devant elle un corps d'éclaireurs prussiens. Les renseignements fournis par les habitants et par un hussard hanovrien que le régiment fit prisonnier dans l'intérieur du village, apprennent que le corps d'éclaireurs, après avoir enlevé dans ces différentes localités une quantité considérable de vivres et de fourrages, s'est retiré dans le village de Tronville situé à 3 kilomètres au delà de Mars-la-Tour et à 1 kilomètre sur la gauche de la route de Verdun. Le général de Fortou fait placer son artillerie en batterie en avant de Mars-la-Tour, la protège par la brigade de cuirassiers, qui prend position à droite et fait disposer les deux régiments de dragons en arrière et à gauche du village pour empêcher l'ennemi de tourner cette position. Quelques coups de canon sont échangés, mais au bout d'une heure l'artillerie ennemie est réduite au silence et se retire. Vers 3 h. 30 la division reprend la direction de Vionville. Le 1ᵉʳ peloton du 4ᵉ escadron est envoyé en reconnaissance dans le village de Puxieux, pendant que le régiment avant de quitter Mars-la-Tour, conduit ses chevaux à l'abreuvoir. A 5 heures la division vient bivouaquer à Vionville ; la brigade de dragons et l'artillerie divisionnaire s'établissent sur une hauteur à droite de la route et la brigade de cuirassiers est placée un peu en avant et à gauche. Le campement du régiment touche ceux des 4ᵉ et 5ᵉ chasseurs et des 7ᵉ et 12ᵉ dragons. Deux pelotons commandés par les lieutenants Mioux et Chirée sont envoyés le premier en grand'garde, le second en troupe de soutien et se placent à l'extrémité du versant auquel le régiment fait face à la naissance d'un plateau limité à gauche par la route de

Mars-la-Tour, en avant et à droite par des bois. Ces deux pelotons ne tardent pas à être attaqués par des éclaireurs prussiens et par des tirailleurs d'infanterie que l'ennemi a placés non loin du bord de la route et dans les bois, qui bordent le plateau. Bientôt le lieutenant Miaux se trouve assailli par une grêle de projectiles ; plusieurs hommes reçoivent des balles sur leurs cuirasses et quelques chevaux sont blessés. Le lieutenant Chirée, placé à 200 mètres en arrière, se porte rapidement en avant pour le soutenir, mais son cheval reçoit une balle, tombe et entraîne dans sa chute cet officier qui se donne une entorse assez grave. La grand'garde ne se replie néanmoins que fort peu, et vers 7 heures elle est renforcée par un peloton à pied du 4ᵉ régiment de chasseurs. A la suite de ces escarmouches le général de Gramont change l'emplacement du bivouac et fait porter la 2ᵉ brigade à 800 mètres en arrière.

Le 5ᵉ escadron qui a passé la nuit précédente dans le faubourg de Montigny se remet en marche à 6 heures du matin, trouvant la ville encombrée de voitures et de troupes, car toute l'armée passe sur la rive gauche de la Moselle. Il fait une halte près de la gare qui touche à la porte Serpenoise et est témoin en cet endroit d'une panique occasionnée par une trentaine de hulans qui font une reconnaissance dans le village de Montigny. Les habitants saisis de terreur se réfugient derrière les remparts. Vers 2 heures il se remet en route après avoir réuni son convoi avec la plus grande difficulté. A la sortie de la ville il fait une halte d'une heure et demie pour attendre les voitures qui sont encore engagées dans les rues et se remet en marche à la tombée de la nuit. Il passe par Longeville, arrive à Gravelotte, dépasse ce village de deux kilomètres et bivouaque ou plutôt prend quelques heures de repos près du campement du régiment des zouaves de la Garde.

Premier rapport du Commandant de l'artillerie de la 3ᵉ division de cavalerie au général de Forton.

16 août.

En attendant un rapport plus détaillé, je m'empresse de vous annoncer que l'artillerie de la division a livré un combat très heureux, entre Mars-la-Tour et Puxieux, à une portion de corps prussien. Notre artillerie a causé beaucoup de mal à l'ennemi, a mis bon nombre d'hommes hors de combat, et a démonté quatre pièces prussiennes. Elle a suffi pour forcer l'ennemi à abandonner en désordre la position qu'il avait prise, en renonçant à toute attaque contre la division qui cependant se trouvait seule avec son artillerie.

Beaucoup de projectiles ennemis ont traversé nos batteries mais n'ont causé que des dégâts insignifiants. J'ai été très content de l'entrain de mes hommes et de mes officiers dans ce premier engagement. Le tir des Prussiens a été très mauvais. Beaucoup de coups trop longs, beaucoup de coups trop courts, dont les projectiles n'éclataient pas.

Notre tir a été remarquablement bon, et les résultats obtenus l'ont prouvé.

J'ai très peu de temps à moi. Nous avons des alertes continuelles et notre cavalerie ne peut compter que sur nous pour la débarrasser du feu de l'ennemi qui est à quelques kilomètres de nous en force. Nous sommes obligés de nous multiplier et d'être toujours prêts à monter à cheval.

Second rapport du Commandant de l'artillerie de la 3ᵉ division de cavalerie au général de Forton.

16 août.

Le 15 août, vers 10 heures du matin, au moment où la division général de Forton arrivait à Mars-la-Tour, l'ennemi, dont la présence rapprochée avait été déjà reconnue par les éclaireurs de notre cavalerie et confirmée par quelques prisonniers, était signalé en forces près du village de Puxieux et paraissait bientôt prendre des dispositions pour attaquer la division, que sans doute il savait isolée.

D'après les renseignements fournis par nos reconnaissances et les dires des prisonniers et des gens du pays, les forces apparentes de l'ennemi près de Puxieux se composaient de deux régiments de cavalerie, cuirassiers et hussards, de plusieurs colonnes d'infanterie (?) et de deux batteries.

En face des dispositions d'attaque prises par l'ennemi, nos douze pièces étaient mises en batterie dans une bonne position à droite de Mars-la-Tour, appuyées à droite par les cuirassiers (de Gramont), à gauche par les dragons (prince Murat), avec quelques éclaireurs bien en avant sur les côtés.

L'artillerie ennemie ouvrait la première le feu et le soutenait avec vivacité en le dirigeant exclusivement, pendant tout le temps, contre nos deux batteries, sans réussir à leur causer grand mal. Les coups étaient ou trop longs ou trop courts et beaucoup d'obus s'enterraient devant nous sans éclater. La réserve avait été mise en dehors et sur les côtés des batteries, sans cela elle aurait eu beaucoup à souffrir des coups trop longs.

L'ennemi a été très mal inspiré en dirigeant uniquement ses coups sur nous, lorsque à notre droite et à notre gauche s'offrait la cavalerie, dans laquelle il aurait pu causer certainement de grands ravages.

L'artillerie française répondait immédiatement au feu de l'ennemi, mais en dirigeant principalement ses coups contre les troupes de soutien de l'ennemi.

En voyant bientôt les troupes reculer et s'éloigner en désordre, on dirigeait le feu sur les deux batteries ennemies avec un succès vraiment remarquable, comme tout le monde a pu le constater dans la division, puisque quatre pièces ont été démontées, qu'un obus frappant un caisson le faisait éclater.

D'après ce que nous avons pu voir et les renseignements pris ultérieurement, l'ennemi a eu beaucoup d'hommes hors de combat, un caisson sauté et quatre pièces démontées.

Aussi ne pouvant tenir sous un feu aussi meurtrier, les troupes de soutien se retiraient assez promptement hors de portée, derrière une crête située à plus de 3,000 mètres; leur artillerie, forcée de se taire après avoir essayé de prendre une nouvelle position en arrière, disparut aussi dans les bois voisins, et l'ennemi, après trois quarts d'heure de résistance, abandonnait la position qu'il avait prise près de Puxieux, renonçait à toute attaque contre la division, se bornant dès lors à la faire observer par ses éclaireurs, dont plusieurs étaient mis hors de combat à de grandes distances par nos dragons, qui apprécient vivement leur nouveau fusil et qui commencent à le faire redouter de l'ennemi.

L'entrain que j'ai trouvé dans les troupes et le calme intelligent qu'ont montré les officiers m'ont rendu facile d'exécuter les ordres du général de division avec un plein succès.

Historique des 7e et 8e batteries du 20e régiment d'artillerie à cheval (3e division de cavalerie).

15 août.

A minuit les batteries parviennent à la porte de France, et à 3 heures du matin elles rejoignent leur division, campée à gauche de la route près de Rezonville. On se préparait à prendre un peu de repos et à faire boire et manger les chevaux épuisés par la marche de nuit, lorsque la sonnerie *à cheval* se fit entendre. La division doit pousser une reconnaissance sur Mars-la-Tour. L'ennemi est signalé : quelques kilomètres avant d'arriver à ce village les dragons font une charge en fourrageurs du côté de Puxieux ; pendant ce temps nos batteries avaient pris position à gauche de Mars-la-Tour prêtes à faire feu dans la direction de Puxieux. L'artillerie ennemie paraît appuyée par de la cavalerie et de l'infanterie dans le village. Après une heure environ d'un feu nourri, la batterie prussienne cesse son feu, et l'ennemi se retire après avoir subi des pertes sensibles d'après les rapports des habitants (50 hommes environ). Par un heureux hasard, les batteries n'eurent que deux chevaux blessés et quelques avaries peu importantes au matériel. La moyenne des coups tirés par pièce dans les deux batteries a été de 35 à 40. Une dizaine d'obus à balles par pièce.

Après être restée environ trois heures à Mars-la-Tour, temps dont on profita pour faire boire les chevaux, la division se replia sur Vionville et s'établit à cheval sur la route : la brigade de cuirassiers à droite et en arrière, la brigade de dragons à gauche et en avant (en regardant de Vionville vers Mars-la-Tour). Les batteries furent reléguées dans une dépression de terrain située à environ 100 mètres en arrière des dragons.

c) Opérations et mouvements.

Le maréchal Bazaine au général de Forton.

Gravelotte, 15 août.

Je vous prie de donner des ordres pour que vos troupes aient mangé la soupe demain matin à 4 heures et qu'elles se tiennent prêtes à se mettre en mouvement à 4 h. 30. Les tentes seront abattues, les chevaux seront sellés, mais on ne les bridera qu'au moment de quitter le bivouac.

Le général du Barail rend compte de l'engagement auquel il a pris part ce matin en appuyant un mouvement offensif que vous faisiez contre l'ennemi. Je vous prie de m'adresser un rapport à ce sujet. Le maréchal Canrobert et le général Frossard m'informent qu'ils ont devant eux un corps ennemi de 30,000 hommes et s'attendent à être attaqués demain. Comme vous êtes en relation avec eux, je présume que vous avez des renseignements analogues.

Journée du 15 août.

RÉSERVE GÉNÉRALE D'ARTILLERIE.

a) Journaux de marche.

Journal des opérations, tenu par le général Soleille.

15 août.

Le général Decaen commandant le 3ᵉ corps à qui revenait une part glorieuse dans le succès de la journée de Borny, avait été grièvement blessé au genou ; il ne put conserver son commandement, qui fut conféré au maréchal Lebœuf par décret impérial du 15 août rendu au quartier général de Moulins.

Dans la matinée du 15 août, l'armée avait continué et terminé sa concentration sur la rive gauche de la Moselle ; le Ban-Saint-Martin était encombré de troupes de toutes armes que l'on organisait en colonnes et que l'on poussait en avant. Vers 7 heures du matin, une section d'artillerie prussienne, s'aventurant sur le chemin de fer, vint tirer à toute volée sur Longeville où l'Empereur se trouvait encore ; elle fit quelques victimes.

Cette canonnade pouvait, en se prolongeant, occasionner de graves désordres ; pour rassurer les troupes en marche et couper court à toute tentative sérieuse sur notre flanc gauche, le maréchal Bazaine ordonna de faire sauter le pont du chemin de fer de Thionville.

Le général commandant l'artillerie de l'armée sortit de Metz le 15 au matin après avoir prescrit de replier les ponts de bateaux dès que le passage des troupes serait terminé. Par ordre du maréchal commandant en chef, les équipages de pont durent s'acheminer sur Gravelotte par Plappeville et Lessy, afin de ne pas encombrer la route principale.

Vers le milieu de la journée, le grand quartier général se transporta de Moulins à Gravelotte.

L'ennemi suivait une route parallèle à la nôtre, cherchant à nous gagner de vitesse pour s'opposer à notre marche sur Verdun. La division de cavalerie de Forton, envoyée en reconnaissance sur la route de Mars-la-Tour, apprit que des forces prussiennes s'étaient montrées à Puxieux, à 4 kilomètres environ sur la gauche de Mars-la-Tour. Elle se porta à leur rencontre et ne tarda pas à recevoir le feu de l'ennemi. Après un échange peu important de coups de canon, la reconnaissance prussienne s'éloigna et la division d'avant-garde revint s'installer à Vionville.

Rapport du colonel Marion, directeur des ponts du 3ᵉ corps, au général Soleille, à Metz.

Metz, 15 août.

J'ai l'honneur de vous informer que le passage des troupes sur les différents bras de la Moselle, commencé hier vers midi a été terminé aujourd'hui à 10 heures du matin.

Il l'eût été dans le courant de la nuit dernière si la troupe qui avait déjà traversé les ponts, n'avait été dans la nécessité de faire un retour en arrière pour se porter au secours de l'arrière-garde, qui avait été surprise par l'ennemi.

Cet incident a occasionné un retard de sept heures dans le passage.

Tout s'est exécuté avec ordre et régularité; toutefois les chevaux de devant d'une voiture d'artillerie, très ombrageux, effrayés par le bruit de leurs pas sur le tablier et qui n'avançaient qu'en se cabrant, sont tombés l'un sur l'autre dans l'un des bateaux; débarrassés promptement de leur harnais, ils ont été jetés à l'eau, très profonde en cet endroit d'où ils ont regagné la rive à la nage, guidés au moyen d'une ligne qu'on leur avait passée au col. Cet incident n'a eu d'autre suite qu'une légère interruption dans le passage.

Conformément à vos ordres, les ponts de bateaux, après avoir été repliés, ont été remis sur les voitures et les deux équipages ont rejoint les 2e et 4e corps auxquels ils sont attachés.

La 4e compagnie des pontonniers (celle du 3e corps) qui reste à Metz est occupée à replier le pont de chevalets qui avait été construit en amont du Pont-des-Morts. En sorte que les communications qui étaient établies entre la route de Moulins et l'île de Saulcy d'une part et la route de Thionville et l'île Chambière d'autre part sont interrompues et qu'il n'y a pas à craindre de ce côté une surprise de l'ennemi.

Le génie militaire a également replié les ponts qui avaient été établis, soit par lui, soit par les ponts et chaussées, sur les différents bras de la Moselle, pour servir au passage de l'armée et il ne reste plus aujourd'hui sur cette rivière que le pont permanent.

Rapport sur le service des pontonniers.

15 août.

Le 15, à 6 heures du matin, il ne restait plus de troupes françaises sur la rive droite de la Moselle en amont de Metz; quelques éclaireurs prussiens avaient même été vus à Montigny.

Le général commandant la place ordonna le repliement des ponts d'amont.

Les trois ponts de chevalets du grand bras et les trois ponts de radeaux du petit bras furent repliés par la 4e compagnie de pontonniers aidée de quelques hommes des corps francs.

Le travail commencé à 8 heures du matin fut terminé à 6 heures du soir.

Le génie replia les ponts de bateaux et de radeaux du bras mort.

Le même jour à midi, les 2e et 8e compagnies replièrent les ponts d'aval, chargèrent le matériel d'équipage sur leurs haquets et suivirent le mouvement de l'armée.

Les ponts sur le petit bras furent aussi repliés et les empierrements détruits.

b) Organisation et administration.

Le général Mitrecé, commandant le grand parc d'artillerie, au général Soleille, à Metz.

Camp de Châlons, 15 août.

Par modification au tableau que je vous ai adressé le 9 août, je vous préviens que les quantités ci-après de munitions appartenant à la fraction n° 1 du grand parc existent, ou sont annoncées au camp :

	Existant.	En expédition.
Munitions pour 4 rayé......	200	355 caisses.
— 12 —......	40	120 —
Cartouches modèle 1866 rayé.	340,900	2,436,828 environ.
— 1863 —.	»	34,000 —

Le camp de Châlons n'ayant pas d'autres cartouches modèle 1866 que celles qui sont portées à l'existant, le général Labastie a fait demander au ministre qu'elles fussent remises à la place pour les besoins courants du camp.

La réponse n'est pas encore parvenue.

Note des munitions délivrées par la direction d'artillerie de Metz pendant la journée du 15 août 1870.

Cartouches.

	Modèle 1866.	Modèle 1863.
Au parc du 3ᵉ corps.................	141,120	»
3ᵉ corps (réserve divisionnaire) (1ᵉʳ régiment du train (7ᵉ compagnie)).......	82,236	»
3ᵉ corps (réserve divisionnaire) (1ᵉʳ régiment du train (1ʳᵉ compagnie)).......	45,342	»
2ᵉ régiment de dragons..............	900	»
Au 19ᵉ régiment d'artillerie..........	»	600
Au 10ᵉ bataillon de chasseurs.........	3,169	»
Au 19ᵉ régiment d'artillerie..........	»	600
1ᵉʳ régiment du génie (compagnies de conducteurs)....................	»	19,862
Totaux......	272,767	21,062

Munitions d'artillerie.

	De 4.	De 12.
Au parc du 3ᵉ corps..................	188	102
Au 4ᵉ régiment d'artillerie (11ᵉ batterie).	207	»
Au 11ᵉ — (7ᵉ —).	98	»
Au 4ᵉ — (5ᵉ —).	72	»
Au 11ᵉ — (9ᵉ —).	278	»
Au 11ᵉ — (10ᵉ —).	307	»
Au 4ᵉ — (12ᵉ —).	311	»
Au 11ᵉ — (6ᵉ —).	186	»
Au 1ᵉʳ — (7ᵉ —).	278	»
Au 1ᵉʳ — (6ᵉ —).	418	»
Totaux......	2,343	102

Le Colonel directeur d'artillerie,
DE GIRELS.

c) Opérations et mouvements.

Le général Soleille au général Canu.

Moulins-lès-Metz, 15 août.

En exécution de l'ordre du maréchal Bazaine, j'ai l'honneur de vous faire savoir que vous devez suivre le mouvement de la Garde qui va se mettre en mouvement pour se rendre à Gravelotte. Les pontonniers suivront la Garde.

Comme disposition permanente, vous aurez soin de dégager la route toutes les fois que vous prendrez position.

Journée du 15 août.

RÉSERVE DU GÉNIE DE L'ARMÉE.

Rapport sur les opérations du grand parc du génie.

15 août.

Le 15 au matin, l'armée ennemie, qui avait refoulé le 3ᵉ corps à la bataille de la veille, franchissait la Seille à petite distance de Metz et masquait son opération par un rideau de troupes établies entre les deux châteaux de Frascati et de la Grange-aux-Ormes. Les vedettes de ce cordon s'étaient avancées jusqu'aux portes de la ville en traversant les villages de Montigny et des Sablons. Des patrouilles allemandes avaient même pénétré dans les deux lunettes des ateliers du chemin de fer de Montigny et de la ferme de la Horgne, qui étaient en cours de construction et qui n'étaient pas encore pourvues de défenseurs.

Les habitants des Sablons et de Montigny évacuaient leurs maisons et se réfugiaient en ville avec la précipitation de l'affolement.

Le capitaine des sapeurs-conducteurs du grand parc, intimidé par cette panique de la population suburbaine et par son manque de munitions, craignit que son parc ne fut compromis par un coup d'audace de l'ennemi, qui se montrait si hardi. Il fit atteler en toute hâte et fit rentrer ses 56 voitures dans l'intérieur de la place.

Le directeur du parc, voyant ce mouvement de panique et cédant à son inspiration, fit prendre les armes aux 300 ouvriers de l'arsenal. Il se porta avec cette troupe dans les dehors de la place entre Seille et Moselle depuis la redoute du Pâté jusqu'à la lunette d'Arçon, de manière à protéger la gare du chemin de fer.

Le gouverneur lui adjoignit aussitôt une compagnie des petits dépôts des chasseurs à pied.

Le colonel fit immédiatement avancer des patrouilles jusqu'à la tranchée du chemin de fer, qui s'étend depuis le petit séminaire jusqu'à la ferme de la Horgne pour protéger la gare des Sablons, qui contenait un grand amas de vivres jetés pêle-mêle de chaque côté de la voie.

On reconnut ainsi que les vedettes ennemies s'étaient repliées dans le bois de la Grange-aux-Ormes et vers les fermes de Bradin et de Saint-Ladre.

La compagnie d'ouvriers fut portée tout entière dans la tranchée précitée du chemin de fer des Sablons.

Elle s'y établit comme dans une parallèle et barricada tous les chemins qui la traversent, de manière à pouvoir s'y défendre.

Pendant ce temps, le gouverneur organisa les bataillons des gardes mobiles, qui venaient d'arriver dans Metz et les plaça dans les dehors de la place, de manière à soutenir le poste avancé de la gare des Sablons.

Journée du 15 août.

PLACE DE METZ.

a) **Journaux de marche.**

Journal de la défense de Metz.

GÉNIE.

15 août.

Ordre est donné et exécuté de replier les ponts jetés sur la Moselle. Ceux de la Seille sont laissés, l'inondation en rendant les abords impraticables.

Le Maréchal commandant l'armée ordonne au génie du 3ᵉ corps de faire sauter l'arche-culée du pont de Longeville sur la rive gauche, ce qui est exécuté rapidement, grâce à l'existence d'une chambre de mine dans la culée. Le capitaine Boyenval reçoit l'ordre de compléter ce travail en faisant sauter la deuxième arche. A cet effet, il dispose 600 kilogrammes de poudre contre la première pile, et l'explosion renverse la pile et l'arche suivante.

Journal du général Coffinières.

15 août.

Nos troupes continuent à passer sur la rive gauche de la Moselle et s'entassent avec les convois sur la route unique de Verdun.

Pendant que la Garde traverse la ville, une centaine de cuirassiers prussiens pénètrent dans le faubourg de Montigny, et occasionnent une grande panique. Les habitants et les mobiles fuient en désordre. Sur mes instances, un colonel de la Garde reste quelques heures à Metz pour me donner le temps d'envoyer des troupes qui repoussent l'ennemi et occupent la ligne du chemin de fer. Les Prussiens se bornent à inquiéter le faubourg et le fort de Queuleu. D'un autre côté, ils lancent quelques obus sur nos troupes, entassées à Longeville, ce qui décide le Maréchal à faire sauter deux arches du pont du chemin de fer, au droit de ce village.

L'Empereur part pour Étain.

Le maréchal Lebœuf est nommé commandant du 3ᵉ corps en remplacement du général Decaen, resté malade à Metz. Le général Manteuffel me demande un armistice de deux heures pour enterrer les morts du champ de bataille de Borny.

Nos blessés, au nombre de 4,000 environ (1), sont rapportés dans la place. Je m'empresse d'organiser les ambulances pour les recevoir.

b) Rapports des commandants des ouvrages de la place.

Arrondissement de la citadelle. — Rapport du 15 au 16 août 1870.

Ouvrage de Pâté.

Armement. — Trois canons de 12 de siège, deux obusiers de 16.

Munitions. — Chaque pièce est approvisionnée à 15 coups environ ; on s'occupe d'augmenter ce nombre surtout en boîtes à balles.

Personnel. — Le personnel (25 canonniers : 5 hommes par pièce) est fourni par le 17ᵉ régiment ; il est sous les ordres de M. le lieutenant en 2ᵉ de la compagnie d'artificiers, secondé par un adjudant du 17ᵉ régiment.

Observations. — Quelques Prussiens se sont montrés à 5 heures du matin, le 15 août, et sont arrivés jusqu'à la crête du glacis ; comme ils se trouvaient sur la face de l'ouvrage qui n'est pas armée, et que les canonniers n'avaient d'autres armes que leurs sabres, on n'a pas tiré et ils se sont retirés paisiblement.

Lunette de Montigny.

Armement. — Deux canons rayés de 12 de place.

Munitions. — 30 coups par pièce ; on s'occupe d'augmenter ce nombre pour les porter à cinquante environ ; ce ne serait que le nécessaire pour un ouvrage détaché, surtout en boîtes à balles.

Personnel. — Dix canonniers sous les ordres d'un maréchal des logis et sous la surveillance de M. le lieutenant Thomas.

Ouvrage à corne de la citadelle.

Armement. — 3 canons de 24, 2 canons-obusiers de 12, 2 canons-obusiers de campagne (au saillant du bastion) ; total : 7.

Il manque encore quelques accessoires d'armement, tels que sacs à

---

(1) Chiffre très exagéré.

étoupilles, etc. J'espère que ces objets seront remis avant une demi-heure entre les mains des servants.

Munitions. — 15 coups environ par pièce qu'on augmente en ce moment.

Personnel. — 35 canonniers commandés par un adjudant.

Corps de place.

Armement. — 8 canons de 24, 6 de 12 de place, 1 de 12 de siège, 6 obusiers de 12, 1 obusier de 22 ; total : 22.

Munitions. — Très suffisantes; 50 coups par pièce environ, avec les éléments nécessaires pour en avoir promptement en grand nombre.

Personnel. — 110 canonniers fournis en partie par la compagnie d'ouvriers et par le 17e régiment. L'enceinte est partagée entre MM. les capitaines Stiltz et Aversenq.

Observations. — Le nouveau service va commencer aujourd'hui, à 11 heures, conformément à l'ordre du 15 août.

Par suite de l'adjonction de MM. Lachèvre et Jouffret, le service sera reparti entre les officiers de l'arrondissement comme il suit :

MM. Aversenq et Stiltz continueront à être employés au corps de place ;

M. le capitaine Lachèvre aura sous son commandement l'ouvrage à corne, la lunette d'Arçou et la lunette Rogniat ;

M. le lieutenant Thomas continuera à occuper la lunette d'Arçon ;

M. le capitaine Jouffret aura sous son commandement le Pâté et la lunette de Montigny ;

M. le lieutenant de la compagnie d'artificiers occupera la lunette de Montigny.

On va mettre en batterie trois pièces dans le bastion 33.

MM. les officiers résidant dans les ouvrages qui leur sont assignés, il serait nécessaire de leur allouer les vivres de campagne.

Le détachement du 11e n'est pas arrivé; il ne viendra que ce soir; on a fait venir la soupe pour les hommes qui restent.

Personnel. — 10 canonniers de la 8e batterie du 13e commandés par un maréchal des logis qui se tient en communication constante avec M. le lieutenant Thomas, commandant la lunette d'Arçon.

Lunette d'Arçon.

Armement. — 5 canons de 12 de siège, 2 canons-obusiers de 6, 2 obusiers de 16. Total 9.

Munitions. — 15 coups par pièce, qu'on s'occupe d'augmenter surtout en coups à mitraille et en obus à balles.

Personnel. — 45 canonniers appartenant pour la plupart à la 8e batterie du 13ᵉ et commandés par M. Thomas, lieutenant à cette même batterie. Cet officier est secondé par un adjudant du 1ᵉʳ régiment.

Observations. — L'un des fossés de l'ouvrage est en partie comblé par des bois de construction, qui rendraient l'escalade facile ; il faudrait que ces bois fussent enlevés le plus promptement possible. On déplace une pièce pour la mettre dans une position voisine et beaucoup plus avantageuse pour battre les abords de la place.

Lunette Rogniat.

Armement. — Un canon de 12 de siège, un obusier de 16.

Munitions. — Chaque pièce a 15 coups à tirer ; on s'occupe d'augmenter ce nombre.

Rapport du Chef d'escadron commandant l'artillerie de la rive gauche de la Moselle et de l'île Chambière.

Fort Moselle, 16 août.

Fort-Moselle est actuellement armé de 57 pièces, dont la majeure partie est approvisionnée à 30 coups ; les autres le sont à 10 ou 15 seulement.

Un sous-chef artificier, six artificiers continuent la confection des munitions.

Il n'y a qu'un seul bateau pour circuler dans le fossé plein d'eau et ce bateau est en très mauvais état ; il serait indispensable d'en avoir deux ou trois pour pouvoir faire le service de l'artillerie des demi-lunes et même davantage si l'on avait à défendre le chemin couvert avec de l'infanterie.

La barbette du saillant du bastion 112 est loin d'être terminée, mais le génie y travaille et on pourrait déjà, au besoin, y placer six pièces de 12. Ce matériel est désigné d'avance, c'est celui de la 6ᵉ batterie du 13ᵉ régiment.

La répartition du personnel des trois batteries du 13ᵉ régiment, qui sont campées dans le fort Moselle, a été faite hier.

La 6ᵉ batterie (1) (capitaine de Reynaud) doit défendre le front 112-113 (17 bouches à feu) et placerait au besoin ses six pièces mobiles au saillant du bastion 112 (total, 23 pièces).

La 8ᵉ batterie (1) (capitaine Blavier) doit défendre le front 110-111 (22 pièces).

---

(1) Du 13ᵉ régiment.

La 5ᵉ batterie (1) (capitaine Leclerc) doit défendre le front du centre 111-112 (18 pièces).

L'ordre a été donné hier à ces trois capitaines commandants de prendre connaissance immédiatement de l'emplacement, des espèces de bouches à feu que leurs batteries sont appelées à servir ainsi que des emplacements et des approvisionnements des différents magasins et de désigner d'avance pour chaque pièce, le chef de pièce et les servants nécessaires à l'exécution de la pièce en utilisant pour ce service un tiers au moins des conducteurs et en tenant compte d'environ 20 canonniers auxiliaires par batterie, pris dans la compagnie d'artillerie de la garde mobile, qui campent dans le fort.

Front Chambière. — Est armé de dix bouches à feu, savoir :

1° Au saillant du bastion de gauche, un canon de 24 rayé, sur affût de place ;

2° Sur les flancs, deux canons obusiers de 12, qui ont été placés hier ;

3° Sur la face gauche du bastion de droite (petit polygone du 1ᵉʳ régiment) : une pièce de 24 tirant à barbette au saillant ; une pièce de 16 sur affût de place ; une pièce de 12 rayé sur affût de place ; une pièce de 30 sur affût de côte ; une pièce de 16 sur lisoir-directeur ; une pièce de 12 rayé sur lisoir-directeur ; 1 canon-obusier.

Toutes ces pièces sont prêtes à faire feu, mais elles ne peuvent rien voir à cause d'un rideau de peupliers qui se trouve devant elles le long du polygone.

Lunette 195. — Est armée de cinq pièces :

1° Un obusier de 16 au saillant (dans une casemate) ;

2° Deux canons-obusiers de 12 sur la face gauche (casemate) ;

3° Deux pièces supplémentaires de 12, qui ont été placées vendredi dernier. Ces pièces ont des vues sur les pentes voisines du fort Saint-Julien, mais à trop grande distance (2,000 mètres) ; elles devraient être remplacées par du 12 rayé.

Il y a en outre quatre pièces de 4 (deux dans chaque casemate).

Je n'ai pu voir, hier, le capitaine Vient, malgré les recherches que j'ai faites pour le trouver, et par conséquent je n'ai pu savoir pourquoi ces quatre pièces étaient dans cette lunette.

Lunette Miollis. — Est armée de trois canons de 12, de siège, savoir :

Un au saillant qui pourrait donner des feux sur les hauteurs de Saint-

---

(1) Du 13ᵉ régiment.

Julien et deux sur la face droite pour battre le ravin du ruisseau de Vallière.

Mais la pièce du saillant ne voit rien à sa droite à cause d'une grande quantité de grands arbres, qui devraient être abattus immédiatement; et les deux pièces de la face n'auraient qu'un effet incomplet, parce que le ravin qu'elles doivent battre est encore caché par plusieurs bâtiments qu'on est du reste en train de démolir et aussi par une assez grande quantité de grands arbres et broussailles qui devaient être abattus.

Ces pièces sont approvisionnées à 60 coups à mitraille et une cinquantaine de coups à obus ordinaires, sans compter un nombre égal de ces projectiles, qui ne sont point encore chargés.

Il existe en avant de la face droite de la lunette Miollis un petit pont ou passage établi sur le bras de la Moselle; les communications entre l'île Chambière et la rive droite devraient être interrompues le plus tôt possible.

Redan 8. — N'est point armé et doit l'être de deux pièces de 4, qui sont dans la lunette 195 ; pourraient y être amenées.

Cavalier 9. — Est armé de deux pièces : un canon de 24 rayé au saillant et un obusier de 24 sur la face droite.

Pièce 47. — Est armée de trois pièces : un obusier à l'angle d'épaule, un canon de 12 de siège au saillant, un canon-obusier de 12 pour battre le fossé du fort Bellecroix.

Événements divers. — Hier au soir, en allant reconnaître la composition du petit polygone du 1ᵉʳ régiment, sur le bastion de droite du front Chambière, j'ai été arrêté comme espion par l'adjudant de semaine, qui a fait son devoir avec plus de zèle que d'intelligence.

Situation de l'artillerie du fort de Plappeville.

15 août.

Personnel.

Artillerie de la ligne.

4ᵉ batterie du 1ᵉʳ régiment : 1 capitaine, 1 maréchal des logis chef, 4 maréchaux des logis, 2 brigadiers, 4 artificiers, 1 trompette, 54 canonniers.

3ᵉ régiment : 1 lieutenant, 1 maréchal des logis, 1 brigadier, 28 canonniers.

Artillerie de la garde nationale mobile (Moselle).

3ᵉ batterie : 1 capitaine, 2 lieutenants, 1 maréchal des logis chef, 1 maréchal des logis, 1 fourrier, 4 brigadiers, 1 trompette, 49 canonniers.

MATÉRIEL.
Bouches à feu.

Canons rayés de 24 de place................	4
— — de siège................	8
— de 12 de place................	11
— — de siège................	14
— — de campagne............	6
— de 4 —	6
— — de montagne............	4
Obusiers de 22 centimètres................	1
— de 16 —	5
Total................	59

Projectiles.

Obus oblongs de 24.......................	722
— de 12.......................	3,476
— de 4.......................	1,218
Obus sphériques de 22 centimètres........	996
— de 16 —	500
Bombes de 27 centimètres................	240
— de 15 —	360
Total................	7,512

Canons.

Mortiers de 27 centimètres...............	2
— de 22 —	4
— de 15 —	3
Total................	9

Boîtes à mitraille.

Canons rayés de 24.......................	30
— de 12.......................	150
— de 4.......................	100
Obusiers de 22 centimètres................	10
— de 16 —	40
Total................	330

Munitions confectionnées.

Gargousses de 24........................	240
— de 12.......................	1160
— de 4 —	520
— d'obusiers de 22 centimètres.......	240
— — de 16 —	200
Total................	2,360

Obus chargés.

Obus oblong de 24.........................	260
— de 12.........................	940
— de 4.........................	270
Obus sphériques de 22 centimètres...........	100
— de 16 —	250
— de 15 —	240
TOTAL................	2,060

Cartouches.

74,565 cartouches d'infanterie, modèle 1866.
7,088 cartouches d'infanterie, modèle 1867, pour fusil transformé.

Poudre.

Il y a dans le magasin 195 barils de poudre, quantité suffisante pour compléter l'approvisionnement en charges et en projectiles chargés à 100 coups par pièce.

Situation du fort de Plappeville le 15 août à midi.

PERSONNEL.

4ᵉ batterie du 1ᵉʳ régiment : 1 capitaine, 5 sous-officiers, 61 hommes.
3ᵉ régiment : 1 lieutenant, 1 sous-officier, 30 hommes.
Garde nationale mobile : 3 officiers, 3 sous-officiers, 54 hommes.

MATÉRIEL.

Bouches à feu.

Canons rayés de 24 de place.................	4
— — de siège.................	8
— de 12 de place.................	11
— — de siège.................	14
— — de campagne............	6
— de 4 —	6
— — de montagne............	4
Obusiers de 22 centimètres..................	1
— de 16 —	5
Mortiers de 27 —	2
— de 22 —	4
— de 15 —	3
TOTAL................	68

Projectiles.

Obus oblongs	722
—	3,476
—	1,218
Obus sphériques	996
—	500
Bombes de 27 centimètres	240
— de 15 —	360
TOTAL	7,512

Boîtes à mitraille.

Canons rayés de 24	30
— de 12	150
— de 4	100
Obusiers de 22 centimètres	10
— de 16 —	40
TOTAL	7,842

Poudre.

Il y a en barils, dans le magasin, une quantité de poudre suffisante pour compléter l'approvisionnement en charges et en projectiles chargés, à 100 coups par pièce.

Munitions confectionnées.

Gargousses de 24	360
— de 12	1,360
— de 4	520
— d'obusiers de 22 centimètres	240
— — de 16 —	200
TOTAL	2,680

Obus chargés.

Obus oblongs de 24	437
— de 12	1,977
— de 4	612
Obus sphériques de 22	111
— de 16	248
— de 15	242
TOTAL	3,627

Cartouches.

74,565 cartouches d'infanterie, modèle 1866.
7,088 cartouches d'infanterie, modèle 1867, pour fusil transformé.

Rapport du Commandant du fort Saint-Julien.

15 août.

La garnison du fort se compose en ce moment de :

	Hommes.	Officiers.	Chevaux.
1er régiment d'artillerie........	77	3	4
15e — —	142	4	124
13e — —	28	2	7
Génie et subsistants............	126	4	17
63e de ligne......	1,018	25	18
60e —	720	10	2
11e chasseurs................	107	2	»
Total................	2,218	50	172

On a chargé, du 14 au 15, 270 obus ordinaires de 12 et 30 obus ordinaires de 4.

Une pièce de 24 a été mise en batterie sur la partie gauche du cavalier en remplacement d'une pièce de 12, qui a été placée sous le bastion n° 1.

Deux caissons de 4 de montagne ont été transportés du bastion n° 9 à la courtine 3-4, où ils semblent mieux placés dans les circonstances présentes. On a mis les mitrailleuses en batterie sur la face droite, le flanc droit du bastion 3 et la courtine 3-4 ; peut-être le travail a-t-il un peu souffert des changements de garnison : le 63e au lieu du 75e.

Des cavaliers ennemis, en assez grand nombre, viennent sous la partie gauche du fort, sous Châtillon, pousser très avant leurs reconnaissances; peut-être faudrait-il avertir la portion de l'armée située sur l'autre rive de la Moselle, et qui peut surveiller ces pentes, que nous ne pouvons apercevoir.

On voit filer des colonnes ennemies un peu à droite, un peu à gauche, à l'intercroisement de la route de Boulay, à 6 ou 7 kilomètres du fort.

Situation de l'artillerie de la place de Metz.

Metz, 15 août.

1ᵉʳ régiment d'artillerie.

Effectif le 15 août : 854 hommes et 362 chevaux ; plus 60 hommes subsistants et 347 chevaux subsistants.

Le régiment a détaché :

A Thionville..........................	58	hommes.
Au fort de Queuleu...................	84	—
— de Saint-Julien.................	75	—
— de Plapppeville, de Saint-Quentin....	97	—
— de Bellecroix, de Gisors...........	91	—

Il fournit :

Pour l'arrondissement de la Citadelle........	180	—
— de Chambière.........	20	—
Total..................	605	—
Différence...................	249	—

Le régiment a :

Malades	40		
Service intérieur.....................	89	} 137	—
Chefs ouvriers.....................	8		
Reste.................		112	hommes.

Sur ces 112 hommes, 76 iront au travail, et, en cas d'alerte, se porteront sur les remparts ainsi que les subsistants. Les 36 hommes qui restent sont absolument nécessaires pour soigner les chevaux.

17ᵉ régiment d'artillerie.

Effectif le 15 août : 373 hommes et 318 chevaux, y compris les subsistants.

Le régiment fournit :

Pour l'arrondissement du rempart des Allemands.............................	76	hommes.
Pour l'arrondissement de la Citadelle........	80	—
Sous-officiers...........................	4	—
Total................	160	—
Différence...................	213	—

Le régiment a :

Malades	48 ⎫	124 hommes.
Service intérieur.................	76 ⎭	
Différence...................		89 hommes.

Restent 89 hommes, y compris 67 du peloton ou travaillant dans les ateliers. Sur ce nombre, 26 iront au travail avec des attelages et 26 en travailleurs. Les 39 autres sont indispensables pour soigner les chevaux.

7e compagnie d'ouvriers d'artillerie.

Effectif : 178 hommes.

La compagnie fournit à l'arrondissement de Chambière 140 hommes.

Les 38 hommes restants sont occupés à l'arsenal aux réparations du matériel. En cas urgent, ils pourraient aller sur le rempart.

3e compagnie d'artificiers.

Effectif : 74 hommes.

La compagnie fournit à l'arrondissement du rempart des Allemands 50 hommes.

Les 24 hommes restants sont employés à la fabrication des cartouches. Même observation que ci-dessus.

13e régiment d'artillerie (4 batteries montées).

Il fournit :

Au fort de Queuleu, un détachement de......	27	hommes.
— de Saint-Julien.....................	27	—
— de Bellecroix......................	27	—

Ces trois détachements sont fournis par les batteries nos 5, 6, 8. Le reste de ces trois batteries est au fort Moselle et la 7e en entier au fort de Bellecroix.

Batterie de montagne du 3e d'artillerie.

Effectif des servants : 70.
Elle fournit :

Au fort de Plappeville.....................	27	hommes.
— de Saint-Quentin...................	27	—
A l'arrondissement de la Citadelle...........	20	—
TOTAL (y compris quelques conducteurs)....	74	hommes.

ÉTAT des bouches à feu en batterie dans la place et dans les forts.

	NOMS DES COMMANDANTS de L'ARTILLERIE DES FORTS ou des arrondissements.	NOMBRE de PIÈCES en batterie.	DATES.
Fort de Saint-Julien........	Capitaine Guiot.......	44	14 août.
Fort de Queuleu..........	Commandant Toussaint.	42	»
Fort de Plappeville (1).....	Capitaine Berj........	68	»
Fort de Saint-Quentin (1)...	Lieutenant Moyne.....	36	12 août.
Bellecroix, Gisors..........	Commandant Peiffer...	39 + 7	»
Fort Moselle. { Double couronne..	Le capitaine Vieu commande cette partie de la défense sous les ordres du commandant de Contamine.	57	15 août.
Front Chambière..		8	Id.
Lunette 195......		3	Id.
Lunette Miollis...		3	Id.
Redan 8.........		2	Id.
Cavalier 9.......		3	Id.
Corps de place. { Arrondissement de la porte des Allemands.......	Commandant Hoff.....	17	Id.
Arrondissement de la citadelle.....	Commandant Moulin..	17	Id.
Ouvrages extérieurs de la citadelle.............	Commandant Moulin..	16	Id.

(1) Le commandant Robert, qui avait été chargé de la surveillance des travaux préliminaires de l'armement des deux forts, est resté comme commandant supérieur de l'artillerie de ces forts.

Rapport du lieutenant Moyne, commandant l'artillerie du fort Saint-Quentin.

Fort Saint-Quentin, 16 août.

A 6 heures du matin (1), les hommes étaient au travail du côté opposé à Longeville avec leurs trois officiers : MM. les lieutenants Larnac, Moque et moi ; nous avons entendu deux ou trois coups de canon, que nous avons d'abord cru tirés en l'honneur du 15 août ; mais des cris dans l'intérieur nous apprirent que des projectiles venaient d'éclater dans Lon-

---

(1) Le 15 août.

geville; nous accourûmes sur le cavalier et nous vîmes la fumée d'un coup tiré de la ferme de Bradin à 3,600 mètres. Nous avons immédiatement retourné la pièce de 24 de siège pointée sur Rozérieulles et nous l'avons dirigée sur la ferme pendant que les Prussiens envoyaient encore quatre coups. Nous leur avons envoyé deux obus de 24 qui nous ont semblé pointés convenablement autant que le permettait le brouillard qui s'est épaissi subitement. Le feu des Prussiens cessa immédiatement; on dit qu'il avait fait plusieurs victimes.

Alors nous descendîmes de son châssis la pièce de 24 de place du cavalier, dirigée également sur Rozérieulles et nous la mîmes en batterie du côté de Saint-Privat (1). D'après les tracés du génie, le fort n'a aucun feu du côté des deux glacis et de la haute et basse Moselle devant Metz. Je tournai donc, outre les deux de 24, cinq pièces de 12 de siège sur le pont de chemin de fer de Thionville; on le fit sauter quelques instants après; nous avons jugé la précaution prématurée; mes sept pièces l'auraient certainement défendu; Longeville était d'ailleurs encore très garni de troupes.

Lorsque le brouillard s'éclaircit vers les 9 heures, on vit distinctement des cavaliers prussiens par deux ou quatre, puis de petites troupes au plus de 50 hommes traverser la plaine de Queuleu à Saint-Privat se dirigeant vers Augny ou Frescaty; quelques-uns même poussaient des pointes vers le chemin de fer en face de Moulins.

A 11 h. 30, une troupe assez considérable, peut-être un régiment (mais sans masse serrée) marchait d'Augny sur les bois de Frescaty. Ces bois sont beaucoup plus étendus que ne le marquent les cartes; ce sont sans doute de jeunes plantations; ils sont situés de 4,200 à 4,800 mètres du Saint-Quentin. Un lieutenant tira sur cette troupe un coup de 24; il eut mieux valu attendre que les Prussiens fussent rassemblés en plus grand nombre dans ce bois. Ils continuèrent le même mouvement jusque vers 3 heures, venant toujours de Marly à Augny et de là à Frescaty. Ils faisaient probablement ce coude tant pour éviter les pentes des bois d'Ars, que pour se mettre à couvert dans le bois de Frescaty, d'où ils déboucheraient la nuit.

A 3 heures, je crus leur nombre suffisant; je fis alors pointer les deux pièces de 24 de place et de siège : la première sur le bois à gauche du château et à sa hauteur; l'autre plus à droite et sur des bois plus éloignés de 500 mètres environ, soit à 4,800. Les quatre coups portèrent exactement aux points voulus; les mouvements des Prussiens cessèrent, mais nous ne pûmes les voir déboucher la nuit.

Vers 5 h. 30, on me signale plusieurs détachements de cavaliers,

---

(1) Au Sud de Metz.

qui s'étaient portés derrière une maison de la route de Pont-à-Mousson, à 200 mètres de l'embranchement du chemin de fer de Thionville. Les deux lieutenants, la moitié des hommes et tous les sous-officiers étant à dîner, je pointai moi-même la pièce de 24 de siège sur le peloton à cheval, lorsqu'il déboucha au trot, 20 mètres environ en avant, et je commandai le feu. Heureusement on ne trouva pas tout de suite le sac à étoupilles déposé au pied du talus ; le coup porta entre la route et le chemin de fer c'est-à-dire 2 ou 3 mètres trop haut et 10 ou 15 mètres trop en arrière. J'appris le soir que ces cavaliers étaient des chasseurs français. Cette regrettable méprise ne serait pas arrivée si on avait prévenu par le télégraphe que les Français étaient rentrés à Montigny. Toute la journée, le terrain ayant été parcouru par des cavaliers prussiens, je ne pouvais hésiter à croire que ceux-là étaient encore des ennemis. Il faut d'ailleurs constater avec regret que si les cavaliers prussiens sont constamment en reconnaissance, les nôtres ne passent pas pour avoir la même habitude. Il serait bien à souhaiter que le télégraphe nous mit régulièrement au courant de tous les mouvements de nos troupes. Ainsi on a négligé de nous prévenir qu'il y avait armistice. J'ai appris depuis qu'il était en vigueur de midi, je crois, à 8 heures du matin. Il était sans doute local du côté de Queuleu, mais il était bon de nous le faire connaître, dans quelles conditions et dans quelles limites de terrain.

Enfin, mon Général, nous n'avons pu faire ces manœuvres de force si rapides, servir nos pièces avec ce sang-froid et cette précision de tir que grâce au détachement de la 6e batterie du 3e, qui nous est arrivé depuis trois jours ; les autres 28 hommes que j'ai depuis huit jours savent à peine servir la campagne et même pas tous. Je pousse activement leur instruction de façon à n'avoir pas besoin d'auxiliaires d'infanterie, au plus de trois par pièce, dans le cas peu probable où nous aurions à tirer sur toutes les faces ; j'insisterai donc, mon Général, pour qu'on ne changeât plus les hommes d'artillerie des deux forts jusqu'à la fin de la guerre, car l'infanterie a déjà changé tant de fois que je renonce à lui donner la moindre instruction et à faire usage de son concours.

Rapport du Commandant du fort Saint-Julien au général Coffinières, à Metz.

Fort de Saint-Julien, 15 août.

Les nombreuses dépêches que j'ai eu l'honneur de vous adresser aujourd'hui sont cause que mon rapport de ce soir n'offrira aucune particularité remarquable. Cependant je dois vous dire que les hommes envoyés pour enlever les morts n'ont quitté le fort qu'à 3 h. 15, puisque votre dépêche et votre courrier ne me sont arrivés qu'à cette heure. Ils ne sont pas encore revenus en ce moment.

De nombreuses reconnaissances ont été poussées sur Châtillon et sur le versant de la Moselle par des cavaliers ennemis qui se sont approchés à une très petite distance du fort, même pendant l'armistice. Vous savez, mon Général, que nous ne voyons pas ces pentes et que la portion seule de l'armée, située sur l'autre rive de la Moselle, peut la surveiller.

J'ai placé en dehors du fort, campé entre les glacis et Grimont, un bataillon du 63e, fort de 500 hommes ; il se gardera en avant des bois de Grimont et nous gardera en même temps ; au besoin, il pourra rentrer dans le fort par le pont placé à la gorge. Tout le reste de la garnison est situé dans l'intérieur du fort.

J'ai reçu ce matin la batterie de mitrailleuses annoncée (1) et je l'ai mise en batterie au bastion n° 3, face droite et flanc droit, ainsi que sur les bastions 3 et 4.

Je pense que, dans ces conditions, mon Général, notre position n'est pas très mauvaise. Mais quelques cavaliers abrités entre le fort et Saint-Julien nous aideraient beaucoup par les reconnaissances qu'ils pourraient faire en nous éclairant sur la situation probable de l'ennemi.

Rapport de la 4e batterie du 1er d'artillerie sur la journée du 15 août.

Saint-Quentin, 15 août.

Le 15 août, à 6 heures du matin, une batterie prussienne établie sur la rive droite de la Moselle a tiré sur le quartier impérial de Longeville. Le lieutenant Moyne a fait diriger de Saint-Quentin sur ce point deux pièces de 24 dont le feu a forcé les Prussiens à battre en retraite. Sa Majesté a daigné envoyer des félicitations à M. Moyne et a donné l'ordre de lui serrer la main de sa part (textuel). Dans la journée, les mêmes pièces ont dû tirer à plusieurs reprises aux distances de 3,200, 4,000 et 5,000 mètres sur des troupes et des reconnaissances établies sur les routes de Montigny et dans la ferme de Frescaty. Leur feu, d'une justesse remarquable, a assuré la liberté de cette route et assuré la marche des troupes qui défilaient sur la route de Moulins.

Dans la même journée, on a fait sauter deux arches du pont du chemin de fer de Longeville. Ars brûle depuis hier matin, Ancy depuis ce matin.

Hier soir, une reconnaissance de quelques cavaliers prussiens est

---

(1) 11e batterie du 15e.

sortie des bois de Sauluy et est venue observer le fort de Plappeville.

Ce matin, les troupes françaises continuent à marcher sur Verdun par trois routes parallèles : par Moulins, Plappeville et Lorry.

Rapport du Commandant du fort de Plappeville.

Plappeville, 15 août.

Le 40ᵉ de ligne, composé de trois bataillons, est arrivé hier soir à la nuit avec une compagnie du génie.

Le bataillon du 75ᵉ de ligne et celui du 91ᵉ, qui constituaient la garnison du fort, sont partis aussitôt.

Rien de particulier ne s'est passé aujourd'hui dans la sphère d'action du fort de Plappeville.

J'ai envoyé hier un officier pour toucher la réserve de vivres qui m'a été annoncée; elle ne lui a pas été remise. Je pense qu'indépendamment de l'augmentation que j'ai demandée hier pour les munitions d'artillerie, il y aurait lieu d'augmenter aussi la réserve des munitions d'infanterie.

RENSEIGNEMENTS

Le Ministre de la guerre au maréchal Bazaine, à Metz (D. T.).
Paris, 15 août, 9 h. 15 matin.

Aujourd'hui, à 3 heures, le maire de Vigneulles fait connaître que les Prussiens viennent d'arriver dans la commune en petit nombre, mais annonçant pour aujourd'hui l'arrivée de 20,000 hommes.

Le même au même (D. T.).
Paris, 15 août, 3 h. 50 soir.

Les Prussiens sont arrivés à Commercy. Hulans prussiens et dragons wurtembergeois. On n'en sait pas le nombre.
Faire suivre cette dépêche en cas de départ de Verdun de M. le maréchal Bazaine.

Le Ministre de la guerre au Major général, à Metz (D. T.).
Paris, 15 août, 4 h. 30 soir.

Le préfet des Vosges me fait connaître ce qui suit :
« Un cultivateur des Vosges arrive de Bayon, disant qu'il a vu 1000 à 2,000 Prussiens construisant plusieurs ponts sur la Moselle pour passage de corps importants. »

Le Général commandant à Verdun au maréchal Bazaine, à Metz (D. T.).
Verdun, 15 août, 5 h. 8 soir.

Le maire de Saint-Mihiel donne dépêche suivante :
« A midi, j'étais à la gare de Commercy avec le Préfet; un avant-poste prussien est arrivé jusqu'à la gare.
« J'attends toujours des ordres pour faire sauter ponts et tunnels. »

Le même au même (D. T.).
Verdun, 15 août, 6 h. 5 soir.

Le préfet m'adresse la dépêche suivante :
« J'arrive de Commercy. Au moment où je commençais à donner

des instructions, des hulans prussiens et des dragons de Wurtemberg sont arrivés dans la gare. Nous avons manqué d'être pris, mais nous avons pu nous sauver sur la machine. En retournant, nous avons fait couper la voie sur plusieurs points. Nous avons ramené le capitaine Vasseur qui venait pour me voir et qui a dû laisser ses papiers et ses armes chez le sous-préfet. Nous n'avons pas pu nous rendre compte des forces de l'ennemi. »

Je reçois à l'instant cette autre dépêche de Saint-Mihiel :

« Un homme de Nonsard, canton de Vigneulles, m'assure que les Prussiens y sont arrivés. Ils ont demandé des réquisitions ; ils sont, dit-il, très nombreux entre Nonsard, Pannes, Essey. »

L'Agent spécial de Thionville au maréchal Lebœuf, à Metz.

Thionville, 15 août.

J'ai l'honneur de vous faire connaître que ce matin, vers 4 heures, un corps d'armée prussien, évalué à 7,000 ou 8,000 hommes des *23e*, *68e* et *69e* de ligne, du *8e* d'artillerie et du *12e* pionniers, ainsi que plusieurs escadrons de cavalerie, notamment des hussards, est venu tenter un coup de main sur Thionville.

L'éveil ayant été donné à temps, la place a ouvert le feu avec tant de vivacité et de succès, que l'ennemi, qui était venu par Boulay, Kédange, Metzervisse, etc., et qui cherchait à prendre position sur la lisière de la forêt d'Illange, à environ 2 kil. 500 de la ville, a jugé prudent de battre en retraite (1). Il aurait essayé un instant de passer la Moselle à 3 kilomètres en amont de Thionville pour détruire les communications télégraphiques, ainsi que le chemin de fer, et pour cerner la ville.

Les villageois n'ont point à se plaindre du passage de ces troupes, qui se composaient en grande partie de landwehr. Ces troupes sont retournées vers la frontière par Metzervisse. Beaucoup de soldats paraissaient complètement découragés. Ils demandaient des nouvelles de Metz et se plaignaient tout haut de souffrir la faim, d'être forcés de se battre malgré eux, etc.

L'ennemi avait treize pièces de canon avec lui. Je laisse aux autorités militaires le soin de vous donner des détails sur cette petite affaire.

Rien de nouveau de Trèves, de Conz et de Sarrebourg.

---

(1) Le bois d'Illange est, en réalité, à 1200 mètres des remparts, au Sud de la ville.

Renseignements envoyés par le Préfet de la Moselle le 15 au matin.

Un corps d'armée qui, d'ici à ce soir, 14 août, s'élèvera à 35,000 hommes, dit-on, paraît se concentrer entre Perl, Merzig et Sarrebourg, soit pour couvrir la retraite de l'armée prussienne, en cas d'échec, soit pour appuyer son mouvement en avant en cas de victoire.

Dépêche du Sous-Préfet de Thionville.

Thionville, 15 août, 8 h. 5 matin.

L'ennemi est en vue de Thionville. Une brigade prussienne cherche à traverser la Moselle. Nous lui tirons des coups de canon. Les eaux de la Moselle sont très élevées. Passage difficile. Cette brigade vient du côté de Bouzonville.

Registre de renseignements de l'état-major général.

Du 12 au 16 août, nous sommes concentrés autour de Metz et nous nous arrêtons dans notre marche sur Verdun. Les gens du pays nous renseignent avec complaisance mais d'une façon peu profitable, attendu qu'ils ne viennent jamais des villages qui sont aux avant-postes prussiens. A Rezonville même, le 15 août, on signale le passage des Prussiens à Ars-sur-Moselle et leur concentration par le défilé de Gorze; mais à Gorze même, ils n'ont encore que peu de monde.

Note de la Direction des lignes télégraphiques.

Metz, 15 août.

Le bureau de la Direction prévient le général Coffinières que l'on communique de nouveau avec l'armée.

Rapport du capitaine Abel, de l'état-major de la Garde nationale.

Thionville, 15 août.

A 3 h. 15, un mouvement de cavalerie prussienne s'exécute le long de la route de Richemont à Moyeuvre, Rombas, et semble avoir pour but de se diriger vers la route de Marange à Bronvaux, par la vallée de l'Orne, de Jœuf à Montois, Roncourt d'un côté, et par la route de Rombas à Marange, cachée par le bois de Coulange.

Le Lieutenant chef de poste (?) au Commandant de place, à Metz.

Metz, 15 août.

Je fais conduire au bureau de l'état-major un Prussien qui s'est rendu. D'après les questions qui lui ont été adressées par le chef de poste de la garde mobile, il résulterait qu'une armée de plus de 200,000 Prussiens serait en marche pour Nancy. Cette armée est conduite par le prince Frédéric.

Un corps de 150,000 hommes se dirige sur Metz pour l'attaquer. Derrière ce corps d'avant-garde qui se trouverait, d'après ce déserteur, sur le champ de bataille d'hier, il y aurait un autre corps beaucoup plus en arrière, s'élevant à 130,000 hommes, qui se joindrait au corps d'avant-garde.

Les corps qui se sont battus hier se sont retirés en arrière (XIIIe division). Ils sont remplacés par la XIVe division, qui attend qu'on l'attaque.

Elle est à 3 kilomètres de Metz.

Renseignements adressés au général Coffinières par le poste d'observation de la cathédrale.

Metz, 15 août.

Depuis 6 h. 30 du matin, on entend une canonnade sur la haute Moselle, du côté d'Ars et de Moulins, mais le brouillard très épais empêche de rien distinguer.

Vers 7 h. 15, une éclaircie permet de distinguer des coups de canon dans la direction de Saint-Privat. Des fuyards rentrant en ville par la route de Montigny semblent indiquer une attaque de ce côté. La compagnie campée sur les glacis près de la porte Serpenoise s'est portée en avant.

La canonnade a complètement cessé sur la droite et persiste seulement à Saint-Privat, mais sans être très vive. Le brouillard se dissipe un peu.

A 7 h. 45, on entend une fusillade et quelques coups de canon du côté de Queuleu, sur la droite ; le fort riposte, mais le brouillard nous empêche de rien distinguer.

A 8 heures, tout bruit d'engagement cesse. Le brouillard se dissipe et on aperçoit une forte reconnaissance de cavalerie prussienne entre la Seille et le village de Montigny. Les escadrons sont massés sur la lisière du parc de la Grange-aux-Ormes et envoient des détachements et des vedettes jusqu'à la ligne du chemin de fer. Des cavaliers font le tour de l'ouvrage de Saint-Privat et y entrent.

Un bataillon d'infanterie française est parti au pas gymnastique par la route de Montigny.

A 8 h. 30, l'horizon est complètement débarrassé de brouillard. On aperçoit des postes de cavalerie sur les hauteurs à gauche et en avant de Sainte-Barbe.

Patrouille de cavalerie sur la route de Sarrelouis autour de Noisseville.

Un officier en reconnaissance du côté de Borny.

Les reconnaissances entre Seille et Moselle s'étendent jusqu'à la ferme de Bradin, en avant de laquelle on aperçoit un groupe d'officiers de différents uniformes. Une vedette prussienne est installée près de l'ouvrage de fortification de campagne en avant des ateliers de Montigny. Il est difficile d'évaluer la force de la reconnaissance.

Depuis une heure on voit une forte colonne de fumée du côté d'Augny. C'est sans doute ce village qui brûle.

Rien de nouveau dans la basse Moselle.

A 10 h. 45 trois fortes colonnes de Prussiens se rendent vers les bois de Jouy, passant par Frescaty et Orly (1). Un coup du canon de 24 du fort de Saint-Quentin est tombé très exactement dans le bois de Frescaty.

Une masse considérable de cavalerie parcourt au galop le chemin qui se dirige au Nord-Ouest de Sainte-Barbe, et disparaît derrière la colline.

De fortes masses ennemies descendent sur Peltre. Leurs tirailleurs commencent à se répandre entre la Haute-Bévoye et le fort de Queuleu.

11 heures. — De la cavalerie parcourt le terrain situé entre Augny et Saint-Ladre. L'incendie d'Augny continue.

Midi. — L'ennemi a disparu du plateau du Sablon, après avoir établi des fanions blancs et noirs sur la lunette commencée en avant des ateliers de Montigny, entre Saint-Privat et la Horgne-au-Sablon.

Midi et demi. — La cavalerie occupe les villages de Magny et de Mercy-lès-Metz. Un bataillon en bataille sur le contrefort qui va de l'ancien télégraphe de Mercy vers Magny. Un régiment de cavalerie s'éloigne au trot sur la route de Sarrelouis. Un régiment d'infanterie en bataille au delà de Noisseville.

Jusqu'à 1 heure, les troupes prussiennes, infanterie et cavalerie, se dirigent rapidement vers Pont-à-Mousson en masses considérables. Les Prussiens envoient des voitures sur le champ de bataille pour ramasser les blessés.

A 5 heures le pont d'Ars saute (2).

---

(1) Ferme à 1500 mètres au Sud-Ouest de Frescaty.
(2) *Lire :* la seconde arche du pont de Longeville.

7 h. 30 du soir. — On ne voit plus d'éclaireurs ennemis sur le plateau du Sablon. Un bataillon de gardes mobiles parcourt, de droite à gauche et de gauche à droite, la grande tranchée de raccordement du chemin de fer. Quelques cavaliers français parcourent le village et les environs de Montigny.

8 h. 30 du soir. — Pas un seul feu de bivouac prussien en avant de la place de Metz.

Feux de signal ou de bivouac sur la côte de Sainte-Geneviève ou d'Amance, entre Pont-à-Mousson et Nancy:

Capitaine LEHAGRE.
Lieutenant-colonel GOULIER.

Dépêches télégraphiques expédiées le 15 août, du poste de la cathédrale, au bureau de la division, à Metz.

Cathédrale, 11 h. 30 matin.

On vient d'explorer les deux rives de la basse Moselle. On n'y a trouvé aucune trace de l'ennemi.

Cathédrale, 12 heures.

L'ennemi a disparu du plateau du Sablon après avoir établi des fanions blancs ou blancs et noirs sur la lunette commencée en avant des ateliers de Montigny, et entre Saint-Privat et la Horgne-au-Sablon.

Cathédrale, 12 h. 15.

Un régiment d'infanterie en bataille au delà de Noisseville. Un régiment de cavalerie s'éloigne au trot par la route de Sarrelouis.

Cathédrale, 12 h. 30.

La cavalerie ennemie occupe le village de Magny et Mercy-lès-Metz.

Un bataillon en bataille sur le contrefort qui va de l'ancien télégraphe de Mercy vers Magny. Si Queuleu tire à 2,000 mètres dans la direction de l'extrémité gauche du profil apparent de la côte de Delme, il l'atteindra.

Cathédrale, 12 h. 50.

Deux corps de cavalerie ennemie s'éloignent par la route qui va de Mécleuves à Pontoy.

Un long convoi venant de la route de Strasbourg descend vers Mécleuves. Le bataillon en avant de Queuleu s'est masqué.

Cathédrale, 1 h. 15.

Des masses de troupes considérables sont en marche sur la route transversale de Petit-Marais à Colligny. Elles passent derrière Flanville, se dirigeant vers la route de Sarrebrück. Ces troupes occupent l'embranchement des deux chemins près de la maison isolée.

Cathédrale, 1 h. 40.

Les masses prussiennes continuent leur mouvement à la hauteur de Colombey. Elles marchent du côté d'Ars-Laquenexy.

Cathédrale, 2 h. 20.

Les colonnes prussiennes défilent derrière les villages de Marly et d'Augny, se dirigeant sur la Moselle à Jouy et Corny.

Cathédrale, 3 heures.

Le mouvement des troupes paraît interrompu pour le moment en arrière de Colombey. Le défilé continue sur la côte de Mécleuves.

Cathédrale, 3 h. 50.

Nous n'avons pas entendu de canonnade.

Les troupes ennemies passent derrière Augny, se portant sur notre droite. Une longue colonne suit une route située au delà de Coin-sur-Seille, et qui se dirige sur la haute Moselle.

Cathédrale, 4 h. 20.

Une colonne s'éloigne par la route de Metz à Nomény bien au delà de Verny. Il semble que le mouvement ait lieu vers Pont-à-Mousson. N'y aurait-il pas lieu de faire détruire les ponts?

Cathédrale, 4 h. 50.

Une colonne, ayant en tête de la cavalerie au trot, passe par la route de Luppy à Béchy, route dont le prolongement, non situé sur notre carte, se dirige sur Pont-à-Mousson.

Cathédrale, 5 h. 20.

Le pont d'Ars (1) vient de sauter.

L'arrière-garde de l'armée prussienne paraît être sur le chemin de Colligny, au pont de Domangeville, dans la direction de Marsilly. Toute

---

(1) *Lire :* la seconde arche du pont de Longeville.

l'armée fait donc une marche de flanc vers Pont-à-Mousson. L'avant-garde doit approcher de cette ville.

Cathédrale, 5 h. 55.

Un long convoi de voitures défile sur la route transversale en arrière de Puche. On voit encore quelques troupes marchant sur la même route à droite de Colligny. Des vedettes existent toujours en deçà de cette route. Un coup de canon part du fort de Queuleu.

Cathédrale, 6 h. 40 soir.

Deux colonnes de troupes ennemies s'éloignent par le chemin de Pontoy à Basse-Beux, et disparaissent derrière la hauteur du télégraphe ; une troisième colonne gravit la côte de Mécleuves en suivant la route de Strasbourg. Sont-ce les troupes qui ont attaqué hier la position de Mercy ?

Le Commandant du fort de Plappeville au général Coffinières, à Metz (D. T.).

Plappeville, 15 août, 7 h. 35 matin.

Nuit calme. Le 40ᵉ de ligne a relevé hier soir la garnison du fort. On entend en ce moment un engagement commencé sur notre gauche de l'autre côté du Saint-Quentin.

Le Commandant du fort de Plappeville au général de Laveaucoupet, à Metz (D. T.).

Plappeville, 15 août, 8 h. 25 matin.

Général Micheler n'est point arrivé à Plappeville.
On voit des troupes se placer entre le fort de Plappeville et Saint-Quentin.

Dépêches télégraphiques du Commandant du fort de Plappeville au général Coffinières, à Metz.

Plappeville, 15 août, 12 h. 10 matin.

Une fusée de signal aperçue vers 10 heures dans la direction de Saulny ou Norroy-le-Veneur.

|Plappeville, 15 août.

Il y a une reconnaissance autour de Plappeville.

Plappeville, 15 août, 9 h. 40 soir.

Le fort n'a pas pour un jour de vivres. Le 40ᵉ régiment n'a même pas de quoi faire la soupe demain. Nous sommes observés par des patrouilles qui semblent ennemies sur notre droite.

J'apprends que le général ne peut donner aucune escorte ou troupe de soutien pour assurer les communications vers les forts. Il faut des vivres et des munitions.

Puis-je, ce soir ou demain matin les envoyer chercher à Metz, et dois-je compter qu'ils me seront fournis?

Dépêches télégraphiques du Commandant du fort Saint-Quentin au général Coffinières, à Metz.

Saint-Quentin, 15 août, 6 heures matin.

Nuit calme. On n'a pas vu de fusées. Général avec colonel et les deux bataillons du 24ᵉ arrivés à minuit dans le fort.

Saint-Quentin, 15 août, 7 heures matin.

Brouillard intense. Impossible voir. Les Prussiens envoient des boulets sur les troupes campées sous Longeville.

Saint-Quentin, 15 août, 10 h. 45 matin.

Trois fortes colonnes de Prussiens se rendent vers les bois de Jouy, passant par Frescaty et Orly. Un coup de canon du fort est tombé très exactement dans le bois de Frescaty.

Le Commandant du fort Queuleu au général Coffinières, à Metz (D. T.).

Queuleu, 15 août, 7 h. 10 matin.

La nuit tranquille. On n'aperçoit point de troupes du haut du cavalier. On a signalé quelques vedettes qui paraissent nous observer à droite de la Haute-Bévoye. Je vais les faire reconnaître de plus près par une patrouille. Je vous rendrai compte. Un artilleur a été légèrement blessé hier soir par un éclat d'obus. Les mitrailleuses ont fait un si bon effet que nous serions heureux d'en avoir : cela serait utile.

Je reçois votre dépêche et on m'amène deux hommes du 8ᵉ de ligne faits prisonniers hier soir par des hulans. Les vedettes signalées tout à l'heure étaient de ce détachement. Nos deux hommes en passant dans les vignes se sont échappés et m'ont rendu compte.

Je vais envoyer une compagnie dans les vignes pour éloigner les hulans.

Le brouillard empêche de distinguer ce qui se passe vers Saint-Privat.

Queuleu, 15 août, 8 h. 30 matin.

Le brouillard levé, j'ai aperçu deux escadrons de cavalerie, un de hulans, l'autre de cuirassiers à vestes blanches, qui observaient la place près de la Seille en avant de la levée du chemin de fer. Quelques coups de fusil et deux coups de 4 les ont fait partir au galop, un homme est tombé. Ils paraissent se tenir vers Peltre.

Queuleu, 15 août, 10 h. 55 matin.

De fortes masses ennemies sont descendues sur Peltre. Leurs tirailleurs commencent à se répandre entre la Haute-Bévoye et le fort. Je défends qu'on leur réponde avant qu'ils soient à très bonne portée. Il est bien à regretter que les mitrailleuses nous aient quittés. Je crains pour cette nuit une attaque de vive force. Mes hommes ont passé la nuit dernière sur pied ; je les fais coucher mais difficilement.

. . . .

On nous a donné de la farine, mais aucun ustensile pour faire le pain. Point de biscuit.

La fusillade continue en avant du bastion.

Dépêches télégraphiques du Commandant du fort de Queuleu au général Coffinières, à Metz.

Queuleu, 15 août, 12 h. 35 soir.

On m'amène un sous-officier prussien qui vient se rendre. Il a perdu son régiment à Sarrebrück. Le 40ᵉ dit (1) qu'il est resté une division de 18,000 à 20,000 hommes qui est à trois quarts de lieue de nous ; c'est celle qui occupe Peltre, la *14ᵉ*, composée de Westphaliens. Je fais garder cet homme, mais je n'ai pas de local convenable. Puis-je l'envoyer à Metz ?

Queuleu, 15 août, 6 h. 44 soir.

Je suis avec ma lunette depuis une heure un énorme corps prussien qui remonte la côte de Mécleuves à gauche de la route : la cavalerie suit le côté droit. Ils s'éloignent vers Nancy. Toute la journée de nom-

---

(1) Le texte doit sans doute être ainsi rétabli : « ..... à Sarrebrück, le *40ᵉ*. Il dit qu'il est resté..... ».

breuses voitures descendaient la même côte se dirigeant vers le champ de bataille. Vedettes et sentinelles de la Haute-Bévoye se sont pelotonnées et ont disparu. J'ai fait battre les vignes par les tirailleurs; il n'y a plus personne, est-ce une feinte? nous le saurons demain.

Dépêches télégraphiques du Commandant du fort Saint-Julien au général Coffinières.

Saint-Julien, 15 août, 6 h. 50 matin.

La nuit a été très tranquille.
Rien de nouveau ce matin. Il y a un très fort brouillard.
Existe-t-il encore des troupes en avant, ou devons-nous nous garder militairement en dehors du fort?
Je ne vois plus le 75e. La batterie de mitrailleuses annoncée n'est pas entrée dans le fort.

Saint-Julien, 16 août, 7 heures.

Il reste encore près de 200 morts à enterrer. La terre est dure à creuser. Il faudrait quatre heures avec 400 hommes au moins pour le faire.

Saint-Julien, 15 août, 8 h. 10.

Les deux bataillons du 63e arrivés hier à 6 h. 30 du soir. La batterie de mitrailleuses arrive à l'instant.

Saint-Julien, 15 août.

Le fil télégraphique paraît interrompu. On me dit qu'il y a armistice pour enterrer les morts.
On voit de nombreuses colonnes déboucher par la route de Boulay et à travers champs. Les bois de Mey sont occupés par l'ennemi.

La journée du 16 août en Lorraine.

GRAND QUARTIER GÉNÉRAL.

a) **Journaux de marche.**

Journal de marche de l'armée du Rhin.

16 août.

Le Maréchal commandant en chef attend que le 4e corps et la 3e division (Metman) du 3e soient arrivés sur les positions qu'ils auraient dû occuper le 15 au soir pour se trouver à hauteur de la colonne de gauche (1). Il attendait également les rapports des reconnaissances sur la position de l'ennemi pour donner des ordres de marche ultérieurs.

Le 2e et le 6e corps restent sur leurs emplacements de la veille le 3e a son quartier général à Bagneux; ses 1re, 2e et 4e divisions occupent la ligne indiquée sur la ligne de Conflans; la 3e est en route pour les rejoindre (2). Le 4e corps suit la route de Briey et se rabat par Amanvillers (3) dans la direction de Doncourt-en-Jarnisy. La Garde reste (4) autour de Gravelotte. La 1re division de la réserve de cavalerie (du Barail) était à Conflans (5), mais deux de ses régiments (1er et 3e) en sont distraits pour accompagner l'Empereur jusqu'à Verdun; la 3e division de la réserve de cavalerie est à Vionville.

Bataille de Rezonville. — A 9 h. 30 du matin, la 3e division (de Forton) de la réserve de cavalerie et la division de cavalerie du 2e corps, attaquées à l'improviste par des forces supérieures près de Vionville,

---

(1) 2e, 6e corps et la Garde.
(2) Erreur en ce qui concerne la 3e division.
(3) Et Saint-Privat.
(4) Il serait plus juste de dire « *se rassemble*..... », car la 1re division avait passé la nuit sur le plateau du Point-du-Jour.
(5) *Lire* : Doncourt. La 1re division de cavalerie accompagnait ensuite l'Empereur jusqu'à Conflans.

se replient à hauteur de Rezonville, en arrière des bivouacs du 2ᵉ corps, qui prend aussitôt ses positions de combat. Il se déploie : la droite sur les hauteurs qui dominent le hameau de Flavigny (1) ; l'extrême gauche, formée par la brigade Lapasset, observant les bois des Ognons et la tête du défilé de Gorze.

Le 6ᵉ corps se déploie en avant de Rezonville, entre la route de Verdun et le village de Saint-Marcel ; la 4ᵉ division (Levassor-Sorval) de ce corps est placée en arrière (2), parallèlement à la route, avec mission de soutenir la brigade Lapasset.

Une attaque a lieu sur notre gauche, une autre sur notre front. Le commandant en chef, qui s'est porté sur le théâtre du combat, place la Garde en réserve sur les crêtes de la Jurée (3) et ordonne au 3ᵉ corps de pivoter sur sa gauche pour appuyer le 6ᵉ et prendre l'ennemi en flanc. La 3ᵉ division de la réserve de cavalerie est envoyée (?) en arrière du 6ᵉ corps, sur l'ancienne voie romaine.

Le mouvement offensif de l'ennemi est arrêté dès le début par les 2ᵉ et 6ᵉ corps. Vers 12 h. 30 (4), les troupes du 2ᵉ corps commencent à plier, par suite de la blessure reçue par le général commandant la 2ᵉ division (Bataille) ; des charges de cavalerie arrêtent l'ennemi (5).

La Garde entre alors en ligne, remplaçant le 2ᵉ corps et défendant la gauche de la ligne de bataille. L'ennemi, contenu sur ce point, tente avec sa cavalerie un mouvement tournant sur notre droite (6) ; il est repoussé par la division de Forton.

Vers 2 heures (7), le feu de l'ennemi diminue ; un nouvel effort se prépare. Le 3ᵉ corps entre en ligne et se relie au 6ᵉ. Sa 1ʳᵉ division (Montaudon) est dirigée sur Gravelotte et destinée à occuper au besoin le débouché d'Ars-sur-Moselle. Le 2ᵉ corps se reforme et se reporte à gauche (8).

Vers 3 heures, le 4ᵉ corps entre en ligne, repoussant l'ennemi devant lui, vers Mars-la-Tour. Ce corps est appuyé à droite par sa division de cavalerie, le 2ᵉ chasseurs d'Afrique, seul régiment restant de la 1ʳᵉ division de la réserve de cavalerie, et la 2ᵉ brigade (de France) de la cavalerie de la Garde, revenue à la hâte de Conflans.

---

(1) La droite du 2ᵉ corps occupa Vionville.
(2) Au Nord-Est de Rezonville.
(3) C'est-à-dire sur le plateau de la Maison-de-Poste.
(4) Heure erronée.
(5) Charges du 3ᵉ lanciers et des cuirassiers de la Garde.
(6) Charge de la brigade Bredow.
(7) Heure erronée.
(8) Auprès de Gravelotte, face au bois des Ognons.

A 5 heures, le feu de l'artillerie ennemie reprend avec intensité et précède un nouveau retour offensif, qui s'exécute vers 7 heures et est repoussé par nos troupes. Il en est de même des efforts tentés sur notre gauche, sur notre droite et enfin, à l'entrée de la nuit, sur Rezonville.

A 8 heures, le feu cesse; l'armée ennemie, battue, se retire et laisse nos troupes maîtresses du champ de bataille, où elles restent jusqu'à minuit. D'après l'ordre du commandant en chef, elles se retirent alors sur les positions autour de Gravelotte (?).

Le 1er corps se porte à Vitry.

Les pertes de l'armée, à la bataille de Rezonville, s'élèvent à (1) :

2e corps....	Officiers tués ou blessés............	201
	Hommes de troupes tués, blessés ou disparus......................	5,085
3e corps....	Officiers tués ou blessés............	49
	Sous-officiers et soldats............	748
4e corps....	Officiers......................	200
	Sous-officiers et soldats............	2,258
6e corps....	Officiers......................	200
	Sous-offfciers et soldats............	5,458
Garde......	Officiers......................	113
	Sous-officiers et soldats............	2,010
Cavalerie de la Garde.	Officiers......................	47
	Sous-officiers et soldats............	366
Cavalerie de réserve..	Officiers......................	21
	Sous-officiers et soldats............	88
Artillerie de réserve..	Officiers......................	6
	Sous-officiers et soldats............	104

Total, hors de combat : officiers, 837; sous-officiers et soldats, 16,117.

Rapport du maréchal Bazaine sur la bataille de Rezonville.

Après le brillant combat de Borny, les troupes qui y avaient pris part avaient reçu l'ordre de continuer, dès le lendemain matin, 15 août, leur mouvement de retraite sur Verdun par les deux directions qui leur avaient été indiquées : le 2e et le 6e corps suivant la

---

(1) Chiffres approximatifs.

route du Sud par Rezonville, Mars-la-Tour, Manheulles; le 3ᵉ et le 4ᵉ se dirigeant au Nord sur Conflans et Étain; la Garde, la réserve générale et les parcs marchant derrière le 6ᵉ corps.

La première colonne était couverte par la division de réserve de cavalerie de Forton; la deuxième par la division de chasseurs d'Afrique du Barail.

Les points à occuper dans la journée du 15 étaient : Vionville, par le 2ᵉ corps; Rezonville, par le 6ᵉ corps; Doncourt-lès-Conflans, par le 4ᵉ corps; Saint-Marcel et Vernéville, par le 3ᵉ; la Garde, en arrière, à Gravelotte; la division de Forton, à Tronville, avec ordre d'éclairer la route de Saint-Mihiel (1); celle du général du Barail, à Jarny.

Les lenteurs qui se produisirent dans l'écoulement des convois et les retards qui résultèrent pour le 2ᵉ et le 3ᵉ corps de leur participation au combat de Borny ne permirent pas malheureusement à ces deux corps de commencer leur mouvement assez tôt pour l'achever dans la limite du temps qui avait été arrêtée.

Le 3ᵉ corps, qui devait marcher derrière le 4ᵉ, avait pris la tête et n'avait que trois divisions arrivées sur le plateau de Gravelotte à 10 heures du soir (2).

Quant au 4ᵉ corps, il ne put se mettre en mouvement que le 16 au matin; la colonne de gauche (2ᵉ, 6ᵉ corps et la Garde) avait à peu près atteint ses positions le 15; mais je dus lui prescrire de s'y maintenir le 16 jusqu'à midi, afin que le 4ᵉ corps pût arriver à sa hauteur, les renseignements que j'avais reçus m'annonçant une forte concentration ennemie sur ma gauche, et la prudence exigeant que nos deux colonnes fussent en mesure de se soutenir l'une l'autre, de quelque côté que l'ennemi se présentât.

Le 16 au matin, le 2ᵉ corps se trouvait en avant de Rezonville, à gauche de la route de Verdun; le 6ᵉ corps, à sa hauteur, sur la droite de la même route; le 3ᵉ, avec trois divisions et sa cavalerie, entre Vernéville et Saint-Marcel (3), la division Metman étant encore en route pour rejoindre; le 4ᵉ corps, en marche sur Doncourt-lès-Conflans; la Garde, à Gravelotte.

Telle était la position de l'armée quand, à 9 h. 30 (4), les grand'gardes de la division de Forton signalèrent l'approche de l'ennemi; à peine cet avis est-il donné que deux régiments de cavalerie prussienne débouchent

---

(1) C'est-à-dire sans doute la route Chambley, Vigneulles, Saint-Mihiel.
(2) Deux seulement : les 1ʳᵉ et 2ᵉ.
(3) En réalité entre la ferme de Caulre et le plateau de la Folie.
(4) En réalité un peu avant 9 h. 15.

de Tronville avec trois batteries, qui couvrent d'obus les campements des divisions Forton et Valabrègue (cavalerie du 2ᵉ corps).

Notre cavalerie, surprise par cette attaque imprévue, se forme au plus vite et se porte en arrière des bivouacs du 2ᵉ corps, à hauteur de Rezonville; au bruit du canon, le général Frossard fait prendre les armes à son corps d'armée et occuper les positions de combat, qui avaient été reconnues à l'avance : la division Bataille, à droite, sur les hauteurs qui dominent le hameau de Flavigny; la division Vergé, à gauche, sur le même mouvement de terrain; la brigade Lapasset (détachée du 5ᵉ corps), en retour à gauche, pour observer les grands bois de Saint-Arnould, des Ognons, et couvrir la tête du défilé de Gorze.

Le maréchal Canrobert prend également ses dispositions et déploie son corps en avant de Rezonville, entre la route de Verdun et le village de Saint-Marcel : la division Tixier à droite; le général Bisson au centre, avec le 9ᵉ de ligne (1) (le seul régiment de sa division qui soit arrivé); la division La Font de Villiers à gauche et s'appuyant à la route.

En arrière et parallèlement à la route, au delà de laquelle elle s'est avancée, s'établit la division Levassor-Sorval, avec mission de soutenir la brigade Lapasset et de surveiller les nombreux ravins qui aboutissent par les bois à Ars et à Novéant.

L'apparition de la cavalerie ennemie et sa canonnade contre la division de Forton n'était que le prélude de l'action générale qui allait s'engager; deux attaques sérieuses se dessinent bientôt : l'une venant à gauche, par les bois de Vionville, de Saint-Arnould et des Ognons; l'autre, sur notre front, par Mars-la-Tour et le village de Vionville.

A la première nouvelle de l'engagement, je quitte mon quartier général de Gravelotte et me porte avec mon état-major sur le théâtre du combat, donnant l'ordre à la Garde de se placer en réserve à droite et à gauche de la route, sur les crêtes du ravin de la Jurée (2), et prévenant le maréchal Lebœuf qu'il eût à pivoter sur sa gauche pour appuyer le 6ᵉ corps et prendre l'ennemi en flanc. Je comptais en même temps sur la vieille expérience du général de Ladmirault pour accourir au canon et soutenir le mouvement tournant du 3ᵉ corps, en avant duquel il devait alors se trouver.

A peine arrivé sur le terrain, je trouvai le 2ᵉ corps fortement engagé, sur tout son front, sous un feu d'artillerie des plus intenses, mais se

---

(1) Le 9ᵉ de ligne resta tout d'abord en seconde ligne, sur l'emplacement de son bivouac et se déploya ultérieurement le long de la grande route, près et à l'Ouest de Rezonville.

(2) Sur le plateau de la Maison-de-Poste.

maintenant dans ses positions, un peu en arrière des crêtes. Le maréchal Canrobert avait, de son côté, arrêté le mouvement offensif de l'ennemi (?), qui se bornait déjà devant lui à n'entretenir qu'une vive canonnade ; c'était donc évidemment sur notre gauche que l'ennemi se réservait de faire le plus grand effort à l'abri des bois, qui le dissimulaient, et dans le but de nous couper de notre ligne de retraite sous Metz (?).

Tout en me préoccupant de l'attaque que je voyais ainsi se dessiner sur notre flanc, je voulus que notre droite fût solidement appuyée avant l'entrée en ligne des troupes du maréchal Lebœuf et je prescrivis à la division de Forton d'aller se placer en arrière du 6ᵉ corps (1), sur l'ancienne voie romaine, le dos appuyé aux bois de Villers-aux-Bois, avec ordre de charger au moment opportun.

Ces premières dispositions prises, j'appelai les batteries de 12 de la réserve générale pour contre-battre les batteries ennemies, qui inquiétaient le 2ᵉ corps ; l'action se soutint ainsi jusque vers 12 h. 30 (2) ; mais, à ce moment, le général Bataille fut blessé, obligé de quitter son commandement, et sa division commença à plier devant les masses ennemies, qui s'avançaient ; le mouvement en arrière entraîna une partie de la division Vergé, dont la gauche seule resta en position avec la brigade Lapasset. Je dus alors faire charger l'infanterie prussienne par le 3ᵉ lanciers et les cuirassiers de la Garde. La charge des lanciers ayant été repoussée, les cuirassiers se formèrent sur trois lignes, comme à la manœuvre, et s'élancèrent avec une bravoure héroïque sur les carrés ennemis, qu'ils ne purent entamer, mais dont ils arrêtèrent la marche.

Un ou deux escadrons de hussards prussiens les poursuivirent dans leur retraite et s'avancèrent jusque sur une batterie de la Garde, au milieu de laquelle je me trouvais (3). Je dus moi-même mettre l'épée à la main avec tout mon état-major et un combat à l'arme blanche s'engagea avec mes officiers.

L'hésitation qui se manifesta à ce moment dans les lignes prussiennes me permit de faire arriver la division Picard, des grenadiers

---

(1) La 3ᵉ division de cavalerie était déjà placée derrière la 3ᵉ division du 6ᵉ corps. Le Maréchal fait sans doute allusion à l'ordre qu'il donna au général de Forton, vers 1 heure, de se placer le long de la voie romaine et au Sud du bois Pierrot.

(2) Heure erronée. *Lire :* vers 11 h. 30. Le rapport du Maréchal n'observe nullement l'ordre chronologique des faits.

(3) $\frac{2\,c}{G}$.

de la Garde, qui se porta en avant, sous les ordres mêmes du général Bourbaki, relevant les divisions Vergé et Bataille et prenant position de chaque côté du village de Rezonville, pendant qu'une brigade de la division Levassor-Sorval, du 6e corps, venait l'appuyer à gauche, par les crêtes du ravin de Vionville, en même temps que la division Deligny, des voltigeurs de la Garde, recevait l'ordre de se porter en face du bois des Ognons, de le faire occuper par son bataillon de chasseurs et d'observer les débouchés par où les Prussiens pourraient tenter de mettre le pied sur le plateau de Gravelotte.

Au moment même où l'ennemi prononçait son attaque sur Rezonville, il tentait de tourner notre droite avec sa cavalerie ; trois de ses régiments, les cuirassiers du Roi et deux régiments de hulans (1), traversaient la droite du 6e corps, nos batteries, et dépassant la crête que nous occupions, tentaient de se rabattre sur les derrières de notre infanterie ; la division du général de Forton, dont ils ne soupçonnaient pas la présence, les prend en flanc et en queue, et cette masse de cavalerie est complètement anéantie par le sabre de nos dragons et de nos cuirassiers.

La droite est complètement dégagée et déjà le feu du maréchal Lebœuf commence à se faire entendre, il était alors 2 heures ; l'ennemi était complètement repoussé sur notre droite ; au centre, l'attitude du 6e corps et des grenadiers de la Garde avait arrêté son attaque et, à gauche, il n'avait pas encore pris l'initiative que j'attendais, mais qui ne s'en préparait pas moins ; le feu de son artillerie avait à peu près cessé, et il était évident qu'il prenait ses dispositions pour un nouvel effort.

Complètement rassuré à droite par l'entrée en ligne des premières troupes du 3e corps, je fis dire au maréchal Lebœuf de maintenir fortement ses positions avec la division Nayral, de se relier au 6e corps par la division Aymard et de diriger sur Gravelotte la division Montaudon, que je destinais à occuper le débouché d'Ars-sur-Moselle.

Je faisais en même temps reporter sur le même point (2) les divisions du 2e corps, qui avaient été reformées, et je plaçais des batteries de 12 et des mitrailleuses au débouché des ravins pour y cribler les masses ennemies qui tenteraient de s'y engager. Je savais que des renforts avaient passé par Ars et par Novéant, et je me préoccupais avant tout de l'attaque qui pouvait être faite sur notre flanc ; ma ligne de bataille, qui se trouvait au début de l'action à peu près parallèle au ravin de Rezonville, avait pris ainsi, vers 3 h. 30, une direction presque perpendiculaire, allant du bois des Ognons vers Mars-la-Tour et Bruville.

---

(1) Charge Bredow : six escadrons des *7e* cuirassiers et *16e* hulans.
(2) C'est-à-dire près de Gravelotte.

A ce moment, en effet, le 4ᵉ corps venait d'entrer en ligne ; la division Grenier, conduite par le général Ladmirault lui-même, avait chassé l'ennemi devant lui, l'avait repoussé de Saint-Marcel, de Bruville, rejeté sur Mars-la-Tour (?) et se préparait à l'attaquer à Tronville ; la division de Cissey appuyait le mouvement, et sur la droite marchait la division de Clérembault (1), le 2ᵉ chasseurs d'Afrique et la brigade de la Garde (lanciers et dragons), qui était accourue au canon après avoir escorté l'Empereur jusqu'à Étain (2).

Le général de Ladmirault reconnut que la position de Tronville était trop fortement occupée pour qu'il pût l'enlever avec ses deux divisions, et il dut se borner à maintenir l'ennemi en s'établissant sur le terrain qu'il avait gagné.

La canonnade, qui avait cessé quelque temps, reprit avec plus d'intensité que jamais, vers les 3 heures, pour préparer le retour offensif que les Prussiens allaient essayer ; après un feu qui ne dura pas moins de deux heures, leurs réserves dessinèrent l'attaque en grosses masses ; une charge de cuirassiers fut tentée par eux sur la division La Font de Villiers pour rompre notre centre ; le 93ᵉ perdit son aigle, un canon fut enlevé, mais les cuirassiers prussiens trouvent devant eux la division Valabrègue du 2ᵉ corps, qui s'était maintenue à hauteur de Rezonville ; ils sont ramenés vigoureusement, l'aigle et le canon sont repris (3).

J'arrête alors le mouvement de la division Montaudon que j'avais dirigée sur Gravelotte et la fais rétrograder vers le 3ᵉ corps pour parer à toute éventualité de ce côté ; la division Forton, que j'avais également fait reculer, reprend sa position près de Villers.

Le général Deligny va rejoindre, avec les quatre bataillons de voltigeurs qui lui restent, sa 2ᵉ brigade, qui a déjà appuyé et relevé une partie des grenadiers sur les crêtes du ravin de Rezonville.

En même temps, le général Bourbaki, rassemblant toutes les bouches à feu dont il dispose, établit une grande batterie de 54 pièces qui foudroie les masses ennemies et les désorganise pendant que le feu de notre infanterie les fait reculer.

A notre gauche, l'ennemi tente vainement de déboucher par les bois qu'il trouve fortement gardés ; il veut alors s'avancer par le ravin qui sépare les bois de Saint-Arnould et des Ognons ; mais nos mitrailleuses arrêtent toutes ses tentatives en lui faisant subir des pertes énormes.

---

(1) *Lire :* la division Legrand.
(2) *Lire :* Conflans.
(3) Nouvelle allusion à la charge de Bredow, mais absolument déplacée dans le temps.

A la droite, il tente, avec une grosse masse de cavalerie, de tourner le 4e corps; le général Ladmirault la fait charger par la nombreuse cavalerie qu'il a lui-même sous la main, et après des charges successives, où des deux côtés on se bat avec acharnement, l'ennemi se retire.

La division de Cissey protège notre ralliement et, par sa belle contenance, en impose à l'aile gauche prussienne, qui se met définitivement en retraite.

L'armée ennemie battue sur tous les points se retirait, nous laissant maîtres du champ de bataille, quand un dernier effort est tenté par elle jusqu'à la nuit close sur Rezonville, où je me trouvais en ce moment.

Je pris à la hâte les zouaves, que j'établis perpendiculairement à la route, et aidé du général Bourbaki, qui rassemble les troupes qu'il avait sous la main, je fis repousser cette dernière attaque après laquelle le feu cessa complètement.

Il était alors 8 heures du soir, nos troupes s'étaient battues pendant dix heures sous un feu terrible d'artillerie et restaient maîtresses du champ de bataille, où elles se maintinrent en partie jusqu'à minuit sans être aucunement inquiétées. Je leur donnai alors l'ordre de se retirer sur les positions autour de Gravelotte pour se réapprovisionner en vivres et en munitions.

Voici le tableau de nos pertes (1) :

NUMÉROS DES CORPS.	OFFICIERS			TROUPE		
	TUÉS.	BLESSÉS.	DISPARUS.	TUÉS.	BLESSÉS.	DISPARUS.
2e corps...............	30	154	17	323	2,282	2,480
3e corps...............	14	35	»	73	548	127
4e corps...............	39	131	30	152	1,579	527
6e corps...............	44	135	21	482	3,231	1,745
Garde impériale........	18	95	»	162	1,669	179
Cavalerie de la Garde..	»	22	25	3	99	264
Cavalerie de réserve...	»	21	»	7	43	38
Artillerie de réserve...	2	4	»	13	72	19
Totaux.........	147	597	93	1,245	9,523	5,379
Totaux généraux...	837			16,147		

(1) Chiffres approximatifs.

Mémoire justificatif du maréchal Bazaine devant le conseil de guerre de Trianon.

16 août.

L'Empereur partit à 5 heures du matin par la route de Conflans et d'Étain, escorté par une brigade de cavalerie de la Garde (dragons et lanciers), qui fut plus tard relevée par la brigade Margueritte des chasseurs d'Afrique.

L'Empereur laissa comme instructions de hâter la marche sur Verdun, où de grands approvisionnements en vivres avaient été réunis.

Les rapports des reconnaissances de cavalerie ne modifiaient pas sensiblement ce qu'elles avaient vu dans leur combat du 15. D'un autre côté, on signalait la présence de l'ennemi dans les environs de Briey, c'est ce qui me fit engager l'Empereur à prendre la route du centre.

Les instructions furent immédiatement données pour la marche de l'armée sur Verdun ; les 2e et 6e corps devaient suivre la grande route de Verdun par Mars-la-Tour ; les 3e et 4e devaient suivre la route passant par Conflans et Étain ; enfin la Garde impériale, à l'arrière-garde, devait suivre les traces de la colonne de gauche.

D'après cet ordre de marche, l'armée aurait été prête à se former sur deux lignes par un à gauche ou par un à droite, selon le flanc sur lequel l'attaque aurait eu lieu, enfin par un *en avant en bataille* des 2e et 3e corps, si on avait eu une attaque de front à repousser.

Le départ devait avoir lieu dans la matinée afin de donner aux troupes encore en arrière le temps de rallier. Mais l'ennemi prononça résolument son offensive vers 9 heures du matin sur la division de Forton et puis sur le 2e corps.

Il fallut faire face au danger le plus pressant, veiller sur le flanc gauche, tout en repoussant les attaques de front, faire charger les cuirassiers de la Garde et la division de Forton pour ralentir la marche de l'ennemi.

C'est dans un de ces mouvements offensifs, vers 1 heure de l'après-midi, que, chargé par des hussards de Brunswick, je fus séparé de mon état-major, un moment entouré et obligé de mettre l'épée à la main pour me dégager. Cette séparation fut d'assez longue durée et apporta du retard à l'exécution des mouvements, n'ayant personne auprès de moi pour envoyer des ordres.

Je me dirigeai vers la droite de notre ligne où je ralliai le 1er échelon du 3e corps conduit par le maréchal Lebœuf, à qui j'indiquai la direction de Mars-la-Tour comme objectif, les 3e et 4e corps devant exécuter une conversion, l'aile droite en avant, afin de refouler les Allemands dans les défilés de Gorze, Chambley, enfin dans la vallée de la Moselle, si cela avait été possible.

Les autres échelons de ce corps arrivèrent successivement, mais lentement, et une de ses divisions (division Metman) n'arriva qu'à la nuit à Gravelotte. Quant au 4e corps, comme il avait débouché sur le plateau par Saint-Privat-la-Montagne et Sainte-Marie-aux-Chênes, il eut une assez longue distance à parcourir pour se rabattre sur Doncourt-en-Jarnisy, mais ne put parvenir à hauteur de Mars-la-Tour.

Deux divisions seulement de ce corps furent engagées, une division (Lorencez) ne s'étant montrée qu'au loin, vers la fin de la journée.

Cette bataille imprévue que, dès le début, l'on ne croyait pas devoir être aussi sérieuse, mais seulement pour entraver notre marche, prit le nom de Rezonville et dura jusqu'à 9 heures du soir. Les deux armées passèrent la nuit sur leurs positions.

Nos pertes dans cette glorieuse journée furent de 6 officiers généraux, 831 officiers supérieurs et autres, et 16,117 sous-officiers ou soldats.

b) **Organisation et administration.**

Le Général gouverneur de Verdun au Major général, à Metz (D. T.).

Verdun, 16 août, 7 h. 40 matin.

Verdun renferme en ce moment pour trois à quatre jours de biscuit et d'autres vivres de campagne. On manque de voitures de réquisition pour les faire diriger sur l'armée. Ne serait-il pas possible de les faire enlever par les voituriers attachés aux corps d'armée? La gare telle qu'elle est n'est pas à l'abri d'un coup de main.

Le général Guérin de Waldersbach, gouverneur de Verdun, au maréchal Bazaine.

(Dépêche arrivée le 16 août par un émissaire).

Le grand parc d'artillerie possède dans Verdun 1,200,000 cartouches et quelques munitions pour canons de 12 et de 4.

Il y a également à Verdun quatre jours de vivres pour toute l'armée.

Le maréchal Bazaine au général Coffinières, à Metz.

Gravelotte, 16 août.

Je fais rétrograder aujourd'hui dans la direction de Metz toutes les voitures civiles de réquisition employées aux transports à la suite de l'armée. Tous les corps d'armée ont l'ordre de profiter de ce convoi pour renvoyer à Metz les militaires malades qui ont besoin d'être hospitalisés.

Ces voitures partiront ce soir pour leur destination et se rendront au fort Saint-Quentin. Si de ce point la route n'est pas libre, elles laisseront les malades dans le fort ; dans le cas contraire, elles seront dirigées vers la gare de Devant-les-Ponts, après avoir déposé les malades à Metz. A la gare sus-dénommée, elles seront à votre disposition afin de dégager cet établissement des vivres et approvisionnements de toute nature qui l'encombrent, et qu'il sera extrêmement opportun de faire entrer dans la place.

Le maréchal Bazaine à l'Intendant général de l'armée.

Gravelotte, 16 août.

Faites expédier sans retard des vivres au général de Forton, commandant la 3ᵉ division de cavalerie de réserve. Il importe entre autres de lui fournir de l'avoine : soit au moyen de celle que l'armée possède encore à sa suite, soit au moyen d'achats exécutés sur place et qui doivent être faciles puisqu'ils le sont ici même. J'ai vu hier à Gravelotte le sous-intendant attaché à la division de Forton ; il est probable que s'il eût été à son poste, des difficultés de cette nature ne se seraient pas élevées. Je vous prie de lui donner vos instructions pour l'exécution des dispositions ci-dessus, en lui prescrivant de demeurer à l'avenir avec la division dont l'administration lui est confiée.

Le Ministre de la guerre à l'Intendant général, à Briey (D. T., transmise ensuite à Metz).

Paris, 16 août, 2 h. 05 soir.

Il y a à Verdun 600,000 rations de biscuit, 48,000 rations de pain. Faut-il aller au delà ? Il doit y avoir de la farine et de l'avoine.

Il a été expédié sur Longuyon 252,000 rations de pain et de biscuit, 300,000 de vivres de campagne.

Segonne prévenu à Montmédy.

Note du service de l'intendance (1).

Le 2ᵉ corps, le 16 août au matin, attendait les rations que l'intendant devait envoyer de Metz et n'avait pas une journée complète de biscuit.

---

(1) Sans autre indication d'origine.

Pour le 17, rien autre chose que du riz ; pas d'avoine depuis le 14 pour le régiment de cavalerie de la brigade Lapasset.

6e *corps.* — L'intendant peut à peine donner un jour de biscuit, il n'a ni viande, ni café, ni sucre, ni sel, ni riz.

Le sous-intendant militaire Richard, en mission, au Ministre de la guerre (Lettre).

Paris, 8 septembre 1870.

Monsieur le Ministre,

J'ai l'honneur de vous rendre compte de mes opérations administratives, depuis le 13 août dernier, jour où j'ai quitté le quartier général pour accomplir les diverses missions qui m'ont été confiées.

Le 13, à 6 heures du soir, je reçois de M. l'intendant militaire de Préval, qui avait, en l'absence de M. l'intendant général Wolff, la direction des services administratifs de l'armée, l'ordre de me rendre immédiatement à Verdun, afin d'y réunir, en vue de la retraite sur cette place, les approvisionnements nécessaires pour ravitailler 150,000 hommes et 50,000 chevaux, et de demander au Ministre de faire aussi diriger sur Longuyon 300,000 rations de toutes espèces.

Je quittai Metz à 10 h. 30 du soir et j'arrivai le lendemain matin à Verdun, après avoir appris pendant la route que les Prussiens, venant de Pont-à-Mousson, s'étaient rapprochés de Metz et occupaient en masses profondes les bois que nous avions traversés.

Je fis connaître à M. l'intendant général Wolff, que je trouvai à Verdun, la mission dont j'étais chargé, et, après avoir reçu ses instructions, je vous écrivis le même jour pour vous demander de faire arriver à Verdun les vivres et fourrages présumés nécessaires, et l'envoi sur Longuyon de 200,000 rations.

Les denrées arrivèrent successivement à Verdun et, soit par les envois qui furent faits d'après vos ordres, soit par les achats sur place, je parvins, du 14 au 18 août inclus, à constituer les approvisionnements s'élevant à huit jours de vivres et de fourrages pour les effectifs indiqués et à former un troupeau de près de 3,000 têtes de bétail.

D'après les ordres de M. l'Intendant général, qui était revenu de Montmédy pour s'assurer de l'exécution des instructions qui m'avaient été données, la moitié de ces approvisionnements avait été emmagasinée dans la gare afin d'être distribuée aux hommes et emportée par eux ; l'autre moitié, chargée sur les wagons, était divisée en deux grands trains qui devaient suivre la marche des colonnes, de manière à pouvoir être mise à chaque instant à la disposition des parties prenantes ; on avait ainsi la certitude que, sans toucher aux rations de réserves, l'armée trouverait à vivre sur tout le parcours de la route de Verdun au camp de Châlons, point sur lequel on supposait qu'elle se dirigerait pour faire jonction avec l'armée du maréchal Mac-Mahon.

Les événements de guerre ne permirent pas la réalisation de ce projet ; il fut impossible à l'armée du Rhin de se replier sur Verdun.

M. l'Intendant général me prescrivit, sur l'ordre itératif de M. le maréchal de Mac-Mahon, après avoir attendu jusqu'au 19 au soir, devant l'approche de l'ennemi dont les éclaireurs avaient même osé pénétrer dans la gare, de faire recharger les denrées emmagasinées et de faire partir les trains pour le camp de Châlons ou pour Reims, si les voies conduisant au camp étaient trop encombrées. Je fis opérer ce chargement et, après avoir vu partir le dernier wagon, je me mis moi-même en route pour Varennes, afin d'étudier les ressources en vivres et en fourrages que présentait le pays entre Verdun et Reims. La pensée de M. l'Intendant général, qui m'avait donné l'ordre de faire cette reconnaissance, était qu'une partie, sinon la totalité de l'armée du maréchal Mac-Mahon, pourrait très bien, en prenant Metz pour objectif, suivre la route de Reims à Verdun en passant par Pont-Faverger, Marchaux, Vouziers, Grand-Pré, Varennes et Verdun.

Je parcourus en sens inverse la route dont il s'agit, en recueillant des renseignements que chaque jour je faisais connaître à M. l'Intendant général ; mais ils devaient être inutiles car, en arrivant à Reims, j'appris que l'armée du Maréchal ne suivrait pas la route de Vouziers et que déjà ses têtes de colonnes étaient engagées sur la route de Rethel, ce qui dénotait que le mouvement de jonction devait être tenté en s'appuyant sur le chemin de fer de Sedan à Montmédy.

Je trouvai à Reims M. le sous-intendant militaire Vuillaume, qui m'apprit la présence à Charleville de M. l'intendant militaire de Préval.

Quoique mes instructions ne portassent pas que je dusse me diriger sur les Ardennes, je crus de mon devoir de me rendre à Charleville et j'y arrivai le 23, devinant ainsi la pensée de M. l'intendant général Wolff, qui avait prescrit à M. de Préval de rentrer à Montmédy et de me laisser à sa place à Charleville.

Pas plus que moi, M. de Préval n'avait d'indications sur les mouvements qui s'opéraient ; toutes ses instructions se bornaient à faire bourrer les gares qui se trouvaient entre Donchery et Longuyon et à conserver en réserve dans les gares de Mohon et de Charleville les nombreux convois qui étaient annoncés comme expédiés de Paris.

Déjà quelques-uns des mouvements étaient effectués.

Les dépêches de M. l'Intendant général, qui était à Montmédy, faisaient supposer, d'une part, que la concentration des deux armées aurait lieu aux environs de cette place, d'autre part, que l'armée du maréchal de Mac-Mahon aurait besoin de se ravitailler par la ligne du chemin de fer. Il fut convenu entre nous que l'on ferait filer sur Chauveney et Montmédy la plus grande quantité possible de denrées ; qu'on bourrerait les gares intermédiaires entre Sedan et Chauveney et qu'enfin on tiendrait en réserve à Mohon et Charleville tous les convois arrivant de Paris.

Ces combinaisons reçurent leur exécution et, dès le 28 août, compte était rendu à M. l'Intendant général que les approvisionnements dont l'importance ne pouvait être dépassée à cause de l'exiguïté des gares intermédiaires et de l'impossibilité de placer les wagons sur la voie principale, cette voie étant unique, étaient repartis avec les machines en tête des trains.

Dans la nuit du 29 au 30, le capitaine officier d'ordonnance du général Mazette, à Mézières, vint me demander au nom du maréchal de Mac-Mahon l'emplacement et l'importance des approvisionnements répartis : je lui en fis établir la récapitulation, dont il prit note ; le lendemain 30, le général de Wimpffen, qui rejoignait l'armée, me demanda où nous en étions de nos approvisionnements et si le maréchal Mac-Mahon en avait connaissance. Je lui dis ce qui avait eu lieu dans la nuit et je lui proposai de lui faire établir, avec prière de la remettre le jour même au Maréchal, ma situation tout à fait exacte. Le général y consentit, et, pendant que l'officier d'ordonnance qui était présent lui traçait sur un plan l'emplacement des diverses gares, j'établis moi-même cette situation qu'il emporta avec le plan en ajoutant que les dispositions prises par l'administration lui paraissaient tout à fait rationnelles.

Le même jour, je faisais partir pour Montmédy 174 voitures de réquisition chargées de rations carrées : ces voitures étaient celles du 6e corps, requises par M. l'intendant Vigo-Roussillon, et qui n'avaient pu rejoindre jusqu'alors.

Elles étaient suivies de 400 têtes de bétail appartenant à l'entrepreneur. J'ignore ce que ce grand convoi est devenu.

Enfin, le même jour, sur la demande de M. le sous-intendant militaire qui se trouvait à Sedan, je fis partir de Charleville pour cette destination un train comprenant 500,000 rations carrées : je ne crois pas qu'il lui soit parvenu.

Ce train est arrivé à Sedan et a été refoulé par le chef de gare quand les projectiles ont commencé à tomber sur la gare.

Instructions du sous-intendant militaire Richard au sous-intendant Lémant, à Verdun.

Verdun, 16 août.

Il existe à la gare des approvisionnements qui permettent de verser à l'armée des quantités de biscuits et de vivres de campagne, à l'exception du riz et du sel, suffisantes pour pourvoir à la subsistance de 150,000 hommes pendant quatre jours, et de l'avoine pour 50,000 chevaux pendant trois jours.

En conséquence il y aura lieu, lors de l'arrivée des troupes, de prescrire les versements suivants, pris presque entièrement à la gare et complétés au besoin avec les ressources de la place :

2e *corps.* — 700 kilogrammes de biscuit, 7 de riz, 30 de sucre, 40 de café, 700 d'avoine.

3e *corps.* — 1100 kilogrammes de biscuit, 9 de riz, 35 de sucre, 45 de café, 800 d'avoine.

4e *corps.* — 840 kilogrammes de biscuit, 8 de riz, 30 de sucre, 40 de café, 700 d'avoine.

Garde impériale. — 700 kilogrammes de biscuit, 6 de riz, 24 de sucre, 30 de café, 900 d'avoine.

Grand quartier général. — 150 kilogrammes de biscuit, 2 de riz, 5 de sucre, 7 de café, 250 d'avoine.

Réserve de cavalerie. — 100 kilogrammes de biscuit, 2 de riz, 3 de sucre, 4 de café, 1000 d'avoine.

Divers. — 200 kilogrammes de biscuit, 2 de riz, 3 de sucre, 4 de café, 500 d'avoine.

Ces quantités sont des maxima en ce qui concerne le biscuit et les graines; il est probable que les corps ne pourront les enlever; sacrifiez l'avoine au biscuit, il faut que les hommes aient au moins quatre jours de la première de ces denrées dans le sac. Si l'armée poursuit sa marche rétrograde, vous vous servirez des 200 voitures de réquisition et des moyens de la gare pour faire rentrer en ville la plus grande quantité de denrées possible; si vous restiez en communication avec l'armée au moyen du chemin de fer, il serait préférable de faire recharger les 50 wagons vides, qu'on tient à votre disposition avec les denrées restant à Verdun après avoir prélevé sur elles l'approvisionnement de la place pour un mois. Les wagons chargés seraient dirigés sur Sainte-Menehould; dans tous les cas, si l'ennemi devait s'emparer de l'approvisionnement, vous y feriez mettre le feu après avoir pris les ordres de M. le commandant supérieur.

Quant au troupeau, remettez aux corps le nombre d'animaux sur pied nécessaires pour assurer leur subsistance pendant trois jours en partant de cette base, qu'en moyenne les animaux donnent en viande distribuable 125 kilogrammes de viande par animal, ce qui fait par jour pour 20,000 hommes par exemple, 64 animaux.

Le sel (1) faisant complètement défaut, achetez tout ce que vous

---

(1) Les envois de sel avaient été peu considérables, l'administration

pourrez et délivrez-le aux corps de troupe dans les proportions suivantes :

2ᵉ corps	25,000	hommes.
3ᵉ corps	40,000	—
4ᵉ corps	30,000	—
Garde impériale	25,000	—
Grand quartier général	5,000	—
Réserve de cavalerie	3,000	—
Réserve d'artillerie	3,000	—
Divers	3,000	—

P.-S. — Toute réflexion faite n'envoyez pas le vin à la gare, faites-le mettre dans les caves de la manutention et, en cas d'insuffisance, dans les cours en faisant couvrir les barriques de prélarts mouillés. Si les locaux vous font absolument défaut, tâchez d'obtenir des casemates.

Note du sous-intendant de Boisbrunet, de la commission de liquidation des comptes de l'armée, sur la composition et l'emploi du convoi du grand quartier général de l'armée du Rhin, le 16 août.

Paris, 20 juillet 1872.

Le convoi de vivres du grand quartier général de l'armée du Rhin, parti de Metz le 15 août 1870, se composait de deux compagnies du train des équipages et de voitures du train auxiliaire.

Son chargement était destiné à servir de réserve pour toute l'armée, et notamment pour le 6ᵉ corps, qui était dépourvu de moyens de transport.

Ce convoi se composait de :

Pain	»		6,000	rations, à	750^{gr},00	
Biscuit	94,633 kilos, soit	172,060	—		550	00
Farine	76,006	—	136,800	—	750	00
Sel	10,000	—	600,000	—	16	05
Café	12,000	—	650,000	—	16	00
Sucre	13,000	—	619,000	—	21	00
Vin	5,085 litres		20,340	—	25	centilit.
Eau-de-vie	19,879	—	318,004	—	6	—
Foin	5,000 kilos		1,000	—	5	kilos.
Avoine	132,450	—	26,490	—	5	—

ayant naturellement compté pour s'approvisionner de cette denrée sur les salines de Dieuze qui, dès le début de la campagne, sont tombées aux mains de l'ennemi.

Le 16 août au matin, ce convoi, dont une partie avait suivi la route de Gravelotte par Moulins, et dont l'autre partie avait été dirigée, par ordre du commandant en chef, par le col de Lessy et Châtel-Saint-Germain, était parqué à proximité de Gravelotte, savoir :

Une compagnie du train près de Gravelotte au Nord de la route de Conflans ;

L'autre compagnie en avant de Gravelotte au Sud de la route de Rezonville ;

Le train auxiliaire, partie à côté de cette compagnie, partie en arrière de la ferme de Saint-Hubert, entre cette ferme et Plappeville.

Indépendamment de ce convoi, qui formait une réserve générale et devait subvenir aux besoins du 6ᵉ corps, tous les corps d'armée avaient des convois destinés à assurer leurs besoins et qui étaient échelonnés sur la route suivie par eux depuis Metz, soit par le Ban-Saint-Martin, Longeville et Moulins, soit par Devant-les-Ponts et Woippy.

Le 16 au matin, le convoi du grand quartier général commença une distribution de biscuit au 6ᵉ corps.

Le 16 au soir, après la bataille, un certain nombre de voitures parquées entre Rezonville et Gravelotte furent pillées par les troupes rentrant à leur campement.

Enfin le nombre des voitures vides ne suffisant pas à l'évacuation des blessés sur Metz, le sous-intendant du grand quartier général fut obligé, dans l'après-midi du 16, de faire décharger des voitures pour concourir au transport des blessés. Cette mesure était prise dans la pensée que, ce transport effectué, les voitures rétrograderaient sur Gravelotte et reprendraient leur chargement.

Le maréchal Bazaine au général Coffinières, à Metz.

Gravelotte, 16 août, 10 heures soir.

Nous avons livré aujourd'hui une bataille heureuse pour nous. Nous avons consommé beaucoup de munitions et nous avons besoin de les remplacer en en tirant de Metz. J'envoie des ordres à cet effet, et je vous prie de prêter tout votre concours à cette opération qui ne doit souffrir aucun retard.

Le même au même.

Gravelotte, 16 août.

Le capitaine Fix, que j'envoie à Metz, vous donnera les détails que je ne puis vous exposer dans cette lettre.

Veuillez aider l'intendance et l'artillerie dans les demandes qui vous seront adressées pour satisfaire aux exigences du service.

J'établirai demain mon quartier général à Plappeville.

Extrait d'une lettre du colonel d'Ornant (1) *au maréchal Lebœuf* (2).

Moncel-les-Vallées, 22 juin 1872.

Il a été fait depuis longtemps justice de l'argument du défaut de munitions et de vivres allégué pour expliquer notre retraite du 17. Nous avions tout ce qu'il nous fallait pour livrer au moins une seconde bataille ou marcher; et, en admettant même une insuffisance, il était toujours plus facile de faire avancer une partie du convoi ou la réserve d'artillerie que d'envoyer toute l'armée chercher elle-même à Metz ce dont elle pouvait avoir besoin.

Quant à la marche sur Briey le 17 au matin, je crois qu'elle était possible. L'ennemi occupait, il est vrai, Mars-la-Tour, il n'en avait pas moins été battu la veille, il s'était retiré plus au Sud vers ses renforts qui accouraient à marches forcées, mais n'étaient pas encore arrivés; nous avions donc une avance dont nous n'avons pas su profiter. Ou bien encore, poursuivant le succès de la veille avec la confiance dont nos troupes étaient animées, peut-être était-il encore préférable de livrer dès le matin du 17 une seconde bataille. L'ennemi en retraite ne pouvait être encore remis de son échec de la veille, et en le poussant sur ses réserves engagées en ce moment dans les défilés de Gorze nous avions bien des chances pour voir renouveler à notre profit le beau fait d'armes de Hohenlinden; Dieu sait quelles auraient pu en être les conséquences.

c) **Opérations et mouvements.**

Le maréchal Lebœuf au maréchal Bazaine.

Saint-Marcel, 16 août, 8 h. 30 soir.

De mon côté et du côté du général de Ladmirault nous sommes maîtres du terrain et nous bivouaquons sur celui que nous avons conquis.

La division Nayral bivouaque en deuxième ligne derrière la division Tixier, du 6ᵉ corps. La division Aymard bivouaque à la gauche de la division Tixier, de manière à garnir le centre. La division Montaudon, que, vers 2 heures, j'ai envoyée à Gravelotte, doit y être encore. Après son départ, j'ai appris qu'elle avait laissé ses sacs au parc de

---

(1) Aide de camp du maréchal Lebœuf.
(2) Provenant de la succession du maréchal Lebœuf.

l'artillerie. Je regrette vivement cette disposition en raison de laquelle je prie Votre Excellence de la renvoyer aussitôt qu'elle le pourra.

Quant à la division Metman, je suis fort étonné qu'elle ne soit pas arrivée, bien que j'aie envoyé plusieurs officiers au-devant d'elle. Peut-être Votre Excellence en a-t-elle disposé ? Je la prierais, dans ce cas, de vouloir bien me le faire savoir.

J'ai laissé deux officiers d'état-major à la ferme de Bagneux, mon quartier général d'avant le combat, afin de pouvoir y recevoir vos instructions pour demain.

Je vous félicite du succès de ce jour. Les prisonniers m'assurent que nous avons eu affaire à seize divisions. Malgré ce brillant succès, il faut, je crois, nous attendre à une affaire lorsque le Prince royal aura fait sa jonction avec le prince Frédéric-Charles.

Je prends toutes mes dispositions pour le cas où la lutte recommencerait demain, car l'on m'assure que des masses prussiennes prennent des dispositions de bivouac en arrière du champ de bataille qu'elles occupaient aujourd'hui.

Le général Jarras au général Bourbaki.

Gravelotte, 16 août.

Le Maréchal commandant en chef vous a fait connaître que les corps doivent conserver jusqu'à 10 heures les positions qu'ils occupaient au moment où la bataille a cessé. A cette heure, on pourra se resserrer un peu; mais l'intention de M. le Maréchal est qu'auparavant on s'informe, soit par des reconnaissances, soit par des renseignements qui pourront être donnés par des habitants du pays, si l'ennemi lui-même s'est retiré.

Réponse du général Bourbaki (1).

Nous n'avons plus de cartouches.

Nous n'en finissons pas d'enlever nos blessés faute de cacolets; les adresser aux voltigeurs de la Garde.

Vionville est occupé.

Il faudrait que le maréchal Lebœuf et le général de Ladmirault fussent chargés d'attaquer de flanc, nous pourrions, nous, conserver le front.

Les Prussiens ont reçu du renfort; ils recommenceront demain.

---

(1) Écrite sur la même feuille que la lettre précédente.

Le maréchal Bazaine à l'Empereur.

Gravelotte, 16 août, 11 heures soir.

Sire,

Ce matin à 9 heures, l'ennemi a attaqué la tête de nos campements à Rezonville. Le combat a duré depuis ce moment jusqu'à 8 heures du soir. Cette bataille a été acharnée.

Nous sommes restés sur nos positions après avoir éprouvé des pertes sensibles.

La difficulté aujourd'hui gît principalement dans la diminution de nos parcs de réserve, et nous aurions peine à supporter une journée comme celle du 16 avec ce qui nous reste dans nos caissons. D'un autre côté, les vivres sont aussi rares que les munitions, et je suis obligé de me reporter sur la ligne de Rozérieulles à Saint-Privat-la-Montagne. Les blessés ont été en grande partie évacués sur Metz ce soir.

Il est très probable, selon les nouvelles que j'aurai de la concentration des armées des Princes, que je me verrai obligé de prendre la route de Verdun par le Nord.

J'espère que Votre Majesté aura fait sans accident la route jusqu'à Étain et qu'elle pourra également gagner Verdun. J'aurai l'honneur de la tenir autant que possible au courant de mes mouvements.

La concentration des 3ᵉ et 4ᵉ corps n'était pas complète quand l'attaque a commencé. Ce n'est que dans l'après-midi que le maréchal Lebœuf et le général Ladmirault ont pu arriver sur le terrain d'action, en opérant par mes ordres un mouvement tournant sur la gauche de l'ennemi, qui a été obligé de se replier sur la droite.

Le maréchal Bazaine au général Soleille.

Gravelotte, 16 août, minuit.

Après la bataille d'aujourd'hui, les corps ont dû reprendre à 10 heures leurs anciens campements en se resserrant. La grande consommation, qui a été faite dans la journée, de munitions d'artillerie et d'infanterie, ainsi que le manque de vivres pour plusieurs jours, ne nous permettent pas de continuer la marche qui avait été tracée. Nous allons donc nous reporter sur le plateau de Plappeville. Le 2ᵉ corps occupera la position comprise entre le Point-du-Jour et Rozérieulles ; le 3ᵉ se placera à sa droite, à hauteur de Châtel-Saint-Germain, qu'il laissera en arrière ; le 4ᵉ sur la droite du 3ᵉ, vers Montigny-la-Grange et Amanvillers ; la Garde à Lessy et Plappeville, où sera le grand quartier général. Le 6ᵉ corps sera à Vernéville. La division du Barail suivra le mouvement du 6ᵉ corps à Vernéville, et la division de Forton s'établira avec le 2ᵉ corps. Le mouvement devra commencer le 17 au matin à 4 heures et sera couvert par la division Metman, qui tiendra la position de Gravelotte et ira ensuite rallier son corps en passant par l'auberge de Saint-Hubert et prenant, à la cote 338, sur l'ancienne voie romaine, le chemin de grande communication qui, passant en avant de Châtel-Saint-Germain et laissant la ferme de Moscou à gauche, conduit à Montigny-la-Grange. Le général de Forton marchera avec le 2ᵉ corps.

Dans le cas où l'ennemi entreprendrait une attaque sur une des directions à parcourir, le mieux serait d'indiquer comme point de ralliement le plateau qui est au-dessus de Rozérieulles, entre Saint-Hubert et le Point-du-Jour. De là on pourra les diriger sur les campements indiqués plus haut.

Dans le cas où les troupes qui sont en position depuis la bataille y seraient encore, vous les rappelleriez dès à présent, si la sécurité de vos campements ne s'y oppose pas.

Ces dispositions ne vous permettront probablement pas d'amener votre convoi de munitions sur nos positions actuelles. Vous aurez alors à le diriger sur les positions qui doivent être occupées dans la journée du 17.

Le maréchal Bazaine aux Commandants de corps d'armée.

Gravelotte, 17 août, minuit 30.

Ainsi que nous en sommes convenus, vous avez dû, à 10 heures, reprendre vos anciens campements en les resserrant.

La grande consommation qui a été faite dans la journée d'aujourd'hui de munitions d'artillerie et d'infanterie, ainsi que le manque de vivres pour plusieurs jours, ne nous permettent pas de continuer la marche qui avait été tracée. Nous allons donc nous porter sur le plateau de Plappeville. Le 2ᵉ corps occupera la position comprise entre le Point-du-Jour et Rozérieulles. Le 3ᵉ corps se placera à droite, à la hauteur de Châtel-Saint-Germain, qu'il laissera en arrière. Le 4ᵉ sur la droite du 3ᵉ, vers Montigny-la-Grange et Amanvillers. La Garde à Lessy et à Plappeville, où sera le grand quartier général. Le 6ᵉ corps sera à Vernéville. La division du Barail suivra le mouvement du 6ᵉ corps à Vernéville et la division de Forton s'établira avec le 2ᵉ corps. Le mouvement devra commencer le 17 à 4 heures du matin et sera couvert par la division Metman, qui tiendra la position de Gravelotte et ira ensuite rallier son corps en passant par l'auberge de Saint-Hubert et prenant à la cote 338, sur l'ancienne voie romaine, le chemin de grande communication qui, passant en avant de Châtel-Saint-Germain et la ferme de Moscou à gauche, conduit à Montigny-la-Grange. Le général de Forton marchera avec le 2ᵉ corps.

Dans le cas où l'ennemi entreprendrait une attaque sur une des directions à parcourir, le mieux serait d'indiquer comme point de ralliement le plateau qui est au-dessus de Rozérieulles, entre Saint-Hubert et le Point-du-Jour. De là on pourra se porter sur les campements indiqués plus haut.

P.-S. — Dans le cas où les troupes qui sont en position depuis la bataille y seraient encore, vous les rappelleriez dès à présent, si la sécurité de vos campements ne s'y oppose pas.

Journée du 16 août.

2ᵉ CORPS.

a) Journaux de marche.

Rapport sur la part prise par le 2ᵉ corps à la bataille de Rezonville (1).

Au Ban-Saint-Martin, 20 août, 1870.

Le 2ᵉ corps, arrivé le 15 août à Rezonville, établit ses bivouacs de la manière suivante :

La 1ʳᵉ division (général Vergé), formée sur deux lignes, avait sa droite appuyée à la route à environ 800 mètres en avant du village de Rezonville ; sa gauche s'étendait vers une ligne de hauteurs, qui dominaient à gauche et en avant la position occupée par le 2ᵉ corps ; ces hauteurs furent gardées par deux bataillons (2).

La 2ᵉ division (général Bataille), également établie sur deux lignes, à gauche de la route, à environ 1500 mètres en avant du même village et couvrant la division Vergé, avait sa droite à la route, un peu en arrière du hameau de Flavigny, tandis que sa gauche s'étendait vers la

---

(1) Le Journal de marche du 2ᵉ corps d'armée n'est que la reproduction intégrale de la partie du présent rapport relative à la bataille de Rezonville.

(2) Deux bataillons du 77ᵉ, face au Sud, sur le mamelon 331.

même ligne de hauteurs dont il est parlé plus haut et qu'elle gardait aussi.

La brigade du général Lapasset, faisant face en arrière et à gauche, avait sa gauche au village de Rezonville, sa droite sur les hauteurs qui dominent et qui commandent le débouché de la vallée de Gorze. Elle observait avec soin les grands bois de Saint-Arnould et des Ognons, qui couvrent ce débouché.

La division de cavalerie du 2ᵉ corps, qui appuyait la division du général de Forton, de la réserve de la cavalerie, était campée un peu en arrière du village de Vionville, étendant des avant-postes sur la route de Verdun et sur les chemins à gauche, qui donnent accès dans la vallée du Rupt-de-Mad.

La réserve de l'artillerie était campée en avant et près du village de Rezonville.

Le parc de l'artillerie, le parc du génie avec sa compagnie de réserve bivouaquèrent à Gravelotte.

Le 6ᵉ corps (maréchal Canrobert) était campé à la droite de la route et en avant du village de Rezonville.

Le 16, à 4 heures du matin, conformément aux ordres reçus dans la soirée, les troupes, après avoir mangé la soupe, étaient sous les armes et prêtes à se mettre en mouvement. Mais, par suite de nouveaux retards survenus dans la marche des 3ᵉ et 4ᵉ corps, le Maréchal commandant en chef prescrivit de rester sur les positions en prévenant que l'on ne pourrait probablement se mettre en marche que dans l'après-midi.

Toutefois, on devait attendre le retour des reconnaissances, et, dans le cas où leurs rapports seraient satisfaisants, on pourrait retendre les tentes et préparer le repas du soir.

A 8 heures, les reconnaissances rentraient sans rien signaler de nouveau, et, conformément aux ordres reçus, les troupes reprennent leurs bivouacs.

Les choses étaient dans cet état et rien ne semblait faire prévoir une attaque, lorsque vers 9 heures du matin, des vedettes ennemies paraissent subitement au-dessus et à gauche du village de Vionville, vers les bois de Saint-Arnould; puis, presque instantanément des batteries se démasquent et envoient des obus sur les camps de la cavalerie, où elles portent le trouble et le désordre (1). D'autres batteries arrivent bientôt et le feu s'étend sur tout le front des bivouacs du 2ᵉ corps.

Il en résulte un moment d'émotion et un trouble, qui gagnent la

---

(1) A 9 h. 15.

division de Forton, dont une partie des chevaux étaient à l'abreuvoir, et s'étend bientôt jusqu'aux conducteurs du train auxiliaire, qui cherchent à s'échapper dans tous les sens et causent un grand désordre.

C'est dans ces fâcheuses conditions, qu'il fallut faire prendre les armes et atteler les pièces d'artillerie. Toutefois, grâce à une grande énergie déployée, on fut bientôt en mesure, et les positions de combat furent occupées, malgré la vive canonnade de l'ennemi.

Deux attaques simultanées se dessinent nettement, l'une à gauche par les bois de Vionville, de Saint-Arnould et des Ognons; l'autre, en avant du village de Vionville par la route de Verdun. Elles s'étendent bientôt à droite contre le 6ᵉ corps, et la lutte devient générale.

Les divisions Bataille et Vergé se maintiennent énergiquement dans leurs positions jusque vers 1 heure de l'après-midi (1).

A ce moment, le général Bataille est blessé, il reste cependant à la tête de ses troupes jusqu'à ce que la douleur et l'épuisement le forcent à se retirer. Alors, sa division, fatiguée et privée de son chef, commence à plier; elle abandonne lentement le hameau de Flavigny (2) et les hauteurs, qui l'environnent, décimée dans son mouvement rétrograde par le feu le plus vif d'une batterie de position prussienne de fort calibre, qui n'a cessé de tirer pendant toute la durée de l'action.

Pour retarder à droite le mouvement de retraite, qui paraît s'accentuer davantage, le général commandant le 2ᵉ corps fait avancer toute l'artillerie de réserve, et le combat se transforme en une lutte générale d'artillerie; en outre, il porte en avant le 3ᵉ régiment de lanciers (3), qui, par ordre du Maréchal commandant en chef, est soutenu par le régiment des cuirassiers de la Garde et une batterie de l'artillerie de la Garde (4). Les lanciers exécutent une charge brillante, qui échoue devant le feu de l'infanterie prussienne et de ses batteries de soutien.

Les cuirassiers de la Garde ne sont pas plus heureux, et leur effort héroïque ne peut rien contre la grêle de projectiles qui les couvre; ils se retirent après avoir fait des pertes énormes.

La batterie d'artillerie de la Garde, chargée par des hussards prussiens, se replie au galop sans avoir pu tirer un coup de canon et vient gêner l'action d'une batterie de 12 de réserve du 2ᵉ corps, qui soute-

---

(1) *Lire* : 11 h. 30.
(2) Le village de Vionville, dont il n'est pas question ici, fut évacué avant le hameau de Flavigny.
(3) Vers 12 h. 30.
(4) $\frac{2\ c}{G}$.

nait le mouvement de retraite (1). Les hussards prussiens (2), à la suite de notre cavalerie et cachés par la poussière qu'elle soulève, pénètrent jusqu'au milieu de nos lignes et entourent l'état-major du Maréchal commandant en chef et celui du général commandant le 2ᵉ corps; c'est à ce moment que le lieutenant-colonel Gaillard, sous-chef d'état-major général du 2ᵉ corps, fut blessé d'un coup de sabre à la tête.

Le mouvement de retraite de la division Bataille a entraîné en partie celui de la division Vergé, qui se maintient cependant encore sur ses positions de gauche (3).

La droite du 2ᵉ corps s'arrête à la hauteur du village de Rezonville, qu'elle occupe et par lequel elle se relie au 6ᵉ corps.

Cependant la situation devient critique, l'ennemi redouble ses efforts contre notre gauche; mais la Garde impériale arrive; la division de grenadiers relève le 2ᵉ corps dans ses positions et reprend l'offensive.

Seul, le général Lapasset avait pu se maintenir; comprenant l'importance de sa position, qui couvrait la gauche du 2ᵉ corps, il avait concentré tous ses efforts sur le plateau en arrière du bois de Saint-Arnould, avec d'autant plus d'acharnement que les renseignements, apportés par les habitants en fuite, annonçaient la présence de forces considérables à Gorze et à Novéant, cherchant à pénétrer par la gorge et les bois de Saint-Arnould et des Ognons.

Un instant, il est compromis par un mouvement de retraite d'un régiment de la division Vergé, placée à sa droite; mais vers 5 heures, l'arrivée du 3ᵉ grenadiers de la Garde lui apporte un précieux soutien, qui lui permet de résister.

Les deux divisions Bataille et Vergé se replient en arrière (4) et prennent position (5) en face du débouché de la vallée de Vaux et de la lisière des bois de Gravelotte, par lesquels on pourrait craindre un mouvement tournant de l'ennemi.

La lutte continue jusqu'à 8 heures du soir. Les Prussiens redoublent d'efforts pour déboucher sur notre gauche par la vallée de Gorze et les bois de Saint-Arnould et des Ognons; mais ne pouvant y parvenir ils se repliaient à leur tour sous la protection de leur batterie de position à gauche de Vionville.

---

(1) $\frac{10}{5}$.
(2) De la brigade Redern.
(3) Face au bois de Vionville.
(4) En partant des environs de Rezonville où elles s'étaient ralliées.
(5) Sur le plateau de Gravelotte.

Pendant le cours de la bataille, la division de cavalerie du 2ᵉ corps, commandée par le général Valabrègue après avoir d'abord contribué à rallier les cuirassiers de la division Forton, surpris à l'abreuvoir et mis en désordre par le feu des batteries prussiennes, se forma avec sa batterie à cheval, en arrière du village de Vionville sur la crête à droite de la route. Dans cette position, elle soutint notre réserve d'artillerie, qu'elle accompagna ensuite dans ses mouvements en manœuvrant à sa droite.

Vers 4 heures du soir (1), le 2ᵉ corps ayant rétrogradé jusqu'à Rezonville, le général de Valabrègue forma sa division dans la plaine, sa gauche à hauteur de ce village. A ce moment, une charge de cuirassiers prussiens traverse nos lignes, met en désordre le 93ᵉ et la batterie d'artillerie qu'il soutient, et arrive jusqu'aux ambulances de la division de cavalerie.

Le drapeau du 93ᵉ est enlevé avec une pièce de la batterie d'artillerie.

Le général de Valabrègue fond alors avec sa division sur les cuirassiers désunis par leur charge, et après une brillante mêlée reprend l'aigle qu'ils avaient enlevée et la pièce de canon qu'ils avaient prise, et leur fait éprouver de grandes pertes.

Après ce fait d'armes, la division de cavalerie du 2ᵉ corps exécuta encore plusieurs manœuvres sur la demande du maréchal Canrobert, commandant du 6ᵉ corps et enfin bivouaqua à 9 h. 30 du soir sur le haut du plateau en avant du bois à droite de Rezonville.

Pendant cette lutte, qui a duré plus de 10 heures, les troupes du 2ᵉ corps ont constamment combattu sous un feu terrible, d'une artillerie supérieure à la nôtre et dont plusieurs des batteries étaient abritées par des épaulements en terre. Aussi nos pertes ont-elles été considérables : la 2ᵉ division, elle seule, a eu plus de 2,000 hommes hors de combat.

Le 2ᵉ corps bivouaqua sur le champ de bataille (2), et le lendemain matin il reçut l'ordre de se replier sur les hauteurs de Rozérieulles et de Châtel-Saint-Germain.

Les Prussiens n'inquiétèrent pas le mouvement qui s'effectua en bon ordre.

Le Général commandant le 2ᵉ corps,
FROSSARD.

---

(1) Heure très erronée. *Lire :* vers 2 heures.
(2) Entre le bois des Ognons et la grande route.

Division Vergé.

Journal de marche de la 1re division du 2e corps.

16 août.

La 1re division est campée en avant de Rezonville, sa droite appuyée à la route de Verdun. La division est sur deux lignes, mais comme on veut se garder des bois, qui sont sur la gauche, on ferme l'intervalle, qui est entre ces deux lignes par deux bataillons (1) placés perpendiculairement à leur direction et faisant face du côté des bois. Dès le matin les hulans commencent à se montrer sur la lisière de ces bois. Vers 9 heures ils se présentent plus nombreux et soutenus par des tirailleurs d'infanterie, qui engagent un feu assez vif avec nos grand'gardes.

Quelques coups de canon se font entendre du côté de Vionville et des obus viennent tomber au milieu même du campement de la division. Malgré le désordre causé par cette surprise, les troupes prennent les armes et marchent en bataille sur les positions ennemies.

Deux bataillons du 77e (2) se lancent du côté des bois de gauche (3), pour soutenir les grand'gardes vigoureusement attaquées. Le troisième reste un peu en arrière comme réserve et pour garder une batterie d'artillerie envoyée pour appuyer la défense de ce côté. Un bataillon du 77e (4) entre dans le bois et force l'ennemi à reculer.

Le 76e quitte son campement et s'établit un peu en arrière d'une crête qui domine la plaine du côté de l'ennemi; son IIIe bataillon va renforcer un bataillon du 77e placé à la droite du bois et qui travaille à éteindre le feu des batteries ennemies (5) établies sur une crête opposée, éloignée d'environ 1200 mètres.

Le bataillon de chasseurs à pied (6), un peu surpris par une attaque aussi imprévue, a pris les armes précipitamment et un peu en désordre; mais une fois la première émotion passée, il s'est rallié à droite de la route sous les ordres du commandant Petit, qui le porte en avant, en profitant des mouvements du sol pour s'abriter d'une batterie ennemie

---

(1) IIe et IIIe bataillons du 77e régiment.
(2) *Ibid.*
(3) Bois de Vionville.
(4) $\frac{\text{II}}{77}$.
(5) De la 5e division d'infanterie prussienne, sur le mamelon 329.
(6) 3e bataillon de chasseurs.

placée vers Vionville et dont les feux prennent nos troupes un peu en écharpe. Le 32ᵉ, qui a pris également les armes très précipitamment, se porte en bataille sur les positions ennemies et est sur le point de s'en emparer, quand des batteries prussiennes, établies sur sa droite, forcent son Iᵉʳ bataillon à se replier un peu en arrière.

Le 55ᵉ en prenant les armes, a fait face à gauche, du côté des bois (1). Il combat énergiquement les tirailleurs prussiens, qui lui font éprouver des pertes considérables, mais bientôt ses munitions s'épuisent et les deux bataillons sont désunis un instant. Le général Fauvart-Bastoul, de la 2ᵉ division, en rallie une partie. L'autre reste avec le colonel de Waldner, près des batteries placées à gauche du village, sur lesquelles elle s'appuie pour offrir une résistance énergique à l'ennemi (2).

Pendant ce temps de nombreuses colonnes prussiennes arrivaient sur notre gauche et menaçaient de la tourner.

Le général Jolivet retire ses troupes du bois et les reporte sur la crête située un peu en arrière, où malgré un feu terrible des batteries prussiennes, il se maintient pendant plus de trois heures (3). A ce moment il est relevé par les grenadiers de la Garde et se retire vers la route de Rezonville, où il reforme sa brigade. Plus tard, vers 3 heures, il reçoit l'ordre de la porter face à un bois de la gauche pour s'opposer à un mouvement tournant de l'ennemi, et c'est sur cet emplacement même que la brigade passe la nuit, le 76ᵉ engagé dans le bois et le 77ᵉ un peu en arrière.

Au moment où les renforts sont arrivés, c'est-à-dire vers 3 heures, le maréchal Bazaine lui-même a indiqué au 55ᵉ l'emplacement qu'il doit occuper sur la crête située entre le village et le bois de gauche. Le soir à 9 heures un de ses bataillons est embusqué dans ce bois et y passe la nuit, à la droite du bataillon du 76ᵉ, qui y a été engagé pareillement. Les deux autres bataillons bivouaquèrent sur le champ de bataille. Le 32ᵉ, à qui le feu des batteries ennemies a fait subir de grandes pertes, n'en reste pas moins sur les crêtes avec son IIᵉ et son IIIᵉ bataillon; mais de nombreux renforts, arrivés à l'ennemi, finirent par obliger ce régiment tout entier à la retraite. Ce mouvement est surtout déterminé par le fait suivant :

Des troupes prussiennes placées en face des IIᵉ et IIIᵉ bataillons du 32ᵉ mettent tout à coup la crosse en l'air, feignant de vouloir se rendre, et quand nos troupes s'en sont approchées, déchargent sur elles leurs

---

(1) Bois de Vionville.
(2) Sur la croupe de la Maison-Blanche.
(3) Croupe 312.

armes presque à bout portant. Les officiers prussiens paraissent prendre part à cette trahison.

Le régiment se retire, se rallie sur son ancien campement et va prendre position à droite de Rezonville; mais bientôt un ordre du général de division le reporte vers les bois, qui s'étendent de Rezonville à Gravelotte (1). Il envoie des tirailleurs dans ces bois et reste dans cette position jusqu'au moment où l'ordre lui est donné de se porter en arrière sur le plateau de Gravelotte, que l'on craint de voir occuper par l'ennemi. Les troupes restent l'arme au pied jusqu'à 4 heures du matin, où elles vont s'établir définitivement en arrière de Gravelotte.

Le 3ᵉ bataillon de chasseurs, placé en arrière du 32ᵉ, voyant la droite de ce régiment s'ébranler sous l'action des boulets ennemis, s'apprête à une vigoureuse résistance, et aussitôt qu'il est démasqué il ouvre un feu très nourri pour s'opposer aux efforts des colonnes prussiennes; mais bientôt se voyant seul, sans l'appui d'aucune artillerie, il se retire en bon ordre sous un feu toujours croissant d'obus et de mousqueterie.

Il se rallie alors à la division, en arrière de Rezonville, et se porte avec elle sur les hauteurs situées entre Rezonville et Gravelotte. Là, vers 4 heures du soir, il est placé en arrière et comme soutien d'une batterie de mitrailleuses et d'une batterie de 12, établies par le maréchal Bazaine de façon à battre le fond des ravins, qui descend vers Ars. Ces deux batteries accablent les Prussiens de leurs feux jusqu'à la nuit close.

A 8 h. 30, le combat cesse et le 3ᵉ bataillon bivouaque sur l'emplacement même où il se trouve.

Les pertes éprouvées par la 1ʳᵉ division dans la journée du 16 août sont les suivantes : 3 officiers tués, 42 blessés (général Valazé) et 9 disparus; 76 hommes tués, 372 blessés et 919 disparus; 7 chevaux blessés ou tués.

Rapport du général Vergé sur la bataille de Rezonville.

21 août.

Le 16 août, vers 9 heures du matin, au moment où les hommes préparaient la soupe, l'ennemi fut signalé sur notre flanc gauche; il cherchait à repousser nos avant-postes et nos grand'gardes; les reconnaissances que j'avais fait faire par la cavalerie le signalaient comme étant en forces. Au même instant et à l'improviste, les canons ennemis lancèrent des boulets et des obus dans le camp; des cavaliers prussiens

---

(1) Bois des Ognons.

parurent même au milieu de nos troupes, poursuivant notre cavalerie ; il y eut comme une surprise ; il en résulta un moment de désordre et d'hésitation, mais les hommes furent bientôt remis et prêts au combat.

La 1re brigade se porta immédiatement en avant, se plaçant à la gauche de la 2e division d'infanterie et se dirigeant vers les hauteurs qui dominent la route de ce côté. Toutefois, le 3e bataillon de chasseurs à pied garda sa position près de la route, pour couvrir les débouchés du village de Vionville et pour protéger l'artillerie, placée en arrière de lui. Il conserva cette position pendant tout le combat et s'y battit énergiquement ; ses pertes furent très sensibles.

Les 32e et 55e d'infanterie eurent à soutenir une lutte des plus vives en avant, contre l'infanterie ennemie, qui voulait déboucher par le ravin situé en avant de la ferme de Flavigny ; mais ils furent écrasés par les batteries de position placées à gauche de Vionville ; ils forcèrent néanmoins l'infanterie ennemie à reculer et marchèrent résolument en avant, à gauche de la 2e division. Mais une batterie vint les prendre d'enfilade ; elle les décimait. Après deux heures d'une lutte opiniâtre, ils durent se replier ; leur droite était d'ailleurs découverte, la 2e division n'ayant pu tenir en avant de la ferme. Cette brigade venait en outre d'être privée de son chef, le général Valazé, blessé. Les hommes se dirigèrent vers Rezonville ; il était impossible de les arrêter sous le feu : je donnai l'ordre au colonel du 32e de les rallier et de reformer son régiment en arrière du village. Le 55e suivit en partie ce mouvement rétrograde, mais il laissa quelques compagnies qui combattirent encore avec la 2e division d'infanterie, et deux compagnies qui furent mises à la disposition du général commandant la 2e brigade et restèrent jusqu'au soir avec lui sur le terrain.

Dès le commencement de l'action, je m'étais porté à la gauche de ma division, par où j'étais attaqué ; les grand'gardes fournies par le 77e s'étaient maintenues dans leurs positions, soutenues par les deux bataillons de ce régiment, qui faisaient face aux bois, le IIIe bataillon de ce corps restant en réserve. Je fis d'abord porter de ce côté une de mes batteries, que je fis bientôt soutenir par une deuxième, puis enfin par la batterie de canons à balles. Le 77e, soutenu par le feu de nos pièces, se porta en avant, entra dans les bois et fit reculer l'ennemi. Le 76e vint bientôt se placer à sa droite ; ces deux corps ouvrirent un feu bien nourri sur les colonnes qui voulaient déboucher et sur les batteries placées en avant. Mais notre droite cédait et les Prussiens commençaient à se montrer sur notre gauche, menaçant de la tourner. La 2e brigade dut se retirer derrière les crêtes ; elle s'y maintint avec vigueur, repoussant par son feu l'infanterie ennemie. Malgré le feu de l'artillerie, elle conserva ses positions, les hommes restèrent calmes te ne cessèrent pas de tirer. Ce ne fut qu'au moment où les munitions commencèrent à leur manquer qu'ils se retirèrent en bon ordre, disputant le terrain pied à pied jusqu'à l'arrivée des troupes de la Garde impériale, qui les relevèrent.

La 2ᵉ brigade se reforma en entier derrière Rezonville; je la réunis à la 1ʳᵉ. La division, ainsi reconstituée, fut placée sur le plateau entre ce village et celui de Gravelotte, en avant du ravin de Gorze, pour soutenir une partie de la Garde, qui descendait dans ce ravin, par où l'ennemi pouvait déboucher et tourner notre gauche en pénétrant dans les bois, que je fis occuper par trois bataillons.

C'est dans cette position que je reçus l'ordre de passer la nuit du 16 au 17.

Dans cette journée, chacun a fait son devoir courageusement. Si la division a cédé le terrain, ce n'a été que devant des forces très supérieures, surtout en artillerie; si elle eût été soutenue à temps, elle eût certainement conservé ses positions et continué la lutte à la droite, comme elle l'a fait à gauche.

Nos pertes sont de 54 officiers et 1567 hommes tués, blessés ou disparus.

Historique du 3ᵉ bataillon de chasseurs (1ʳᵉ division, 1ʳᵉ brigade, commandant Petit).

16 août.

Le 16, dès 6 heures du matin, ordre fut donné de se tenir prêt à marcher par la route de Verdun. A 10 heures (1), aucun ordre de départ n'était encore arrivé, quand tout à coup une batterie prussienne se démasque et lance ses obus dans le camp. Malgré cette attaque inopinée, le bataillon se forme promptement en colonne et, se conformant au changement de front exécuté par la brigade, appuie peu à peu à gauche, laisse à droite la ferme de Flavigny et, après s'être déployé en bataille, se porte derrière la droite du 32ᵉ de ligne, où il reste en position sous le feu d'une batterie prussienne établie à Vionville; mais, entraîné dans le mouvement de recul de la brigade, il est bientôt obligé de céder. Dans la retraite, exécutée sous un feu meurtrier, le bataillon fit des pertes sérieuses; il fut reformé dans Rezonville, puis ensuite employé jusqu'à la chute du jour comme soutien d'une batterie d'artillerie. Dans cette bataille, le bataillon perdit une centaine d'hommes et six officiers, savoir : MM. Besombes et de Cléry, tués; MM. Germain, Algan, Berger et Rœderer, grièvement blessés.

---

(1) A 9 h. 15.

Rapport du colonel Merle, commandant le 32ᵉ de ligne, sur la bataille de Rezonville (1ʳᵉ division, 1ʳᵉ brigade).

20 août.

Vers 9 heures du matin, au moment où le régiment, campé en avant et sur la gauche du village de Rezonville, venait d'être prévenu que les reconnaissances de cavalerie ne signalaient aucun mouvement de l'ennemi, celui-ci, couvert par les crêtes, se présenta tout à coup en forces et attaqua le camp avec vigueur; les obus éclataient dans le camp, que les tentes n'étaient pas encore abattues et que les hommes faisaient la soupe.

Le régiment plia bagage immédiatement, prit les armes et se porta en bataille sur la crête de gauche; arrivé à ce point, après avoir déjà subi quelques pertes, il ouvrit le feu contre l'infanterie ennemie, qui lui faisait face; pris d'écharpe à droite et en face de forces considérables, il dut battre en retraite et se placer en avant et à droite du village, sous la protection de l'artillerie, qui venait seulement d'entrer en ligne.

Le régiment se replia ensuite sur un mamelon en arrière et à droite du village (1). Vers 2 heures, il fit un mouvement en avant et se porta à gauche pour soutenir les bataillons de la Garde, qui marchaient à l'ennemi dans cette direction; il resta dans cette position pendant un certain temps, après quoi il fut amené en arrière, sur une hauteur en face d'un bois que l'on supposait occupé par l'ennemi (2). Il passa la nuit au bivouac dans cette position, qu'il quitta au point du jour pour suivre le mouvement général.

Dans cette affaire, le 32ᵉ éprouva les pertes suivantes :

Officiers. — Tué : 1 lieutenant; blessés : le lieutenant-colonel Guyot, le chef de bataillon Lapasset, 4 capitaines, 3 lieutenants, 3 sous-lieutenants; disparus : le chef de bataillon Collignon, 1 lieutenant.

Troupe. — Tués : 10; blessés : 175; disparus : 148.

Historique du 55ᵉ régiment d'infanterie (1ʳᵉ division, 1ʳᵉ brigade, colonel de Waldner-Freundstein).

16 août.

Le régiment était campé entre Rezonville et Vionville. Vers 9 heures du matin, les grand'gardes commencent à tirailler. A 10 heures, les

---

(1) Rezonville.
(2) Bois des Ognons.

obus de la batterie prussienne de Tronville arrivent dans les camps, et on prend les armes à la hâte. Là, comme le 6 août, les bataillons du régiment sont engagés isolément et sur des points différents, de 10 heures du matin à 4 heures du soir. Les Ier et IIIe bataillons sont engagés à côté de la route de Verdun et près de Vionville avec le 3e bataillon de chasseurs et le 32e d'infanterie. Le IIe bataillon est engagé à l'extrême gauche de la ligne, une moitié face au bois des Prêtres, l'autre face à la batterie prussienne de Tronville. Après divers mouvements, le régiment se trouve rallié tout entier derrière la batterie française établie sur les crêtes en arrière du village de Rezonville; il cesse complètement d'être au feu vers 5 heures du soir.

La bataille terminée, le 55e bivouaque avec les autres corps de la division Vergé, face aux bois des Ognons.

Les pertes sont de 6 officiers et 320 hommes tués, blessés ou disparus.

Rapport du général Jolivet sur la bataille du 16 août (1re division, 2e brigade).

16 août.

La brigade était campée en avant du village de Rezonville.

Le 76e était établi en arrière de la 1re brigade, sa droite appuyée à la route de Verdun. Un bataillon du 77e fut établi sur le même alignement que le 76e; les deux autres bataillons perpendiculairement à cette direction, faisant face à gauche pour surveiller les bois qui s'étendaient de ce côté sur tout le flanc du campement.

Le 16, dès le matin, les hulans commencèrent à se montrer sur la lisière du bois, observant nos grand'gardes et cherchant à reconnaître le terrain. Vers 9 heures, ils se montrèrent plus nombreux et soutenus par des tirailleurs d'infanterie, qui engagèrent un feu assez vif avec nos grand'gardes. Le feu devenant de plus en plus nourri, le 77e prit les armes. Deux bataillons se portèrent en avant pour soutenir les grand'gardes; le troisième resta un peu plus en arrière, en réserve, et fut chargé de garder la batterie d'artillerie (1) qui arriva bientôt après.

J'ordonnai alors à un bataillon du 77e (2) de se porter sur le coin du bois, que l'ennemi occupait en force (3). Ce bataillon entra dans le

---

(1) *Lire* : les batteries $\left(\frac{5, 6, 12}{5}\right)$.

(2) $\frac{11}{77}$. (Historique du 77e.)

(3) Le bois de Vionville.

bois et força l'ennemi à reculer. Je laissai un autre bataillon (1) pour soutenir les grand'gardes et je donnai l'ordre au 76ᵉ de sortir de son campement. Deux bataillons du 76ᵉ furent placés un peu en arrière d'une crête qui dominait la plaine. Le IIIᵉ bataillon alla renforcer le bataillon du 77ᵉ, que j'avais placé à droite et à l'extrémité du bois, et qui pouvait de là tirer sur les batteries ennemies établies sur une crête opposée, éloignée d'environ 1200 mètres (2).

Mais de nombreuses masses prussiennes s'étendaient de plus en plus sur notre gauche, en menaçant de nous tourner. N'ayant pas assez de monde pour rester dans le bois, je fis reporter sur les crêtes le bataillon qui se trouvait dans le bois et, ayant reçu l'ordre de conserver cette position, je résolus de m'y maintenir à tout prix. Malgré un feu terrible des batteries prussiennes, qui nous envoyaient une grêle d'obus, ma brigade se maintint sur ces crêtes pendant plus de trois heures. Mais les munitions commençaient à manquer et je ne pouvais plus riposter que faiblement au feu de l'ennemi, qui était au contraire de plus en plus nourri. Mes bataillons n'en restèrent pas moins en position jusqu'à l'arrivée des grenadiers de la Garde, qui vinrent prendre place sur les crêtes que j'occupais depuis le matin. Je battis alors en retraite et je vins reformer ma brigade en arrière du village de Rezonville.

Vers 5 heures, je reçus l'ordre de porter ma brigade face à un bois (3) qui se trouvait sur notre gauche, dans le but de pouvoir s'opposer à un mouvement tournant que l'ennemi aurait pu tenter sur notre gauche. Ce fut sur cet emplacement même que la brigade passa la nuit : le 76ᵉ dans le bois, le 77ᵉ un peu en arrière.

Les pertes dans cette journée sont de 16 officiers et 194 hommes de troupe tués, blessés ou disparus.

Historique du 76ᵉ régiment d'infanterie (1ʳᵉ division, 2ᵉ brigade, colonel Brice).

16 août.

Le 16, à 4 h. 30 du matin, les troupes, prêtes à se mettre en route, reçurent l'ordre de rester sur le terrain ; on fit la soupe, et de nombreuses corvées furent envoyées.

Tout à coup, vers 9 h. 30, des batteries prussiennes, ayant pris position sur les crêtes de Tronville, se démasquent et foudroient de leurs obus le campement de la division.

---

(1) $\frac{\text{III}}{77}$.

(2) Artillerie de la 5ᵉ division d'infanterie prussienne.

(3) Le bois des Ognons.

La 2ᵉ brigade fut dirigée contre l'attaque dessinée sur la gauche du 2ᵉ corps par les bois de Vionville et des Ognons. Le 76ᵉ, formé en colonne par divisions, se porta au pas de course à un kilomètre en avant et à gauche, s'engagea en partie dans le bois des Ognons (1) et chercha à se rapprocher des batteries ennemies : les IIᵉ et IIIᵉ bataillons étaient à droite du bois, lançant des tirailleurs en avant ; le 1ᵉʳ bataillon et la gauche du IIᵉ étaient sous bois, leurs tirailleurs occupant la lisière.

Les IIᵉ et IIIᵉ bataillons furent obligés de se replier un peu en arrière de Gravelotte et sur la gauche de la route ; une partie du IIIᵉ bataillon se rallia à la brigade Lapasset et combattit avec elle jusqu'au soir ; il rejoignit le régiment le lendemain matin.

Le 1ᵉʳ bataillon et la partie du IIᵉ, qui étaient sous bois, furent assaillis par des forces très supérieures, qui firent environ 250 prisonniers ; ils se retirèrent à gauche et en arrière de Rezonville, après avoir empêché l'ennemi de déboucher du bois.

Vers 7 heures, le régiment, reformé, se rapprocha du champ de bataille et avança jusqu'à la lisière du bois des Ognons. Vers 9 h. 30, l'action étant terminée, le régiment coucha sur la lisière du bois. La nuit se passa paisiblement.

Les pertes furent de 13 officiers et 600 hommes tués, blessés ou disparus.

Historique du 77ᵉ régiment d'infanterie (1ʳᵉ *division*, 2ᵉ *brigade, colonel Février*).

16 août.

Le 16, de bonne heure, les vedettes prussiennes se montrent sur la lisière du bois, en face de nos grand'gardes ; vers 9 heures, celles-ci sont aux prises avec les tirailleurs ennemis embusqués dans le bois. L'action devient bientôt générale : le IIᵉ bataillon, dirigé par le général Jolivet, poussa jusqu'aux bois de Saint-Arnould (2), situé en avant de son front, afin d'en déloger l'ennemi et d'appuyer le mouvement en avant fait par les 55ᵉ et 66ᵉ d'infanterie, qui étaient à sa droite. Ce bataillon, soutenu un moment par le 76ᵉ, ne put tenir dans sa position, étant pris en écharpe par l'artillerie ennemie ; il dut se replier et rejoindre les autres bataillons, déjà fortement éprouvés par les batteries prussiennes, dont notre artillerie tente en vain de contre-balancer l'effet. La plus grande partie du 2ᵉ corps était en retraite, malgré une charge

---

(1) *Lire* : de Vionville.
(2) *Lire* : la pointe Nord-Ouest du bois de Vionville.

brillante exécutée pour le soutenir par les cuirassiers de la Garde; le mouvement de retraite de la 2ᵉ division, dont le général venait d'être blessé, entraîna celui d'une partie de la 1ʳᵉ division. Cependant, le 77ᵉ garda ses positions jusqu'à l'arrivée des grenadiers de la Garde, qui l'y remplacèrent, ce qui permit de reformer le régiment en arrière du village de Rezonville; placé alors en réserve avec les autres régiments du 2ᵉ corps, le 77ᵉ fut massé en arrière du ravin, sur le plateau qui s'étend à la droite du bois des Ognons. L'arrivée inopinée du corps de Steinmetz, vers 4 heures du soir, en rétablissant le combat, qui jusqu'alors avait tourné à notre avantage, ne permit pas d'utiliser le régiment pour la poursuite à laquelle on le destinait (?); lorsque cette nouvelle attaque eût été repoussée, grâce au feu terrible des mitrailleuses du 2ᵉ corps, la nuit était arrivée et l'armée bivouaqua dans ses positions. Le 77ᵉ fut placé en colonne perpendiculairement au bois des Ognons, derrière les batteries de mitrailleuses.

Dans cette journée, le régiment subit les pertes suivantes : 2 officiers tués, 3 blessés; 145 sous-officiers et hommes de troupe tués, blessés ou disparus.

Division Bataille.

Rapport du général Fauvart-Bastoul (1) *sur la bataille de Rezonville.*

24 août.

La 2ᵉ division, campée le 16 au matin au delà du village de Rezonville, se trouvait établie en avant de l'armée par brigades accolées : le 12ᵉ bataillon de chasseurs à environ 800 mètres du village, sur la droite et perpendiculairement à la route de Metz à Verdun; le 23ᵉ de ligne à gauche de la route, ayant en arrière de lui le 8ᵉ de ligne. La 2ᵉ brigade à gauche de la 1ʳᵉ : le 66ᵉ en première ligne, le 67ᵉ à hauteur du 8ᵉ. Les trois batteries d'artillerie étaient bivouaquées en arrière et à droite de la division, vers la route.

Une division de cavalerie (2) couvrait au loin le camp pour observer l'ennemi.

---

(1) Commandant provisoirement la 2ᵉ division du 2ᵉ corps.

(2) *Note ajoutée par le général Bataille au rapport du général Fauvart-Bastoul.* — « Ce n'est pas une division, mais bien deux divisions de cavalerie qui couvraient le 2ᵉ corps; elles étaient campées à Vionville. C'étaient la division de Forton et la division de Valabrègue. Le 2ᵉ corps, et par conséquent la 2ᵉ division, avaient donc tout lieu de

Vers 2 heures du matin, ordre fut donné de faire préparer la soupe et de se tenir prêt à lever le camp à 4 h. 30. De nouvelles instructions devaient faire connaître le départ définitif. A 8 heures, le général de division fut avisé que l'on ne se mettrait pas en route avant 1 heure de l'après-midi, pour se porter au-devant de l'ennemi. Aussitôt, les dispositions furent prises pour faire manger la soupe et faire boire les chevaux, lorsque, vers 9 h. 30, l'ennemi apparut subitement sur la crête qui se trouve en face du village de Vionville. Quelques obus, tirés avec beaucoup de justesse sur le camp, y produisirent un léger trouble bien vite réprimé (1).

Pendant que la 1re brigade prend les armes et se porte résolument en avant, dirigée par le général Mangin, le 8e de ligne se déployant à la gauche du 23e, le général commandant la division enlève la 2° brigade. Le 66e (colonel Ameller) se lance vers la gauche et couronne les hauteurs (?), cherchant à prendre les batteries prussiennes par le flanc; le général Fauvart-Bastoul l'accompagne. Le 67e (colonel Thibaudin) se précipite dans la trouée, entre le 66e et le 8° de ligne, de manière à prêter au besoin son appui à l'un ou à l'autre. Le lieutenant-colonel de Maintenant fait vivement atteler son artillerie et place la 8e batterie du 5° régiment (capitaine Benoit), la première prête, à environ 300 mètres de son parc, pour ouvrir le feu contre les batteries prussiennes. Les premiers coups, combinés avec ceux de nos mitrailleuses (2) (capitaine

---

croire une surprise impossible de ce côté. Cependant, à 9 h. 30, elle eut lieu, au moment où le lieutenant-colonel de Cools, chef d'état-major de la division de Valabrègue, venait prévenir le général Bataille que l'on apercevait *au loin* des troupes s'avançant du côté de Mars-la-Tour. Le général Bataille engagea le lieutenant-colonel de Cools à aller jusqu'au village de Rezonville aviser le général Frossard; et il venait d'envoyer l'ordre au général Mangin, commandant la 1re brigade, de diriger immédiatement sur Vionville son bataillon de chasseurs pour parer aux premiers moments, pendant que sa brigade, toute prête, attendrait l'événement, lorsqu'un premier obus vint tomber au milieu du 8e et un second au milieu du 23e, placé en avant de lui. Ces deux coups venaient d'une batterie qui avait pris position sur les crêtes de Vionville, à quelques centaines de mètres de la cavalerie. »

(1) *En marge, au crayon, de la main du général Frossard* : « Le général Bataille déploie la 1re brigade et un régiment de la 2e; l'autre régiment de celle-ci, en seconde ligne. »

(2) $\frac{9}{5}$.

Dupré), ainsi que la fusillade de nos grand'gardes, arrêtèrent momentanément le feu de l'artillerie ennemie (1). La troisième batterie (2), qui avait ses chevaux à l'abreuvoir au moment de l'attaque, ne put entrer en ligne qu'un peu plus tard.

1re *brigade.*

Le 12e bataillon de chasseurs (commandant Jouanne Beaulieu) avait occupé sans retard le village de Vionville, appuyé par un bataillon du 23e. Les deux autres bataillons de ce régiment (colonel Rolland) prirent position à la ferme de Flavigny, en attendant le 8e de ligne (colonel Haca). Aussitôt réunies, ces troupes s'élancent au pas de charge vers les crêtes à l'abri desquelles sont établies les batteries ennemies, afin d'appuyer le mouvement de conversion à gauche fait par la 2e brigade (3). Cependant, le 12e bataillon de chasseurs, qui avait compté sur l'appui de la brigade du 6e corps campée sur la droite de la route, se trouve en l'air, avec des forces très considérables devant lui, cherchant à le tourner. Il dut alors abandonner le village et se reporter en arrière, sur un contrefort, d'où il put diriger sur les troupes prussiennes, qui s'avançaient en colonnes profondes, un feu assez nourri pour les obliger à reculer (4); mais de nouvelles forces, arrivant sans cesse, obligèrent le bataillon, qui avait brûlé sa dernière cartouche, à se replier en bon ordre et à rejoindre le point de ralliement donné par le général de brigade, à hauteur de Rezonville. Toutefois, sa résistance opiniâtre avait été assez longue pour donner aux renforts attendus le temps de paraître sur le champ de bataille.

Un bataillon du 8e de ligne couvrait la retraite des chasseurs. Les deux autres bataillons du 8e et le 23e s'étaient vivement jetés en avant.

---

(1) *Annotation du général Frossard* : « Deux de ses batteries répondent au feu des batteries prussiennes et le ralentissent. »

(2) $\frac{7}{5}$.

(3) *Annotation du général Frossard* : « Le bataillon de chasseurs et un bataillon du 23e occupent le village de Vionville; deux bataillons prennent position au hameau de Flavigny. De là, ces troupes cherchent à gagner les crêtes en avant, au delà desquelles l'artillerie ennemie est en batterie. »

(4) *Annotation du général Frossard* : « Le 12e bataillon de chasseurs qui se trouvait trop en avant par rapport aux lignes du 6e corps placé à droite est obligé, pour ne pas être tourné, d'abandonner Vionville. »

Ce mouvement eut d'abord un plein succès, mais bientôt obligé de céder devant des forces très supérieures, le général Mangin dut ramener sa brigade dans la direction de Gravelotte, en faisant soutenir sa marche par le bataillon du 8ᵉ de ligne qui s'était maintenu dans la ferme de Flavigny jusqu'au moment où elle fut incendiée par les projectiles ennemis (1). Trois compagnies du 23ᵉ, séparées des autres dès le début de l'action, furent ralliées par le lieutenant-colonel de Linière, se portèrent à droite de la route et prirent vigoureusement l'offensive, ce qui permit à la brigade Colin du 6ᵉ corps d'occuper la position où elle demeura avantageusement établie une partie de la journée. Ces compagnies rejoignirent alors la brigade.

2ᵉ brigade.

Le 67ᵉ de ligne qui avait abordé résolument les hauteurs occupées par l'artillerie ennemie, eut à subir le feu très nourri de l'infanterie et des batteries de position. Il y riposta vigoureusement, et si, à ce moment, on eût pu s'appuyer sur une troupe de soutien prête à entrer en ligne, il n'est pas douteux que les batteries prussiennes n'eussent pu être enlevées. Bientôt, succombant sous le nombre, les hommes plièrent; mais ralliés par leurs chefs et par le général de division, ils reprirent au pas de charge les hauteurs qu'ils furent obligés d'abandonner quelques instants après, faute de munitions et faute d'appui, et ils durent se retirer en arrière du village de Rezonville, emmenant avec eux le général de divison blessé (2).

Le 66ᵉ s'était porté en avant avec non moins d'entrain, guidé par son colonel et par le général Bastoul pour gravir les contreforts de gauche. Il avait repoussé les tirailleurs ennemis, et par un effort éner-

---

(1) *Annotation du général Frossard* : « La 1ʳᵉ brigade se retire du combat la première. »

(2) *Note ajoutée par le général Bataille au rapport du général Fauvart-Bastoul.*

..... Après avoir eu deux chevaux tués sous lui, et qui était resté néanmoins au milieu de ses troupes que sa présence seule maintenait dans une position où elles avaient épuisé leurs cartouches, et dans l'attente d'un soutien qui ne venait pas et ne pouvait venir à temps à cause de l'éloignement des autres corps. C'est le maintien de cette position, très importante mais cependant dans de si mauvaises conditions, qui permit aux autres corps de se rapprocher, et empêcha une déroute sur ce point de la bataille.

gique, il avait réussi un instant à refouler l'ennemi jusque sur la lisière du bois d'où il était sorti (1). La fatigue, les pertes subies, l'épuisement des munitions affaiblissaient les défenseurs sans les décourager. Un bataillon du 67ᵉ (2), appelé par le général de brigade, une batterie de deux sections de 4 établie sur la droite du régiment (3) permirent encore un retour offensif, mais les forces de l'ennemi augmentant ou se renouvelant sans cesse, le mouvement général de retraite devint inévitable, et le général Bastoul se vit dans l'obligation de rallier sa brigade vers le village de Rezonville, après une lutte acharnée de plus de deux heures.

Artillerie divisionnaire. (Commandant COLLANGETTES.)

La 8ᵉ batterie du 5ᵉ régiment, placée en avant de son parc, ne cessa le feu que vers 4 heures, lorsque les approvisionnements de la réserve furent entièrement épuisés.

La 9ᵉ batterie (mitrailleuses) avait ouvert son feu du parc même, à 2,500 mètres, pour permettre au reste des pièces d'achever leurs préparatifs de départ. Se portant ensuite en avant, la vivacité et l'efficacité de son tir obligèrent à plusieurs reprises l'ennemi à faire relever ses batteries par des batteries nouvelles. Au moment où le capitaine Dupré, appelé par le général de division sur la première ligne, se mettait en mouvement, il reçut l'ordre du Maréchal commandant en chef d'ouvrir de nouveau son feu sur l'artillerie prussienne. Mise ensuite à la disposition du général commandant la Garde, la batterie de mitrailleuses ne put rejoindre la division que vers 5 heures.

La 7ᵉ batterie, dont les chevaux étaient à l'abreuvoir au moment de l'attaque, eut beaucoup à souffrir des conséquences de cette surprise; cependant avec l'aide des officiers et des sous-officiers elle se mit en mesure de prendre part à l'action et se tint à la hauteur de la 8ᵉ batterie vers la gauche.

Cavalerie divisionnaire.

L'escadron du 5ᵉ chasseurs (capitaine Drivon) attaché à la division, placé en arrière pour attendre le moment d'entrer en ligne, fut à

---

(1) Allusion aux contre-attaques dirigées sur les bataillons de la 5ᵉ division refoulés sur les bois de Gaumont.

(2) $\frac{1}{67}$ resté jusque là en réserve.

(3) $\frac{8}{17}$.

2 heures envoyé, par ordre du Maréchal commandant en chef, en soutien d'une batterie d'artillerie, et n'a repris qu'à 6 heures sa place à la division.

Vers 5 heures, la division, réunie par le général Bastoul qui en avait pris le commandement, recevait l'ordre d'aller observer la vallée qui de Gravelotte descend sur Ars. C'est sur cette position qu'elle passa la nuit, occupant avec la 1re brigade les bois de Vaux et des Ognons.

Jamais les troupes n'ont montré plus d'ardeur et plus d'élan que dans la journée du 16; aussi la division a-t-elle subi de sérieuses pertes :

Le général de division blessé, son officier d'ordonnance tué, 3 officiers supérieurs tués et 5 blessés, 9 officiers tués et 62 blessés, 147 hommes de troupe tués et 979 blessés.

La plupart des officiers montés ont eu un ou plusieurs chevaux tués ou blessés.

Extrait d'une lettre du général de Geslin, commandant le 94e régiment de ligne, au Ministre de la guerre. (Janvier 1900.)

..... Ce que je vais dire, actuellement, Monsieur le Ministre, m'a été raconté, alors que je commandais la place de Paris, par le général de division Saget qui était chef d'état-major de M. le général de Ladmirault, gouverneur militaire de la capitale.

En 1870, le général Saget était attaché au 2e corps. Dans l'après-midi du 15 août il fut chargé de porter l'ordre suivant au général Bataille, dont la division avait sa droite appuyée au Sud et contre la route de Rezonville à Vionville, en arrière de la ferme de Flavigny, par conséquent dans un fond : « Portez votre troupe en avant, sur la hauteur, d'où vous découvrirez toute la plaine où se trouvent Tronville, Puxieux et, à droite, Mars-la-Tour. » Bataille répondit : « Je n'irai que demain matin. » Saget surpris, et je le comprends sans peine, ajoute : « Quelle raison donnerai-je au général Frossard pour expliquer votre refus d'obéissance ? » — « Vous lui direz que les hommes seraient trop loin pour aller chercher de l'eau. (La raison était même mauvaise à plus d'un point de vue, je l'affirme, je suis du pays.) J'irai sur la hauteur, demain, au point du jour..... »

Je reviens à l'échec du général Bataille essayant, le 16 au matin, d'occuper les hauteurs de Vionville. Après sa retraite, je ne sais réellement pourquoi le 94e, qui était au Nord de la route, comme je l'ai déjà dit, reçut l'ordre de la traverser et de se diriger ensuite, par un à-droite, sur la ferme de Flavigny, par conséquent dans un fond et sur le terrain où venait d'échouer une division entière. Le mouvement s'exécuta en bataille pour offrir le moins de profondeur possible au tir de l'artillerie ennemie qui couronnait la crête de Vionville. Mes chefs ne pouvaient cependant pas penser qu'un régiment serait plus heureux qu'une division. J'obéis et restai à droite et à gauche de Flavigny, avec défense d'entrer dans les maisons, bien décidé à ne me retirer que lorsque j'en recevrais l'ordre, ce qui m'arriva au bout d'une heure environ. Mon rôle était, tout en restant dans la cuvette où j'étais, d'empêcher l'ennemi de descendre vers nous. Mais voici quel avait été le triste bilan de mes pertes pendant cette journée du 16 :

Officiers tués : Bourson, capitaine adjudant-major ; Briot et Jacquier, capitaines de compagnie ; Loyer et de Montvert, lieutenants ; Gayral, Larroche et Legros, sous-lieutenants.

Officiers mis hors de combat : Commandant d'Amfreville ; Boulay, de Loyac et Sabiani, capitaines ; Fuget, Maire, Martin, Payreau, Stoffelbach et Zibelin, lieutenants ; Chapuis, Courtépée, Breuillon, Dordor et Rey, sous-lieutenants. Tous les officiers supérieurs, nous avons eu nos chevaux tués sous nous.

Aussitôt la retraite ordonnée, le général La Font de Villiers s'était retiré au Nord-Est de Rezonville et m'avait prescrit de camper près de lui avec mon IIIe bataillon ; j'avais laissé par ordre mes deux autres bataillons sur le terrain où nous avions campé le 15 au soir. Ils étaient commandés par les commandants Horcat et de Froidevaux.....

Extraits du rapport du 16 au 17 août, de la division Bataille.

Tous les vivres donnés aux hommes ont été perdus dans la journée du 16.

Les hommes sont très fatigués.

Le campement de presque tous les corps de la division a été perdu dans la journée du 16. Il y a urgence à le faire remplacer.

Presque tous les officiers supérieurs et adjudants-majors ont eu leurs chevaux tués ou blessés.

Rapport du général Mangin sur la bataille de Rezonville (2e division, 1re brigade).

Metz, 21 août.

Le 16 août, vers 10 heures du matin, la 2e division du 2e corps campait en avant de l'armée par brigades accolées, se croyant couverte au loin par une division de cavalerie, mangeait tranquillement la soupe lorsque l'ennemi parut subitement sur la crête. Les vedettes se replièrent et les grand'gardes surprises se déployèrent le plus vite possible et tirèrent sur les premières batteries prussiennes qui lançaient des obus et des boîtes à balles pour mettre le désordre dans le camp. Après le premier trouble inévitable en pareille circonstance, la 1re brigade, qui était campée, le 12e bataillon à droite de la route de Metz à Verdun, ayant le 23e à la gauche de cette route et le 8e en arrière, se porta résolument en avant, le 8e se déployant à la gauche du 23e, chaque corps précédé de nombreux tirailleurs. La part que chaque corps prit dans cette journée doit être rapportée séparément, parce que dans le combat, commencé par une surprise, il fallut toute l'énergie et le discernement de chacun pour faire face tout de suite aux attaques diverses et subites de la ligne ennemie qui se dessinait.

Le général Mangin eut l'intention, dès le commencement de l'affaire, d'appuyer le mouvement de conversion à gauche fait par la 2e brigade, mais il avait besoin pour cela que la brigade Colin (du 6e corps), campée sur la même ligne à sa droite, se portât en avant en même temps que lui.

Malheureusement le mouvement de cette dernière ne fut fait que beaucoup plus tard, et le général Mangin fut obligé de marcher sur les positions qu'il avait vis-à-vis de lui dans la crainte d'être débordé par sa droite.

12e bataillon de chasseurs. — Le 12e bataillon de chasseurs, précédé de sa compagnie de grand'gardes, s'empara (1) résolument du village de Vionville ; deux de ses compagnies le dépassèrent même et montèrent jusqu'aux crêtes qui le dominent. Dans cette situation, le bataillon, qui avait compté sur l'appui de la brigade du 6e corps, se trouva tout à fait en l'air, ayant devant lui des forces très considérables qui cherchaient à le tourner par sa droite. Il dut alors abandonner le village et se porter en arrière sur une nouvelle crête, d'où il dirigea un feu très nourri sur des masses prussiennes qui s'avançaient en colonnes profondes et qu'il força à reculer.

De nouvelles troupes ennemies arrivèrent bientôt et le bataillon, après avoir brûlé sa dernière cartouche et avoir donné, par sa résistance sur ce point, le temps de prendre en arrière des dispositions qui permirent de rétablir le combat, dut se replier et rejoindre le point de ralliement donné par le général en arrière de Gravelotte.

8e et 23e de ligne. — Les trois bataillons du 23e de ligne marchèrent d'abord réunis, mais prirent bientôt une action séparée. Le 1er bataillon appuya le mouvement des chasseurs et les deux autres se jetèrent dans la ferme, qui se trouvait en avant de notre front (2) jus-

---

(1) Il serait plus juste de dire : occupa.....
(2) Ferme de Flavigny.

qu'au moment où le 8ᵉ arriva à leur hauteur. A ce moment, le général fit sonner la charge et envoya l'ordre à ces deux régiments de se porter résolument sur la crête en se reliant autant que possible aux corps qu'ils avaient à leurs ailes, laissant, pour toute la ligne, une réserve en avant de cette ferme sous les ordres du colonel Haca.

Ce mouvement eut d'abord un plein succès; mais bientôt le 12ᵉ bataillon de chasseurs, non appuyé par la brigade du 6ᵉ corps, et la 2ᵉ brigade, appuyée insuffisamment par la 1ʳᵉ division, ayant battu en retraite, le général Mangin fit replier sa brigade en donnant pour point de direction le côté gauche de Gravelotte (1) et faisant soutenir sa retraite par un bataillon du 8ᵉ de ligne, qui s'y maintint jusqu'à ce que cette ferme fût incendiée par les projectiles ennemis.

Dans cette retraite, trois compagnies du 23ᵉ, séparées des autres dans leur mouvement et ralliées par le lieutenant-colonel de Linière, se portèrent à droite de la route, reprirent vigoureusement l'offensive et aidées d'une batterie d'artillerie, permirent à la brigade Colin, du 6ᵉ corps, d'occuper avantageusement une partie de la journée la position à droite de la route.

La brigade, ralliée en arrière de Gravelotte, se remit sous les ordres du général Bastoul, commandant la division, qui fut envoyé avec la division sur le plateau dominant Ars ; la brigade fut employée la nuit à couvrir les débouchés d'Ars au champ de bataille sans être inquiétée un seul instant.

Dans cette journée, tout le monde a fait son devoir. Le colonel Rolland, le lieutenant-colonel de Linière, du 23ᵉ, les commandants de Pierrebourg, du même régiment, et Colonna d'Istria, du 8ᵉ, furent blessés.

La brigade eut en tout dans cette journée :

Au 12ᵉ : 2 officiers tués, 7 blessés ; 226 tués, blessés ou disparus.

Au 8ᵉ de ligne : 5 officiers tués, 2 disparus ; 209 hommes tués, blessés ou disparus.

Au 23ᵉ de ligne : 3 officiers tués, 14 blessés ; 128 hommes, sous-officiers ou soldats reconnus tués ou blessés et 330 sous-officiers ou soldats disparus, en tout 475 mis hors de combat.

Historique du 12ᵉ bataillon de chasseurs à pied (2ᵉ division, 1ʳᵉ brigade, commandant Jouanne Beaulieu).

16 août.

Établi entre les villages de Rezonville et de Vionville, le bataillon

---

(1) *Lire :* Flavigny.

soutient le premier choc de l'armée prussienne. Forcé d'abandonner Vionville, il se retire en défendant le terrain pied à pied.

Pertes du bataillon : 5 officiers tués, 6 blessés ; 226 chasseurs tués, blessés ou disparus.

Historique du 8ᵉ régiment d'infanterie (2ᵉ division, 1ʳᵉ brigade, colonel Haca).

16 août.

Le 16 au matin, les corps durent se tenir prêts à marcher en avant. Les reconnaissances de la division de Forton prévenaient depuis le matin de l'approche de l'ennemi. A 9 h. 30, la division prussienne Stulpnagel (1) attaqua subitement la division de Forton et la division Bataille campée en arrière.

Depuis quelques instants, on voyait une agitation singulière se manifester parmi les grand'gardes sur les crêtes qui dominaient le camp, lorsque tout à coup les obus se mirent à éclater au milieu du 23ᵉ et du 8ᵉ. La division de cavalerie se replia. Il y eut un moment de surprise, mais les officiers rallièrent vigoureusement leurs hommes, et quelques instants après les régiments étaient reformés.

Le 12ᵉ bataillon de chasseurs se porta sur Vionville et l'occupa. Le 23ᵉ, déployé, s'avança entre la route et la grande ferme de Flavigny qui est presque un village. Le 8ᵉ fit une marche en bataille, par suite de laquelle le 1ᵉʳ bataillon occupa un instant Flavigny. Le IIᵉ et le IIIᵉ, déployés, étaient à gauche du Iᵉʳ. Les autres troupes du corps d'armée prirent à la hâte leurs dispositions de combat.

Le Iᵉʳ bataillon déploya alors en tirailleurs les 4ᵉ et 6ᵉ compagnies. Ces tirailleurs se portèrent en avant, sous le feu de l'ennemi, avec un entrain admirable, et gagnèrent une crête intermédiaire entre Flavigny et Vionville ; de là ils firent un feu violent à 800 et 900 mètres sur les batteries ennemies.

En arrière, le général Mangin fit sonner la charge et les bataillons s'avancèrent rapidement vers ces hauteurs qu'il fallait enlever avant que l'ennemi ait pu s'y établir en force. Mais l'infanterie prussienne avait suivi de près son artillerie ; elle bordait les crêtes, arrivant du Sud en masses profondes. Elle ouvrit un feu violent sur le IIIᵉ bataillon et les autres troupes, qui se trouvaient à la gauche de la ligne française. Le IIIᵉ bataillon, combattant sous les yeux du général Bataille, a reçu des éloges sur le champ de bataille.

---

(1) Erreur de nom. *Lire :* la 5ᵉ division de cavalerie.....

Les tirailleurs prussiens prenaient en flanc et à revers les tirailleurs des Ier et IIe bataillons et les fusillaient à bonne portée, pendant que l'artillerie redoublait son feu sur la ligne de bataille. Enfin une colonne se jetait en même temps sur Vionville et en délogeait le 12e bataillon de chasseurs à pied.

Un instant après, le général Bataille était dangereusement blessé ; son officier d'ordonnance était tué à côté de lui.

Les bataillons français s'arrêtèrent ; la gauche de la ligne (troupes de la 1re division) plia et entraîna le reste. Le général Mangin, qui était au milieu du 8e, ordonna la retraite. Le 8e se retira sur Rezonville, laissant un assez grand nombre de blessés dans Flavigny.

Les tirailleurs du 8e couvrirent ce mouvement de retraite avec le plus grand calme, rendant coup pour coup à l'ennemi. Un régiment de cavalerie s'étant disposé à les charger, ils se groupèrent autour de leurs officiers, mais ce ne fut qu'une démonstration. Les hussards prussiens se tinrent à distance ; on marcha sur Flavigny. En ce moment ce malheureux hameau servait de cible à toutes les batteries ennemies ; c'était une grêle de boulets ; l'incendie se déclarait ; une colonne prussienne partant de Vionville, s'avançait au pas de course pour en charger les défenseurs. Éparpillés dans les jardins, derrière les haies, les tirailleurs brûlèrent leurs cartouches ; on se battit sur certains points corps à corps ; mais la ferme fut prise et les débris des compagnies de tirailleurs se retirèrent à leur tour sur Rezonville, sous les boulets ennemis.

Dans cet engagement, qui fut le début de la bataille, le 8e éprouva des pertes sensibles : 2 officiers furent mortellement frappés, 4 furent blessés. Le régiment perdit 260 hommes tués, blessés ou disparus.

Il était midi ; le général Bastoul, ayant pris le commandement de la division, ordonna au 8e de se porter à 1500 mètres en arrière de Rezonville sur la droite de la route. C'est là que les débris des tirailleurs se rallièrent un peu plus tard au régiment, qui ne combattit plus de la journée.

La bataille dura jusqu'à 8 heures du soir. Vers 4 heures, comme on craignait que l'ennemi n'attaquât le flanc gauche de l'armée par les ravins de la Mance, des troupes de réserve prirent position pour s'opposer à cette diversion. Le 8e vint, avec d'autres troupes de la division, occuper la partie supérieure du bois des Ognons, à 1600 ou 1800 mètres au Sud de Gravelotte.

Le colonel Haca disposa de nombreux tirailleurs sur la lisière du bois, à la naissance du ravin qui aboutit à celui de la Mance ; on occupa tous les sentiers de la forêt ; mais l'ennemi ne se montra pas, il cherchait alors à déboucher par les ravins de Gorze, qui sont plus à l'Est et où il fut décimé par notre artillerie.

La nuit venait ; on entendait le canon s'éloigner de plus en plus ; l'ennemi reculait évidemment. En effet, toutes ses positions avaient été enlevées, à l'exception de celle de Trouville (?). La route de Verdun était ouverte ; c'était une victoire. La joie était grande dans le régiment et faisait supporter gaiement le manque absolu de vivres.

Historique du 23ᵉ régiment d'infanterie (2ᵉ division, 1ʳᵉ brigade, colonel de Linière).

16 août.

Les grand'gardes déployées en tirailleurs commencent le feu. Les hauteurs en avant sont occupées par des batteries ennemies, qui ne tardent pas à lancer des obus, qui tombent dans les faisceaux du régiment. On court aux armes et bientôt la première ligne, 23ᵉ et 66ᵉ, se porte vivement en avant.

Les trois bataillons du régiment marchent quelque temps réunis, mais la nécessité de faire face à l'infanterie ennemie, qui commence à se montrer, les sépare ; le IIIᵉ bataillon oblique vers la gauche et se porte sur une batterie ennemie, qui le couvre d'obus ; un feu de mousqueterie bien dirigé force cette batterie à reculer ; elle est aussitôt remplacée par une nuée de tirailleurs.

Le IIᵉ bataillon se porte vers la ferme de Flavigny, dont l'occupation est utile pour abriter de nombreux tirailleurs.

Le 1ᵉʳ bataillon occupe l'espace entre Flavigny et Vionville, ayant à sa droite la compagnie Schœffler (1). La première ligne s'est portée si vivement en avant qu'elle n'a pu être suivie par la deuxième ligne ni par l'artillerie. On marche en avant sous une grêle d'obus, mais le 66ᵉ rencontre des forces supérieures et bat en retraite ; le général Bataille est grièvement blessé.

Le mouvement en arrière du 66ᵉ découvre la gauche du régiment ; e IIIᵉ bataillon, au moment où il allait atteindre la crête, est forcé de battre en retraite. Il se retire en bon ordre jusqu'aux haies qui entourent la ferme de Flavigny et de là continue à tirer sur l'ennemi, qui gagne du terrain.

Les bâtiments incendiés par les obus ne peuvent plus protéger nos tirailleurs. Nous subissons des pertes énormes ; un grand nombre

---

(1) D'après les rapports de la division et de la brigade, $\frac{\text{II et III}}{23}$ commencèrent par se porter sur Flavigny ; $\frac{\text{I}}{23}$ derrière Vionville, en soutien du 12ᵉ bataillon de chasseurs.

d'officiers et de soldats sont tués ou blessés; le commandant de Pierrebourg, le colonel Rolland sont blessés à leur tour; la deuxième ligne n'avance pas pour nous soutenir; plusieurs retours offensifs demeurent infructueux; les II⁰ et III⁰ bataillons sont forcés à la retraite.

A la droite, du côté de Vionville, le combat est aussi acharné. Le I⁰ʳ bataillon, avec la 6⁰ compagnie du II⁰, et le 12⁰ bataillon de chasseurs combattent à courte distance et arrêtent quelque temps l'ennemi; ses colonnes arrivent plus nombreuses et menacent d'envelopper le flanc droit de la ligne.

Le I⁰ʳ bataillon est contraint aussi à reculer, il va rejoindre les deux autres derrière le village de Vionville. Il résulte de ce mouvement de retraite un désordre inévitable. Pour rétablir l'ordre, le colonel de Linière arrête trois compagnies de l'extrême droite et les conduit à droite de la route; là, profitant d'une crête, il leur fait de nouveau faire face à l'ennemi venant de Vionville, et continuer le feu. Une batterie du 6⁰ corps vient aussi occuper la crête, et l'offensive est reprise vigoureusement. Le mouvement de l'ennemi est arrêté et sa gauche est à son tour menacée. Cette résistance énergique permet aux premiers régiments du 6⁰ corps d'arriver et de menacer sérieusement la gauche de l'ennemi, dont l'effort sur notre centre, à Rezonville, fut ainsi paralysé.

Cette position, occupée vers 12 h. 30 par trois compagnies du 23⁰, fut conservée jusqu'au soir, grâce au courage et à l'élan des officiers. L'ennemi fit plusieurs efforts pour les déloger; il n'y parvint pas. Une charge de hulans est repoussée par des cuirassiers et des chasseurs à cheval; le soir, une charge de hussards prussiens demeure sans effet. A 9 heures, les trois compagnies rejoignent le régiment qui, rallié en entier derrière Rezonville, est envoyé en observation sur la route de Gravelotte à Ars.

Pertes : 5 officiers tués, 11 blessés; 121 hommes tués ou blessés, 339 disparus.

Rapport du 66⁰ de ligne sur la bataille de Rezonville (2⁰ division, 2⁰ brigade, colonel Ameller).

18 août.

Dès 6 heures du matin, le 16, j'étais informé par les commandants de mes grand'gardes que l'ennemi se montrait en avant et sur la gauche du front du régiment; de légères escarmouches avaient lieu entre mitrailleuses (1) et quelques cavaliers prussiens, accompagnés

---

(1) Erreur manifeste.

d'un peu d'infanterie ; rien ne pouvait faire supposer cependant qu'une attaque assez sérieuse pût être imminente (1).

Cependant le chef des éclaireurs volontaires (2) rentrait au camp avec sa troupe et indiquait avec assez de précision l'assiette du camp ennemi en avant de nous et établi à environ 6 kilomètres ; bientôt les vedettes de cavalerie qui éclairaient nos avant-postes se replient sur leurs réserves et les pelotons ainsi reformés se replient tout à fait sur le camp, en essuyant quelques coups de feu des éclaireurs prussiens ; au moment où j'étais informé qu'une assez forte colonne s'avançait en avant de ma droite, la fusillade recommençait plus vive avec mes grand'gardes de gauche, et au même instant une batterie ennemie ouvrait son feu en avant de ma droite et lançait des obus sur mes grand'gardes et en arrière d'elles sur le camp même.

En un clin d'œil le régiment est sous les armes, et j'opère rapidement une espèce de changement de front en avant sur ma gauche, qui me porte à hauteur de la grand'garde la plus avancée vers les bois ; je pressentais que le premier et le plus sérieux effort de l'ennemi serait tenté de ce côté, à la sortie des bois ; il s'agissait donc de s'emparer vivement des hauteurs qui les commandaient.

Ce mouvement fut exécuté avec beaucoup d'élan sous le feu des tirailleurs ennemis et mes prévisions ne tardèrent pas à se réaliser ; des forces imposantes s'opposèrent d'abord à ce que je pusse avancer jusqu'à la lisière de la forêt. Tout l'effort du choc ennemi fut alors supporté, et cela pendant près de trois quarts d'heure, par le seul IIIe bataillon et surtout par les compagnies de gauche qui, déjà, essuyaient des pertes, mais ne reculaient pas d'une semelle, au contraire ; car, par un effort énergique, le commandant Tertian réussissait à refouler l'ennemi jusque sur la lisière des bois d'où il était sorti (3) ; l'engagement était devenu général de la gauche à la droite de mon régiment, mais toujours plus sérieux sur ma gauche, où je crus devoir me maintenir de ma personne et où je vous priai d'envoyer un renfort de troupes fraîches. La fatigue et les pertes que j'avais subies affaiblissaient, sans les décourager, les défenseurs des hauteurs. Le IIe bataillon du 67e, envoyé par vous, arrivait à temps pour prendre part à la

---

(1) Il n'y avait pas d'infanterie prussienne. Il ne s'agissait que de reconnaissances de cavalerie (probablement du 2e dragons), car à cette heure la 6e division n'avait pas encore passé la Moselle, et le bataillon d'avant-poste détaché à Gorze était encore en ce point.

(2) Le lieutenant Devaureix.

(3) Contre-attaque contre le bataillon $\dfrac{F}{48}$ de la 5e division.

lutte et la rendre égale, car l'ennemi, se renforçant incessamment sur sa droite, avait amené de l'artillerie, qui commençait à nous faire beaucoup souffrir. Malheureusement, nous n'en avions pas encore à lui opposer : une batterie (1) ou deux sections de 4 arrive enfin et ouvre le feu sur ma droite; sous sa protection, nous opérons un retour offensif (2) qui eut certainement réussi si les régiments placés à ma gauche n'eussent, à un certain moment, paru faiblir et battre en retraite. Nos soldats prennent ce mouvement pour un commencement de retraite rendue nécessaire par un mouvement tournant de l'ennemi ou par l'apparition de fortes colonnes, et les forces qui nous étaient opposées s'augmentaient ou se renouvelaient sans cesse; l'audace de l'ennemi s'était accrue de la cessation du feu de notre artillerie qui, faisant demi-tour, avait cru devoir se mettre en batterie en arrière de ma gauche.

La situation devenait critique; depuis deux heures, nous nous battions sans pouvoir avancer; le mouvement de retraite de nos troupes (2ᵉ division) se dessinait depuis un instant par notre droite; il fallait me décider moi-même à battre enfin en retraite; vous m'en donnâtes d'ailleurs l'ordre vous-même; secondé par des officiers intrépides et intelligents et sous votre direction, je parvins pendant quelques instants à battre en retraite par échelons ; le mélange de deux autres régiments rendait difficile l'exécution de cette marche, mais enfin nous parvinmes à nous retirer le moins précipitamment et dans le meilleur ordre possible sous la protection d'une batterie d'artillerie dont le feu ouvert à propos empêcha l'ennemi de nous inquiéter trop vivement dans notre retraite sur le village où ce qui me restait de mon régiment arrivait épuisé après une lutte de deux heures et presque sans munitions.

Note du général Devaureix, alors lieutenant au 66ᵉ régiment d'infanterie.

Sedan, 5 novembre 1900 (3).

Le 2ᵉ corps (Frossard) était bivouaqué, le 15 août 1870, à hauteur de la ferme de Flavigny, au Sud de la grande route de Gravelotte à

---

(1) $\frac{8}{17}$.

(2) Contre $\frac{1}{52}$.

(3) Ce récit est tiré de mon *Étude sur la guerre de partisans*, parue dans le *Journal des Sciences militaires* de septembre à décembre 1880 ;

Mars-la-Tour, ayant devant lui la division de cavalerie Forton. Le bruit courut dans le camp du 66ᵉ d'infanterie (régiment où j'étais lieutenant), que le lendemain 16, la marche serait continuée sur Verdun. Jusqu'à ce moment, les reconnaissances de cavalerie n'avaient point signalé, de ce côté, la présence de forces importantes de l'ennemi ; mais on avait entendu dire, par quelques habitants, que, dès la veille (le 14), plusieurs colonnes allemandes avaient entrepris, à Novéant, le passage de la Moselle. Personne ne pouvait, à ce sujet, donner d'autres renseignements. Du moins, tels étaient les bruits qui circulaient alors dans nos rangs ; bruits que l'incident suivant sembla confirmer à mes yeux.

Dans l'après-midi du 15, vers 4 heures, me trouvant avec plusieurs de mes camarades du 66ᵉ, je vis trois charrettes s'approcher de notre camp. Elles étaient chargées de pains et conduites par des individus aux allures assez singulières. Leur langage trahissait un accent germanique indéniable. Deux ou trois d'entre eux avaient des figures très intelligentes et même distinguées. Il nous vint à l'idée que ce pouvait être des officiers allemands. A nos premières questions, ils répondirent : « Nous sommes des boulangers de Novéant et environs. « Des cavaliers allemands, qui ont franchi la Moselle, viennent de « nous envahir et ils sont en train de piller nos maisons. Nous préfé- « rons apporter nos pains à vos braves soldats, que de les laisser « prendre par l'ennemi. » Puis, nous étant aperçus que deux de ces individus cherchaient à interroger nos hommes, sur le numéro des corps voisins, nous fîmes partir toute la bande. Mais ils allèrent plus loin recommencer le même manège, dans une autre division, jusqu'à épuisement complet de leurs voitures.

Quelle que fût leur sincérité, ou leur fausseté, cette marche des Allemands sur notre flanc gauche me semblait, dès lors, très probable ; et, en ma qualité de commandant de la section franche du régiment, je résolus d'aller tenter une reconnaissance dans cette direction.

Dans la soirée du 15, je demandai donc et j'obtins l'autorisation d'aller faire une pointe vers le Sud, mais « à la condition, avait dit le général Bataille, de rentrer, le lendemain matin, de très bonne heure ».

Je quittai le camp, vers minuit, avec ma section (2 sergents, 2 caporaux et 24 volontaires ; tous excellents tireurs et soldats d'élite, dont plusieurs à chevrons). Je dus me présenter, tout d'abord, à un petit

---

et je l'ai complétée ici, par quelques détails supplémentaires. (*Note de l'auteur.*)

poste de dragons, qui avait établi quelques vedettes à 800 mètres (au maximum) en avant de Flavigny (1). Cette ligne extrême d'avant-postes, une fois dépassée, nous nous dirigeâmes, un peu au jugé, le long du ravin qui relie Vionville aux bois de la Côte-Fuzée. La nuit était obscure. Je n'avais reçu aucune indication, aucune carte me permettant de m'orienter exactement. Je suspendis ma marche jusqu'aux premières lueurs du jour. Et, dès que je pus voir à quelques pas, je remontai lentement et en silence la croupe qui sépare les bois en question de la ferme du Saulcy. J'avais pris soin de faire entourer, par chacun de mes hommes, son fourreau de sabre métallique avec son mouchoir, pour éviter tout bruit en marchant.

Arrivé sur la crête, je crus apercevoir, vers le Sud, deux cavaliers à 300 mètres devant moi. Pour m'en assurer, je dirigeai de leur côté le sergent Soubeyrand (2) et trois hommes. Nous reconnûmes deux hulans. Le sergent Soubeyrand ayant tiré sur eux, nous vîmes aussitôt apparaître, au seul bruit de la détonation, toute une ligne de cavaliers allemands, sur la route qui, de Buxières, conduit, par le plateau, jusqu'à Mars-la-Tour.

Ne pouvant, en conséquence, poursuivre plus loin vers le Sud, nous nous rabattîmes vers un village que nous apercevions vers notre droite et dont nous ignorions tous le nom ; c'était Tronville. Je désirais, au moins, savoir si ce village était occupé par l'ennemi. Après en avoir fouillé les abords, du côté de l'Est, nous aperçumes quelques habitants qui, à notre vue, s'étaient portés vers nous et nous faisaient signe d'arriver rapidement. Nous nous engageâmes, au pas de course, dans Tronville ; mais je laissai ma deuxième demi-section en réserve à l'entrée Nord-Est de la grande rue, avec le sergent Loison (3) afin de me prévenir au besoin, et de m'appuyer dans le cas où quelque détachement ennemi eût essayé de me tourner. Au dire des habitants, plusieurs officiers prussiens avaient passé la nuit dans le village, et des forces, relativement considérables, étaient bivouaquées tout près

---

(1) Mon régiment avait établi une grand'garde sur le flanc gauche de notre camp, vers le bois de Saint-Arnould ; mais aucun poste d'infanterie n'avait été placé sur notre front, où il n'y avait que de la cavalerie. (*Note de l'auteur.*)

(2) Sous-officier d'une adresse exceptionnelle, puisqu'il venait, en juin 1870, d'obtenir le premier prix de tir sur toutes les troupes du camp de Châlons. Aujourd'hui, capitaine en retraite, il habite Saint-Loup-sur-Thouet (Deux-Sèvres). (*Note de l'auteur.*)

(3) Que je n'ai jamais revu depuis 1870. (*Note de l'auteur.*)

de là, sur les plateaux s'étendant de Buxières à Puxieux et au Bois-la-Dame.

A peine fûmes-nous parvenus à l'autre extrémité de la rue principale (sortie Sud-Ouest de Tronville), que nous aperçûmes cinq à six hulans sortir d'une cour voisine et s'enfuir, au galop, du côté de Puxieux. Le sergent Soubeyrand, d'un coup de fusil, en fit tomber un de cheval à 500 mètres devant nous ; mais nous ne pûmes le faire prisonnier, les autres cavaliers l'ayant emmené avec eux.

C'est à ce moment que je pus voir (et avec ma jumelle d'une manière très distincte), une grande partie du camp ennemi très reconnaissable à ses nombreux feux de bivouac, et qui couvrait une vaste étendue de terrain. Ses premières lignes n'étaient tout au plus qu'à 1200 ou 1500 mètres de nous. Un fait me frappa tout particulièrement. A une distance plus faible encore, sur le chemin de Mars-la-Tour, deux batteries attelées et prêtes à marcher, semblaient n'attendre qu'un signal pour s'avancer sur Tronville. Un fort peloton de cavalerie ennemie (des cuirassiers) se détacha presque aussitôt, vers nous, dans l'intention évidente de nous reconnaître. Aussi considérai-je comme prudent de battre en retraite, afin d'éviter d'être cerné avec mon faible détachement. Il me tardait, d'ailleurs, d'aller rendre compte, sans délai, des renseignements inespérés que j'étais parvenu à me procurer. Nous revînmes vers Vionville, sans être trop inquiétés, mais j'eus soin de faire rétrograder mes deux demi-sections, l'une après l'autre, par échelons successifs, car la cavalerie ennemie nous suivait avec beaucoup d'attention, à une distance de 800 mètres environ.

En approchant de Vionville, mes hommes eurent à essuyer quelques coups de feu de nos vedettes de dragons, qui, se croyant en première ligne, nous prirent d'abord pour un détachement ennemi. Cependant, outre mon avertissement personnel du matin, M. le général Bataille avait dit qu'il ferait prévenir sa cavalerie de notre sortie de nuit. Heureusement que l'erreur ne fut pas de longue durée ; aucun de mes francs-tireurs n'en fut victime. M'étant avancé seul vers ces dragons, je leur fis reconnaître mon uniforme, en leur montrant notamment la doublure rouge de mon caban ; ils nous laissèrent rentrer dans leur ligne, non sans nous regarder attentivement.

A la vue de cette petite troupe d'infanterie, qui, un moment avant, se trouvait complètement en dehors de leurs avant-postes, un certain nombre d'officiers de la division Forton se portèrent à notre rencontre pour nous demander d'où nous venions. En apprenant que nous arrivions de Tronville, ces officiers ne purent cacher leur surprise, de voir qu'un simple détachement d'infanterie était envoyé à quatre kilomètres de notre camp et réussissait à reconnaître celui de l'ennemi, alors que, eux, avaient, malgré leur désir, l'ordre de ne point s'éloigner de Vionville. Ils me proposèrent d'aller rendre compte moi-même de ce que j'avais vu au général Murat, qui était tout près de là. Comme ils pouvaient très bien y aller eux-mêmes, je crus devoir refuser, étant déjà très en retard pour me présenter à mes chefs directs.

Vers 8 heures du matin, nous étions de retour à Flavigny. Dès que le général Fauvart-Bastoul me vit arriver, il me conduisit de suite au général Bataille, qui était un peu plus loin assis sur une botte de paille, et en train de déjeuner à côté de son chef d'état-major, le lieutenant-colonel Loysel. Quand le général Bataille m'aperçut, il commença par me reprocher d'être resté si longtemps au dehors du camp. « Je pensais, me dit-il, que vous aviez été enlevé par un « parti de cavalerie allemande. » Je lui répondis que j'avais allongé un peu ma reconnaissance par suite des renseignements précis que je lui rapportais. A peine m'eût-il entendu parler d'un camp allemand s'étendant au delà de Tronville, etc....., qu'il me coupa la parole par ces mots textuels : « Bah, vous êtes encore de ceux qui voient des « Prussiens partout ! Soyez certain que leur armée est encore loin « d'ici, et qu'ils n'ont pas du tout l'envie de nous attaquer aujour-« d'hui ! Vous êtes encore jeune ! Allez donc vous reposer ; car vous « devez en avoir besoin. Mais une autre fois, ne restez pas aussi long-« temps dehors. » En le saluant, je lui dis respectueusement, qu'il pouvait faire contrôler mon renseignement par quelques-uns de ses nombreux cavaliers et qu'il serait très promptement fixé sur ce point. Il ne voulut pas m'entendre davantage.

En m'en allant, je fus rejoint par le lieutenant-colonel Loysel qui, voyant mon dépit, me conduisit, à quelques pas de là, derrière une meule ; puis, me tendant une carte avec bonté, il m'invita, tout bas, à lui redire en détail tout ce que j'avais vu le matin. Lorsque j'eus terminé, en insistant surtout sur les deux batteries que j'avais aperçues tout attelées près de Tronville, il me congédia en disant : « Pour moi, « je crois ce que vous dites, car un ou deux renseignements que j'ai « reçus indirectement me font craindre ce mouvement ennemi pour « nous tourner, mais M. le général Bataille ne veut pas y croire « encore (1). »

A peine étais-je revenu au camp du 66ᵉ et étendu sous ma tente pour

---

(1) Outre le général Fauvart-Bastoul, qui était présent, d'autres officiers furent également témoins de ma déposition. Parmi eux, je citerai le commandant Tertian (aujourd'hui retraité comme lieutenant-colonel dans le Loiret), qui venait demander l'autorisation de se remonter ; le

me reposer un peu, c'est-à-dire vers 8 h. 45, je fus brusquement réveillé par quelques fortes détonations ressemblant à celles des obus allemands. Je me levai aussitôt pour voir ce que c'était. Tout le 2ᵉ corps courait précipitamment aux armes; la division Forton était mise en émoi, une partie de ses chevaux s'enfuyant, sans cavaliers et sans selles, vers Rezonville. Deux batteries allemandes (vraisemblablement celles que j'avais vues le matin) venaient de s'établir, à très bonne portée, sur le plateau situé au Nord-Est de Tronville, d'où leurs obus arrivaient sur nous de plein fouet, renversant comme autant de jeux de quilles nos faisceaux, nos marmites et nos tentes.

. . . .

Général Devaureix.

Rapport du colonel Thibaudin, commandant le 67ᵉ de ligne, sur la bataille de Rezonville (2ᵉ division, 2ᵉ brigade).

19 août.

Le 16 août à 9 heures du matin environ, les trois bataillons du 67ᵉ de ligne présentant un effectif de 2,100 combattants, campés en deuxième ligne derrière le 66ᵉ, prenaient les armes pour repousser l'attaque de l'ennemi dirigée sur le front et le flanc gauche du campement des bivouacs de la division. Le 66ᵉ s'étant porté tout d'abord vers la gauche, les IIIᵉ et IIᵉ bataillons du régiment vinrent se former en première ligne à la droite de ce corps et se portèrent résolument à l'ennemi.

Ce mouvement vers notre gauche tendait à former un vide entre la 2ᵉ brigade et la 1ʳᵉ, qui opérait vers les hauteurs à droite dans la plaine. Le colonel Thibaudin maintint le 1ᵉʳ bataillon du régiment échelonné en arrière des IIIᵉ et IIᵉ bataillons, face au centre pour boucher au besoin cette trouée et prêt à se porter à l'appui de la gauche de la première brigade ou de la droite de la deuxième. Comme le terrain pouvait le faire prévoir, c'est en effet de ce dernier côté que les premiers secours furent réclamés. Une batterie ennemie bien couverte et fortement appuyée avait fait déjà subir des pertes considérables aux IIᵉ et IIIᵉ bataillons, dont le premier élan avait été irrésistible; le 1ᵉʳ bataillon, commandant Lazarotti, conduit par le colonel en personne, traverse la plaine sous un feu de mousqueterie et d'artillerie

---

lieutenant Bidault, du 66ᵉ, aujourd'hui retiré comme capitaine à Paris, 229, faubourg Saint-Honoré, et d'autres encore. (*Note de l'auteur.*)

violent; formé en bataille et dans l'ordre le plus parfait, il aborde les hauteurs derrière lesquelles s'abritait l'ennemi sans tirer un coup de fusil et la baïonnette au canon. Le silence et l'ordre qui régnaient pendant la marche, étaient le présage du succès. Aucun tirailleur devant le bataillon; le colonel seul marchait en avant pour juger du moment opportun d'ouvrir le feu et de charger à la baïonnette. Toutes ses prévisions sont réalisées. Arrivé sur la crête et à portée de pistolet de l'ennemi, il fit exécuter un feu de bataillon à son commandement; ce feu surprend l'ennemi, le met dans le plus grand désordre et l'oblige à se retirer avec peine sous un feu qui le dévore.

Malheureusement ce succès n'était pas appuyé d'assez près et des forces considérables apparurent bientôt sur notre droite, tandis qu'à notre gauche on se maintenait avec beaucoup de pertes.

En vain 40 ou 50 hommes de notre droite se jetèrent en avant d'un bataillon prussien qui menaçait de nous prendre en flanc et auquel ils purent en imposer pendant quelque temps à force de bravoure et de résolution; en vain les IIe et IIIe bataillons font des efforts pour tenir les crêtes conquises sur notre gauche. Les hommes cédèrent du terrain, un bataillon du 8e de ligne apparut en ce moment comme soutien sur nos derrières; les hommes, déjà épars, furent ralliés et reprirent de nouveau les hauteurs au pas de charge. C'est alors qu'on commença à entendre les hommes se plaindre du manque de munitions; presque toutes les cartouches avaient été épuisées; on combattit encore longtemps à la baïonnette pour en imposer à l'ennemi, espérant toujours un appui efficace. Vers 11 h. 30, le régiment ayant perdu la moitié de son effectif, se trouvait dans l'impossibilité de tenir plus longtemps. Le général Bataille donna l'ordre au colonel de prendre le commandement des troupes, qui combattaient encore éparses vers la droite et de tâcher d'y prolonger le combat; mais le grand nombre d'officiers et sous-officiers tombés, le manque de soutien direct d'artillerie en présence de fortes colonnes fraîches sortant des bois, ne lui permirent pas de les rallier sous le feu de l'ennemi de plus en plus intense; et la position n'étant plus tenable, il se repliait sur le village de Rezonville sans soutien, quand blessé d'un éclat d'obus et jeté à terre de son cheval, il fut mis dans l'impossibilité d'exercer toute action pour ralentir le mouvement de retraite; les débris du régiment furent ralliés à Rezonville, où ils ont été employés toute la journée à la défense de ce village.

Deux officiers portant le drapeau ont été tués, les pertes qui étaient de 1100 hommes après le ralliement du régiment sont de 8 officiers tués, 17 blessés, 68 hommes tués, 408 blessés, 302 disparus. Total : 25 officiers, troupe 778.

Rapport du chef d'escadron Collangettes, commandant l'artillerie de la 2ᵉ division du 2ᵉ corps, sur la bataille de Rezonville (7ᵉ, 8ᵉ, 9ᵉ *batteries du* 5ᵉ *régiment*).

Longeville, 20 août.

Le 16 août, vers 2 heures du matin, l'ordre arriva au parc de l'artillerie divisionnaire d'être prêt à partir vers 4 heures du matin. Il y eut contre-ordre au point du jour, et il fut annoncé qu'on ne lèverait pas le camp avant 1 heure de l'après-midi pour se porter au-devant de l'ennemi. En conséquence on dételà, mais on laissa les chevaux garnis. On crut pouvoir envoyer boire successivement les chevaux des trois batteries, et les hommes reçurent l'ordre de faire la soupe, ordre déjà donné la nuit, et qui n'avait pu être exécuté. Soudain, vers 10 heures, pendant le déjeuner des officiers, on vit les avant-postes de notre cavalerie se replier au galop sur les crêtes limitant l'horizon du camp à 2,500 mètres environ. Sans attendre d'ordres, l'artillerie divisionnaire attela immédiatement. Quelques minutes après, des batteries prussiennes ouvraient leur feu sur notre parc à la distance susdite. Ce coup hardi de l'ennemi jeta dans le camp un désordre qui ne fut heureusement pas de longue durée; la batterie Benoît (8ᵉ) la première attelée, fut, avant la troisième salve prussienne, en batterie à 300 mètres environ de son parc; ses premiers coups, ceux des mitrailleuses (9ᵉ) qui tirèrent du parc même, aussi bien que la fusillade des grand'gardes d'infanterie, firent cesser momentanément le feu de cette artillerie ennemie (1). Le mal causé par cette surprise eût pu être beaucoup plus grand, si les batteries avaient été simultanément faire boire leurs chevaux; la batterie Bobet (7ᵉ), la dernière à accomplir cette précaution fut seule surprise ramenant ses chevaux de l'abreuvoir : elle fut obligée d'atteler sous un feu très nourri.

L'artillerie étant ainsi engagée, chacune des trois batteries prit la part suivante à la lutte qui se prolongea jusqu'à la nuit.

La batterie Benoît (8ᵉ) s'était placée en avant de son parc sur un petit mamelon à gauche de la route, et continua à tirer de cet endroit sur l'ennemi pendant une heure et demie environ. Elle ne se retira qu'après avoir épuisé les munitions de ses avant-trains, pour rejoindre ses caissons emmenés en arrière. Toute la batterie de combat revint alors et fit diverses mises en batterie subordonnées aux phases du combat, toujours fort à découvert, le terrain en glacis étant très favo-

---

(1) Retraite des batteries prussiennes. Vers 10 h. 15.

rable aux coups de l'artillerie prussienne. La batterie Benoît ne cessa le feu qu'à 4 heures, quand l'approvisionnement de sa réserve fut totalement épuisé. Elle avait tiré 733 obus ordinaires.

Pertes : 1 officier blessé, 3 hommes tués, 9 blessés; 8 chevaux tués.

La batterie de mitrailleuses Dupré (9e) ouvrit son feu du parc même, autant pour répondre plus promptement au feu prussien que pour permettre au reste de la batterie d'achever les préparatifs de départ. D'ailleurs, il est certain que son tir, quoique à 2,500 mètres, était efficace, et qu'il déconcerta les agresseurs par la soudaineté de la riposte. Dès que la batterie a pu déparquer et marcher vers l'ennemi, deux batteries prussiennes de fort calibre ouvrirent sur elle un feu violent, les mitrailleuses répondirent à l'ennemi pendant trois heures. Pendant cette période du combat, on a vu, à deux reprises, les batteries prussiennes engagées être relevées par des batteries fraîches arrivant au galop.

Vers 1 heure de l'après-midi, le capitaine Dupré reçut l'ordre de rallier le général Bataille parti dès le début avec son infanterie vers les hauteurs de gauche. A peine avait-il commencé sa marche pour exécuter cet ordre qu'il fut arrêté en chemin par le général commandant en chef qui voulait le faire tirer sur une nouvelle batterie prussienne; mais celle-ci étant trop éloignée, le capitaine Dupré est allé reprendre sa position primitive derrière un léger pli de terrain pour ouvrir de nouveau le feu sur les batteries prussiennes déjà citées.

Le maréchal Bazaine vint à ce moment, approuva la position et ordonna de tenir là le plus longtemps possible. Vers 2 h. 30, le colonel de Franchessin apercevant une profonde colonne prussienne, l'indiqua au capitaine Dupré; ce dernier dirigea sur elle 10 ou 12 salves dont le résultat fut de faire disparaître cette masse en quelques instants.

Vers 3 heures, la batterie avait trois pièces hors de service par la fatigue du tir; elle avait tiré environ 140 coups par pièce, et n'avait plus de munitions. Elle a dû quitter le terrain du combat pour se réapprovisionner et nettoyer ses pièces. La batterie fut promptement de retour sur le champ de bataille, et reçut du général Frossard l'ordre de se tenir à la disposition du général Bourbaki. Le général plaça la 9e batterie à gauche d'une batterie de la Garde lui donnant pour mission de surveiller une issue du bois par laquelle on craignait de voir déboucher les Prussiens. Elle est restée une heure et demie dans cette position, jusqu'à 5 heures du soir. A ce moment des masses d'infanterie française fraîches étant venues se placer en avant, le capitaine Dupré a ramené sa batterie à la 2e division du 2e corps, emmenée hors du combat par le général Bastoul, remplaçant le général Bataille blessé. Le colonel de Maintenant fut blessé mortellement en accompagnant cette batterie.

La batterie Bobet (7ᵉ) souffrit beaucoup pendant toute la journée des conséquences de la surprise; une partie de ses servants était allée chercher de l'eau pendant que ses conducteurs faisaient boire. Officiers et sous-officiers durent mettre la main au service des pièces dans les diverses mises en batterie. La batterie Bobet fit successivement feu dans des positions situées à hauteur de celle de la batterie Benoît, mais plus rapprochées de notre gauche où se trouvait le général Bataille.

Le commandant Collangettes s'efforça de suppléer à lui seul avec le concours des capitaines en second, à la disparition du lieutenant-colonel de Maintenant.

Rapport du capitaine Mouton, commandant le 5ᵉ escadron du 5ᵉ chasseurs (1), *sur la bataille de Rezonville.*

18 août.

A 9 heures du matin, l'escadron est monté à cheval, et d'après les ordres du général s'est porté en arrière pour se mettre à l'abri des projectiles ennemis, qui tombaient en plein dans le bivouac. L'escadron a ensuite suivi tous les mouvements de la division jusqu'au moment où (vers 2 heures) il a été placé, par les ordres du maréchal Bazaine, comme soutien d'une batterie d'artillerie.

Après être resté environ un quart d'heure ainsi placé, l'escadron a dû se retirer un peu, les obus ennemis arrivant dans les rangs et ayant blessé grièvement un officier (le capitaine commandant Drivon), tué un cavalier, blessé huit hommes; neuf chevaux ont été tués et cinq ont disparu.

Un officier (M. de Braux), lieutenant en premier a été fortement contusionné par un éclat d'obus.

L'escadron a ensuite suivi le mouvement de la 2ᵉ division jusqu'à la fin de la journée.

Division de Laveaucoupet.

Journal de marche de la 3ᵉ division du 2ᵉ corps.

16 août.

Les troupes installées dans les forts, en partie à l'abri dans les casemates, et en plus grande partie au bivouac sur les terre-pleins, four-

---

(1) Attaché à la 2ᵉ division du 2ᵉ corps.

nissent au génie les travailleurs nécessaires pour la mise en état de défense des forts. Les quatre principaux, Queuleu, Saint-Julien, Plappeville et Saint-Quentin sont loin d'être terminés. Tout ce qui n'est pas employé aux travaux de terrassement et de défense est occupé à la garde des ouvrages et fournit les postes avancés.

Le train auxiliaire de la division est licencié, et les voitures sont mises à la disposition de la place de Metz.

Pendant toute la journée le canon gronde du côté de Gravelotte et de Rezonville; l'armée prussienne, qui a passé la Moselle dans la nuit du 14 au 15 et dans la journée du 15, est venue attaquer l'armée française en retraite sur Verdun. La bataille dure jusqu'à la nuit; l'ennemi est repoussé sur la plus grande partie de la ligne, contenu sur les autres points.

Nos pertes sont sensibles; dans la soirée et dans la nuit les convois de blessés commencent à entrer en ville.

Journal de marche du 10ᵉ bataillon de chasseurs.

16 août.

Au fort Moselle.

Journal de marche du 63ᵉ régiment d'infanterie.

16 août.

1ᵉʳ et IIᵉ bataillons au fort Saint-Julien, IIIᵉ bataillon au fort Bellecroix.

Journal de marche du 24ᵉ régiment d'infanterie.

16 août.

IIIᵉ bataillon au fort Moselle; 1ᵉʳ et IIᵉ bataillons au fort Saint-Quentin.

Journal de marche du 40ᵉ régiment d'infanterie.

16 août.

Fort de Plappeville.

Journal de marche de l'artillerie de la 3ᵉ division du 2ᵉ corps (7ᵉ, 8ᵉ, 11ᵉ batteries du 15ᵉ régiment).

16 août.

7ᵉ *batterie*. — Un peloton à cheval est envoyé en reconnaissance vers le village de Grigy, appuyé par une compagnie d'infanterie. Reçue à coups de fusil, cette reconnaissance est rappelée au fort.

8e *batterie*. — Au fort Bellecroix.

11e *batterie*. — Au fort Saint-Julien.

Rapport du général Lapasset sur la bataille du 16 août.

La brigade mixte formant la gauche de l'armée, est chargée principalement de la défense des bois qui sont au Sud-Est de Rezonville, et d'arrêter le mouvement tournant de l'ennemi. La brigade conserve les positions qu'elle avait occupées au commencement de la journée, de 9 h. 30 à minuit; 45 officiers, 859 hommes de troupe et 53 chevaux sont mis hors de combat.

Vers 10 heures du matin, deux attaques simultanées se produisirent : la première du côté des bois de Vionville et de Saint-Arnould, la deuxième en avant du village de Rezonville.

Je pris, aussitôt, mes dispositions pour parer à cette double attaque. Je fis opérer un changement de front aux deux lignes de ma brigade, de façon à présenter la première ligne au bois de Saint-Arnould et à ses débouchés; cette première ligne était composée du 84e de ligne et de la 7e batterie du 2e d'artillerie; la seconde, formée par le 97e et le 3e lanciers, était dans une direction parallèle à la première; mais rapprochée du village, elle pouvait soutenir l'attaque venant de ce côté. C'est ce qui eut lieu en effet : car, quelques instants après, deux bataillons du 97e étaient envoyés en avant de Rezonville par le Maréchal commandant en chef, avec mission d'en défendre les abords, et le 3e lanciers recevait l'ordre de charger sur une batterie soutenue par quelques compagnies d'infanterie formées en carré. Ces deux troupes s'acquittèrent bravement de leur mission. C'est en défendant sa position que le brave colonel Copmartin, déjà mutilé à Traktir, reçut une nouvelle et grave blessure; son lieutenant-colonel fut atteint deux fois à ses côtés, et tous les deux durent être évacués du champ de bataille. C'est en chargeant que le 3e lanciers perdit quelques-uns de ses meilleurs officiers et cavaliers.

Pour moi, resté seul avec le 84e de ligne, le IIIe bataillon du 97e, la batterie d'artillerie, je concentrai tous mes efforts sur le plateau en arrière du bois de Saint-Arnould, et cela avec d'autant plus d'obstination que les renseignements qui m'étaient apportés par des habitants en fuite, annonçaient la présence de forces considérables à Gorze et à Novéant, cherchant à pénétrer sur notre gauche par la gorge et les bois de Saint-Arnould et des Ognons. (Ce mouvement, s'il réussissait, coupait l'armée en deux.) Pour m'y opposer, je plaçai sept compagnies sur une partie des crêtes du bois des Ognons, sous le commandement du lieutenant-colonel Charmes, du 84ᵉ de ligne; trois compagnies des 11ᵉ, 46ᵉ et 86ᵉ de ligne, ralliées par ma colonne à Sarreguemines, occupèrent, en arrière de bons abris, la partie plane du ravin comprise entre le bois de Saint-Arnould et celui des Ognons; enfin deux bataillons du 84ᵉ déployés, ayant leurs tirailleurs à 400 mètres, et, pour réserve, le IIIᵉ bataillon du 97ᵉ eurent pour mission, avec la batterie d'artillerie, de s'opposer aux colonnes ennemies qui, sans cesse, cherchaient à déboucher sur le plateau.

Ce fut sur cet espace que le combat fut acharné, depuis midi jusqu'à 8 heures du soir; ce fut là que ma brigade essuya la majeure partie de ses pertes : 45 officiers, 859 hommes de troupe et 53 chevaux mis hors de combat. Vers les 5 heures (1), un régiment de ligne placé sur notre droite ayant été ramené, la position devenait critique : aussi un mouvement en arrière assez désordonné se prononça sur notre ligne; heureusement le 3ᵉ grenadiers de la Garde arrivait; il reprit la position et je pus maintenir et rallier mes troupes qui, dans un vigoureux élan, se portèrent en avant; deux bataillons de la Garde, à leur tour, furent obligés de se replier vers les 6 h. 30; dans ce moment, le 84ᵉ et le IIIᵉ bataillon du 97ᵉ payèrent la dette qu'ils avaient contractée quelques minutes auparavant, en chargeant vigoureusement et en prenant des positions plus avancées que celles qui venaient d'être quittées.

Ce fut le dernier effort de la journée; l'ennemi épuisé se retira dans la direction de cette formidable batterie armée de pièces de 12 et placée sur une crête près le bois de Gaumont. Cette batterie nous avait fait beaucoup de mal durant toute la journée.

Le feu éteint, je ralliai ce que je pus de mes hommes et, avec eux, je passai la nuit sur le champ de bataille, que nous avions défendu et maintenu durant toute la journée; j'étais à côté du général Montaudon, lorsque vers minuit, le Maréchal commandant en chef nous envoya l'ordre de rentrer.

Historique du 84ᵉ régiment d'infanterie (brigade Lapasset, colonel Benoit).

16 août.

A 8 heures du matin, le général Lapasset réunit tous les officiers de la brigade, leur fit part de la présence de l'ennemi, indiqua les dispositions de combat.

A 9 heures, les hommes mangeaient la soupe et les grand'gardes

---

(1) Très probablement beaucoup plus tôt.

commençaient l'engagement avec l'ennemi cherchant à déboucher du bois de Gorze. Nos avant-postes résistèrent avec une grande énergie et ne se replièrent que lorsqu'ils eurent affaire à l'artillerie. Dès les premiers coups de canon, le régiment prit les armes; le Ier bataillon fit un changement de front en avant, sur le peloton de droite, pour soutenir nos avant-postes. Le IIe et le IIIe bataillon se conformèrent à ce mouvement, puis se portèrent en avant; ils se trouvèrent bientôt devant une deuxième vallée semblable à la première et dont l'ennemi devait chercher à faire usage pour nous tourner. Le régiment, placé à l'extrême gauche de la première ligne de bataille, et le 97e, se trouvant derrière lui, eurent pour mission de défendre l'issue de cette vallée.

A cet effet, le lieutenant-colonel Charmes reçut l'ordre de se porter sur le versant opposé avec quatre compagnies, dont une du IIIe bataillon et les autres du IIe. Ces compagnies furent établies dans le bois, parallèlement au thalweg. Le commandant du IIe bataillon se porta avec les trois compagnies restantes de son bataillon dans le même bois et les disposa de façon à former une tenaille avec les précédentes.

Le IIIe bataillon, avec lequel se trouvait le colonel Benoit, s'établit sur la crête de l'autre versant de la vallée, appuyant sa droite à un bois qu'occupa la 1re compagnie de ce bataillon.

Le Ier bataillon occupe toujours la position prise le matin; ces différentes positions furent conservées jusqu'à 3 heures (1). A ce moment, le IIIe bataillon reçut l'ordre de prendre l'offensive et fut placé perpendiculairement à sa direction primitive; la 1re compagnie resta dans le bois qu'elle avait occupé, et la 4e compagnie fut déployée en tirailleurs. L'ennemi était établi dans un bois situé en avant du front de ce bataillon. Ce bataillon resta quelque temps dans l'inaction, les tirailleurs seuls répondant au feu de l'ennemi. La 2e compagnie remplaça la 4e en tirailleurs.

Le IIIe bataillon, averti qu'il allait être attaqué par des forces ennemies qui essayaient de le tourner sur le versant de droite, se porta de ce côté pour faire face à cette attaque. Les troupes ennemies du bois profitèrent de ce mouvement pour agir sur le flanc de ce bataillon et furent maintenues quelque temps par la 2e compagnie, en tirailleurs dans la première direction. Mais, quand cette dernière eut été menacée à son tour par une attaque analogue, elle se replia dans le bois situé derrière sa gauche et où se trouvait la 1re compagnie. Ces deux compagnies réunies opposèrent une résistance efficace à l'ennemi, qui cherchait encore à attaquer le flanc du IIIe bataillon.

Le Ier bataillon, pendant ce temps, s'était maintenu inébranlable

---

(1) Heure sans doute très erronée.

dans la position prise le matin. Il reçut l'ordre d'appuyer à gauche, afin d'occuper les crêtes, tandis que le III⁰ avait reçu dans le même but l'ordre d'appuyer à droite. Ces marches, qui furent trop accentuées, amenèrent du désordre dans les deux bataillons, ce qui permit à l'ennemi de prendre une vigoureuse offensive et de les refouler. Les grenadiers de la Garde entrèrent alors en ligne. Quelques officiers arrivèrent à réunir quelques pelotons; ils se mirent à leur tête et, prenant une offensive vigoureuse, refoulèrent à leur tour les forces ennemies, mais ils ne purent profiter, sans s'aventurer, de leur succès : elles conservèrent leurs positions jusqu'à la nuit.

La 1ʳᵉ et la 2ᵉ compagnie du III⁰ bataillon restèrent sur la crête, à la gauche des grenadiers de la Garde, jusqu'à la nuit close : elles quittèrent le champ de bataille pour se rallier au Iᵉʳ bataillon et au III⁰, qui avaient formé les faisceaux en attendant le reste du régiment.

Dans le IIᵉ bataillon, vers 2 heures de l'après-midi, les 3ᵉ, 4ᵉ, 5ᵉ et une section de la 6ᵉ se portèrent en avant; mais, à mesure qu'elles avançaient, le bois devenait plus fourré; bientôt elles ne purent plus ni se voir, ni concourir à une action commune : craignant de se fusiller entre elles, elles reprirent à 4 heures leur première position. Vers 6 heures, les efforts de l'ennemi devinrent plus vifs : des forces imposantes cherchaient à déboucher de la vallée pour tourner la gauche de notre ligne de bataille.

Le feu des troupes du régiment, établies dans le bois, et dont l'ennemi ne pouvait apprécier la force, et surtout le feu de mitrailleuses, qui fut dirigé de ce côté avec une grande intensité, firent échouer les projets de nos adversaires.

Pertes du régiment : 3 officiers tués et 18 blessés; hommes de troupe : 22 tués, 316 blessés, 57 disparus.

Historique de la 2ᵉ compagnie du 14ᵉ bataillon de chasseurs (brigade Lapasset, capitaine de Garros).

16 août.

La compagnie et la batterie qu'elle soutient (1) occupent l'extrême gauche de la brigade placée elle-même obliquement en arrière du 2ᵉ corps qui se trouvait face à la route de Verdun. La compagnie est divisée en trois sections, une à la gauche, une à la droite, une en arrière de la batterie. Le feu commence à 9 h. 30 du matin par les

---

(1) $\frac{7}{2}$.

postes avancés; aussitôt on lève le camp et on prend la position indiquée. Les postes avancés sont refoulés, et se rabattent sur leurs corps. Une ligne de tirailleurs ennemis sort des bois et est forcée de battre en retraite; une autre paraît et cherche à prendre une maison (1) que venaient d'abandonner nos avant-postes; la 1ʳᵉ section se porte de nouveau en avant, occupe la maison, et repousse les tirailleurs. Après une demi-heure d'occupation, le feu d'une batterie prussienne oblige nos chasseurs à la retraite, la section reprend sa place à la gauche de la batterie.

Vers 1 heure les Prussiens, cherchant à tourner notre gauche, le capitaine de Garros place toute sa compagnie à gauche de la batterie, position que la compagnie garde jusqu'au soir. Pendant ce temps, le général Lapasset appuie ce mouvement par un bataillon du 84ᵉ qui vient se placer à la gauche de la 2ᵉ compagnie, et par un autre bataillon du même régiment qui entre dans les bois.

C'est dans cette position que la 2ᵉ compagnie a supporté le feu jusqu'à 8 heures du soir; elle a eu dans cette affaire 3 tués et 40 blessés.

La bataille terminée, la compagnie s'est retirée sous le commandement du lieutenant Mauprety avec la batterie, pour aller camper à Gravelotte.

Historique du 3ᵉ lanciers (brigade Lapasset, colonel Torel).

16 août.

Le régiment est campé à hauteur de Rezonville à portée de la brigade Lapasset; celle-ci prend sa position de combat à l'aile gauche de la ligne de bataille. Le 3ᵉ lanciers en deuxième ligne suit la brigade à 1500 mètres environ et sur le côté gauche de la route de Metz à Verdun, face à un bois. On était à peine distant de 1500 à 1800 mètres de ce bois, sur lequel la brigade Lapasset couchée à terre, formait saillant, se reliant par sa droite à la division Vergé et couverte en arrière par la batterie Dulon (2) bien postée sur une éminence, d'où elle tirait sur les débouchés du bois. Pour la cavalerie, cette position était bien en l'air, et les projectiles arrivaient dans nos rangs. L'ordre de bataille est aussitôt changé, et le 3ᵉ lanciers, reporté plus en arrière, vers le centre de la nouvelle ligne, et à portée pour charger.

Les Prussiens avaient attaqué vers 9 h. 30 du matin à l'aile gauche

---

(1) La Maison Blanche.

(2) $\frac{7}{2}$.

où était le régiment. A 1 h. 30 (1) le 3ᵉ lanciers reçoit l'ordre de charger sur l'infanterie prussienne qui flanquait, en carré, leurs pièces ; il fallait protéger nos batteries et empêcher qu'elles ne fussent enlevées. Le maréchal Bazaine s'était porté sur cette position, et donna lui-même l'ordre de lancer le 3ᵉ lanciers. Le régiment a chargé avec entrain, à 800 mètres environ sur l'infanterie qui l'attendait de pied ferme et commença le feu à 50 mètres. La charge n'a pas donné de résultat bien sérieux, mais les pertes éprouvées ont été sensibles : 3 officiers blessés, 17 hommes tués ou disparus, 16 blessés ; chevaux 34 tués, 12 blessés.

Le 3ᵉ lanciers va camper un peu plus en arrière, à l'entrée de Rezonville.

Historique de la 7ᵉ batterie du 2ᵉ régiment d'artillerie (capitaine Dulon).

16 août.

L'armée française va se remettre en marche, quand les têtes de colonnes de l'ennemi qui continue son mouvement tournant, se jettent sur son flanc gauche. Ce choc inattendu donne lieu à la bataille de Rezonville à laquelle la 7ᵉ batterie prend une part très active et des plus glorieuses, soutenant la brigade mixte qui forme la gauche du 2ᵉ corps et par suite l'extrême gauche de l'armée française ; elle contribue fortement à maintenir et à refouler dans les bois de Saint-Arnould, les colonnes ennemies qui s'efforcent pendant toute la journée, de tourner l'armée de ce côté.

Nous croyons devoir reproduire ici, avec quelques détails les péripéties de ce combat qui fait le plus grand honneur au 2ᵉ régiment d'artillerie.

Vers 9 heures du matin, conformément aux ordres du général commandant la brigade mixte, la batterie se porte à gauche de l'endroit où elle est campée, pour aller au secours de nos grand'gardes fortement pressées par les tirailleurs ennemis qui masquent le mouvement de leurs colonnes. A 9 h. 15, elle prend position (2) ; et ouvrant immédiatement son feu à une distance d'environ 1000 mètres, arrête par le bon effet de son tir le premier élan de l'ennemi.

Nos tirailleurs, qui ont cédé du terrain avant l'arrivée de la batterie, reprennent confiance et conservent les positions où ils se sont retirés.

Entre 10 h. 30 et 11 heures, le Maréchal commandant en chef

---

(1) Certainement beaucoup plus tôt. Vers 12 h. 30.
(2) Près de la cote 308.

l'armée du Rhin vient visiter les positions occupées par la gauche du 2ᵉ corps. D'après ses ordres, une section est portée à 400 mètres en avant, à 600 mètres environ de la lisière d'un bois où l'ennemi s'est embusqué.

Peu de temps après, la batterie entière suit le mouvement. Vers midi, sur sa droite, dix-huit pièces allemandes couronnent les hauteurs entre Vionville et le bois de Saint-Arnould, et ouvrent le feu contre elle à une distance de 2,800 mètres environ (1). Sa position est en ce moment assez critique. Prise de flanc par le feu de cette artillerie très supérieure, elle est mitraillée de front par une mousqueterie bien dirigée et bien nourrie.

C'est en vain que deux batteries de la réserve (2) viennent l'appuyer et que toutes deux dirigent leur tir sur la batterie ennemie. Le calibre de nos pièces de 4 de campagne se trouvant inférieur à celui des pièces de position de l'ennemi, il est impossible de soutenir la lutte, et les deux batteries de secours ne tardent pas à se retirer laissant sur le terrain une bouche à feu, quatre caissons et un avant-train :

La 7ᵉ batterie n'abandonne pas sa position ; elle se défile en appuyant à gauche et se met à canonner la tête de deux colonnes d'infanterie, qui prêtes à déboucher des bois qu'elles occupaient, avaient l'intention manifeste de forcer notre gauche en la tournant. Ces deux colonnes sont contenues et refoulées dans le bois d'où elles ne tentent plus de sortir que vers 5 h. 15.

A 3 h. 30, le feu de l'artillerie ennemie redouble d'intensité ; ses projectiles labourent le plateau qu'occupe la 7ᵉ batterie. Pour répondre à ce tir écrasant, le général commandant l'artillerie de la Garde amène trois batteries de ce corps qui prennent position à droite et à gauche de la 7ᵉ et joignent leurs feux au sien. Mais ces batteries ne tardent pas à se retirer et la batterie de la brigade mixte est une deuxième fois laissée seule sur ce point qui devient de plus en plus dangereux pour l'occupant.

Vers 4 h. 30, deux nouvelles batteries de la Garde prennent position

---

(1) Il s'agit des batteries prussiennes de la 5ᵉ division prussienne. Il y en avait quatre dès 10 h. 15. Distance 2,500 mètres. (Les batteries de la hauteur Sainte-Marie étaient à 3,500 mètres et ne devaient d'ailleurs pas être vues par la batterie $\frac{7}{2}$).

(2) D'après le rapport du général Gagneur les batteries $\frac{6}{15}$ et $\frac{11}{5}$ ont été envoyées beaucoup plus tôt. Probablement entre 10 h. 30 et 11 heures.

à gauche de la 7e. Mais à peine ont-elles ouvert le feu qu'elles se retirent comme avaient fait les autres, ayant trop à souffrir du tir de l'ennemi.

A partir de ce moment la 7e batterie reste seule pour tâcher de conserver ce plateau dont l'importance augmente sans cesse.

Vers 5 h. 15, un mouvement en avant est ordonné par le commandant en chef de l'armée.

La batterie reçoit l'ordre d'appuyer ce mouvement en dirigeant son feu dans un ravin par où débouche l'ennemi.

Elle est à peine établie dans la nouvelle position, que le général commandant la brigade mixte lui envoie l'ordre de reprendre la position primitive, afin d'arrêter la marche des colonnes ennemies qui, n'étant plus maintenues dans les bois, ont gagné du terrain, en faisant irruption sur notre gauche pour essayer de la forcer.

Le tir meurtrier de nos obus à balles, mêlé à celui de nos obus oblongs, à une distance de 1200 à 1500 mètres, produit l'effet voulu, l'ennemi ne peut atteindre la position qu'il voulait enlever.

A 6 h. 45, la 7e batterie ayant épuisé toutes ses munitions, plus celles de quatre caissons laissés sur le terrain par les batteries qui avaient tenté de la secourir, le capitaine commandant fait informer le général commandant l'artillerie de la Garde de la position où il se trouve, en le priant de vouloir bien lui envoyer des munitions pour lui permettre de continuer à tenir l'ennemi en respect dans les bois.

Une batterie de la Garde est alors désignée pour venir relever la 7e batterie qui se retire après avoir soutenu le combat pendant plus de neuf heures, empêché le mouvement de l'ennemi projeté sur notre gauche et forcé une batterie de campagne ennemie à se retirer du champ de bataille en lui faisant sauter trois caissons.

Sur un effectif de 84 hommes (officiers compris) présents au feu, la batterie a eu 2 hommes tués raides, 1 lieutenant blessé (le sous-lieutenant Desq, atteint d'un coup de feu à la partie postérieure de la tête), 3 sous-officiers et 14 canonniers blessés, dont 3 grièvement ; 9 chevaux tués et 14 blessés.

L'adjudant, le maréchal des logis fourrier, deux brigadiers et deux conducteurs ont leurs chevaux tués sous eux. La roue gauche de l'affût de la première pièce a été brisée et un coffre heureusement vide, traversé par un obus.

La batterie a tiré plus de 1800 coups de canon.

La nuit ayant mis fin à l'action, nos soldats bivouaquèrent sur le champ de bataille vers minuit ; leur surprise fut grande, quand, à la pointe du jour, ils entendirent les clairons sonner les refrains des brigades pour rallier les troupes, et virent quelques-unes d'entre elles rebrousser déjà chemin vers Metz, au lieu de marcher sur Verdun.

La 7e batterie, suivie de sa compagnie de soutien, quitta le champ de bataille vers 7 h. 30 du matin et arriva vers 10 h. 30 sur le plateau de Rozérieulles, où elle campa en ligne de bataille, ses pièces battant le bois de Vaux.

Les deux régiments de la brigade occupaient l'un le village de Jussy, l'autre le château de Rozérieulles. En arrière de la batterie se trouvaient deux bataillons de réserve avec le 3e lanciers.

Historique du 97e régiment de ligne (colonel Copmartin).

16 août.

Vers 8 heures du matin, le général Lapasset réunit les officiers de sa brigade et, par une allocution chaleureuse, en termes aussi élevés qu'énergiques, leur fait comprendre que l'heure est venue pour chacun de déployer tout son courage ; que le salut de la patrie, de la France, peut dépendre de l'effort qui va être tenté. L'ennemi est proche et en grand nombre, toute l'armée du maréchal Bazaine pourra prendre part à l'action.

Le général indique les dispositions prises pour chacun des corps de sa brigade, rappelle à chaque arme les règles générales de sa tactique et réussit à faire passer dans l'âme et le cœur de chacun, les sentiments dont il est animé.

Tous sont prêts à faire leur devoir.

Les hommes finissaient à peine de manger la soupe quand, vers 9 h. 30, le canon gronde à proximité et les grand'gardes engagent une vive fusillade. C'était l'attaque prussienne, le grand drame commençait. Quelques voitures de bagages et de vivres, qui se trouvaient encore sur le front de l'armée, défilent au galop sur la route de Verdun et se réfugient dans la direction de Metz.

On prend les armes à la hâte.

Nous allons relater le rôle du 97e régiment dans cette sérieuse rencontre, qui a pris le nom de bataille de Rezonville ou de Gravelotte et qui, par une curieuse coïncidence, se livrait, comme la bataille de Valmy, l'ennemi tournant le dos à Paris et l'armée française faisant face à la capitale.

A son arrivée au campement, le 15, le 97e avait été établi face à Metz ; par un changement de front rapidement exécuté sur l'aile droite, il se plaça face à l'ennemi. D'après les ordres du général Lapasset, les Ier et IIe bataillons du régiment sont en seconde ligne, soutenant le 84e, qui se trouve en première ; mais, au bout de quelques instants, ils se portent rapidement en 1re ligne et sont bientôt obligés de s'arrêter et de se défiler des feux écrasants d'une batterie de position prussienne.

Il y eut pendant la journée plusieurs mouvements en avant et en retraite exécutés par ces deux bataillons, qui, placés en arrière des batteries d'artillerie, subordonnaient leurs mouvements à ceux de ces batteries. Elles se maintinrent parfaitement de 11 heures à 5 heures, quoique les feux des batteries prussiennes leur aient fait éprouver des pertes sérieuses. Vers 4 h. 30, les grenadiers de la Garde, qui s'étaient portés résolument en avant, ayant été ramenés assez vivement, les deux bataillons du régiment eurent à souffrir beaucoup pendant ce mouvement de retraite, car les obus dirigés sur la Garde les atteignaient aussi.

Au début de l'action, le IIIe bataillon a été placé par le maréchal Bazaine, comme soutien de l'artillerie, à la gauche de la ligne de bataille. Il a beaucoup souffert pendant toute la journée par les feux de l'artillerie prussienne, sous l'action de laquelle il est resté de 10 heures du matin à 8 h. 30 du soir.

Pendant un mouvement de retraite des batteries françaises, le IIIe bataillon fut appelé près de Rezonville avec ordre de s'y maintenir; mais le général Lapasset le fit revenir à la gauche et lui ordonna de fouiller les bois de Gorze occupés par les troupes prussiennes; il échangea avec elles quelques feux nourris de tirailleurs. Les bois ayant été attaqués par les trois compagnies du 11e, du 46e et du 88e, attachées au IIIe bataillon et par le 84e, le IIIe bataillon du 97e fut remis en ligne en face de l'artillerie et en arrière de la Garde, qui s'était alors portée en avant.

Le général Lapasset faisait exécuter un mouvement de retraite vers 6 heures, quand les chasseurs et les voltigeurs de la Garde furent ramenés par le feu nourri des troupes fraîches de Steinmetz, qui débouchaient à ce moment sur le champ de bataille; enlevant alors sa brigade par son exemple et appuyé par les efforts des officiers et la sonnerie de la charge, le général ramène tout son monde en face de l'ennemi, qui, surpris de cette brusque attaque, bat à son tour en retraite; c'est à ce moment que dans une vive fusillade, qui dura près de deux heures, le IIIe bataillon brûla presque toutes ses munitions; il resta en position jusqu'au dernier coup de feu, vers 9 heures. La brigade, sur l'ordre de son général, bivouaque sur la position conquise. Vers midi, le colonel Copmartin avait été grièvement blessé par une balle, qui lui traversa le genou gauche. Plus tard, le lieutenant-colonel recevait deux blessures, l'une à la main, l'autre à la cuisse. Le commandant Doumenjou a pris alors le commandement du régiment.

Quant aux Ier et IIe bataillons, ralliés vers 5 heures sous le feu par le commandant Doumenjou, ils se replièrent vers Rezonville et furent chargés concurremment avec le 100e et sous les ordres du colonel Grémion de la défense de ce village. Ils se maintinrent dans leur position jusqu'à la fin de l'action et bivouaquèrent dans le village. Dans le régiment, tout le monde a fait son devoir.

Division de cavalerie (Valabrègue)

Rapport du général de Valabrègue, commandant la division de cavalerie du 2ᵉ corps, sur la bataille de Rezonville.

Ban-Saint-Martin, 20 août.

Le général commandant provisoirement la division de cavalerie avait sous ses ordres, le 16 août, les quatre régiments de la division à peu près en entier, sauf un escadron du 4ᵉ chasseurs, d'escorte auprès de M. le Général de division commandant en chef le 2ᵉ corps d'armée, un escadron du 7ᵉ de dragons détaché le 15 août à la division Vergé, et un escadron du 5ᵉ chasseurs détaché auprès du général Bataille.

Dans la matinée du 16 août le 5ᵉ escadron du 7ᵉ dragons et un escadron du 12ᵉ (1), placés en grand'gardes depuis la veille, signalèrent la présence de plusieurs corps de cavalerie et d'infanterie prussienne, mais sans pouvoir en préciser la force, parce que ceux-ci restaient à couvert dans les bois (?).

Vers 11 heures (2) au moment où deux escadrons du 4ᵉ chasseurs allaient partir pour faire une reconnaissance, des obus et des boulets partirent de la gauche de la ligne ennemie et tombèrent sur le campement de la division de cavalerie de Forton établie à droite de la division de cavalerie du 2ᵉ corps, au delà du village de Vionville. Quelques cavaliers de la division Forton, surpris par cette attaque, se mirent à courir de toute la vitesse de leurs chevaux à travers le village de Vionville et y causèrent un grand désordre parmi la population.

Le général commandant provisoirement la division de cavalerie du 2ᵉ corps se plaît à rendre justice aux hommes placés sous ses ordres, qui résistèrent avec sang-froid à l'émotion causée par ce tumulte. Les grand'gardes se retirèrent au pas et en bon ordre, et les hommes montèrent à cheval sans se déconcerter. Les bagages même furent mis en route et échappèrent en grande partie à l'ennemi.

L'artillerie prussienne ayant augmenté son feu considérablement, la division alla prendre position à droite de la route faisant face à Vionville ; au fur et à mesure que les lignes d'infanterie française engagèrent le feu, elle se forma en arrière d'elles, en exécutant au pas des

---

(1) Le 2ᵉ.
(2) *Lire* : 9 h. 15.

passages de ligne en retraite et vint occuper une dernière position en avant de l'artillerie de réserve, la droite appuyée à l'extrémité du bois, qui couronne le Nord du plateau de Rezonville.

Vers 4 heures du soir (1), une charge de cuirassiers prussiens est arrivée sur la brigade de dragons, qui formait la droite de la ligne de la division, en même temps qu'un régiment de hulans arrivait par la gauche pour prendre en flanc toutes les troupes françaises placées sur le plateau. Cette charge ennemie avait traversé l'artillerie et l'infanterie française, lorsque la brigade de dragons se lança à la charge avec un élan indescriptible; elle renversa la ligne des cuirassiers prussiens, la mit en déroute et tua un grand nombre d'ennemis, puis vint se placer le dos au bois et face à la route, prête à charger de nouveau la cavalerie prussienne si elle voulait de nouveau se reporter en avant. Le 5ᵉ régiment de chasseurs, quoique surpris au moment où il exécutait une formation sur la droite en bataille, a chargé les hulans avec beaucoup de vigueur et dans la mêlée qui survint, la droite de ce régiment eut affaire également aux cuirassiers prussiens ramenés par les dragons.

Vers 6 heures, le 5ᵉ régiment de chasseurs reçut du maréchal Canrobert, l'ordre de soutenir un régiment d'infanterie, qui était en position derrière de l'artillerie, mais ce régiment ne fut pas engagé.

Vers 7 heures, le 5ᵉ régiment de chasseurs fut invité directement par le maréchal Canrobert à se porter en avant pour faire face à une colonne d'infanterie prussienne, qui venait de Vionville et montait vers le plateau; mais, ayant été accueilli par un feu extrêmement vif, il dût se replier derrière le 93ᵉ de ligne.

Enfin, vers 8 heures du soir, quoique la nuit fût déjà obscure, à la demande du maréchal Canrobert, le général commandant provisoirement la division, envoya le 4ᵉ régiment de chasseurs en reconnaissance vers la crête du plateau du côté de Vionville pour savoir si l'ennemi paraissait encore vouloir tenir la position. Ce régiment reçut seulement quelques coups de fusil et resta en bataille jusqu'à la retraite des Prussiens; il coucha dans cette partie du champ de bataille.

Vers 8 h. 30, un détachement de hussards rouges prussiens chargea l'infanterie placée près du bois précité, à la droite de la ligne française, y mit du désordre et s'avança jusque sur la division de cavalerie du 2ᵉ corps. En même temps, l'artillerie ennemie lançait des obus en assez grande quantité. Les fantassins français, ne voyant pas la cavalerie française, ne craignaient pas de se retourner pour tirer sur les hussards prussiens qu'ils avaient dépassés et, par un de ces tristes malentendus

---

(1) *Lire* : 2 h. 30.

trop fréquents à la guerre, tuèrent quelques chevaux et blessèrent quelques hommes. Les sonneries répétées du corps d'armée et celles de : « Cessez le feu », faites par les trompettes de la division, firent cesser la méprise ; peut-être aussi que l'infanterie française ne discontinua son feu que quand elle eut vu les hussards prussiens retraverser sa ligne pour regagner la position ennemie.

La division alla se former vers 9 h. 30 sur le haut du plateau, à l'extrémité des bois, et les hommes bivouaquèrent sur le champ de bataille, la bride au bras.

Le 5e escadron du 3e régiment de chasseurs, détaché à la 2e division, reçut l'ordre vers 11 heures, de la part du maréchal Bazaine, de soutenir une batterie d'artillerie qui se trouvait à sa gauche. A ce moment, le capitaine commandant Drivon fut grièvement blessé, ainsi que huit hommes de son escadron ; un cavalier a été tué ; neuf chevaux tués, cinq disparus. Cet escadron s'est alors porté en arrière dans le village et y est resté jusqu'au soir. Il a bivouaqué en arrière du village ; il est resté depuis ce temps attaché à la division Bataille.

Historique du 4e régiment de chasseurs à cheval (1re brigade, colonel de Ferron).

16 août.

Pendant la nuit, plusieurs pelotons avaient été placés en grand'-gardes. Plusieurs alertes ont lieu.

Le matin, à 9 heures, pendant que beaucoup de chevaux sont à l'abreuvoir, qu'une partie des hommes est aux distributions, des obus tirés des bois situés à l'Ouest de Vionville tombent sur le camp des deux divisions ; quelques chevaux sont atteints ; en un instant le régiment est à cheval. Le 4e chasseurs se replie au pas en arrière de l'infanterie, qui fait ses préparatifs, et s'établit sur le terrain situé entre la voie romaine et la route de Vionville à Rezonville. Les deux divisions de cavalerie occupent le même emplacement ; une batterie d'artillerie placée en avant d'elles répond au feu des Prussiens. Vers 2 heures, deux régiments prussiens (7e cuirassiers et 16e hulans) chargent en fourrageurs sur la batterie et vont l'envelopper ; un bataillon de chasseurs dirige son feu sur eux ; le 10e cuirassiers, adossé au bois, le long de la voie romaine, les charge de flanc ; le 7e dragons les charge de front.

Un peu avant la tombée de la nuit, le feu s'étant ralenti des deux côtés, un peloton fut envoyé en avant pour vérifier si les Prussiens occupaient toujours Vionville ; il constata leur présence.

La cavalerie se replie pour aller camper ; le 4e chasseurs est envoyé en avant pour observer Vionville. Le 1er escadron est déployé en tirailleurs face à Vionville ; alors a lieu sur la route de Vionville à Rezonville la charge des hussards rouges. Ils sont reçus par un bataillon de chasseurs à pied, qui en tue un grand nombre.

A 9 heures du soir, le régiment se replie dans la direction de Saint-Marcel et campe à côté du 100ᵉ (division Tixier).

Le 3ᵉ escadron, escorte du général Frossard, a tué ou pris quelques hussards de Westphalie qui, après avoir tenté d'enlever le général, s'étaient avancés jusqu'à la batterie de réserve. A 5 heures, la Garde ayant relevé le 2ᵉ corps, il s'est retiré en arrière de Rezonville.

Historique du 5ᵉ régiment de chasseurs à cheval (1ʳᵉ *brigade, colonel de Séréville*).

16 août.

Le 16, à 3 heures du matin, on apporta l'ordre de plier les tentes et de se tenir prêt à partir au premier signal. Les chevaux furent rapidement sellés, les voitures attelées. Au jour, on envoya des reconnaissances et vers 8 heures l'ordre était donné de desseller les chevaux, de faire boire et de faire la soupe. Les abreuvoirs à Vionville étant en petit nombre, il s'y produisit un encombrement considérable.

A 9 h. 30 environ des coups de canon se firent entendre ; on aperçut une grand'garde de dragons revenant au galop par la route de Mars-la-Tour, tandis qu'une batterie prussienne, prenant position de ce côté, couvrait d'obus les divisions de Forton et de Valabrègue. Ce n'est qu'après quelques instants que l'on parvint à se reformer un peu en arrière des bivouacs, abandonnant ce qu'on ne pouvait emporter. Pendant ce désordre, plusieurs régiments de cavalerie prussienne débouchaient non loin de nous ; heureusement, une batterie à cheval, ouvrant rapidement son feu, les empêcha de se porter plus en avant.

Les 1ᵉʳ, 2ᵉ et 4ᵉ escadrons, ralliés rapidement par le colonel, se portèrent un peu en arrière de l'infanterie et de l'artillerie, qui arrivaient en position. Le 6ᵉ escadron ne rejoignit qu'un peu plus tard. Pour se soustraire au feu, le régiment est obligé d'être constamment en mouvement.

Vers 2 heures, le 5ᵉ chasseurs se trouve en colonne de demi-régiment face à l'Ouest, derrière le sentier qui mène de Rezonville à Villers-aux-Bois. A sa droite, adossée aux bois (1), était la brigade de dragons ; 500 mètres en avant était une batterie d'artillerie dont le tir causait de grands dommages dans les lignes prussiennes. A la gauche

---

(1) Bois Leprince.

de cette batterie était le 93ᵉ de ligne. Tout à coup, un grand bruit et de la poussière signalent un combat de la division de Forton avec les masses ennemies ; la droite du 93ᵉ hésite, puis se replie ; la batterie, laissant une pièce, bat précipitamment en retraite, poursuivie par un régiment de hulans. Le colonel de Séréville porte alors son régiment en avant, au galop, et le 5ᵉ chasseurs tombe sur le flanc droit des hulans qui, surpris, cherchaient à se former ; les hommes engagent immédiatement un combat corps à corps qui met les hulans dans l'impossibilité de manier leurs lances ; presque dès le début de cette mêlée, un groupe de cuirassiers du 7ᵉ (1) apparaît sur la droite du 5ᵉ chasseurs. Le colonel fit sonner le ralliement afin de leur faire face, mais ils furent dispersés par les dragons du général Bachelier.

Le chasseur Mangin a ramassé sur le champ de bataille le drapeau du 93ᵉ de ligne, qui s'y trouvait abandonné, et l'a remis entre les mains du général Bourbaki.

Le maréchal Bazaine, venu peu après, donna ordre au colonel de Séréville de rester à l'endroit qu'il occupait afin d'appuyer la droite de la division La Font de Villiers. Vers ce moment, nous reçûmes encore des obus.

A la nuit tombante, un capitaine d'état-major vint porter l'ordre de charger immédiatement, sans donner d'indication précise ; le régiment se porta alors vers la gauche, de manière à passer entre la route, le long de laquelle étaient couchés les zouaves de la Garde, et la brigade Colin établie sur deux lignes perpendiculaires à la route. Arrivé en haut des pentes qui dominent Vionville, on vit de grosses colonnes d'infanterie prussienne monter, précédées par un rideau de tirailleurs. Le colonel de Séréville se replia un peu en arrière afin d'attendre la brigade de dragons et de permettre au 93ᵉ de jeter d'abord quelque désordre dans les rangs ennemis ; mais ce régiment commença le feu trop tôt ; le 94ᵉ et une batterie prussienne y joignirent le leur, et le 5ᵉ chasseurs se trouva dans un tourbillon de projectiles français et prussiens ; il se retira lentement et en bon ordre, faisant exécuter pour se faire reconnaître diverses sonneries françaises. Il s'arrêta un peu en avant de Rezonville après avoir rallié la brigade Bachelier.

Le 5ᵉ chasseurs retourna alors à l'endroit où il avait chargé le matin et passa la nuit la bride au bras, la droite au bois de Villers, avec les dragons.

Pertes : 1 officier tué et 6 blessés ; 40 hommes blessés et 40 chevaux disparus environ.

---

(1) Prussien.

Historique du 7ᵉ dragons (2ᵉ brigade, colonel de Gressot).

16 août.

Les vedettes sont attaquées le matin du 16. Le commandant Joleaud qui les commande est obligé de se replier sur Vionville, où se trouvait le reste du régiment. Ce village est pris par l'ennemi, arrivé avec des forces considérables, et le régiment est forcé de se retirer sur le plateau de Rezonville. Le 3ᵉ escadron est détaché auprès du général Vergé.

Vers 3 heures, deux régiments de cavalerie prussienne (7ᵉ cuirassiers, 16ᵉ hulans) ayant voulu attaquer l'artillerie française placée en avant de Rezonville, le colonel reçoit l'ordre de les charger, ce qui est exécuté avec la plus grande vigueur ; plusieurs prisonniers sont faits, 3 officiers et 8 hommes sont blessés.

Historique du 12ᵉ dragons (2ᵉ brigade, colonel d'Avocourt).

16 août.

Le 2ᵉ escadron, de grand'garde, s'aperçoit de l'approche de l'ennemi ; le capitaine Capdeville, commandant cet escadron, envoie prévenir que de grands mouvements de troupes ont lieu en avant. Il déploie aussitôt son escadron en tirailleurs et ouvre le feu contre les tirailleurs prussiens, qui s'avançaient soutenus par des pelotons précédant eux-mêmes les masses ennemies. Dès qu'il ne fut plus possible de retarder davantage la marche des ennemis, l'escadron fut rallié et vint rejoindre le régiment. En ce moment les Prussiens commencèrent à installer une batterie, et ouvrirent un feu violent sur le campement de la cavalerie postée en avant-garde. Le régiment monte à cheval en bon ordre et vient prendre position en arrière des lignes d'infanterie, faisant face au village de Vionville, ayant à sa droite un bois et à sa gauche la route de Rezonville. La division de cavalerie du général de Forton, également surprise par cette brusque attaque, vint se former en potence à la droite du régiment.

Au bruit du canon, le général Frossard fait prendre les armes à son corps d'armée et occupe les positions de combat en arrière du village de Vionville ; le maréchal Canrobert avec le 6ᵉ corps occupe le terrain en avant de Rezonville, entre la route de Verdun et le village de Saint-Marcel. C'est alors que commence la lutte.

Vers 2 h. 30 une longue colonne de cavalerie ennemie, composée du 7ᵉ cuirassiers et du 16ᵉ hulans et venant de la direction de Mars-la-Tour, se précipite sur une batterie d'artillerie installée près des positions occupées par la cavalerie. Cette troupe essuie d'abord le feu d'un régiment d'infanterie, le 93e, et se trouve prêter le flanc à notre cavalerie que le bois lui avait dérobée jusqu'alors. Elle est enveloppée par les 1er et 9e dragons, 7e et 10e cuirassiers sur son flanc gauche, 5e chasseurs sur son flanc droit; elle éprouve de grandes pertes et se trouve coupée en deux; les cuirassiers prussiens viennent néanmoins traverser le 7e dragons, mais ils tombent sur le 12e qui les enveloppe et les anéantit complètement.

Le reste de la journée est employé à appuyer divers mouvements de l'infanterie; enfin, vers 8 heures du soir, le feu ayant complètement cessé du côté des lignes prussiennes, le régiment bivouaque sur l'emplacement même où il avait chargé dans la journée.

Pertes : un officier et trois hommes blessés.

ARTILLERIE.

Rapport du général Gagneur, commandant l'artillerie du 2e corps, sur la bataille de Rezonville (1).

Dans la nuit du 15 au 16 des ordres sont donnés pour le départ, qui doit s'effectuer le lendemain 16 à 4 heures du matin. A 3 heures toutes les dispositions sont prises en conséquence; les tentes sont repliées, les chevaux garnis, les batteries attelées; les hommes prennent le café; on attend, lorsqu'à 6 heures, sur un ordre du maréchal Bazaine, l'on prévient que le départ n'aura lieu que dans l'après-midi et qu'on peut, en conséquence, faire la soupe et abreuver les animaux. On était dans la quiétude la plus complète, lorsqu'à 9 h. 30 une vive canonnade se fait entendre sur notre gauche, sur notre droite, devant nous. Nous étions surpris !

Les Prussiens avaient su dissimuler leurs mouvements à notre cavalerie et occupaient de fortes positions comprises entre Gorze, Mars-la-Tour, Bruville (?). Leur ligne de bataille décrivait autour de nous un immense arc de cercle, dont les extrémités et le centre étaient protégés par de puissantes batteries de position reliées entre elles par des batteries mobiles.

Il était évident pour tous que les Prussiens voulaient nous disputer vigoureusement le passage. Ils se montrent en effet partout à la fois, en dehors du bois, couronnant les crêtes, nous entourant d'un cercle de feu. Au premier moment la panique fut grande parmi les conducteurs de transport d'administration et d'ambulances, les cantiniers, qui

---

(1) Non daté.

uient dans un inextricable désordre. Heureusement l'armée n'y participa pas et chacun rejoignit précipitamment son poste.

La division de cavalerie du général de Valabrègue, qui se trouvait à hauteur de Vionville, se retire avec une précipitation regrettable, laissant la batterie Saget dans une situation des plus critiques. La 7e batterie du 17e, qui, dans la précipitation du mouvement de retraite opéré par la cavalerie, n'avait eu le temps d'atteler ses pièces qu'à deux chevaux et avait eu tous ses éléments dispersés, loin de se laisser entraîner au mouvement général, fit tous ses efforts pour se rallier et chercher un terrain d'où elle pût tenter d'arrêter l'ennemi. Elle y réussit dans une certaine mesure, et après avoir consommé toutes ses munitions d'avant-train et du petit nombre de caissons qui avaient pu la rejoindre, elle dut, à son tour, abandonner une position devenue intenable. Elle se retira donc en bon ordre. Le capitaine Saget, qui, dans cette circonstance exceptionnellement difficile, a montré un courage et un sang-froid qui lui font le plus grand honneur, n'eut plus dans le reste de la journée qu'à jouer un rôle sans importance.

Pendant que ces événements se passaient, le général commandant l'artillerie du 2e corps monte à cheval.

Il donne au parc l'ordre de se tenir sur la route de Rezonville à Metz. Ce mouvement s'exécute sous le feu de l'ennemi, avec un calme admirable qui contraste d'une manière frappante avec l'affolement des voitures de toute sorte, qui sillonnent la route à des allures désordonnées. A la tête de la première voiture, le colonel Brady (1) s'éloigne au pas et met toutes ses munitions en sûreté derrière un pli de terrain, en arrière de Rezonville.

La 8e batterie du 5e (capitaine Benoît) amenant ses pièces, qu'elle attelle en moins de cinq minutes, se met en batterie sur un petit mamelon à gauche de la route, à 300 mètres environ de l'emplacement laissé libre par le parc. Ses premiers coups ralentissent très sensiblement le feu de l'artillerie prussienne, malgré le désavantage de la position, qui est dominée (?) par celle de l'ennemi. Sous la protection de son feu, la défense s'organise rapidement.

Pour faire face aux attaques de la droite et du centre de l'ennemi, nos lignes occupent à peu près les deux côtés d'un triangle rectangle.

A l'extrême gauche, la brigade Lapasset et la 1re division (général Vergé) contiennent les Prussiens débouchant de Gorze et cherchant à tourner notre gauche.

Au centre, la division Bataille se porte en avant de Rezonville, paral-

---

(1) Commandant le parc d'artillerie du 2e corps.

lèlement (1) à la route de Metz à Verdun. Elle est appuyée par le corps Canrobert.

Les cinq batteries restantes de la réserve, sous les ordres du colonel Beaudoin, sont mises en bataille en avant de l'emplacement où elles avaient bivouaqué afin d'être prêtes où besoin sera.

Attaque de gauche. — Les batteries en ligne au commencement de l'action sont : la 7e batterie du 2e régiment (capitaine Dulon), les 5e et 12e batteries du 5e (capitaines Maréchal et Martimor), la 6e du 5e régiment (canons à balles, capitaine Besançon).

A 9 h. 30 la 7e batterie du 2e régiment, conformément aux ordres du général Lapasset, ouvre son feu à 1000 mètres environ, contre les masses prussiennes marchant sur notre gauche. Son tir arrête le premier élan de l'ennemi; la batterie peut se porter à 400 mètres en avant, mais vers 10 h. 30 les Prussiens démasquent une batterie de dix-huit pièces, qui la prend d'enfilade; deux batteries de la réserve sont envoyées à son secours : ce sont les 6e batterie du 15e (capitaine Calemard) et 11e du 5e (capitaine Humann). Les trois batteries croisent leurs feux sur la batterie ennemie; mais le calibre de nos pièces étant trop inférieur à celui des pièces de position contre lesquelles elles ont à lutter, elles ne peuvent tenir. Une pièce est complètement mise hors de service; les servants sont décimés.

Le commandant de Germay (2) ordonne la retraite; c'est à ce moment qu'il est tué par un obus. Nos batteries se retirent lentement derrière un pli de terrain.

A 3 h. 30, la 7e batterie du 2e entre de nouveau en lutte contre la même batterie de position, dont le feu redouble d'intensité. Elle est appuyée cette fois par des batteries de la Garde qui sont envoyées à son secours, mais à 5 heures, sur l'ordre du général Lapasset, elle doit reprendre sa position première et de là, par un tir meurtrier, elle contient et arrête l'aile droite de l'ennemi, qui cherche vainement à tourner notre gauche.

Ainsi cette batterie, successivement appuyée par des batteries de la réserve du 2e corps, par des batteries de la Garde, soutient la lutte pendant neuf heures, contribue puissamment à empêcher le mouvement tournant de l'ennemi, force une batterie de campagne prussienne à quitter le champ de bataille, en lui faisant sauter trois caissons et ne se retire qu'à 6 h. 30 après avoir épuisé toutes ses munitions.

Pendant ce temps les deux batteries (5e et 12e du 5e), sous les ordres du commandant Rey, avaient ouvert leur feu sur les hauteurs à gauche

---

(1) *Lire* : perpendiculairement.
(2) Commandant les 6e et 10e batteries du 15e.

de leur division (1). Elles permettent à l'infanterie de déployer ses tirailleurs et de rejeter l'ennemi en arrière des crêtes ; mais la supériorité du calibre prussien les force également à se retirer.

Le mouvement de retraite de nos lignes commença à se dessiner ; nous ne reprenons l'offensive qu'à l'arrivée de nos renforts. Nos batteries tirent alors dans des directions diverses, elles se portent en avant, en arrière, suivant les phases successives de la bataille. On les retrouve partout où il y a des masses prussiennes à refouler, des charges de cavalerie à contenir, et elles ne s'arrêtent que lorsque les munitions sont épuisées ou que la nuit met fin au combat.

La batterie de canons à balles (capitaine Besançon) de cette division (2) produisit peu d'effet. Elle soutint le feu de l'ennemi pendant quelque temps ; mais pour ne pas la compromettre inutilement, on lui donna l'ordre de se retirer.

Nous avons dit qu'à l'attaque de gauche, sous le feu écrasant de trois batteries prussiennes, la 6e du 15e avait dû se retirer à 2 heures de l'après-midi ; elle reçoit l'ordre d'occuper à peu près la même position qu'elle avait quittée. A peine a-t-elle ouvert son feu que le capitaine commandant la batterie, Calemard du Genestoux, et le lieutenant Jouatte, sont blessés ou tués ; les sections du centre et de gauche battent en retraite, la section de droite seule tient, tire environ trente coups par pièce et est forcée de se retirer à son tour. Vers 3 heures, la batterie parvient à se reconstituer ; mais elle n'a presque plus de servants ; le seul officier restant, M. Belin, lieutenant, prend quelques chasseurs à pied et les transforme en canonniers auxiliaires.

Prévenu à temps de cet état de choses, le capitaine en second vient prendre le commandement de la batterie. Il amène avec lui quelques servants et établit la batterie en position en arrière du village de Rezonville, à la droite de deux batteries de la Garde ; à 8 heures du soir la batterie rejoint le bivouac indiqué pour le 2e corps entre le village de Gravelotte et les bois à gauche.

Attaque du centre (2e division). — Les batteries en ligne au commencement de l'action sont la 8e batterie du 5e (capitaine Benoît), la 7e du 5e (capitaine Bohet) et la 9e du 5e (capitaine Dupré, canons à balles).

Nous avons vu dans quelles conditions désavantageuses s'était engagée la lutte et comment le capitaine Benoît, d'un côté par son inébranlable énergie, avait ranimé bien des courages hésitants, et d'un autre côté par un feu bien nourri et efficace, avait arrêté les premiers efforts de

---

(1) La 1re division d'infanterie.
(2) *Ibid.*

l'ennemi. Sous la protection de cette batterie, la 2ᵉ division se forme et se porte en avant. Mais elle est privée de ses batteries divisionnaires, qui, après avoir rallié leurs hommes et leurs attelages, s'étaient spontanément portées aux endroits les plus menacés. On lui envoie d'abord une batterie de réserve (1) (8ᵉ du 17ᵉ, capitaine d'Esclaibes) et successivement la 10ᵉ du 15ᵉ (capitaine Petelle) et la 10ᵉ du 5ᵉ (capitaine Carbonnel). Ces batteries cherchent à combattre les batteries de position prussiennes, qu'elles ont devant elles ; mais leur tir est impuissant; elles souffrent énormément, et, comme l'infanterie, sont obligées de se replier.

Dans le mouvement général en avant qui se produisit plus tard, ces batteries reprennent les positions qu'elles ont quittées. Leur tir favorise le mouvement et lorsque la cavalerie de la Garde, chargeant avec une audace digne d'un meilleur sort est ramenée par l'infanterie prussienne et que son artillerie, envahie par les hulans, se retire au galop, traversant la 10ᵉ batterie du 5ᵉ, cette dernière batterie reste fièrement à son poste de combat et est, plus tard, assez heureuse pour rendre à la Garde deux de ses pièces laissées sur le champ de bataille. Ce fut quelque temps après que le capitaine Carbonnel, commandant la batterie, fut tué par un boulet.

Voyons maintenant le rôle joué par chacune des batteries divisionnaires : *la 8ᵉ du 5ᵉ*, après avoir tiré pendant une heure dans sa première position, se réapprovisionne, ramène ses caissons, exécute plusieurs mises en batterie successives, dont une très remarquable sous le feu de trois batteries prussiennes et est dirigée brillamment par M. le lieutenant-colonel de Franchessin, chef d'état-major de l'artillerie ; elle se retire de la lutte à 4 heures, longtemps après que les troupes de la 2ᵉ division s'étaient repliées avec leur général blessé.

9ᵉ *batterie du* 5ᵉ. — Surprise dans son campement alors que les chevaux étaient à l'abreuvoir, le capitaine Dupré a la présence d'esprit de porter immédiatement à bras ses pièces en avant du parc et commence un tir progressif à 2,500 mètres, qui jette de l'hésitation dans les rangs ennemis. Ralliée par ses attelages, cette batterie se porte en avant, lutte pendant trois heures contre deux batteries prussiennes de gros calibre appuyées par de fortes colonnes d'infanterie. A 4 heures, elle a momentanément trois pièces hors de service et a épuisé toutes ses munitions. Elle quitte alors le champ de bataille, répare ses pièces, se réapprovisionne et est mise à la disposition du général Bourbaki ; elle a pour mission de surveiller le débouché d'un bois par lequel on appré-

---

(1) Erreur de fait. Voir l'Historique de la 8ᵉ batterie du 17ᵉ, lequel n'est que la reproduction du rapport du capitaine commandant.

hende de voir arriver l'ennemi. Vers 5 heures, des masses de troupes fraîches étant venues se placer en avant, le capitaine Dupré ramène sa batterie au général Bastoul, commandant provisoirement la division.

7ᵉ *batterie du* 5ᵉ. — Dès que le capitaine Bobet eut rallié ses hommes, il se mit en batterie à gauche et en avant de la 9ᵉ batterie ; après avoir tiré quelques salves sur deux batteries prussiennes établies sur les crêtes, il croit avoir avantage à se reporter en avant ; mais il ne peut tenir ; il reprend alors sa première position et ne la quitte qu'après l'épuisement complet de ses munitions. Il se réapprovisionne à la droite de la route de Rezonville, où l'on a amené des caissons du parc, se met en batterie parallèlement à la route et la battant, et se retire à la suite du mouvement de retraite de la division Bataille (?).

Réserve. — Ainsi qu'on l'a dit plus haut, une demi-heure au plus (1) après le commencement de l'action, les cinq batteries de la réserve se trouvaient engagées sur des points différents. Pendant le reste de la journée, le colonel Beaudoin ne peut réunir que les deux batteries de 12 pour agir ensemble (2). Sur l'ordre du général en chef, elles sont mises en batterie en avant et à gauche du village de Rezonville, où elles achèvent de brûler leurs munitions contre des batteries ennemies.

Le colonel envoie chercher des munitions à la réserve des batteries, il en reçoit vers 6 heures et se place près du village et à droite dans une position que le maréchal Canrobert avait ordonné de prendre et de conserver pour battre la route de Vionville et le terrain à droite de cette route.

Les batteries se retirèrent à 8 heures pour prendre dans le village de Gravelotte et les bois un bivouac, où le colonel rallie les cinq batteries qui y passent la nuit.

Le matin, dès le jour, la 7ᵉ batterie du 17ᵉ (capitaine Saget) vient ejoindre la réserve (3).

Toute l'artillerie du 2ᵉ corps, à laquelle, ainsi qu'on l'a vu dans le courant du rapport, s'est trouvée réunie la 7ᵉ batterie du 2ᵉ régiment (capitaine Dulon) de la brigade Lapasset, a joué dans la bataille de Rezonville un rôle des plus importants. Le 2ᵉ corps, qui seul a eu à

---

(1) Si l'on se reporte aux Historiques des batteries, celles-ci ne furent pas engagées aussitôt.

(2) $\frac{10, 11}{5}$.

(3) Entre 9 et 10 heures seulement. Voir l'Historique de la 7ᵉ batterie du 17ᵉ.

supporter, au commencement de l'action, tous les efforts de l'ennemi, n'a dû qu'au puissant secours de son artillerie et à l'énergie et au calme déployés par tous de n'être pas écrasé par son énorme supériorité.

Nos pertes sont les suivantes :

    3 officiers tués ou morts de leurs blessures ;
    3 officiers blessés grièvement ;
    8 blessés légèrement ;
  10 hommes tués ;
107 blessés ;
    6 disparus ;
  75 chevaux tués ;
  24 disparus.

Historique du 5ᵉ régiment d'artillerie.

16 août.

(5ᵉ, 6ᵉ et 12ᵉ batteries, commandant Rey ; 1ʳᵉ division, lieutenant-colonel Chavaudret.)

(7ᵉ, 8ᵉ et 9ᵉ batteries, commandant Collangettes ; 2ᵉ division, lieutenant-colonel de Maintenant.)

(10ᵉ et 11ᵉ batteries, commandant Rebillot ; réserve, colonel Beaudoin.)

Le 16 au matin, le 2ᵉ corps reçoit l'ordre de se tenir prêt à partir à midi ; les chevaux des différentes batteries vont successivement à l'abreuvoir à un petit étang au Nord de Rezonville derrière le 6ᵉ corps. A 9 h. 30, une canonnade assez nourrie retentit en avant et à gauche de notre front, et des obus éclatent au milieu de nos voitures. En même temps, la route et les terrains environnants sont envahis par une multitude de fuyards qui grossit sans cesse à mesure qu'ils arrivent à hauteur de chaque camp. Quelques batteries, déjà attelées, suivent avec plus ou moins de précipitation ce mouvement de retraite, par ordre de leurs chefs ou instinctivement (1).

A la voix des officiers, la plus grande partie du 2ᵉ corps se reforme et se déploie promptement : la 2ᵉ division à droite, près de la route, la 1ʳᵉ division à gauche.

La 8ᵉ batterie (Benoît) se porte en avant au trot, s'arrête sur une crête et ouvre le feu, pendant que la 9ᵉ batterie de mitrailleuses, dont

---

(1) Allusion probable à la retraite des batteries à cheval des divisions de Forton et Valabrègue.

les chevaux sont encore à l'abreuvoir, tire du camp, les pièces placées à bras.

La 5ᵉ batterie attelle promptement, se porte en avant à gauche au trot et se met en batterie en arrière d'une crête à gauche de Flavigny (1) et refoule par quelques coups de canon les tirailleurs qui commencent à sortir du bois, à 100 mètres (?).

Le commandant Rébillot a d'abord conduit les 10ᵉ et 11ᵉ en avant vers Vionville, près de la route. La 10ᵉ commence le feu; la 11ᵉ est envoyée à l'extrême gauche, à l'Ouest de la Jurée (2), à côté de la brigade Lapasset. Elle tire d'abord contre une batterie et aussi sur des tirailleurs.

Notre artillerie se trouve placée sur une ligne courbe, convexe par rapport à l'ennemi, en suivant à peu près les crêtes qui dominent Flavigny. L'infanterie se déploie en avant des batteries et disparait peu à peu dans les plis du terrain où elle s'arrête et use inutilement ses munitions contre un ennemi invisible.

Nos premiers coups de canon ont de suite éteint le feu de l'ennemi (3); mais peu à peu, il reprend, et son intensité va toujours en augmentant. Une forte batterie épaulée sur la crête au Sud de Vionville commence à tirer à 10 h. 30, elle ne s'arrêtera qu'à la nuit. La plupart de nos pièces ont commencé le feu avec deux ou trois servants. Peu à peu, un grand nombre, qui s'étaient laissé entraîner dans la débâcle, reprennent leurs postes. Les autres batteries viennent aussi prendre leur part au combat. La 12ᵉ se place à droite de la 5ᵉ, à 1500 mètres de la batterie épaulée. La 6ᵉ, un peu après, vient se placer à gauche; mais le colonel Chavaudret la fait retirer en arrière après quelques salves, attendant un moment plus favorable à l'action des mitrailleuses. La 9ᵉ attelle quand ses chevaux reviennent de l'abreuvoir et va se placer à gauche de la route, en avant de Rezonville. Elle a occupé cette position pendant cinq heures, tirant à 2,300 mètres contre la grande batterie épaulée et contre les colonnes qu'elle pouvait apercevoir; le maréchal Bazaine félicita le capitaine Dupré sur le choix de son emplacement.

La bataille durait depuis trois heures sans grands résultats. La 8ᵉ et la 10ᵉ batterie se portent un peu en arrière de leur première position; la 11ᵉ un peu en avant, pour prendre d'écharpe la batterie épaulée.

---

(1) Sur la crête 311.
(2) *Lire* : du bois des Ognons.
(3) Allusion à l'échec des batteries de la 5ᵉ division de cavalerie et de la 6ᵉ division d'infanterie.

Les munitions commencent à manquer : les réserves et quelques caissons ont été entraînés jusqu'à Gravelotte par la débandade du matin. Les troupes de soutien ont été successivement engagées ou se sont retirées ; les batteries restent seules isolées sur leur crête sans recevoir ni ordre ni approvisionnements.

Vers 1 heure, l'infanterie, qui a usé toutes ses cartouches, se replie en désordre. Restée seule et sans autres projectiles que la mitraille (1), l'artillerie doit suivre le mouvement. Les batteries sont arrêtées à hauteur de Vionville. L'ennemi ne nous poursuit que de ses projectiles. L'infanterie du 2e corps, complètement débandée, se reforme plus tard près de Gravelotte et ne prend plus part au combat.

Les batteries reviennent près de Rezonville, retrouvent bientôt leurs réserves, et recommencent le feu. Les deux batteries de 12 réunies par le commandant Rebillot se placent à gauche de la route, à hauteur de Rezonville. La 5e, un peu en arrière, à 3,000 mètres de la grande batterie, consomme ses munitions et reste sur cette position jusqu'à ce que le général Vergé la fasse appeler près de sa division, à côté du bois des Ognons, à 6 heures. La 8e, qui a d'abord tiré à l'entrée de Rezonville sur des colonnes qui paraissaient s'avancer, passe à droite de la route et épuise ses munitions. Elle rentre à sa division à 3 h. 30. La 9e est restée jusqu'à 3 heures à sa première position.

Les coffres sont vides, et quelques pièces sont fatiguées par le tir. La 9e va s'approvisionner puis est mise par le général Frossard à la disposition du général Bourbaki qui la place à côté d'une batterie de la Garde. Elle ne trouve plus l'occasion de faire feu.

Les 6e, 7e et 12e occupent successivement diverses positions où elles sont mélangées à des batteries de la Garde, du 3e corps, et de la réserve générale. Elles tirent le plus souvent sur l'artillerie ennemie, et sur l'infanterie quand elles peuvent l'apercevoir ; elles ne reçoivent d'ordres de personne. De 3 h. 30 à 6 h. 30, elles viennent toutes rejoindre le 2e corps, reformé en avant de Gravelotte, contre le bois des Ognons.

A 7 heures, la 12e batterie se reporte en avant sur un ordre du grand état-major général pour tirer à travers le ravin de Gorze sur les troupes allemandes, qui, dit-on, sont en fuite. Elle se place à côté

---

(1) *Lire :* les boîtes à mitraille. Les états de consommation de munitions montrent cependant que cette allégation n'est pas absolument exacte. A l'exception des 5e, 6e et 7e batteries, aucune des autres ne consomma, dans la journée, la totalité des obus de la batterie de combat.

d'une batterie à balles du 3ᵉ corps (1), et tire au hasard jusqu'à la nuit. L'ennemi qui répond ne nous fait aucun mal. La 5ᵉ batterie revient aussi près de Rezonville, mais l'obscurité ne lui permet pas de faire feu.

Les batteries de la 2ᵉ division et de la réserve se réapprovisionnent le soir au parc. Celles de la 1ʳᵉ division ne reçoivent que 80 coups par pièce.

Toutes les troupes bivouaquent sur le champ de bataille.

Pertes et consommations.

Lieutenant-colonel de Maintenant, tué.

5ᵉ batterie : 1 homme tué, 4 hommes blessés ; 4 chevaux tués ; 1037 obus.

6ᵉ batterie : 1 officier blessé, 1 homme tué, 2 hommes blessés ; 6 hommes hors de combat ; 1170 obus.

7ᵉ batterie : 4 hommes blessés, 8 chevaux hors de combat ; 937 obus.

8ᵉ batterie : 3 hommes tués, 9 hommes blessés.

9ᵉ batterie : aucun renseignement.

10ᵉ batterie : 1 officier tué, 1 blessé ; 10 hommes blessés ; 6 chevaux hors de combat ; 840 obus.

11ᵉ batterie : 12 hommes blessés ; 8 chevaux hors de combat ; 550 obus.

12ᵉ batterie : 7 hommes blessés ; 5 chevaux hors de combat ; 549 obus.

Historique des 6ᵉ et 10ᵉ batteries du 15ᵉ régiment d'artillerie (Réserve du 2ᵉ corps, commandant de Germay).

16 août.

6ᵉ *batterie*. — Le 16 août, les premiers coups de canon (10 heures du matin) surprennent la batterie dans son campement ; les batteries de la réserve sont réclamées de différents côtés. La 6ᵉ guidée par le commandant de Germay se porte vers 10 h. 30 en avant et à gauche de Vionville et tire sur les batteries prussiennes établies sur la crête opposée. Elle doit changer plusieurs fois de position, sous le feu de ces batteries. Le commandant de Germay est tué vers midi, le capitaine Calemard est blessé vers 1 heure ; plus tard le lieutenant Jouatte est grièvement

---

(1) $\frac{8}{4}$.

blessé à la face. Vers 3 heures, la batterie, assez fortement éprouvée, se retire à hauteur de Rezonville et reprend son feu après s'être réorganisée. A la fin de la journée elle avait eu : 1 officier tué, 2 blessés; 3 hommes tués, 5 blessés; 16 chevaux tués, 15 blessés.

On avait tiré environ 900 coups (obus ordinaires et obus à balles) à des distances généralement trop grandes (variant de 2,000 à 3,000 mètres) sans pouvoir exactement se rendre compte des effets de son tir au milieu de la canonnade générale. Une pièce avait été mise hors de service par suite d'un éclatement prématuré, dû à une des fusées percutantes que l'on avait substituées aux fusées fusantes, dans les limites de l'approvisionnement : cette bouche à feu a été échangée le lendemain à l'arsenal de Metz. Le principal mouvement en arrière avait été exécuté à la prolonge, par demi-batterie; une pièce avait dû être ramenée par un seul sous-verge de derrière et à l'aide des servants. Il a été impossible de ramasser le harnachement des chevaux morts.

La batterie se retire vers 8 h. 30 avec le 2º corps entre Gravelotte et les bois.

10º *batterie*. — Le 16, l'artillerie de la réserve du 2º corps était campée à gauche de la route de Metz à Verdun en avant du petit village de Rezonville, ayant devant elle les hauteurs boisées occupées dans la nuit par l'armée prussienne. Vers 10 heures, l'ennemi quitta ses positions et vint s'établir sur une hauteur dominant la plaine où étaient campées les troupes du 2º corps; les batteries de réserve reçurent l'ordre de se porter en avant. La 10º batterie fut envoyée pour appuyer l'infanterie, qui s'était établie sur le versant à gauche du village de Vionville. Placée à la droite de cette infanterie, elle dirigea son feu sur une batterie d'artillerie ennemie, qui se trouvait en face d'elle et sur les troupes d'infanterie, qui nous prenaient en flanc : elle essuya dès le début un feu très vif d'artillerie et d'infanterie.

Au bout de 45 minutes environ, 1 adjudant, 1 maréchal des logis, 1 brigadier, 7 canonniers et 13 chevaux étaient tués ou mis hors de combat.

En ce moment l'infanterie, que nous étions chargés d'appuyer, fut obligée de se replier. Pour ne pas s'exposer à laisser prendre les pièces, dont les attelages avaient été surtout frappés, l'on fit dédoubler les attelages des caissons de la batterie, qui vint s'établir dans la plaine à 300 mètres en arrière. Le colonel Beaudoin, commandant l'artillerie de réserve, fit diriger le feu de la batterie sur le village de Vionville, où venait de s'établir l'ennemi; peu après on reçut l'ordre de cesser le feu. A ce moment l'état-major du maréchal Bazaine et deux batteries d'artillerie, qui s'étaient portées en avant, furent chargés par la cavalerie ennemie, et se retirèrent à notre hauteur. La batterie fut traversée par quelques cavaliers, qui blessèrent quelques chevaux.

Le lieutenant Chapert, qui se trouvait à pied près de sa section, fut frappé d'un coup de sabre, qui lui causa une contusion à la tête; le cavalier, qui l'avait frappé, fut tué d'un coup de sabre par le canonnier Grœnwald.

A la suite de cette charge, sur l'avis du colonel du 18e d'artillerie, la batterie se porta sur la droite de la route de Metz à Verdun et vint s'établir sur un plateau, où se trouvaient deux batteries de la Garde et une batterie du 17e, cette dernière faisant partie de la réserve du 2e corps. Le mouvement de retraite, qui s'était accusé dès le commencement de l'action ne s'étant pas continué, la batterie n'eut pas à faire feu dans cette position ; alors elle se reporta en avant dans le but de rejoindre les autres batteries de réserve, mais elle ne put y parvenir qu'à la fin de la journée. Dans la soirée, l'on campa en avant de Gravelotte où l'on passa la nuit.

Historique des 7e et 8e batteries du 17e régiment d'artillerie à cheval (Réserve du 2e corps, commandant Gougis).

16 août.

7e batterie. — Le 16, vers 5 h. 30 du matin, ordre fut donné de faire atteler immédiatement la section, qui, d'après les ordres du lieutenant-colonel chef d'état-major, devait toujours être prête à marcher. Puis cet ordre fut étendu presque aussitôt à toute la batterie; mais avant qu'il put être exécuté les Prussiens se montrèrent tout à coup de toutes parts en dehors des bois et au-dessus des crêtes, à moins de 800 mètres du camp sur lequel ils lancèrent immédiatement de nombreux projectiles. Il était urgent que la batterie — réserve comprise — quittât son camp sans perdre une minute; on devait toutefois espérer que les nombreux escadrons de cavalerie française qui l'entouraient, occuperaient l'ennemi assez longtemps pour permettre d'atteler avec ordre et de ne laisser sur le terrain, ni voiture, ni effets de campement. Il n'en fut rien, et l'inqualifiable précipitation avec laquelle toute la cavalerie française traversa ou doubla le camp de l'artillerie pour gagner plus promptement une position en arrière, mit la batterie dans les conditions de combat les plus déplorables; on put tirer à la hâte quelques coups de canon pendant que les hommes garnissaient, et la batterie gagna péniblement avec des pièces attelées de deux chevaux seulement une position d'où elle put découvrir les colonnes ennemies. Il fallut bientôt abandonner cette position, les pièces étant à la prolonge, pour une autre plus en arrière. Dans ce mouvement de retraite une partie de la batterie se trouva séparée, avec presque tous les caissons, de la demi-batterie de gauche. Cette demi-batterie ne se retira qu'après avoir épuisé les munitions de ses coffres d'avant-train et celles de coffres empruntés à des batteries voisines; elle rejoignit alors les autres pièces, qui de leur côté avaient usé presque toutes leurs munitions.

La bataille était finie, et la batterie se retira pour camper environ à trois kilomètres en arrière de son campement précédent. La 7e eut à déplorer dans cette journée la perte d'un sous-officier, elle eut en outre 1 homme blessé et 20 chevaux tués.

L'attaque des Prussiens fut si inopinée que les hommes n'eurent pas le temps de manger la soupe : marmites et gamelles furent renversées; et au milieu de ce désordre, causé en grande partie par la retraite précipitée de la cavalerie, quelques effets de campement furent encore perdus.

8e *batterie*. — Le 16, vers 9 heures du matin, les chevaux rentraient de l'abreuvoir et allaient manger l'avoine; beaucoup d'hommes étaient aux distributions, quand j'entendis des coups de fusil partir, à notre gauche, des bois de Gorze.

Au même instant l'artillerie prussienne, installée sur les hauteurs, qui se trouvaient en face de nous, commençait à tirer dans notre direction.

Le premier projectile tomba au milieu des voitures de transports, qui disparurent toutes comme par enchantement, prenant la route de Rezonville dans la direction de Metz.

Brider les chevaux, vider les gamelles, qui étaient encore pleines de soupe, atteler, rouler les tentes, fut pour les canonniers de la batterie l'affaire d'un instant. Il était temps, les balles arrivaient déjà jusqu'à nous; le cheval du général Frossard, qui passait devant nous, venait d'avoir une jambe cassée par une balle.

Nous étions prêts à entrer en ligne, quand un officier nous apporta l'ordre du colonel Beaudouin d'aller prendre les ordres du général Vergé, qui réclamait de l'artillerie.

Les Prussiens, en même temps qu'ils nous attaquaient en face, faisaient une attaque sur notre gauche, espérant nous couper la retraite sur Metz à hauteur de Gravelotte. Le général Vergé s'opposait à ce mouvement. Je partis au galop avec ma batterie en bataille, et arrivé près du général, je lui demandai ses ordres; il me dit de me porter le plus vite possible dans la direction des batteries prussiennes pour prendre les ordres du général Bataille. Je me rendis au point indiqué, mais ne trouvant pas le général Bataille, je m'adressai au général Bastoul qui se trouvait là avec quelques compagnies d'infanterie; n'ayant pas d'artillerie, il me donna ordre de rester avec lui.

Je cherchai, tout en marchant, l'endroit le plus favorable pour mettre en batterie. Je me plaçai sur le revers d'un petit monticule, qui me garait des coups des batteries prussiennes, et je dirigeai le feu de mes pièces sur l'infanterie prussienne, qui débouchait du bois par la route de Gorze. Nous étions à 1500 mètres environ. Je fis commencer le feu à cette distance avec des obus ordinaires. Les Prussiens, en ce moment, n'avançaient pas de notre côté, mais défilaient en masses pour passer derrière leurs batteries et prendre la direction de Mars-la-Tour. Ce mouvement était protégé par une ligne de tirailleurs qui bordaient le bois et qui se prolongeaient jusqu'aux batteries prussiennes. Voyant que nous pouvions approcher davantage, tout en restant à couvert du feu de l'artillerie ennemie, je fis amener les avant-trains. Après avoir tiré huit à dix coups par pièce, je portai ma batterie à 200 ou 250 mètres en avant et à gauche de la première position; nous trouvant là à une bonne distance de 1100 à 1200 mètres, je fis commencer le feu rapidement.

L'infanterie qui était avec nous nous avait suivis dans ce mouvement en avant et, s'étant déployé à notre droite et à notre gauche, avait ouvert son feu sur les tirailleurs prussiens, qui avançaient de notre côté.

En ce moment, plusieurs chevaux furent blessés par le tir d'une batterie de mitrailleuses française qui devait se trouver dans la direction de Vionville, à en juger par les projectiles qui traversaient la batterie d'arrière en avant, marquant de longs traits dans la poussière, après chaque salve, que j'entendais très distinctement (?).

Notre feu durait dans cette position depuis trois quarts d'heure environ, lorsque les Prussiens, gênés par notre tir, essayèrent de nous repousser; ils firent avancer de l'infanterie, qui dirigea son feu sur la batterie; en un instant, 2 canonniers furent tués, il y en eut 14 de blessés et 5 disparus; 9 chevaux tombèrent et 13 furent blessés.

Le général Bastoul, voyant que les Prussiens avançaient en nombre, me prévint qu'il ne pouvait plus tenir et qu'il se retirait avec son infanterie.

Ne pouvant rester seul dans cette position avancée sans être soutenu, je fis amener les avant-trains et je me retirai en bataille, les caissons en tête et au pas.

Après avoir parcouru 300 mètres environ, voyant que l'infanterie prussienne était encore assez éloignée de nous et ne nous poursuivait pas, je fis faire un feu en retraite.

Vers 2 heures (1), m'apercevant que l'infanterie prussienne avançait de nouveau, n'ayant plus personne pour me défendre et craignant d'être débordé soit à droite, soit à gauche, et alors d'être coupé dans ma retraite, je me retirai jusqu'à Rezonville en parcourant 2,800 mètres

---

(1) Heure vraisemblablement très erronée.

environ et ne rencontrant sur ma route que quelques morts et nos blessés, qui se retiraient péniblement ; 4 chevaux furent tués, 3 hommes et 6 chevaux furent blessés dans cette retraite.

Arrivé à Rezonville, je plaçai ma batterie à l'abri des projectiles de l'artillerie prussienne qui commençaient à tomber jusque-là.

Je fis remplir tous les avant-trains des pièces et des caissons avec les charges et les projectiles des quatre caissons dans lesquels il restait le moins de coups à tirer, et j'envoyai le chef de la ligne des caissons changer ces quatre caissons vides contre les deux de ma réserve et deux du parc de réserve du corps d'armée.

Je m'occupai ensuite à égaliser les servants par pièce et à remplacer par des chevaux venant de la réserve les chevaux de selle et de trait qui étaient restés sur le champ de bataille.

A 4 heures les caissons étant arrivés, ma batterie était prête à recommencer le feu.

Je ne savais où était le chef d'escadron qui, depuis la veille, se trouvait avec la 7ᵉ batterie, détachée avec la division de cavalerie ; j'ignorais également où pouvait se trouver le colonel Beaudouin qui, dès le commencement de la bataille, était resté sans commandement, toutes ses batteries de la réserve ayant été envoyées séparément de tous côtés aux généraux de division qui réclamaient de l'artillerie. Voyant devant moi deux batteries, qui étaient en batterie à gauche de Rezonville et qui tiraient sur l'artillerie prussienne, j'allai me mettre en batterie à leur gauche et je fis commencer le feu.

Après quelques coups par pièce, voyant que la distance était trop grande pour tirer avec une certaine précision avec le calibre de 4 et ne voulant par suite user des munitions mal à propos, je fis cesser le feu et je me retirai en arrière de Rezonville.

J'envoyai un de mes lieutenants à la recherche du colonel Baudouin ou du général Gagneur et, au même instant, son chef d'état-major, le colonel de Franchessin, que je venais de rencontrer, me donna l'ordre de me porter en avant de Gravelotte et de me mettre en batterie dans la direction de la route, qui débouche du bois, dans le cas où les Prussiens auraient cherché à tourner notre position de ce côté. Comme nos tirailleurs bordaient encore le bois de Gravelotte, je priai mon lieutenant en premier de se porter au galop aux abords du bois et de mesurer, en revenant à pied, la distance exacte à laquelle nous étions.

Il y avait 950 mètres. Je fis pointer mes pièces à cette distance et j'attendis dans cette position. La batterie avait tiré dans cette journée 600 coups de canon environ.

Le jour baissait sensiblement, on n'entendait plus que le tir précipité d'une batterie de mitrailleuses balayant une des gorges du bois de

Gorze, par laquelle les Prussiens se retiraient, et de rares coups de fusil de soldats isolés déchargeant leurs armes.

Quelques coups de canon des batteries prussiennes, qui couronnaient les hauteurs, se faisaient encore entendre de temps à autre et éclairaient l'horizon. La bataille était terminée faute de jour. Chacun espérait en finir le lendemain avec les Prussiens, qui dans cette journée avaient cédé du terrain sur plusieurs points.

Journal de marche du parc d'artillerie du 2ᵉ corps.

16 août.

Le 16 au matin, malgré les projectiles qui tombent au milieu des voitures, le parc se retire en bon ordre en arrière de Rezonville et reste toute la journée dans une position qui lui permet de réapprovisionner les batteries du corps d'armée, pendant la lutte prolongée qu'elles ont à soutenir contre l'artillerie prussienne. Le soir, le parc campe un peu en avant de Gravelotte.

Journal de marche du génie du 2ᵉ corps.

16 août.

On est attaqué vers 10 h. 30. Le parc et la réserve, placés près du parc d'artillerie en avant de Rezonville, suivent le mouvement de celui-ci vers Gravelotte. La compagnie de la 1ʳᵉ division se replie avec sa division en arrière de Gravelotte. La compagnie de la 2ᵉ division fait quelques passages pour l'artillerie. Dans la soirée, un détachement de 30 sapeurs, 10 conducteurs et 18 chevaux, commandé par un lieutenant et le directeur du parc, vont chercher dans le bois de la Jurée sept caissons abandonnés par l'artillerie. Tout le corps d'armée se replie vers Gravelotte à la tombée de la nuit.

b) **Organisation et administration.**

Journal de l'adjoint à l'intendance, Bouteiller, du 2ᵉ corps.

Le 16, à la pointe du jour, les voitures étaient attelées et prêtes à partir lorsqu'un contre-ordre fit connaître qu'on ne quitterait le terrain qu'après la soupe du matin et qu'on pouvait la mettre en train. Les chevaux furent dételés, les tentes se dressèrent ; dans chaque parc, on commença à abattre des bestiaux pour la distribution.

Entre 10 heures et 10 h. 30, la plupart des chevaux étaient à l'abreuvoir, les distributions de tous genres étaient en train, lorsque du bois de Saint-Arnould, situé à notre gauche, s'ouvrit sur notre flanc un feu impétueux d'artillerie et de mousqueterie qui, en quelques instants, porta à son comble le désordre dans notre convoi. La plupart des charretiers fuyaient avec leurs chevaux, d'autres se jetaient, plus ou moins volontairement avec leurs attelages, dans les fossés bordant la route; les bestiaux se dispersèrent, affolés de terreur; les quartiers des bêtes abattues étaient abandonnés sur le terrain. Parmi les troupes du train des équipages, quatorze attelages disparaissaient dans cette bagarre. L'artillerie de réserve, bivouaquée à notre gauche, se mit en batterie et le 2ᵉ corps put, pendant quelque temps, soutenir le combat. On put alors rallier les quatorze attelages du train et quelques attelages auxiliaires et débarrasser le terrain de nos dernières voitures. Tous ces *impedimenta* furent dirigés, par les ordres du grand quartier général, d'abord en avant de Gravelotte dans le ravin qui, du bois de la Jurée, descend vers celui des Ognons. Plus tard de nouveaux ordres les ramenèrent en arrière, sur la route d'Étain, où nous les ralliâmes le 17 au matin. Pendant toute la journée du 16 et la nuit suivante, tous les fonctionnaires de l'intendance du quartier général furent employés aux ambulances.

Après avoir donné leur concours aux ambulances divisionnaires installées à Rezonville en requérant la paille et l'eau nécessaires aux blessés, pendant que les sous-intendants divisionnaires dirigeaient l'installation du service, nous nous transportâmes à Gravelotte où s'était établie l'ambulance du quartier général du 2ᵉ corps.

Le 16, il y avait sur le plateau de Gravelotte convergeant sur le même point et suivant la même route les bagages de cinq corps d'armée, c'est-à-dire près de 1800 voitures régimentaires ou d'état-major pour les bagages des officiers et près de 3,000 voitures du train régulier ou chariots de réquisition, sans compter les ambulances. On comprend facilement le désordre que produisit le tourbillonnement de ces 5,000 voitures fuyant devant les obus prussiens. Ajoutons-y les parcs du génie et de l'artillerie, mieux conduits mais augmentant le désordre par leurs allées et venues aussi peu réglées que celles des convois de l'administration.

Le Maréchal commandant en chef fut frappé de ce désordre, mais confondant l'effet avec la cause, il l'attribua au nombre élevé de ces voitures au lieu de s'en prendre à l'absence de direction dans la marche et dans la garde de son armée.

Le nombre des blessés fut très élevé dans la journée du 16, parmi les Français.

L'ambulance du quartier général du 2ᵉ corps en reçut pour son compte plus de 2,000.

d) **Situations et emplacements.**

Emplacement des troupes le 16 août au matin.

2ᵉ CORPS, FROSSARD.

1ʳᵉ division (Vergé) : route de Verdun, entre Vionville et Rezonville.
2ᵉ division (Bataille) : route de Verdun, entre Vionville et Rezonville.
3ᵉ division (de Laveaucoupet) : à Metz.
Division de cavalerie (de Valabrègue) : avec les deux premières divisions.
Réserve d'artillerie : avec les deux premières divisions.

Emplacements occupés par le 2ᵉ corps le 16 août au soir.

Quartier général : à Rezonville.
1ʳᵉ division : à gauche de la route de Verdun entre Gravelotte et Rezonville.
2ᵉ division : comme ci-dessus, au débouché des vallées à gauche de Gravelotte.
Brigade Lapasset : au débouché de la vallée de Gorze à hauteur de Rezonville.
Cavalerie : au bord du bois à droite et un peu en avant de Rezonville.

3ᵉ DIVISION DU 2ᵉ CORPS.

SITUATION d'effectif à la date du 16 août 1870.

CORPS.	OFFICIERS					TROUPE					CHEVAUX		
	disponibles.	indisponibles.	aux hôpitaux ou détachés.	aux ambulances.	TOTAL.	disponibles.	indisponibles.	aux hôpitaux ou détachés.	aux ambulances.	TOTAL.	disponibles.	indisponibles.	TOTAL.
État-major divisionnaire....	7	»	»	»	3	»	»	»	»	»	33	5	38
Intendance................	2	»	4	»	3	»	»	4	»	4	8	»	8
Génie....................	3	»	»	»	3	134	»	»	21	435	46	»	46
10ᵉ bataillon de chasseurs...	9	»	9	2	20	626	»	491	»	844	7	»	7
2ᵉ de ligne...............	40	»	24	»	64	4,151	»	364	4	4,945	43	»	43
63ᵉ de ligne..............	45	»	45	10	64	4,480	38	503	427	4,982	24	»	24
24ᵉ de ligne..............	44	»	44	20	65	4,834	38	354	158	2,350	25	»	25
40ᵉ de ligne..............	33	4	8	»	63	4,748	»	349	3	2,263	25	»	25
Artillerie.................	12	»	2	»	14	412	»	26	»	441	334	7	344
Train d'artillerie...........	»	»	»	»	»	45	»	»	»	45	66	1	67
Cavalerie.................	»	»	»	»	»	20	»	»	»	20	»	»	»
Ambulance...............	6	»	»	»	6	26	»	»	»	26	»	»	»
Subsistances militaires......	2	»	»	»	2	30	»	»	»	30	32	»	32
Train des équipages........	»	»	»	»	»	»	»	»	»	»	»	»	»
Force publique............	4	»	»	»	4	14	»	4	»	45	10	1	44
TOTAUX......	**208**	**1**	**70**	**32**	**314**	**7,924**	**76**	**1,758**	**316**	**10,074**	**593**	**14**	**607**

SITUATION du Génie du 2ᵉ corps le 16 août.

Rezonville, 16 août.

DÉSIGNATION DES CORPS ET SERVICES.	PRÉSENTS.				ABSENTS.			EFFECTIFS.					
	HOMMES		CHEVAUX		OFFI-ciers.	HOMMES de troupe.		HOMMES			CHEVAUX		
	Officiers.	de troupe.	d'offi-ciers.	de troupe.				Officiers.	de troupe.	TOTAL.	d'offi-ciers.	de troupe.	TOTAL.
Quartier général............	10	»	16	»	»	»		10	»	10	16	»	16
État-major des divisions.....	3	»	9	»	»	»		3	»	3	9	»	9
2ᵉ compagnie du 3ᵉ régiment..	3	154	4	12	1	7		4	158	162	4	12	16
9ᵉ ————	4	150	4	12	»	8		4	158	162	4	12	16
12ᵉ ————	4	156	4	12	»	3		4	159	163	4	12	16
13ᵉ ————	2	134	4	14	1	21		3	155	158	4	11	15
Sapeurs-conducteurs.........	»	39	»	62	»	»		»	39	39	»	62	62
Ordonnances subsistants.....	»	9	»	»	»	»		»	9	9	»	»	»
Totaux........	26	639	41	109	2	39		28	678	706	41	109	150

Journée du 16 août.

3ᵉ CORPS.

a) Journaux de marche.

Journal de marche du 3ᵉ corps.

16 août.

Le 16, vers 10 heures du matin, une vive canonnade se fit entendre vers la gauche du 3ᵉ corps. Le maréchal Lebœuf fit aussitôt prendre les armes et porta les troupes qu'il avait sous la main dans la direction de Doncourt, en pivotant sur Saint-Marcel. Il se mit en rapport par sa gauche avec la division Tixier, du 6ᵉ corps, et par sa droite avec le général de Ladmirault, débouchant de Jouaville. En même temps la division de dragons Clérembault gagnait les plis de terrain situés entre les villages de Butricourt et d'Urcourt pour se tenir prête à appuyer le mouvement offensif du 4ᵉ corps.

L'ennemi avait établi des batteries sur la route de Vionville à Mars-la-Tour et occupait fortement les bois qui, de cette route, descendent sur l'ancienne voie romaine (1). En conséquence, l'artillerie de réserve du 3ᵉ corps se déploya en avant de Saint-Marcel, parallèlement à la voie romaine et ouvrit un feu très vif sur l'artillerie postée sur la route et sur l'infanterie qui occupait les bois.

Vers 2 heures de l'après-midi, le maréchal Lebœuf se préparait à lancer son infanterie sur ces bois, que l'ennemi avait occupés en partie après y avoir subi de grandes pertes, lorsque le Maréchal commandant en chef, fit demander au 3ᵉ corps de diriger de nouvelles troupes sur Gravelotte, point sur lequel la division Montaudon avait été envoyée déjà, pour appuyer un retour offensif du 6ᵉ corps. Une brigade de la division Nayral reçut, en conséquence, l'ordre de se diriger sur Villers-aux-Bois ; mais cette brigade fut bientôt rappelée, d'accord avec le commandant en chef, en raison d'une attaque que l'ennemi prononçait sur la division Tixier, du 6ᵉ corps, placée en première ligne le long de l'ancienne voie romaine. En raison de l'incertitude des événements qui pouvaient se produire au centre de notre ligne et aussi de la néces-

---

1) Les bois de Tronville.

sité d'appuyer, au besoin, les mouvements du général Ladmirault, la division Nayral dut rester en réserve ; c'était la seule, dont on pût disposer pour relier le 6e au 4e corps, car dès midi la division Aymard, qui débouchait par la Caulre sur Saint-Marcel pour se mettre en deuxième ligne derrière la division Tixier, avait dû bientôt appuyer fortement à gauche pour combler le vide qui s'était produit entre cette division et celle du général La Font de Villiers (6e corps), établie le long de la voie romaine en avant de Villers-aux-Bois. Dans cette position, la 4e division avait à soutenir des engagements assez vifs dans lesquels le 60e, particulièrement, fut assez éprouvé.

Le rôle joué par la 1re division, Montaudon, dans le cours de cette brillante journée, mérite d'être exposé particulièrement.

Vers 11 heures, cette division quittait son bivouac de Montigny-la-Grange pour se porter vers Saint-Marcel, lorsqu'en arrivant sur la route de Gravelotte à Doncourt, au point où s'embranche le chemin de Saint-Marcel, le général Montaudon reçut du Maréchal commandant en chef l'ordre de se porter d'abord sur Gravelotte, puis sur la lisière du bois des Ognons, parallèlement à la route impériale. Bientôt, l'ennemi, qui avait jeté de nombreux tirailleurs dans le bois de Saint-Arnould, débouchait en force de Flavigny. La 1re brigade de la division conduite par le général Montaudon franchit le ravin et marcha à l'ennemi qu'elle arrêta.

Dans ce mouvement, une forte batterie, postée près de Flavigny, infligea des pertes sérieuses au 51e et au 62e sans parvenir à les ébranler. La 1re brigade fortement engagée sur ce point jusqu'à la fin de la journée, termina par une charge à la baïonnette dans laquelle elle fit beaucoup de prisonniers et prit des armes et des bagages.

La 2e brigade, général Clinchant, fut dirigée par ordre du maréchal Bazaine sur Rezonville, dont elle occupa les jardins au Nord et à l'Est avec trois bataillons et demi, tandis qu'elle laissait dans le bois des Ognons deux bataillons et demi vivement engagés avec les Prussiens logés dans les bois de Saint-Arnould.

Le 18e bataillon de chasseurs (commandant Rigault), placé d'abord en observation sur le chemin d'Ars (1), fut reporté plus tard sur la crête dominant le ravin de Rezonville, où étaient postées également une batterie de 4 et les mitrailleuses de la division.

La division Montaudon, après avoir contenu ou repoussé l'ennemi sur tous les points où elle avait été engagée, resta sur le terrain qu'elle avait conquis jusqu'à 1 heure du matin avant de rallier le 3e corps.

Dans cette journée si glorieuse pour nos armes, la division Mon-

---

(1) A Gravelotte.

taudon se signala par son énergie et son entrain; elle subit des pertes cruelles.

La division de cavalerie Clérembault avait été, dès le début de l'action, mise par le maréchal Lebœuf à la disposition du général de Ladmirault, commandant le 4ᵉ corps, qui, placé en première ligne, prononçait un mouvement offensif sur Mars-la-Tour par Bruville.

Vers 6 heures du soir, au moment où la division Legrand, après avoir perdu son chef, tué, ainsi que le général de Montaigu, blessé, était obligée de céder devant des forces considérables, le général de Clérembault prit rapidement d'excellentes dispositions pour appuyer la retraite de cette division. Le colonel Cornat, du 4ᵉ dragons, qui se trouvait en tête, en débouchant sur le plateau où la division Legrand était fortement engagée, ne prit que le temps de rallier deux de ses escadrons et les lança dans le flanc de la cavalerie ennemie. Les deux escadrons ralliés, le 4ᵉ dragons tout entier se porta en avant, appuyé par le 2ᵉ dragons et la brigade de chasseurs. Devant ce mouvement offensif, les deux régiments de dragons et les deux régiments de cuirassiers de la Garde impériale prussienne battirent en retraite.

Pendant toute la journée, l'artillerie de réserve, forte de 8 batteries, sous les ordres du général de Berckheim, fut vivement engagée et rendit des services qui méritent une mention spéciale.

Les troupes bivouaquèrent sur le terrain qu'elles avaient conquis, et le quartier général du 3ᵉ corps fut établi à Saint-Marcel vers 10 heures du soir.

Les pertes du 3ᵉ corps sont les suivantes : officiers : 14 tués, 36 blessés; troupe : 73 tués, 543 blessés, 123 disparus.

Rapport du maréchal Lebœuf sur les opérations du 3ᵉ corps dans la journée du 16 août.

Plappeville, 20 août.

Le 16 août, le 3ᵉ corps d'armée était ainsi disposé :

La 1ʳᵉ division, général Montaudon, était entre Amanvillers et Vernéville, son quartier général à Champenois;

La 2ᵉ division, général Nayral, commandant provisoirement, occupait Vernéville, étendant sa gauche dans la direction de la ferme de Caulre;

La 3ᵉ division, général Metman, devait prendre position à Saint-Marcel;

La cavalerie, général de Clérembault, était en arrière de Vernéville; la réserve d'artillerie près de Villers-au-Bois (1); mon quartier général

---

(1) Entre Villers-aux-Bois et Saint-Marcel.

à Bagneux; ma réserve du génie et mon ambulance en arrière de moi, à Bagneux.

Les difficultés du passage du col de Lessy, les embarras qu'éprouva le général Metman dans sa marche, la direction donnée par ordre de Votre Excellence à cet officier général sur Gravelotte ne lui permirent pas de me rejoindre.

Au premier coup de canon, la division Aymard débouchait à peine sur la position qui lui était indiquée; mais j'étais en mesure d'agir avec les divisions Montaudon, Nayral et la cavalerie.

Bientôt les ordres de Votre Excellence appelèrent la division Montaudon sur Gravelotte, et cette division, ainsi que celle du général Metman, ne rentrèrent sous mes ordres directs que dans la nuit du 16 au 17.

J'ai l'honneur de vous envoyer ci-joint copie du rapport qui a été adressé par M. le général Montaudon sur la part prise par sa division au combat du 16 août, devant Gravelotte (1).

Dès le début de l'action, je portai les troupes restées à ma disposition dans la direction de Doncourt, en pivotant sur Saint-Marcel, me mettant en rapport par ma gauche avec la division Tixier, du 6ᵉ corps, et par ma droite avec le général de Ladmirault, marchant par Jouaville.

En même temps, la cavalerie gagnait les plis de terrain qui pouvaient lui permettre une action favorable entre les villages de Butricourt et d'Urcourt, pour appuyer le mouvement offensif du 4ᵉ corps.

L'ennemi avait des batteries établies sur la route de Vionville à Mars-la-Tour et occupait les bois qui, de cette route, descendent sur l'ancienne voie romaine.

Vers 2 heures de l'après-midi, je me préparais à lancer l'infanterie sur ces bois déjà fortement battus par mon artillerie et que l'ennemi avait dû évacuer en partie, lorsque Votre Excellence me fit demander de diriger de nouvelles troupes sur Gravelotte. Une brigade de la division Nayral reçut, en conséquence, l'ordre de se diriger sur Villers-au-Bois, en dedans de nos positions; mais son mouvement fut bientôt suspendu, en raison d'un mouvement offensif de l'ennemi sur la division Tixier.

La division Aymard, qui débouchait par Caulre et Saint-Marcel, portée en soutien de la division Tixier, dut bientôt appuyer à gauche pour combler le vide qui s'était produit entre cette division et celle du général La Font de Villiers (6ᵉ corps).

---

(1) Voir plus loin, page 227.

Dans l'incertitude des événements, au centre de notre ligne, je dus tenir la division Nayral en réserve, en répondant par mon artillerie aux coups de l'ennemi, tout en appuyant la droite du 6ᵉ corps et me reliant à la gauche du 4ᵉ.

A la nuit, je donnai à mes troupes l'ordre de camper sur leurs positions de combat, conservant le terrain gagné dans la journée sur l'ennemi dans le mouvement général de conversion exécuté par toute notre ligne de bataille, l'aile droite en avant.

Dans la nuit du 16 au 17, il me fut prescrit de venir occuper le plateau qui, du Point-du-Jour, sur la route de Gravelotte, s'étend à Amanvillers, en arrière du bois des Génivaux, ma droite s'appuyant à Leipzig et à la ferme de la Folie.

Note du maréchal Lebœuf sur la bataille de Rezonville (1).

16 août.

Le 16 août, à 8 heures du matin, la division de cavalerie (sept régiments) ayant pris les ordres au grand quartier général et étant passée par Moulins et Gravelotte, arrive à Vernéville.

A 9 h. 30, j'entends le canon vers la gauche. A 10 heures, je prescris, sans attendre d'ordres, de se tenir prêt à marcher.

Vers 11 heures, le 3ᵉ corps s'ébranle; la division de cavalerie prend position parallèlement à la route de Verdun, sa gauche vers Saint-Marcel, sa droite en avant d'Urcourt, sur un terrain favorable à son action; l'artillerie de réserve en batterie en avant de Saint-Marcel, face à Vionville.

La 1ʳᵉ division, dirigée sur Villers-aux-Bois, est prise au passage par le Maréchal commandant en chef et dirigée sur les défilés qui viennent d'Ars-sur-Moselle et de Novéant, pour arrêter les colonnes ennemies qui tentaient de déboucher par ces défilés. Employée pendant toute la journée dans cette région du champ de bataille, elle ne rejoignit le 3ᵉ corps que le 17.

La 2ᵉ division vint prendre position à l'Ouest de Saint-Marcel, et le feu de l'artillerie s'engagea avec succès, d'après les rapports allemands, avec l'artillerie ennemie, postée à Vionville et couverte par des mouvements de terre.

Vers midi, la 4ᵉ division, qui, le 16 à la pointe du jour, était arrêtée dans le défilé, derrière la 3ᵉ division, avait fait demi-tour et avait pris la route de Moulins, arriva sur le champ de bataille vers

---

(1) Provenant de la succession du maréchal Lebœuf. Note écrite après la guerre.

Saint-Marcel et se forma en deuxième ligne, derrière la division Tixier du 6ᵉ corps. Mais bientôt, sur l'ordre du Maréchal commandant en chef, je dus diriger cette division vers la gauche, pour fermer une trouée qui s'était produite au centre du 6ᵉ corps, et je ne pus plus en disposer.

La 3ᵉ division, à laquelle j'envoyais officier sur officier, n'arriva que dans la soirée vers la ferme Saint-Hubert, après avoir pris par Lorry et par l'Ouest de Châtel; là elle fut arrêtée par le Maréchal commandant en chef, employée à couvrir l'armée pendant la nuit du 16 au 17 et pendant la retraite de la matinée du 17, et ne rejoignit le 3ᵉ corps que dans la journée du 17, dans la nouvelle position.

Vers 3 heures, le général de Ladmirault prononçant un mouvement tournant sur Mars-la-Tour, je mis ma cavalerie à sa disposition.

Je n'avais donc plus sous la main qu'une division d'infanterie et mon artillerie de réserve pour fermer la trouée considérable qui existait entre les 6ᵉ et 4ᵉ corps.

Mon artillerie contrebattit avec succès l'artillerie ennemie postée à Vionville, repoussa plusieurs retours offensifs de l'ennemi sur la droite du 6ᵉ corps et força l'ennemi à évacuer une grande partie des bois situés entre Saint-Marcel et Vionville.

Vers 5 heures, je fis un mouvement offensif d'environ 800 mètres, devant lequel l'ennemi se replia (1).

Vers la chute du jour, l'artillerie ennemie, couvrant le mouvement de retraite, reprit le feu. Mon artillerie de réserve y répondit, et bientôt le feu cessa de part et d'autre.

J'établis mon bivouac sur le terrain où se trouvaient mes troupes à la fin du combat. Mais bientôt je reçus l'ordre de les établir près et en avant de Saint-Marcel; puis plus tard, à Saint-Marcel où j'avais établi mon quartier général, l'ordre de me replier sur les lignes d'Amanvillers, en raison des grandes consommations de munitions qui avaient eu lieu.

Dans la journée du 16, l'artillerie du 3ᵉ corps avait consommé environ 13,000 coups de canon (rapport du commandant de l'artillerie). Il avait eu 798 officiers ou soldats tués, blessés ou disparus.

P.-S. — Dans un rapport daté de mon premier bivouac, en avant de Saint-Marcel, 8 h. 30 du soir, où je dis que je couche sur le terrain conquis, j'ajoute que je prends toutes mes dispositions pour le cas où la lutte recommencerait le lendemain, l'ennemi paraissant s'établir en arrière du terrain où il a combattu.

---

(1) Allusion à l'occupation des bois de Tronville.

Lettre du colonel d'Ornant (1) *au maréchal Lebœuf* (2).

16 février 1872.

Aucun ordre ne nous étant parvenu dans la nuit, je fus envoyé par Votre Excellence, le 16 de grand matin, au grand quartier général à Gravelotte, pour recevoir les instructions de M. le maréchal Bazaine. Vers 9 heures, je vous rapportais la réponse qui était de rester dans vos positions, les ordres devant vous être envoyés dans la journée.

Je ne me rappelle pas avoir eu connaissance du rapport que vous avez adressé au général en chef sur la marche du 13 et la situation de vos troupes; il aura été écrit par le général Manèque ou bien le matin du 16 pendant ma mission au grand quartier général. Je ne crois pas, dans tous les cas, qu'il pût contenir rien d'inquiétant relativement à l'état du 3ᵉ corps; cet état était aussi satisfaisant que possible, et la meilleure preuve, c'est que le 16 au matin toutes vos troupes étaient en ligne et reposées pour prendre part à la bataille (?) ; les distributions avaient été faites; tous les services à leur poste, y compris le trésor, qui vous avait rejoint dans la matinée.

C'est entre 11 heures et 11 h. 30 qu'entendant une canonnade assez vive en avant du front de l'armée (3), à une certaine distance sur sur votre gauche, vous êtes monté à cheval pour faire prendre les armes et prescrire les dispositions que pourraient nécessiter les circonstances en attendant les instructions du général en chef, instructions qui ne vous parvinrent que plus tard sur le terrain, à une heure qu'il ne m'est pas possible de préciser aujourd'hui; j'étais d'ailleurs occupé à ce moment, d'après vos ordres, à placer la division Castagny (général Nayral) ; je me souviens seulement que lorsque l'officier porteur de l'ordre vous rejoignit, le mouvement de vos divisions, qui se trouvait du reste conforme aux instructions du général en chef dont vous aviez ainsi devancé la pensée, était déjà presque complètement exécuté.

Extrait d'une lettre du colonel d'Ornant au maréchal Lebœuf (4).

Moncel-les-Vallées, 22 juin 1872.

Le 16 au soir, vers 10 heures, de la maison d'école du petit village

---

(1) Aide de camp du maréchal Lebœuf, commandant le 3ᵉ corps.
(2) Provenant de la succession du maréchal Lebœuf.
(3) A ce moment, la canonnade durait déjà depuis deux heures.
(4) Provenant de la succession du maréchal Lebœuf.

de Saint-Marcel, vous avez adressé au Maréchal un rapport sommaire sur la part prise par le 3ᵉ corps à la bataille de Rezonville.

Je n'ai pas les termes de ce rapport; je me souviens cependant que vous informiez le général en chef que la division Metman (et non pas deux de vos divisions, comme le dit la brochure) ne vous avait pas encore rejoint; vous ignoriez même à ce moment la direction qu'elle avait pu prendre. Mais le maréchal Bazaine, qui avait disposé de cette division pour l'employer du côté de Gravelotte, le savait ou devait le savoir.

On avait oublié à l'état-major général de vous informer de cet incident; il n'en est pas moins évident que le Maréchal ne peut pas, pour justifier son inaction du 17, arguer du retard de vos troupes qui, par le fait, bien que non à leur place de bataille, n'en étaient pas moins toutes sur le terrain le 16 août.

Extrait d'une lettre du général de Geslin au Ministre (1).

12 février 1900.

..... Le 15 août, vers 5 heures du soir, la division Aymard fut mise en route. Elle passa par la gare de Devant-les-Ponts et s'engagea sur la route de Plappeville, laissant par conséquent sur sa gauche celle de Moulins, Gravelotte, etc., qui était suivie par de l'artillerie de la Garde. Arrivée à 7 heures du soir, au Nord du Ban-Saint-Martin, elle fut arrêtée par des troupes qui suivaient la même route qu'elle. C'était la division Metman du 3ᵉ corps. Le général Aymard crut à un simple à-coup et fit former les faisceaux le long de la route, mais cet à-coup se prolongea et c'est dans cette situation que la division passa la nuit du 15 au 16, sur le bord du fossé de la route.

Au petit jour, le 16, le commandant Mojon (2) (aujourd'hui général en retraite) vint dire au général Aymard : « Le maréchal Lebœuf pense qu'on rencontrera peut-être l'ennemi aujourd'hui; il vous fait dire d'arriver le plus tôt possible à Vernéville. » Le général répondit : « Mais je ne puis avancer, la division Metman est devant moi, arrêtée depuis hier soir. » Mojon reprit : « Je viens de voir le général Metman et lui ai transmis le même ordre; il m'a répondu qu'il se porterait sur Vernéville dès qu'il pourrait passer par Plappeville. »

L'officier d'ordonnance, je le répète, enfant du pays, dit timidement à son chef : « Mais, mon Général, il y a d'autres routes pour aller à

---

(1) Suite. Voir page 32.
(2) Aide de camp du maréchal Lebœuf, commandant le 3ᵉ corps.

Vernéville. » — « Quelle route ? » reprit le général. — « D'abord la grande route par Moulins, celle qui, hier soir, était suivie par de l'artillerie on la voit d'ici, à travers les arbres du Ban-Saint-Martin ; il n'y a plus personne dessus. Elle ne nous mène pas trop loin pour arriver au point indiqué. Mais si vous craignez, mon Général, de trop vous aventurer, nous pourrons passer par Châtel-Saint-Germain, évitant ainsi Gravelotte et La Malmaison. Nous serons tout le temps sous le canon du fort Saint-Quentin. » — « Eh bien, soit, » dit alors le général. La division fit demi-tour et passa par Châtel. Vers 8 heures du matin, ce jour-là, 16, elle arriva à Chantrenne, qui est au Nord du bois des Génivaux et à proximité de Vernéville. Elle avait parcouru 18 kilomètres sans à-coup, sans avoir rencontré aucune troupe. Le commandant Mojon se présenta (1). Tout surpris de voir cette division déjà arrivée, il dit : « Tiens, vous voilà ! Par où êtes-vous passé ? où est la division Metman ? C'est très bien. Le maréchal Lebœuf, d'après ce que je lui avais dit, ne vous attendait pas si tôt. Il s'impatiente et voudrait rassembler tout son corps d'armée à la ferme de Caulre, située sur la route de Gravelotte, Étain, etc. »

Le général Aymard demanda à son officier d'ordonnance s'il connaissait cette ferme. La réponse fut affirmative. La division se mit donc en marche en contournant à l'Est le village de Vernéville encombré de troupes, puis elle prit le chemin de traverse qui longeait le bois Doseuillons. A 9 heures, la division Aymard arrivait à proximité de Caulre. On se hâta de donner aux hommes l'ordre de faire le café. En cinq heures, de 20 à 22 kilomètres avaient été parcourus depuis que l'on s'était séparé de la division Metman. C'est pendant que les soldats prenaient le café que l'on entendit les premiers coups de canon dans la direction de Rezonville. On courut aux faisceaux et l'on marcha vers Saint-Marcel. Le général Aymard apercevant alors le maréchal Lebœuf prit le galop vers lui. A côté du commandant du 3e corps se trouvait alors le général Changarnier. Le Maréchal dit textuellement : « Ah ! vous voilà, Aymard, je suis content de vous voir. Vous êtes parti le dernier et vous arrivez le premier ; je vous reconnais bien là. » Le général, qui savait que les chemins à prendre lui avaient été indiqués par son officier d'ordonnance, le remercia à son tour.

Quant à la division Metman, qui était devant la division Aymard, à 4 heures du matin, je ne sais ce qu'elle était devenue jusqu'à 8 heures du soir. Mais je me souviens parfaitement que, vers cette heure-là, je l'ai entendue passer venant de la direction de la Malmaison. Je plaçais

---

(1) Sans doute au colonel d'Ornant ou au général Manèque, chef d'état-major.

quelques petits postes, alors que j'étais avec un de mes bataillons et par ordre, près de mon général de division, La Font de Villiers. Je criai : — « Qui passe là ? » « Division Metman. » Je répondis par une exclamation qui m'échappa et était peu respectueuse, j'en conviens.

La division Aymard était arrivée à Saint-Marcel vers 10 heures du matin, le 16. Elle resta sans rien faire toute la journée entre ce village et les environs de Villers-aux-Bois, derrière le bois Pierrot, recevant les coups trop longs de l'ennemi. Et, cependant, elle n'avait qu'à marcher sur Vionville, qu'elle voyait devant elle. Elle aurait ainsi fort inquiété les Allemands, qui auraient été pris sur leur gauche, alors qu'ils étaient engagés avec le 2e et le 6e corps. Mais elle ne recevait pas d'ordres.

La division Castagny (commandée par le général de brigade Nayral, Castagny ayant été blessé le 14) était aussi à hauteur de Saint-Marcel. J'ignore à quelle heure elle était arrivée et par quelle route.

C'est vers 2 heures de l'après-midi que l'on vit arriver vers Doncourt les têtes de colonne du 4e corps d'armée.

La division Castagny, commandée par le général de brigade Nayral, placée à la droite de la division Aymard, s'est engagée dans le bois de Tronville, qui se trouve au Nord de la route, entre Vionville et Mars-la-Tour, mais plus près du premier de ces villages,

Quant à la division Aymard, dans la position qu'elle ne quitta pas, ainsi que je viens de le dire, elle bordait l'ancienne voie romaine sans aller au-delà. Elle se trouvait à une petite distance de la droite de la division Tixier du 6e corps et à peu près perpendiculairement à la direction de cette division. Il n'y eut pas de changement de front à droite, avec Saint-Marcel comme pivot, ainsi que le dit par erreur une assez longue note sur le 4e corps pendant les journées du 15 et du 16 août.

La division Aymard assista en spectatrice à la charge des cuirassiers de Bismark, qui étaient à environ 1000 mètres d'elle. Ces cavaliers ennemis furent ramenés par la division de Forton.

Quant à la division Montaudon, elle avait été emmenée, j'ignore à quel moment, par Bazaine, du côté de Gravelotte.

Pour la division Metman, elle figure, sur la carte que je possède, à Vernéville, où elle est arrivée, sans doute fort tard, puisqu'elle avait dit, le matin, au commandant Mojon, qu'elle ne se mettrait en mouvement pour Vernéville que lorsqu'elle pourrait passer par Plappeville. Elle n'était pas pour les chemins les plus courts. Que n'a-t-elle fait demi-tour, comme la division Aymard, pour prendre le chemin de Châtel-Saint-Germain ?

Cette division Metman a dû quitter Vernéville, en passant par la Malmaison, pour se diriger, entre 8 heures et 9 heures du soir, à proximité et au Nord du point où le général La Font de Villiers s'était retiré avec un de mes bataillons en arrière des deux autres (commandants Horcat et Froidevaux) qui ont passé la nuit du 16 au 17 sur l'emplacement occupé par le 94ᵉ pendant la nuit du 15 au 16.....

Division Montaudon.

Journal de marche de la 1ʳᵉ division du 3ᵉ corps.

16 août.

Dès 9 heures du matin, on entend une vive canonnade du côté de Mars-la-Tour. La division prend les armes et se tient prête à se porter en avant dès que l'ordre lui en sera donné. A midi, sur l'ordre du Maréchal commandant le corps d'armée, la division part en deux colonnes se dirigeant sur Bagneux, et là, un officier de l'état-major général lui indique sa position, la droite à la division Nayral (2ᵉ division) couvrant les bois en arrière de Rezonville. La 2ᵉ brigade se porte dans ces bois, à droite de la ferme de Villers, organisée en ambulance. La division reste ainsi en réserve jusqu'à 3 h. 30 du soir.

Le maréchal Bazaine, commandant en chef de l'armée, donne ordre à la division de se porter tout entière à la gauche, vers Gravelotte. Arrivée en ce point, la division est envoyée vers Ars-sur-Moselle pour couper la retraite à l'ennemi qu'on croit se retirer sur l'autre rive de la Moselle.

La canonnade a en effet cessé vers la droite, mais elle reprend bientôt et la division engagée dans le défilé de la route d'Ars, fait demi-tour en toute hâte et revient, la droite en tête, longer les bois en avant de Gravelotte pour se reporter vers le centre du champ de bataille.

Le maréchal Bazaine lance lui-même la 1ʳᵉ brigade sur le plateau en avant de Rezonville et le général de division, prenant le commandement de cette brigade, la conduit à gauche de la brigade des voltigeurs de la garde déjà engagée pour reconquérir le plateau.

L'artillerie divisionnaire se joint à l'artillerie de la garde pour appuyer ce mouvement; la 2ᵉ brigade reste dans la main du Maréchal comme réserve et occupe, avec le 81ᵉ, le bois à gauche et en avant de Gravelotte.

La mitrailleuse divisionnaire bat le débouché des colonnes prussiennes, attaquant le plateau de Rezonville par Flavigny.

Le bataillon de chasseurs surveille le débouché de la route d'Ars.

La lutte, commencée à 5 h. 30, avec trois bataillons du 51ᵉ et deux bataillons du 62ᵉ se continue avec acharnement jusqu'à 8 heures du soir; l'ennemi est obligé de renoncer à reprendre ce plateau. Le général de division y rallie ses cinq bataillons et bivouaque sur le terrain même jusqu'à 2 heures du matin ; il reçoit alors l'ordre de se replier sur Gravelotte.

Dans ce combat, la 1re brigade a beaucoup souffert. Au 51e : 2 officiers supérieurs tués, 1 blessé, 19 officiers et 400 hommes tués, blessés ou disparus. Au 62e : 10 officiers et 250 hommes tués ou blessés.

La 2e brigade a moins souffert. Le 81e a occupé les bois en avant de Gravelotte avec un bataillon, ses deux autres bataillons en réserve. Le 95e s'est porté sur Rezonville qu'il occupe militairement. Il a passé la nuit en avant de ce village, après avoir repoussé un retour offensif de l'ennemi vers 10 heures du soir.

Au point du jour, la 2e brigade se replie sur Bagneux pour reprendre ses sacs. Le reste de la division, 1re brigade, artillerie et génie viennent l'y rejoindre.

Extrait du rapport journalier du 17 août de la 1re division du 3e corps.

17 août.

La division, qui était campée à la ferme Champenois, a pris les armes à midi pour aller occuper une position de la ligne de bataille au delà de Bagneux. Sur l'ordre du Maréchal commandant en chef, elle s'est portée sur Gravelotte qu'elle a traversé ; une partie de la division a été employée à éclairer le bois d'Ars ; l'autre partie, formée en deux colonnes, celle de droite commandée par le général Clinchant, avec le 95e et deux bataillons du 81e a attaqué la droite de la position des Prussiens sur Rezonville ; celle de gauche, dirigée par le général de division, a attaqué la position avec les 51e et 62e de ligne. Les troupes sont restées maîtresses des positions et les ont occupées pendant la nuit pour se retirer au petit jour.

Les pertes de ces deux derniers corps sont assez sensibles.

Rapport sommaire du général Montaudon sur la bataille de Rezonville.

Ferme de Leipzig, 17 août.

Parti rapidement de la ferme Champenois, j'ai été dirigé par Bagneux sur les bois occupés par la division La Font de Villiers, et la ferme de Villers-aux-Bois. Arrivé vers 2 heures, je jetai immédiatement le 81e comme soutien dans les bois. Quelques instants après, sur les ordres du maréchal Lebœuf, je me dirigeais avec ma division sur Gravelotte et de là sur Ars-sur-Moselle avec ma 2e brigade, avec mission de couper la retraite à l'ennemi.

Mes renseignements particuliers, concordant avec ceux du Maréchal commandant en chef, firent arrêter ce mouvement dans son exécution, et l'attaque qui se prononça en ce moment sur notre gauche me fit diriger très rapidement sur ce point les trois bataillons du 51ᵉ et un bataillon et demi du 62ᵉ que j'avais sous la main. Le reste de ma division fut retenu par le Maréchal commandant en chef.

Quoique mes troupes fussent fatiguées par une course non interrompue de plusieurs heures, elles se formèrent néanmoins avec assez de rapidité en arrivant sur la nouvelle position, et abordèrent l'ennemi avec une vigueur qui arrêta sa marche en avant sur le plateau. Malgré un feu très meurtrier, elles maintinrent leur position pendant plusieurs heures. Malheureusement, elles étaient mêlées à d'autres..... Par deux fois, des paniques se produisirent, et chaque fois, très vigoureusement secondé par les officiers que j'avais autour de moi, je pus rallier mon monde, et non seulement mes troupes reprirent leurs anciennes positions, mais elles s'emparèrent du plateau où se trouvait l'ennemi, et finalement, lorsque la nuit arriva, nous avions conquis une large zone sur notre front. Je tins à rester sur le terrain jusqu'à minuit, pour bien constater que nous étions restés maîtres du champ de bataille.

Pendant que le 51ᵉ et le 62ᵉ exécutaient ces différentes opérations, un bataillon et demi du 81ᵉ soutenait dans les bois, à notre extrême gauche, un feu très vif de tirailleurs, et le 93ᵉ, sous les ordres du général Clinchant, occupait le village de Rezonville et les positions en avant. Pendant ces diverses péripéties, le 51ᵉ et le 62ᵉ éprouvaient des pertes sensibles. Le 51ᵉ eut deux chefs de bataillon tués, le troisième blessé.

J'ai vivement regretté de voir ma division ainsi disloquée; privé de mes trois batteries, employées sur d'autres points, privé de mon bataillon de chasseurs, je n'ai pu obtenir tous les résultats que j'aurais pu atteindre avec une force compacte.

Rapport du général Montaudon sur la part prise par la 1ʳᵉ division du 3ᵉ corps à la bataille du 16 août 1870 (1).

22 août.

Le 16 août au matin, la 1ʳᵉ division était campée, la droite appuyée au château de Montigny-la-Grange, la gauche à la ferme de l'Envie, dans la direction du village de Vernéville.

---

(1) Provenant de la succession du maréchal Lebœuf.

A 9 h. 30 du matin, une canonnade violente se fit entendre à gauche du côté de Gravelotte ; le général de division, un peu après dix heures, envoya son aide de camp à la ferme de Bagneux, prendre les ordres de S. E. le Maréchal commandant le 3e corps. En arrivant près de la ferme, le capitaine Haillot rencontra le chef d'escadron d'état-major Munier qui venait apporter à la 1re division l'ordre de se mettre en mouvement et de se diriger sur Saint-Marcel (1). Ces ordres ayant été rapidement transmis, la division se mit en marche un peu après 11 heures, à travers champs, formant trois colonnes : à droite la 1re brigade, à gauche la 2e, au milieu l'artillerie.

En arrivant sur la route de Gravelotte à Doncourt, là où s'embranche la route de Saint-Marcel, la division déposa ses sacs le long des bois de Villers (2).

Le 81e de ligne marcha par Villers-aux-Bois ; le 95e de ligne s'engagea dans le bois au Sud-Ouest de cette ferme ; le 18e bataillon resta en réserve près de Villers-aux-Bois et le 51e avec le 62e, formant la seconde ligne, se placèrent en bataille dans la direction de Saint-Marcel.

Mais l'ennemi venait d'être refoulé en avant de ces points : la division fut portée alors sur Gravelotte et prit position au Sud de ce village. Peu après, elle reçut l'ordre de prendre la route d'Ars-sur-Moselle afin de menacer les lignes de retraite de l'ennemi. La 2e brigade marchait en tête de colonne. Les derniers bataillons de la division s'engageaient sur cette route, quand S. E. le Maréchal commandant en chef donna l'ordre de revenir et de marcher rapidement sur la lisière du bois des Ognons, parallèlement à la route de Gravelotte à Rezonville.

Après avoir marché 1800 mètres, la division franchit un ravin profond et gravit la crête qui s'étend de Rezonville au bois de Saint-Arnould.

Le général de division, dirigeant la 1re brigade (trois bataillons du 51e et deux du 62e de ligne), conduisit ces bataillons à gauche et en avant des batteries établies sur la crête, afin de résister aux troupes ennemies placées dans le bois de Saint-Arnould et débouchant de Flavigny (?).

Une énorme batterie placée près de Flavigny causa des pertes sérieuses au 51e et au 62e, mais sans les ébranler un seul instant. Au contraire, vers 7 h. 30 du soir, au moment où les bataillons du 2e voltigeurs de la Garde placés à la droite de la brigade tenaient juste leur ligne, le

---

(1) « Donc, j'ai pris l'initiative et j'ai marché au canon. » (Annotation de la main du maréchal Lebœuf.)

(2) Il s'agit évidemment des bois de Bagneux et Leprince.

51ᵉ de ligne, le 62ᵉ et quelques troupes de la brigade Lapasset, se portèrent en avant et, sous les ordres du général de division, chargèrent l'ennemi à la baïonnette.

Cette ligne s'avança ainsi jusque sur la crête en avant de Flavigny, prit des armes, des bagages et fit beaucoup de prisonniers à l'ennemi.

La 2ᵉ brigade, sous les ordres du général Clinchant, fut dirigée par ordre de S. E. le Maréchal commandant en chef sur Rezonville, au moment où elle gravissait, à la suite de la 1ʳᵉ brigade, le versant en arrière.

Il n'y avait là que deux bataillons et demi du 95ᵉ de ligne et un bataillon du 81ᵉ (1). Ces troupes s'établirent dans les jardins qui entourent Rezonville au Nord et à l'Est. Un bataillon et demi resta en réserve en dehors du village.

Les deux autres bataillons du 81ᵉ, avec trois compagnies du 95ᵉ, étaient restés dans le bois des Ognons et tiraillaient avec les Prussiens établis dans les bois de Saint-Arnould (?). Le 18ᵉ bataillon de chasseurs à pied, placé par S. E. le Maréchal commandant en chef en observation sur le chemin d'Ars, à l'entrée des bois, fut reporté plus tard sur la crête dominant le ravin de Rezonville. Là, avaient été placées, dès l'arrivée de la division, la batterie *Barbe* (canons à balles) et la batterie *Josselein* (4 de campagne); l'autre batterie de 4, capitaine *Crassous*, avait été envoyée à Rezonville par ordre de S. E. le Maréchal commandant en chef et mise à la disposition de S. E. le Maréchal commandant le 6ᵉ corps.

Cette batterie joignit son feu à celui des batteries déjà placées près de Rezonville.

La division a fait des pertes cruelles dans la journée du 16 août : 14 officiers, dont 9 du 51ᵉ et 5 du 62ᵉ furent tués, 23 officiers furent blessés ; 60 soldats furent tués et 429 blessés.

Après que l'ennemi eut été repoussé en avant de Rezonville, la division resta sur le champ de bataille jusqu'à une heure du matin : la 1ʳᵉ brigade, sous les ordres du général de division, dans les positions qu'elle avait prises et gardées dans la soirée ; la 2ᵉ brigade à Rezonville.

Le Maréchal commandant en chef ayant donné l'ordre de quitter Rezonville, la division se rallia sur Gravelotte et se mit en marche de grand matin pour reprendre ses sacs et aller occuper ensuite le plateau de la ferme de Leipzig.

---

(1) $\frac{III}{81}$.

Historique du 18e bataillon de chasseurs à pied
(1re division, 1re brigade, commandant Rigault).

16 août.

Le 16, à midi, le bataillon quitte son campement de la ferme de Montigny pour se diriger au canon qu'on entend sur la gauche dans la direction de Rezonville ; puis il se dirige sur Gravelotte et prend position en avant de ce village surveillant le bois qui descend sur la route d'Ars. Une section est détachée avec les mitrailleuses.

A la nuit, il bivouaque sur l'emplacement qu'il a occupé à la fin de la journée.

Rapport du lieutenant-colonel Bréart, commandant le 51e de ligne (1re division, 1re brigade).

16 août.

Le régiment a quitté le 16, à midi 15, le bivouac de Montigny-la-Grange, a posé les sacs près de la ferme de Bagneux et s'est dirigé sur Gravelotte. Dès 9 h. 30 la canonnade avait commencé sur la ligne de Gravelotte à Mars-la-Tour et vers 11 h. 30 avait pris une grande vivacité.

Vers 3 heures, la droite de l'armée prussienne perdant beaucoup de terrain, la division fut dirigée sur le plateau de Gravelotte entre les bois de Vaux et des Ognons pour couper à l'ennemi sa route par Ars-sur-Moselle. Le mouvement s'exécutait, quand la 1re brigade reçut ordre de rétrograder sur Gravelotte et de là fut dirigée sur le champ de bataille où elle s'établit vers 5 heures, la droite dans la direction de Rezonville, adossée au bois de Saint-Arnould et de Vionville, en arrière du chemin qui va de Rezonville à Chambley.

Vers 7 heures, la droite de l'armée prussienne ayant fait un vigoureux retour offensif, en débouchant des bois de la Haie-Notre-Dame (1) et de la Côte-Fuzée, la division a chargé à la baïonnette en se rabattant à gauche de Flavigny sur Tantelainville (2) par les Carrières. Le Ier bataillon du régiment a passé à gauche de Flavigny et s'est arrêté sur le plateau vis-à-vis de Vionville ; le IIe bataillon a marché sur les Carrières ; le IIIe sur Tantelainville mêlés avec des soldats de nombreux régiments.

---

(1) Le bois de la Haie-Notre-Dame, anciennement situé entre les bois de Gaumont et de la Côte-Fuzée, n'existait plus en 1870.
(2) Village ruiné.

Le 51ᵉ a marché avec une vigueur d'autant plus grande que sur sa gauche, dans la direction de l'attaque prussienne, plusieurs corps avaient faibli.

Tout le monde, mais surtout les officiers et les sous-officiers, a fait très bien son devoir; aussi nos pertes sont-elles très sensibles : 9 officiers ont été tués, 15 blessés et un disparu. Les chiffres pour la troupe sont de 395 tués, blessés ou disparus.

Rapport du lieutenant-colonel Louis, commandant le 62ᵉ de ligne (1ʳᵉ *division*, 1ʳᵉ *brigade*).

16 août.

La division entière quitta son bivouac de Vernéville vers midi, pour se porter sur le théâtre du combat, sur les hauteurs qui environnent Gravelotte. Le régiment marchait en queue de colonne, ayant son IIIᵉ bataillon d'arrière-garde pour couvrir le convoi.

Après avoir manœuvré pour gagner la droite des attaques (gauche de l'ennemi), la division fit le mouvement inverse pour gagner la gauche ; mais, vers 4 heures du soir, lorsque ce mouvement touchait à sa fin, l'ennemi portant tous ses efforts sur le centre, la division fut arrêtée et portée en avant sur les hauteurs qui s'élèvent entre Conflans et Gorze. Dans ce mouvement, le Iᵉʳ et le IIᵉ bataillon du 62ᵉ prirent la tête (le IIIᵉ était resté au convoi) et arrivant en face des lignes ennemies, furent déployés : le Iᵉʳ bataillon à droite et le IIᵉ à gauche du plateau, dont le centre était occupé par un régiment de grenadiers de la Garde.

Après ces mouvements, opérés sous le feu de l'ennemi, les bataillons furent abrités derrière les accidents du terrain, afin d'empêcher par leur feu l'ennemi de déboucher de ses positions pour envahir les nôtres.

Le feu, dirigé d'une manière satisfaisante, permit de contenir l'ennemi, qui ne put réussir à former ses colonnes d'attaque qui furent constamment brisées, à peine formées, par les efforts combinés de l'artillerie et de l'infanterie.

Vers 6 heures du soir, l'ennemi voulut tenter un suprême effort sur la gauche du plateau ; il fallut pour le repousser l'effort réuni de toutes les troupes massées de ce côté. Le Iᵉʳ bataillon fut vigoureusement enlevé pour charger à la baïonnette, de concert avec le 51ᵉ et les grenadiers de la Garde.

Cette charge s'exécuta avec un entrain si remarquable que les colonnes prussiennes se hâtèrent de battre en retraite au pas de course.

La Garde, le 51ᵉ et le 62ᵉ arrivèrent dans leur élan, jusque près des pièces prussiennes. Mais la nuit avançait, les troupes se battaient depuis trois heures et l'obscurité pouvait dans ces terrains fourrés et boisés, amener des méprises et des fausses directions. La retraite fut ordonnée et s'opéra en bon ordre, sans que les Prussiens tentassent de l'inquiéter. Pendant ce temps, le IIIe bataillon réussissait à contenir l'ennemi et à l'empêcher par son feu de gagner un bouquet de bois à la faveur duquel il aurait pu tourner notre gauche.

Durant cette lutte de neuf heures, nos jeunes soldats conservèrent une confiance qui ne se démentit pas.

Tous les officiers firent leur devoir avec un dévouement remarquable.

Tableau des pertes. — Officiers : 5 tués, 6 blessés, 5 disparus ; troupe : 9 tués, 122 blessés, 49 disparus.

Rapport du colonel Colavier d'Albici, commandant le 81e de ligne (1re division, 2e brigade).

16 août.

Le régiment se trouvait campé en deuxième ligne sur le plateau qui s'étend au Nord-Est de Châtel-Saint-Germain et à 4 kilomètres de ce village. Dès 7 heures (1) du matin, une vive canonnade se fit entendre sur la gauche de nos positions. Le feu paraissant redoubler vers 10 heures, la brigade, placée sous vos ordres, se mit en marche et, arrivé à portée du théâtre de l'action, le 81e fut établi de la manière suivante :

Le IIIe bataillon dans la ferme de Villers-aux-Bois, avec mission de défendre cette ferme à outrance ;

Le IIe bataillon près d'un bois s'étendant à gauche de cette ferme, avec deux compagnies établies en éclaireurs dans le bois ;

Le Ier bataillon, en arrière de la ferme de Villers-aux-Bois.

Vers 3 heures, l'ennemi perdant du terrain, le régiment entier fut dirigé sur Gravelotte et de là dans la direction d'Ars-sur-Moselle, dans le but de couper la ligne de retraite de l'ennemi ou d'empêcher sa jonction avec un corps de troupes fraîches, qui devait déboucher sur ce point. Mais l'ennemi ayant repris une vigoureuse offensive, le 81e fut rappelé sur le plateau de Gravelotte et installé de la manière suivante :

Le Ier bataillon dans le bois des Ognons, dans le but d'en défendre l'accès à l'ennemi, qui, en s'en emparant, eût pu tourner notre gauche ;

Le IIe bataillon, à la garde d'une batterie de mitrailleuses établie

---

(1) 9 h. 15.

près du bois des Ognons, et plus tard dans ce bois même avec trois compagnies de soutien sur la lisière ;

Le III⁰ bataillon, près de Rezonville, à la disposition du général Bourbaki, commandant la Garde impériale.

Vers 9 heures du soir, le I⁰ʳ bataillon engagea le tir dans le bois des Ognons avec les tirailleurs ennemis, qu'il en chassa bientôt. Les trois compagnies du II⁰ bataillon, installées dans le même bois, concoururent avec le 1ᵉʳ bataillon à empêcher l'ennemi, qui s'y montrait en force, de s'y établir.

Le III⁰ bataillon fut d'abord employé comme soutien de la batterie de la Garde ; à 8 h. 30 du soir, il reçut l'ordre de se porter en toute hâte sur les crêtes, qui commandent la route de Verdun à Metz, entre Vionville et Rezonville.

Il fut accueilli par une fusillade assez vive, dont l'effet fut à peu près nul, en raison de la nuit déjà venue.

J'établis le bataillon, sa gauche appuyée à la route de Verdun et quelques instants après, deux bataillons du 85⁰, commandés par le général Sanglé-Ferrière, venaient s'établir à ma droite. La nuit fut tranquille.

Sur les divers points occupés, le régiment a eu 3 soldats tués, 2 officiers blessés et 3 soldats blessés.

Rapport du colonel Davout d'Auerstædt, commandant le 95ᵉ de ligne (1ʳᵉ division, 2ᵉ brigade).

16 août.

Le régiment a quitté le camp à 11 heures du matin et a occupé successivement trois positions en arrière de la droite et du centre de l'armée.

Vers 5 heures, lorsque le mouvement de retraite de l'ennemi parut se dessiner, le régiment fut dirigé sur Ars-sur-Moselle.

Vers 6 heures, l'ennemi reprenant l'offensive, le 95⁰ fut rappelé et occupa le village de Rezonville où je m'établis, conformément à vos instructions : le I⁰ʳ et le II⁰ bataillon occupant fortement les jardins et vergers, faisant face au bois situé sur la droite de la route et le III⁰ bataillon servant de réserve et placé à gauche.

Vers 7 heures du soir, à la suite de retours offensifs de l'ennemi, un commencement de panique se produisit parmi les soldats qui encombraient le village ; je fis partir en avant une compagnie du II⁰ bataillon. Cette compagnie, mise en bataille dans la grande rue du village, parvint à arrêter les fuyards et se porta ensuite résolument au-devant de l'ennemi. Elle fut placée par vous à l'entrée du village. Nos pertes se sont élevées à 1 homme tué, 13 blessés, 9 disparus.

Rapport du lieutenant-colonel Fourgous, commandant l'artillerie de la 1re division (1).

16 août.

Les batteries, campées entre Vernéville et Amanvilliers, partirent avec la division à 11 heures du matin pour prendre part à la lutte que les 2e et 4e corps, appuyés par la Garde, soutenaient depuis trois heures. Elles arrivèrent sur le théâtre du combat, près de Saint-Marcel.

L'action se concentrant près des villages de Rezonville, Vionville, Flavigny et sur la lisière septentrionale du bois de Saint-Arnould où l'ennemi avait construit de solides retranchements, les batteries se portèrent avec la division dans la direction de Rezonville.

La batterie Barbe (canons à balles, 8e batterie du 4e) eut l'occasion d'ouvrir son feu au Sud de la route contre les batteries prussiennes établies à Flavigny. Cependant, dans la crainte d'une tentative sur Gravelotte, la division reçut l'ordre de se porter sur ce village. Les batteries se portèrent en face du débouché par où l'on supposait que défileraient les renforts prussiens amenés par le général Steinmetz. La batterie Barbe fut mise en batterie par le Maréchal lui-même en face de ce débouché. Son tir, dirigé à 2,300 mètres, empêcha l'établissement d'une batterie prussienne, dispersa deux fortes colonnes d'infanterie, qui tentaient de faire une trouée sur Gravelotte (?), l'une par la droite, l'autre par la gauche. Elle continua à tirer jusqu'à la nuit, sur les environs du point où avait débouché le général Steinmetz, pour l'empêcher de faire de nouvelles tentatives et soutenir notre ligne de tirailleurs.

Cette batterie coucha sur le terrain du combat et rejoignit la division le 17 à Bagneux, n'ayant eu qu'un cheval blessé.

La batterie Crassous (6e batterie du 4e régiment) arriva sur le même terrain que la batterie Barbe, reçut l'ordre d'aller se mettre à la disposition du maréchal Canrobert, que le feu d'une forte batterie de 16 pièces faisait beaucoup souffrir. La batterie, placée près du village de Rezonville, joignit son feu à celui des batteries de la Garde et se retira en même temps qu'elle en arrière du village, où elle passa la nuit.

Quant à la 5e batterie, commandée par le capitaine en second Josselin et dirigée par le lieutenant-colonel Fourgous et le commandant

---

(1) $\frac{5, 6, 8}{4}$.

Leclerc, elle se porta en avant des batteries de la Garde et elle ouvrit son feu contre les tirailleurs prussiens ; mais étant en butte à un feu très nourri de la grande batterie et à une pluie de balles, sa position était fort difficile à conserver. Aussi, lorsque l'artillerie de la Garde ouvrit son feu, par-dessus nos pièces, la batterie, ayant épuisé ses munitions d'avant-trains, se retira à hauteur de la ligne d'artillerie de la Garde. Ce fut à ce moment que le lieutenant en second fut atteint aux deux bras d'un éclat d'obus. La batterie se retira à la nuit, en arrière, à hauteur de la division.

Historique des 5ᵉ, 6ᵉ et 8ᵉ batteries du 4ᵉ régiment d'artillerie (1ʳᵉ division, lieutenant-colonel Fourgous, commandant Leclerc).

16 août.

5ᵉ *batterie*. — La batterie suit la 1ʳᵉ division du 3ᵉ corps dans sa marche de Vernéville à Gravelotte ; elle est stationnée une partie de la journée près de ce village et ensuite le long du bois des Ognons. Vers 5 heures du soir, elle est envoyée à Rezonville pour soutenir le 6ᵉ corps et ouvrir son feu contre les batteries de Vionville.

Pertes : 1 officier blessé, 5 hommes blessés, 7 chevaux tués ou blessés.

6ᵉ *batterie*. — Mêmes mouvements. Placée en avant du village de Rezonville, elle ouvre son feu à 7 heures, après la charge des dragons et des guides pour couvrir la retraite. Elle ne tire que quelques coups de canon et n'éprouve aucune perte. Bivouac sur le champ de bataille.

8ᵉ *batterie*. — A 10 heures du matin, quelques coups de canon annoncent un combat à notre gauche. Nous recevons l'ordre de nous transporter dans cette direction, qui est celle de Rezonville et de Gravelotte. Une partie du trajet s'effectue au trot. Quelque temps après, on arrive sur le champ de bataille ; la batterie ouvre son feu près du village de Rezonville, à la gauche de la route de Verdun. Elle est ensuite retirée de cette position et placée en réserve avec la 1ʳᵉ division du 3ᵉ corps tout entière, près et en arrière du village de Gravelotte. Vers 5 heures du soir, sur l'ordre du maréchal Bazaine, elle se porte au trot en avant et à gauche de ce village, se met en batterie et commence le feu pour empêcher les troupes prussiennes de déboucher entre les bois de Saint-Arnould et des Ognons. L'effet des mitrailleuses fut terrible. La batterie a tiré plus de 300 coups par pièce, sans subir de pertes sensibles.

A la nuit tombante, à 8 h. 30, le feu cessa.

On a bivouaqué sur le champ de bataille.

Rapport du chef de bataillon Marchand, commandant le génie de la 1re *division.*

Plappeville, 19 août.

La 12e compagnie était campée, le matin du 16 août, près de la ferme de l'Envie, à peu de distance de Vernéville, lorsque la division se mit en marche pour prendre part au combat, qui commençait à être très vif du côté du village de Saint-Marcel.

Quand elle arriva à hauteur du chemin qui, partant de la route de Metz à Verdun par Etain, va à la ferme de Villers, les divers régiments de la division s'étaient portés dans plusieurs directions. La compagnie se rallia au parc de réserve de l'artillerie divisionnaire, attendit jusqu'au soir et bivouaqua. Ces différents mouvements eurent lieu sans accident ou circonstance méritant d'être relatés.

Rapport du capitaine Scheurer, commandant le 1er *escadron du* 3e *chasseurs* (1re *division*).

Châtel-Saint-Germain, 17 août.

Parti du bivouac de Vernéville vers 1 heure de l'après-midi, avec très peu de cavaliers (la plupart ayant été chargés de missions particulières), je me suis constamment tenu avec le peu de monde qui me restait auprès de la 2e brigade de la division, cette brigade n'ayant pas pris une part active dans l'engagement. Je n'ai d'autre fait à signaler que le chasseur Rousseau, Pierre, qui, étant de service d'escorte auprès de M. le colonel Dauphin, commandant la 1re brigade de la division, a été blessé au bras par un coup de feu et a été renvoyé par le colonel. Depuis ce moment, je n'en ai eu aucunes nouvelles, mais je suppose qu'il s'est rendu à une ambulance pour s'y faire soigner.

Vers 6 heures, un peloton, commandé par le lieutenant Saintotte, a fait, sous les ordres du général Clinchant, commandant la 2e brigade, une reconnaissance vers l'aile gauche et a rallié l'escadron vers 8 heures du soir.

2e DIVISION.

Rapport du général Nayral sur la bataille de Rezonville (1).

Montigny, 23 août.

Le 16 août, vers 10 heures du matin, la 2e division d'infanterie,

---

(1) Provenant de la succession du maréchal Lebœuf. Les parties en italiques ont été soulignées de la main du Maréchal.

commandée par le général de brigade Nayral qui entendait le canon depuis 8 heures, dans la direction de Saint-Marcel, *reçut l'ordre* (1) de se tenir prête à marcher. Elle était à peine formée qu'un second ordre (2) lui prescrivit de se diriger *sur Saint-Marcel et d'y occuper une hauteur qui domine ce village au Sud-Ouest*. La 2ᵉ brigade fut déployée en colonnes de bataillons ; la 1ʳᵉ, en deuxième ligne, resta provisoirement en arrière de la route d'Étain, en colonne serrée (3) ; l'artillerie sur le plateau, entre les régiments de la 1ʳᵉ brigade.

Le 3ᵉ corps (maréchal Lebœuf) resta toute la journée en réserve, et la 2ᵉ division (général Nayral) *fut portée sur divers points menacés par l'ennemi, entre autres, vers 4 heures de l'après-midi, sur Gravelotte* (4), *mais sans entrer en première ligne*. Elle revint, à 5 heures, vers Saint-Marcel, et, *à 7 heures du soir, au moment où la retraite de l'ennemi se prononçait, elle fut appelée en première ligne et marcha, la première ligne déployée, sur les batteries de position que les Prussiens avaient établies entre Rezonville et Vionville*. Ce mouvement en avant fut arrêté à environ 2,500 mètres des batteries, pour se conformer à l'ordre du maréchal Bazaine, qui avait prescrit au corps (Lebœuf) de se maintenir toujours en réserve. Les troupes reçurent là quelques boulets qui leur firent peu de mal. Une batterie divisionnaire essaya de tirer quelques obus ; mais elle dut cesser son feu, ayant à lutter contre des batteries d'une portée plus considérable que la sienne.

La division bivouaqua sur le champ de bataille.

Les généraux de Castagny et Duplessis avaient été blessés dans le combat du 14 août. Pendant la journée du 16, le général Nayral commandait la division ; le colonel Delaunay, du 19ᵉ, la 1ʳᵉ brigade ; le colonel Roussel de Courcy, du 90ᵉ de ligne, la 2ᵉ brigade ; le chef d'escadron Ruyneau de Saint-Georges, remplissait les fonctions de chef d'état-major.

A l'occasion de l'affaire du 16 août, le général commandant la

---

(1) *Initiative*. (Annotation en marge de la main du maréchal Lebœuf.)

(2) D'après la note du général Saussier, ce serait seulement vers 11 heures. Les Historiques disent 11 h. 30 ou midi. Le maréchal Lebœuf lui-même dit 11 heures. Il faut admettre que le mouvement s'est effectué entre 11 heures et 11 h. 30.

(3) Il est probable que la 1ʳᵉ brigade ne s'arrêta que peu de temps au Nord de la route d'Étain, car vers 2 heures elle arrivait auprès de la 2ᵉ. (Voir l'Historique du 41ᵉ.)

(4) Il faut sans doute lire : *dans la direction de Gravelotte*.

2ᵉ division ne fait pas de nouvelles propositions pour l'avancement et la décoration, mais il renouvelle toutes celles qu'il avait faites après le combat du 14.

Historique du 15ᵉ bataillon de chasseurs (2ᵉ division, 1ʳᵉ brigade, commandant Lafouge).
16 août.

La division, réunie à Vernéville, prend les armes au bruit du canon, marche à l'ennemi en suivant les hauteurs et se dirige vers Saint-Marcel. Une grande bataille se livre de Mars-la-Tour à Gravelotte ; la division est conservée en réserve ; elle exécute vers la fin de la journée un mouvement de flanc dans la direction de la ferme de Bagneux, et revient ensuite sur le plateau de Saint-Marcel où elle bivouaque.

Historique du 19ᵉ régiment d'infanterie (2ᵉ division, 1ʳᵉ brigade, colonel Delaunay).
16 août.

Vers 9 heures du matin on entendit le canon dans la direction de Rezonville et de Vionville au Sud. La division prit les armes et partit de ses campements vers midi. A 2 heures, elle se trouvait dans le voisinage du champ de bataille. La brigade Nayral fut conservée en réserve et le reste de l'après-midi se passa en marches entre les villages de Saint-Marcel et de Villers-aux-Bois. Vers 6 heures le régiment prit position en colonne double par bataillon, sur un plateau situé en face d'une grande batterie prussienne, qui lui envoya plusieurs obus. Le feu cessa à 8 heures du soir et le 19ᵉ bivouaqua dans sa position de la soirée.

Historique du 41ᵉ régiment d'infanterie (2ᵉ division, 1ʳᵉ brigade, colonel Saussier).
16 août.

Le réveil se fait à 4 heures, on doit se tenir prêt à marcher.
A 9 h. 45 on entend le canon à l'Ouest.
A 11 h. 30 la division marche vers le champ de bataille au Sud-Ouest de Vernéville. Elle traverse la route d'Étain et passe entre Saint-Marcel et Bruville.
A 2 heures la division se place en troisième ligne au Sud de Saint-Marcel, faisant face à Vionville. Elle forme une ligne de bataille par bataillons en masse à intervalles de trente pas.
A 3 heures le combat devenant plus fort sur notre gauche (en avant de Rezonville), la division marche dans la direction de Villers-aux-Bois.
A 4 heures les Prussiens faisant un retour offensif sur notre aile

droite, la division se porte de nouveau à cette aile et le régiment prend position en première ligne, en face d'une batterie ennemie, à Vionville. Il est formé en ligne par bataillons en masse, ayant à sa droite le 12ᵉ de ligne.

A 7 heures une division de cavalerie se forme sur deux lignes en arrière de notre gauche; la batterie prussienne redouble alors son feu, dont nous ne souffrons pas heureusement, et oblige la cavalerie à se retirer.

A 9 heures le feu cesse, le combat est terminé.

Le régiment, qui se trouve alors très près du bois de Vionville (1), place des petits postes et une ligne de tirailleurs sur la lisière du bois et bivouaque sur le terrain, qu'il occupe.

Les avant-postes sont sur le terrain occupé par les Prussiens.

Dans cette journée, le régiment n'a eu qu'un seul homme blessé.

Notes du général Saussier sur la bataille de Rezonville.

Le 15 août, l'armée reprend le passage de la Moselle qui avait été si brusquement interrompu la veille.

Conformément aux ordres du commandement, la division Nayral se met en marche vers 2 heures de l'après-midi sur Vernéville, où elle arrive à 10 heures du soir. Elle s'établit au bivouac sur le plateau du Télégraphe qui domine le village au Sud-Ouest. La marche avait été particulièrement pénible ce jour-là, car la route avait été obstruée à chaque pas par les bagages des corps qui nous avaient précédés.

Le 16, dès l'aube, la division lève le camp et se tient sous les armes.

A 10 heures, le canon se fait entendre. C'est le prince Frédéric-Charles, dont l'armée a également passé la Moselle, qui cherche à nous prévenir sur la route de Verdun.

Une heure plus tard, la division est portée au Sud de Saint-Marcel où elle est en troisième ligne. Puis, vers 3 heures de l'après-midi, les efforts de l'ennemi s'accentuant à Rezonville, elle est rapprochée vers Villers-aux-Bois.

Mais, à 4 heures, les ennemis menacent sérieusement notre flanc droit qui est alors découvert; car le général de Ladmirault dont le corps constitue notre extrême droite, n'est pas encore arrivé en ligne. La division Nayral est alors avancée dans le bois au Sud de Saint-Marcel; elle se déploie en première ligne sur un plateau situé en face de la grande batterie prussienne de Vionville. Le 41ᵉ de ligne éclaire

---

(1) Lire : *de Saint-Marcel.*

la marche ; il s'avance en ligne de bataillons en masse, ayant à sa droite le 12e d'infanterie, de la division Tixier, du 6e corps, qui s'est déjà emparée de la lisière Sud du bois (1).

Bientôt le général de Ladmirault, dont les divisions débouchent successivement sur le champ de bataille, en vient aux prises avec l'ennemi.

C'est alors une occasion des plus favorables pour nous, d'enlever dans un vigoureux élan les nombreuses batteries que les Prussiens ont massées à Vionville, point capital de leurs positions, où ils se raccrochent désespérément, parce que c'est là le pivot de tous leurs mouvements.

Le 41e qui, soutenu par la division, arrive à bonne portée de l'ennemi, est prêt à s'élancer sur la position. Il est environ 7 heures du soir. Chacun sent que le mouvement décisif est arrivé. Nul doute que nos efforts, joints à ceux des troupes déjà engagées, vont déloger l'ennemi des hauteurs de Vionville.

Les circonstances en décident autrement. Le combat, à partir de ce moment, va se réduire à une vive fusillade et à une canonnade qui fait plus de bruit que d'effet.

Quelques hommes sont blessés dans le 41e.

Cette inaction est d'autant plus regrettable qu'entre temps le 4e corps avait livré un combat acharné et gagné beaucoup de terrain.

Jamais situation plus avantageuse ne s'est offerte à nous. Le moral est partout excellent ; et malgré les vicissitudes par lesquelles vient de passer l'armée du Rhin, tous ces corps paraissent pleins de confiance et disposés, à cette heure, à brusquer le dénouement à la baïonnette.

C'est en vain que, jusqu'à la nuit noire, les troupes impatientes attendent le signal de l'assaut.

« Ce sera pour le lendemain », pense-t-on, et le feu cesse des deux côtés.

La 1re brigade de la division Nayral passe la nuit sur ses positions. Le 41e bivouaque dans le bois de Saint-Marcel, étendant ses avant-postes jusqu'à la lisière.

Le lendemain, au réveil, l'opinion de tous est encore très optimiste. On s'attend naturellement à couronner le succès de la veille. Cet espoir n'est qu'une illusion de courte durée. A la stupéfaction générale, l'ordre parvient de battre en retraite. Ce n'est pas seulement de l'étonnement que l'on manifeste : on peut dire que cet ordre provoque partout une vive irritation.

Bref, la division Nayral quitte son bivouac à 6 heures du matin pour

---

(1) Bois de Tronville.

aller occuper, en arrière, le plateau sur lequel s'élèvent les fermes de Moscou et de Leipsick.

Tous les corps d'armée qui avaient été engagés la veille exécutent le même mouvement rétrograde sur des positions déterminées dont l'ensemble constitue le champ de bataille du lendemain.

Historique du 69ᵉ régiment d'infanterie (2ᵉ division, 2ᵉ brigade, colonel Le Tourneur).

16 août.

Vers 6 heures, le canon se fait entendre; la division Castagny, sous les ordres du général Nayral, se porte en avant. A 11 h. 30, le 69ᵉ débouche entre les bois Doseuillons et de Bagneux, traverse la route de Verdun et vient s'établir en avant du grand quartier général et de l'artillerie de réserve. Après un combat, qui ne finit qu'avec le jour, le régiment va camper face aux batteries ennemies établies à Vionville.

Historique du 90ᵉ régiment d'infanterie (2ᵉ division, 2ᵉ brigade, colonel Roussel de Courcy).

16 août.

Dès 9 heures du matin, on entend le canon sur la droite, la division traverse la route d'Étain, se porte vers Saint-Marcel, occupe les hauteurs et reste en réserve toute la journée.

A 6 heures, elle se porte en avant, la 2ᵉ brigade en tête, le 69ᵉ à sa gauche, le 90ᵉ à sa droite; les bataillons sont déployés en colonnes de division; ils prennent position en face de la batterie prussienne de Vionville. Deux compagnies du Iᵉʳ bataillon sont envoyées dans les bois pour renforcer le 4ᵉ de ligne; quelques bons tireurs pris dans toutes les compagnies sont placés en avant dans un bouquet de bois.

Dans cette journée, nous avons 2 hommes tués et 11 blessés.

Le soir, la division se porte un peu en arrière pour bivouaquer, laissant pour se couvrir le demi-bataillon de droite du bataillon Collasse, qui se relie avec le 41ᵉ à droite et le 69ᵉ à gauche.

Historique des 9ᵉ, 11ᵉ et 12ᵉ batteries du 4ᵉ régiment d'artillerie (2ᵉ division, lieutenant-colonel Delange, commandant Teissèdre).

16 août.

9ᵉ *batterie*. — Le 16, la 2ᵉ division du 3ᵉ corps qui avait été très éprouvée le 14, servit de réserve au corps d'armée et prit peu de part à la bataille. La batterie entra seulement en ligne vers 2 heures sans beaucoup de succès, contre les batteries ennemies établies à la gauche de la route de Vionville. La distance et la position dominante de ces batteries ne permettaient pas de les contre-battre d'une manière efficace avec le canon à balles.

La batterie tira à peu près 60 coups par pièce. L'infanterie ennemie ne se montra pas. Deux escadrons de hulans qui s'apprêtaient à charger au débouché d'un bois durent s'enfuir en désordre, laissant le terrain couvert de victimes. La batterie bivouaqua sur le champ de bataille.

11e *batterie*. — La batterie ne tira pas. Le soir, elle bivouaqua près de Saint-Marcel.

12e *batterie*. — La batterie a tiré environ 12 coups par pièce et a bivouaqué à Saint-Marcel.

Division Metman.

Journal de marche de la 3e division du 3e corps.

16 août

La 3e division d'infanterie était immobilisée sur son bivouac, parce que la route à suivre qui passe par Châtel-Saint-Germain est profondément encaissée et ne peut donner passage qu'à une voiture à peine.

Le général Metman fit connaître cette situation au maréchal Lebœuf, qui répondit qu'une bataille s'engageait du côté de Gravelotte et que la 3e division devait arriver à tout prix. Sur cet avis, le général Metman mit sa division en route pour la diriger sur le champ de bataille par le Ban-Saint-Martin, Moulins-lès-Metz, Longeau et l'ancienne voie romaine. Par cette route, qui était complètement libre, la division pouvait en deux heures arriver sur les hauteurs en avant de Châtel-Saint-Germain, où se jeter, avec ses 18 pièces, sur Ars-sur-Moselle, l'un des points de passage des Prussiens.

Un officier de l'état-major général du 3e corps fut envoyé pour diriger la 3e division et la conduire sur le champ de bataille. Cet officier dirigea la division par la route qu'il avait reconnue : il fit prendre un chemin conduisant au village de Devant-les-Ponts, fit ensuite tourner à gauche, passer à Lorry et traverser le bois de Lorry. Après avoir traversé le bois de Lorry et le ravin de Châtel, la 3e division déboucha sur le plateau à l'Ouest de Châtel, se dirigea sur la ferme de Saint-Hubert et le village de Gravelotte.

Il était nuit lorsque la colonne put déboucher de Gravelotte sur le terrain du champ de bataille et l'on marchait depuis 11 heures du matin ! Si le général Metman n'eût pas été détourné de sa première inspiration, il pouvait à 2 heures être maître d'Ars-sur-Moselle, ou bien être rendu à 3 heures au plus tard à Gravelotte.

A son arrivée à Gravelotte, le maréchal Bazaine plaça la division en avant du village, sur la route de Rezonville et occupant fortement la maison de poste, qui avait été mise en état de bonne défense. La nuit du 16 au 17 se passa sans incident.

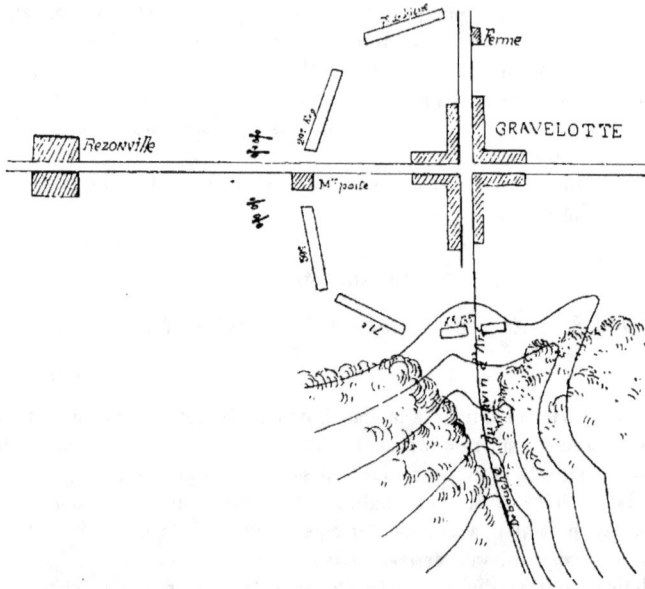

Rapport du général Metman, commandant la 3ᵉ division d'infanterie, sur la bataille de Rezonville (1).

Saint-Julien, 23 août.

J'ai l'honneur de rendre compte à Votre Excellence de la marche faite par la 3ᵉ division d'infanterie dans la journée du 16 et de l'engagement qu'ont eu des troupes de la même division dans la matinée du 17.

Le 16 au matin, j'avais eu l'honneur de rendre compte à Votre Excellence de l'impossibilité où j'étais de rejoindre le grand quartier général, par suite de l'encombrement des routes. Sur votre ordre de rejoindre à tout prix, je pris la route du Ban-Saint-Martin, pour arriver par Moulins-lès-Metz, Longeau et l'ancienne voie romaine sur le champ de bataille. La tête de colonne était à peine en vue du Ban-Saint-Martin, lorsqu'arriva un officier de votre état-major, pour nous

---

(1) Provenant de la succession du maréchal Lebœuf.

conduire. Nous prîmes alors le chemin conduisant aux villages Devant-les-Ponts ; tournant à gauche, nous passâmes à Lorry.

Après avoir traversé le bois de Lorry, la colonne a débouché sur le plateau à l'Ouest de Châtel, d'où elle a rejoint la ferme Saint-Hubert et le village de Gravelotte.

Conformément aux ordres de Son Excellence le maréchal Bazaine, ma division fut placée en avant de Gravelotte, à cheval sur la route de Rezonville, occupant fortement la maison de la poste, qui avait été mise en état de défense.

La nuit se passa sans incident.

Le 17, j'étais chargé de couvrir la retraite de toute l'armée. Le défilé des troupes et bagages, commencé dès le point du jour, dura jusqu'à 11 heures du matin. Pendant tout ce temps, nous vîmes passer devant nous, en arrière de Rezonville, de nombreuses colonnes ennemies. Leurs mouvements me faisaient supposer que la retraite serait pénible et cette supposition était d'autant plus probable que je voyais clairement devant moi sept bataillons, et qu'entre ces bataillons et nous s'étendait à gauche un bois qui venait sans interruption jusqu'au plateau de Jussy, bois dans lequel se trouvait le débouché de la vallée d'Ars.

Ces probabilités ne se justifièrent pas. Ma retraite se fit en échelons et en ordre parfait. Seuls les flanqueurs s'engagèrent avec les tirailleurs ennemis. Le 7ᵉ bataillon de chasseurs à pied eut 2 hommes blessés ; le 71ᵉ de ligne, 1 tué et 8 blessés. Je fis tirer deux coups de mitrailleuses sur la lisière du bois qu'occupait l'ennemi et notre retraite put alors se terminer sans être inquiétée davantage.

A 1 heure 30, la 3ᵉ division d'infanterie était établie sur le plateau à l'Ouest de Châtel-Saint-Germain, appuyée à la ferme de Moscou.

Historique du 7ᵉ bataillon de chasseurs à pied (3ᵉ division, 1ʳᵉ brigade, commandant Costes).

16 août.

Le 16, la division prend la route de Briey et arrive à 8 heures du soir sur le champ de bataille de Rezonville. L'action est terminée. Le bataillon, après quelques heures passées au village de Gravelotte où régnait un grand désordre, se rallia en dehors de ce village et campa près du bois d'Ars.

Historique du 7ᵉ régiment d'infanterie (3ᵉ division, 1ʳᵉ brigade, colonel Cottret).

16 août.

Le 16, de très bonne heure, passe la 4ᵉ division du 3ᵉ corps. Le régiment reçoit l'ordre de se tenir prêt à partir. Vers 10 heures, on entend du côté de Rozérieulles des coups de canon, et le Saint-Quentin tire du côté de Gravelotte (1). Le régiment et la brigade partent vers 1 heure, au moment où le bruit d'un violent engagement se fait entendre du côté de Rezonville et de Vionville. La brigade, la gauche en tête, une section d'artillerie en arrière, descend au Ban-Saint-Martin, contourne Plappeville, traverse Lorry, le bois de Lorry, le plateau d'Amanvillers, desend le bois de Châtel, marche au pas gymnastique jusqu'à Châtel qu'elle traverse, remonte l'ancienne voie romaine, passe à Moscou, à la ferme Saint-Hubert, et arrive vers 10 heures du soir à Gravelotte au moment où se tiraient les derniers coups de canon. Pendant sa marche, on avait appris la nouvelle d'un succès de l'armée française et pas un homme n'était resté en arrière, malgré une marche longue, pénible et excessivement précipitée.

Le régiment bivouaque d'abord sur les bas côtés de la route qui traverse Gravelotte, puis dans un champ, en avant et à droite du village, ayant en avant de lui quelques artilleurs, et à sa droite les débris du régiment de cuirassiers de la Garde.

Historique du 29ᵉ régiment d'infanterie (3ᵉ division, 1ʳᵉ brigade, colonel Lalanne).

16 août.

Arrivée du régiment à 10 heures du soir à Gravelotte.

Historique du 59ᵉ régiment d'infanterie (3ᵉ division, 2ᵉ brigade, colonel Duez).

16 août.

Une affaire s'engage en avant de Gravelotte : la division Metman reçoit l'ordre de se porter sur ce village. La route directe barrée par les convois, est impraticable ; nous sommes obligés de prendre le chemin le plus long : après avoir tourné le fort des Carrières (2), nous arrivons à Lorry ; nous abandonnons ensuite la route de Briey et, à travers les ravins du bois de Châtel, nous atteignons la ferme de Moscou et le village de Gravelotte. Ce détour a malheureusement retardé notre arrivée, et la bataille se termine avec le jour au moment où nous pourrions entrer en ligne.

Le régiment campe pendant la nuit à la Malmaison.

---

(1) L'Historique ne relate pas la canonnade du 15 au matin, qu'il paraît avoir déplacée et reportée, par erreur, au 16.
(2) Ou de Plappeville.

Historique du 71ᵉ régiment d'infanterie (3ᵉ division, 2ᵉ brigade, colonel d'Audebard de Férussac).

16 août.

Le 16 août à midi, pour rejoindre la route de Verdun, la division tourne les hauteurs de Plappeville et gagne la route de Briey à Châtel-Saint-Germain. Elle arrive à ce village après un très long parcours et ne parvient à Gravelotte qu'à 8 heures du soir sans avoir pu prendre part à la bataille dont on entendait le canon depuis le milieu du jour.

Le 71ᵉ formant la gauche de la division bivouaque au Nord-Est du village de Gravelotte.

Historique des 5ᵉ, 6ᵉ et 7ᵉ batteries du 11ᵉ régiment d'artillerie.

16 août.

5ᵉ, 6ᵉ, 7ᵉ batteries sont restées en arrière avec la 3ᵉ division du 3ᵉ corps qui, bien que les routes fussent libres, n'arriva sur le champ de bataille que vers 8 heures du soir, et campa à proximité de la ferme de Mogador.

Historique du capitaine Mignot, commandant la 5ᵉ batterie du 11ᵉ régiment d'artillerie.

16 août.

Vers 11 heures, la division reprend le mouvement, mais en revenant sur ses pas par Devant-les-Ponts et Lorry. Dans ce village on apprend qu'on se bat vers Rezonville; nous gagnons Gravelotte par Châtel-Saint-Germain et l'auberge de Saint-Hubert. Mais comme à Forbach nous arrivons trop tard pour nous engager sérieusement. Nous campons en avant de Gravelotte, à droite de la route d'Étain.

DIVISION AYMARD.

Journal de marche de la 4ᵉ division du 3ᵉ corps.

16 août.

Le chemin de Plappeville et du col continuant à être encombré, la division prend par Longeville et Moulins pour gagner Châtel-Saint-Germain, où elle reçoit l'ordre de prendre le chemin de Vernéville pour aller prendre position entre la ferme de Caulre à droite et le village de Saint-Marcel à gauche.

Arrivé en vue de la ferme de Caulre, entre les bois au delà de Vernéville, le général de division entendant les premiers coups de canon fait hâter la marche de ses troupes et leur fait occuper la position qui leur est assignée. Gagnant toujours du terrain, elles repoussent peu à peu la gauche pendant que la droite se porte en avant, occupant à la fin de la journée une ligne parallèle à la voie romaine, la gauche vers la ferme de Villers, la droite au Sud de Saint-Marcel, en arrière du bois.

Elle bivouaque dans cette position.

Les pertes de cette journée, qui porte le nom de bataille de Rezonville s'élèvent à 15 tués et 85 blessés.

Historique de la 4e division du 3e corps.

16 août.

La division ne repartit que vers 4 heures du matin obligée de prendre par Longeville et Moulins pour éviter le passage de Plappeville devenu impraticable et d'ailleurs trop difficile pour des voitures chargées.

Au sortir de Châtel-Saint-Germain, elle reçoit l'ordre de gagner par Vernéville une position entre la ferme de Caulre à droite et le village de Saint-Marcel à gauche.

Arrivée en vue de la ferme de Caulre et au delà de Vernéville, elle entend les premiers coups de canon qui annoncent l'attaque des Prussiens ; le général Aymard fait aussitôt prendre à sa division la position qui lui est assignée et s'avance peu à peu en gagnant toujours du terrain vers le centre de l'ennemi.

Le soir venu, elle bivouaque sur la position qu'elle occupait.

Rapport du général de Brauer, commandant la 1re brigade de la 4e division, sur la bataille de Rezonville.

Fort Saint-Quentin, 20 août.

Dans l'affaire du 16, la première formation plaçait en première ligne deux bataillons du 44e et à leur droite celui du 11e bataillon de chasseurs à pied ; en deuxième ligne, le 60e, qui s'est bientôt porté à gauche vers le village de Saint-Marcel, aussitôt l'arrivée de la brigade Sanglé-Ferrière, à 11 heures. Le IIIe bataillon du 44e, qui était jusque-là en deuxième ligne, a été bientôt appelé en première, en appuyant encore à gauche.

Telle fut la situation expectante de la brigade, gardée pendant la première partie de l'action.

Différents ordres des maréchaux Lebœuf, Bazaine et Canrobert firent exécuter divers mouvements qui séparèrent la brigade en trois portions :

Le 44e a été envoyé vers la gauche pour boucher une trouée avec deux bataillons, le troisième restant près du village;

Le 60e a envoyé un bataillon appuyer ce mouvement; avec les deux autres bataillons de ce régiment et le 11e bataillon de chasseurs, j'ai été chargé par le maréchal Canrobert d'appuyer la droite de la Garde impériale au village où s'est concentrée l'action, vers 5 heures du soir.

Suivant les différents ordres, qui ont été donnés, les diverses parties de ma brigade, qui a été morcelée constamment en trois et quatre portions, ont pris une part active aux opérations jusqu'à 8 h. 30 du soir.

J'ai réuni les diverses parties à peu de distance les unes des autres dans la nuit, suivant vos indications pour l'établissement du bivouac et dans la position que vous avez fixée à l'entrée de la nuit.

Les pertes dans cette journée ont été les suivantes : 1 officier supérieur du 60e blessé et 1 officier du 11e bataillon blessé ; 2 hommes du 11e bataillon, 3 hommes du 44e et 2 hommes du 60e tués ; 5 hommes du 11e bataillon, 12 hommes du 44e et 8 hommes du 60e blessés.

Historique du 11e bataillon de chasseurs à pied (4e division, 1re brigade, commandant de Paillot).

16 août.

Le 16 au matin, le bataillon, entre Metz et Plappeville, revient sur .ses pas, prend la route de Verdun, traverse successivement Longeville-lès-Metz, Moulins-lès-Metz, Châtel-Saint-Germain, et s'engage dans un chemin étroit, qui conduit par une pente très raide au vaste plateau traversé par les routes de Verdun et de Briey. Au moment où il débouchait sur ce plateau, la canonnade s'engageait vers Rezonville.

Nous recevons l'ordre de nous porter en avant et de prendre part à un vaste mouvement de conversion à gauche exécuté par l'armée entière et dont le 4e corps forme l'aile marchante.

L'ennemi se retire pour tenter un puissant effort sur la gauche de notre armée ; à ce moment, le maréchal Bazaine ordonne au bataillon, ainsi qu'au 60e de ligne, d'appuyer fortement à gauche dans la direction de Rezonville; le 11e bataillon traverse la plaine de Rezonville, croise en cet endroit les cuirassiers de la Garde et va s'embusquer derrière les maisons du village que l'ennemi couvre d'obus. Quelques instants après, il abandonne le village et se porte un peu sur la gauche à quelques mètres en avant de l'artillerie de la Garde, ayant devant lui une ligne de bataille formée par les voltigeurs de la Garde, il reste dans cette position jusqu'à 8 heures du soir.

Il prend part à ce moment à un mouvement en avant, qui le porte à environ un kilomètre de son emplacement primitif, puis, la nuit venue, il appuie à droite, dépasse Rezonville et va rejoindre la division qui bivouaque à quelques kilomètres de ce village.

Le bataillon, dans cette journée, eut 7 hommes hors de combat et 2 tués.

Historique du 44ᵉ régiment d'infanterie (4ᵉ division, 1ʳᵉ brigade, lieutenant-colonel Chanteclair).

16 août.

A 1 heure du matin, le 44ᵉ d'infanterie se met en marche sur la route de Longeville pour assister à la bataille livrée entre Gravelotte, Rozérieulles et Rezonville. Il ne joue qu'un rôle secondaire dans cette action. Placé en réserve pour garder l'artillerie, il ne perd que quelques hommes atteints par les projectiles ennemis.

On bivouaque sur le champ de bataille. Une trouée dans le bois est occupée fortement par le IIIᵉ bataillon pendant le nuit.

Historique du 60ᵉ régiment d'infanterie (4ᵉ division, 1ʳᵉ brigade, colonel Boissie).

16 août.

Vers les 3 heures du matin, la division prend la route de Verdun, traverse Rozérieulles, Châtel-Saint-Germain, et se dirige, par un crochet fait à Vernéville, sur le village de Saint-Marcel ; la 2ᵉ brigade est laissée sur la route de Conflans, la 1ʳᵉ brigade continue son mouvement. Lorsque la colonne traverse Saint-Marcel, le Iᵉʳ et le IIᵉ bataillon du régiment et le 44ᵉ sont détachés par ordre du commandant en chef pour appuyer un mouvement à l'Ouest de Saint-Marcel. Le 11ᵉ bataillon de chasseurs et le IIIᵉ bataillon du 60ᵉ ont continué leur marche à travers Saint-Marcel et prennent position dans les vergers, où ils reçoivent quelques projectiles. Le canon, qui s'est fait entendre dès 8 heures du matin, ne cesse pas jusqu'à 4 heures du soir, sur la ligne qui s'étend de Rezonville à Mars-la-Tour et au delà.

Les Iᵉʳ et IIᵉ bataillons du régiment ont été tout le temps en réserve. Le IIIᵉ bataillon est dirigé sur Rezonville à travers les champs et les bois ; il traverse une partie du champ de bataille, notamment une clairière où viennent de se rencontrer deux colonnes de cavalerie : des cuirassiers blancs et des hulans ; du côté des Français : des dragons et des cuirassiers de la Garde. La terre est jonchée de morts et de débris.

Le IIIᵉ bataillon va prendre position à gauche de Rezonville ; en avant de lui sont les zouaves de la Garde, ayant à leur gauche des voltigeurs. Pendant sa marche, le bataillon, aperçu dans les clairières, est couvert de projectiles qui lui font peu de mal. La canonnade va toujours de plus en plus s'affaiblissant. Vers 6 heures, on n'entend plus rien que quelques coups de canons isolés ou des fusillades de tirailleurs à l'adresse des traînards ou des égarés. A l'approche de la nuit, les corps se rallient, le Ier et le IIe bataillon prennent la direction de Rezonville; le IIIe bataillon en revient; le régiment au complet établit son bivouac à l'Est de Saint-Marcel, face à Rezonville. On se hâte de faire la soupe. Le régiment a eu ce jour-là un officier supérieur blessé, 2 hommes tués, 5 blessés, quelques contusionnés.

Rapport du général Sanglé-Ferrière, commandant la 2e brigade de la 4e division, sur la bataille de Rezonville.

Au camp, 17 août.

Le 16 août, vers 11 h. 30, la 2e brigade de la 4e division du 3e corps était disposée en deuxième ligne, déployée par bataillons en colonne vis-à-vis les intervalles de la première ligne, formée par la 1re brigade. Elle alla s'établir sur les hauteurs en avant du village de Saint-Marcel. A midi, je reçus l'ordre de M. le Maréchal commandant en chef de me porter avec toute ma brigade pour garnir une trouée entre deux bois situés plus à gauche et donnant accès dans la plaine de Rezonville. Je donnai directement l'ordre au bataillon de gauche du 85e de me suivre et je fis prévenir les autres bataillons de la brigade qu'ils devaient exécuter immédiatement le même mouvement.

Quelques instants après, m'apercevant que je n'avais avec moi que quatre compagnies, j'appris qu'un ordre ultérieur avait changé la direction de mes deux régiments; à l'entrée de la trouée, je fis déployer les quatre compagnies en tirailleurs pour soutenir une batterie attaquée par des hulans. Je fus rejoint alors par le IIIe bataillon du 85e préposé à la garde des bagages. Vers 3 heures, je rencontrai sur le même terrain M. le général de Brauer avec son bataillon de chasseurs et une portion du 60e de ligne. A ce moment, M. le capitaine d'Elloy, attaché à l'état-major du général en chef, vint me donner l'ordre de me porter en arrière du ravin de Rezonville.

Vers 7 heures du soir, après une charge faite par les chasseurs de la Garde, M. le général Bourbaki m'envoya remplacer le régiment de zouaves de la Garde sur une crête située à gauche et en avant de la position occupée cette même nuit par la 4e division; je restai là jusqu'au matin, servant de grand'garde aux troupes placées en arrière de moi; au point du jour, d'après un avis qui me fut donné par M. le général Picard, je quittai cette position pour aller rejoindre la division.

Quant au reste de la brigade, elle est restée pendant la journée sous les ordres de M. le Général de division.

Historique du 80ᵉ régiment d'infanterie (4ᵉ division, 2ᵉ brigade, colonel Janin).

16 août.

Au jour, le régiment reprend sa marche ; il traverse Longeville, où bon nombre d'hommes prennent leur part d'un convoi de pain arrivé l'avant-veille par le chemin de fer et abandonné par l'administration ; il passe à Moulins, Longeau, Châtel-Saint-Germain ; puis, laissant à sa droite la route de Briey, il se dirige, par le chemin de traverse, vers celle d'Étain, en passant successivement auprès des fermes de Leipsick, La Folie, Chantrenne, et vient faire halte près du château de Vernéville, vers 10 heures du matin. Un grondement lointain, qui va bientôt se rapprochant, indique qu'une bataille est engagée dans la direction de Mars-la-Tour. La division prend les armes, fait tête de colonne à gauche, traverse le bois Doseuillons et vient déboucher en face de la ferme de Caulre, sur la route d'Étain. On apprend alors que le prince Frédéric-Charles ayant, avec toute son armée, passé la Moselle à Novéant et à Pont-à-Mousson, à la faveur de l'attaque dirigée sur nous, le 14, par l'armée de Steinmetz, vient nous disputer la route de Verdun. Il est aux prises avec nos 2ᵉ et 6ᵉ corps, vers Vionville et Rezonville. La division (1) se déploie en bataille par bataillons en masse, la 2ᵉ brigade à droite ; et tandis que la 1ʳᵉ brigade et le 85ᵉ de ligne se portent vers Villers-aux-Bois, le 80ᵉ se dirige de façon que sa droite rase le village de Saint-Marcel, en avant duquel l'action paraît vivement engagée. Les colonnes dépassent Saint-Marcel, prennent leurs intervalles et se déploient, puis forment les colonnes de division ; le 80ᵉ se porte en avant, tambours et musique jouant la marche du régiment. Les bataillons prennent position dans l'ordre naturel, sur la crête où se trouvent déjà engagées les batteries de la division (2) contre une grande batterie prussienne établie sur la route de Mars-la-Tour, tout près de Vionville. En avant du régiment, protégés par les talus de la voie romaine, combattent les 4ᵉ et 100ᵉ de ligne, du 6ᵉ corps, qui, à l'arrivée de ce secours, redoublent de constance et d'énergie. La compagnie Lespiau (2ᵉ du 1ᵉʳ) est lancée en tirailleurs vers le bois qui couvre le flanc gauche de la ligne ennemie. La compagnie Monavon, du IIᵉ bataillon, se porte sur la voie romaine pour appuyer un bataillon du 4ᵉ. Le IIIᵉ bataillon menace la droite de la ligne ennemie, dans la trouée entre les deux bois ; bientôt celle-ci plie et se retire en désordre vers la route de Mars-la-Tour et la batterie

---

(1) La 1ʳᵉ brigade était déjà arrivée depuis plus d'une heure.
(2) Sans doute à la gauche du 80ᵉ.

qui y est établie. L'artillerie prussienne soutient cette retraite par une grêle d'obus qui viennent tomber au milieu de nos bataillons et particulièrement sur le IIIe, qui y perd une vingtaine d'hommes. Bientôt la batterie ennemie se tait. Une charge vigoureuse exécutée sur notre droite par les troupes du corps Ladmirault semble avoir déterminé la retraite de la batterie qui nous était opposée et des troupes qui la couvraient. Le maréchal Lebœuf donne l'ordre de rallier le régiment en avant de Saint-Marcel. Les bataillons se massent et se forment en ordre derrière la crête militaire ; les compagnies envoyées en tirailleurs ramènent une trentaine de Prussiens, dont deux officiers, qui se sont rendus au sous-lieutenant Salvan, de la 2e du Ier. Ordre est donné de faire le café. Le canon se tait partout; tout semble terminé. Le régiment constate ses pertes : 40 hommes ont été tués ou blessés, dont 2 officiers.

Tout à coup, une canonnade furieuse éclate vers notre gauche, la fusillade reprend partout. C'est une forte colonne ennemie qui essaye de déboucher de la vallée de Gorze par Rezonville. La grande batterie de Vionville reprend son feu, et ses obus arrivent au milieu de nos colonnes. On renverse les marmites, on reprend les armes et l'on se porte dans la direction de Villers-aux-Bois, où semble se faire le nouvel effort de l'ennemi.

Le régiment se déploie en seconde ligne, sa droite appuyée au même bois où naguère il appuyait sa gauche. La 2e compagnie du Ier bataillon, provisoirement commandée par le lieutenant Guet, se porte en flanqueurs sur la lisière opposée du bois, où se trouvent déjà les 2e et 5e du IIIe bataillon. L'ennemi inonde ce bois d'obus, sans nous causer de dommages. La nuit arrive et peu à peu le feu cesse. On signale la retraite de l'ennemi sur tout le front. La bataille de Rezonville est gagnée ! !...

On prend des dispositions pour la nuit. La 4e compagnie du Ier bataillon, échelonnée dans le bois, relie le régiment aux avant-postes. Il est procédé aux distributions et les bataillons font la soupe. La nuit se passe sans alertes.

Historique du 85e régiment d'infanterie (4e *division,* 2e *brigade, colonel Plauchut*).

16 août.

A 5 heures, continuation de la marche. Le Ier et le IIe bataillon suivent le mouvement ; le IIIe reste en arrière pour accompagner le convoi de la division et servir d'arrière-garde.

Arrivé sur le plateau de Châtel-Saint-Germain, vers 9 heures, le régiment fait une halte ; mais on entend presque aussitôt le canon :

la bataille est engagée à Rezonville avec l'armée prussienne qui nous a coupé la route.

A 11 heures, les deux premiers bataillons arrivent sur le lieu de l'action; ils manœuvrent pendant quelque temps exposés au feu des batteries ennemies; puis le 1er bataillon, avec le colonel et le lieutenant-colonel, se porte en avant et va soutenir des batteries de notre artillerie fortement éprouvées par le feu de l'ennemi.

Le II° bataillon s'est formé en bataille sur la lisière du bois qui est longé par la voie romaine. Les 3e, 4e, 5e et 6e compagnies sont aussitôt déployées en tirailleurs. A midi apparaît le III° bataillon (1); il vient prendre position à côté du II°, dans le but de boucher la trouée qui se faisait entre le corps Canrobert et la division.

Vers 1 h. 30 (2), les tirailleurs sont ralliés et les deux bataillons font un mouvement pour se porter vers Rezonville. On les déploie en arrière de l'artillerie de la Garde pour l'appuyer. Le 75° régiment occupe notre droite; à la gauche se trouve la Garde.

Vers 7 heures, les deux bataillons déployés font une marche en bataille pour aller occuper l'extrémité de la crête, où s'était produit un petit désordre. Ils y passent la nuit. Plusieurs compagnies du 1er bataillon passent la nuit en tirailleurs et couvrent le front de la division. Le 11e bataillon de chasseurs est campé derrière cette ligne.

La 6e compagnie du II° bataillon a été seule assez sérieusement engagée, pour protéger le retour d'une charge de nos cuirassiers, et a fait en cette circonstance 7 prisonniers.

L'affaire est terminée à 9 heures du soir.

Les pertes sont de: 1 officier blessé, 7 hommes tués, 22 blessés et 1 disparu.

Rapport du lieutenant-colonel Maucourant, commandant l'artillerie de la 4e division, sur la journée du 16 août.

Plappeville, 21 août.

Parties de Metz à 5 h. 30 du matin, les batteries de la division arrivaient à 9 h. 30 près de Vernéville, où elles furent dirigées immédiatement près le village de Saint-Marcel. Pendant que les deux batteries

---

(1) Beaucoup plus tard. Sans doute vers 3 heures, d'après le récit du commandant Sergent, alors sous-lieutenant au III° bataillon. Voir d'ailleurs le Rapport du général Sanglé-Ferrière, d'après lequel le bataillon déboucha de la voie romaine *après* la charge Bredow.

(2) Après 3 heures.

de 4 allaient s'établir en avant de Vionville afin de contre-battre les batteries ennemies établies près de ce village, la batterie de canons à balles fut appelée par le général commandant l'artillerie du 3ᵉ corps afin de battre le terrain situé en avant de ces batteries, sur lequel les troupes ennemies semblaient vouloir s'avancer. Quelques salves tirées sur le terrain par-dessus nos lignes, empêchant l'ennemi de s'avancer à découvert, il se jeta dans le bois situé à gauche de sa position et s'y engagea en nombre considérable; sur l'ordre de M. le Maréchal, la batterie exécuta sur ce bois un tir progressif de 2,000 à 2,700 mètres dont les résultats furent des plus efficaces et permirent à nos troupes d'occuper le bois. Quelques salves tirées ensuite de 2,800 à 2,900 mètres ne pouvant atteindre les batteries établies sur la route, le général de Berckheim fit porter la batterie de canons à balles plus en avant et à gauche afin de tenter un dernier effort contre ces batteries qui avaient résisté jusqu'alors d'une manière remarquable aux différents tirs dirigés contre elles, mais ces batteries étant enterrées, le tir à 1200 mètres des canons à balles ne fut pas plus efficace que celui des autres bouches à feu, et la 8ᵉ batterie dut se retirer après avoir essuyé pendant plusieurs salves un feu violent d'obus qui fut rapidement porté par l'ennemi à un grand degré de précision; cette dernière position, occupée par la batterie de canons à balles, se trouvait en avant de celle occupée d'abord par les deux batteries de 4 de la division. Ces dernières avaient été appelées avec la division tout entière à occuper une position entre Vionville et Rezonville, où elles furent employées à contre-battre les batteries ennemies que n'avait pu réduire jusqu'alors le feu de batteries de 4 et même de 12 employées contre elles.

La 10ᵉ batterie put cependant contre-battre avec un certain succès une batterie située en avant, à environ 1500 mètres; mais après deux heures de feu, les batteries durent se retirer en arrière.

A la nuit, les trois batteries ont bivouaqué à gauche du village de Saint-Marcel.

Dans cette journée, la batterie de canons à balles à tiré 244 coups et les deux batteries de 4 en ont tiré 694.

Il y a eu un homme tué et quatre blessés.

Division de Clérembault.

Journal de marche de la division de cavalerie du 3ᵉ corps.

16 août.

La division, qui devait monter à cheval le 15, à 6 heures du soir, ne put exécuter cet ordre, la division Aymard ayant été arrêtée par l'encombrement de Plappeville. A 11 heures du soir, le général de

Clérembault, fatigué de ne pouvoir bouger, envoya un officier d'état-major au maréchal Bazaine, à Gravelotte, pour lui rendre compte et demander des ordres. A son retour, autorisée à changer d'itinéraire, la division s'achemina par Moulins sur Gravelotte, d'où le Commandant en chef la dirigea sur Vernéville, où elle arriva à 8 heures du matin (1).

A Vernéville, hommes et chevaux prirent leur repas du matin.

A la traversée de Gravelotte, le 2ᵉ chasseurs fut détaché de la division et mis à la disposition du maréchal Canrobert, commandant le 6ᵉ corps, qui se trouvait sans cavalerie.

A 10 heures, le canon se fait entendre; la division monte à cheval, et, dirigée par un officier d'état-major général du 3ᵉ corps, prend à travers champs, et passant entre les bois Doseuillons et de Bagneux, va prendre une position à peu près parallèle à la route de Verdun, sa gauche vers Saint-Marcel, sa droite en avant d'Urcourt, dans la direction de Bruville.

Défilée autant que possible, la division suit le mouvement en avant de l'infanterie, traverse le ravin entre Saint-Marcel et Bruville et prend position sur le plateau du versant opposé. Le feu de l'ennemi redoublant, la cavalerie s'y trouvant exposée sans pouvoir agir, elle repasse le ravin et rétrograde successivement vers Urcourt, moins la brigade de Juniac, qui a reçu du maréchal Lebœuf l'ordre de se rapprocher de lui et qui est placée, vers 7 heures (?), à l'entrée d'un ravin allant de Saint-Marcel au bois longeant l'ancienne voie romaine, pour s'opposer à un retour offensif; signalée à l'ennemi par la rentrée d'un escadron du 8ᵉ dragons resté à l'escorte des bagages, elle eut à subir le feu de l'ennemi et fut forcée de se porter à droite pour se mettre à l'abri des projectiles.

Vers 6 heures du soir apparut, sur la droite de la route de Mars-la-Tour à Jarny, une masse de cavalerie française ramenée en désordre. Descendre et remonter en toute hâte le ravin, qui séparait les brigades de Maubranches et de Bruchard de cette masse confuse fuyant éperdue et menaçant d'entraîner la brigade de chasseurs, fut l'affaire d'un instant.

Le colonel Cornat, du 4ᵉ dragons, arrivant sur le plateau en tête de colonne, rallie en toute hâte deux escadrons, lance immédiatement celui de droite sur la charge ennemie, qu'il prend en flanc, l'escadron de gauche servant de base de ralliement. La cavalerie ennemie se retira sur Mars-la-Tour et le feu prussien cessa.

---

(1) Ce fut à ce moment que le commandant de Lignières, du 2ᵉ dragons, fut envoyé en reconnaissance sur Doncourt et Bruville. (Voir l'Historique du 2ᵉ dragons.)

L'escadron de droite du 4ᵉ dragons rallié, et le terrain dégagé des blessés, le 4ᵉ dragons entier se porta en avant sur les deux régiments de dragons et de cuirassiers de la Garde royale prussienne, qui battirent en retraite.

Des dispositions furent prises par le général de division pour charger la cavalerie prussienne, qui refusa le combat.

L'heure avancée faisant un devoir de traverser le ravin longeant la route, ce mouvement fut exécuté sous la protection de la brigade de chasseurs, qui suivit, à son tour, le mouvement des dragons.

Le ravin traversé, le général de division fut avisé que des hulans isolés revenaient inquiéter l'ambulance provisoire du bord de la route; la brigade de Bruchard eut ordre de rebrousser avec ses six escadrons pour la protéger, faciliter l'enlèvement du corps du général Legrand, et la recherche du général de Montaigu, tombé dans la charge exécutée par la division Legrand et deux régiments de la Garde.

La division se dirigea ensuite par Urcourt sur Saint-Marcel, où toutes les brigades furent réunies pour passer la nuit au Sud de ce village.

Rapport du général de Clérembault, commandant la division de cavalerie du 3ᵉ corps, sur la bataille de Rezonville.

Au camp sous Metz, 24 août.

A Vernéville (1), les hommes prirent le café, les chevaux purent boire, manger l'avoine et même un peu de paille qui se trouvait en meules sur les lieux.

Le 2ᵉ chasseurs, à la traversée de Gravelotte, fut détaché de la division et mis à la disposition de S. E. le maréchal Canrobert.

A 10 heures, le canon se fit entendre; la division monta à cheval, et, dirigée par un officier de l'état-major général du 3ᵉ corps, prit à travers champs, et passant entre les bois Doseuillons et de Bagneux, vint prendre une position à peu près parallèle à la route de Verdun, sa gauche vers Saint-Marcel, sa droite en avant d'Urcourt, dans la direction de Bruville.

Se tenant défilée autant que possible, la division suivit le mouvement en avant de l'infanterie, traversa le ravin qui se trouve entre Saint-Marcel et Bruville, et vint prendre position sur le plateau du versant opposé. L'ennemi ayant redoublé son feu, la cavalerie se trouvant gravement exposée et ne pouvant agir, je lui fis repasser le ravin et la

---

(1) Où la division venait d'arriver à 8 heures du matin. (Rapport sur la journée du 15.)

fis successivement rétrograder jusque vers Urcourt, moins la brigade de Juniac qui avait reçu de S. E. le maréchal Lebœuf l'ordre de se rapprocher de lui et qui fut placée vers 7 heures (?) à l'entrée d'un ravin allant de Saint-Marcel au bois qui longe l'ancienne voie romaine, pour s'opposer à un retour offensif. Signalée à l'ennemi par la venue d'un escadron du 8ᵉ dragons, resté en arrière comme escorte des bagages, cette brigade eut à subir le feu d'une batterie prussienne qui la força à se porter à droite pour se mettre à l'abri des projectiles.

En ayant fini avec la brigade de Juniac pour laquelle il ne me reste rien à signaler, et revenant aux brigades de Bruchard et de Maubranches que j'avais ramenées en avant d'Urcourt et de Bruville, j'aperçus, vers 6 heures du soir, une masse de cavalerie française ramenée en désordre sur la droite de la route conduisant de Mars-la-Tour à Jarny.

Descendre et remonter en toute hâte le ravin qui nous séparait de cette masse confuse de cavaliers et de chevaux sans cavaliers qui menaçait d'entraîner ma brigade de chasseurs, fut l'affaire d'un instant.

M. le colonel Cornat, du 4ᵉ dragons, qui se trouvait en tête en arrivant sur le plateau, ne prenant que le temps de rallier deux escadrons, lança immédiatement celui de droite sur la charge ennemie qu'il eut le bonheur de prendre en flanc, son escadron de gauche lui servant de base de ralliement ; cette charge heureuse détermina l'ennemi à se retirer sur Mars-la-Tour et à cesser son feu.

L'escadron de droite du 4ᵉ dragons rallié, et le terrain dégagé des blessés, le 4ᵉ dragons en entier se porta en avant sur les régiments de dragons et de cuirassiers de la Garde royale prussienne qui n'acceptèrent pas la charge et battirent en retraite ; ces mouvements avaient à peine duré un quart d'heure, le temps de réunir sur le plateau le 2ᵉ escadron et la brigade de chasseurs.

Je pris toutes mes dispositions pour charger la cavalerie prussienne et je lui offris le combat qu'elle refusa.

L'heure me faisant un devoir de traverser le ravin qui longe la route pour rejoindre le corps d'armée, j'exécutai ce mouvement en ordre, en le faisant couvrir par la brigade de chasseurs qui suivit à son tour le mouvement des dragons.

Le ravin traversé, j'appris que des hulans isolés revenaient inquiéter l'ambulance provisoire établie sur le bord de la route, je fis rebrousser chemin au général de Bruchard, avec ses six escadrons, pour protéger l'enlèvement du corps du général Legrand et celui des blessés et faciliter la recherche, malheureusement vaine, du général de Montaigu qui (son aide de camp venait de me l'apprendre) était tombé dans la charge faite sans succès par la division Legrand et deux régiments de la Garde.

Je me dirigeai ensuite par Urcourt sur Saint-Marcel où je réunis toute ma division que je fis camper au Sud de ce village.

Historique du 2ᵉ régiment de chasseurs.

16 août.

La nuit du 15 au 16 a été passée la bride au bras ; à 4 heures, toute la cavalerie s'est mise en mouvement, a suivi la route de Verdun en passant par le Ban-Saint-Martin, au pied du Saint-Quentin, à Longeville, Moulins-les-Metz, Jussy. Au delà de ce village, la route gravit une forte pente, au haut de laquelle était campée la Garde, s'étendant à Saint-Hubert, la ferme de Moscou, Gravelotte occupé par le quartier impérial.

En quittant les glacis de Metz, le régiment avait reçu une autre destination. Il quittait le 3ᵉ corps pour faire partie du 6ᵉ.

Le quartier général du 6ᵉ corps, le 16 au matin, était à Rezonville. Le 2ᵉ chasseurs s'y rendit à 7 h. 30 du matin et reçut l'ordre d'établir son campement dans une prairie, sur la droite et sous les murs du village. A midi, il devait aller remplacer aux avant-postes la brigade de dragons du général Murat. Le 2ᵉ escadron fut désigné pour servir d'escorte au général Levassor-Sorval, commandant la 4ᵉ division du 6ᵉ corps. Les chevaux étaient à peine dessellés que le canon se fit entendre à 8 h. 30 dans la direction de Mars-la-Tour.

Un commencement de panique se fit remarquer ; des attelages incomplets et des dragons perdus vinrent se jeter dans les rangs du régiment. On sonna à cheval et le 2ᵉ chasseurs, n'ayant pas eu le temps de se reconstituer en brigade, agissant ainsi pour son propre compte, se porta à quelques centaines de mètres en avant, dans la direction du canon. La quantité de projectiles lancés sur Rezonville l'obligea à se reporter en arrière du village, à côté du régiment de carabiniers, et ensuite à 500 mètres vers la droite, dans la direction du château de Villers-aux-Bois, s'appuyant à une voie romaine.

La bataille était fortement engagée ; le 2ᵉ chasseurs se promena dans tous les sens dans la plaine entre Rezonville et le château de Villers. Vers midi et demi (1), il mit le sabre à la main et se porta en avant pour soutenir ou recevoir les débris de la charge du 7ᵉ cuirassiers prussien engagé contre la division Forton. Quelque temps après, il se retire, voyant revenir des blessés de toutes armes, ainsi que des détachements de prisonniers.

Vers 1 heure (2), le régiment en bataille à l'angle du bois de Villers, reçut quelques boulets, et l'un d'eux renversa M. le chef d'escadron d'Aure. Vers 2 h. 30 (2), le 4ᵉ peloton du 3ᵉ escadron fut envoyé, avec

---

(1) Beaucoup plus tard, puisqu'il s'agit de la charge Bredow. Les heures suivantes doivent donc être retardées.

(2) Heure évidemment très erronée, comme la précédente.

M. Rouvray, sur la route d'Étain, pour reconnaître si elle était libre et si des patrouilles ennemies ne sillonnaient pas le terrain de ce côté. Ce peloton se dirigea, par Saint-Marcel, sur Bruville, où il put se rendre compte des suites de la charge exécutée par les 2e, 7e hussards, le 3e dragons, les lanciers et les dragons de la Garde. Il continua ensuite sa route sur Jarny, ne perdant pas de vue les avant-postes français. Il ne rencontra de ce côté que cinq médecins prussiens, ramenés par un sergent-major du bataillon de chasseurs à pied en position à Doncourt. Ces prisonniers ont été conduits au général commandant la brigade. Le peloton revint ensuite sur le champ de bataille, par Doncourt, en suivant la route d'Étain. Il rencontra, le long de sa route, les débris de la charge de Bruville, et vit, à Saint-Marcel, un centre de prisonniers gardés par des troupes du 6e corps.

Ce détachement rentra à l'escadron à 4 h. 30. Le régiment avait continué, sur le champ de bataille, ses mouvements, observant toute la journée la canonnade qui ne se termina qu'à 8 h. 30 du soir. A 9 heures, il établit son campement à l'emplacement qu'il avait quitté le matin.

Le 2e escadron employa sa journée ainsi qu'il suit : Mis à la disposition du général Levassor-Sorval, il fut employé aussitôt à la garde d'une batterie établie sur la gauche de la route et un peu en arrière de Rezonville. Il erra de batteries en batteries presque toute la journée, ne quittant pas Rezonville. Le soir, à 9 heures, l'escadron, abandonné et sans ordre, a cherché à rejoindre le régiment. En désespoir de cause, il a passé la nuit dans le verger de la Maison de Poste (quartier général du maréchal Bazaine, le matin de la bataille).

Historique du 3e régiment de chasseurs (1re *brigade, colonel Sanson de Sansal*).

16 août.

Le régiment se met en marche sur Vionville.

Pendant le combat, la division Clérembault se tient à l'extrême droite du 3e corps. Vers 3 heures un mouvement en avant très prononcé sur toute notre ligne expose le régiment à un feu d'artillerie assez nourri ; mais la rapidité avec laquelle le régiment en colonne peut se mouvoir, lui permet d'aller s'abriter derrière les plis du terrain. Vers 5 heures la division opère un mouvement vers sa droite, traverse un ravin profond au-dessus duquel s'étend la route de Metz à Mars-la-Tour (1), et se forme en bataille à droite de cette route dans une plaine où vient d'avoir lieu la charge de la division Legrand.

---

(1) *Lire* : De Jarny à Mars-la-Tour.

Le 6e escadron est poussé en avant pour reconnaître la position de l'ennemi, mais celui-ci a disparu et il ne nous reste plus qu'à porter secours aux victimes.

A la nuit, le 3e chasseurs dresse les tentes près de Saint-Marcel.

Historique du 10e régiment de chasseurs (1re brigade, colonel Nérin).

16 août.

Le 1er *escadron* quitte son bivouac à 4 heures du matin avec le 3e chasseurs, prend la route de Verdun, la quitte à Gravelotte, prend celle d'Étain, la quitte à la Malmaison et s'arrête à 8 heures à hauteur du château de Vernéville. On met les chevaux au piquet et on fait boire. On reçoit à 10 heures l'ordre de desseller alors qu'on entend les premiers coups de canon, et à 11 heures celui de resseller. La brigade rejoint ensuite le reste de la division établie entre Gravelotte et Rezonville.

La division ainsi constituée manœuvre sur le plateau en avant de Saint-Marcel et de Bruville. S'étant portée un peu en avant, elle est repoussée par une batterie prussienne. A 2 h. 30 (1) le général de Clérembault reçoit l'ordre d'envoyer ses quatre régiments de dragons appuyer la division Legrand ramenée par la cavalerie ennemie. La brigade légère se porte lentement dans la même direction, et voit passer en désordre un mélange de cavaliers de toutes armes, y compris les lanciers de la Garde, qu'on a pris pour des hulans et failli charger. Le calme rétabli, la brigade légère (trois escadrons du 3e chasseurs et un du 10e) traverse le ravin qui borde la route de Jarny à Mars-la-Tour, puis cette route et s'établit le dos à un bois, la gauche à la route, l'escadron du 10e chasseurs en flanc offensif à 200 mètres en avant et à gauche ; à 1800 mètres environ d'un groupe de cinq escadrons de cavalerie ennemie en bataille, protégés par de l'infanterie (?). On ne charge pas ; l'escadron du 10e chasseurs va ramasser les blessés et trouve le général Legrand frappé à mort.

La brigade légère se retire, repasse le ravin, rejoint la division de dragons.

Vers 7 heures l'escadron du 10e chasseurs passe encore le ravin, recueille quelques blessés, et vient vers 10 heures s'établir au bivouac entre Saint-Marcel et Bruville.

Le 2e *escadron*, formant l'arrière-garde du général Aymard, se met en marche à 7 heures du matin et traverse Châtel-Saint-Germain. Arrivé sur le plateau, il fait une courte halte et se dirige à travers champs

---

(1) Heure évidemment très erronée.

vers Gravelotte (1) où il arrive à midi, et se place en réserve avec la division, à hauteur du village. Il reste dans cette position pendant toute la bataille, et établit son bivouac à 10 heures du soir, à peu de distance, à la ferme de Constantine.

Le 3ᵉ *escadron* monte à cheval à 11 heures, accompagne le maréchal Lebœuf qui se dirige sur Gravelotte, et est exposé pendant toute la bataille aux projectiles ennemis qui ne cessent d'être envoyés sur l'état-major et l'escorte du Maréchal.

Le 5ᵉ *escadron* se tient prêt à monter à cheval dès 5 heures du matin. Le canon se faisant entendre dans la direction Sud de Vernéville, la 2ᵉ division se met en marche vers 9 heures, et à travers champs se dirige de ce côté. Après avoir traversé la route de Metz à Verdun par Conflans, elle se déploie en ordre de bataille tout en continuant la marche. A ce moment, l'escadron qui marche en tête de la colonne reçoit l'ordre de se tenir à environ 200 mètres en arrière des lignes et de suivre leurs évolutions.

L'escadron reste ainsi spectateur inactif de la lutte engagée, puis il passe la nuit la bride au bras, à quelques centaines de mètres en arrière de la droite de la division.

Le 6ᵉ *escadron* reçoit le 16 au matin l'ordre de se tenir prêt à partir. A 11 heures la division Metman, précédée de l'escadron, se met en mouvement par Lorry, longe le bois de Châtel, s'arrête à 2 heures et fait une halte d'une heure et demie à la ferme Saint-Vincent d'où l'on aperçoit le champ de bataille. La division s'y rend alors par Châtel-Saint-Germain, traverse le bois et la ligne ferrée de Verdun à Metz pour prendre sur sa gauche la route de Saint-Privat à Metz, et n'arrive à Gravelotte qu'à 6 heures du soir, en sorte qu'elle ne prend aucune part à la bataille.

L'escadron va bivouaquer sur la route d'Étain, à un kilomètre en avant de la ferme de la Malmaison.

Historique du 2ᵉ dragons (2ᵉ brigade, colonel du Paly de Clam).

16 août.

A 5 heures on monte à cheval pour prendre la route de Verdun. Cette route, très accidentée, contourne le mont Saint-Quentin, passant par Longeville, Moulins, Rozérieulles, Gravelotte, où elle se bifurque. Beaucoup de troupes de ligne et de la Garde à droite et à gauche de la route se tiennent prêtes à partir.

On suit la route du Nord jusque vers la Malmaison. Arrivé là, on se

---

(1) *Lire* : Saint-Marcel.

dirige à travers les prés sur Vernéville où nous faisons halte derrière le village.

Vers 9 heures, quelques escadrons vont faire boire au village où sont aussi des chasseurs d'Afrique.

Vers 9 h. 30 on entend une canonnade éloignée vers le Sud.

Ordre est donné le matin au commandant de Lignières, commandant les éclaireurs, de prendre l'extrême gauche de la colonne. La route de Verdun est encombrée d'artillerie et d'infanterie. A 8 heures le commandant reçoit l'ordre de se porter au trot sur Vernéville et, à peine arrivé, d'aller faire une reconnaissance sur Bruville-Doncourt et toute la droite. L'ennemi occupe la route de Verdun avec l'infanterie dans les bois; de la cavalerie occupe le plateau en avant de Mars-la-Tour; deux batteries d'artillerie française se trouvent à gauche de Bruville sans aucune troupe (1); on leur laisse un peloton. A Bruville, le commandant des éclaireurs trouve le général de Ladmirault qui lui dit de rallier la cavalerie qu'il attend, et de faire une reconnaissance au loin sur la droite pour voir s'il n'y a rien à craindre de ce côté.

La cavalerie du 4e corps est trouvée venant par Saint-Privat vers 11 heures du matin; le canon tonne déjà depuis une heure. Le commandant traverse Doncourt et se porte rapidement sur Briey; on n'y a pas vu de Prussiens, mais un corps considérable est signalé sur la rive droite de la Moselle; des sondages ont été faits la veille et le matin dans la rivière pour chercher un point de passage. Il est donc certain que notre flanc droit ne sera pas attaqué le 16. Le détachement retourne à Bruville et rejoint la 2e brigade.

Pertes : Un homme blessé, un cheval tué.

A 11 heures le 2e dragons, resté à Vernéville, monte à cheval et se porte au trot vers la ferme de Caulre, traverse la route de Verdun puis un grand ravin. On se forme alors en colonne serrée par régiment. Vers 2 heures le feu cesse pour reprendre avec plus d'intensité vers 4 h. 1/2.

Une batterie française est établie en avant de notre front (2).

Vers 5 heures le régiment se porte en avant au trot, ainsi que le 4e dragons qui est à sa droite. On descend un ravin assez escarpé, on traverse une route, et on se forme de suite en bataille perpendiculairement à cette route, au moment où les lanciers de la Garde, le 3e dra-

---

(1) Sans doute les deux batteries à cheval de la division Legrand $\left(\frac{5,\ 6}{17}\right)$ amenées par le général de Ladmirault, *avec le 11e dragons*.

(2) Sans doute $\frac{8}{11}$, $\frac{3,\ 4}{17}$ et $\frac{11,\ 12}{11}$.

gons et le 2ᵉ hussards se rallient derrière nous. Des chasseurs d'Afrique placés derrière nous tirent par-dessus notre tête.

Trois ou quatre escadrons prussiens sont en train de se rallier à environ 800 mètres en avant. On arrête le mouvement en avant et on déploie un peloton en tirailleurs, tandis que le 4ᵉ dragons placé à notre droite se porte plus en avant. On recueille beaucoup de chevaux abandonnés. La canonnade a diminué; le régiment repasse la route et le ravin, et se reforme de nouveau en colonne serrée sur la crête en arrière où il reste en position pendant quelque temps.

Vers 7 heures la canonnade cesse presque entièrement. Le régiment rompt, passe par Urcourt et établit son bivouac vers 8 heures du soir au-dessus de Saint-Marcel où l'on fait des distributions. Le campement du régiment est à cheval sur le chemin d'Urcourt à Saint-Marcel. Des patrouilles d'autres régiments le traversent pendant la nuit, allant en reconnaissance ou en revenant.

Nuit tranquille.

Pertes : Deux officiers blessés.

Historique du 4ᵉ dragons (2ᵉ brigade), colonel Cornat.

16 août.

Le 16 août on partit à 2 heures du matin. On fila au trot par la route de Gravelotte et à cet endroit on prit la route d'Étain, position occupée la veille par la Garde. On campa deux heures à Vernéville où l'on fut rejoint par les bagages.

Vers 9 heures on entendit le canon. Le régiment monta à cheval, et alla s'arrêter sur les bords de la route d'Étain. A midi on entra en ligne avec l'infanterie, et on avança avec elle. L'ennemi fuyait dans la direction de Gravelotte; mais vers 3 heures un corps prussien arriva, et 24 pièces se mirent en batterie devant nous. A 5 heures on aperçut sur la droite une colonne de cavalerie de plusieurs régiments se dirigeant sur la route de Mars-la-Tour à Jarny (1).

Rapport du colonel Cornat, commandant le 4ᵉ dragons, sur le combat du 16 août.

Châtel-Saint-Germain, 17 août.

Lorsque je reçus l'ordre de partir avec mon régiment, un feu très vif se faisait entendre, entretenu par des cavaliers prussiens qui avaient poussé leur poursuite contre la cavalerie française jusque dans le village

---

(1) La suite de l'Historique est la reproduction intégrale du rapport suivant.

situé en arrière et à droite de notre position (?). Des hussards en assez grand nombre étaient chargés, sur les plateaux en avant de ce village, par des escadrons détachés de deux régiments de dragons et de cuirassiers de la Garde royale prussienne qui avaient pris position à l'autre extrémité de la plaine.

Nous avons éprouvé assez de difficulté à traverser le profond ravin qui séparait notre position de celle des Prussiens. Lorsque j'arrivai sur le lieu du combat, je n'avais encore réussi qu'à rallier deux escadrons. Je lançai immédiatement l'escadron de droite en fourrageurs contre la charge prussienne que je pus prendre en flanc pendant que mon escadron de gauche servait de base de ralliement à mon régiment.

Dans cette charge en fourrageurs, nous avons tué pas mal de monde, et forcé l'ennemi à se retirer du village (?) et à cesser ses feux. Je fis sonner le ralliement lorsque tout le terrain fut dégagé. Je m'avançai alors avec le 4ᵉ dragons tout entier sur les deux régiments prussiens dont j'ai parlé plus haut. Ils ne crurent pas devoir m'attendre, parce qu'à ce moment les régiments de la division commencèrent à se montrer sur les bords du plateau, ralliés par le général de division. Je me mettais en mesure de faire sonner la charge et de poursuivre, lorsque je fus arrêté par la sonnerie de l'état-major général.

Pertes : 1 sous-officier tué, 5 hommes disparus avec leurs chevaux, 4 hommes blessés, 7 chevaux tués ou disparus.

Nous avons fait quelques prisonniers, et ramené 13 chevaux que je demande l'autorisation de faire immatriculer pour remplacer les nôtres.

On revint en colonne par escadrons, et à 9 heures du soir on campa près de la route d'Étain.

Historique du 5ᵉ dragons (3ᵉ brigade), colonel Euchène.

16 août.

Le régiment rompt à 5 heures du matin et gagne la route de Verdun sur laquelle l'armée bat en retraite.

A 10 heures, le régiment campe près de Vernéville, dresse les tentes et fait la soupe.

A 11 heures, on entend le canon.

A 11 h. 30, le général de Clérembault réunit la division de dragons et nous partons pour aller rejoindre le 3ᵉ corps, dont nous faisons partie.....

Vers 1 heure, nous apercevons des masses de cavalerie prussienne se prolongeant sur notre droite.

A 3 heures, notre division se trouve mêlée avec celle du 4ᵉ corps (1);

---

(1) Probablement avec le 11ᵉ dragons au Nord des bois de Tronville.

le général de Clérembault part avec la 1re brigade de dragons, laissant la 2e derrière une batterie de mitrailleuses.

A 4 heures, un aide de camp du maréchal Lebœuf nous ramène au 3e corps, où le Maréchal nous fait prendre position sur le flanc d'un petit bois pour charger les Prussiens qui doivent en sortir. La brigade est formée sur deux lignes, le 5e dragons en avant. A peine établis, une batterie ennemie placée sur notre gauche nous prend d'enfilade à 2,000 mètres. Nous allons nous abriter à 500 mètres plus loin, derrière un pli de terrain.

A 6 heures, le maréchal Lebœuf nous envoie l'ordre d'aller nous placer près des réserves du 3e corps où nous restons jusqu'à la fin de la bataille, qui cesse à 7 h. 30.

Historique du 8e dragons (3e brigade), colonel de Fonscolombe.

16 août.

A 4 heures du matin, le 16, on sonne le réveil et à 5 heures, les régiments se mettent en marche pour prendre la route de Verdun par Longeville-Gravelotte. Prenant là la route du Nord, la division va faire halte à Vernéville. Les tentes sont dressées, on fait la soupe. Mais à 9 h. 30, une canonnade éloignée se fait entendre.

La division monte à cheval à 11 h. 30, se dirige au trot vers la ferme de Caulre, traverse la route, puis le ravin et cherche le corps d'armée sans pouvoir le trouver (?).

Vers 3 heures, on reçoit l'ordre d'aller soutenir la division Legrand; la 3e brigade ne prend pas part à ce mouvement.

Vers 4 heures, un aide de camp du maréchal Lebœuf ramène la brigade au 3e corps, où le Maréchal fait prendre position d'attente à la brigade. Après un déplacement causé par l'effet d'une batterie ennemie, la brigade reçoit vers 6 heures l'ordre d'aller se placer près des réserves du 3e corps. Elle y reste jusqu'à 6 heures.

A 7 h. 30, la canonnade cesse.

A 8 h. 30, la brigade va établir son bivouac près de la route d'Étain, au-dessus de Saint-Marcel. Toute la nuit, des patrouilles sont envoyées en reconnaissance.

Journal de marche de la réserve d'artillerie du 3e corps.

16 août.

On avait fait péniblement boire les chevaux au village de Saint-Marcel

---

(1) Heure très erronée.

et à Villers-au-Bois, et l'on venait à peine de manger la soupe que l'armée prussienne attaque à Gravelotte le 2ᵉ et le 6ᵉ corps ; puis bientôt le feu gagne devant le 3ᵉ corps placé devant Saint-Marcel et enfin devant le 4ᵉ corps placé à l'extrême droite.

L'attaque des Prussiens est très vive. La réserve d'artillerie donne tout entière, tantôt pour combattre une très forte batterie prussienne en position devant Vionville, tantôt pour déloger les Prussiens d'un bois qu'ils occupent très fortement (1), tantôt enfin pour soutenir l'attaque du 4ᵉ corps ou détourner l'attention des batteries qui sont dirigées sur le 6ᵉ corps.

Pertes : 1 officier blessé, 3 hommes tués, 17 blessés, 11 chevaux blessés ou disparus.

2,288 obus de 4 tirés (dont 11 à balles), 405 obus de 12 (dont 4 à balles), en tout 2,693 coups.

Rapport du général de Rochebouët, commandant l'artillerie du 3ᵉ corps, sur la journée du 16 août.

Saint-Julien, 25 août.

Les batteries de la 1ʳᵉ division (2), d'abord établies près de Saint-Marcel (3) et canonnant les batteries prussiennes de Vionville, durent suivre leur division, lorsque celle-ci se rapprocha de Gravelotte pour soutenir le 6ᵉ corps (?). Dans ce mouvement, les batteries de 4 furent placées entre le bois des Ognons et le bois de Saint-Arnould, vis-à-vis des débouchés par où l'on s'attendait à voir paraître le corps de Steinmetz. La batterie de mitrailleuses (Barbe) fut placée par le Maréchal commandant en chef en face même du débouché dans lequel elle foudroya des têtes de colonnes incessamment renouvelées. Les deux batteries de 4, après avoir soutenu la batterie de mitrailleuses furent rapprochées encore davantage du maréchal Canrobert, qu'elles appuyèrent jusqu'à la nuit.

L'artillerie de la 2ᵉ division (4) est restée en réserve toute la journée (5). Il en a été de même de celle de la 3ᵉ division (6). Les batteries de la

---

(1) Le bois de Tronville.

(2) $\frac{5, 6, 8}{4}$.

(3) *Lire :* Villers-aux-Bois et Rezonville.

(4) $\frac{9, 11, 12}{4}$.

(5) La 12ᵉ batterie tira seule quelques coups.

(6) $\frac{5, 6, 7}{11}$.

4ᵉ division (1), arrivées de Metz à Vernéville le matin même, se portèrent en avant de Saint-Marcel, vis-à-vis de Vionville, pour contrebattre les batteries prussiennes établies sur la route de Paris. La batterie de mitrailleuses Vivenot (2) fut spécialement destinée à arrêter les troupes d'infanterie qui descendaient de la route dans les bois et à les déloger lorsqu'elles y étaient installées. Ce tir, étendu à une très grande distance et dirigé sur des taillis, eut à la fois l'avantage d'écarter l'ennemi et l'inconvénient de paralyser les efforts de nos tirailleurs.

La réserve d'artillerie se trouvait à 10 heures du matin en bataille face à la route qui va de Jarny à Mars-la-Tour, en arrière d'un pli de terrain qui couvre le village de Saint-Marcel au Nord-Est.

A 11 heures, les deux batteries du 4ᵉ (3) (Lécrivain et Margot) furent mises à la disposition du maréchal Canrobert pour soutenir sa droite. La batterie Margot, en partie couverte par un épaulement naturel (4), soutint la lutte avec bonheur; mais la batterie Lécrivain, moins bien couverte, dut momentanément se retirer. Les deux batteries prirent ensuite leur part d'un mouvement offensif qui les reporta de 800 mètres en avant de leur première position et qui eut un plein succès.

Pendant ce temps, les batteries (5) de 12 (Ducher et Brocard) et les batteries à cheval (6) (Salmon et Loire), établies sur le plateau en avant de Saint-Marcel, battaient les bois de Rezonville (7) et assuraient la liaison entre le 3ᵉ et le 4ᵉ corps.

Toutes les batteries paraissaient avoir atteint autant que possible le but qui leur était assigné et aucune d'elles n'a subi de pertes qui l'aient mise hors de combat.

La nuit venue, les batteries divisionnaires stationnèrent sur le terrain qu'elles occupaient.

---

(1) $\frac{8, 9, 10}{11}$.

(2) $\frac{8}{11}$.

(3) 7ᵉ et 10ᵉ.

(4) La voie romaine entre le bois Pierrot et le bois de Saint-Marcel.

(5) $\frac{11, 12}{11}$.

(6) $\frac{3, 4}{17}$.

(7) *Lire* : Tronville.

La réserve d'artillerie se reforma en bataille en avant de Saint-Marcel.

Les pertes et consommations ont été dans cette journée, tant pour l'artillerie divisionnaire que pour l'artillerie de réserve : 2 officiers blessés, 3 hommes tués, 23 hommes blessés, 7 chevaux tués ou blessés.

Environ 11,880 coups de canon de 4, 930 coups de canon de 12, 780 coups de mitrailleuses. En tout 13,590 coups de canon.

Extrait d'une lettre du général Zurlinden (1) *au Ministre de la guerre, datée du 2 février* 1901.

16 août.

Le 16 août, vers 10 heures du matin, pendant qu'on canonne sur sur notre gauche, notre bivouac est levé rapidement. Le maréchal Lebœuf ne tarde pas à arriver près de Saint-Marcel ; il n'a avec lui qu'une seule division, qu'il forme face à l'Ouest, dans le prolongement du 6ᵉ corps.

Le maréchal Bazaine arrive à ce moment-là à grande allure, suivi de très peu d'officiers ; il s'abouche avec le maréchal Lebœuf et ordonne de faire faire à la division une conversion pour la rapprocher de l'ennemi et la placer face au Sud et à la route de Rezonville à Mars-la-Tour. Il marche pendant quelque temps avec la division et fait lui-même battre les tambours pour donner de l'entrain à la marche, puis il nous quitte, au grand trot, pour se porter vers la gauche de l'armée, en disant : « Je ne peux pas être partout à la fois. »

Que n'est-il revenu de notre côté un peu plus tard, quand le 4ᵉ corps est venu prolonger sur notre droite la ligne du 3ᵉ ; il aurait certainement donné l'ordre d'attaquer, que nous avons attendu toute la journée, et l'issue de cette lutte aurait été tout autre. Il est vrai qu'en arrivant à la gauche, il a été impressionné par bien des événements, et notamment par une charge de cavalerie prussienne qui faillit l'enlever (2).

J'ai eu des renseignements précis sur cette charge par un officier d'état-major qui se trouvait derrière le Maréchal et très près de lui, le capitaine Garre, aide de camp du grand prévôt de l'armée. D'après cet officier, quand le Maréchal aperçut la charge déboucher, il s'écria à haute voix : « Messieurs, nous allons être chargés ; l'épée à la main. » Il mit lui-même l'épée à la main et attendit immobile.

---

(1) Alors aide de camp du général de Berckheim, commandant la réserve d'artillerie du 3ᵉ corps.
(2) Hussards de la brigade Redern.

La charge dévia sans l'atteindre; quand elle fut passée, le Maréchal se retourna pour faire porter un ordre au 3ᵉ corps. L'état-major général n'était plus là. Le capitaine Garre s'offrit pour porter l'ordre et vint en effet trouver le maréchal Lebœuf.

Quand, vers le soir, la bataille s'éteignit, j'entendis le maréchal Lebœuf dire à son état-major : « Voilà un sillon bien abrité, c'est là que nous passerons la nuit. » De notre côté, nous retournâmes bivouaquer sur notre ancienne installation de Saint-Marcel.

Historique des 7ᵉ et 10ᵉ batteries du 4ᵉ régiment d'artillerie (réserve d'artillerie), commandant d'Auvergne.

16 août.

7ᵉ *batterie.* — Vers 11 h. 30, sur l'avis que le 6ᵉ corps est sérieusement attaqué, les deux batteries du 4ᵉ vont s'établir sur la lisière d'un bois situé au Sud de Villers, près de l'ancienne voie romaine, à environ 1500 mètres de Rezonville. Se mettant de suite en batterie, elles ouvrent le feu sur les troupes prussiennes, que l'on apercevait entre Rezonville et Vionville. L'ennemi ne tarda pas à y répondre par le feu de plusieurs batteries qui nous firent assez de mal. La 7ᵉ batterie, placée sur un terrain complètement découvert, souffrit plus que sa voisine. Elle cessa son feu vers 4 heures du soir, céda à la 10ᵉ batterie les obus qui lui restaient et alla se réapprovisionner au parc du 3ᵉ corps. Elle revint ensuite à son premier emplacement, mais ne s'y arrêta pas, l'ennemi battant alors franchement en retraite vers le Sud. Elle se porta beaucoup plus en avant et fit feu de nouveau, mais à une assez grande distance et sans éprouver aucune perte. Dans sa première position, la batterie avait à sa droite la 10ᵉ; dans sa deuxième position, elle était isolée.

Pertes : 2 officiers blessés, 1 sous-officier tué, 5 hommes blessés; 10 chevaux hors de combat.

Vers 8 heures du soir, la batterie rentrait à son campement du matin, près de Saint-Marcel.

10ᵉ *batterie.* — Vers 10 heures du matin, la fusillade se fit entendre et une action générale ne tarda pas à s'engager. Les batteries de réserve furent d'abord établies en bataille face à Saint-Marcel, à 1800 mètres environ de ce village. Vers midi, un aide de camp du maréchal Lebœuf vint réclamer une batterie pour en soutenir d'autres, fortement engagées à la gauche des bois. La 10ᵉ batterie se rendit au trot vers l'endroit indiqué. Le capitaine, ayant rencontré l'ancienne voie romaine protégée par une sorte d'épaulement naturel, établit ses pièces en batterie sur la voie et laissa en arrière les caissons abrités par le bois, ainsi que la moitié des avant-trains. Le feu fut ouvert à 2,000 mètres, dans la direction de Vionville, contre des batteries prussiennes placées en avant de ce village. Environ un quart d'heure après, la 7ᵉ batterie vint s'établir à sa gauche, mais en dehors de la voie romaine. Elle fut vite obligée de se retirer (1).

Pertes : 1 homme tué, 5 blessés ; 3 chevaux tués.

Le soir, la batterie vint reprendre son campement de la veille, près de Saint-Marcel.

Historique du 11ᵉ régiment d'artillerie.

16 août.

Le 16 août, les 8ᵉ, 9ᵉ, 10ᵉ, 11ᵉ et 12ᵉ batteries jouent un rôle important à la bataille de Rezonville. Les 5ᵉ, 6ᵉ et 7ᵉ batteries étaient restées en arrière avec la 3ᵉ division du 3ᵉ corps. Cette division, qui s'était mise en marche le 15, vers 4 heures du soir, s'arrêta presque immédiatement, ne reprit son mouvement que le 16 dans la matinée et, bien que les routes fussent libres, n'arriva sur le champ de bataille que le soir, vers 8 heures. Elle campa à proximité de la ferme Mogador.

Historique des 1ʳᵉ, 2ᵉ (commandant de Lalouche), 3ᵉ et 4ᵉ (commandant Bobel) batteries du 17ᵉ régiment d'artillerie (lieutenant-colonel Delatte).

16 août.

1ʳᵉ batterie. — La batterie était attelée et attendait depuis le petit jour ses ordres de mouvement quand on entendit le canon du côté de Flavigny, vers 9 heures. Aussitôt, nous reçûmes l'ordre de quitter la position où nous avions passé la nuit, séparés de l'endroit où l'attaque se dessinait par des bois, et ne pouvant, par suite, rien voir de ce qui se passait de ce côté, il était plus sûr d'aller prendre position un peu au Nord-Est de Saint-Marcel où nous aurions toute sécurité, et d'où nous pouvions suivre les phases de la bataille. Cette position nous permettait, en outre, de nous porter rapidement à l'aile droite, vers Doncourt et Bruville. A ce moment, le 4ᵉ corps n'était pas encore arrivé ; on voyait la cavalerie prussienne battre l'estrade vers la route de Conflans, et on pouvait craindre que les Prussiens ne débordassent la droite du 3ᵉ corps : nous aurions alors pu nous y opposer.

Le 3ᵉ corps était établi devant nous, la droite vers Bruville, la gauche

---

(1) D'après l'Historique de la 7ᵉ batterie, celle-ci ne se retira qu'à 4 heures.

occupant les bois entre Saint-Marcel et la voie romaine ; les 6ᵉ et 2ᵉ corps défendaient la route de Mars-la-Tour et le plateau de Flavigny et Vionville.

Le 4ᵉ corps, à la droite, arrivait par Doncourt sur Bruville et dirigeait ses attaques sur Mars-la-Tour.

Vers 6 heures du soir, la division Montaudon, établie vis-à-vis la trouée, entre les bois au Sud de Saint-Marcel et ceux au Nord-Ouest de Vionville, fila vers la gauche pour aller la renforcer, au moment où les Prussiens, débouchant des bois de Gorze, prononçaient de ce côté une attaque sérieuse (1). Un vide se produisant dans la ligne de bataille, la batterie vint en occuper une partie et fut établie à peu près parallèlement à la voie romaine et à environ 2,500 mètres de fortes batteries prussiennes qui, postées sur la route, un peu à l'Ouest de Vionville, faisaient un feu incessant sur les lignes françaises. Ces batteries n'avaient cessé de tirer depuis le début de la bataille et s'étaient couvertes par quelques travaux ; elles avaient un commandement d'environ 20 mètres sur nous. Il nous fallut changer de place à bras plusieurs fois, soit en avant, soit en arrière, et grâce à de larges intervalles (30 mètres) et à ces dispositions prises avec sang-froid, nous pûmes soutenir le feu jusqu'à la nuit tombante sans avoir ni homme ni cheval touché.

Nous cessâmes notre feu avant la nuit. On ne quitta la position qu'à plus de 9 heures et pièce par pièce, sans bruit, pour retourner camper à la position du matin. On se réapprovisionna au parc le soir même.

2ᵉ batterie. — Le 16 août, vers 10 heures du matin, retentirent les premiers coups de canon. Les deux premières batteries du 17ᵉ allèrent se mettre en position sur le plateau qui domine à droite le village de Saint-Marcel, faisant face à la plaine qui s'étend au delà du village, du côté de Mars-la-Tour. De là, elles purent observer pendant la plus grande partie de la journée les différentes phases de la bataille.

Vers la fin de la journée seulement, vers 6 heures, elles furent appelées à prendre part à l'action et s'établirent en batterie entre Saint-Marcel et le pied des pentes boisées de Vionville pour répondre au feu de la batterie prussienne qui était restée en position près de ce village depuis le commencement de la journée et balayait de ses projectiles la trouée entre les bois et le terrain plat qui s'étend de la lisière de ces bois à Saint-Marcel. Le feu de nos batteries avait surtout pour but d'en

---

(1) Il y a certainement erreur sur la désignation de la division. Il s'agit sans doute de la division Nayral et du mouvement qu'elle fit vers Saint-Marcel *vers 4 heures de l'après-midi*. Peut-être la batterie ne fut-elle appelée que bien plus tard au Sud de Saint-Marcel.

imposer à l'ennemi et de lui masquer le mouvement de retraite que l'armée commençait à opérer au déclin du jour, car la distance, 2,800 mètres environ, ne permettait pas de lui faire grand mal.

Les projectiles ennemis s'enfonçaient profondément en terre et produisaient peu d'effet; d'ailleurs, les grands intervalles diminuaient la vulnérabilité, et les caissons avaient été abrités dans un pli de terrain. La batterie n'eut pas un blessé. Quand la nuit fut tout à fait tombée, la batterie cessa le feu et se retira sans bruit pour rejoindre son bivouac.

3e batterie. — Vers 9 h. 30 du matin, on reçut l'ordre de monter à cheval. Les 3e et 4e batteries traversèrent le village de Saint-Marcel et prirent position sur la droite du village, un peu en arrière du chemin qui conduit à Ville-sur-Yron. Cette position avait été choisie pour battre à la fois un petit vallon qui se trouvait à droite et la trouée existant entre les bois de Vionville.

Le feu fut dirigé contre des batteries prussiennes établies entre Vionville et Rezonville dans une position qui commandait la nôtre, ce qui rendait notre tir inférieur. Vers midi, l'infanterie ennemie occupant les bois de Vionville et ayant déployé ses tirailleurs sur la lisière de ce bois, on tira sur eux, puis le tir fut croisé avec celui de la 4e batterie, sur des masses d'infanterie qui débouchaient du bois et sur une colonne de cavalerie qui descendait le vallon sous la protection des batteries établies sur la route de Mars-la-Tour, Vionville et Rezonville.

L'ennemi ayant renoncé, grâce à l'efficacité du tir, à se porter en avant, se retira; notre feu se ralentit; les batteries prussiennes recommencèrent le leur avec une grande vivacité; elles étaient à environ 2,800 mètres de nous. Notre feu redoubla alors et la 3e batterie continua à répondre avec vigueur à l'artillerie allemande sous la direction du commandant Bobet.

Vers 4 heures, la 3e batterie, rejointe par la 4e, qui en avait été détachée pour aller appuyer l'attaque de l'infanterie du 3e corps, alla reprendre une position peu éloignée du campement occupé le matin et que les batteries rejoignirent vers 6 heures du soir.

Pertes : 1 homme tué, 7 blessés; 2 chevaux tués, 8 blessés.

4e batterie. — La batterie a reçu l'ordre de monter à cheval vers 10 h. 30 du matin. Avec la 3e batterie, elle a d'abord été prendre position en arrière (1) de son campement, de l'autre côté de la route de Saint-Marcel. De ce point, elle aurait pu battre à la fois un petit vallon situé vers la droite et les débouchés existant entre les bois de Vionville (2)

---

(1) Il faut sans doute lire : *en avant*. Se reporter à la Relation très précise de la 3e batterie.

(2) *Lire* : de Tronville et de Saint-Marcel.

qui lui faisaient face. Vers midi, sur l'ordre du général de Berckheim, la 4ᵉ batterie est venue ouvrir le feu contre une forte batterie prussienne paraissant établie sur la route de Mars-la-Tour, à la hauteur de Vionville, et à 2,800 mètres environ. La batterie ennemie était couverte par un épaulement et dominait tout le terrain situé en avant d'elle ; la 4ᵉ batterie occupait la partie inférieure du vallon déjà cité et ne pouvait atteindre les pièces ennemies ; on pensa pouvoir agir plus efficacement contre une partie du bois de Vionville qui formait un saillant occupé par de l'infanterie prussienne. Dans ce but, la batterie exécuta un changement de front en demi-à-droite. Mais bientôt, exposée aux feux de trois batteries qui la prenaient en rouage d'écharpe et de face, et à la fusillade de nombreux tirailleurs placés près du bois et à 600 mètres environ, la 4ᵉ batterie reçut l'ordre de cesser le feu en restant en place.

Un peu après parurent des masses de cavalerie qui, débouchant de l'autre côté du bois, descendaient le vallon en appuyant leur droite au bois, comme si elles avaient l'intention de charger. Le feu recommença. Dès les premiers coups, il se produisit une confusion extrême dans ces troupes, qui se rejetèrent aussitôt vers le bois. On activa le tir et on put leur envoyer quelques projectiles qui leur firent exécuter une retraite désordonnée. Le tir fut de nouveau suspendu. A ce moment, la batterie n'avait aucun soutien.

Le feu de l'ennemi devenait plus vif ; à ce moment, le lieutenant-colonel Lanty vint chercher la batterie pour l'envoyer appuyer le mouvement fait vers 2 heures par l'infanterie du 3ᵉ corps pour chasser les Prussiens des bois qui s'étendent au Nord de Vionville (1). La 4ᵉ batterie alla s'établir sur un mamelon situé à 600 ou 700 mètres, à droite de la position précédente. En y arrivant, elle fut partagée en deux demi-batteries, la première, avec le commandant Bobet, se porta encore à quelques centaines de mètres plus loin et exécuta un tir très efficace. La deuxième demi-batterie, restée avec le capitaine, reçut mission de battre le bois sur lequel elle avait déjà tiré précédemment. Son front était à peu près parallèle à la direction de la route de Mars-la-Tour ; la position occupée était dominante ; on put fouiller le bois dans toute sa profondeur. Cette mise en batterie fut la dernière de la journée. Vers 4 heures de l'après-midi, les deux demi-batteries reçurent l'ordre de se rallier et de reprendre, avec la 3ᵉ batterie, près de leur ancien campement, une position voisine de celle qu'elles occupaient le matin.

Vers 6 heures du soir, les 3ᵉ et 4ᵉ batteries recevaient l'ordre de retourner à leur campement de la nuit précédente.

Pertes : 3 hommes blessés ; 1 cheval tué, 1 disparu, 6 blessés.

---

(1) C'est-à-dire vers 2 h. 45 ; attaque du bois de Tronville.

Les pièces avaient de grands intervalles et les caissons étaient assez loin en arrière.

Journal de marche du génie du 3e corps.

16 août, bataille de Rezonville. L'état-major et la réserve du génie conservent leurs campements de la veille entre la Malmaison et Bagneux.

c) Opérations et mouvements.

Le maréchal Bazaine au maréchal Lebœuf.

16 août, 5 h. 15 matin.

D'après les considérations exposées dans votre lettre de ce matin, je suspends jusqu'à cet après-midi la marche de l'armée.

Veuillez envoyer les ordres les plus impératifs pour que les divisions en retard vous rallient, et sermonnez les commandants des divisions en retard, principalement le général de Clérembault dont la division était encore sous Metz cette nuit.

L'intendant général Wolf qui revient de la ligne du Nord par Lonzuyon affirme qu'il n'y a pas un seul ennemi sur notre droite; il n'y aurait qu'un parti de 200 hulans devant vous sur la route d'Étain. Le général du Barail les a pourchassés hier, et leur a fait sept prisonniers.

Le danger pour nous est du côté de Gorze, sur la gauche des 6e et 2e corps. Faites donc reconnaître tous les chemins que vous auriez à suivre pour venir vous mettre en seconde ligne derrière les 2e et 6e corps dans le cas d'un combat aujourd'hui. C'est du reste une précaution que vous devez toujours observer pendant votre marche sur Verdun.

Vous devez également envoyer sur votre flanc gauche, pour vous tenir en communication avec nous, des détachements de la cavalerie légère.

Le général Metman au maréchal Lebœuf.

Plappeville, 16 août, 7 h. matin.

J'ai l'honneur de rendre compte à Votre Excellence que le mouvement qu'elle m'a ordonné, par sa lettre d'hier, n'a pas encore pu être commencé.

A l'heure où je vous écris (7 heures) la reconnaissance que je viens de faire faire de la route a donné le résultat suivant :

De Lessy à Châtel-Saint-Germain, la route est libre; l'entrée de Lessy est obstruée, ainsi que toute la route de Lessy à Plappeville. En tête de cette colonne de voitures, et à l'entrée de Lessy, se trouvent la réserve d'artillerie du 4ᵉ corps, 17 voitures d'artillerie, 30 de pontonniers, qui ont reçu l'ordre de ne se mettre en route qu'à 11 heures.

De ce point jusqu'à nous, il y a 258 voitures de tout genre, sans compter les deux rampes de Plappeville.

D'après cette situation, il ne me paraît pas probable que je puisse commencer mon mouvement avant 1 heure ou 2 heures de l'après-midi.

Le maréchal Lebœuf au général Metman.

Camp de Bagneux, 16 août, 8 h. 30 matin.

J'ai rallié tout mon corps d'armée sauf la division que vous commandez. Je vous ai envoyé un officier pour vous faire savoir qu'il y a urgence que vous rejoigniez dans le plus bref délai. Nous avons en ce moment l'avance sur l'ennemi pour nos opérations ultérieures; il est essentiel que nous ne perdions pas cet avantage, et votre retard le compromet. Je ne puis vous donner d'autres instructions que de rejoindre malgré toutes les difficultés que vous pouvez rencontrer.

Le maréchal Lebœuf au général Montaudon, à la ferme Champenois.

Bagneux, 16 août (1).

Le général commandant la 1ʳᵉ division fera reconnaître immédiatement par un des officiers de son état-major la route qui va d'Amanvillers à Doncourt par Habonville et Jouaville. Cet officier examinera si cette route est carrossable et aisément praticable pour toutes les armes; sa reconnaissance achevée, il viendra en rendre compte au quartier général à Bagneux.

d) Situations et emplacements.

Situation du génie de la 3ᵉ division du 3ᵉ corps.

16 août.

État-major, 1 officier et 2 chevaux.

11ᵉ compagnie du 1ᵉʳ régiment, 4 officiers, 90 combattants, 8 non-combattants; total : 102.

15 chevaux.

---

(1) Sans heure.

Situation de l'artillerie de la 3e division du 3e corps.

16 août.

DÉSIGNATION DES CORPS.	PRÉSENTS.			EFFECTIF.		CHEVAUX.	
	OFFICIERS.	TROUPE.		OFFICIERS.	TROUPE.	DISPONIBLES.	INDISPONIBLES.
		Dis-ponibles.	Indis-ponibles.				
État-major........................	3	»	»	3	»	7	»
5e batterie du 11e régiment.........	5	144	9	5	153	114	4
6e — —	4	136	7	4	143	115	4
7e — —	4	143	6	4	149	114	3
7e compagnie du 1er régiment du train.	1	43	2	1	45	75	1
Totaux.......	17	466	24	17	490	425	12

Journée du 16 août.

4e CORPS.

a) Journaux de marche.

Journal de marche du 4e corps.

16 août.

Le 4e corps d'armée marche de Devant-les-Ponts sur Doncourt-en-Jarnisy, par la route de Briey puis par Habonville et Jouaville, sauf la 3e division qui, de Lessy, vient prendre à Amanvillers la direction suivie par les autres divisions.

(*Les détails de la bataille à laquelle le corps d'armée a pris part en avant de Doncourt sont rapportés dans une notice spéciale. Voir les rapports du général de Ladmirault sur la bataille de Rezonville.*)

Rapport sommaire du général de Ladmirault sur la bataille de Rezonville.

Ferme de Montigny, 17 août.

Hier, 16 août, je dirigeais le 4ᵉ corps sur Doncourt-en-Jarnisy, qu'il devait occuper d'après les ordres du Maréchal commandant en chef, lorsque mon attention fut éveillée par une vive canonnade qui se faisait entendre sur mon flanc gauche (1). J'appris bientôt que les 6ᵉ, 2ᵉ et 3ᵉ corps étaient vivement engagés avec l'ennemi. En arrivant sur les plateaux qui dominent Doncourt, j'aperçus, au loin, l'ennemi qui occupait les positions de Bruville, Saint-Marcel, Vionville, Mars-la-Tour et Tronville (2). Il était alors 10 heures du matin (3). La tête de ma colonne arrivait à peine à Doncourt; je reçus alors avis des maréchaux Lebœuf et Canrobert d'appuyer par la droite leur mouvement d'attaque. Je ralliai rapidement un premier régiment de la division Grenier, ainsi que les quatre régiments de la division de cavalerie. Je fis débusquer des villages de Bruville et de Saint-Marcel (4) les cavaliers ennemis qui les occupaient. Je ralliai ensuite la 1ʳᵉ brigade de la division Grenier et je pris mes dispositions pour attaquer sérieusement l'ennemi. Je fis avancer sur des crêtes qui se trouvent en avant de Bruville les batteries d'artillerie. Là, je fis ouvrir le feu. Enfin la division Grenier tout entière arriva sur le terrain; les crêtes furent occupées (5) et l'ennemi rejeté dans la direction de Mars-la-Tour, Vionville et Tronville (6). Il était alors 3 heures.

J'avais à ma gauche une brigade de la division Aymard du 3ᵉ corps. Je fus rejoint bientôt par la division de cavalerie du général de Clérembault, par un régiment de la division du Barail et une brigade de cavalerie de la Garde (de France).

A ce moment arrivaient les troupes de la division de Cissey. Me sentant soutenu, je prononçai un mouvement d'attaque vers Mars-la-Tour, Vionville et menaçant la position élevée de Tronville fortement occupée par des masses d'infanterie et de cavalerie prussienne (5). Mon

---

(1) Se reporter au rapport détaillé du 3 septembre. (Note du rapport sommaire.)

(2) Confusion évidente de noms.

(3) Heure évidemment très erronée. Voir la phrase suivante et le rapport détaillé.

(4) Confusion évidente de noms.

(5) Se reporter au rapport détaillé du 3 septembre. (Note du rapport sommaire.)

(6) Allusion à l'offensive Bellecourt.

intention était de tourner et d'enlever cette position, mais après l'avoir soigneusement examinée, je vis qu'elle exigerait des forces considérables d'infanterie que je n'avais pas sous la main, car la division Grenier seule était disponible et garnissait tout mon front d'attaque, ne me laissant qu'un seul régiment disponible sur la droite. La 1re division commençait à occuper les crêtes que venait d'abandonner la division Grenier pour se porter en avant. Il était tard et je ne pouvais espérer tenter une attaque profonde par l'absence de forces suffisantes, car les troupes de la 3e division (Lorencez) n'ont pu apparaître, de loin, que vers 8 heures du soir. Limitant là mon attaque offensive, je dus profiter des nombreux escadrons que j'avais placés sur ma droite pour chercher à culbuter une nombreuse cavalerie ennemie qui occupait la gauche de l'armée prussienne et qui, descendue de Mars-la-Tour, cherchait à me tourner, appuyée par une troupe d'infanterie (1) et par de l'artillerie. Je fis alors donner l'ordre aux généraux de division Legrand, de Clérembault et du Barail et au général de France de prendre leurs dispositions pour charger l'ennemi. L'attaque fut faite avec beaucoup de vigueur et d'entrain; les charges furent reprises successivement et l'ennemi rejeté des positions qu'il occupait. Cette charge, brillamment conduite par les généraux et chefs de corps, nous causa des pertes cruelles, non par le nombre, mais par l'importance des chefs qui succombèrent dans cet effort magnifique. Le général Legrand fut tué, tous les officiers de son état-major blessés. Le général Montaigu disparut. Un grand nombre d'officiers de tous les corps furent atteints. Après la charge, les corps furent ralliés avec le plus grand ordre pour rentrer dans nos lignes (2).

En même temps que ce mouvement de cavalerie s'opérait sur ma droite, les attaques sur mon front occupé par l'infanterie devenaient plus intenses, mais jamais les troupes ne cédèrent le terrain. A un moment, une attaque d'infanterie et de cavalerie se prononça sur un bataillon du 73e commandé par le colonel Supervielle. Un régiment de hulans chargea ce bataillon, qui le laissa passer, et, le prenant à revers, le détruisit entièrement, s'emparant de son étendard (3). Cette attaque fut soutenue avec beaucoup de vigueur par le général de Cissey, dont

---

(1) Allusion probable à l'arrivée de la *38e* brigade prussienne. Il est évident que ce rapport sommaire, sans doute fait en hâte, intervertit sur plusieurs points l'ordre des événements; il en passe sous silence et en dénature d'autres.

(2) Se reporter au rapport détaillé du 3 septembre. (Note du rapport sommaire.)

(3) *Ibid.*

les dispositions, prises avec une rare habileté, firent échouer tous les efforts de l'ennemi. Mais là encore, nous éprouvâmes une perte cruelle, le général Brayer fut tué. Les positions nous restèrent constamment ; le feu se ralentit de plus en plus et, à la nuit close, il avait complètement cessé. Les troupes restèrent sur le champ de bataille jusqu'à minuit, où je les reportai un peu plus en arrière pour prendre du repos.

L'ennemi nous a laissé un grand nombre de morts et de blessés et environ 500 prisonniers.

Je me réserve de vous envoyer plus tard des détails sur ce combat, ainsi que le chiffre de nos pertes. Avant toute citation, je dois appeler votre attention sur les généraux de Cissey et Grenier, qui ont donné les preuves du plus grand sang-froid et d'une grande intelligence de la guerre (1).

Rapport détaillé du général de Ladmirault sur la bataille de Rezonville.

Plappeville, 3 septembre.

Le 16 août, à 5 heures du matin, précédée par la cavalerie, la 2º division s'engage sur la route de Briey au village de Woippy, son artillerie entre ses deux brigades.

Passent ensuite dans ce même village :

A 6 h. 25, la réserve d'artillerie du corps d'armée ;

A 7 heures, les bagages de la 2º division d'infanterie ;

A 7 h. 5, le parc du corps d'armée ;

A 7 h. 38, l'ambulance du quartier général ;

A 7 h. 45, la tête de la 1ʳᵉ division d'infanterie ;

A 9 heures, l'arrière-garde de cette division.

Quant à la 3ᵉ division, elle ne peut continuer sa route dans la matinée, une partie de ses troupes se trouvant engagée au milieu des convois et d'un équipage de pont du 3ᵉ corps (2). La 1ʳᵉ brigade ne

---

(1) Un rapport détaillé a été envoyé le 3 septembre. Il complète et rectifie le présent rapport sur les points indiqués par un renvoi. (Note du rapport sommaire.)

(2) Le matériel de pont du 3ᵉ corps était resté à Forbach, il ne peut donc s'agir que de celui du 2ᵉ corps ou de celui du 4ᵉ. Comme ces deux équipages paraissent s'être rendus tous deux à Gravelotte (*Historiques*); que d'après le rapport du colonel Marion (*Documents annexes*, page 86) ils rejoignirent respectivement leurs corps d'armée le 15 ; et qu'enfin il n'y en avait certainement qu'un seul d'arrêté à Lessy (30 voitures,

quitte son bivouac de Lessy qu'à 2 heures de l'après-midi, se rendant à Doncourt par Amanvilliers, la 2ᵉ brigade fermant la marche.

La tête de la 2ᵉ division (Grenier) arrive à Doncourt à 11 h. 30 du matin ; le canon tonnait déjà depuis quelque temps dans la direction de Saint-Marcel et Rezonville ; des colonnes ennemies étaient signalées dans la direction de Mars-la-Tour.

La 1ʳᵉ brigade de la 2ᵉ division, en débouchant de Doncourt avec la batterie de canons à balles (1), reçoit l'ordre de se diriger sur Bruville, puis elle s'étend vers la droite, couronnant successivement les mouvements de terrain qu'elle rencontre.

Le 5ᵉ bataillon de chasseurs marche en soutien de l'artillerie. Le 13ᵉ et le 43ᵉ de ligne se dirigent vers la cote 274. Une décharge de canons à balles fait fuir une première troupe ennemie postée en observation au petit bois défriché entre le point 274 et la ferme de Greyère (2).

Les batteries de la 2ᵉ division et celles de la réserve, qui pressent leur marche à travers champs, viennent se déployer sur la crête qui domine le bois de Vionville (3), appuyées par les 13ᵉ et 43ᵉ de ligne. Une batterie de canons à balles déloge l'ennemi de la lisière Est de ces bois et une autre, de canons de 12, atteint des troupes postées au Nord et près de Vionville.

Il est 2 h. 45. Notre cavalerie appuie cette action en s'étendant vers la droite, avec la division de Clérembault du 3ᵉ corps. De son côté, le général du Barail, qui avait escorté l'Empereur sur la route de Conflans, venait concourir aux opérations de cette cavalerie avec le 2ᵉ chasseurs d'Afrique, les lanciers et les dragons de la Garde et deux batteries à cheval.

A ce moment, notre aile droite débordait complètement la gauche de l'ennemi et nous pouvions concevoir l'espérance de la rejeter sur Vionville.

Le général en chef donne donc l'ordre à un bataillon du 13ᵉ de ligne et à un autre du 43ᵉ d'enlever les bois qui sont dans les fonds et sur le pentes opposées en avant d'eux, vers Vionville (4). Ces bataillons

---

page 276) il semble *vraisemblable* que ce dernier fut celui du 4ᵉ corps. (Rectifier en conséquence « Journée du 15 août », page 36.)

(1) $\frac{5}{1}$.

(2) Sans doute une petite bande boisée qui existait alors entre les Poiriers du bois ci-dessus et la cote 257.

(3) *Lire :* Tronville.

(4) Bouquets de bois dans le fond du ravin et bois de Tronville.

débusquent les Prussiens de la première partie de ce bois, battue par nos canons à balles. Mais bientôt apparaissent de fortes colonnes ennemies entre Vionville et Mars-la-Tour (1). Des batteries qui les accompagnent ouvrent leur feu le long de la grande route qui relie ces deux points (2). Devant ce retour offensif, le général commandant en chef le 4ᵉ corps ordonne la retraite de nos troupes engagées dans les bois de Vionville; elles le font avec ordre, ramenant un certain nombre de prisonniers.

Jusque-là, la division Grenier était la seule du 4ᵉ corps sur le champ de bataille, et il paraissait évident que l'ennemi, comprenant le danger qui le menaçait sur sa gauche, y amenait de puissantes réserves; il eut donc été dangereux de reprendre l'offensive.

Les troupes de la 2ᵉ division d'infanterie, ses batteries et celles de la réserve couronnent le mouvement de terrain depuis le point 277 jusqu'à la ferme de Greyère; la 2ᵉ brigade à la droite, un bataillon du 98ᵉ dans la ferme que les sapeurs du génie mettent en état de défense; un bataillon du 64ᵉ se porte plus en avant pour soutenir notre brigade de hussards qui marche dans cette direction au-devant d'une troupe de cavalerie ennemie. Ce bataillon fait reculer quelques tirailleurs prussiens. Les deux autres bataillons de ce régiment prennent la droite du 13ᵉ de ligne; les deux derniers du 98ᵉ restent en réserve.

Il est 4 heures, et la division de Cissey débouche entre Urcourt et Bruville sur le champ de bataille; elle se déploie en arrière de la gauche de la 2ᵉ division d'infanterie; son artillerie entre de suite en action (3).

A ce moment, l'attention du général commandant en chef le 4ᵉ corps d'armée est appelée du côté de la ferme de Greyère par les mouvements d'une grosse masse de cavalerie ennemie venant de Mars-la-Tour. Une batterie qui précède cette cavalerie s'établit vers la cote 230, entre Mars-la-Tour et Ville-sur-Yron; elle prend d'écharpe la droite de notre ligne. Le 64ᵉ se jette dans le petit bois au fond du ravin, en avant de la ferme de Greyère (4), et concourt, avec une démonstration de la cavalerie du général du Barail, à faire taire cette batterie.

Pendant ce temps, l'ennemi a marché sur le centre de notre ligne: notre artillerie, menacée sur ce point, a même été obligée de quitter la crête sur laquelle elle était placée. C'est alors que les troupes de la

---

(1) La tête de la *20ᵉ* division prussienne.
(2) Vers 3 h. 45.
(3) L'artillerie de la division de Cissey avait déboîté de la colonne et s'était portée au trot à la cote 277.
(4) Le bois de la Velterène.

1re division (de Cissey), vivement enlevées par leurs chefs, se précipitent sur l'ennemi qu'elles refoulent dans le fond du ravin. Les Prussiens, fusillés à bout portant par les assaillants et par les troupes qui tenaient la crête, s'enfuient en désordre, jonchant le sol de leurs morts.

L'ennemi tente d'arrêter notre poursuite et de protéger sa retraite par une charge de cavalerie (1). Un escadron de dragons se présente intrépidement devant le 1er de ligne et le charge à fond. On l'avait pris d'abord pour un régiment français, mais on reconnaît bientôt l'erreur. Le colonel du 1er de ligne, prévenant sa troupe, le laisse avancer jusqu'à 50 mètres et ordonne le feu. L'escadron presque en entier est abattu, et les quelques cavaliers qui peuvent pénétrer dans nos rangs sont tués.

Le 57e de ligne, engagé contre un régiment prussien, lui enlève son drapeau, pris par M. Chabal, sous-lieutenant, officier-payeur (2).

Dans cette affaire furent tués : le général Brayer et son aide de camp, capitaine de Saint-Preux ; le colonel de Place, chef d'état-major de la division, fut blessé.

En même temps, vers 5 h. 30, avait lieu à l'extrême droite, une grande charge de cavalerie. La cavalerie prussienne était formée perpendiculairement à la route de Mars-la-Tour à Jarny, appuyant la batterie dont il a été parlé plus haut. Le général du Barail avec ses chasseurs d'Afrique battait lentement en retraite en tirailleurs devant elle (3). La cavalerie du 4e corps d'armée était formée sur deux lignes (2e et 7e hussards déployés en 1re ; 3e dragons en soutien sur le flanc), parallèlement à la route, la gauche à 400 mètres environ de la ferme de Greyère. Dans les fonds, devant elle, près des bois, se trouvaient les lanciers et les dragons de la Garde. Devant cette menace, la cavalerie prussienne se divise en deux masses : l'une se déployant face à notre ligne (?), l'autre restant perpendiculaire à la route, appuyant toujours son artillerie. La cavalerie du 4e corps, un peu trop impatiente de se mesurer avec l'ennemi, traverse le ravin et la route qui sont devant elle et entame immédiatement la charge. Entraînée par ses chefs, dont plusieurs succombent au premier rang, son choc fut terrible ; mais le long trajet qu'elle a fait pour aller chercher son adversaire a un peu rompu son ordre, tandis que celui de l'ennemi est parfait au moment

---

(1) $\frac{1, 3, 5}{1 \text{ Dr. G.}}$.

(2) Avant la charge des dragons prussiens.

(3) Après avoir chargé la batterie allemande : $\frac{1 \text{ c}}{G}$.

du choc. Une mêlée terrible s'ensuit, pendant laquelle les lanciers de la Garde qui se trouvent en bataille perpendiculairement à la route à laquelle ils appuient leur gauche, se précipitent sur les combattants des deux partis, produisant un désordre d'autant plus grand, que leur uniforme les fait confondre par les nôtres avec l'ennemi. Les dragons de la Garde appuient les lanciers. Les trois régiments du 4ᵉ corps d'armée se retirent alors, débandés par le choc qu'ils ont entamé, et se rallient sur la ligne d'où ils sont partis, sans être d'ailleurs inquiétés.

Deux régiments de dragons de la division de Clérembault, arrivant derrière nos lignes d'infanterie, viennent occuper le théâtre de cette grande lutte de cavalerie.

Depuis ce moment, la canonnade continue entre nos batteries et celles de l'ennemi, établies le long de la route de Mars-la-Tour à Vionville, et jusqu'à 7 heures, où finit l'action, il ne se passe plus d'événements importants.

Les troupes du 4ᵉ corps bivouaquent sur le champ de bataille dans les positions où elles ont combattu. La cavalerie et le 2ᵉ chasseurs d'Afrique en arrière de la ferme de Greyère.

A la nuit tombante, la division de Lorencez débouche sur le champ de bataille et ne peut prendre aucune part à l'action.

Les positions occupées étant un peu étendues, le général commandant en chef donne l'ordre (1) de se replier en demi-cercle autour de la ferme d'Urcourt transformée en ambulance. Ce mouvement s'exécute vers 2 heures du matin.

Le lendemain matin, le 4ᵉ corps évacue une partie de ses blessés sur Briey et reçoit l'ordre de se retirer sur Metz pour se ravitailler.

DIVISION DE CISSEY.

Journal de marche de la 1ʳᵉ division du 4ᵉ corps.

16 août.

L'armée entière devant se replier sur Verdun, le 4ᵉ corps a reçu l'ordre de se porter sur Doncourt. La 3ᵉ division de ce corps (de Lorencez) avait été, dès le 15, dirigée par la route de Rozérieulles ; la 2ᵉ division (Grenier) et la 1ʳᵉ division devaient filer, le 16, de grand matin, par Saulny et Saint-Privat. La 2ᵉ division ouvre, en effet, la marche de bonne heure ; mais on engage derrière elle un énorme

---

(1) Probablement vers 11 heures du soir, car le mouvement de la division Grenier commença vers 11 h. 30.

convoi, comprenant le parc de réserve d'artillerie du 4ᵉ corps, l'ambulance et les bagages. Cette longue colonne d'*impedimenta* embarrasse si bien la route et produit de tels retards, que la division de Cissey, qui devait se mettre en mouvement à 7 heures du matin au plus tard, ne peut réellement commencer à marcher qu'à 9 heures (1). Impatienté des haltes continuelles qu'il faut faire en montant la côte de Saulny et qui brisent la marche de la division, le général de Cissey envoie des officiers de son état-major pour activer la marche du convoi d'*impedimenta*. Heureusement, après qu'on a dépassé le village de Saulny et que l'on a atteint le plateau, les bois sont un peu distants de la grande route. Le général de Cissey fait alors filer son infanterie en colonnes par section sur le flanc de convoi et à travers champs ; notre artillerie, doublant ce convoi, s'avance en suivant la route à hauteur de l'infanterie. La 2ᵉ brigade arrive à 11 heures à Saint-Privat, se masse sur le flanc de ce village et commence à faire le café. Mais vers 11 h. 30, une vive canonnade se fait entendre sur notre gauche. Bien que la 2ᵉ brigade seule ait eu le temps de faire les apprêts de son café, et que la 1ʳᵉ brigade commence seulement à se masser sur sa tête de colonne, pour se reposer à son tour, le général de Cissey fait immédiatement renverser les marmites et mettre sac au dos. La division se porte rapidement au canon en se dirigeant sur Doncourt. Elle conserve son ordre en colonne par section et passe à travers champs afin de diminuer le plus possible le trajet qui lui reste encore à parcourir avant d'atteindre le champ de bataille. Plusieurs officiers de l'état-major du général de Ladmirault viennent à la rencontre de la 1ʳᵉ division et confirment le général de Cissey dans sa première supposition, que l'action engagée est une action générale, livrée sur un front d'une étendue considérable. Malgré la chaleur accablante de la journée et malgré la rapidité soutenue de notre marche, les troupes de la division s'avancent en masse compacte, sans laisser un seul traînard. Arrivé à hauteur de la ferme de Butricourt, le général de Cissey apprend que l'intention du général de Ladmirault est de tenter un mouvement tournant de l'aile gauche prussienne par Mars-la-Tour ; le commandant du 4ᵉ corps fait canonner vigoureusement l'ennemi pour appuyer la division Grenier, engagée malheureusement un peu trop tôt dans l'exécution du mouvement tournant.

---

(1) C'est une erreur. D'après le carnet de campagne du sous-chef d'état-major du 4ᵉ corps — qui nota sur place les heures de passage à la sortie Ouest de Woippy, — la tête de colonne de la division Cissey sortait du village à 7 h. 45 et la queue à 9 heures. (Voir les heures données par le rapport détaillé du général Ladmirault.)

Toutefois, nos batteries divisionnaires, devançant la 2ᵉ brigade, vont se mettre rapidement en ligne avec la réserve du 4ᵉ corps; elles ouvrent tout de suite un feu très nourri sur les lignes ennemies. Bientôt après, arrive la 2ᵉ brigade de la division; elle se forme sur deux lignes déployées en ménageant à sa gauche l'espace nécessaire pour que la 1ʳᵉ brigade puisse se déployer à son tour. Notre arrivée a permis à une masse de cavalerie française de se porter beaucoup plus à droite, vers la ferme de Greyère.

En même temps que la 2ᵉ brigade de la division entrait en ligne, l'ennemi recevait de puissants renforts, à la faveur desquels il exécutait un vigoureux retour offensif sur la division Grenier. Celle-ci cède du terrain et finit par passer en seconde ligne derrière nous. Ce mouvement rétrograde entraîne celui de l'artillerie, qui se voit très menacée et exposée à être enlevée; enfin nos tirailleurs reculent un peu à leur tour. L'infanterie prussienne, enhardie par ce mouvement des nôtres, marche carrément sur notre ligne de bataille; ses tirailleurs, nombreux, franchissent un ravin qui nous sépare et s'approchent jusqu'à 40 pas. Fort heureusement, à cet instant, pendant lequel le général de Cissey a son chef d'état-major blessé et est lui-même démonté, ainsi que ses officiers d'état-major, la 1ʳᵉ brigade de la division est entrée en ligne, à gauche de la 2ᵉ. Le général de Cissey enlève alors vigoureusement sa division, qui se porte, avec une rare énergie, sur ses adversaires. Ceux-ci, étonnés de notre attaque exécutée avec tant d'à-propos et d'audace, deviennent hésitants pendant quelques minutes, et après avoir perdu bon nombre de leurs plus braves, essayent de se retirer en luttant; mais les corps de la division, dont l'élan est devenu irrésistible, les rejettent en désordre, et la baïonnette dans les reins, jusqu'au delà du ravin qui nous sépare de Mars-la-Tour. Nos mitrailleuses ont encore pu favoriser puissamment la marche en avant de toute la division, car elles ont pu se remettre en batterie, en temps opportun, pour faucher littéralement les masses ennemies. Nos aigles victorieuses sont enfin plantées sur les positions prussiennes, et le drapeau du 16ᵉ régiment ennemi, ainsi que d'autres trophées, sont tombés entre nos mains. Malheureusement ce brillant succès nous a coûté cher, et la division a à déplorer la mort du général Brayer, commandant la 1ʳᵉ brigade, qui a été tué, ainsi que son aide de camp, dès le commencement de la lutte.

L'infanterie prussienne, qui n'avait pas succombé sous nos coups, était en pleine retraite sur Mars-la-Tour, lorsqu'une charge de cavalerie ennemie essaya de profiter du désordre inséparable du mouvement offensif exécuté par nos troupes; celles-ci, pleines de sang-froid, s'ouvrent pour laisser passer les dragons prussiens, les fusillent en flanc, à revers, et les anéantissent de telle façon que tout ce qui n'est pas détruit par le feu est fait prisonnier. Nous étions bien décidément les maîtres du champ de bataille et prêts à enlever Mars-la-Tour, si la nuit n'était arrivée. La division, après s'être reformée, installe son bivouac ; on se préoccupe d'enlever les blessés du champ de bataille et de les transporter, partie à Doncourt, partie à la ferme de Butricourt, où l'on crée des ambulances provisoires ; on dirige aussi les nombreux prisonniers sur les derrières de l'armée.

Les pertes ont été pour la division : officiers tués, 20 ; blessés, 58. Hommes tués, 179 ; blessés, 692 ; disparus, 97.

Vers 1 heure du matin, le général de Cissey reçoit l'ordre de reporter sa division en arrière et près de la ferme de Butricourt. Ce mouvement, qui ne put commencer, en raison de la profonde obscurité, que vers 2 heures du matin, était terminé vers 3 h. 30 du matin.

Rapport du général de Cissey, commandant la 1re division du 4e corps, sur la bataille de Rezonville.

Plappeville, 23 août.

Le 16 août la 1re division était en route pour se rendre de Woippy à Doncourt-en-Jarnisy, lorsqu'en arrivant à Saint-Privat on entendit le canon dans la direction de Rezonville. Les troupes qui avaient commencé à faire le café prirent les armes immédiatement, et la division se dirigea en toute hâte sur le lieu du combat où elle arriva vers 4 heures.

La division de Cissey fut placée par les ordres du général en chef à la droite des troupes engagées, en face du village de Mars-la-Tour. L'artillerie se mit en ligne et entama une longue canonnade avec l'artillerie ennemie. Elle battait les batteries qui lui étaient opposées, et tirait, avec la batterie à balles, contre les troupes qui se formaient au loin.

Vers 6 heures (1) l'ennemi qui, depuis quelque temps, concentrait tous ses efforts sur le point occupé par la division de Cissey, fit un retour offensif avec des troupes d'infanterie et tenta d'enlever une de nos batteries, ce qui obligea l'artillerie à quitter la crête où elle était placée. L'infanterie, qui était en arrière des pièces, fut vivement enlevée par ses chefs et portée à la rencontre de l'ennemi qui apparaissait déjà. Un engagement très vif eut lieu sur ce point (2). Nos troupes, avec un entrain admirable, descendirent dans la plaine de Mars-la-Tour et abor-

---

(1) *Lire :* Vers 5 heures.
(2) Sur la crête 257-270.

dèrent l'ennemi à la baïonnette. Les Prussiens, fusillés à bout portant par les assaillants et par les troupes qui tenaient la crête, s'enfuirent en désordre, jonchant le terrain de leurs morts.

L'ennemi tenta alors d'arrêter notre poursuite et de protéger sa retraite par une charge de cavalerie. Un escadron de dragons prussiens se présenta intrépidement devant le 1er d'infanterie et chargea à fond. On le prit d'abord pour un régiment français mais ou le reconnut promptement, et le colonel du 1er d'infanterie, prévenant sa troupe, le laissa avancer jusqu'à 50 mètres et ordonna le feu. L'escadron presque entier fut abattu et les quelques cavaliers qui purent pénétrer dans nos rangs y furent tués.

Pendant cette affaire, le 57e, engagé contre un régiment prussien, lui enleva un drapeau, pris par le sous-lieutenant Chabal, officier-payeur.

L'heure avancée ne permit pas de poursuivre l'ennemi jusqu'à Mars-la-Tour, et la division bivouaqua sur le champ de bataille (1).

Dans cette bataille le général Brayer, son aide de camp et le chef d'état-major furent tués.

Le général de division et tous les officiers d'état-major eurent leurs chevaux tués sous eux.

Extrait des Souvenirs *du général de Cissey.*

16 août.

Le 4e corps d'armée a reçu l'ordre de se porter à Doncourt, on devait savoir que l'ennemi n'en serait pas loin, puisqu'il avait passé la Moselle depuis deux jours; malgré cela, on enfile sur la route le parc de réserve d'artillerie du corps d'armée, l'ambulance, le convoi et les bagages de la division Grenier avant les troupes de ma division. Aussi ma tête de colonne, qui aurait dû se mettre en mouvement à 7 heures au plus tard, ne commence à marcher qu'à 9 (2) : impatienté des haltes continuelles qu'il faut faire, j'envoie en avant mes officiers d'état-major qui me rendent compte du peu d'ordre qui règne dans la colonne des équipages ; à chaque cabaret ou à chaque maison que l'on rencontre, ceux qui devraient mettre de l'ordre dans le convoi, et faire hâter la marche, s'arrêtent pour boire ou pour allumer leurs cigares, les conducteurs en

---

(1) Le mouvement de recul de la division et sa traversée en sens inverse du ravin sont passés sous silence.

(2) La tête de la 1re division quitte, en réalité, Woippy à 7 h. 45.

font autant et il s'établit de longs intervalles entre les voitures; heureusement, les bois ne viennent pas tout à fait jusqu'à la route et je me décide à passer sur le flanc gauche du convoi avec l'infanterie et les trois batteries de combat. Nous arrivons à 11 heures à Saint-Privat et on commence à y faire le café : à 11 h. 1/2 une vive canonnade se fait entendre en avant et à gauche; on renverse les marmites et on se porte rapidement au canon, se dirigeant sur Doncourt; un peu avant d'y arriver, je rencontre un officier du général de Ladmirault qui me presse de hâter mon mouvement pour arriver au secours de la division Grenier déjà engagée; nous franchissons 10 kilomètres sans halte et nous arrivons sur le champ de bataille, l'infanterie en colonnes par sections, l'artillerie par demi-batterie, tout cela massé et sans un homme en arrière. Le général de Ladmirault me fait connaître qu'il a dessein de tourner la gauche des Prussiens par Mars-la-Tour et qu'il fait canonner l'ennemi vigoureusement pour appuyer le mouvement de la division Grenier, malheureusement commencé trop tôt. Mes batteries se mettent en ligne avec la réserve du 4ᵉ corps et ouvrent un feu nourri sur les lignes ennemies; l'infanterie se forme à gauche de l'artillerie sur deux lignes déployées et par brigades accolées; la 2ᵉ brigade qui était en tête tenait la droite. L'ennemi qui a reçu de puissantes réserves exécute un retour offensif sur la division Grenier qui cède un peu de terrain (1). L'artillerie, se croyant découverte par un mouvement de retraite, se porte en arrière trop vivement; les tirailleurs la suivent et l'infanterie prussienne, enhardie, marche en avant; ses tirailleurs, qui ont franchi le ravin, ne sont plus qu'à quarante pas de nous; mon cheval est renversé par une balle et mon chef d'état-major blessé; le moment est critique, le capitaine Garcin me donne son cheval; mes officiers, tous démontés par le feu de l'ennemi, mettent le sabre à la main; nous enlevons les chasseurs à pied qui ne demandent qu'à marcher; la 2ᵉ brigade bat la charge, les tirailleurs ennemis sont joints à la baïonnette et on remonte la pente opposée en les poursuivant; la ligne d'infanterie prussienne, écrasée par quelques volées de mitrailleuses, ne peut supporter notre choc et nos aigles victorieuses sont plantées sur les positions ennemies. Le drapeau du *16ᵉ* d'infanterie prussienne reste entre nos mains.

Ma première brigade est entrée en ligne à ma gauche, aussitôt son arrivée; le général Brayer lui a fait suivre le mouvement offensif, mais il est tué dès le commencement de la lutte et son aide de camp, M. de Saint-Preux, a le même sort.

L'ennemi s'est mis en retraite; une charge de cavalerie essaye de profiter du désordre inséparable du mouvement offensif qui a été exé-

---

(1) Attaque de la *38ᵉ* brigade prussienne.

cuté par nos troupes, mais l'infanterie, pleine de sang-froid, s'ouvre pour laisser passer les dragons, les fusille en flanc et à revers, et les anéantit. Tout ce qui n'est pas détruit par le feu est fait prisonnier. Nous étions maîtres du champ de bataille. Il eût fallu faire occuper Mars-la-Tour par tout le 4e corps et une réserve ; on interceptait ainsi la route de Paris et on empêchait les Prussiens de se renforcer pendant la nuit ; mais nous n'avons pas été dirigés pendant toute l'action ; nous n'avons pas vu le Maréchal commandant en chef et pas un seul de ses officiers n'est venu pendant la bataille voir ce qui se passait de notre côté. Le général de Ladmirault, préoccupé de son mouvement tournant, n'est pas venu voir ma division, il se tenait à l'extrême droite avec la division Grenier, qu'il avait commis la faute d'engager trop tôt et sans réserve pour la soutenir ; il devait savoir où était la division Lorencez et envoyer officiers sur officiers pour la faire arriver au canon ; la mienne ne fût pas même arrivée si j'avais suivi la grande route, et ne m'étais jeté dans les champs au risque de fatiguer un peu mes hommes et les chevaux de mon artillerie.

Il y avait si peu d'ensemble dans notre pauvre armée, que j'ai trouvé des chasseurs à cheval, appartenant à un corps complètement couvert par le 4e, qui patrouillaient à notre gauche, bien que couverts par ma division et notre lourde colonne de bagages enfilée sur la route de Doncourt.

Comme je viens de le dire, nous étions maîtres du champ de bataille, et il eût fallu porter nos lignes au point où étaient nos tirailleurs les plus avancés ; pour cela, il eût fallu que la division Lorencez arrivât le soir même, et passât en se déployant sur une seule ligne en avant de la division Grenier et de la mienne ; faute de cela, nous dûmes abandonner les hauteurs si glorieusement acquises et nous retirer sur nos premières positions afin de nous reformer.....

On s'empresse de relever les blessés et de les transporter, partie à Doncourt, partie à la ferme de Butricourt où des ambulances provisoires ont été établies. Vers minuit, nous recevons l'ordre de nous replier sur la ferme de Butricourt.

Nos pertes dans cette journée glorieuse ont été, savoir : officiers tués 20, officiers blessés 58, pas de disparus. Troupe : tués 179, blessés 692, disparus 97.....

Historique du 20e bataillon de chasseurs (1re *division*, 1re *brigade*).

Le capitaine Delherbe a pris, le 15, le commandement du bataillon.

A 3 heures du matin, ce même jour, le 20e bataillon a repris le chemin de Metz par Saint-Julien, retrouvé ses sacs dans l'île Chambière et est venu camper vers 4 heures à Woippy. « La confiance renaît, dit l'Historique, le succès de Borny donne de l'espoir. »

16 août. — La division s'ébranle, le 16 août, à 6 heures du matin ; la chaleur devient bientôt très forte. On traverse Woippy ; la côte de Saulny est gravie et nous nous dirigeons vers Saint-Privat-la-Montagne. La marche est lente, pénible ; nous rejoignons le convoi composé de voitures d'administration, de bagages régimentaires, de cantiniers et d'une foule de chariots du pays, vides la plupart. Les à-coups sont si fréquents qu'à 3 kilomètres de Saulny le terrain étant plus découvert, la division s'engage dans les terres, sur la gauche de la route. A 11 heures, la colonne arrive à un hameau appelé Jérusalem, sur la gauche de Saint-Privat. L'odre est donné de faire halte, le bataillon se forme en bataille et les hommes font le café.

Bientôt on aperçoit sur la gauche, au delà d'ondulations boisées, de petits nuages blancs qui apparaissent et disparaissent brusquement. Ce sont certainement des obus qui éclatent en l'air ; cependant on n'entend absolument rien ; quelques escadrons de hussards partent en reconnaissance.

Vers midi, le canon se fait entendre distinctement. Aussitôt, le général de Cissey fait prendre les armes et marcher au canon. Le bataillon, en colonne par peloton à demi-distance, suivi des régiments de la division, dans le même ordre, se met en marche dans la direction de Bruville. La 6e compagnie est détachée en flanqueurs sur la gauche. On laisse Habonville à gauche, on côtoie les bois de la Cusse, de Doseuillons, et on débouche dans une plaine d'où l'on aperçoit Doncourt à droite et, à l'horizon, une fumée qui révèle la proximité du champ de bataille. Le bataillon franchit un ravin profond, traverse la route de Doncourt et arrive à 400 mètres de la ferme de Butricourt, où il s'arrête un instant sur le bord d'un petit chemin de traverse. Cette marche à travers champs, à une allure extrêmement rapide, a fatigué beaucoup d'hommes ; quelques-uns, trahis par leurs forces, sont restés en arrière. En même temps, le feu paraît se ralentir et les batteries françaises qu'on aperçoit à l'horizon semblent gagner rapidement du terrain. On dit que les Prussiens sont pris entre quatre corps d'armée (on parle de Mac-Mahon), et tout le monde a le ferme espoir de jeter l'armée ennemie dans la Moselle.

Au bout d'un quart d'heure la marche est reprise ; nous laissons à droite Urcourt, Bruville et nous arrivons, par un pli de terrain, jusqu'aux premières ondulations du plateau 274, où la division Grenier est aux prises avec l'ennemi. Elle était venue par Vernéville, Saint-Marcel et Bruville. Les sacs, par ordre, sont jetés à terre, les tirailleurs rappelés et le bataillon est formé en colonne de division.

Au moment où nous débouchons sur le plateau, des caissons traversent nos lignes au galop; les conducteurs nous crient que nous arrivons à temps. Des chevaux morts, d'autres blessés, jonchent le terrain; en même temps, une grêle d'obus tombe sur le bataillon, qui se déploie néanmoins avec le plus grand sang-froid. Au moment d'arriver sur la ligne de faîte, nous apercevons une ligne étincelante devant nous. « Ce sont les casques prussiens ! » s'écrie-t-on, et le bataillon s'apprête à exécuter un feu de salve, lorsqu'on reconnaît l'erreur. C'était un carré de la ligne, à genoux, dont nous apercevions les baïonnettes. Au même instant, une pluie de balles s'abat sur le bataillon; l'infanterie placée en avant de nous se replie sur nous et il en résulte une certaine confusion; mais, enlevé par ses chefs, le bataillon se porte en avant, sans présenter une formation bien distincte. C'est une colonne profonde, mélangée d'infanterie de ligne, qui bientôt se sépare en deux tronçons.

Pendant une vingtaine de minutes, une véritable nappe de plomb passe sur le bataillon qui, tantôt couché, tantôt debout, gagne toujours du terrain. Un feu rapide, épouvantable, part du premier rang; la fumée est si épaisse qu'on distingue à peine la ligne ennemie de l'autre côté d'un ravin, et ses tirailleurs embusqués derrière les javelles de blé de ce côté du ravin. Déjà la mort a fait de cruels ravages parmi nous : le capitaine de Bermond, le lieutenant Messelot, le sous-lieutenant Duverger sont tombés foudroyés; le capitaine Clara est atteint d'une blessure qu'on croit mortelle et le capitaine de Garnier des Garets est atteint d'une balle à la cuisse. Enfin la ligne ennemie plie et remonte le versant opposé dans le plus grand désordre. La brigade s'élance dans le ravin (il est situé au Sud de la ferme de Greyère), y fait 400 prisonniers, et remonte le versant opposé couvert de cadavres ennemis; elle s'établit le long de la crête, où elle est à couvert des obus venant de Mars-la-Tour, qui vont éclater sur la pente opposée.

Au moment de l'attaque, le bataillon était placé à la droite du 1er de ligne. Le général Brayer, dont le cheval venait d'être tué sous lui, mit l'épée à la main et fit sonner la charge. Au même instant, il tomba au milieu de nous, mortellement frappé comme son aide de camp, le capitaine de Saint-Preux.

La brigade venait à peine de couronner la crête du ravin de Greyère, qu'une brigade de cavalerie ennemie déboucha du bois (?) de Mars-la-Tour, pour protéger le ralliement de l'infanterie qui fuyait dans le plus grand désordre. Le régiment n° 1 des dragons de la Garde s'ébranla et nous chargea avec une bravoure héroïque; mais, en un clin d'œil, notre brigade, se formant en ligne et refusant un peu sa droite, reçut par un feu rapide de front et de flanc les cavaliers ennemis, qui ne purent arriver jusqu'à nos baïonnettes; ils furent littéralement anéantis.

Sur ces entrefaites, l'artillerie française revenait prendre position sur la crête où nous l'avions remplacée, et les mitrailleuses, accablant de projectiles les bois situés devant nous, empêchaient tout retour offensif de l'ennemi.

A notre gauche, la Garde s'emparait d'un bois où l'on distinguait quelques uniformes ennemis qui disparurent bientôt. Il était près de 7 heures. Notre cavalerie avait repoussé un mouvement tournant vers notre droite; le silence se répandait sur le champ de bataille. La brigade reçut l'ordre de se rallier sur la crête 274; le général de Ladmirault s'y trouvait avec son état-major et lui adressa quelques paroles de félicitations auxquelles il fut répondu par les cris de « Vive la France! Vive l'Empereur! »

Les faisceaux étaient à peine formés que nous vîmes des touffes de fumée blanche paraître entre les peupliers qui bordent la route de Verdun, à la gauche de Mars-la-Tour; les obus éclataient en l'air et les éclats passaient inoffensifs au-dessus de nous. Notre artillerie riposta vivement et bientôt tout rentra dans le silence.

Vers 9 heures, le bataillon se porta à 500 mètres en arrière et les hommes purent goûter quelque repos. Vers 11 heures, il se porta sur l'emplacement où il avait déposé les sacs, et y bivouaqua jusqu'au jour.

Les pertes du bataillon avaient été fort sensibles : 3 officiers tués et 2 blessés; 18 sous-officiers ou soldats tués, 60 blessés et 14 disparus.

Historique du 1er régiment d'infanterie (1re division, 1re brigade, colonel Frémont).

16 août.

Le canon s'entendait distinctement; ordre fut donné de mettre sac au dos. On quitte la route pour s'engager à travers champs, et la colonne se met en marche dans la direction de Doncourt, en laissant sur sa gauche les bois de la Cusse et de Doscuillons, après avoir traversé le chemin de fer de Verdun. Une chaleur accablante et un terrain très accidenté rendent la marche très pénible. Les sacs sont déposés non loin de la route de Gravelotte, et après un dernier effort, la division entre en ligne; elle traverse la route de Saint-Marcel à Bruville, et après s'être déployée, va relever la 2e division (Grenier), pour s'opposer aux efforts des Prussiens qui s'avançaient entre la ferme de Greyère et le bois au Nord-Ouest de Vionville. L'ennemi franchissait en ce moment le grand ravin situé au Sud de la ferme, et la 1re brigade était à peine déployée qu'elle se trouvait face à face avec l'infanterie prussienne. Le général Brayer est tué presque immédiatement, ainsi que son aide de camp. Le 1er de ligne s'avance sous une grêle de balles vers le ravin, qu'il franchit en faisant éprouver des pertes énormes au régiment qui lui était opposé. Ce régiment était le 16e de ligne prussien, dont il restait à peine 200 hommes le lendemain, d'après les rapports prussiens. Le feu commençait à se ralentir, lorsque les Prussiens tentèrent un dernier effort pour dégager leurs divisions refoulées et lancèrent sur la droite de la brigade Brayer, un peu désorganisée par le passage du ravin, la brigade de dragons de la Garde (1). Le 1er de ligne se reforma à la hâte, attendit de pied ferme, et, quand les premiers escadrons furent arrivés à 200 mètres, fit sur eux une décharge terrible qui les anéantit complètement. Ce glorieux fait d'armes doit être cité à l'honneur du régiment.

Le général de Cissey, passant devant le front des troupes, félicita le colonel et embrassa le drapeau percé de balles.

Vers 8 h. 30, le champ de bataille était en notre possession ; le 1er de ligne fut reporté en arrière à quelque distance de Doncourt et passa la nuit dans cette position.

Cette journée nous coûta 16 officiers tués ou blessés.

Historique du 6e régiment d'infanterie (1re division, 1re brigade, colonel Labarthe).

16 août.

Le 16 août, vers 10 heures du matin (2), le régiment quittait Woippy et se mettait en marche avec le corps d'armée pour gagner, par Doncourt et Conflans, la route de Verdun. Il cheminait péniblement dans cette direction, à travers champs, quand, vers midi, le canon se faisait entendre en avant de nous, dans la direction de Gravelotte, Mars-la-Tour et Conflans. La division accélérait aussitôt le pas, et, vers 4 heures, abordait le terrain de l'action. Le régiment, en colonne serrée, arrivait près du village de Doncourt, en face de l'ennemi. Ses bataillons se déployaient aussitôt sur la crête de la position, malgré une grêle de projectiles, s'y maintenaient, puis, se portant en avant, contribuaient à refouler l'ennemi.

A ce moment étaient tués le général Brayer et son aide de camp ; le lieutenant-colonel Étienne prit le commandement du régiment, le colonel Labarthe prenant celui de la brigade.

L'action avait été courte, mais décisive et meurtrière ; l'ennemi se retirait, nous laissant ses morts et ses blessés.

Nos pertes étaient de : 7 officiers blessés, 2 soldats tués et 15 blessés.

Le même jour, vers 11 heures du soir, et bien que l'ennemi nous eut, en apparence, laissé ouverte la route de Conflans, la division entière se repliait sur les hauteurs du village de Doncourt.

---

(1) Trois escadrons de 1 Dr. G.
(2) Avant 9 heures.

Historique du 57ᵉ régiment d'infanterie (1ʳᵉ *division,*
2ᵉ *brigade, colonel Girard*).

16 août.

La colonne arrive vers midi à Saint-Privat où se fait la grand'halte.
A 1 heure de l'après-midi, le général de division est informé que l'ennemi attaque la colonne de gauche, entre Gravelotte et Rezonville. La division se dirige aussitôt sur Doncourt, et, continuant sa marche, arrive en vue de Bruville et de Saint-Marcel vers 4 h. 30. Là elle se déploie, le 1ᵉʳ et le 6ᵉ de ligne à gauche, la brigade de Goldberg à droite. Cette brigade occupait à ce moment un terrain très avantageux derrière la crête d'un ravin très profond, dans lequel l'infanterie prussienne vint s'engager pour se mettre à l'abri des feux de notre artillerie (?). Après un combat d'artillerie qui dura près d'une heure, le 57ᵉ et le 73ᵉ se portèrent sur la crête du ravin et engagèrent un feu de mousqueterie des plus meurtriers avec les 57ᵉ, 12ᵉ (?) et 16ᵉ régiments prussiens. Ces trois régiments s'enfuirent dans toutes les directions, laissant le sol couvert de leurs morts et de leurs blessés. La brigade Goldberg se lança à leur poursuite, remonta la pente opposée et repoussa brillamment une charge de quelques escadrons de dragons qui essayaient de couvrir la retraite de l'infanterie. Cette diversion de la cavalerie ennemie, et la nuit qui s'avançait rapidement, mirent fin au combat. Le 57ᵉ bivouaqua en arrière du champ de bataille après avoir recueilli les trophées laissés par l'ennemi, entre autres un drapeau qui fut remis au général de division. Le 57ᵉ comptait dans ses rangs une grande quantité de jeunes soldats qui montrèrent le plus brillant courage.

Pertes : 10 officiers tués, 10 blessés ; 97 hommes de troupe tués, 177 blessés, 5 disparus.

Relation du capitaine Le Roux, du 57ᵉ de ligne
(*Épisode de la bataille de Gravelotte*).

Le 16 août, à 4 h. 30 du soir, à la bataille de Gravelotte, notre régiment qui, depuis la halte à la ferme de Borny, marche en colonne, reçoit l'ordre de se former par bataillons en masse sur le 1ᵉʳ bataillon, à intervalles de dix pas, en avant en bataille..... Le mouvement est terminé sous le feu de l'ennemi ; nous sommes en position, mais en avant de nous se trouve un ravin, qui nous sépare d'un autre plateau.

A 800 mètres, les Prussiens sortent d'un bois en masse ; il faut, sans retard, occuper une position plus solide, plus tenable. Les Prussiens font diligence ; ils arrivent avec de l'artillerie.....

Notre brigade hésite quelque temps à s'ébranler au commandement de : « En avant ! » du général, commandement répété par les colonels des 57ᵉ et 73ᵉ; ces cris sont surtout répétés avec fureur par tous les officiers, par les hommes eux-mêmes; les clairons, les tambours, les musiques, tout parle!..... Personne ne bouge.

Je fais observer au colonel du 73ᵉ, placé à mes côtés, que sa place à la tête d'un de ses bataillons ferait, sans nul doute, l'effet attendu; il me répond par un geste, en me montrant sa gorge, qu'il est las de crier : « En avant ! » Je cherche des yeux mon colonel; il est sans doute dans un autre bataillon.

Alors je m'adresse à ma compagnie en l'interpellant de compagnie de Filstroff! (1)..... Je lui demande si elle veut me suivre?..... « Oui! Oui! mon capitaine, en enfer si vous voulez!..... » « Nous n'irons pas si loin mes braves ! »

A un signe, ma compagnie débolte de la colonne, se forme en tirailleurs; je lui donne l'ordre de ne tirer qu'à mon commandement, et à mon cri : « En avant ! » nous nous précipitons dans le ravin pour aller à la conquête de la nouvelle position; la brigade nous suit..... (2).

Cette journée, en raison de notre marche forcée pour arriver en présence de l'ennemi et à cause de notre lutte acharnée, nous a coûté cependant peu de pertes.

Mon brave lieutenant, M. Gauthier, a eu les reins brisés.

Rapport du Colonel commandant le 57ᵉ de ligne au général de Cissey, sur la prise d'un drapeau ennemi le 16 août (3).

Longeville-lès-Metz, 25 octobre.

Le 16 août, le régiment se trouvait en arrière des batteries de la 1ʳᵉ division du 4ᵉ corps, la droite de son IIᵉ bataillon en arrière de la batterie de mitrailleuses. Vers 6 heures, l'ennemi apparut, sortant d'un ravin; les batteries se retirèrent. Le régiment se porta immédiatement en avant avec une admirable vigueur, écrasa le *16ᵉ* régiment prussien, dont presque tous les hommes furent tués ou pris.

Le véritable prix de cet acte héroïque fut la prise d'un drapeau (3) arraché à celui qui le portait par M. Chabal, sous-lieutenant adjoint au trésorier, et que le lieutenant-colonel remit au général de Cissey.

En conséquence, je demande que le drapeau du 57ᵒ soit décoré.

---

(1) Allusion à une escarmouche du 1ᵉʳ août, où cette compagnie avait dispersé une fraction du *70ᵉ*.

(2) Comparer cette Relation à celle de la 25ᵉ Monographie, page 50, où il est question des efforts que fit le colonel Brixen, commandant le *16ᵉ* régiment, pour pousser en avant sa ligne de combat.

(3) Drapeau du IIᵉ bataillon du *16ᵉ* régiment prussien.

Le général de Cissey au général de Ladmirault.

Longeville, 25 octobre.

Le 57ᵉ régiment d'infanterie a pris, à la bataille de Rezonville, le 16 août, un drapeau à l'ennemi. (Ce drapeau vous a été remis le lendemain.) Il a contribué puissamment à anéantir le *16ᵉ* d'infanterie prussien qu'il a poursuivi à la baïonnette, et le même jour, vers 5 heures, il a concouru, pour la plus grande part, à arrêter une charge de cavalerie prussienne, en détruisant par son feu presque tous les cavaliers qui la composaient.

Relation du lieutenant Chabal, du 57ᵉ.

Bordeaux, 24 août 1872.

Bien qu'officier-payeur, j'avais suivi le IIᵉ bataillon du régiment. Le 57ᵉ était un peu en arrière de deux batteries. Après un feu violent d'artillerie, une ligne de tirailleurs prussiens s'avança sur les pièces, qui durent se retirer. La brigade se porta en avant ; les Prussiens furent repoussés. Une ligne de tirailleurs, avec laquelle je me trouvais, gravit la pente opposée du ravin, d'où était sorti l'ennemi, et le poursuivit au pas de course. C'est alors que, voyant un porte-drapeau ennemi tombé, je lui arrachai des mains le drapeau, qu'il ne m'abandonna qu'après une courte lutte, pendant laquelle la hampe se cassa.

Relation du chef de bataillon Boncourt, commandant le IIᵉ bataillon du 57ᵉ.

Bordeaux, 26 août 1872.

La division de Cissey venait à peine de prendre un café fait à la hâte, près de Saint-Privat-la-Montagne vers 2 heures de l'après-midi, qu'elle courait aux armes et se dirigeait vers Doncourt. Le feu de l'artillerie augmentait d'intensité. La division dépassait Doncourt et était déployée le long d'une crête qui descend sur le ravin de la ferme de Greyère. Trois batteries, dont une de mitrailleuses étaient installées au centre de cette crête. Les projectiles ennemis commençaient à éclater autour de nous.

Le IIᵉ bataillon du 57ᵉ que je commandais se trouvait en arrière de ces batteries. L'approche des Prussiens étant signalée, la ligne de bataille du 57ᵉ se porta en avant des batteries pour les protéger. Le IIᵉ bataillon exécuta sur la ligne ennemie une contre-attaque qui fit lâcher pied aux Prussiens. Ce fut alors une course jusqu'au fond du ravin au delà duquel le terrain se relevait brusquement ; sur ce talus, les Prussiens furent tués en grand nombre, beaucoup d'autres furent faits prisonniers.

Ce fut sans doute dans cette horrible mêlée que M. Chabal s'empara du drapeau du *16°* prussien dans les circonstances indiquées par son rapport..... »

Journal de marche sommaire du 73° de ligne (1re division, 2e brigade), colonel Supervielle.

Le 16 août, la division de Cissey quitte à 6 heures du matin et dans l'ordre suivant le campement qu'elle occupait en arrière de Woippy :

Escadron de hussards, extrême avant-garde ; un peloton à l'arrière-garde ; 2° brigade ayant une batterie de 4 derrière son premier bataillon ; 20° bataillon de chasseurs escortant deux sections de 4 et la batterie de canons à balles ; quatre bataillons de la 1re brigade ; trésor ; réserve d'artillerie (1) ; ambulances ; bagages de l'état-major ; bagages des corps d'après l'ordre qu'ils occupent dans la colonne ; un bataillon de la 1re brigade avec une section de 4 et un peloton de hussards formant l'arrière-garde.

Les batteries divisionnaires ont quitté Saint-Privat avec la cavalerie de la division.

La division prend la route de Metz à Briey, passe à Saulny et à Saint-Privat où elle s'arrête ; à midi on entend le canon à gauche et en arrière, c'est le canon de Gravelotte.

Le 73°, qui commençait à faire le café, reprend immédiatement sa marche, passant à travers champs, laisse Doncourt à droite et Bruville en arrière et arrive sur le champ de bataille vers 3 heures (2) après avoir fait 20 kilomètres.

Avant d'arriver à Doncourt, les batteries avaient précédé la division, avec la cavalerie.

La division se forme en ligne de la manière suivante :

La 1re brigade (1er et 6° de ligne, 20° bataillon de chasseurs à pied) à droite ; la 2° brigade (57° et 73°) à gauche (3) ; chaque bataillon en colonne serrée par pelotons en arrière et un peu à droite du bois de Vionville (4), derrière une crête où l'artillerie avait pris position, dominant ainsi la grand ravin situé au Sud de la ferme de Greyère.

---

(1) Il s'agit sans doute des réserves des batteries de la division, car la réserve d'artillerie marchait à la queue de la 2° division.
(2) Heure évidemment très erronée.
(3) L'ordre des brigades est inversé par l'Historique.
(4) *Lire :* Tronville.

L'ennemi commence son feu sur la 2ᵉ brigade; l'artillerie placée un peu en contre-bas est menacée par une forte colonne prussienne, qui descend dans le ravin.

La 2ᵉ brigade met les sacs à terre et marche ainsi que le 20ᵉ bataillon de chasseurs.

Pendant que la cavalerie du 4ᵉ corps sur notre droite chargeait la cavalerie prussienne pour empêcher un mouvement tournant, le plateau de Mars-la-Tour était pris par la division de Cissey, qui éprouvait à ce moment des pertes très sensibles.

Un drapeau du régiment prussien fut pris par la 2ᵉ brigade, et le 73ᵉ ramena une centaine de prisonniers.

La division était maîtresse du plateau, quand vers 6 heures, des escadrons de dragons prussiens, débouchant de Mars-la-Tour, chargèrent la droite.

Ils furent anéantis et dès ce moment l'ennemi battait en retraite.

A la nuit, la 2ᵉ brigade bivouaqua derrière la crête, qui avait servi de point de départ; les grand' gardes occupèrent le plateau.

Le 73ᵉ éprouva dans cette journée de grandes pertes : 3 officiers tués, 13 blessés; 21 hommes tués, 273 blessés, 89 disparus.

Rapport du lieutenant-colonel de Narp, commandant l'artillerie de la 1ʳᵉ division du 4ᵉ corps, sur la bataille de Rezonville.

Amanvillers, 17 août.

Le 16 août, la 1ʳᵉ division du 4ᵉ corps quitta à 7 heures du matin le bivouac de Woippy pour se rendre à Conflans en passant par Doncourt. La colonne venait d'être arrêtée pour faire la grand' halte lorsqu'on commença à entendre le canon dans la direction de Mars-la-Tour.

Le général commandant la division donna immédiatement l'ordre de marcher au canon. L'infanterie pressait le pas autant que possible et venait d'arriver au village de Bruville, lorsque le sous-chef d'état-major du corps vint annoncer au général commandant la division que l'affaire était terminée à notre avantage.

Le général commandant la division continua sa marche, mais on pouvait craindre que l'infanterie arrivât trop tard pour poursuivre le succès; le général voulant que l'artillerie eût au moins l'occasion de prendre part à l'affaire en lançant à l'ennemi quelques coups de canon, lui donna l'ordre de prendre les devants; les trois batteries partirent au trot et vinrent se placer sur la crête de la position en face de Vionville, à la gauche de l'artillerie de réserve. L'artillerie dans cette situation, pouvait se rendre utile en bouchant une trouée qui venait de se produire par un mouvement à gauche du corps voisin et par un changement de position de l'artillerie de réserve. Les trois batteries moins la section de gauche de la 9ᵉ restée à l'arrière-garde, ouvrirent immédiatement leur feu contre les batteries ennemies embusquées sur la route de Metz à Mars-la-Tour et qui tiraient sur nos troupes couchées dans le ravin. Le tir fut réglé avec le plus grand soin de manière à passer au-dessus de la tête de nos troupes, dont les plus avancées étaient à 1200 mètres au plus de nos batteries. Nos projectiles tombaient au delà de la ligne des peupliers de la route occupée par l'ennemi, ligne, qui repérée sur la carte de l'état-major est à plus de 2,500 mètres de la position occupée par les batteries. Le lieutenant-colonel commandant l'artillerie affirme de la manière la plus positive qu'aucun des projectiles partis de ses batteries n'a pu atteindre nos troupes. Le feu de la batterie de canons à balles venait de faire taire les batteries ennemies lorsque le général commandant la division arriva sur le terrain avec l'infanterie et réclama ses batteries pour qu'elles vinssent appuyer à l'extrême droite de la ligne un mouvement tournant préparé par le général commandant le corps d'armée.

Dans cette position les batteries luttèrent directement et avec succès contre les batteries de l'aile gauche de l'ennemi établies à Mars-la-Tour et en potence sur la route de Mars-la-Tour à Conflans. Ces dernières menaçaient d'enfiler toute notre ligne; le général en chef pour parer à ce danger ordonna à la cavalerie de se jeter sur la droite de la route de Mars-la-Tour à Conflans en remontant vers Mars-la-Tour; la 5ᵉ batterie appuya ce mouvement en se plaçant en potence.

La cavalerie après avoir chargé fut poursuivie par la cavalerie prussienne assez loin sur les derrières de notre position.

Le cavalerie ennemie menaçait de remonter un ravin qui aboutissait droit sur les batteries. Dans ce moment de véritable crise, deux batteries de la division se retirèrent en bon ordre et au pas pour prendre sur la crête en arrière, une position qui les mit à l'abri d'une charge à revers.

La 5ᵉ batterie seule resta dans sa première position et la situation critique où elle se trouvait et dont elle sut ne pas se préoccuper, mérite d'être signalée.

Ce moment de crise passé, les 9ᵉ et 12ᵉ batteries, appelées par le général commandant l'artillerie, reprirent leur première position et rouvrirent leur feu pour continuer lentement jusqu'à la nuit.

Vers 6 heures une batterie de la réserve vint s'établir à leur gauche pour les soutenir.

Les pertes sont les suivantes : 2 officiers blessés ; 7 hommes blessés ; 3 chevaux tués, 4 blessés.

Consommation en munitions : 5ᵉ batterie, 650 coups ; 9ᵉ batterie, 373 coups ; 12ᵉ batterie, 486 coups.

Historique de la 5ᵉ batterie du 15ᵉ régiment d'artillerie.

16 août.

La division part à 6 heures du matin pour se rendre à Doncourt par la route de Briey, et vers midi elle faisait la grand'halte à Saint-Privat depuis quelques minutes, lorsqu'on entend le canon sur la gauche. Les batteries de combat partent aussitôt au trot à travers champs, se réglant sur le son, et vers 2 h. 30, elles arrivent sur le champ de bataille entre Bruville et Saint-Marcel. Elles occupent d'abord une position face à Vionville, à gauche d'un grand bois qui s'étend dans un ravin profond sur la droite de la route de Verdun en venant de Metz, puis au bout de quelques minutes, elles se portent à l'extrême droite et se mettent en batterie entre le bois précédent et Mars-la-Tour, sur la crête même du ravin, parallèlement à la route de Verdun.

A 3 heures, la 5ᵉ batterie placée à la droite ouvre le feu à 2,000 mètres sur des batteries prussiennes placées de l'autre côté de la route. Vers 3 h. 30, les Prussiens viennent établir à 1200 ou 1300 mètres environ, sur notre flanc droit, une batterie, le long du chemin qui va de Mars-la-Tour à Jarny, perpendiculairement à la route de Verdun (1); en même temps, des masses de cavalerie débouchant de Mars-la-Tour se préparent à tourner l'aile droite, pendant que leur infanterie prononce alors un mouvement offensif vigoureux. Nous prenons alors une position perpendiculaire à la première à une centaine de mètres sur notre droite, et pendant un quart d'heure environ, la batterie tire à obus à la distance de 1100 mètres sur cette nouvelle batterie prussienne, et à obus à balles sur la cavalerie. Vers 4 heures (2), le mouvement offensif devenant plus accentué encore, on pouvait craindre que la batterie ne fut enveloppée, d'autant plus que les batteries de réserve du 4ᵉ corps, restées d'abord sur la crête du ravin, avaient battu en retraite et que l'infanterie elle-même reculait derrière nous.

La batterie se retire alors au pas dans la direction du contrefort le plus voisin pour s'y mettre en batterie, si besoin était. Dans les

---

(1) Il s'agit évidemment de la batterie Plaintz $\left(\dfrac{1\ \text{c}}{G}\right)$ qui n'arriva en ce point que vers 4 h. 1/2. Les heures indiquées précédemment par l'Historique sont probablement aussi erronées que la dernière et que les suivantes.

(2) Certainement vers 5 heures.

quelques minutes qui s'écoulent ainsi, l'infanterie réussit à rejeter dans le ravin l'infanterie prussienne, qui un moment était arrivée jusque sur le plateau, et de son côté la division de cavalerie Legrand du 4º corps se prépare à charger la cavalerie prussienne pour l'arrêter dans son mouvement tournant. La batterie, ramenée alors à sa première position, recommence à battre les batteries prussiennes parallèles à la route de Verdun pour aider au mouvement en avant de notre infanterie dans le ravin. En même temps, à la droite, la cavalerie prussienne est culbutée par la magnifique charge de la division Legrand et les pièces mises en batterie sur notre flanc s'enfuient précipitamment vers Mars-la-Tour. Notre infanterie, continuant sa charge, refoule les Prussiens dans le ravin et même, vers 5 h. 30, au delà de la route de Verdun ; quelques escadrons prussiens, débouchant alors de Mars-la-Tour dans le ravin, se jettent sur le flanc de l'infanterie un peu en désordre par le fait même de la charge qu'elle a poussée à fond. Cette cavalerie, qui passe devant nos pièces à moins de 500 mètres, exécute son attaque si brusquement que nous n'avons pas le temps de charger à mitraille avant qu'elle n'ait atteint l'infanterie; celle-ci, du reste, fait face à droite et sans même se donner la peine de se reformer, culbute les assaillants par deux décharges à bout portant, qui ne laissent debout qu'une vingtaine d'hommes, sur lesquels la batterie décharge au retour ses six coups à mitraille. C'est là la dernière tentative des Prussiens sur notre droite. A partir de ce moment, les batteries prussiennes, avec lesquelles nous avions lutté toute la journée, se retirent peu à peu et ne tirent plus que lentement; notre tir se ralentit aussi avec des distances qui vont toujours en augmentant, de façon que vers 7 h. 30 nous tirons à 3,200 mètres.

Dans l'intervalle, nous avions eu plusieurs fois l'occasion de tirer sur des masses d'infanterie qui cherchaient à rentrer dans le bois situé à notre gauche. Enfin, à 8 heures, la batterie cesse tout à fait son feu et reste en position jusqu'à 10 heures, heure à laquelle elle reçoit l'ordre de se rendre à Doncourt, où elle arrive à minuit et demi et retrouve sa réserve de batterie. Cette bataille, qui était pour nous à l'aile droite un si brillant succès, puisque nous avions réussi à rejeter les Prussiens bien au delà de la route de Verdun, ne nous coûtait qu'un homme légèrement blessé. Nous avions vidé presque entièrement les coffres de la batterie de combat, mais on n'avait pas eu besoin des caissons de réserve.

Historique de la 9º batterie du 15º régiment d'artillerie.

16 août.

Départ de Woippy à 7 heures du matin pour se rendre à Conflans, par Doncourt. La colonne étant arrêtée par la grand'halte, on entend une canonnade très vive dans la direction de Mars-la-Tour. On marche immédiatement au canon. L'infanterie presse le pas et est très fatiguée; le général, craignant qu'elle n'arrive trop tard, veut au moins que l'artillerie ait l'occasion de prendre part à l'affaire, lui donne l'ordre de prendre le devant. La batterie prend le trot et vient se placer sur la crête de la position en face de Vionville, à la gauche de l'artillerie de réserve. Dans cette position, l'artillerie est d'autant plus utile, qu'elle bouche une trouée qui se produit par un mouvement à gauche du corps voisin et par un changement de position de l'artillerie de réserve. La batterie ouvre immédiatement son feu contre des batteries ennemies embusquées sur la route de Metz à Mars-la-Tour et qui tiraient sur les troupes couchées dans le ravin. Le tir est réglé avec le plus grand soin, de manière à passer par-dessus la tête de nos troupes, dont les plus avancées sont à 1300 mètres au plus de la batterie.

Au moment où le feu paraît produire de l'effet sur l'ennemi, le général commandant la division arrive sur le terrain avec l'infanterie et réclame son artillerie pour qu'elle vienne appuyer, à l'extrême droite de la ligne, un mouvement tournant préparé par le général commandant le corps d'armée. Dans cette position, la batterie lutte directement et avec succès contre les batteries de l'aile gauche de l'ennemi, établies à Mars-la-Tour et en potence sur la route de Mars-la-Tour à Conflans. Le feu continue jusqu'à la nuit. Les batteries ennemies s'éloignent. On reste sur le champ de bataille jusqu'à 11 heures et on rentre alors à Doncourt.

Dans cette affaire, le lieutenant Laugel est blessé grièvement au pied par une balle, blessure dont il meurt quinze jours plus tard. La batterie a en outre 7 hommes blessés, 3 chevaux tués et 4 blessés, elle consomme 373 coups d'obus.

Historique de la 12e *batterie du* 15e *régiment d'artillerie.*

16 août.

La batterie part le matin, traverse Woippy et marchant sur la route de Briey, elle arrive à hauteur de la ferme de Jérusalem. Le canon se faisant entendre à gauche de la route, elle reçoit l'ordre de se porter de ce côté et de s'arrêter dans un champ voisin. Les hommes commencent à préparer leur café mais sont obligés de se mettre en route avant de l'avoir pris. La batterie marche à travers champs, passe à côté d'Amanvillers, de Vernéville, gagne la route de Gravelotte à Doncourt et après avoir traversé ce dernier village, vient s'établir avec les autres batteries de la division sur les hauteurs placées au-dessus du ravin, qui longe la route de Mars-la-Tour à Jarny. Elle occupait ainsi l'extrême droite de l'armée. Elle dirige immédiatement le feu sur les batteries prussiennes établies en arrière de la route de Mars-la-Tour et cachées par un rideau de peupliers. Elle reste dans cette position tirant à 2,100 mètres une partie de la journée. Forcée de reculer devant des colonnes d'attaque prussiennes qui sortent du ravin pour charger, elle revient une demi-heure après reprendre à peu près la même position et y reste jusqu'à la fin de la bataille.

Le tir des mitrailleuses ne paraît pas avoir produit un grand effet sur les batteries prussiennes qui, à une grande distance, avaient leurs pièces très espacées. Le tir des batteries ennemies était d'ailleurs assez mauvais, les obus n'éclataient pas pour la plupart.

Pertes de la batterie : 1 homme et 5 chevaux tués ; 4 hommes et le capitaine commandant blessés.

Les trois quarts environ des munitions de la batterie de combat ont été épuisées.

Le 16 août au soir, la batterie a campé près de Doncourt à 2 kilom. 1/2 de sa position de bataille.

Division Grenier.

Journal de marche de la 2ᵉ division.

16 août.

A 5 heures du matin, départ de la division pour Doncourt-en-Jarnisy, emportant seulement deux jours de vivres, suivie de ses bagages, de ceux de la 3ᵉ division (partie déjà la veille dans l'après-midi) et de la 1ʳᵉ division tout entière, ainsi que de la division de cavalerie.

Après avoir traversé Amanvillers, Vernéville et Jouaville, la 2ᵉ division débouche à Doncourt à 11 h. 30 ; sa 1ʳᵉ brigade compacte, mais la 2ᵉ coupée à 2 kilomètres est obligée de s'y arrêter pour laisser la route libre à la cavalerie du 4ᵉ corps et aux réserves d'artillerie, appelées en toute hâte.

En effet, le canon était entendu depuis 9 heures environ dans la direction de Saint-Marcel. La 1ʳᵉ brigade, arrivée seule à Doncourt avec la batterie à balles (1), reçoit l'ordre de se porter d'abord sur Bruville, puis s'étend à droite et couronne successivement les hauteurs situées en avant en se reliant aux troupes placées à sa gauche.

---

(1) $\frac{5}{1}$ (Saint-Germain).

Le 5ᵉ bataillon traverse le premier le village de Bruville et le dépasse. Ses compagnies prises comme soutien d'artillerie, une seule reste avec son commandant.

La 1ʳᵉ compagnie de ce bataillon arrête, chemin faisant, une charge de hulans par un feu des mieux dirigés et les force à tourner bride.

Le bataillon est ensuite porté plus à gauche vers le 13ᵉ, prend part au combat dans le ravin et fait des prisonniers.

Vers 2 heures, une compagnie de ce bataillon occupe le bois de Vionville (1) et en déloge l'ennemi. Pendant tout ce temps les chasseurs prennent une part active à la bataille.

Un bataillon du 13ᵉ de ligne, de concert avec un bataillon du 43ᵉ, enlève au pas de charge le grand bois situé au bas du ravin, et fait des prisonniers (2).

Le bois ayant ensuite été évacué sur l'ordre du général en chef (3), le 13ᵉ reprend sa position sur la crête et sous les ordres de son vaillant colonel, soutient vigoureusement le combat.

Il subit des pertes cruelles, surtout parmi les officiers.

Les deux autres bataillons du 43ᵉ placés d'abord en réserve avaient bientôt pris part à la lutte. Lors du retour offensif des Prussiens, le régiment entier se jette au cri de : « En avant ! » sur les colonnes prussiennes, qui sont repoussées. Le colonel de Viville est blessé au bras, les pertes sont très sensibles, le drapeau est glorieusement mutilé.

La 2ᵉ brigade, séparée de la 1ʳᵉ à la hauteur de Habonville pour éviter l'encombrement, s'est dirigée sur Doncourt aussi vite que possible avec les deux batteries de 4. Au bruit de la canonnade le général Pradier fait mettre bas les sacs et les fourrages de deux batteries, qui rejoignent au trot la 1ʳᵉ brigade. Arrivé lui-même avec ses régiments, il prend la droite de la ligne.

Trois régiments de cavalerie ennemie, menaçant de tourner la position, un bataillon du 64ᵉ est détaché pour soutenir nos hussards de la division Legrand. Il repousse quelques tirailleurs prussiens et n'a qu'un officier blessé, 14 hommes d'atteints, dont un tué. Les deux autres bataillons prennent la droite du 13ᵉ et le 98ᵉ reste en deuxième ligne.

Au moment du mouvement rétrograde, vers 5 heures, le 64ᵉ se jette dans le bois occupé par l'ennemi (4), l'en chasse et en reste maître jusqu'au soir. Il fait même des prisonniers et perd 8 hommes tués et 16 blessés.

---

(1) *Lire* : Tronville.
(2) Vers 2 h. 45.
(3) Vers 4 heures.
(4) Le bois de la Velterène.

Le 1ᵉʳ bataillon du 98ᵉ a, dès le commencement, occupé la ferme de Greyère, l'a mise en état de défense, les deux autres bataillons couvrant la ligne entre cette ferme et les autres troupes.

Le succès de la journée était bien décidé ; nos troupes occupèrent le champ de bataille, mais la 2ᵉ division tout entière reçoit l'ordre de retourner le soir même à Doncourt, pour reprendre le bivouac qui lui avait été indiqué le matin et où elle avait laissé les sacs pour combattre. Le 98ᵉ rentre le dernier vers minuit ou 1 heure du matin laissant dans la ferme de Greyère, une compagnie seulement à la garde des blessés français et prussiens.

Dans cette journée la division a fait des pertes sensibles, nombreuses surtout en officiers.

Rapport du général Grenier sur la bataille de Rezonville.

16 août.

Partie de Woippy le 16 à 5 heures du matin et passant par Amanvillers, Vernéville et Jouaville, la 1ʳᵉ brigade de la 2ᵉ division arrivait à Doncourt-en-Jarnisy vers 11 h. 30 du matin.

Le canon tonnait déjà depuis quelque temps dans la direction de Saint-Marcel; le 3ᵉ corps, avec la Garde en réserve, était engagé avec l'ennemi; mais des colonnes prussiennes étaient en outre signalées à Mars-la-Tour et au delà, sur la route qui mène de ce village à Jarny.

La 1ʳᵉ brigade, arrivée seule à Doncourt avec la batterie de canons à balles, reçoit l'ordre de se porter d'abord vers Bruville, puis s'étend vers la droite et couronne successivement les hauteurs situées devant elle, en se reliant aux troupes placées à sa gauche.

Le 5ᵉ bataillon traverse le premier le village de Bruville et le dépasse. Ses compagnies sont prises comme soutien de l'artillerie; une seule reste dans la main de son commandant. La 1ʳᵉ compagnie de ce bataillon arrête chemin faisant une charge (?) de hulans par un feu des mieux dirigés et les force à tourner bride (1). Le bataillon est ensuite porté plus à gauche, vers le 13ᵉ de ligne, prend part au combat dans le ravin et fait quelques prisonniers.

Vers 2 heures, une compagnie de ce bataillon occupe le bois en avant de Vionville et en déloge l'ennemi.

Pendant tout le reste de la journée, le bataillon prend une part active et efficace au combat.

Un bataillon du 13ᵉ de ligne, de concert avec un bataillon du 43ᵉ,

---

(1) Il s'agit du *13ᵉ* dragons prussien.

enlève au pas de charge le grand bois (1) situé en bas du ravin et fait quelques prisonniers.

Le bois ayant ensuite été évacué sur l'ordre du général en chef, le 13º de ligne reprend sa position et, sous les ordres de son colonel, soutient vigoureusement le combat. Il subit des pertes cruelles.

Les deux autres bataillons du 43º, placés d'abord en réserve, concourent bientôt à la lutte. Lors du retour offensif de l'ennemi, le régiment entier se jette, au cri de : « En avant! », sur les colonnes prussiennes, qui sont repoussées. Le colonel de Viville est blessé; les pertes sont très sensibles; le drapeau est glorieusement mutilé.

La 2º brigade, séparée de la 1ʳᵉ à la hauteur du village d'Habonville pour éviter l'encombrement, s'est dirigée sur Doncourt par le hameau de Jérusalem, avec les deux batteries de 4. Au bruit de la canonnade, le général Pradier, avant d'arriver à Jouaville, fait mettre bas les sacs et les fourrages des deux batteries, qui rejoignent au trot la 1ʳᵉ brigade. Il prend la droite de la ligne. Trois régiments de cavalerie ennemie menaçant de tourner la position, un bataillon du 64º est détaché pour soutenir nos hussards; il repousse quelques tirailleurs prussiens et a 1 homme tué et 14 blessés, dont 1 officier. Les deux autres bataillons prennent la droite du 13º et le 98º reste en deuxième ligne.

Au moment du mouvement rétrograde, vers 5 heures, le 64º se jette dans le bois occupé par l'ennemi, en chasse les Prussiens et en reste maître jusqu'au soir. Il fait encore des prisonniers, perd 3 hommes et a 16 blessés.

Le Iᵉʳ bataillon du 98º a occupé dès le commencement de l'action la ferme de Greyère, l'a mise en état de défense, les deux autres bataillons couvrant la partie de la ligne entre cette ferme et la hauteur en arrière des bois. Ils ont été exposés au feu d'une batterie d'obusiers (?) et ont perdu quelques hommes.

Le régiment est rentré vers minuit au campement, ne laissant dans la ferme qu'une compagnie pour y garder les blessés français et prussiens; elle est rentrée le lendemain à 8 heures du matin à Doncourt.

Rapport du général de Bellecourt, commandant la 1ʳᵉ brigade de la 2ᵉ division, sur la bataille de Rezonville.

Amanvillers, 18 août.

Le 16 août, la brigade, débouchant par le village de Bruville, s'est

---

(1) Le bois de Tronville.

d'abord étendue sur la droite des lignes françaises, puis a successivement couronné les hauteurs qui étaient devant elle, en se reliant aux troupes qui étaient sur sa gauche.

Le 5ᵉ bataillon de chasseurs a eu un premier engagement contre une troupe précédée de cavalerie, qui s'avançait pour chercher à déborder notre droite (1). Dans cet engagement, le feu des chasseurs, très bien dirigé et à bonne portée, a arrêté l'ennemi et lui a fait subir de grandes pertes.

Ce bataillon a ensuite été porté plus à gauche, vers les bataillons du 13ᵉ, a pris part avec eux au combat dans le ravin et a fait un bon nombre de prisonniers.

Vers 2 heures de l'après-midi, une compagnie de ce bataillon reçut l'ordre d'occuper le bois en avant de Vionville; elle en délogea l'ennemi et en tua ou fit prisonniers encore un certain nombre.

Enfin, pendant le reste de la journée, le 5ᵉ bataillon de chasseurs n'a pas cessé de prendre part au combat. Lors du retour offensif des Prussiens, son feu, très vif et bien dirigé, a contribué d'une manière sérieuse au succès.

En résumé, le 5ᵉ bataillon s'est montré digne de sa réputation et de ce qu'il avait été le 14.

Le 13ᵉ de ligne, déployé en première ligne, a pris part, dès le début de l'action, à toutes les opérations qui ont eu lieu.

Deux bataillons de ce régiment ont enlevé le grand bois, situé en bas du ravin et en face d'eux, au pas de charge et en ont délogé l'ennemi, qui y a laissé un grand nombre de morts et de prisonniers.

Après que le bois a été évacué sur les ordres du général en chef, le 13ᵉ de ligne a repris ses positions et a continué à prendre part à l'action.

Ce régiment, conduit par son valeureux chef, le colonel Lion, déjà cité au combat du 14, s'est comporté avec l'entrain et la vigueur dont il avait déjà donné la preuve.

Il subit encore des pertes cruelles, surtout parmi ses officiers.

Le 43ᵉ de ligne, placé d'abord en réserve, fut bientôt appelé à prendre part à l'action.

Établi solidement à hauteur du grand bois (2), il dut se retirer, quand le bois fut évacué, sur la crête en arrière et plus à droite, où il prit part au combat.

Lors du retour offensif des Prussiens, les 1ᵉʳ et IIᵉ bataillons de ce régiment, au cri de : « En avant », se sont jetés sur la tête des colonnes

---

(1) Le *13ᵉ* dragons.
(2) Bois de Tronville. Entre 3 et 4 heures.

prussiennes, qu'ils ont vigoureusement repoussées. C'est à ce moment que le brave colonel de Viville, qui avait enlevé le mouvement, a été blessé d'une balle au bras.

Le régiment a gardé ses positions jusqu'à la fin du combat.

Les pertes sont également sensibles.

Le régiment cite comme s'étant particulièrement fait remarquer le porte-drapeau, qui a tenu tout le temps son drapeau déployé; le drapeau a été glorieusement mutilé.

A 11 h. 30, la brigade quittait ses positions pour rentrer dans son campement. Tout était terminé depuis 8 heures.

Rapport du chef de bataillon Carré, commandant le 5e bataillon de chasseurs (2e division, 1re brigade), sur la bataille de Rezonville.
Doncourt, 17 août.

Le bataillon a d'abord occupé le village de Bruville; il s'est ensuite porté en avant sur la droite de la brigade, et, en ce moment, la plupart des compagnies ont été détachées comme soutien des batteries d'artillerie; une seule est restée sous la main du commandant.

Les compagnies affectées au soutien des batteries ont suivi ces batteries dans tous leurs mouvements. Toutefois, quelques-unes d'entre elles ont pu, dans certains moments, prendre une part plus active encore aux mouvements de l'infanterie.

Ainsi, la 3e compagnie, commandée par le capitaine Chédeville, a été la première en ligne pour arrêter la charge des hulans du côté de la droite (1); elle les a laissés s'approcher à bonne portée, d'autant mieux qu'elle ne savait pas si ce qu'elle avait devant elle était des amis ou des ennemis. Dès qu'elle eut reconnu à qui elle avait affaire, elle a arrêté net les hulans par un feu des mieux ajustés qui leur a mis beaucoup d'hommes hors de combat et qui les a forcés à tourner bride. Elle a ensuite joint ses feux à celui de la ligne des bataillons d'infanterie et a ainsi contribué à repousser les Prussiens dans leur retour offensif.

Quant à la 2e compagnie, elle a occupé le deuxième des bois qui se trouvent au pied de la route de Vionville à Gravelotte (2); quant au premier bois (3), elle a reçu l'ordre de ne pas s'y engager et elle est restée derrière la haie qui se trouve entre ces deux bois et d'où elle a pu tuer plusieurs Prussiens dans le premier bois. Plus tard, au retour du mou-

---

(1) *13e* dragons. Après 1 heure.
(2) Parcelle Nord du bois de Tronville. Vers 3 heures.
(3) Parcelle Sud du bois de Tronville.

vement offensif, elle a dû, sur les ordres qui lui ont été donnés, se replier successivement en arrière en tiraillant sur les Prussiens.

Quant à la 4ᵉ compagnie, qui était restée sous ma main, je me suis porté en avant avec elle jusqu'à 300 mètres du premier bois, que je viens de désigner.

J'aurais voulu pouvoir le tourner pour m'en rendre maître, mais je n'avais pas assez de monde sous la main et je ne savais pas ce qu'il pouvait y avoir de Prussiens derrière ce bois. Un instant après, je fis ouvrir le feu avec succès sur notre droite, sur une batterie ennemie (1) qui était venue s'installer dans le ravin au pied du village de Vionville. Ce feu fut tellement incommode pour l'ennemi qu'il y provoqua l'établissement d'une batterie spécialement chargée de nous déloger. C'est à ce moment que le retour offensif des Prussiens nous obligea à nous retirer sur les hauteurs, et, lorsque nous y fûmes arrivés, la seule compagnie qui me restait me fut encore prise pour former le soutien d'une batterie d'artillerie.

Dans le combat d'hier, le bataillon a eu 6 hommes tués et 15 blessés.

La conduite des officiers et de la troupe au feu a été, comme avant-hier, des plus brillantes.

Rapport du colonel Lion, commandant le 13ᵉ régiment de ligne (2ᵉ division, 1ʳᵉ brigade), sur la journée du 16 août.

Doncourt, 17 août.

Hier 16, le régiment, à peine établi au bivouac, sous Doncourt, a reçu l'ordre de se porter en avant, ainsi que la brigade, pour s'opposer aux Prussiens qui se montraient dans la direction de Mars-la-Tour. Après avoir traversé le village de Bruville, les Iᵉʳ et IIIᵉ bataillons ont été déployés en première ligne ; le IIᵉ, sur l'ordre du général en chef, s'est porté sur l'extrême droite de la position, où il est resté toute la journée.

Les Iᵉʳ et IIIᵉ bataillons, après s'être portés en avant, ont reçu l'ordre d'attaquer un bois (2). Le IIIᵉ bataillon, couvert par des tirailleurs et déployé, soutenu par le Iᵉʳ en colonne, s'est porté sur la position au pas de course et s'y est établi en occupant la lisière opposée ; le bois a été très faiblement défendu par l'ennemi ; ce bois a été quitté par le régiment sur l'ordre du général en chef, et les deux bataillons ont repris leur position première sur la ligne de bataille.

---

(1) Sans doute $\frac{5, 6}{16}$.

(2) Le bois de Tronville.

Nos pertes s'élèvent à : officier tué, 1, blessés, 3 ; hommes de troupe tués, 16, blessés, 49, disparus, 6.

Rapport du chef de bataillon Geoffroy, commandant le IIe bataillon du 13e régiment de ligne (2e division, 1re brigade), sur la bataille de Rezonville.

Doncourt, 17 août.

A midi, le 16 août, le IIe bataillon a reçu l'ordre du général de division Grenier, commandant la division, d'aller occuper la droite du village de Bruville et de se relier à la ligne principale, qui occupait la gauche de ce village. Cet ordre était à peine exécuté, que le général commandant en chef faisait prévenir d'observer des masses de cavalerie prussienne, qui semblaient menacer notre droite. Le bataillon ralliait ses tirailleurs et se formait en colonne à demi-distance pour la formation du carré. (Nous étions en plaine.)

La cavalerie s'est tenue hors de la portée de nos armes.

La division ayant marché en avant, le bataillon a manœuvré de manière à prendre place dans la ligne de bataille, de laquelle il était séparé par un intervalle de 400 mètres. Pendant ces mouvements pour marcher en avant, l'artillerie du 4e corps entrait en ligne; le bataillon se trouvait derrière les deux dernières batteries, à l'extrême droite.

J'appuyai à gauche en marchant, de manière à rejoindre le régiment, ainsi que j'en avais reçu l'ordre du colonel. L'artillerie allait se trouver en l'air sans soutien. C'est alors que le général en chef m'a fait donner l'ordre de rester où je me trouvais, tout en suivant les mouvements de la ligne d'infanterie. A partir de ce moment, je me suis trouvé placé en dehors de mon régiment et à l'extrême droite de la ligne de bataille ; j'avais à ma gauche un bataillon du 43e de ligne (de la brigade).

La ligne s'est portée en avant, a traversé un ravin étroit, profond, en partie boisé et aux pentes fort escarpées. Arrivé de l'autre côté, le bataillon a exécuté quelques feux isolés sur des batteries ennemies (1), qui prenaient position et appuyaient les colonnes d'infanterie qui s'avançaient sur nous.

La ligne de bataille a battu en retraite avec ordre ; le IIe bataillon a traversé rapidement le ravin et est venu reprendre position en arrière, assez à temps pour protéger la retraite des troupes placées plus à

---

(1) $\frac{5, 6}{10}$.

gauche. Dans cette position à l'extrême droite, le bataillon était déployé, avec deux compagnies, en colonne par pelotons à demi-distance.

L'infanterie prussienne s'étant avancée a été reçue par un feu vif, qui n'a pas ralenti son ardeur, car elle descendait dans le ravin et franchissait le versant de notre côté, soutenue par son artillerie.

Ayant pris place en arrière, le bataillon a bien répondu à ce feu ; l'hésitation de l'ennemi s'étant déclarée, un mouvement en avant a eu lieu ; l'artillerie ennemie s'est retirée et son infanterie est redescendue dans le ravin, mais sans le traverser.

Dans cette position, le bataillon prenait l'ennemi en flanc et lui faisait éprouver des pertes sensibles.

Cette troupe ennemie, qui avait fait preuve de bravoure, a dû franchir le ravin sous le feu de la ligne, et notamment du 13ᵉ de ligne, qui le prenait d'écharpe. En un instant, le ravin était couvert de ses morts et de ses blessés.

Nos soldats, électrisés par ce spectacle, et cédant à l'exemple du 43ᵉ et du 1ᵉʳ de ligne, passèrent le ravin au nombre d'une centaine et tous, sans trop d'ordre, s'élancèrent à la poursuite de l'ennemi.

Placé à l'extrême droite, chargé de la garde du drapeau du régiment, on put maintenir les hommes (1), et le bataillon s'établit au pied d'une haie vive, qui borde le ravin. Là il reçut les balles de l'infanterie, mais surtout les projectiles de l'artillerie, qui répondait à la nôtre, qui tirait par-dessus notre tête.

Dans cette situation, le moral des hommes a été excellent, et je dois le signaler.

Une attaque à la baïonnette avait lieu de l'autre côté du ravin, et mes soldats repoussaient l'ennemi qui fit alors avancer sa cavalerie.

Le bataillon dans cette position fit le plus grand mal aux hulans (2), qui ont été en partie anéantis par les nôtres qui ouvraient leurs rangs pour laisser passer leurs chevaux. Ces malheureux cavaliers, après avoir traversé l'infanterie, firent tête de colonne à gauche et revinrent passer sous le feu de notre bataillon qui a tué jusqu'au dernier de ces ennemis.

Après d'autres faits moins intéressants, le bataillon prenait position en arrière de l'artillerie et ne quittait le champ de bataille qu'à 10 heures du soir.

Plusieurs prisonniers ont été faits dans l'action ; ils ont été conduits au dépôt.

---

(1) C'est-à-dire la plus grande partie du bataillon.
(2) 1ᵉʳ dragons de la Garde prussienne.

Rapport du lieutenant-colonel Verdier, commandant provisoirement le 43ᵉ régiment de ligne (2ᵉ division, 1ʳᵉ brigade), sur la bataille de Rezonville.

17 août.

Le 43ᵉ a pris sa place de combat en avant du village de Bruville et, se conformant au mouvement général, a couronné successivement les différentes crêtes.

Établi solidement à hauteur des grands bois il a été, par ordre, se retirer sur une position plus avantageuse, mais située à 500 mètres en arrière, par la raison que les bois occupés avaient été trop tôt abandonnés.

Toutefois, en ce qui concerne le IIIᵉ bataillon, j'apprends que ce bataillon est resté pendant quatre heures dans la forêt à tirailler tout le temps, isolé; le commandant Demouchy est enfin rentré en ligne.

Les Iᵉʳ et IIᵉ bataillons, dans le retour offensif, au cri de : « En avant! » poussé par toutes les troupes ont fait éprouver des pertes sensibles à l'ennemi.

Exposé au feu de la mousqueterie et de la canonnade, les pertes sont les suivantes : Tués 15, dont 1 officier; blessés 100, dont 3 officiers; disparus 13.

Le colonel de Viville a été blessé.

Rapport du général Pradier, commandant la 2ᵉ brigade de la 2ᵉ division, sur la bataille de Rezonville.

Montigny-la-Grange, 18 août.

La brigade est partie de son campement du lieu dit Devant-les-Ponts à 2 kilomètres de Metz, à 5 heures du matin.

Séparée de la 1ʳᵉ brigade pour éviter l'encombrement, à la hauteur du village de Habonville (1), la 2ᵉ brigade a regagné la route de Briey au hameau de Jérusalem, et s'est dirigée sur Doncourt-en-Jarnisy par Sainte-Marie-aux-Chênes, ayant avec elle les deux batteries d'artillerie de la division (2).

Avant d'arriver à Jouaville on a entendu une forte canonnade; le général a fait mettre à bas les sacs et les fourrages des deux batteries, qui ont rejoint au grand trot la 1ʳᵉ brigade.

---

(1) Sans doute *Amanvillers.*

(2) $\dfrac{6,\ 7}{1}$.

La 2ᵉ brigade se porte le plus rapidement possible sur Doncourt, qu'elle laisse à sa gauche et, avant de descendre le ravin, met ses sacs à terre, puis se porte en avant en traversant le village de Bruville et prend l'extrême droite de la ligne de bataille.

Prévenu par le général de Montaigu que trois régiments de cavalerie ennemie menacent de tourner la position, le général détache le 1ᵉʳ bataillon du 64ᵉ pour soutenir la brigade de hussards. Ce bataillon a pris diverses positions pendant la journée, a eu à repousser les tirailleurs ennemis et a perdu en tout 1 homme tué et 14 blessés, dont 1 officier. Les deux autres bataillons du 64ᵉ ont pris la droite du 13ᵉ en première ligne, ayant en seconde ligne le 98ᵉ.

Lors du mouvement de retraite, vers 5 heures, la droite était compromise. Le colonel Léger (1) se jette résolument dans un bois occupé par l'ennemi (2), au pas de charge et aux cris de : « Vive l'Empereur ! » Les Prussiens sont délogés du bois, et le 64ᵉ reste maître de ce poste important jusqu'à minuit, quand la troupe reçoit l'ordre de se diriger sur son campement à Doncourt, où l'on n'arrive qu'à 1 h. 15 du matin.

J'ai fait soutenir dans les bois le 64ᵉ par un demi-bataillon du 98ᵉ.

A la prise du bois, on a tué presque tous les ennemis qui s'y trouvaient, fait 21 prisonniers, pris 4 chevaux et ramassé une certaine quantité d'armes. Le 64ᵉ a perdu dans cette attaque 3 hommes tués et 16 blessés.

Le 1ᵉʳ bataillon du 98ᵉ a occupé, dès le commencement de l'action, la ferme de Greyère, point extrême de la ligne, l'a mise en état de défense et n'y a point été attaqué.

Le reste de ce régiment a couvert la partie de la ligne entre cette ferme, et la hauteur en arrière du bois exposée au feu d'une batterie d'obusiers (?).

Le 98ᵉ a eu 2 hommes tués, 10 blessés et 1 disparu. Ce régiment est rentré à son campement vers minuit et demi ne laissant dans la ferme de Greyère qu'une compagnie pour y garder les blessés français et prussiens jusqu'au lendemain matin, 8 heures, où l'on est enfin venu les chercher pour les transporter à Doncourt.

Historique du 64ᵉ régiment d'infanterie (2ᵉ division, 2ᵉ brigade, colonel Léger).

16 août.

Le 64ᵉ part de son bivouac à 6 heures du matin, en même temps

---

(1) Commandant le 64ᵉ.
(2) Le bois de la Velterène.

que le reste de la brigade sous la conduite du général Pradier. Le soleil promet une chaleur excessive qui, jointe à la poussière couvrant les routes, rendra la journée dure et pénible.

Le 64ᵉ prend la route de Briey, qu'il quitte à hauteur de Sainte-Marie-aux-Chênes, pour se diriger sur Doncourt ; il dépose ses sacs après avoir dépassé ce village, et marche à travers champs sur Bruville. Les hommes épuisés par la chaleur et la soif quittent leurs rangs et se dispersent espérant trouver de l'eau. Devant nous se trouvent déjà deux lignes de troupes, entre autres la division du général de Cissey (1) ; on pense donc avoir quelques instants de répit avant d'être engagé ; il n'en n'est pas ainsi : le régiment va prendre position en avant de Bruville.

Il est environ 1 heure de l'après-midi. La bataille est engagée sur la gauche dans la direction de Saint-Marcel et de Gravelotte. Le 1ᵉʳ bataillon (commandant Plan) est rangé sous le commandement du lieutenant-colonel Caillard d'Aillière, vers des massifs de bois pour couvrir l'aile droite de l'armée (2).

Les deux autres bataillons commandés par le colonel Léger, garnissent les pentes qui font face à Bruville, et s'établissent sur les bords du plateau d'où l'on découvre Mars-la-Tour (3). Bientôt ils sont portés en avant, descendant un ravin, dont ils montent les pentes opposées et appuient leur droite à un bois qui couvre cette partie de la contrée (4). Ils soutiennent les mouvements d'une batterie française, qui mitraille et repousse la cavalerie prussienne (5). Cependant le Maréchal (6) donne ordre de battre en retraite, l'ennemi se portant en force sur notre droite ; les deux bataillons reviennent prendre leur première position, qu'ils conservent jusque vers 5 heures.

Le lieutenant-colonel d'Aillière, voyant les progrès constants de nos lignes, porte en avant le Iᵉʳ bataillon (commandant Plan) et vient soutenir une de nos batteries qui, au point où la ligne de faîte du plateau s'infléchit vers le Nord, répond au feu d'une batterie prussienne, dans la direction de Mars-la-Tour. Il fait descendre le ravin et aborde le bois qui, de l'autre côté, nous fait face. Toutefois, notre droite étant menacée, il reporte sa ligne sur le plateau que l'on vient de traverser.

---

(1) *Lire* : La brigade Bellecourt.
(2) A l'Ouest de Bruville, face aux bois la Grange.
(3) Sur la croupe 239-257.
(4) Bois de la Velterêne.
(5) Sans doute vers 2 h. 30, alors que les batteries à cheval du 4ᵉ corps canonnèrent le *1ᵉʳ* dragons de la Garde prussienne.
(6) Le général de Ladmirault.

Un mouvement offensif des Prussiens force un instant notre batterie à se replier.

Notre 1er bataillon se porte en avant, commence un violent feu à volonté à genou et met en complète déroute les colonnes ennemies. La batterie reprend son feu que le bataillon soutient jusqu'à la nuit.

Pendant le même temps, les IIe et IIIe bataillons avaient été portés sur la droite et s'étaient également trouvés face au ravin sur le versant opposé duquel court la route de Mars-la-Tour à Conflans. Deux bois s'étendent de ce côté ; le IIIe bataillon (commandant Le Mouël) aborde celui de gauche, le IIe, avec le colonel, celui de droite (1). Le 64e agit isolément, il est impossible de spécialiser les corps qui sont près de nous.

Le IIe bataillon (commandant Lefebvre) fait contre l'ennemi, embusqué dans les broussailles, des feux d'ensemble qui produisent le meilleur effet. Le feu de l'ennemi est sensiblement diminué et le bois est enlevé par une vigoureuse charge à la baïonnette, conduite par le colonel lui-même. Le bataillon reste maître de la position jusqu'à la fin de la journée.

Le IIIe bataillon a laissé des tirailleurs contre le bois qui lui est opposé, leur position un peu dominante leur permet de faire de grands ravages dans les rangs ennemis et bientôt le bois complètement abandonné nous reste. La nuit est venue, de tous les côtés le feu cesse vers 9 heures. A 9 heures, le 1er bataillon, après avoir cherché quelque temps le régiment, trouve le IIe bataillon (capitaine Desuos) bivouaqué dans le bois qu'il a enlevé. A minuit, ils reviennent prendre leurs sacs dans la position où ils ont été laissés, et ils trouvent le Ier bataillon qui les a précédés de quelques instants.....

Dans cette affaire les pertes ont été : 1 officier blessé ; 3 hommes tués, 18 blessés, 7 disparus. En tout 28 hommes hors de combat.

Historique du 98e régiment d'infanterie (2e division, 2e brigade, colonel Lechesne).

16 août.

La division lève le bivouac à 6 heures du matin, avec ordre de se diriger sur Doncourt ; étant en route vers 9 heures du matin, le canon se fait entendre à gauche. La division, qui vient à ce moment de

---

(1) L'Historique fait certainement une erreur en plaçant les IIe et IIIe bataillons face à l'Ouest, car les deux bois dont il s'agit ne peuvent être que les bois de la Velterène et le bois de Pins. L'attaque du IIe bataillon fut, sans nul doute, dirigée contre la 5e compagnie du *16e*

quitter Saulny, est dirigée d'abord sur Amanvillers; elle revient ensuite prendre la route de Briey, précédemment suivie, au hameau de Jérusalem, près Saint-Privat-la-Montagne; elle suit cette route jusqu'à Sainte-Marie-aux-Chênes et, de là, activant la marche et prenant à travers champs, elle arrive vers midi à Doncourt, dépose ses sacs près de ce village et se dirige rapidement sur Bruville, qu'elle traverse; elle est formée en bataille à la sortie de Bruville, la 1re brigade à gauche, la 2e à droite, et, dans cette 2e brigade, le 64e à la droite du régiment. Le Ier bataillon du régiment était à la droite du chemin qui, de Bruville, va rejoindre la route de Mars-la-Tour à Conflans; les deux autres bataillons à la gauche du même chemin; les trois bataillons déployés.

A peine formée en bataille, la division est portée en avant et parcourt ainsi environ deux kilomètres. Le Ier bataillon du 98e est chargé d'occuper la ferme de Greyère, située à la droite de la division; il ne trouve pas de résistance dans cette ferme, d'où la 1re compagnie, déployée en tirailleurs, fait fuir trois cavaliers ennemis; la ferme est mise tout de suite en état de défense par la 10e compagnie du 2e régiment du génie. Pendant ce temps, les deux autres bataillons du régiment, manœuvrant avec la division, prononcent le mouvement en avant et dépassent la ferme de Greyère d'environ un kilomètre (?). Ils reviennent ensuite, sans y être poussés par l'ennemi et obéissant seulement à un mouvement général de l'armée, à hauteur de la ferme de Greyère; et, comme en avant de cette ferme, à un kilomètre, se trouve un petit bois occupé par des tirailleurs de l'ennemi, le IIe bataillon (1), de concert avec un bataillon du 64e, va occuper ce bois, dont la lisière est distante de 600 à 800 mètres de la route de Conflans à Mars-la-Tour et parallèle à cette route. La position de la ferme de Greyère et du bois en avant de cette ferme forme l'extrême droite de la ligne de l'infanterie. Dans cette position, comme dans tout le cours de l'affaire du 16, le régiment n'a eu à subir que quelques diversions de l'ennemi, qui portait ses efforts sur le centre de la ligne française. La cavalerie ennemie ayant menacé vers 5 heures notre flanc droit, la cavalerie du 4e corps l'a chargée, et cette charge, très brillante, s'est effectuée à deux kilomètres environ et sous les yeux du régiment. Quelques tirailleurs de la ferme de Greyère ont forcé deux ou trois escadrons, par un feu plutôt mena-

---

prussien, laquelle occupait le bois de la Velterène. (Rapprocher les rapports Grenier et Pradier, ainsi que l'Historique du 98e, du récit de la 25e Monographie.)

(1) Trois compagnies seulement, d'après le rapport du général Pradier.

çant que dangereux, à faire un circuit dans leur mouvement en avant comme dans leur mouvement de retraite.

Plus tard, vers 7 heures du soir, un peloton de cavalerie ennemie s'étant avancé en reconnaissance sur le petit bois, a été reçu à coups de fusil par le IIe bataillon, qui a mis une quinzaine de cavaliers hors de combat.

Le feu cesse avec la nuit et le régiment, bien que gardant la position, envoie quelques corvées, que la nécessité rend peu considérables, pour relever les blessés, assez nombreux, résultant de la charge de cavalerie; ces blessés sont déposés dans la ferme de Greyère.

Dans cette affaire du 16, le régiment a eu 2 soldats tués et 1 disparu, 1 officier et 7 sous-officiers et soldats blessés.

Historique des 5e, 6e, 7e batteries du 1er régiment d'artillerie (2e division, lieutenant-colonel Larminat, commandant Vigier).

15 août.

Départ vers 5 h. 30 du matin. Nous traversons Woippy, Saulny. Nous suivons la route de Briey, que nous quittons pour prendre un chemin à travers bois; seule, la batterie Saint-Germain $\left(\frac{5}{1}\right)$ poursuit sa route avec la division par ce chemin; les deux autres continuent sans escorte (1) par la grande route jusqu'à Sainte-Marie-aux-Chênes, puis Jouaville. Nous entendons le canon gronder à notre gauche; aussitôt, nous partons au trot pour rejoindre la division.

Guidées par le général Lafaille lui-même, les batteries Erb et Saint-Germain, après avoir pris une première position sans tirer (11 heures), se placent en batterie sur un plateau situé un peu en avant et entre Saint-Marcel et Bruville, cote 277 (midi) (2). Tout ce plateau est garni

---

(1) Les 6e et 7e batteries avaient sans doute gagné de l'avance sur la 2e brigade, qui suivait le même itinéraire, mais elles n'échappèrent pas, cependant, aux ordres du général Pradier, qui fit alléger les voitures un peu avant Jouaville. (Rapport Pradier.)

(2) Certainement beaucoup plus tard, s'il s'agit bien de la cote 277. Se reporter aux rapports et Journaux de marche de la division, ainsi qu'aux rapports du général de Ladmirault. Il est d'ailleurs à remarquer que le tir de la batterie Saint-Germain contre des fractions de cavalerie apparaissant sur la crête du Poirier-Dessus est passé sous silence. (Rapport du général de Ladmirault.)

d'artillerie (1); nous sommes sur le revers, un peu en avant de la crête. La batterie Erb (6ᵉ) occupe la gauche de cette ligne d'artillerie; la batterie Saint-Germain (8ᵉ) est à sa droite. En avant, se trouve un ravin très encaissé, au delà duquel est un bois occupé par les tirailleurs ennemis (2). Nous commandons tout le terrain entre Mars-la-Tour et Vionville. Nous fouillons d'abord le bois avec des obus à balles; puis, ce bois occupé par nos tirailleurs; nous tirons tantôt sur des masses profondes d'infanterie qui cherchent à déboucher des bois, tantôt sur des batteries ennemies qui viennent se placer en arrière de la route de Mars-la-Tour, ainsi que sur des troupes d'infanterie et de cavalerie qui se montrent en arrière de cette route. L'ennemi paraissant exécuter un mouvement de retraite, nous recevons l'ordre de quitter notre position pour aller nous établir sur le plateau un peu moins élevé qui est en avant (257) (3).

Ce plateau étant moins étendu, les batteries peuvent à peine se déployer à 10 mètres d'intervalle.

La batterie Erb, qui occupe toujours la gauche de la ligne, ne peut se déployer entièrement, gênée par le bois. Elle installe une demi-batterie en avant de la lisière du bois (3 heures). A peine occupions-nous cette position qu'une batterie ennemie, placée à l'autre extrémité du bois, près de la route de Mars-la-Tour, se démasque subitement et vient prendre d'enfilade la ligne générale des batteries. La position n'est plus tenable. Aucun projectile ennemi ne se perd. Il nous faut abandonner le plateau; nous allons reprendre nos anciennes positions (3 h. 30).

Ayant reçu des renforts, l'ennemi exécute un mouvement offensif avec la plus grande vigueur (5 heures). Son infanterie couronne déjà le plateau que nous venons d'abandonner, descend dans le ravin pour nous aborder. Les batteries, après avoir tiré à mitraille, dégagent un instant le terrain; l'infanterie, couchée derrière nous, se relève, passe dans les intervalles des pièces, fusille l'ennemi et le met en fuite. Nous revenons de nouveau à nos positions,

Le tir continue par intermittences, sans nouveaux incidents, jusqu'à la nuit.

---

(1) Réserve d'artillerie du 4ᵉ corps.

(2) Le détachement Lehman n'arriva qu'à 1 h. 30 sur la lisière Nord du bois de Tronville. Or, quand l'artillerie du 4ᵉ corps se déploya, l'infanterie ennemie occupait déjà cette lisière. (Voir les rapports : Prenier, $\frac{6, 9}{8}$; Ladrange, $\frac{11, 12}{1}$; et le mémoire Palle.)

(3) Offensive Bellecourt, à 2 h. 45.

La batterie Prunot (7e) prit aussi part à l'action : dès le début, elle se plaça sur la crête du ravin avec toutes les autres batteries, beaucoup plus à droite.

Nous ne quittons le champ de bataille qu'à 10 h. 30 du soir, pour nous retirer à Doncourt, où nous arrivons à peine à minuit.

Pertes : Batterie Saint-Germain : 1 homme tué, 10 blessés, 10 chevaux tués ; 288 boîtes à balles consommées. Batterie Erb : 2 hommes blessés, 3 chevaux tués ; 324 obus consommés. Batterie Prunot : 1 homme blessé ; 330 obus consommés.

Division de Lorencez.

Journal de marche de la 3e division du 4e corps.

16 août.

La division est concentrée tout entière, dès 6 heures du matin, autour de Lessy ; le 2e bataillon de chasseurs à pied les 15e, 54e, et 65e de ligne et l'artillerie sur le plateau entre Lessy et Lorry, le 33e de ligne au moulin de Longeau.

Sur l'ordre donné par le général en chef de se rendre à Doncourt, la division se mit en marche à 2 heures de l'après-midi, l'artillerie entre les deux brigades ; elle passa à Amanvillers, Habonville et Jouaville. La canonnade se faisant entendre du côté de Saint-Marcel, elle hâta son mouvement, mais ne put cependant atteindre Doncourt qu'à 6 heures du soir. Elle se porta immédiatement sur le champ de bataille, où étaient engagé les divisions de Cissey et Grenier, en passant par Bruville ; elle prit position en réserve et à droite pour s'opposer à tout mouvement tournant.

La nuit étant survenue, la division ne put être engagée ; elle coucha sur le champ de bataille, près de Bruville.

Rapport du général Pajol, commandant la 1re brigade de la 3e division, sur la journée du 16 août.

Près de Metz, 20 août.

La 1re brigade de la 3e division a quitté son bivouac au-dessus de Lessy à 2 heures de l'après-midi ; elle s'est portée sur Doncourt par Amanvillers.

Arrivée à Doncourt vers 6 heures, elle s'est avancée du côté de Saint-Marcel, où une bataille sérieuse était engagée. La nuit étant arrivée au moment où elle se trouvait sur le champ de bataille, la brigade n'a pris aucune part à la lutte et a bivouaqué sur l'emplacement où elle se trouvait.

Historique du 2ᵉ bataillon de chasseurs à pied (3ᵉ division, 1ʳᵉ brigade, commandant Le Tanneur).

16 août.

Départ pour toute la division à midi et demi, le bataillon en tête de colonne ; il arrive à 4 h. 30 à Doncourt (1), prend position en colonne par division sur un terrain en pente douce qui conduit au village par le Nord-Est, dépose ses sacs, se porte en ligne à la partie droite du champ de bataille au Sud-Ouest du village de Saint-Marcel et au Nord-Est de Vionville, attend quelque temps dans cette position et rentre au bivouac près de Doncourt sans avoir été engagé. Il ne place pas de grand'garde.

Historique du 15ᵉ régiment d'infanterie (3ᵉ division, 1ʳᵉ brigade, colonel Fraboulet de Kerléadec).

16 août.

La division arrive à 9 heures du matin sur le plateau de Châtel-Saint-Germain, à droite de Lessy ; presque aussitôt la bataille s'engage à une ou deux lieues en avant et, seulement à 2 heures de l'après-midi, la division se met en marche, arrive à 6 heures à Doncourt où, sitôt les faisceaux formés, le régiment met sac à terre et reprend les armes pour aller passer la nuit sur le champ de bataille de Rezonville.

Historique du 33ᵉ régiment d'infanterie (3ᵉ division, 1ʳᵉ brigade, colonel Bounetou).

16 août.

A 7 heures du matin, ayant piétiné pendant quinze heures pour parcourir 9 kilomètres environ, on fit bivouaquer le régiment en arrière du moulin de Longeau, où il resta deux heures pour faire le café ; pendant ce temps, la 3ᵉ division du 4ᵉ corps défilait devant lui et se dirigeait de Moulins sur Amanvillers. A 10 heures on fit mettre sac au

---

(1) Cette heure, aussi bien que la précédente, est certainement très erronée.

dos et le 33ᵉ repartit. Il remonta les pentes de Lessy, passa derrière le Chalet et le bois du Chalet et marcha sur Amanvillers; à ce village, il fit à gauche, passa par la ferme Champenois, traversa Vernéville et arriva à Doncourt......

Rapport du général Berger, commandant la 2ᵉ brigade de la 3ᵉ division, sur la journée du 16 août.

16 août.

Lorsque le jour fut venu, nous nous remîmes en marche pour Lessy. Nous pûmes, avec de grands efforts, franchir tous les obstacles de voitures qui, la nuit, étaient infranchissables; ma brigade fut placée sur le même emplacement que la première et se faisant face; nous occupions ce fameux chalet que nous enlevâmes plus tard aux Prussiens (1). Les hommes firent la soupe; ils étaient tellement exténués par la fatigue causée par la marche de nuit qu'on dut leur accorder quelques heures de repos, ce qui causa par la suite un tort irréparable au succès de la bataille qui se livrait en ce moment sur les pentes de Gravelotte, de Rezonville et de Saint-Marcel. La 3ᵉ division était appelée à faire partie de ce mouvement tournant qui devait déborder l'aile gauche des Prussiens et prendre à revers toutes leurs lignes. Ce retard causé à la division de Lorencez, par suite d'un itinéraire mal choisi, a eu pour conséquence de priver cette division de l'honneur de combattre l'ennemi dans cette journée glorieuse pour nos armes. Si nous étions arrivés à temps, nul doute que notre division, forte alors de près de 15,000 hommes, n'eût eu le même résultat que l'arrivée de Blücher sur le champ de bataille de Waterloo! La 3ᵉ division arriva à Doncourt, point extrême de l'arc de cercle qu'elle était appelée à parcourir, à 6 h. 30 du soir, n'ayant eu pendant ces vingt-six heures de marche que quelques instants de repos. Elle fut immédiatement envoyée sans sacs sur le champ de bataille, où elle passa la nuit.

La nuit fut très calme.

Historique du 54ᵉ régiment d'infanterie (3ᵉ division, 2ᵉ brigade, colonel Caillot).

16 août.

Le 16, vers 6 heures du matin, la traversée du village de Lessy s'opère avec beaucoup de difficultés : c'est un encombrement indescrip-

---

(1) Le chalet Billaudel.

tible de chariots, de pièces d'artillerie et d'équipages de pont. Au sortir de Lessy, la 2ᵉ brigade vient prendre position sur le plateau de la Sapinière et près du chalet Billaudel. De longues heures d'attente s'écoulent sur ce plateau ; vers 10 heures, le grondement du canon commence à se faire entendre ; la 3ᵉ division ne bouge pas.

Enfin, vers 3 heures de l'après-midi, elle s'ébranle ; une marche accélérée la conduit à 5 heures à Amanvillers, puis à Jouaville, à Doncourt près duquel elle dépose ses sacs et enfin à Bruville qu'elle traverse vers 7 h. 30. Ces deux derniers villages sont encombrés de blessés des deux armées ; le canon a cessé, les Français sont restés maîtres du champ de bataille, mais la 3ᵉ division est arrivée trop tard.

Le 54ᵉ passe la nuit sur le champ de bataille, les faisceaux formés, les hommes couchés derrière.

Historique du 65ᵉ régiment d'infanterie (3ᵉ division, 2ᵉ brigade, colonel Sée).

16 août.

Les hommes arrivent exténués à Lessy, vers 9 heures du matin, après avoir mis 15 à 16 heures pour faire 7 kilomètres. Le camp fut installé sur les hauteurs qui dominent le village au Nord-Ouest, entre le bois de Châtel et le chalet Billaudel.

A peine installés, vers 11 heures, le canon se fait entendre dans la direction de Gravelotte dont nous ne sommes séparés que par le ravin de Châtel.

Du point élevé où nous sommes, nous apercevons les nuages de fumée qui s'élèvent du champ de bataille ; le bruit même de la fusillade arrive jusqu'à nous.

Cependant, ce n'est que vers 3 heures de l'après-midi que la 3ᵉ division se met en marche pour se porter à l'aide des 1ʳᵉ et 2ᵉ divisions. Le ravin de Châtel, profond et boisé, offrait un obstacle très difficile à franchir ; la 3ᵉ division remonte le ravin en passant entre les bois de Châtel et de Vigneulles, et se dirige par Amanvillers et Vernéville sur Doncourt.

Le IIᵉ et le IIIᵉ bataillon y arrivent vers 6 heures du soir, mettent sac à terre et s'élancent au pas de course dans la direction de Mars-la-Tour où s'appuie la droite de l'armée française. Au moment où ils débouchent sur le champ de bataille, le combat finissait ; l'armée prussienne se retire vers Gorze ; la nuit qui arrive rapidement fait cesser la poursuite, et à 10 h. 30, les deux bataillons rentrent à Doncourt où vient d'arriver le Iᵉʳ bataillon qui servait d'escorte au convoi de la division.

Historique des 8ᵉ, 9ᵉ, 10ᵉ *batteries du* 1ᵉʳ *régiment d'artillerie* (3ᵉ *division, lieutenant-colonel Legardeur, commandant Legrand*).

16 août.

Les batteries Guérin (8ᵉ) et Desvaux (10ᵉ) avaient passé la nuit près de Lessy ; la batterie Baritot (9ᵉ) près de Lorry, sur la route. Au jour, elles se remirent en marche. Vers 7 heures du matin, cette dernière s'arrêta dans un champ, au pied du col, et fit la soupe en attendant que l'équipage de pont eût déblayé la route, puis la batterie monta sur le plateau de Lessy. Les deux autres batteries, après avoir fait prendre le café aux hommes et boire les chevaux, étaient montées de leur côté sur le plateau où étaient réunies toutes les troupes de la 3ᵉ division qui y avaient campé la nuit. On reçut l'ordre de faire manger la soupe aux hommes.

On voyait alors très distinctement du haut du plateau de nombreuses colonnes d'infanterie et de cavalerie prussiennes passer à marches forcées dans la vallée de la Seille se dirigeant sur la Moselle.

On avait fait reconnaître le matin la route de Châtel à Vernéville, qui était malheureusement encombrée de bagages et de voitures de toute espèce. On se décida vers 2 heures de l'après-midi, à porter la division en avant, en passant sous le fort des Carrières, le long des bois, pour rejoindre la route de Lorry à Amanvillers, sur laquelle les batteries de la division se trouvaient la veille dans l'après-midi. On passa par Amanvillers, Habonville et Jouaville. La division arriva vers 6 h. 30 du soir en arrière de Doncourt, où les batteries laissèrent leurs réserves près du grand parc, et partirent au trot, en traversant Doncourt et Bruville et arrivèrent sur la ligne de bataille au moment où les Prussiens se retiraient. La nuit tombait, et toute canonnade ou fusillade avaient cessé. Le général commandant l'artillerie fit néanmoins mettre la batterie Guérin en position, et à 8 heures du soir, les batteries Guérin et Baritot se portaient en arrière pour bivouaquer au milieu de la division entre Bruville et Saint-Marcel. La batterie Desvaux avait reçu l'ordre d'aller rallier sa réserve en arrière de Doncourt.

Historique du capitaine Migurski, de la 9ᵉ *batterie du* 1ᵉʳ *régiment d'artillerie.*

16 août.

La batterie n'arriva à Lessy que vers 8 heures du matin et s'arrêta dans un champ avant le village pour faire la soupe et prendre un peu de repos. Hommes et chevaux marchaient depuis 17 heures et n'avaient fait que 4 kilomètres et demi ! Vers 1 heure de l'après-midi, nous nous remîmes en marche avec difficulté à cause des convois qui encombraient la route; après avoir gravi le plateau de Plappeville, nous traversâmes Amanvillers, Jouaville et Habonville et arrivâmes à Doncourt à 6 h. 30 environ.

Dès notre départ de Lessy nous avions entendu le canon, mais il nous avait fallu rester avec notre division qui marchait très lentement.

A notre arrivée, les Prussiens battaient en retraite. Nous fûmes dirigés, la batterie de combat et les servants sans sacs, sur le champ de bataille où nous arrivâmes à la nuit et bivouaquâmes avec la 3e division sur le plateau entre Bruville et Saint-Marcel.

DIVISION DE CAVALERIE.

Journal de marche de la division de cavalerie (Legrand).

16 août.

Le 16 août, la division se dirige sur Doncourt-en-Jarnisy. A 10 h. 30, elle entend le canon sur sa gauche et se porte au trot en avant du village de Doncourt et en arrière des crêtes occupées par la 2e division du 4e corps. Pendant la journée, elle est employée en partie à soutenir l'artillerie, en partie à surveiller les mouvements de l'ennemi vers notre droite.

Vers 6 heures, et pendant que l'ennemi prononçait un retour offensif, un corps de cavalerie, composé de plusieurs régiments (dragons et hulans), se présente sur l'extrême droite du 4e corps : le général en chef donne l'ordre de charger. Cet ordre est exécuté par les 2e et 7e hussards et par le 3e dragons (le 11e dragons soutenait l'artillerie sur un point très éloigné). La charge est conduite à fond; l'ennemi la reçoit presque de pied ferme et, comme il ne pouvait tourner bride, attendu qu'il était adossé à un mamelon, il accepte le combat sur place. La ligne déployée est traversée par nos cavaliers, qui l'auraient détruite si, par fatalité, la brigade de lanciers et dragons de la Garde ne se fût pas mêlée avec les nôtres en chargeant l'ennemi en tête, pendant que nous le chargions de flanc. Les Prussiens avaient là des dragons, des hulans et des hussards; les dragons portaient l'habit bleu de ciel de nos lanciers de la Garde, et les hulans portaient la lance et le schapska. Il résulte de cette uniformité que les cavaliers du 4e corps et ceux de la Garde se sabrent tout en sabrant l'ennemi, qui profite de la confusion. Par fatalité encore, un trompette étranger à notre division sonne le ralliement et nos cavaliers, tant du 4e corps que de la Garde, obéissent à cette sonnerie, ce qui cause un désordre dont l'ennemi, rudement atteint par notre premier choc, ne sait ou ne peut profiter.

Les trois régiments sont ralliés non loin du point d'où était partie la charge, dont le but est rempli, puisque l'ennemi renonce à son mouvement tournant, vide le terrain et laisse entre nos mains quelques prisonniers et quelques chevaux.

L'affaire est courte, mais sanglante. Le général de division Legrand est tué; le général de Montaigu, le colonel et le lieutenant-colonel du 3e dragons sont blessés en se précipitant sur l'ennemi et restent disparus. Tout l'état-major est blessé; presque tous les officiers des trois régiments sont atteints et, pour la plupart, au visage. Le nombre des morts, blessés et disparus est considérable dans la troupe.

La division campe le soir à Doncourt.

Rapport du général de Gondrecourt, commandant provisoirement la division de cavalerie du 4e corps, sur la bataille de Rezonville.

Amanvillers, 18 août.

La cavalerie du 4e corps a été employée, dans la journée du 16, à toutes les opérations, qui consistaient soit à appuyer le mouvement de l'aile droite, soit à soutenir l'artillerie dans ses différentes positions.

A 6 heures du soir, une forte colonne de dragons et de hulans se présenta en avant de l'extrême droite du 4e corps, le long et en dessous de la route de Mars-la-Tour à Conflans. Cette colonne, qui parut composée de quatre ou cinq régiments, marchait en ordre serré et cherchait évidemment à tourner notre aile droite. Le général de division Legrand se porta à la rencontre de l'ennemi avec la brigade légère et le 3e dragons, de manière à prendre en flanc cette colonne. La brigade de lanciers et de dragons de la Garde se trouvait en avant et sur notre droite, prête à charger l'ennemi en tête. Le terrain était favorable à une action de cavalerie. Les trois régiments de la division Legrand (le 11e dragons soutenait l'artillerie sur un autre point) s'élancèrent sur l'ennemi avec beaucoup d'entrain et enfoncèrent sa première ligne, qui s'était déployée pour recevoir la charge. Tout allait pour le mieux et l'ennemi eût été certainement détruit si, par fatalité, les lanciers de la Garde n'avaient pas pris la charge en même temps que nous. En effet, ces lanciers portant l'uniforme bleu, comme les dragons ennemis avec lesquels nous étions mêlés, il en résulta une confusion dans laquelle les cavaliers de la Garde, nos dragons et nos hussards se sabrèrent. Par fatalité encore, un trompette d'un régiment étranger à la cavalerie du 4e corps sonna le ralliement, et cette sonnerie augmenta la confusion. Nos régiments se retirèrent dans un désordre qui fut fatal surtout aux officiers, s'épuisant en efforts pour faire reprendre de l'aplomb à leurs troupes. L'ennemi, rudement atteint par la première charge, ne profita que faiblement de son avantage passager, et je suis parvenu à reformer nos régiments près du point où ils avaient entamé l'action. Bon nombre de nos blessés l'ont été par nous-mêmes. L'ennemi s'est retiré, laissant entre nos mains quelques prisonniers et quelques chevaux.

Le général Legrand a été tué en tête de la charge. Le général de Montaigu a été blessé en tête de sa brigade et a disparu. Le colonel Bilhau, qui, pour donner plus d'entrain à son régiment, avait chargé le sabre au fourreau, a disparu. Les officiers de l'état-major et des régiments sont presque tous blessés.

J'ai pris provisoirement le commandement de la division.

Autre rapport du général de Gondrecourt, commandant provisoirement la division de cavalerie, sur la bataille de Rezonville.

Amanvillers, 18 août.

J'ai l'honneur de vous rendre compte de l'engagement que la cavalerie du 4ᵉ corps d'armée a eu pendant la soirée du 16 de ce mois avec la cavalerie prussienne.

Vers 6 heures de l'après-midi, et pendant que l'armée ennemie s'efforçait de prononcer un retour offensif, un corps de cavalerie, composé de plusieurs régiments (dragons et hulans), se présenta sur l'extrême droite du 4ᵉ corps, longeant en contre-bas la route de Conflans, avec l'intention bien marquée de nous tourner.

Le général commandant en chef le 4ᵉ corps ayant aperçu ce mouvement, ordonna au général Legrand de se porter avec sa division au-devant de l'ennemi et de le charger. Cet ordre fut exécuté sans délai par les 2ᵉ et 7ᵉ hussards et le 3ᵉ dragons (le 11ᵉ dragons était de soutien à l'artillerie sur un point éloigné).

La charge fut entamée avec entrain et conduite à fond; l'ennemi l'a reçue presque de pied ferme et, comme il ne pouvait pas tourner bride, attendu qu'il était adossé à une chaussée élevée, il accepta le combat sur place. La ligne déployée fut traversée par nos cavaliers, qui l'auraient détruite si, par fatalité, la brigade des lanciers et dragons de la Garde ne se fût pas mêlée avec les nôtres en chargeant l'ennemi en tête pendant que nous le chargions en flanc.

Les Prussiens avaient là des dragons, des hulans et des hussards; les dragons portent l'habit bleu de ciel de nos lanciers, les hulans portent la lance et le schapska.

Il résulta de cette uniformité que les cavaliers du 4ᵉ corps et ceux de la Garde se sabrèrent tout en sabrant l'ennemi, qui profita de la confusion.

Par fatalité encore, un trompette étranger à notre division sonna le ralliement et nos cavaliers, tant du 4ᵉ corps que de la Garde, obéirent à cette sonnerie, ce qui causa un désordre dont l'ennemi, rudement atteint par notre premier choc, ne sut ou ne put pas profiter.

Je suis parvenu à rallier les trois régiments non loin du point d'où était partie la charge, dont le but était rempli, puisque l'ennemi avait renoncé à son mouvement tournant, vidait le terrain et laissait entre nos mains quelques prisonniers blessés et quelques chevaux.

L'affaire a été courte, mais sanglante, et j'ai le regret, mon Général, de vous accuser des pertes douloureuses.

Le général de division Legrand a été tué en tête de la charge; le général de Montaigu, le colonel Bilhau et le lieutenant-colonel Collignon (3ᵉ dragons) ont été blessés en se précipitant sur l'ennemi et ont disparu. Presque tous les officiers des trois régiments ont été atteints et, pour la plupart, au visage; le nombre des morts, blessés et disparus est considérable pour la troupe; j'aurai l'honneur de vous en adresser l'état, ainsi que la liste de ceux qui se sont le plus particulièrement distingués; mais vous me permettrez de vous citer dès à présent, et après les généraux Legrand et de Montaigu, MM. le colonel Campenon, chef d'état-major de la division, qui s'est conduit avec une remarquable bravoure, a été blessé ainsi que son cheval et a donné le meilleur exemple; le colonel Bilhau, du 3ᵉ dragons, qui, pour donner plus de confiance à ses jeunes cavaliers, a chargé le sabre dans le fourreau; Richard Fleuri, jeune lieutenant au 3ᵉ dragons, attaché à ma personne, qui, frappé d'une balle dans la poitrine et troué de part en part, n'a pas moins eu le courage et la force de combattre jusqu'à ce qu'un coup de sabre au front déterminât sa retraite.

Rapport du lieutenant Niel, aide de camp du général de Ladmirault, sur l'engagement de cavalerie à la droite du 4ᵉ corps, le 16 août.

25 décembre 1870.

Vers 5 h. 30, avait lieu à l'extrême droite un grand combat de cavalerie, auquel prenaient part huit régiments français.

Le général commandant le 4ᵉ corps, voyant sa droite menacée par une masse de cavalerie ennemie, envoie un de ses aides de camp transmettre l'ordre aux généraux du Barail, de France, Legrand, de s'opposer au mouvement tournant de la cavalerie prussienne.

A cet avis, le général du Barail fait traverser aux chasseurs d'Afrique sous ses ordres un ravin profond qui les sépare du plateau sur lequel manœuvre l'ennemi. Il est suivi dans ce mouvement par la brigade de France et la division Legrand.

Arrivé sur le plateau, le 2ᵉ régiment de chasseurs d'Afrique exécute successivement deux charges brillantes (1) en fourrageurs contre l'ennemi et oblige une batterie prussienne, qui soutenait la cavalerie, à taire son feu et à se replier.

Pendant ces charges, auxquelles elle n'a pu s'opposer, la cavalerie prussienne se divise en deux masses qui viennent s'établir : l'une, sur une seule ligne, perpendiculairement à la route de Mars-la-Tour, sa droite à la route; l'autre sur deux lignes parallèles entre elles et à la direction de la route de Mars-la-Tour; l'ensemble présentant la forme d'une tenaille.

La brigade de France, composée des lanciers et des dragons de la Garde, qui se trouvait alors vers la droite de la cavalerie du 4ᵉ corps, passe le ravin à la suite des chasseurs d'Afrique; les deux régiments, formés en colonne par pelotons, se dirigent vers la lisière Sud du bois de la ferme de la Grange. Cet obstacle franchi, les lanciers se forment rapidement en bataille. Le général de France, voulant prévenir l'offensive de l'ennemi, fait charger immédiatement ce régiment sur l'aile gauche de la cavalerie prussienne, qui lui est opposée.

Voyant cette attaque, l'ennemi veut déployer sa deuxième ligne, afin de prendre en flanc le régiment de lanciers, mais il n'en a pas le temps. En effet, les dragons de la Garde, à peine arrivés sur le plateau, voient le danger que courent les lanciers et s'élancent sur la deuxième ligne prussienne, l'atteignant avant qu'elle ait pu achever sa formation; ils la prennent en flanc et la mettent dans un désordre complet.

A la gauche de la brigade de France se trouvait la division Legrand, comprenant à cet instant les 2ᵉ et 7ᵉ hussards et le 3ᵉ dragons.

Cette division, le ravin franchi, fut formée de la manière suivante : la brigade de hussards en bataille, perpendiculairement à la route de Mars-la-Tour, mais en ordre inverse; 2ᵉ hussards à gauche; 7ᵉ à sa droite (2); le 3ᵉ dragons en deuxième ligne, suivant de près, mais obliquement à la route.

Ainsi, par rapport à l'ennemi, la brigade de hussards faisait face à la première masse; le 3ᵉ dragons et la brigade de la Garde étaient opposés à la deuxième masse ennemie; cela établi sur deux lignes.

---

(1) Une seule, en réalité.
(2) Lire l'inverse, au contraire. Voir le Rapport Montaigu et les Historiques des régiments de hussards.

Toutes ces formations s'exécutaient en même temps que celle des lanciers de la Garde.

A cet instant, le général Legrand reçoit une deuxième fois du général commandant le 4ᵉ corps l'ordre d'attaquer l'ennemi; il lança aussitôt les 2ᵉ et 7ᵉ hussards contre la cavalerie qui leur est opposée; les deux régiments chargèrent donc dans une direction parallèle à la route.

A l'approche de ces deux régiments, l'ennemi se porta lentement à leur rencontre d'abord sur une seule ligne; mais, à l'instant du choc, la gauche se rabat promptement vers la droite, enveloppant ainsi le 2ᵉ hussards et laissant à peu près le champ libre au 7ᵉ hussards, dont deux escadrons, en effet, ne rencontrèrent aucun obstacle (1).

Après une mêlée courte, mais sanglante, ces deux régiments cherchent à opérer leur ralliement en suivant à droite et à gauche la route le long de laquelle ils ont chargé. Ils parviennent, après un peu de désordre, à se réunir près d'un bois situé en arrière et à droite de l'emplacement qu'ils occupaient avant l'action.

Pendant cette charge des hussards, exécutée simultanément avec celle des deux régiments de la Garde, le général Legrand se vit menacé par la droite de la première ligne de la seconde masse ennemie. Se plaçant à la tête du 3ᵉ dragons, il la chargea impétueusement. C'est là qu'il trouva une mort glorieuse.

La brigade de la Garde avait chargé l'aile gauche de cette dernière ligne de cavalerie ennemie. Après le choc, les dragons de la Garde se rallièrent en arrière de leur droite; mais il n'en fut pas de même des lanciers; leur colonel, ayant été blessé, ne put indiquer de point de ralliement. Un escadron, se jetant vers la droite, s'égara dans la direction de Conflans.

Les autres escadrons cherchèrent à se rallier par un demi-tour à gauche; revenant alors vers le point d'où ils étaient partis (?), ils rencontrèrent le 3ᵉ dragons aux prises avec l'ennemi.

Malheureusement, les lanciers de la Garde, qui portaient la veste bleu de ciel de même couleur que l'habit des cavaliers allemands, furent confondus avec ceux-ci par nos dragons et nous eûmes à regretter la perte de plusieurs de nos lanciers, mortellement frappés par des dragons, dont ils ne pouvaient soupçonner et par suite prévenir la fatale erreur. En outre, cette méprise occasionna un certain désordre du 3ᵉ dragons.

C'est à ce moment que la division du général de Clérembault prit part au combat, auquel elle mit fin d'une manière victorieuse.

Le général de Clérembault n'avait pu être prévenu à temps des

---

(1) Ce qui confirme la note 2 de la page précédente.

mouvements exécutés par les autres régiments de cavalerie; mais, de l'emplacement qu'il occupait, il aperçut la brigade de hussards se ralliant en désordre. Il donna aussitôt l'ordre à sa division de se porter rapidement vers elle pour la soutenir et rétablir le combat.

Sa division se composait de quatre régiments de dragons et de trois régiments de chasseurs (1). Ceux-ci, qui forment la droite de la division, traversent rapidement le ravin, qui les séparait du théâtre de la lutte. Mais, se jetant trop à droite, ils se mêlent aux hussards en retraite et sont entraînés par eux.

Le général de Clérembault, à la tête du 4e dragons, passe à son tour le ravin et, parvenu sur le plateau, se lance à la poursuite de l'ennemi, qui se repliait devant lui, le rejoint et le rejette définitivement vers Mars-la-Tour.

Nous restons ainsi maîtres du champ de bataille témoin de cette lutte sanglante pour les deux partis, à laquelle avaient pris part successivement huit de nos régiments, formant un total de vingt-cinq escadrons.

Rapport du général de Montaigu sur les opérations de la 1re brigade de la division de cavalerie du 4e corps.

1er mai 1872.

Le 16 août, à 4 heures du matin, la division de cavalerie, avec une batterie d'artillerie légère (2), se met en marche dans la direction de Briey, dans le but de dégager la route directe de Verdun, déjà très encombrée, et pour éclairer le flanc droit du corps d'armée. Elle traverse Sainte-Marie-aux-Chênes et vient de faire halte, lorsque, vers 10 heures, une action très vive s'engage dans la direction de Doncourt, Mars-la-Tour, Rezonville. La division monte à cheval à la hâte; dans ce moment, un officier d'ordonnance du général commandant le 4e corps vient la chercher. Elle arrive au grand trot sur le terrain de l'action, où elle décharge ses chevaux (3) et se prépare au combat. Dans la crainte d'un mouvement tournant, la cavalerie est placée à l'extrême droite du 4e corps; dans cette position, elle se porte tantôt en avant, tantôt en arrière et des reconnaissances sont envoyées pendant ce combat sur des masses qui paraissent avoir notre aile droite pour objectif.

---

(1) Le général de Clérembault ne disposait immédiatement que de la brigade de dragons de Maubranches (2e et 4e), du 3e chasseurs et d'un escadron du 10e.

(2) En réalité deux batteries : $\frac{5, 6}{17}$.

(3) A Doncourt.

Vers 5 heures, une nombreuse cavalerie ennemie est aperçue sur notre droite; elle se fait appuyer par de l'artillerie légère. Sur l'ordre du général commandant le 4ᵉ corps, cette artillerie est chargée par le 2ᵉ régiment de chasseurs d'Afrique, qui l'oblige à se retirer. C'est à ce moment que la division, qui est en bataille sur deux lignes, fait pelotons à droite, passe le ravin qui la sépare des chasseurs d'Afrique, qu'elle veut soutenir; elle se forme en arrière de ma brigade en bataille, dans l'ordre naturel, par le mouvement de pelotons à gauche, le 2ᵉ hussards à la droite, le 7ᵉ à la gauche. C'est dans cet ordre qu'ils ont chargé; le 7ᵉ hussards débordait l'ennemi (1) avant le départ pour la charge, ce qui explique pourquoi il a eu un nombre de blessés moins considérable que le 2ᵉ hussards qui, par la position qu'il occupait, tombait en plein sur les escadrons ennemis marchant les uns en bataille, les autres en colonne par pelotons, soutenus par des réserves en arrière aux ailes (2).

Cette disposition de la cavalerie allemande était bonne; en effet, ceux qui marchaient en colonne voulaient paralyser notre charge en nous prenant de flanc; aussi je la fis remarquer au 3ᵉ régiment de dragons placé à notre droite et à notre hauteur pour qu'il nous vînt en aide au moment donné. Le 11ᵉ régiment de dragons se trouvait alors plus en arrière et en réserve. La distance où nous nous trouvions de l'ennemi était environ de 500 ou 600 mètres au plus. Je suis aussi certain que possible de ce que j'avance, car voyant l'ennemi à une si petite distance et continuant à marcher sur nous, je n'étais occupé que de la crainte de lui voir prendre l'initiative, et songeant aux dispositions qu'il y avait à prendre, j'avais déjà été les reconnaître en me portant en avant des chasseurs d'Afrique, qui étaient venus se rallier en avant de nous après leur charge; l'ordre de charger nous est alors apporté par le lieutenant d'état-major Niel, de l'état-major du général Ladmirault. Je dis aux chasseurs d'Afrique de passer en arrière de notre ligne, et après avoir pris les ordres du général Legrand, mon général de division, ma brigade se trouvant la première formée, je la porte en avant par les commandements : « escadrons en avant, guide à droite, au galop marche! » et plus tard : « chargez! » répété par tous les officiers, quand je me trouve à 150 ou 200 mètres de l'ennemi.

Ma brigade aborde les escadrons prussiens avec la plus grande vigueur; elle pénètre dans leur ligne.

Je me suis souvent rappelé ce moment, qui a été pour moi une très grande satisfaction et dont le souvenir a été ma seule consolation,

---

(1) *Lire* : la droite du *13ᵉ* dragons.
(2) Escadrons du *10ᵉ* dragons.

après avoir été fait prisonnier. Je suis heureux de rendre ce témoignage aux braves régiments que j'avais l'honneur de commander, et les pertes ubies par la brigade disent assez les difficultés qu'elle a rencontrées dans cette charge. C'est en traversant les rangs ennemis que j'ai été blessé ; malgré cela, j'aurais peut-être pu me rallier, mais blessé de nouveau et renversé de cheval, en avant de la mêlée, étourdi surtout par ma première blessure et par ma chute ; j'ai essayé de remonter à cheval sans pouvoir y parvenir et je suis retombé sur le sol.

A ce moment j'ai été rejoint par le maréchal des logis Serres, du 7e régiment de hussards, et le brigadier Costeaux, du même régiment, qui, également démontés et me voyant blessé, se sont attachés à moi et ne m'ont plus quitté, me tenant par le bras pour m'aider à marcher. Peu d'instants après, nous étions entourés par des cavaliers des réserves ennemies et faits prisonniers. On nous dirigea aussitôt sur une ambulance prussienne, où bientôt après on amenait également trois officiers. Après avoir reçu les premiers soins, on nous conduisit à Mars-la-Tour (jusque-là des réserves de cavalerie ennemies étaient échelonnées) et de là à Pont-à-Mousson.

Notre voiture faisait partie d'un convoi de blessés dirigé sur cette ville.

Rapport du colonel Carrelet, commandant le 2e hussards, sur la bataille de Rezonville.

Doncourt-en-Jarnisy, 16 août.

Après avoir assisté à la bataille du 16 août, mon régiment a reçu l'ordre de charger une masse de cavalerie ennemie qui voulait tourner notre aile droite.

La charge a eu lieu à fond à 700 mètres, distance énorme, qui a contribué à éreinter nos chevaux, mais qui n'a pas empêché d'aborder et d'enfoncer l'ennemi.

Si les résultats ont été glorieux, les pertes et les blessures sont nombreuses ; elles auraient pu être moindres si l'on m'avait permis, comme je le demandais, de faire un feu de régiment par le premier rang, à 500 mètres ; je ne doute pas que cette opération n'eût mis les Prussiens en fuite.

Le 2e hussards a donc agi uniquement par un combat de sabre corps à corps.

Tout blessé français démonté et tombé à terre a été criblé de coups de sabre ; cette manière d'agir vis-à-vis de soldats désarmés est contraire à nos habitudes généreuses.

Historique du 2ᵉ hussards (1ʳᵉ *brigade, colonel Carrelet*).

16 août.

A 4 heures du matin la division de cavalerie, avec une batterie d'artillerie légère, se met en marche dans la direction de Briey; elle traverse Sainte-Marie-aux-Chênes et vient de faire halte, lorsque vers 10 heures une action très vive s'engage dans la direction de Doncourt, Mars-la-Tour et Rezonville. Au bruit du canon la division monte à cheval à la hâte et arrive à fond de train sur le terrain de l'action, où elle décharge ses chevaux et se prépare au combat. Toutes les troupes ne sont pas encore arrivées sur le champ de bataille; aussi le général en chef, de crainte d'un mouvement tournant sur sa droite et voulant du reste conserver liberté de communications avec la route de Verdun, fait-il placer la cavalerie, qui débouche à l'extrême droite, en l'appuyant à une ferme, défendue par un bataillon d'infanterie (1). Dans cette position, en butte aux projectiles ennemis, notre cavalerie se porte tantôt en avant, tantôt en arrière. Des reconnaissances sont envoyées pendant le combat sur des masses ennemies, qui paraissent toujours avoir notre aile droite pour objectif. Ces reconnaissances sont appuyées par des mitrailleuses, qui semblent porter l'indécision dans ces colonnes profondes. Vers 6 heures du soir on aperçoit sur notre droite, du côté de la route de Verdun, une poussière excessivement compacte, qui laisse apercevoir, lorsqu'elle est dissipée, une masse profonde de cavalerie, qui cherche à nous envelopper en tournant notre aile droite et qui se fait appuyer par de l'artillerie légère.

Le général de Ladmirault donne alors l'ordre au général Legrand de faire balayer le terrain par sa cavalerie. Le général forme sa division en colonnes serrées (?) par brigade et commande la charge de pied ferme à 900 ou 1000 mètres. Les quatre escadrons du 2ᵉ hussards s'élancent aux commandements de leurs chefs et abordent résolument la ligne ennemie, composée du *13ᵉ* régiment de dragons prussiens, formé en bataille avec des pelotons en colonnes aux ailes et sa gauche appuyée à une division entière de cavalerie en colonnes serrées. L'action s'engage pour ainsi dire corps à corps. Les lanciers de la Garde, qui appuient notre mouvement, nous suivent à 25 ou 30 mètres de distance et les hussards, pris en quelque sorte entre deux feux, éprouvent beaucoup de peine à se dégager d'abord et à se rallier ensuite. 23 de ses officiers sur 32 sont tués, blessés ou disparus et 80 de ses cavaliers sont mis hors de combat. Le général Legrand est tué des premiers et le général Montaigu est fait prisonnier après avoir été blessé.

---

(1) Ferme Greyère.

Historique du 7ᵉ hussards (1ʳᵉ *brigade, colonel Chaussée*).

16 août.

Toute la division lève le camp à 4 heures du matin et se met en route pour Doncourt, village situé sur la route de Verdun passant par Conflans et Étain, à l'Ouest et à 20 kilomètres de Metz environ.

Dans le double but de moins charger la route directe, déjà trop encombrée, et d'éclairer le flanc droit de l'armée, la division prend la route Nord, passant par Briey, explore les villages de Saulny et Saint-Privat-la-Montagne, et arrivée à hauteur de Sainte-Marie-aux-Chênes se rabat sur sa gauche en passant à travers champs.

Il est 9 heures, environ, au moment où la division quitte Saint-Privat ; la canonnade se fait entendre en avant et sur sa gauche. A mesure qu'on avance, cette canonnade devient plus intense, enfin, arrivé à Vernéville ; le feu est tellement violent qu'il est hors de doute qu'un combat très vif doit être engagé.

Néanmoins, à la sortie du village le général Legrand fait mettre pied à terre et donne l'ordre d'aller chercher de l'eau et de faire le café.

Une demi-heure environ après cet ordre donné, l'officier d'ordonnance du général de Ladmirault arrive, à toute vitesse, prévenir le général Legrand qu'une bataille est engagée, qu'il ait à porter rapidement sa division sur le lieu du combat. On part au grand trot jusqu'à Doncourt, où les bagages sont arrivés et près desquels on décharge les chevaux.

Il est environ midi quand la division arrive sur le champ de bataille. La division Grenier, du 4ᵉ corps d'armée, la seule en ligne, se bat depuis une heure et a chassé l'ennemi de Saint-Marcel et de Bruville (?).

La division prend position en avant de Saint-Marcel, à hauteur et près de Bruville ; elle se déploie à la droite de la division Grenier pour couvrir la ligne et flanquer l'armée, dont elle forme l'aile droite.

Au moment où la division débouche sur le terrain, l'ennemi envoie quelques cavaliers en éclaireurs dans le but de reconnaître cette nouvelle troupe. Ils sont immédiatement mitraillés.....

Le général de Ladmirault envoie un peloton du 1ᵉʳ escadron reconnaître le terrain se développant au delà des crêtes, qui dominent le ravin longeant le chemin de Mars-la-Tour à Jarny. Il lui est rendu compte que l'infanterie ennemie l'occupe en force. L'artillerie dirige son feu dans cette direction et l'oblige à se replier.

Au début de l'action, la direction de notre division était perpendiculaire à la route de Verdun ; à 4 heures (1) elle lui est parallèle.

---

(1) Vers 3 heures, à cause de la phrase suivante (offensive Bellecourt).

A ce moment l'ordre est donné de se porter en avant. Le corps d'armée franchit un ravin et se dirige sur Vionville, flanqué à sa droite par la division de cavalerie à laquelle viennent se joindre la brigade de cavalerie de la Garde ainsi que le 2ᵉ régiment de chasseurs d'Afrique. Cette marche en avant est interrompue par ordre du général en chef, qui fait rétrograder et conserver à son corps d'armée les positions conquises depuis le matin.

La division de cavalerie est alors replacée en arrière sur deux lignes à hauteur de la ferme de Greyère. Elle s'y trouvait depuis trois quarts d'heure environ, lorsqu'une section d'artillerie ennemie vient s'établir sur le chemin de Mars-la-Tour à Jarny, à environ 1200 mètres et sur le flanc droit de la division. A ce moment voici quelle était sa position : elle se trouvait sur deux lignes, les 2ᵉ et 7ᵉ hussards formant la première, les 3ᵉ et 11ᵉ dragons en réserve à 100 mètres en arrière (1). Le 2ᵉ hussards est défilé du feu des pièces par la ferme placée à sa droite, il en est de même de la deuxième ligne, masquée par un pli de terrain. Seul, le 7ᵉ hussards est exposé à un feu de plein fouet et dans l'immobilité la plus complète.

Aussitôt en position, ces pièces d'artillerie dirigent leur feu sur la division ; les deux premiers projectiles tombent en avant ou en arrière, mais le troisième éclate en plein dans les rangs du 7ᵉ hussards. Il en est de même de ceux qui suivent.

Le danger disparaît bientôt, grâce à une charge exécutée fort à propos par le 2ᵉ chasseurs d'Afrique sur ces pièces d'artillerie. Les artilleurs ennemis sont forcés d'enclouer leurs canons et de les abandonner ; mais ce régiment est ramené par une masse de cavalerie ennemie, dissimulée par un bois.

Le général Legrand reçoit l'ordre de charger cette troupe et va prendre position au delà du ravin, faisant face au village de Ville-sur-Yron, ayant derrière lui le hameau de la Grange. Le 3ᵉ dragons est placé à la droite de la ligne, qui se continue par les 2ᵉ et 7ᵉ hussards, ce dernier, appuyant sa gauche sur le chemin de communication de Mars-la-Tour à Jarny. Le 11ᵉ dragons reste en réserve sous les ordres du général Gondrecourt.

La distance qui sépare les deux troupes est de 700 à 800 mètres environ. La cavalerie ennemie continue à déboucher en colonne avec distance, au pas ; sa tête de colonne est à hauteur du centre de la division lorsque le général fait mettre le sabre à la main et partir immédiatement au galop. Le commandement : Chargez ! est fait à 600 mètres au moins de la cavalerie ennemie.

---

(1) Le 11ᵉ dragons était séparé du gros de la division.

150 à 200 pas séparent à peine les deux troupes, quand un mouvement d'hésitation, d'arrêt presque, se produit sur toute la ligne de bataille de la division : « C'est de la Garde! s'écrie-t-on de toute part. » Cette erreur est due à la tranquillité avec laquelle la colonne ennemie continue sa marche de flanc ; elle est due aussi à l'ignorance où l'on se trouvait de la position des deux régiments de la Garde.

L'hésitation n'est pas de longue durée et bientôt les rangs ennemis sont traversés au moment où ils se forment en bataille par le mouvement de pelotons à gauche. Quelques officiers peuvent traverser la ligne avant la formation.

C'est la tête de colonne ennemie, composée de dragons royaux, que le 7e hussards rencontre. Cette tête de colonne se trouvant encore à 100 ou 150 mètres du chemin de communication, le 6e escadron et la gauche du 5e exécutent une conversion à droite afin de prendre part à l'action.

Quelques officiers affirment que la cavalerie ennemie, en se mettant en bataille, fit une décharge d'armes à feu. Ce fait a dû être partiel et non général. Quoi qu'il en soit, elle se laissa aborder avec calme.

Dans cette charge, l'aile gauche, formée par le 7e hussards, traversa la ligne ennemie, se replia sur elle et la poursuivit la pointe au dos, sans rencontrer de résistance sérieuse. L'aile droite formée par les deux régiments de la Garde, dut avoir à subir le choc d'une réserve car elle fut refoulée sur l'aile gauche au moment où celle-ci obtenant le succès le plus complet, poussait devant elle un grand nombre de cavaliers.

La présence, ignorée généralement, de la brigade de cavalerie de la Garde, donne lieu à une douloureuse méprise. La couleur bleue de l'uniforme des lanciers les fait confondre avec des dragons prussiens et, dans ce flot humain composé d'amis et d'ennemis, il est difficile de distinguer nettement l'uniforme français, de sorte qu'ils sont frappés comme ennemis.

Cette funeste erreur cause du désordre. Les lanciers et dragons de la Garde se retirent précipitamment et communiquent quelque peu la rapidité de leur mouvement aux autres régiments. Fort heureusement un désordre semblable dut se produire parmi les Prussiens, car ils abandonnent le champ de bataille en se ralliant à bride abattue.

Le ralliement se fait sur le plateau qu'occupait la division avant la charge. Quoique fort éprouvé, le 7e hussards compte fort heureusement plus de blessés que de morts.

Le régiment a eu 9 officiers blessés, 1 officier tué; 44 hommes blessés, 4 hommes tués, 4 hommes disparus; 17 chevaux hors de combat.

On apprend la mort du général Legrand, dont le cadavre est

retrouvé, ainsi que la disparition du général Montaigu, blessé et fait prisonnier.

Le régiment couche à Doncourt, dans le campement établi le matin.

Historique du 3ᵉ dragons (2ᵉ brigade, colonel Bilhau).

16 août.

Départ du bivouac de Woippy à 3 heures du matin et arrivée à Doncourt à 9 heures (1). En arrivant, ordre de décharger les chevaux et de ne laisser que les manteaux. Le régiment est d'abord placé en deuxième ligne derrière le 2ᵒ hussards, puis part en avant pour servir de soutien aux batteries à cheval de la division; ensuite on le dirige, avec la brigade légère, vers l'aile droite, près du village de Mars-la-Tour, où il reste plusieurs heures.

Vers 4 heures (1), un gros de cavalerie prussienne ayant exécuté un mouvement tournant, appuyé par une batterie à cheval qui nous tirait derrière à bonne portée et menaçait de nous faire souffrir, le 2ᵒ chasseurs d'Afrique chargea en fourrageurs sur cette batterie. Aussitôt le 3ᵉ dragons reçut l'ordre d'appuyer cette charge; mais l'artillerie ennemie s'étant retirée en démasquant une cavalerie imposante, le 2ᵉ chasseurs d'Afrique dut se retirer. La division de cavalerie prit alors ses dispositions pour l'attaque, la brigade légère en avant, le 3ᵉ dragons derrière. L'ordre de se porter en avant était à peine donné qu'un régiment prussien fit un changement de front et menaçait de prendre la division par son aile droite. Le 3ᵉ dragons lui fut opposé. Le régiment, vigoureusement entraîné par son colonel, aborda franchement le régiment ennemi, qui fut complètement culbuté. Le général Legrand fut tué en chargeant avec le régiment.

Pertes : 4 officiers tués ou disparus, 10 officiers blessés, dont le colonel et le lieutenant-colonel; troupe : 17 hommes tués ou disparus, 41 hommes blessés.

Le régiment est rentré à 10 h. 30 du soir à son bivouac du matin, en avant de Doncourt.

Historique du 11ᵉ dragons (2ᵉ brigade, colonel de Vernéville).

16 août.

Départ à 3 h. 30 pour Doncourt. Vers 8 heures (1), à hauteur de Vernéville, on entend le canon dans la direction de Doncourt. Les chevaux sont déchargés. La bataille s'engage vers Vionville.

---

(1) Heures certainement très erronées.

Le régiment est attaché à l'artillerie de réserve (1); vers 3 heures du soir (2), il se porte sur la droite du champ de bataille, où il voit un grand mouvement de cavalerie, mais il n'arrive que pour servir de base de ralliement à toute la cavalerie qui avait chargé.

Il rentre au bivouac à 9 heures du soir.

Pertes : 1 tué, 1 blessé.

Artillerie.

Rapport sur le rôle de l'artillerie du 4ᵉ corps dans la bataille de Rezonville.

Plappeville, 18 août.

Dans la bataille du 16 août, l'artillerie des 1ʳᵉ et 2ᵉ divisions et de la réserve prit seule part à l'affaire; l'artillerie de la 3ᵉ division n'arriva en ligne qu'à la fin de la journée et lorsque le feu avait cessé de toutes parts.

Dans le courant de cette journée: certaines batteries eurent à changer plusieurs fois de position et d'objectif, suivant les péripéties de la bataille.

Au début, les batteries de 12 de la réserve (11ᵉ et 12ᵉ du 1ᵉʳ régiment) se placèrent en batterie sur la crête située entre Mars-la-Tour et Bruville et commencèrent leur feu dans la direction de Vionville. La 11ᵉ batterie prenant en flanc une batterie ennemie établie près de ce village la força à reculer et à changer de position.

En même temps, la 5ᵉ batterie du 1ᵉʳ régiment (2ᵉ division) prit position de manière à battre la route de Conflans à Mars-la-Tour, où apparaissaient des masses énormes (?) de cavalerie. Son tir, exécuté à 2,800 mètres environ, força cette cavalerie à se retirer et à quitter cette partie de terrain. Ce résultat obtenu, cette même batterie dirigeant ses feux entre Vionville et Mars-la-Tour, empêcha également une autre colonne de cavalerie de se porter en avant et dégagea ainsi tout le terrain jusqu'à Mars-la-Tour.

Pendant ces premiers engagements, les batteries de 4 de la 1ʳᵉ division (5ᵉ et 9ᵉ du 15ᵉ régiment) arrivaient en ligne; elles joignent leurs feux à celui des batteries de la réserve, battent Vionville et balayent la plaine entre les bois de Vionville et de Saint-Marcel; la 12ᵉ batterie du 15ᵉ régiment dirige son tir contre les troupes qui défendent le bois de Saint-Marcel, facilitant ainsi la marche en avant de la partie de l'armée qui se trouvait de ce côté et qui put s'emparer

---

(1) 5ᵉ et 6ᵉ batteries du 17ᵉ.
(2) Beaucoup plus tard.

et occuper le bois de Vionville; les 5ᵉ et 6ᵉ batteries du 17ᵉ régiment (réserve), la 5ᵉ batterie du 1ᵉʳ régiment (2ᵉ division) descendent alors le ravin en avant de Vionville et viennent prendre position à peu de distance de Mars-la-Tour (1).

Ce mouvement de notre artillerie rend la position de l'ennemi très critique, aussi s'empresse-t-il d'accumuler contre nous plusieurs batteries très puissantes (?) qui, écrasant nos batteries par leurs feux, les forcent à se porter en arrière et à reprendre position sur la crête; un mouvement agressif de l'infanterie prussienne force même nos batteries à se retirer plus en arrière, mais un mouvement de l'infanterie de la 1ʳᵉ division dégage la position et permet bientôt à notre artillerie de reprendre position sur la crête; pendant ce temps, à l'extrême droite du corps d'armée, les 9ᵉ et 12ᵉ batteries du 15ᵉ régiment (1ʳᵉ division) sont également obligées de se retirer pour se mettre à l'abri d'une charge à revers de la cavalerie; la 5ᵉ batterie du 15ᵉ régiment (1ʳᵉ division) reste seule en position, soutient les charges de notre cavalerie, qui ont lieu de ce côté, et finit par garder sa position.

Dans cette bataille, qui dura près de dix heures, l'artillerie du corps d'armée a lutté pendant la plus grande partie de la journée et presque toujours avec succès contre l'artillerie ennemie; elle a facilité à l'infanterie la prise de positions occupées par l'ennemi; elle a soutenu nos charges de cavalerie. Nos batteries de canons à balles ont empêché à plusieurs reprises les déplacements de la cavalerie ennemie et l'ont forcée à se retirer.....

Autre rapport de l'artillerie du 4ᵉ corps sur la bataille de Rezonville.

Le 16 août, à 5 heures du matin, le 4ᵉ corps quitta son bivouac de Woippy et se mit en marche dans la direction de Conflans; il devait aller camper dans les environs de Doncourt.

La division de cavalerie marchait en tête accompagnée par les batteries à cheval de la réserve, puis venait la 2ᵉ division, à sa suite la 1ʳᵉ et enfin la 3ᵉ division.

A peine la tête de colonne arrivait-elle à Doncourt que l'on entendit le canon sur notre gauche. Il était 10 heures du matin (?).

La division de cavalerie, qui avait retardé sa marche, s'était trouvée arrêtée par le chemin de fer et était en arrière.

On lance en avant la 2ᵉ division et le reste de l'artillerie de réserve dans la direction de Bruville : peu après des éclaireurs ennemis appa-

---

(1) *Lire*: $\frac{6}{17}$ et $\frac{5,6}{1}$.

raissent sur la crête placée entre Mars-la-Tour et Bruville; quelques coups de canon et la marche en avant de nos tirailleurs les font disparaître.

En peu de temps nous gagnons cette crête; les batteries de 12 de la réserve se mettent en position et commencent leurs feux dans la direction de Vionville. L'action paraissait vivement engagée sur notre gauche, où se trouvait le 3ᵉ corps (Canrobert) (1).

Vers notre droite, sur la route de Conflans à Mars-la-Tour, apparaissaient des masses énormes (?) de cavalerie.

La batterie de mitrailleuses de la 2ᵉ division prit position contre elles et tira à 2,800 mètres; bientôt la cavalerie tourna bride et laissa cette partie du terrain libre pour n'y revenir que vers le soir.

De nouvelles masses apparaissent alors entre Vionville et Mars-la-Tour; la même batterie de mitrailleuses les prend à partie, les force à se reporter en arrière et à laisser le terrain libre jusqu'à Mars-la-Tour.

Un petit bois placé à hauteur de notre centre restait seul occupé, et derrière lui une forte batterie ennemie tenait en échec le corps Canrobert; d'autres batteries placées dans Vionville nous lançaient leurs projectiles; la 11ᵉ batterie, prenant en flanc la première de ces batteries ennemies, la force à reculer et à changer de position.

Pendant ce temps arrivait la 1ʳᵉ division; elle se dispose de manière à boucher la trouée entre notre gauche et la droite du corps Canrobert, sa gauche appuyée au village de Saint-Marcel.

Les batteries de 4 de cette division joignent leurs feux à celui des batteries de la 2ᵉ division, battent Vionville et balayent la plaine située entre le bois de Vionville et celui de Saint-Marcel.

La batterie de mitrailleuses de la même division attaque les masses qui défendent le bois de Saint-Marcel (?) et détermine la marche en avant de la partie de l'armée qui se trouvait de ce côté.

Bientôt le bois de Saint-Marcel est pris; nos tirailleurs en bordent la lisière extérieure. Le général de Ladmirault fait alors occuper le bois de Vionville (2), et bientôt les batteries à cheval de la réserve, ainsi que la batterie de mitrailleuses de la 2ᵉ division, descendent le ravin, viennent prendre position à peu de distance de Mars-la-Tour; une batterie de 4 de la 2ᵉ division vient prendre position sur leur droite.

L'ennemi ne tarde pas à s'apercevoir du grand danger que court sa gauche; ses forces s'accumulent à Mars-la-Tour.

Plusieurs fortes batteries viennent s'installer vis-à-vis de nous. La 3ᵉ division n'arrivait pas. A ce moment elle nous eût été de la plus

---

(1) *Lire* : Lebœuf.
(2) *Lire* : bois de Tronville.

grande utilité. Bientôt nos batteries trop maltraitées sont obligées de revenir prendre position sur la crête.

Le retour offensif de l'ennemi se décide de plus en plus, leurs batteries se rapprochent; leur infanterie se précipite au pas de course; la cavalerie nous menace fortement sur notre flanc droit, appuyée également par de l'infanterie.

Deux batteries de la 1re division et une batterie à cheval, placées en potence à notre droite, surveillent la route de Conflans.

Sur notre front notre artillerie se retire un peu et laisse la parole à l'infanterie.

Deux régiments de la 1re division, conduits par le général de Cissey, descendent, traversent le ravin, détruisent l'infanterie prussienne, continuent leur marche et ne tardent pas à foudroyer la cavalerie ennemie qui se précipite sur eux.

L'artillerie reprend sa position, et tout danger disparaît de ce côté. Notre extrême droite seule reste menacée. Deux des batteries de la 1re division (9e et 12e batteries du 15e régiment) sont obligées de se retirer pour se mettre à l'abri d'une charge à revers(?); la 5e seule reste en position, protège, autant qu'il est en son pouvoir, les charges de cavalerie qui ont lieu de ce côté et reste maîtresse de la position.

Nos troupes peuvent camper sur le champ de bataille après une action qui dura dix heures.

L'action terminée, la 3e division arrivait sur le champ de bataille.

Rapport du chef d'escadron Ladrange, commandant les 11e et 12e batteries du 1er d'artillerie (batteries de 12; réserve du 4e corps).

17 août.

Dans la journée du 16 août, la réserve d'artillerie du 4e corps, se rendant de Woippy à Doncourt, fut prévenue que l'ennemi était engagé avec nos troupes auprès de ce dernier village, et elle se porta rapidement en avant. Arrivées en présence de l'ennemi établi sur la droite à l'entrée d'un village et devant elles dans un bois (1), les batteries de 12 du 1er régiment, promptement mises en batterie, ont aussitôt engagé le feu avec l'ennemi; la 11e vers la droite et la 12e plus au centre. Dans cet engagement qui a duré assez longtemps, l'ennemi a dû se retirer du village (?) et se rapprocher du bois où il a paru concentrer la résistance de

---

(1) Le bois de Tronville. Les deux batteries de 12 du 4e corps arrivèrent donc sur la crête 274-277 alors que le détachement Lehman occupait déjà le bois.

sa gauche; une marche en avant de notre aile droite a été à ce moment repoussée par un retour offensif de la gauche ennemie, et nos batteries ont même dû reculer de 200 mètres. Arrêté d'abord par le feu de notre infanterie, l'ennemi a été bientôt obligé à la retraite et ramené jusqu'au bois. Reprenant alors leurs premières positions, nos batteries ont recommencé le feu qui bientôt l'a forcé à se replier et à cesser le sien.

Dans cet engagement, les batteries ont presque complètement épuisé leurs munitions, et l'on a dû, dans la soirée, recourir au parc pour s'approvisionner à nouveau.

Nos pertes ont été assez fortes :

11e batterie : 3 blessés; 1 cheval tué, 2 blessés.

12e batterie : 8 blessés; 5 chevaux tués, 3 blessés et abattus.

Historique des 11e et 12e batteries du 1er d'artillerie (réserve du 4e corps, commandant Ladrange).

16 août.

Le 16, les batteries déparquent vers 6 heures pour se mettre en route à destination de Doncourt, en passant par Saulny et Saint-Privat.

Après avoir quitté la grande route un peu au delà de ce dernier village, les deux batteries allaient arriver à Habonville vers 10 h. 1/2 lorsque le bruit croissant de la canonnade fit comprendre qu'il y avait sur notre gauche un engagement sérieux.

Le colonel Soleille, commandant la réserve, fit séparer les batteries de combat, qui partirent au trot et arrivèrent à Doncourt en passant par Batilly et Jouaville. Arrivées à la ferme d'Urcourt, à 2 kilomètres environ après Doncourt, les deux batteries de 12 furent rejointes par les autres batteries de la réserve (midi et demi). Les six batteries furent formées en bataille et arrêtées hors de la portée de l'ennemi. Elles furent ensuite appelées successivement par les ordres du général commandant l'artillerie du corps d'armée.

La batterie Gastine $\left(\frac{12}{1}\right)$, appelée la première, est immédiatement engagée et commence par tirer quelques coups de canon sur le village de Vionville, traversé à ce moment par une colonne d'artillerie. Environ trois quarts d'heure après, la batterie Florentin $\left(\frac{11}{1}\right)$ est appelée à son tour, et va se placer à sa droite entre les cotes 277 et 274, sur la crête qui domine le bois de Vionville, et qui s'étend de Saint-Marcel à la ferme de Greyère.

Cependant, le général commandant le 4e corps voulant assurer par la possession d'un point d'appui les avantages déjà obtenus, se décidait à tenter une attaque sur Vionville. L'attaque échoua, par l'insuffisance regrettable des forces de l'aile droite. Au moment où les troupes envoyées en avant ont dû se replier, nous avons reçu l'ordre de nous porter sur la droite en restant sur la même crête, et dans ce mouvement les deux batteries se séparèrent.

La batterie Gastine ayant reçu la première l'ordre de s'arrêter, la batterie Florentin, tête de colonne, a continué de marcher jusqu'à 400 mètres environ du petit bouquet de bois figuré sur la carte au 1/80,000ᵉ.

Batterie Florentin $\left(\frac{11}{1}\right)$. — De cette nouvelle position, la batterie a d'abord dirigé son feu sur l'artillerie prussienne placée contre la route de Gravelotte à Mars-la-Tour, à une distance de 2,500 mètres environ. Au bout d'une heure à peu près nous luttons avec une batterie qui est venue s'établir à l'abri d'un pli de terrain à 400 mètres environ de Mars-la-Tour et à 1500 mètres de nous. Notre tir, réglé en coups percutants, amena l'explosion d'un caisson ennemi, à la suite de quoi le feu a cessé, pour n'être repris qu'environ vingt minutes après, après un changement de position.

5 heures. — Des fusées sont le signal d'un mouvement offensif des Prussiens qui ont reçu de nombreux renforts. Des batteries se portent en avant de Mars-la-Tour sur la route de Jarny pour nous prendre de flanc, pendant qu'une forte colonne d'infanterie s'avance directement sur nos positions. Notre tir, joint à celui d'une batterie de mitrailleuses, et à celui d'une section de la batterie à cheval Albenque, leur fait éprouver des pertes sérieuses, néanmoins sans les arrêter. Une partie de la colonne put se jeter dans le petit ravin en angle mort que nous avions devant nous; en sortant, à moins de 200 mètres de nous, ils obligèrent la batterie à amener les avant-trains, et à se retirer, au pas, en arrière de l'infanterie.

Après que l'infanterie placée devant nous a eu refoulé l'ennemi jusqu'au delà du petit vallon, nous sommes revenus reprendre notre place de bataille, ayant à notre droite les batteries de Narp. Pendant ce temps la batterie avait pu se réapprovisionner, mais à partir de ce moment, elle n'a plus eu qu'à tirer quelques obus pour riposter aux batteries de la route de Fresne.

Le feu avait cessé depuis plus d'une demi-heure, lorsque, un peu avant 8 heures, le colonel Soleille donna l'ordre d'essayer d'inquiéter un rassemblement que l'on voyait en deçà de Tronville, à environ 3,200 mètres. Six coups furent échangés.

La nuit tombait. Nous restons à notre position sur le champ de bataille jusqu'à 11 heures du soir, puis nous recevons l'ordre d'aller camper à Doncourt où nous arrivons à 2 heures du matin.

Pertes : 1 tué, 4 blessés, 7 chevaux hors de combat.
Consommation : 219 obus, 9 boîtes à mitraille.

Batterie Gastine $\left(\frac{12}{1}\right)$. — Après nous être portés à droite en suivant toujours la crête des hauteurs, nous nous sommes mis en batterie à 600 mètres environ de l'emplacement primitif, tirant contre une batterie prussienne établie en arrière de la grande route de Verdun, entre Tronville et Mars-la-Tour. Cette batterie n'a pas tardé à répondre à notre feu, et grâce à la position qu'elle occupait derrière un pli de terrain qui ne nous permettait d'apercevoir que la fumée de ses pièces, elle nous a occupés assez longtemps. Son feu a enfin diminué sensiblement, et nous avons pu changer de position pour tirer sur des masses prussiennes qu'on voyait se mouvoir au-dessous de Tronville, entre ce village et la route de Verdun; pour cela, la batterie s'est reportée à gauche et à peu près à moitié distance du premier emplacement, et c'est de là qu'elle a tiré sur les hauteurs de Tronville jusqu'à la nuit close.

Pertes : 8 hommes tués, 1 blessé.
Consommation : 600 obus.

Rapport du chef d'escadron Prenier, commandant les 6ᵉ et 9ᵉ batteries du 8ᵉ d'artillerie, sur la bataille de Rezonville (batteries de 4; réserve du 4ᵉ corps).

Montigny, 17 août.

La division de 4 attachée à la réserve du 4ᵉ corps partait de Metz le 16 à 6 heures du matin et débouchait sur les plateaux de Doncourt vers 1 heure de l'après-midi. Ordre fut donné aux deux batteries d'entrer en ligne. Elles ouvrirent immédiatement leur feu sur des bois garnis de tirailleurs ennemis à 1400 mètres (1). Peu après, les tirailleurs s'étant retirés, les deux batteries concentrèrent leur feu sur des batteries ennemies placées tout en haut de ce bois, à 2,500 mètres environ (2).

Vers 2 heures, le colonel Soleille fit appuyer la division de 500 mètres à droite pour joindre ses feux à ceux de la division Ladrange (3)

---

(1) Le feu ne fut donc ouvert qu'alors que le bois de Tronville était déjà occupé par le détachement Lehman.
(2) Batteries du mamelon 297, à l'Ouest de Vionville.
(3) Probablement un peu avant 4 heures, car, d'après l'Historique des batteries Ladrange, ce mouvement vers la droite fut prescrit pour protéger la retraite de la brigade Bellecourt.

et soutenir un mouvement des troupes du 4ᵉ corps. Plus tard, l'ennemi essayant d'escalader les hauteurs sur lesquelles était la division, un mouvement de retraite de 400 mètres fut exécuté. Peu après, l'attaque étant repoussée, la batterie Maringer $\left(\frac{6}{8}\right)$, seule, se reporta à son ancienne position et soutint avec assez d'avantage un combat très vif contre les batteries placées sur la route. La batterie Masson $\left(\frac{9}{8}\right)$, par ordre du général commandant le 4ᵉ corps, dut se porter à l'extrême droite et soutenir la batterie Florentin $\left(\frac{11}{1}\right)$ fortement engagée.

La nuit venue, la batterie Masson rallia la batterie Maringer et, toutes deux, vinrent établir leur bivouac vers 11 heures du soir, fortement en arrière de leurs positions près du village de Bruville.

Aucun homme de la batterie Maringer n'a été atteint; 1 cheval tué, 1 blessé.

La batterie Masson a eu 5 hommes blessés; 2 chevaux tués, 1 blessé.

Rapport du capitaine Maringer, commandant la 6ᵉ batterie du 8ᵉ d'artillerie.

Le 16, à 5 heures du matin, nous nous sommes mis en route dans la direction de Verdun par Lorry et Sainte-Marie-aux-Chênes, où nous avons été rejoints par l'aide de camp du général, qui nous a dit de prendre à gauche et de nous porter au trot sur le champ de bataille, où nous sommes arrivés entre 11 heures et midi.

La batterie a pris position sur le plateau situé en avant du village de Saint-Marcel, à la droite de l'armée. Elle est restée là jusqu'à 9 heures du soir, quoique le combat ait fini à la nuit. J'ai usé ce jour-là environ le sixième de mes munitions. La batterie a peu souffert. Je n'ai eu qu'un homme blessé très légèrement, un cheval tué et un blessé. A 9 heures, ne recevant pas d'ordre et nous trouvant sans troupe de soutien, le commandant Prenier nous a fait partir en arrière jusqu'au village de Bruville, où nous avons bivouaqué, les voitures attelées.

Mémoire du général Palle sur la campagne de 1870 (9ᵉ batterie du 8ᵉ régiment de réserve du 4ᵉ corps).

16 août

Tout le 4ᵉ corps se met en marche dès le matin vers Conflans. On devait passer entre les forts Saint-Quentin et de Plappeville, mais nous partons, vers 6 heures du matin, pour Woippy, en suivant la route de Briey. Voici l'ordre de marche de la colonne :

Division de cavalerie, les deux batteries à cheval entre les deux brigades ;
2ᵉ division d'infanterie ;
Les quatre batteries montées de la réserve ;
Parc du génie ;
Équipages, postes, trésor ;
1ʳᵉ division d'infanterie.

A 8 heures (?), en arrivant au haut de la côte de Saulny, à la sortie du bois, nous entendons le canon sur notre gauche. Nous continuons à marcher ; nous traversons Saint-Privat-la-Montagne et, en arrivant à Sainte-Marie-aux-Chênes, nous prenons une traverse à gauche, qui se se dirige sur Saint-Ail et Doncourt, en traversant et longeant à moitié chemin le chemin de fer en construction. En traversant Saint-Ail, des paysans nous disent que Doncourt est incendié. Après avoir traversé le chemin de fer, les batteries de combat doublent au trot nos troupes d'infanterie et ne s'arrêtent qu'à Doncourt. Nous traversons la route impériale, nous prenons le chemin à l'extrémité Est de ce village et nous allons nous placer dans un fond (prolongation du ravin de Bruville à Urcourt), ayant une partie de notre cavalerie devant nous (1). Puis nous partons de là après quelques instants — une demi-heure environ — par un mouvement de flanc ; nous obliquons fortement à droite, après avoir traversé un ravin profond, de Bruville à Saint-Marcel ; nous sommes engagés vers midi et demi en face du grand rentrant formé par le bois de Vionville. La ligne ennemie paraissait s'étendre en face de nous, en arrière de la route de Gravelotte à Mars-la-Tour ; des tirailleurs prussiens occupent les bois devant nous (2). Les Prussiens semblent déboucher sur le plateau entre Meuse et Moselle, comme s'ils avaient voulu regagner la frontière en traversant nos colonnes. (Nos soldats expliquaient cela par le succès remporté l'avant-veille par Mac-Mahon. On disait ce Maréchal à notre droite, pouvant peut-être nous joindre. L'affaire du 14 avait aussi probablement pour but de nous empêcher de leur barrer la route ou d'appuyer vers Mac-Mahon.)

Nous tirons d'abord quelques obus à balles sur des tirailleurs ennemis (à 1400 mètres), qui se retirent précipitamment après quelques coups.

---

(1) Le 11ᵉ dragons et $\dfrac{D\,C}{3}$.

(2) Ce qui indique que l'heure précédente (12 h. 30) est très erronée, car le détachement Lehman n'a pénétré dans le bois de Tronville que vers 1 heure et n'est parvenu sur la lisière opposée qu'à 1 h. 30.

Nous restons ensuite à ne rien faire. Vers 2 heures, au moment du grand mouvement tournant de la droite, auquel le 4ᵉ corps prend part, nous venons nous placer avec les batteries de réserve du 1ᵉʳ régiment, à 500 mètres environ à l'Ouest de notre première position, vis-à-vis l'extrémité occidentale du bois (1). (Nous avions provoqué pour cela les ordres du colonel Soleille qui, nous ayant laissés d'ailleurs sans indication de la journée, où nous restâmes engagés en première ligne, fit répondre qu'il ne comprenait pas que nous ne suivions pas le mouvement tournant de notre corps. Personne ne nous avait rien dit.) Les batteries à cheval et la cavalerie (?), engagées devant nous dans le vallon, furent fort abîmées et durent rétrograder. Nous étions en réserve pour couvrir un échec possible. Les tirailleurs ennemis réoccupent le bois de Vionville, qu'ils avaient évacué. Deux chevaux tués à la batterie. En ce moment nous voyons une forte colonne prussienne qui s'avance contre la hauteur que nous occupons. Nous nous retirons en arrière dans un espèce de creux. Heureusement, l'infanterie arrive à la rescousse, et le général Lafaille nous fait donner l'ordre de nous reporter sur la crête, que nous n'aurions pas dû abandonner.

Alors nous commençons une canonnade insensée, mais très lente, avec les tirailleurs embusqués dans le bois, le 13ᵉ de ligne étant couché derrière nous. Au bout de quelque temps, nous avions cinq hommes et quatre chevaux blessés. Sur les 7 heures, nous allons à l'extrême droite soutenir la batterie Florentin, la section de droite appuyée à un petit bouquet de bois. A notre arrivée, le feu venait de cesser. Au bout de quelque temps, la nuit étant close, nous recherchons la batterie Maringer ; puis, errant dans la plaine sans indications, nous arrivâmes contre et au Nord de Bruville vers 11 heures du soir. Nous voyons brûler un village, probablement Tronville.

On nous a dit que la Garde était à l'extrême gauche, entre Moulins et Gravelotte et qu'elle fut fortement éprouvée. Puis venait le 2ᵉ corps. Le 6ᵉ corps se reliait d'une part au 4ᵉ, d'autre part au bois des Ognons. Il y eut des affaires de tirailleurs dans Flavigny. Dans la journée, il y eut trois charges de cavalerie. C'est dans celle qui eut lieu vers Mars-la-Tour que le général Legrand fut tué. On prétend que, dès le 14, des Prussiens étaient arrivés par le plateau de Wœvres.

---

(1) Il s'agit de l'offensive de la brigade Bellecourt, qui ne commença qu'à 2 h. 45. Le mouvement des 6ᵉ et 9ᵉ batteries vers la droite n'eut donc certainement lieu qu'entre 3 et 4 heures et non à 2 heures. Il est même probable que ces batteries ne l'exécutèrent qu'en même temps que les autres batteries de la réserve, c'est-à-dire un peu avant la retraite de la brigade Bellecourt.

Historique des 6ᵉ et 9ᵉ batteries du 8ᵉ régiment d'artillerie montée.

16 août.

Dès le matin, les batteries se mirent en route vers Briey par Woippy, Saulny, Saint-Privat et Sainte-Marie-aux-Chênes. Là, elles reçurent l'ordre de prendre la traverse de Doncourt par Saint-Ail et se portèrent rapidement sur le champ de bataille; les batteries de combat doublèrent l'infanterie au trot et prirent position à la droite de l'armée, en avant du village de Saint-Marcel. Elles ouvrirent le feu vers midi et demi (1). La 6ᵉ batterie consomma dans cette journée un sixième de ses munitions; elle eut 1 blessé et 1 cheval tué. La 9ᵉ batterie tira quelques coups d'obus à balles à 1400 mètres sur la lisière du bois de Vionville (2) et continua un feu lent sur ce bois, occupé par l'ennemi. Sur les 7 heures du soir, elle fut envoyée soutenir une batterie du 1ᵉʳ régiment; à la nuit close, elle alla rejoindre la 6ᵉ batterie. Elle eut 6 hommes blessés; 2 chevaux tués. Les batteries restèrent plusieurs heures sans ordres, abandonnées; elles allèrent bivouaquer à 11 heures du soir au Nord du village de Bruville, les chevaux attelés.

Historique des 5ᵉ et 6ᵉ batteries du 17ᵉ régiment d'artillerie (réserve du 4ᵉ corps; commandant Poilleux).

16 août.

5ᵉ *batterie.* — La batterie partit à 4 heures du matin avec la division de cavalerie; elle suivit la route de Briey jusqu'à Sainte-Marie-aux-Chênes; de là, elle se porta sur Doncourt. A partir de ce moment, une partie de la cavalerie fut déployée et fouilla les bois voisins de la route que nous suivions. Pendant une halte faite à la sortie de Jouaville, la division de cavalerie reçut l'ordre de se porter rapidement dans la direction de Doncourt; la batterie se conforma au mouvement de la cavalerie (3) et elle se maintint toujours à sa distance, malgré la grande allure à laquelle ce trajet de huit à neuf kilomètres fut parcouru.

Aussitôt après avoir dépassé Bruville, la division de cavalerie (4) se forma en bataille et la batterie fut placée, ainsi que la 6ᵉ, par le

---

(1) Se reporter aux remarques déjà faites à ce sujet.
(2) *Lire :* de Tronville.
(3) 11ᵉ dragons seulement.
(4) 11ᵉ dragons.

général de Ladmirault lui-même, de manière à diriger ses feux contre des masses de cavalerie ennemie qui cherchaient à tourner, par la route de Conflans, la droite du 3e corps. L'effet de notre tir fut des plus heureux; l'ennemi se retira précipitamment et nous empêchâmes ainsi le mouvement tournant de s'opérer. D'ailleurs, une partie du 4e corps nous suivait et venait un peu plus tard prendre position près de nous et participer à cette action décisive de la journée.

Après ce mouvement, le général Lafaille joignit la 5e batterie aux autres batteries de la réserve; elle fut placée entre Bruville et Vionville, sur une crête à 800 mètres environ en avant des bois occupés par l'infanterie ennemie (1); des batteries ennemies étaient aussi placées en arrière des bois, près de la route de Mars-la-Tour à Metz. Le feu fut dirigé d'abord sur l'infanterie, puis sur les batteries.

On avait tiré environ 500 coups lorsque les batteries voisines se mirent en retraite, au moment où l'infanterie ennemie se portait en avant. La batterie se conforma à ce mouvement et se porta vers la droite avec les autres batteries; elle ouvrit son feu en face des bois occupés par l'ennemi, qui envoyait quelques balles. La batterie occupa cette position jusqu'à 10 heures du soir et alla camper à Saint-Marcel, où l'on remplaça immédiatement les munitions consommées.

Pertes : 1 officier tué, 1 canonnier tué, 3 blessés; 3 chevaux tués.

6e *batterie*. — La colonne s'engagea dès 4 heures du matin sur la route de Briey, les batteries entre les deux brigades de cavalerie. Sa marche, éclairée à droite et à gauche par des reconnaissances de cavalerie, continua ainsi jusqu'à Sainte-Marie-aux-Chênes. Là, les deux brigades de cavalerie se déployèrent à droite et à gauche du chemin qui conduit, par Saint-Ail, Habonville et Vernéville, jusqu'à la route d'Étain. La colonne des deux batteries tourna à gauche dans ce chemin. On continua ainsi jusqu'au bois Doseuillons, où on s'arrêta de 9 heures à 9 h. 30 (2). Pendant le trajet, on avait rencontré des troupes d'infanterie dans les bois et le village de Vernéville. C'est en ce point que nous commençâmes à entendre très près de nous, du côté de Saint-Marcel, une violente canonnade. A 9 h. 30, nous fûmes rapidement dirigés sur Bruville; nous débouchâmes du village du côté de Mars-la-Tour vers 11 heures. Des éclaireurs de cavalerie, qui avaient gravi les pentes devant nous, se replièrent vers 11 h. 15, et les hauteurs se cou-

---

(1) Les bois de Tronville étaient donc déjà occupés par le détachement Lehman quand la 5e batterie à cheval vint prendre position sur la crête 274-277.

(2) Heure certainement erronée, comme les suivantes.

vrirent de cavalerie ennemie (1). Nous ouvrîmes le feu contre elle à 1700 mètres et trois coups par pièce suffirent pour la déloger de ses positions. Dans ce moment, la bataille était vigoureusement engagée sur notre gauche, presque en avant de nous, tandis qu'à notre droite, du côté de Doncourt, les colonnes d'infanterie du 4e corps débouchaient et commençaient à se déployer.

La division de cavalerie resta dans le couvert en avant de Bruville; nous, poursuivant la cavalerie ennemie, nous primes d'abord position sur les hauteurs abandonnées par elle et lui envoyâmes quelques obus du côté de Ville-sur-Yron, à 1500 ou 2,000 mètres. Pendant ce temps, les lignes d'infanterie arrivaient autour de nous avec leur artillerie. Nous dépassâmes ces lignes pour continuer à poursuivre la cavalerie prussienne, qui se retirait à droite de Mars-la-Tour. Il fallut pour cela franchir un ravin placé devant notre front, profond et aux abords escarpés; nous fûmes obligés de le passer pièce par pièce. En arrivant sur le bord opposé, nous avions à notre gauche des bois impénétrables à l'artillerie; devant nous, Mars-la-Tour à 1200 ou 1300 mètres, et, entre cette ville et le ravin, des terrains découverts montant en pente douce. Après avoir pris position à 200 mètres en avant du ravin, nous reprîmes le feu contre la cavalerie, qui continua à se retirer. Tout à coup, trois batteries ennemies se démasquèrent simultanément : l'une à notre gauche, aux vues de laquelle la 6e était cachée par des bois; l'autre en avant, derrière la chaussée de Mars-la-Tour à Verdun; la troisième sur notre droite. Dès leurs premiers coups, les pièces furent portées à bras de 40 mètres environ en avant, ce qui les sauva, car les Prussiens ne rectifièrent pas leur tir. Néanmoins, la position était très critique : en avant et à droite de nous, une artillerie plus nombreuse, favorisée par la pente du terrain, et dont les feux convergents pouvaient nous faire essuyer les plus grandes pertes; à notre gauche, des bois non gardés, par lesquels nous pouvions être surpris et enlevés sans résistance, car notre infanterie se trouvait trop en arrière; enfin, derrière nous, un ravin d'un accès difficile nous coupait la retraite. Dans ces conditions, le capitaine crut devoir se reporter de 400 mètres en arrière, ce qui mettait la batterie à l'abri d'une surprise presque inévitable.

Dans cette position, la batterie combattit sans interruption jusqu'à 6 heures du soir; une haie, placée entre les deux demi-batteries, servit de point de mire à l'artillerie prussienne et reçut le plus grand nombre de ses obus (2). Derrière la batterie se trouvait le 57e de ligne.

---

(1) Le *13e* dragons.
(2) Haie du Poirier du Bois Dessus.

A 6 heures, nous vîmes les batteries de notre droite, puis celles de notre gauche se retirer successivement (1). Nous continuâmes un moment le feu, mais bientôt nous pûmes voir une colonne d'infanterie marchant sur nous en longeant le bord opposé du ravin. Ne pouvant au juste en reconnaître la nature, on s'abstint de tirer sur elle, mais on prépara des charges à mitraille pour le moment où on serait suffisamment renseigné. Quand cette colonne fut arrivée à 300 ou 400 mètres, les doutes furent levés. Les premiers coups à mitraille tirés contre elle lui firent prendre le pas gymnastique; les suivants la firent descendre rapidement dans le ravin. Ne pouvant plus tirer, la batterie se retira rapidement pour céder la place au bataillon du 57e, placé en arrière, que l'on était allé prévenir.

Lorsque la batterie revint prendre sa position, l'ennemi avait été chassé sur toute la ligne; on le voyait se retirer à droite et en arrière de Mars-la-Tour; notre infanterie était en bataille à 1000 mètres environ en avant du ravin. La bataille était finie pour nous. Nous attendîmes jusqu'à 10 heures du soir l'ordre de nous retirer sur Saint-Marcel, où nous passâmes la nuit. Il était 1 heure du matin quand la batterie put prendre quelque nourriture et se reposer un peu; elle avait combattu ou marché sans interruption pendant vingt et une heures.

Pertes : 2 officiers, 4 hommes blessés; 11 chevaux tués.

Rapport sur les opérations du génie du 4e corps, le 16 août.

Pendant la journée du 16 août, le général commandant le génie du 4e corps et les officiers de l'état-major particulier du génie ont accompagné partout sur le champ de bataille le général en chef du corps et ont dirigé l'ensemble des travaux exécutés par les compagnies. Les commandants divisionnaires sont restés avec leurs généraux de division et ont dirigé les travaux exécutés par les compagnies directement.

La 2e compagnie de mineurs est restée en réserve et n'a pas pris part au combat.

La 9e compagnie de sapeurs a été employée comme soutien d'une section d'artillerie de réserve.

La 10e compagnie de sapeurs a organisé défensivement la ferme de Greyère, qu'elle a occupée avec un bataillon du 98e régiment d'infan-

---

(1) Au moment de l'attaque de la *38e* brigade, c'est-à-dire à 5 heures.

terie; cette ferme, qui soutenait l'extrême droite de la ligne de bataille, n'a été attaquée que par de l'artillerie; la compagnie n'a subi aucune perte.

La 3ᵉ division, à laquelle est attachée la 13ᵉ compagnie de sapeurs, n'est pas arrivée à temps pour prendre part à la bataille.

Les troupes du génie n'ont subi aucune perte pendant cette affaire.

Extrait de l'historique du 2ᵉ régiment du génie.

16 août.

Le 16 au matin, tout le 4ᵉ corps est en marche pour Doncourt, et la 2ᵉ compagnie de mineurs, qui en a été informée, arrive à ce village vers 7 heures du matin. Vers 8 heures, la bataille de Rezonville s'engage; la 9ᵉ compagnie de sapeurs, marchant avec l'artillerie et la brigade Brayer, de la 1ʳᵉ division, quitte Doncourt et, à travers champs, se dirige vers l'ennemi; les flèches de ses prolonges se cassent et ces voitures ne peuvent dépasser Bruville. La 10ᵉ compagnie de sapeurs, avec un bataillon du 98ᵉ de ligne, va occuper la ferme de Greyère, dont elle organise la défense, à l'extrême droite de la ligne de bataille; la 2ᵉ compagnie de mineurs et la 13ᵉ compagnie de sapeurs restent en réserve à Doncourt. Dans la nuit, la 10ᵉ compagnie de sapeurs rentre à Doncourt; quant à la 9ᵉ compagnie de sapeurs, elle coucha avec sa division sur le champ de bataille, à Urcourt. Les quatre compagnies ne firent aucune perte ce jour-là.

Journée du 16 août.

6ᵉ CORPS.

a) Journaux de marche.

Rapport du maréchal Canrobert sur la bataille de Rezonville.

Au camp sous Metz, 20 août.

Le 16 août au matin, le 6ᵉ corps était en position à droite et en avant de Rezonville; son front comprenait la division La Font de Villiers, un régiment de la division Bisson et la division Tixier, et s'étendait jusqu'au village de Saint-Marcel qu'occupait la division Tixier.

La 4ᵉ division, Levassor-Sorval, placée en arrière de Rezonville parallèlement à la route, surveillait les ravins et les massifs de bois considérables qui s'étendent de Rezonville jusqu'à Ars et Novéant, bois dans lesquels on avait signalé la présence de l'ennemi.

Vers 9 h. 1/2, les Prussiens, débouchant en même temps du village de Vionville, des hauteurs boisées qui se trouvent à sa gauche, et des crêtes qui s'élèvent à sa droite, attaquaient de front les 2ᵉ et 6ᵉ corps. Nos troupes, couvertes par leurs avant-postes, eurent bientôt pris les armes et soutinrent énergiquement ces attaques. La 1ʳᵉ division détacha de Saint-Marcel la brigade Péchot, qui occupa le bois traversé par la voie romaine sur la droite de Vionville et arrêta le mouvement offensif de l'ennemi.

En même temps, la division La Font de Villiers soutenait courageusement une canonnade meurtrière, et faisait occuper par la brigade Colin la ferme de Flavigny où cet officier général se maintint avec solidité.

L'ennemi ayant voulu prononcer un mouvement offensif, le général Bisson se porta en avant avec le seul régiment de sa division présent à la bataille (9ᵉ de ligne), et l'arrêta. Dans ce mouvement, cet officier général eut plusieurs chevaux tués sous lui, et presque tous les officiers qui l'entouraient furent blessés.

Une vigoureuse canonnade s'engagea entre les deux armées. Vers 2 heures le feu de l'ennemi sembla s'éteindre du côté de Vionville et de Flavigny; il y avait tout lieu de croire que, de ce côté, l'ennemi cessait son attaque.

Nos troupes prirent alors l'offensive (1), et se portèrent en avant sur toute la ligne, de Saint-Marcel à Rezonville, avec leur entrain habituel; mais ce mouvement ne put se prolonger en raison de l'importance que prenait l'attaque venant du bois des Ognons, laquelle montrait clairement que ce qui avait paru d'abord n'être qu'une démonstration, devenait l'attaque principale; l'ennemi voulait tourner Rezonville par sa droite.

Le combat, de ce côté, se maintint longtemps avec des chances égales; de nombreuses réserves sortaient à tout moment, mais vainement, des bois. La division Levassor-Sorval gardait énergiquement ses positions. Cette résistance, à laquelle sans doute l'ennemi ne s'attendait

---

(1) Cette affirmation est en contradiction absolue avec les faits tels qu'ils découlent de tous les autres documents sur la bataille et il est impossible, en raison de ce qui précède, de supposer qu'il s'agit de la contre-attaque des 91ᵉ et 94ᵉ.

pas, permit à la Garde impériale en position à Gravelotte de prendre l'offensive. A ce moment, l'ennemi était arrêté, ce qui me permit de disposer d'une brigade de la division Levassor-Sorval pour la porter sur les crêtes en face de Vionville, d'où l'ennemi cherchait à nous déloger. Cette manœuvre fut couronnée de succès, et les Prussiens, qui nous faisaient subir des pertes sérieuses par une attaque d'artillerie supérieure à la nôtre en nombre (1) et en calibre, ne purent gagner de terrain.

Le village de Rezonville, qui était devenu le centre de la position, était mis en état de défense et se trouvait à l'abri des efforts de l'ennemi.

Vers 2 heures, une division du 3ᵉ corps était venue appuyer notre droite. Ce mouvement, combiné avec celui que le 4ᵉ corps prononçait vers Mars-la-Tour, aurait infailliblement déterminé la retraite de l'ennemi vers la Moselle si la nuit n'était venu l'arrêter.

Le 6ᵉ corps avait vaillamment conservé pendant dix heures de combat ses premières positions, en faisant subir à l'ennemi des pertes considérables, tout en en éprouvant lui-même de très sensibles.

La position de Rezonville, formant le sommet de la ligne brisée de notre ordre de bataille, avait une importance que je n'ai pas besoin de faire remarquer, aussi l'ennemi dirigea-t-il contre elle les feux d'une grande partie de son artillerie. La nôtre, inférieure en nombre et en calibre, éprouvant des pertes sérieuses, résista inébranlablement.

Vers 2 heures, au moment où, sur toute la ligne, nous prenions l'offensive (2), la cavalerie prussienne fit une vigoureuse charge pour percer notre centre; elle comptait sans notre cavalerie qui, saisissant avec à-propos le moment d'entrer en action, se précipita sur son flanc. Cette brillante manœuvre fut décisive; la cavalerie ennemie, parmi laquelle se trouvaient deux régiments de cuirassiers du Roi, fut ramenée en un instant, et se retirant en désordre, laissa derrière elle de nombreux tués. Un étendard de cette cavalerie resta entre nos mains (3).

Cette journée a dû être meurtrière pour l'ennemi; de notre côté nos pertes ont été sensibles; elles s'élèvent à 5,258 tués, blessés ou disparus, officiers et troupe, parmi lesquels le général Marguenat (4ᵉ division, 1ʳᵉ brigade), tué.

---

(1) Appréciation très erronée.
(2) Voir la note de la page précédente.
(3) Il y a certainement là une confusion. Il s'agit du drapeau du 93ᵉ de ligne, ramassé sur le champ de bataille par un brigadier du 5ᵉ chasseurs.

État des pertes du 6e corps.

DÉSIGNATION DES CORPS.	OFFICIERS			TROUPE		
	TUÉS.	BLESSÉS.	DISPARUS.	TUÉS.	BLESSÉS.	DISPARUS.
État-major général.........	»	1	»	»	»	»
1re division...............	5	8	1	63	303	98
2e division................	4	29	1	16	117	75
3e division................	15	52	10	170	1,466	705
4e division................	10	46	9	133	615	867
Totaux.........	34	135	21	482	3,231	1,745
Totaux généraux...	190			5,258		

1re DIVISION (TIXIER).

Journal de marche de la 1re division du 6e corps.

16 août.

A 8 h. 1/2 (1) du matin, l'ennemi attaque en avant des bois de Rezonville ; l'engagement s'étend bientôt de la gauche à la droite et devient général. Nos troupes se portent en avant et occupent les positions suivantes :

La 1re brigade, ses bataillons déployés, appuyait sa droite au village de Saint-Marcel et sa gauche à la lisière du bois qui s'étend au-dessus de la ferme de Villers-sous-Forêt ; la 2e brigade à 350 mètres en arrière de la 1re, occupait une position parallèle. La 1re division, placée à la droite de la division La Font de Villiers (3e du 6e corps) formait la droite de la première ligne.

En avant de la position occupée par la 1re brigade, le bois se prolonge sur une pente assez vive, terminée par un ravin. Ce bois, centre de la division, devant être occupé fortement, le général Péchot, commandant la 1re brigade, y fait entrer le 9e bataillon de chasseurs et une partie du 10e de ligne, le reste du régiment, se tenant en réserve à la hauteur de la crête, à la droite de deux batteries divisionnaires.

---

(1) *Lire :* 9 h. 1/2.

Sur l'autre versant du ravin situé plus haut, se trouve le bois de Tronville, occupé fortement par l'ennemi (1). Parallèlement au bois occupé par la brigade Péchot et d'un autre côté de la route de Verdun (2) se trouve une levée de terre de 1^m,50 à 2 mètres de relief, reste d'une ancienne voie romaine. Elle constitue une position défensive excellente, ayant des vues de revers sur la route de Verdun, le versant et le fond du ravin.

L'action ayant commencé par le feu d'une forte batterie prussienne établie sur la route de Verdun en avant du village de Vionville, la division Tixier, pivotant autour du bois occupé par la brigade Péchot, dessine un changement de front vers la gauche, pour garnir la crête, qui domine d'une part (3) le village de Saint-Marcel et de l'autre (4) le bois de Vionville (5). Le 100e de ligne est envoyé en soutien de la brigade Péchot; un bataillon de ce régiment, sous les ordres du colonel, reçoit directement du Maréchal l'ordre d'aller prendre position dans le village de Rezonville.

Le 12e de ligne, formant la droite de la 2e brigade, appuie le changement de front du 4e (droite de la 1re brigade). Une des batteries divisionnaires (6) s'établit sur la crête au-dessus du ravin et ouvre le feu sur les tirailleurs ennemis engagés contre ceux de la brigade Péchot et sur le bois lui-même (7). Le changement de front achevé, le 4e de ligne se trouve porté au-dessus des bois de Tronville; le 12e avance en première ligne pour prendre sa gauche.

A ce moment les 3e et 4e corps d'armée arrivent en arrière de la division Tixier; le 4e prolonge son mouvement vers la droite.

Le 4e et le 12e de ligne, précédés d'une ligne de tirailleurs, reçoivent l'ordre de descendre dans le bois de Tronville. L'ennemi l'avait abandonné un moment pour se masser en arrière de la route de Verdun.

Le 12e de ligne peut donc traverser le bois jusqu'à la route; mais il est ramené par un retour offensif des Prussiens. Le 4e de ligne tente six fois de rentrer dans le bois et six fois est ramené. Les deux régiments reprennent leur position le long de la lisière jusqu'à la fin de la journée.

---

(1) Occupé par le détachement Lehmann.
(2) A 1500 mètres au Nord de la grande route de Verdun.
(3) C'est-à-dire vers le Nord.
(4) Vers le Sud.
(5) *Lire* : Tronville.
(6) $\frac{8}{8}$.
(7) Détachement Lehmann; par conséquent après 1 heure.

La brigade Péchot, de son côté, arrête les efforts de l'ennemi contre le bois qu'elle occupe; le 10e de ligne vient se placer en arrière de la voie romaine, avec deux bataillons du 100e, abandonnant sa première position, au sommet du bois, à la division Aymard, du 3e corps.

A la nuit, une tranchée-abri est creusée en avant du bois occupé par la brigade Péchot, pour arrêter tout retour offensif de l'ennemi.

Le 4e et le 12e de ligne reprennent leurs positions de la veille, la division Aymard devant au besoin appuyer la brigade Péchot.

Rapport du général Tixier, commandant la 1re division, sur la bataille de Rezonville.

Bivouac sous Metz, 19 août.

La position de la division était la suivante : la gauche appuyée à la division La Font de Villiers, la droite au village de Saint-Marcel.

La 1re brigade déployée s'étendait sur cette ligne.

Une batterie de dix-huit pièces à gauche; une autre batterie est venue se joindre à celle-ci et toutes les deux ont pris plus tard une position en avant.

M. le colonel Vincendon, du 4e de ligne, occupa fortement Saint-Marcel avec un bataillon et une batterie.

En avant de la ligne, court une voie romaine en levée de terre; parallèlement à elle, un bois très étendu, très fourré et large de 300 mètres au moins. Sur le flanc droit de ce bois, le terrain s'infléchit pour se relever vers Saint-Marcel. La voie romaine peut facilement abriter des tirailleurs chargés de couvrir de feu la plaine ondulée qui s'étend en avant de la division La Font de Villiers. L'importance de la voie romaine comme moyen de défense, comme aussi une occupation sérieuse des bois qui la longent parallèlement, ne pouvait échapper, surtout en raison de la position d'un autre bois beaucoup plus considérable et situé en avant, à 500 mètres environ de l'extrémité du premier et s'étendant jusqu'à la route de Mars-la-Tour, en avant de Vionville. M. le général Péchot, commandant la 1re brigade, fut chargé d'occuper fortement cette position et de la défendre à tout prix. Cet officier général, un des plus distingués de l'armée, comprit l'importance de la mission qui lui était confiée et, avec son intelligence rare, son coup d'œil militaire, la remplit avec plein succès.

Il ne serait peut-être pas inutile d'expliquer comment sont situés, l'un par rapport à l'autre, les deux bois dont il a été question. Celui occupé par nous peut communiquer avec l'autre, dont il est séparé, par une distance de 600 mètres à peu près, par un ravin très profond et difficile et sur lequel la vue s'étend en partie seulement. L'ennemi peut donc facilement passer de l'un à l'autre si on n'observe pas attentivement, et cela fait, il peut déboucher sur la ligne de bataille même.

Il arriva ce qui avait été prévu. Pendant toute la journée du 16, l'ennemi, qui avait ouvert le feu à 9 heures du matin, fit à plusieurs reprises des tentatives pour passer d'un bois à l'autre ; grâce à l'intelligence, à l'énergie du commandement Mathelin, du 9e bataillon de chasseurs, toutes ces tentatives échouèrent. Le général Péchot se loue de l'entrain, de la bravoure des chasseurs, comme aussi de l'habileté du chef.

Permettez-moi, je vous prie, Monsieur le Maréchal, d'appeler votre bienveillante attention sur ce brave bataillon, et sur son digne chef dans la distribution des récompenses qui seront accordées.

Le rôle de la 2e brigade, sous les ordres du général Leroy de Days, a eu pendant cette journée une importance moindre, il est vrai, mais cet officier général l'a rempli avec intelligence.

L'action engagée par le feu d'une batterie ennemie d'abord, puis de plusieurs batteries ensuite, établies sur la route de Mars-la-Tour, la 1re division pivota autour du bois, défendu par le général Péchot, par un changement de front, l'aile droite en avant, et vint ainsi prendre position (la droite) en avant du village Saint-Marcel, sur une crête élevée et dominant le bois occupé par l'ennemi. Le 4e, appuyé par un bataillon du 12e de la deuxième ligne, vint s'établir face au bois.

Au même moment, le corps Ladmirault (4e) déboucha sur le plateau à notre droite et, débordant le bois, dessina un mouvement tournant. Le 4e et le 12e, alors, sur l'ordre donné, se portèrent résolument sur le bois occupé par l'ennemi après, toutefois, s'être couverts de tirailleurs. Ils furent aidés dans ce mouvement par les batteries de mitrailleuses établies dans la plaine, sur le flanc droit du bois occupé par le général Péchot et partant ne pouvant être vu de l'ennemi. Ces deux bataillons pénétrèrent assez avant dans le bois, non pas cependant sans éprouver des pertes assez sérieuses. Mais le mouvement du 4e corps ne se prononçant pas autant qu'on pouvait l'espérer, nos tirailleurs et d'autres durent céder devant un ennemi devenu plus nombreux et exécutant un retour offensif.

Ils vinrent cependant se placer à mi-côte et là exécutèrent des feux à commandements dont l'efficacité a dû être grande, puisque l'ennemi parut s'éloigner.

La nuit arrivant, le feu cessa et on prit la position du bivouac.

Dans ces divers mouvements, MM. les colonels Vincendon (4e), Lebrun (12e) se montrèrent vigoureux soldats, chefs intelligents. Je vous demande la permission, Monsieur le Maréchal, de recommander à votre bienveillance les propositions que j'ai l'honneur de joindre à ce rapport succinct.....

M. le commandant Feraud, à la tête de ses sapeurs, a largement contribué à la défense du bois occupé par le général Péchot. Pendant la soirée du 16, les sapeurs ont creusé une tranchée pour relier la voie romaine à l'extrémité du bois et couvrir les défenseurs dans le cas où l'ennemi aurait tenté une attaque de nuit.....

Rapport du général Péchot, commandant la 1re brigade de la 1re division, sur la bataille de Rezonville.

Sous Metz, 19 août.

Le terrain sur lequel la division était appelée à camper comprenait des bois très touffus et en avant un ravin profond et difficile à battre ; cette position méritait une sérieuse attention et une reconnaissance approfondie pouvait seule démontrer l'importance qu'elle avait au point de vue de la défense.

La position de la division entre la voie romaine et le village de Saint-Marcel était couverte par un bois de forme irrégulière, très fourré et se terminant en pointe sur une croupe arrondie séparant la vallée de Saint-Marcel et celle de Vionville. Ce bois était séparé par 400 à 500 mètres seulement de terrain découvert, d'un grand bois situé au-dessous de la route de Saint-Marcel à Mars-la-Tour et compris entre cette route et la vallée de Vionville (1). Le bois était déjà occupé par les éclaireurs ennemis au moment de notre arrivée, ce qui fut confirmé par nos propres cavaliers (2). Le bois situé en avant de notre position était donc d'une importance à garder qui ne put nous échapper car l'ennemi pouvait déboucher sur notre front de bandière sans être aperçu, si l'on négligeait de prendre cette précaution. L'ancienne voie romaine ajoutait, du reste, une force nouvelle à cette position déjà si forte, en fournissant un retranchement naturel et continu servant à abriter les tirailleurs. Après cette reconnaissance, les dispositions suivantes furent arrêtées (3) : huit compagnies du 10e de ligne, sous les ordres du chef de bataillon Morin furent chargées de la garde des bois de la chaussée romaine. Deux compagnies furent placées en tête du bois avec des tirailleurs sur la lisière ; trois à 250 mètres plus loin, fournissant des tirailleurs le long de la voie romaine, tirailleurs qui devaient se replier sur le bois, en cas de retraite, de manière à fournir ma deuxième ligne de défense ; trois autres, enfin, à 500 mètres de la

---

(1) Le bois de Tronville.
(2) Le 15 au soir.
(3) Avant-postes installés dans la soirée du 15.

tête et dans les mêmes conditions ; ces troupes durent bivouaquer sans feux. Vers la droite, la position du village de Saint-Marcel était importante à occuper ; un bataillon du 4ᵉ de ligne y fut détaché et fut remplacé sur la première ligne par un bataillon du 12ᵉ, aux ordres du colonel Vincendon. Afin de compléter cette défense, une batterie (1) fut placée à la gauche de la brigade, sur le plateau, de manière à permettre de battre le talus extérieur de la voie romaine et le ravin qui lui est parallèle et d'avoir des vues sur celui du village de Vionville ; ma deuxième batterie (2) fut installée sur le flanc de la vallée de Saint-Marcel, pour enfiler et battre les deux ravins qui aboutissent sur ce point. Ces dispositions prises, le front de la brigade présentait une excellente ligne de défenses pour la plupart naturelles.

Dès 9 heures du matin, les premiers coups de canon retentissaient et bientôt une canonnade des plus vives s'engageait entre les deux artilleries ; les Prussiens avaient établi, sur les hauteurs en avant de Vionville, une forte batterie que notre artillerie de campagne ne suffisait pas à contre-battre et que nos pièces de 12 pouvaient seules combattre. En même temps, le bruit qui depuis le matin était perceptible dans nos avant-postes s'accentuait, et une fusillade des plus vives était dirigée contre les compagnies placées en tête des bois. L'attaque s'accentuait rapidement, et il devenait nécessaire de renforcer les compagnies détachées dans ces bois. C'est alors que vous mîtes à ma disposition les trois compagnies qui restaient du bataillon de chasseurs. Ces trois compagnies, dirigées par leur intrépide et intelligent chef de bataillon, le commandant Mathelin, furent immédiatement dispersées dans les bois, et même quelques tirailleurs furent envoyés en avant sur la croupe pour mieux voir le fond du ravin. Les huit compagnies du 10ᵉ furent employées à la défense de la route qui traverse la tête du bois, et à celle de la voie romaine (3). L'attaque devenue de plus en plus vive sur ce point, vous voulûtes bien me prévenir que le Maréchal préparait sur ce point un mouvement qui ne pouvait tarder à me dégager. En attendant, je renforçai ma ligne de défense de quatre nouvelles compagnies et je conservai une réserve massée au pied du talus, composée du dernier bataillon du 12ᵉ de ligne,

---

(1) $\frac{7}{8}$.

(2) $\frac{8}{8}$.

(3) Il n'est pas question des six dernières compagnies du 10ᵉ. D'après l'historique, elles ont été déployées *sur le plateau à la gauche de la voie romaine*.

d'un bataillon du 100ᵉ que vous aviez bien voulu mettre à ma disposition, et de la compagnie de sapeurs du génie. Dans ces conditions, ma ligne de défense présentait un rempart continu, couvert de feu, et je complétai mes dispositions, en poussant en avant de moi, sous la protection de l'artillerie, des tirailleurs pour voir le ravin placé en face de moi.

Dès lors, ma ligne présentait une solidité complète, et malgré les efforts plusieurs fois répétés des tirailleurs prussiens qui s'avançaient à 200 mètres de la tête de nos positions, ils furent toujours repoussés avec pertes et n'osèrent pas lancer leurs colonnes massées hors de notre portée dans le ravin de Vionville. Bientôt, l'arrivée de mitrailleuses décida leur retraite dans le bois qu'ils continuèrent à occuper fortement. Plusieurs fois, des tirailleurs français s'engagèrent dans ces bois pour s'en emparer; malgré tous leurs efforts, ils durent céder au nombre et se retirer. A la fin de la journée, une nouvelle tentative fut faite sans plus de résultat; puis, la canonnade, qui ne s'était jamais interrompue, reprit avec force, et à 7 h. 30, la bataille finissait et chacun conservait sa position. Chacun bivouaquait sur son emplacement de combat, mais il n'y eut aucune attaque et la retraite ne fut nullement inquiétée le lendemain.

Historique du 9ᵉ bataillon de chasseurs (1ʳᵉ *brigade, commandant Mathelin*).

16 août.

L'ennemi attaque à 9 heures du matin. Les 1ʳᵉ, 2ᵉ et 5ᵉ compagnies longent la chaussée romaine en repoussant l'ennemi; elles traversent le chemin de Saint-Marcel à Vionville et vont s'établir en avant d'un bois sur une sorte de plateau dominant le terrain qui s'étend entre ce point et la route de Verdun, à la distance d'environ 800 mètres d'un autre bois fortement occupé par les Prussiens, qui dirigent contre nous de nombreuses attaques, toutes repoussées avec de grandes pertes de leur côté. Vers 3 heures, le bois en avant de nous est évacué par l'ennemi; les trois compagnies se portent en avant, font des prisonniers. Le 12ᵉ de ligne de la division fouille le bois; nous paraissons être maîtres d'une position importante en avant. A 5 heures, retour offensif de l'ennemi sur toute la ligne. Les trois compagnies se maintiennent sur leur position du matin; elles bivouaquent sur le champ de bataille. Les 3ᵉ, 4ᵉ et 6ᵉ compagnies, détachées à la garde de l'artillerie, ont à repousser des charges réitérées de cavalerie; elles le font avec succès et peu de pertes; elles sont l'objet de félicitations toutes particulières de la part du commandant de l'artillerie.

Cette journée nous coûte 4 officiers légèrement contusionnés et 87 hommes tués ou blessés.

Historique du 4e régiment d'infanterie (1re brigade, colonel Vincendon).

16 août.

A 8 h. 30 (1) du matin, une vive canonnade annonce sur notre gauche un engagement sérieux; le régiment prend les armes et, à 9 heures (?), commence son mouvement dans l'ordre déployé. Il s'avance par un léger changement de direction à gauche sous le feu des batteries prussiennes, fortement établies sur la route de Verdun, de Rezonville à Mars-la-Tour, et sous les balles des tirailleurs ennemis postés sur la lisière d'un bois (2), et aussi derrière la crête d'un pli de terrain voisin.

Ce bois presque impraticable, placé entre les villages de Saint-Marcel, Bruville et Vionville, formait le point central du champ de bataille. Il fut aussi le théâtre des principales luttes que soutint le régiment pendant la journée. Le régiment engage d'abord l'action par le feu de nombreux tirailleurs, s'avance successivement sur une seule ligne, descend dans un premier ravin et franchit la crête occupée tout à l'heure par les tirailleurs prussiens (3). Là, à 150 mètres seulement de la lisière du bois, et toujours précédé de ses tirailleurs, qui sont déjà sur cette lisière, le régiment subit des pertes sensibles. Pour abréger ces pertes, le colonel l'enlève au pas redoublé jusqu'au bois même.

C'est alors que forts de l'appui de leurs bataillons, nos tirailleurs s'enfoncent à travers bois, malgré tous les obstacles, et refoulent pied à pied l'ennemi de l'autre côté.

A partir de ce moment, le combat se continue plusieurs heures, acharné, implacable, avec des alternatives de succès et de retours offensifs de la part de l'ennemi. Six fois, celui-ci, massé de l'autre côté du bois, cède et reprend en partie ses positions. Enfin, après un dernier effort plus désespéré que les précédents, il se retire à la nuit tombante sur la lisière opposée. C'est dans un de ces retours offensifs que le commandant Batier, du IIe bataillon, s'élance à la tête de deux compagnies pour soutenir les siens, force par cette vigoureuse offensive l'ennemi à reculer; il a son cheval tué sous lui et tombe lui-même mortellement atteint de deux coups de feu. Prompts à venger la mort de leurs chefs, nos soldats s'élancent de nouveau, sont accueillis au sortir

---

(1) A 9 h. 15.
(2) Il s'agit du détachement Lehmann, qui n'a atteint la lisière Nord du bois de Tronville que vers 1 h. 30.
(3) Offensive de la division Tixier (vers 3 heures).

du bois par le feu d'une artillerie formidable et reviennent en bon ordre dans leur première position.

Pendant ce temps, à la droite de notre ligne, les tirailleurs du Ier bataillon soutiennent l'effort de l'ennemi et empêchent le mouvement tournant qu'il essaye sur ce point. La 4e compagnie, déployée tout entière, résiste au choc, conserve pendant trois heures sa périlleuse position et subit des pertes nombreuses. Le capitaine Gausserand, qui la commande, est frappé d'une balle à la tête et tombe; ses deux officiers sont blessés; le tiers de la compagnie reste couché sur le champ de bataille.

A notre gauche, le IIIe bataillon supporte stoïquement les feux croisés des batteries et des tirailleurs prussiens; il reçoit du maréchal Bazaine l'ordre de déployer également ses deux dernières compagnies et d'enlever à tout prix le bois qu'il a vis-à-vis de son front, lequel se trouve séparé par un ravin du massif principal.

Ce mouvement hardi s'exécute, soutenu seulement, à 250 mètres en arrière, par les troupes de la deuxième ligne, qui restent immobiles dans leurs positions. Nos soldats avancent pas à pas sous une grêle de projectiles et luttent pendant cinq heures (?) en rase campagne contre l'ennemi abrité dans le bois. Enfin le bois est enlevé; l'ennemi recule sur le massif principal. Notre IIe bataillon l'y poursuit, trouve cachés dans le ravin 80 soldats prussiens, dont deux officiers et les fait prisonniers. Il veut poursuivre son mouvement en avant, mais, isolé et sans soutien (car la deuxième ligne n'a pas bougé et se trouve à 1500 mètres derrière lui), il est forcé de s'arrêter. Son chef, le commandant Brocard attend, sans vouloir revenir en arrière, que le reste de la ligne arrive à sa hauteur. Enfin le mouvement de la ligne se prononce et le IIIe bataillon rejoint par le ravin le centre du régiment.

En résumé, le combat a duré depuis 8 h. 30 du matin jusqu'à 8 heures du soir, et la nuit seule y a mis fin. Parti du village de Saint-Marcel, le régiment a marché en avant pendant 1800 mètres, a gardé jusqu'à la fin sa position avancée sur le centre de la ligne et a bivouaqué pendant la nuit sur l'emplacement occupé par l'ennemi au début de l'action.

Voici le tableau des pertes de la journée : 2 officiers tués, 7 blessés; 22 hommes tués, 206 blessés ou disparus.

Historique du 10e régiment d'infanterie (1re brigade; lieutenant-colonel Doléac).

16 août.

Vers 10 heures du matin la canonnade commence sur la gauche de l'armée. Les trois compagnies de grand'gardes, tête de ligne, prennent aussitôt des dispositions de défense vers leur gauche et contre le bois de Vionville, situé de l'autre côté d'un ravin, en face d'elles, et qu'il y a lieu de supposer occupé par l'ennemi. Les cinq autres compagnies, conversant aussitôt à gauche, sont disposées en bataille le long de la voie romaine, qui forme une chaussée élevée, d'une excellente défense. Le surplus du régiment, quittant son campement, reçoit l'ordre de se porter à l'appui de sa grand'garde et est disposé en arrière, à sa suite, également le long de la voie romaine. Vers midi l'ennemi se montre et descend vivement des hauteurs en avant de Vionville, se couvrant par le bois, à l'attaque de la grand'garde du régiment. La fusillade commence vivement. Le régiment, et spécialement les trois compagnies de tête de grand'garde, plus exposées et mal défilées, soutiennent cette attaque avec beaucoup d'aplomb et de vigueur et ripostent par des feux bien dirigés. Les compagnies du régiment en arrière sont successivement déployées en tirailleurs sur les plateaux à gauche de la voie romaine, suivant une ligne oblique, faisant face à la fois aux bois du village de Vionville et à ce village. Dans cette situation et malgré les nombreux obus dont il couvre nos positions, l'ennemi paraît ne pouvoir tenir, et vers 3 heures de l'après-midi son feu se ralentit.

Vers 5 heures un vigoureux retour offensif se prononce. L'ennemi avance vers nos positions par colonne de pelotons, qui se succèdent d'instants en instants. Elles sont successivement et énergiquement repoussées. Le régiment soutient ainsi le combat jusqu'à la nuit, en gardant ses positions intactes. Le feu cesse, mais en présence de ces attaques furieuses, sans cesse renouvelées, le régiment, craignant un nouveau retour offensif, conserve pour la nuit son excellent ordre de combat de la journée et bivouaque sur le terrain même qu'il a occupé. Une précaution importante est ajoutée toutefois à la demande du commandant Morin : la compagnie du génie de la division établit rapidement dans la soirée une tranchée-abri pour couvrir la tête de l'avant-garde et barre le chemin de Flavigny.

Les pertes de la journée sont relativement faibles : 2 officiers tués, 3 blessés; 20 hommes tués, 104 blessés ou disparus.

Rapport du général Leroy de Dais, commandant la 2e brigade de la 1re division, sur la bataille de Rezonville.

Sous Metz, 19 août.

Les trois bataillons du 12e de ligne furent d'abord placés en deuxième ligne; mais peu de temps après l'engagement de l'affaire, ils arrivèrent en première ligne et prirent directement part à l'action. Le IIIe bataillon, commandé par le chef de bataillon Limayrac et placé sur le flanc gauche du bois occupé par les Prussiens, s'en approcha jusqu'à 500 mètres. Là, les hommes se couchèrent et firent feu toutes les fois qu'ils en trouvèrent l'occasion ; le chef de bataillon Limayrac se fit remarquer par son entrain. C'est au moment où l'on arrivait dans cette position que le lieutenant de Bizemont, du 100e, fut blessé très grièvement à la cuisse ; le IIe bataillon du 12e n'eut que deux compagnies engagées en tirailleurs. Le Ier bataillon a eu constamment deux compagnies en tirailleurs, correspondant au front du bois. Lorsque le mouvement tournant du général de Ladmirault fut bien accusé, le colonel du 12e se porta avec deux compagnies jusqu'à la lisière du bois, s'y engagea et le parcourut dans toute sa longueur. Le mouvement de flanc du général de Ladmirault l'avait fait évacuer.

Un bataillon du 43e étant venu occuper le bois, le colonel se retira avec ses deux compagnies ; mais ensuite le bataillon du 43e s'étant retiré et les Prussiens ayant fait un retour offensif dans le bois, le colonel, avec une compagnie du 43e, le lieutenant-colonel de Sainte-Croix et le commandant de Brunier, du 12e, reprirent la lisière du bois, qu'ils furent ensuite forcés d'abandonner parce qu'ils recevaient le feu des nôtres.

Dans cette affaire je citerai particulièrement le colonel du 12e, qui a fait preuve d'intelligence et de sang-froid, et le lieutenant de Bizemont, officiers pleins d'énergie.

Quant au 100e, son Ier bataillon a suivi tous les mouvements du IIIe bataillon du 12e ; il a été très vigoureusement commandé par le chef de bataillon Née Devaux, qui a eu son cheval tué sous lui. Le IIe bataillon, sous les ordres directs de son colonel, a occupé le bois situé à la gauche du Ier bataillon. Arrivé en plaine et engagé avec l'ennemi, il a marché jusqu'au village de Rezonville. Là le maréchal Canrobert a prescrit au colonel de prendre le commandement supérieur du village, ayant sous ses ordres un bataillon du 97e, un bataillon du 28e, une compagnie du génie et un bataillon des grenadiers de la Garde. Le village a été mis en état de défense de 2 heures à 7 heures, et le soir à 10 heures les trois bataillons sont venus compléter la défense du village. Le colonel a fait preuve d'intelligence dans les dispositions qu'il a prises et a parfaitement été secondé par le commandant Pernot, du 100e de ligne.

Le IIIe bataillon du 100e a été placé par ordre du maréchal Canrobert dans un bois situé au centre de la ligne.

Historique du 12e régiment d'infanterie (2e brigade, colonel Lebrun).

16 août.

Bataille de Rezonville de 9 h. 1/2 jusqu'au soir. Le Ier et le IIe bataillon à 1200 mètres en avant et un peu sur la droite de Saint-Marcel, ayant à leur droite des troupes du corps Ladmirault. Le III⁰ bataillon dans le fond, en avant de Saint-Marcel, ayant pris une portion des bois qui garnissent (?) la route de Verdun passant par Gravelotte et Conflans.

Pendant cette journée, les pertes ont été de 2 morts et 45 blessés, tous sous-officiers et soldats ; un seul officier contusionné.

Le soir, on a bivouaqué sur le champ de bataille le long des crêtes s'étendant en avant de Saint-Marcel.

Historique du 100ᵉ régiment d'infanterie (2ᵉ brigade, colonel Grémion).

16 août.

Une forte canonnade se fait entendre sur la gauche à 9 heures du matin. Le régiment prend les armes et est placé en colonne derrière le 12ᵉ de ligne.

Le Iᵉʳ bataillon (commandant Née Devaux) est envoyé pour prendre position sur la même ligne que le 12ᵉ, sa gauche appuyée dans le principe à un bois très épais de l'autre côté duquel est le 10ᵉ de ligne ; plus tard il suit le mouvement général de conversion à droite (1) et reste toute la journée exposé à un feu très vif, qui lui cause des pertes assez sérieuses.

Le IIᵉ bataillon (commandant Pernot) sous les ordres du colonel Grémion, commandant le 100ᵉ, après avoir supporté un feu très vif de l'artillerie ennemie, vient déboucher dans la plaine, à hauteur du village de Rezonville, clef de la position. Le maréchal Canrobert, qui a son quartier général dans le village, réunit ce bataillon au 28ᵉ de ligne, à deux bataillons de deux régiments du 6ᵉ corps (?), et à une compagnie du génie, pour former une réserve, sous les ordres du colonel Grémion, destinée à défendre cette position jusqu'à la dernière extrémité.

Le village n'est abandonné par ces troupes que le lendemain vers 5 heures du matin, lorsque la retraite du corps d'armée est complètement assurée.

Le IIIᵉ bataillon (commandant de Poilloüe de Saint-Mars) distrait dès le principe du régiment par ordre du maréchal Canrobert et placé sur la lisière d'un bois, en avant des batteries de la division, est ensuite porté sur la voie romaine, en arrière d'un épaulement, à la droite du 10ᵉ de ligne, et à la gauche du 9ᵉ bataillon de chasseurs à pied. Il se maintient dans cette position toute la journée et passe la nuit en grand'-garde sur ce même champ de bataille.

---

(1) Il faut évidemment lire : *gauche*.

Les Ier et IIIe bataillons sont rentrés le 16 août sous le commandement du lieutenant-colonel Hulot, du 100e.

Dans cette affaire on a éprouvé les pertes suivantes : 1 officier tué, 4 blessés, 1 disparu ; 8 hommes tués, 65 blessés, 11 disparus.

Rapport du lieutenant-colonel de Montluisant, commandant l'artillerie de la 1re division, sur la bataille de Rezonville.

Le 16 août, j'étais campé en A avec les batteries Abord, Oster et Flottes et avec la batterie Blondel, placée provisoirement sous mes ordres (1).

Surpris à 9 h. 15 du matin par des coups de canon partis de DDD, nous avons levé le camp; notre division était en X, bien loin sur la droite. Voyant l'artillerie prussienne arriver en F, j'ai, en un temps de galop, reconnu la position centrale GH, son importance et la nécessité de la conserver absolument pour sauver les troupes placées tout autour et en contre-bas. Ne pouvant recevoir d'ordres de personne, j'ai fait ce que j'ai cru le plus utile à l'intérêt de tous et j'ai placé la batterie Abord avec l'ordre de s'y faire hacher si cela devenait nécessaire, mais de ne pas lâcher ce point culminant. Je plaçai ensuite la batterie Blondel à côté de la première et j'envoyai le commandant Vignotti placer la batterie Oster en I pour voir les plis de terrain et flanquer la position centrale. Enfin, je me suis tenu, avec le commandant Vignotti, à portée de la voix, entre les deux batteries Abord et Blondel.

Connaissant la puissance et la justesse de l'artillerie prussienne, j'ai fait placer les pièces en échelons, à 30 mètres de distance. Je les ai fait avancer ou reculer toutes les demi-heures, pour tromper l'ennemi et l'empêcher de régler son tir.

Le feu a été ouvert à 10 heures du matin, aussitôt que la première pièce prussienne en F a commencé son tir (2). L'ennemi, étonné de notre résistance, a augmenté successivement l'importance de sa batterie FFF, qui a été bientôt de plus de 40 bouches à feu, toutes de très fort calibre; distance, 2,700 mètres (3). Nous n'avions que

---

(1) Abord : $\frac{5}{8}$; Oster : $\frac{7}{8}$; Flottes : $\frac{8}{8}$; Blondel : $\frac{12}{8}$.

(2) A 9 h. 30 et non à 10 heures, par conséquent.

(3) Distance qui paraît trop grande, car alors $\frac{5 \text{ et } 12}{8}$ eussent été au

CROQUIS joint au Rapport du Lt-Colonel de Montluisant.

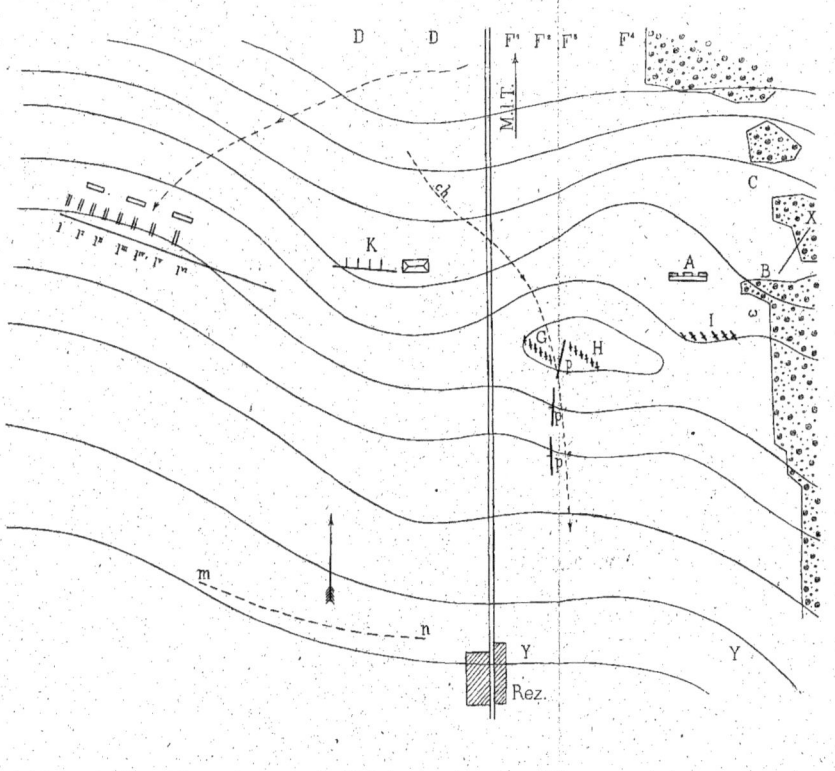

du 4 qui, heureusement, était admirablement pointé; heureusement, les terres étaient meubles; les obus prussiens s'enfonçaient et nous criblaient d'une mitraille très pressée, mais peu meurtrière.

Les batteries Abord et Blondel souffrant énormément, j'envoyai le commandant Vignotti à travers le champ de bataille prévenir et demander du renfort. On nous envoya en ω les batteries du commandant Clerc (1), de la 3ᵉ division de cavalerie de réserve. Les Prussiens, ne pouvant pas nous faire taire, firent agir des mitrailleuses (2), qui firent beaucoup de mal. Le capitaine Abord fut à ce moment renversé par une balle de mitrailleuse. Je donnai le commandement de cette batterie au lieutenant Varloud, vigoureux officier, énergique et calme; mais plus tard, lorsque M. Dupuis, mon adjoint, revint de porter mes instructions au capitaine Oster, je le chargeai de remplacer le capitaine Abord. La pluie de mitraille était si écrasante que M. Dupuis eut immédiatement son cheval tué sous lui. Relevé, il continua à diriger tout le monde avec un calme remarquable.

Une charge prussienne fut enfin dirigée sur mes deux batteries pour les écraser. Elle fit beaucoup de mal aux batteries Clerc (3) et aux débris de la batterie Abord. Cette charge fut saisie en flanc par la cavalerie française, qui exécuta une charge superbe. La destruction de l'ennemi fut complète et achevée aux cris de : « Vive l'Empereur ! »

Pendant toute cette première partie, la batterie Oster nous avait beaucoup servi par son tir bien conduit; voyant que la grande batterie prussienne renonçait à nous déloger, je renvoyai les batteries Oster et

---

fond du vallon qui descend vers le Sud-Est sur Rezonville. Le chiffre 2,200 mètres, qu'indique le colonel de Montluisant dans son ouvrage, paraît se rapprocher beaucoup plus de la vérité.

(1) $\frac{7, 8}{20}$.

(2) Erreur évidente. Il s'agit sans doute de balles de fusil.

(3) Alors, ces deux batteries $\left(\frac{7, 8}{20}\right)$ ne pouvaient être en ω, c'est-à-dire sur la lisière du bois, car Bredow est passé beaucoup plus au Sud.

Dans son ouvrage (page 118), le colonel de Montluisant a d'ailleurs simplement dit que la charge Bredow eut lieu au moment où les batteries Clerc arrivaient sur la crête. En réalité (rapport Vignotti), $\frac{7}{20}$ a été amenée *devant* $\frac{5}{8}$ ($\frac{8}{20}$ n'arriva qu'un peu plus tard et ne put achever sa mise en batterie). Puis, *après* la charge, elles se replièrent sur la lisière, où le colonel de Montluisant les place *trop tôt*.

Blondel se reformer et recharger leurs coffres de combat; puis je fis placer en troisième ligne les débris de la batterie Abord. Ce moment de calme me permit d'aller moi-même faire enlever le capitaine Abord; mais il avait été déjà recueilli et, dans cet instant, je fus vivement ému par la formation d'une nouvelle position en l, l', l'', l'''... de la batterie prussienne, couvrant une colonne profonde d'attaque flanquée de batteries, qui s'avançaient sur son flanc en colonne serrée sur la position centrale (1). Je replaçai rapidement la batterie Blondel, reformée en p', et j'envoyai le commandant Vignotti prévenir le quartier général; le colonel Desfaudais nous amena une batterie (2) et, plus tard, le colonel Lewal, qui avait aussi vu la colonne offensive, nous envoya six pièces (3). Ces trois batteries, prenant d'écharpe les batteries prussiennes et en long la colonne, arrêtèrent le mouvement, mais attirèrent sur elles une grêle de projectiles de gros calibre et de mitraille.

Le tir a duré de 10 heures du matin à 2 h. 30 et a repris de 3 h. 30 à 7 heures.

La batterie Flottès, détachée depuis la veille auprès du général Péchot, commandant la 1re brigade, a été aussi engagée, mais elle a peu souffert.

Suit un rapport sur les récompenses à accorder à la suite de cette journée.

Rapport du commandant Vignotti, commandant les batteries de la 1re division.

16 août.

La position de la 5e batterie du 8e devenait excessivement critique. Évidemment, elle faisait beaucoup de mal à l'ennemi, car celui-ci venait de faire converger sur elle le feu de la plus grande partie de ses quarante pièces de position.

---

(1) Il s'agit de $\frac{l, F}{20}$ qui, avec des fractions du 64e, avaient profité de la charge pour progresser au Nord-Est de Vionville. Plusieurs batteries $\left(\frac{3}{3}, \frac{3\,c}{10}, \frac{3\,c}{10}, \frac{4, IV}{3}\ldots\right)$ soutenaient, en effet, l'infanterie de très près, mais elles étaient déjà là avant la charge Bredow; de même pour la grande batterie au Sud-Est de Flavigny.

(2) $\frac{5}{18}$.

(3) Sans doute $\frac{4, 6}{G}$, c'est-à-dire 12 pièces.

Son capitaine commandant venait de tomber mortellement blessé ; le capitaine en second avait eu son cheval tué sous lui. La batterie avait perdu 4 hommes et comptait 21 blessés ; 30 chevaux étaient hors de combat ou bien erraient en liberté sur le champ de bataille.

Dans ces conditions difficiles, me pénétrant de l'ordre que nous avions reçu de tenir sur ce point à outrance, de ne pas laisser couper notre ligne, je me portai vivement du côté des réserves pour demander qu'une batterie au moins vînt nous remplacer.

Le général commandant la réserve de cavalerie (1), appréciant aussitôt la gravité des circonstances, d'après l'exposé rapide que j'eus l'honneur de lui présenter, n'hésita pas à mettre à ma disposition une de ses batteries (2), me confiant le soin de la conduire et de la placer moi-même à l'endroit le plus menacé.

Je la portai, au trot, en avant de l'emplacement occupé par la 5ᵉ du 8ᵉ, afin de permettre à celle-ci de se replier en arrière sous sa protection et aussi pour rendre moins efficace tout d'abord le feu de l'ennemi, dont le tir était trop bien réglé sur la 5ᵉ batterie.

Au moment où l'artillerie de réserve (3) se mettait en batterie, l'ennemi, bien convaincu qu'il avait fortement entamé la 5ᵉ du 8ᵉ, lançait sur elle, pour l'achever, une charge nombreuse de hulans et de cuirassiers.

L'artillerie n'était malheureusement pas à ce moment dans le cas de l'accueillir par des salves de mitraille.

La 5ᵉ du 8ᵉ se trouvait masquée par la batterie de réserve, qui devait la relever, et cette dernière n'avait pas encore pris position.

La charge de cavalerie prussienne traversa, comme cela devait être, entraînée qu'elle était par l'élan de ses chevaux, les deux batteries françaises sans leur faire beaucoup de mal (4).

A peine les avait-elle dépassées qu'elle eut à subir de flanc un feu meurtrier des chasseurs à pied du 9ᵉ bataillon, qui servait de troupe de soutien à l'artillerie.

Au même instant, je vis s'ébranler le 7ᵉ régiment de cuirassiers, qui

---

(1) De la 3ᵉ division de cavalerie.

(2) *Deux* batteries. Voir le rapport du commandant Clerc, qui est formel.

(3) Expression impropre. Il s'agit de la batterie $\frac{7}{20}$ de la 3ᵉ division de cavalerie de réserve.

(4) Pour $\frac{5}{8}$, car $\frac{7}{20}$ souffrit beaucoup. (Voir le rapport du commandant Clerc.)

était en réserve contre la lisière du bois et qui chargea de flanc l'ennemi.

J'eus quelque peine à faire cesser le feu des chasseurs à pied ; il cessa bientôt tout à fait cependant et j'eus la bonne fortune d'assister de très près à une brillante affaire de cavalerie.

L'entrain des cuirassiers était magnifique ; ce fut dans les premiers instants une mêlée confuse ; mais le succès ne tarda pas à se prononcer manifestement en faveur de nos armes. Les cavaliers prussiens furent impitoyablement sabrés ou faits prisonniers.

Pas un seul ne traversa nos batteries au retour ; ceux qui purent s'échapper, s'il s'en est échappé quelques-uns, furent obligés de faire à toute vitesse un grand détour dans la plaine pour regagner leurs lignes en désordre.

L'artillerie de la 1re division du 6e corps et la batterie de la réserve doivent garder le plus reconnaissant souvenir de ce brillant fait d'armes de leurs camarades du 7e régiment de cuirassiers.

Historique des 5e, 7e, 8e et 12e batteries du 8e régiment d'artillerie (1re division, commandant Vignotti).

16 août.

Les 5e, 7e et 12e batteries furent mises en batterie vers 10 heures (1) du matin sur le plateau situé en avant et à droite au Nord-Ouest de Rezonville, la 7e batterie appuyant sa droite au bois de Villers, la 12e au centre et un peu en avant, la 5e à gauche et plus en arrière, présentant des échelons pour rendre le tir de l'ennemi moins certain. Elle ouvrirent le feu sur l'infanterie prussienne et sa cavalerie, qui manœuvraient près du bois de Vionville, et combattirent l'artillerie qui accompagnait ses troupes, ainsi qu'une batterie de position établie à l'abri de la route d'Ars-sur-Moselle à Verdun.

Le combat se soutint ainsi, les batteries faisant des mouvements à bras quand le tir de l'ennemi était réglé sur elles.

Le capitaine Abord, de la 5e, est blessé ; le capitaine Dupuis, qui le remplace, a son cheval tué sous lui ; un coffre saute dans la 7e batterie ; le lieutenant Samin est blessé ; le sous-lieutenant de la 12e est blessé. Vers 2 heures, le feu de l'ennemi s'arrête ; ses cuirassiers et ses hulans chargent la gauche de notre ligne d'artillerie ; la 5e batterie est traversée ; la 7e batterie se dispose pour faire feu en arrière, charge

---

(1) Reproduction de l'heure donnée par le rapport Montluisant. Voir l'annotation de ce rapport.

à mitraille et pointe sur la cavalerie ennemie, qui cherche à se reformer à 500 mètres en arrière de notre ligne ; mais elle est aussitôt masquée par notre cavalerie, qui exécute une brillante charge de flanc et détruit les Allemands sur place.

La 12e batterie fait un changement de front en portant sa gauche en arrière de manière à avoir les bois de Villers à dos et à masquer ses pièces derrière un talus boisé. Dans cette position, elle joint son feu à celui du corps qui était à sa droite, fait venir sa réserve, recueille deux pièces et des caissons abandonnés sur le champ de bataille et recomplète sa batterie de combat en hommes et en munitions. La 5e batterie, ayant 26 hommes et 36 chevaux hors de combat, se retire vers Gravelotte pour se réorganiser avec sa réserve. Elle est remplacée au feu par deux batteries de la division de cavalerie de réserve de Forton.

La 8e batterie, dès le commencement de la bataille, accompagnant la brigade Péchot, s'était mise en batterie en avant du village de Saint-Marcel, à mi-côte du point de jonction des deux ravins de Conflans et Mars-la-Tour. Elle tire environ 150 coups de canon dans cette position, puis va appuyer le 4e corps, revient ensuite à sa première position et tire encore une centaine de coups de canon sur les retours offensifs de l'ennemi. A la nuit, elle va bivouaquer à l'emplacement qu'elle occupait avant la bataille. Elle eut deux hommes blessés.

Le feu de l'ennemi sur le plateau central de Rezonville avait cessé après sa charge malheureuse ; il avait été dirigé plus au Nord. Le mouvement du 4e corps étant arrêté, l'ennemi prépara une nouvelle attaque dans la plaine de Rezonville. La 7e batterie ayant échangé sur le champ de bataille ses arrière-trains vides contre des arrière-trains de caissons abandonnés, s'était reconstituée en recueillant des attelages ; elle se reporta en avant, accompagnant une batterie de canons à balles de la Garde. Vers le soir, elle est envahie par des hommes d'infanterie qui se replient. Le lieutenant Oemichen les engage à tenir encore ; ils se remettent en ligne à ses côtés. A la nuit close, la 7e batterie campe près des bivouacs de la cavalerie, en avant de Gravelotte. Elle eut un officier blessé, trois hommes tués, six hommes blessés et deux hommes disparus.

Vers 3 h. 30, la 12e batterie, après avoir réoccupé la position qu'elle avait tenue au commencement de la bataille, se mit en batterie dans un pli de terrain, sur le versant qui regarde la plaine de Rezonville, de manière à écharper les colonnes ennemies qui s'avancent sur ce village. Elle attire les feux de l'artillerie ennemie sur elle. La ligne ennemie se compose de colonnes de bataillons avec des sections d'artillerie intercalées entre elles.

Une de nos batteries à cheval vient se placer à sa gauche, une autre batterie se place à sa droite et nous avons la satisfaction de voir reculer l'aile gauche de l'ennemi de plus d'un kilomètre jusque derrière Vionville. La 12e batterie reçoit l'ordre de camper sur le même emplacement qu'elle avait occupé la veille ; elle rallia sa réserve, fit boire ses chevaux dans la mare de Villers-au-Bois et se reporta au lieu indiqué. La nuit étant fermée, de nouvelles dispositions sont prises : elle bivouaque au milieu de l'infanterie d'un autre corps (division Aymard). Elle eut 2 hommes tués, 1 officier et 22 hommes blessés, dont 3 mortellement, et 6 chevaux tués.

Journal de marche du génie de la 1re division du 6e corps (3e *compagnie du 3e régiment, capitaine Audier*).

16 août.

A la fin de la bataille, dont le pivot était au retranchement, voie romaine, parallèle à la route de Verdun, les sapeurs ont exécuté, le soir, à la nuit, de 9 h. 30 à 11 h. 30, 250 mètres courants de tranchées-abris dans la prévision d'un nouveau combat pour le lendemain et pour les quatre premières compagnies de grand'gardes de nuit.

Aucun militaire du génie n'a été ni tué ni blessé.....

2e DIVISION (BISSON).

Journal de marche de la 2e division du 6e corps.

16 août.

La division est informée dès le matin de la proximité de l'ennemi et reçoit l'ordre de se garder et d'envoyer des reconnaissances. Si l'ennemi n'attaque pas, elle devra se tenir prête à partir dans l'après-midi.

A 9 h. 30 du matin, l'ennemi commence l'attaque en canonnant la hauteur occupée en avant de Rezonville, à droite de la route, par les 1re et 3e divisions du 6e corps. Le feu s'étend bientôt à gauche de la route sur tout le front de l'armée. La 2e division (9e de ligne) se forme en bataille, à peu près sur l'emplacement de son campement, en réserve. Une heure après l'ouverture du feu, elle reçoit l'ordre de se porter en avant et engage la mousqueterie contre les lignes prussiennes établies de l'autre côté de la route. La ligne ennemie cède et recule. Le 9e de ligne s'avance et vient s'établir le long même de la route d'où les hommes, abrités par un fossé, criblent de feu l'ennemi. Mais de nombreuses réserves arrivent bientôt à celui-ci, tandis qu'une forte batterie postée sur la côte, au Sud de Vionville, force les batteries à se retirer, prend d'écharpe le régiment, que tournent en même temps les tirailleurs soutenus par des bataillons. Le Ier bataillon du 9e exécute alors un changement de front en arrière sur son aile gauche, de façon à arrêter ce mouvement, et le régiment soutient pendant près d'une heure cette lutte inégale, après quoi il se replie sur sa position précédente. Vers 1 heure, le combat devient moins vif sur cette partie du champ de bataille, et pendant deux heures la canonnade seule se continue.

De nouvelles forces apparaissent alors chez l'ennemi, ce qui nécessite de nombreux retours offensifs exécutés avec vigueur et qui permettent aux troupes de conserver leurs positions. Une charge de cavalerie est également repoussée avec succès. Après quoi, l'ennemi s'éloigne assez pour que l'artillerie seule continue son feu.

A 8 heures du soir, au moment où la bataille pouvait être considérée comme finie, des troupes fraîches arrivent à l'ennemi, et arrivant sans être vues des nôtres, ouvrent un feu des plus vifs sur la ligne française.

Le régiment, qui combattait depuis 9 heures du matin, est obligé de plier sous ce dernier assaut et se retire à 1500 mètres environ en arrière, tandis que la 4e division du 6e corps et les grenadiers de la Garde viennent le relever et maintiennent les positions.

La bataille finit à 9 heures du soir. Le 9e de ligne s'établit pour bivouaquer à environ 500 mètres en arrière de son campement de la veille, à l'exception d'un bataillon qui, dans son mouvement de retraite, s'était replié sur Rezonville et a bivouaqué pour la nuit en avant de Gravelotte.

Pertes de la journée (9e de ligne) : officiers tués 4, blessés 23, disparu 1 ; troupe, 16 tués, 115 blessés, 76 disparus.

État-major : 5 officiers blessés.

Rapport du général Bisson, commandant la 2e division, sur la bataille de Rezonville.

Camp de Saint-Privat, 17 août.

Le 16 août, à 9 heures du matin, les Prussiens menaçant notre bivouac, je me suis porté en avant (1) par ordre du maréchal Canrobert, avec le 9e de ligne, seul régiment qui me reste, et mes deux batteries d'artillerie de réserve pour repousser leur attaque.

Aussitôt, j'engageai le feu avec l'ennemi dont la nombreuse artillerie en position et les lignes de tirailleurs dirigeaient sur nous un feu

---

(1) Pas immédiatement. Vers 11 h. 15 seulement.

très vif. Une partie du régiment, déployée en tirailleurs, profitait de petits mouvements de terrain pour frapper l'ennemi sans recevoir de coups et avancer sur lui en rampant presque sans craindre son feu (1).

Vers le milieu de la journée les troupes sous mes ordres, harassées de fatigue par les retours offensifs, ayant plusieurs fois épuisé leurs cartouches, ont été appuyées par la brigade du général Colin qui m'a prêté un grand concours par son énergie et la bravoure de ses troupes (2).

Pendant ce long combat, qui a duré depuis 9 heures du matin jusqu'à la nuit, et dans lequel l'ennemi n'a cessé de diriger sur nous un feu très vif d'artillerie et de mousqueterie, nous avons eu le bonheur de n'éprouver que de faibles pertes relativement aux difficultés que nous ont fait éprouver leurs solides positions et les fréquents retours offensifs de leur infanterie et leurs charges de cavalerie.

Nous sommes restés maîtres du champ de bataille jusqu'à la nuit close et nous avons repris notre bivouac de la veille.

Pendant douze heures sans discontinuer, nos troupes ont fait preuve de courage, de calme et de sang-froid, et du plus grand élan, chaque fois que j'ai fait prendre l'offensive sur l'infanterie, la cavalerie ou l'artillerie prussienne.

Le corps d'officiers, payant de sa personne, a éprouvé des pertes en disproportion avec celles de la troupe.

6 officiers de mon état-major ont été blessés ; 4 officiers du 9e ont été tués, 24 blessés, dont tous les officiers supérieurs, sur 54 ; 15 hommes tués, 228 blessés sur 1200.

Historique du 9e régiment d'infanterie (2e division, 1re brigade, lieutenant-colonel Pavet de Courteilles).

16 août.

A 9 h. 30 du matin des coups de canon se font entendre devant le front du régiment et sur sa droite, des chevaux nus, des cavaliers à moitié habillés traversent le camp en tous sens. Le régiment, qui était prêt à se mettre en marche depuis deux heures, rompt les faisceaux et attend.

A 11 h. 15, l'ordre arrive de le porter en avant au moment même où les cuirassiers de la Garde se formaient en bataille derrière lui.

Le 9e de ligne, conduit par les généraux Bisson et Archinard, com-

---

(1) Vers midi, le régiment est déployé sur la route face au Sud.
(2) Le 93e relève, en effet, le 91e, à la droite du 9e, vers midi 30.
Déjà (avant midi) le 94e avait occupé Flavigny.

mandé par le lieutenant-colonel Pavet de Courteilles, exécuta une première marche en bataille de 300 mètres environ, un ploiement en colonne double par bataillon, suivi aussitôt d'un déploiement, puis une deuxième marche en bataille avec changement de direction à gauche pour se rabattre sur la route de Verdun. Ces mouvements s'exécutent avec un calme et une régularité d'autant plus remarquables, que le régiment commençait à ressentir vivement et pour la première fois les effets d'un feu violent d'artillerie et de mousqueterie, qui le prenait de front et de flanc. Arrivé à 100 mètres de la route, le général Bisson fit déployer en tirailleurs les 1re, 4e et 6e compagnie du Ier bataillon, les 1re et 2e des deux autres bataillons.

Ces compagnies s'établirent dans le fossé et furent rejointes bientôt après par le reste du régiment, qui se trouva ainsi formé en bataille le long de la route de Verdun, sa gauche à Rezonville ; derrière lui à 200 mètres étaient établies les deux batteries de la division.

Il était alors midi ; l'ennemi prononçait un mouvement offensif sur le village. Arrêté un moment par la brillante charge des cuirassiers de la Garde, il continuait à avancer sous la protection de nombreuses batteries établies entre les bois de Saint-Arnould et le hameau de Flavigny. Le feu du régiment l'arrêta et fit taire en partie sa puissante artillerie ; de midi à 1 heure, le 9e soutint à lui seul tout l'effort des Prussiens et eut, dans cet espace de temps, 26 officiers mis hors de combat, dont 7 tués sur le coup.

Pendant que le 9e repoussait l'attaque de front, il était vivement inquiété sur son flanc droit par une ligne de tirailleurs établie à Vionville. Pour se soustraire à leur feu, il exécuta vers 1 h. 30 un changement de front en arrière sur son aile gauche et vint occuper une ligne de bataille en arrière de la crête orientale du plateau situé au Nord-Ouest de Rezonville, sa gauche s'appuyant au village, la droite se prolongeant dans la direction de Saint-Marcel, les bataillons échelonnés à cent pas de distance.

Le régiment n'avait plus alors d'officiers supérieurs. Le lieutenant-colonel commandant le régiment, les chefs du Ier et du IIIe bataillon étaient grièvement blessés.

Le capitaine Plumejaud prit le commandement du régiment ; les capitaines Targe, Dupleit, Cavalier et plus tard, quand celui-ci fut blessé, le capitaine Aragon, prirent le commandement des Ier, IIe et IIIe bataillons.

Pendant cette formation, le Ier bataillon ouvrit un feu violent contre le 7e cuirassiers et le 16e hulans, dont la charge passa à 200 mètres sur sa droite.

Le régiment resta donc dans cette position jusqu'à 7 h. 30, exposé à l'artillerie et quelquefois à la mousqueterie ennemie. A ce moment comme la nuit tombait, une violente fusillade, suivie immédiatement d'une charge de cavalerie, fut dirigée contre lui. Le général Bisson ordonna le feu et fit ensuite battre en retraite. Dans ce mouvement, que l'obscurité rendait difficile, le général resta isolé et eût pu être enlevé par quelques cavaliers audacieux, sans le secours énergique du capitaine Colomb d'Ecotay. Celui-ci saisit un fusil, rallie, avec l'aide de quelques officiers, une vingtaine de soldats du II° bataillon, riposte aux Prussiens et fait ainsi escorte au général jusqu'à ce qu'il n'y ait plus rien à craindre ni du feu ni des charges de l'ennemi.

A 8 heures, le régiment vint camper sur l'emplacement qu'il occupait le matin ; une partie s'égarant dans la nuit et entendant dans le lointain la marche du régiment, se réunit sur les 9 h. 30 à cette fraction, composée de la musique, de la section hors-rang et de quelques autres individus campés en avant et sur la droite de Gravelotte.

Dans cette affaire le régiment a éprouvé les pertes suivantes :

13 officiers tués ; 14 officiers blessés ; 79 hommes tués ; 138 hommes blessés.

Historique des 9° et 10° batteries du 13° régiment d'artillerie (2° division).

16 août.

9° *batterie*. — La batterie reçoit l'ordre, vers 11 h. 30, d'appuyer le mouvement du 9° de ligne, le seul composant la 2° division. Elle se met en batterie à droite du village de Rezonville près de la route ; elle change plusieurs fois de position afin de tromper l'ennemi dont le feu est violent et très précis. Vers 3 heures, elle est traversée par une charge de cavalerie ennemie et dégagée par une brigade de la division de Forton. Elle se replie un peu en arrière pour se réorganiser et se compléter à l'aide de sa réserve. Elle revient bientôt se placer à gauche du village de Rezonville où le commandant Brunel fait avertir le maréchal Canrobert de sa présence.

A 9 heures elle va bivouaquer avec la 10° batterie, à l'angle des deux routes d'Étain et de Mars-la-Tour.

Pertes : 1 homme tué, 12 blessés ; 9 chevaux tués.

10° *batterie*. — La batterie est engagée à 11 h. 30, près et à droite du village de Rezonville où elle contrebat l'artillerie ennemie et empêche les colonnes de déboucher. Vers 2 heures, reconnaissant l'infériorité de ses feux et de sa position un peu en contre-bas, elle prend en arrière des positions plus dominantes pour continuer son feu. Vers 3 heures, au moment où elle venait de remettre les avant-trains pour se porter vers la droite, elle est traversée par une charge de cavalerie prussienne venant de ce côté. Ralliée en arrière et complétée par sa réserve elle se reporte bientôt à gauche du village de Rezonville, à la disposition du maréchal Caurobert.

Vers 9 heures, elle se retire un peu en arrière pour bivouaquer.

Pertes: 1 homme tué, 16 blessés, 5 disparus; 13 chevaux hors de combat.

3ᵉ DIVISION (LA FONT DE VILLIERS).

Rapport du général La Font de Villiers, commandant la 3ᵉ division, sur la bataille de Rezonville.

Camp sous Metz, 20 août.

La 3ᵉ division du 6ᵉ corps avait campé en avant de Rezonville, sa gauche à la route de Verdun par Mars-la-Tour, sa droite aux bois que longe l'ancienne voie romaine, dans une position où la solidité de ses flancs dépendait des troupes placées à sa droite et à sa gauche.

Le 16 vers 8 heures du matin, l'ordre fut donné dans le 6ᵉ corps de toucher des vivres et de faire boire les chevaux avec les précautions qu'exigeait la présence signalée de l'ennemi. Vers 9 h. 30 l'alerte fut donnée dans le camp de la 3ᵉ division par le passage à travers ses lignes de la cavalerie d'avant-garde et le tir assez vif de l'ennemi dirigé sur cette cavalerie.

Les troupes placées sur deux lignes, une brigade par ligne, prirent les armes et rectifièrent leurs positions en occupant un peu en arrière les crêtes du terrain. La 1ʳᵉ brigade se forma en conséquence en échelons le centre en avant, ceux de gauche voyant le terrain qui s'infléchit vers la route de Verdun, et ceux de droite celui qui descend vers la voie romaine. Deux batteries d'artillerie (1) furent placées de manière à balayer ces deux pentes, la troisième (2) en avant du centre. Celle-ci débuta par éteindre le feu des pièces qui tiraient sur notre cavalerie en retraite, puis l'ordre lui fut donné de cesser son feu pour ménager ses approvisionnements. La batterie de droite (3), devant laquelle manœuvrait une cavalerie nombreuse et débouchaient des colonnes d'infanterie, retarda et contraria leurs mouvements par un feu bien dirigé.

Bientôt les hauteurs occupées par l'ennemi se garnirent d'une artil-

---

(1) $\frac{6, 7}{14}$.

(2) $\frac{5}{14}$.

(3) $\frac{7}{14}$.

lerie nombreuse qu'on peut évaluer à sept ou huit batteries, c'est-à-dire à 50 ou 60 bouches à feu d'un calibre supérieur au nôtre et dont le tir, d'une justesse remarquable, couvrait notre terrain de projectiles explosifs et de shrapnels. La division, composée de troupes vigoureusement commandées, supporta ce feu pendant plusieurs heures lorsque l'ordre fut donné à la première ligne de se porter en avant, ordre qui se combinait avec un mouvement de flanc prescrit à la 1re division, placée dans la nuit à la droite des bois.

La première ligne fut renforcée par le 94e (colonel de Geslin), parce que notre gauche ne s'appuyait plus aux troupes du 2e corps qui avaient reculé. Le 94e se porta, à la gauche de la route, à la ferme de Flavigny qui fut occupée, et où le général Colin se maintint avec une ténacité remarquable. Pendant ce temps le 91e de ligne (colonel Daguerre) se porta sur Vionville que les Prussiens venaient d'occuper; mais le défaut de munitions le força à se retirer en deuxième ligne. Le colonel Daguerre, quoique blessé de deux coups de feu, resta à cheval jusqu'à la fin de la journée, conduisant son régiment avec la plus grande vigueur.

Le 75e et le 91e de ligne durent être remplacés en première ligne (1) par suite du défaut des munitions et des pertes considérables qu'ils avaient subies.

Le général de division, placé de sa personne au centre de sa division, soutenait une attaque de plus en plus vive, lorsque vers 3 heures une charge de cavalerie produisit un certain désordre qu'il faut attribuer d'une part au mouvement de retraite d'une partie de l'artillerie qui se rejeta sur le 93e, et de l'autre à ce que ce régiment, placé depuis longtemps dans une position difficile et ayant perdu 27 officiers et 360 hommes, comptant d'ailleurs dans ses rangs 600 hommes arrivés depuis trois jours et n'ayant jamais fait usage du fusil modèle 1866, ce régiment se retira précipitamment. Dans ce mouvement il entraîna le centre et la droite vers les bois, malgré les efforts du général de division et des officiers d'état-major qui se multipliaient pour faire reprendre à ces troupes leurs positions. Les efforts furent impuissants et la cavalerie passa en première ligne. Il était 4 h. 30 ou 5 heures (?); l'artillerie, dont les caissons étaient vides, se retira vers l'infanterie dont un noyau était retenu en avant des bois par l'énergie du général commandant la division, autour du drapeau du 75e de ligne. La gauche de la division, 94e, après une défense à la ferme de Flavigny, que l'incendie du bâtiment put seule faire cesser, s'arrêta dans le fond du ravin en arrière. Là une quarantaine d'hommes, retenus par leur colonel, se masquant d'une haie épaisse, cherchèrent à démonter les batteries de Vionville.

---

(1) Par le 93e, resté jusque-là en seconde ligne au Nord de la route.

Il fallut céder enfin la position, et la nuit venue, la division disloquée ne put se rallier tout entière à son général, qui reforma le gros de ses troupes en avant et à droite de Gravelotte sous le commandement des lieutenants-colonels de Brême et Saint-Martin et du colonel de Geslin.

Engagée la première dans une position écrasée par un feu de pièces de gros calibre, la 3º division a tenu près de sept heures. Ses pertes sont de 99 officiers, dont un colonel tué, et 2,491 hommes.

La plupart des officiers supérieurs sont démontés.

Rapport du général de Sonnay, commandant la 1ʳᵉ brigade de la 3ᵉ division, sur la bataille de Rezonville.

(Sans date).

Vers 10 heures du matin, quelques obus lancés des hauteurs qui entourent le village de Vionville sur la route de Verdun, et la retraite précipitée de voitures et de chevaux donnèrent l'alarme dans le camp de la 1ʳᵉ brigade. Le 91ᵉ dirigea aussitôt (1) des tirailleurs dans la direction du village ; mais l'ennemi y avait déjà pénétré et une lutte très vive se maintint pendant quelques instants, lutte dans laquelle M. le colonel Daguerre, conduisant lui-même ses tirailleurs avec un sang-froid très remarquable, fut blessé à la jambe par une balle. Deux compagnies (2), envoyées comme soutien sur la droite du village avec l'espérance d'y pénétrer, furent obligées de se retirer après avoir épuisé leurs cartouches et sous l'effort de plusieurs colonnes ennemies qui descendaient directement des hauteurs sur le camp, et furent arrêtées par l'artillerie et le 75ᵉ de ligne.

Le 91ᵉ regagna alors les crêtes en avant du camp et s'y maintint carrément pendant toute la journée.

La lutte devint ensuite plus vive sur la gauche du camp et le long de le route de Rezonville à Vionville, le 2ᵉ corps ayant quitté ses positions qui nous couvraient pour se porter vers la gauche.

Une ferme (3) placée à 200 mètres environ de l'autre côté de la route fut vivement disputée et finit par rester au pouvoir de l'ennemi. Alors la 1ʳᵉ brigade, soutenue par la 2ᵉ brigade qui finit par se mélanger à elle, prit pour rôle d'occuper par des tirailleurs la route, les crêtes en arrière, et toutes les deux s'y maintinrent jusqu'à la nuit, sous un feu écrasant

---

(1) Vers 11 h. 30. Le premier déploiement est passé sous silence.

(2) 1, 2 $\frac{I}{91}$.

(3) Flavigny.

de mousqueterie et surtout d'une artillerie qui couronnait les hauteurs, et ne cessa jusqu'à la nuit d'envoyer des obus qui firent beaucoup de mal.

Les rapports des corps signalent les pertes éprouvées.

Le 75e, resté plus directement sous les ordres de M. le général de division et appelé à combattre en avant des bois, en a éprouvé de cruelles, surtout dans la personne de son brave colonel, M. Amadieu.

Le soir, à l'approche de la nuit, une charge de cavalerie partie du village de Rezonville parcourut le terrain à la gauche de la route occupée par l'ennemi. Le feu de nos tirailleurs cessa alors, mais il reprit sur un corps de hulans qui poursuivait notre cavalerie et, par suite de l'obscurité, il finit par être dirigé sur les crêtes où se trouvaient les deux brigades. Ce malentendu occasionna une retraite un peu précipitée vers le bois, mais les régiments un peu décousus furent ramenés à leurs positions sous l'impulsion de leurs officiers, d'abord entraînés malgré eux. Ce fut dans cet intervalle de temps que la charge des hulans pénétra dans l'espace défendu toute la journée. La nuit devenait assez profonde pour qu'on ne se reconnût que quand on était en face. Cette charge renversa quelques hommes et menaça le drapeau du 91e. Le général commandant la 1re brigade fut lui-même entraîné et parvint à se dégager avec son aide de camp, M. Libersart, et son officier d'ordonnance, M. Lahayville, dont le cheval tué par une balle culbuta sur son cavalier. Le feu dirigé sur les cavaliers ennemis cessa enfin et le calme se rétablit avec l'ordre. Les trois régiments de la division, 91e, 93e et 94e, vinrent camper sur le flanc droit du village de Rezonville. Ci-joint les rapports des chefs de corps et les états des tués, blessés et disparus.

Rapport du lieutenant-colonel de Brem, commandant le 75e, sur la bataille de Rezonville.

Camp de Vionville, 17 août.

J'ai l'honneur de vous adresser le rapport sur la part prise par le 75e régiment à la bataille du 16.

Le régiment était placé en première ligne face aux batteries prussiennes. Après avoir tenu sous le feu pendant plusieurs heures, le IIe bataillon et deux compagnies du IIIe bataillon furent relevés par le 93e, ayant été très éprouvés, et ayant toujours avec eux le drapeau qui a reçu une balle dans sa cravate.

Le Ier bataillon, ayant sa droite au bois, repoussa une charge de cavalerie et se maintint dans sa position.

Le IIIe bataillon, après être resté quelque temps en bataille avec le régiment sous le feu de l'artillerie, fut divisé; quatre compagnies (1) furent dirigées sur la route de Verdun; ces compagnies, obligées de céder un moment, furent ramenées deux fois; elles durent se replier définitivement, et se retirèrent désorganisées.

Le régiment a eu à déplorer la perte de son brave et digne colonel Amadieu, mort des suites de sa blessure.

Pertes : 18 officiers tués ou blessés; 480 hommes tués, blessés ou disparus.

Journal de marche du 91ᵉ régiment (colonel Daguerre).

16 août.

Dès 9 heures du matin, de nombreuses colonnes prussiennes se montrent sur le plateau au-dessus du village de Vionville, et marchent sur ce village. Des bouquets de bois placés à droite et en face de Vionville, à 300 mètres au plus du village, étaient une position excellente à occuper pour arrêter la marche de l'ennemi (2).

1ᵉʳ bataillon. — En conséquence le Iᵉʳ bataillon reçut l'ordre de se porter en avant sur les bouquets de bois. La 1ʳᵉ compagnie se déploya en tirailleurs au pas gymnastique, refoula les tirailleurs ennemis et prit possession de la lisière des bois à droite. La 2ᵉ compagnie appuya vigoureusement l'attaque de la 1ʳᵉ. La 3ᵉ compagnie reçut la mission d'appuyer sa gauche au petit bouquet de bois placé en face des premières maisons de Vionville, et de se relier à droite avec la 1ʳᵉ compagnie. Avec les trois autres compagnies, le commandant de Hay-Durand se porta en avant en ordre déployé pour soutenir les efforts des tirailleurs et des soutiens.

La 1ʳᵉ compagnie gagna du terrain à droite, débusqua partout les tirailleurs ennemis, leur fit beaucoup de mal, et, par des feux bien dirigés, arrêta court la marche de leurs soutiens. Pendant ce temps la 3ᵉ compagnie parvenait aux extrémités du petit bois en face du village. Son capitaine y fut tué.

Des renforts considérables arrivant à l'ennemi, la 4ᵉ compagnie fut détachée pour soutenir la 3ᵉ tandis que les 5ᵉ et 6ᵉ prenaient position sur la même ligne et à gauche, en arrière d'un petit chemin qui longeait les bouquets de bois. Ces trois compagnies, bien embusquées, com-

---

(1) Du IIIᵉ bataillon.
(2) L'Historique passe sous silence les deux premières heures de la bataille pendant lesquelles le 91ᵉ est resté en seconde ligne au Nord de la route. (Voir le rapport La Font de Villiers.)

mencèrent sur l'ennemi un feu des plus vifs qui l'obligea à se replier en arrière et à se réfugier dans les maisons, derrière les murs du village.

De fortes colonnes ennemies se montrant sur le flanc droit, et les cartouches manquant, les compagnies de droite durent se replier un peu en arrière; les compagnies de gauche, écrasées par la mitraille et les obus, se virent dans la nécessité de suivre ce mouvement.

IIe *bataillon*. — Le IIe bataillon opérait de son côté vigoureusement sur la gauche du village, se reliant avec le Ier; gagnait du terrain à gauche et se maintenait ferme jusqu'à épuisement de ses munitions dans les positions conquises; il suivait alors le mouvement rétrograde nécessité par le mouvement tournant à droite des colonnes prussiennes.

IIIe *bataillon*. — Le IIIe bataillon, d'abord en réserve, était lancé à l'attaque du village de Saint-Marcel (1); mais repoussé dans son attaque, et n'ayant plus de cartouches, il battait en retraite et venait se rallier aux deux autres.

Le 91e avait donc arrêté pendant plus d'une heure la marche de colonnes ennemies considérables, les avait même fait un instant rétrograder, avait déjà conquis les abords du village de Vionville, et n'avait cédé que faute de munitions. Le régiment se replia en bon ordre en arrière de Vionville, et prit position sur le revers d'une crête qui dominait la route conduisant au village. Pendant cinq heures, le régiment occupa cette position, ayant constamment à supporter le feu d'une artillerie considérable. De cette crête, le Ier bataillon put exécuter des feux de salve bien dirigés qui empêchèrent le déploiement des colonnes ennemies, et l'installation de plusieurs batteries sur la gauche de Vionville.

Plus tard, vers 4 heures (?), le Ier bataillon prit plus particulièrement part à l'arrêt de la charge de hulans faite sur nos lignes : formé en bataille, il commença à 200 mètres seulement sur cette cavalerie un feu nourri qui lui fit beaucoup de mal.

Enfin, à la nuit tombante, alors que le régiment se retirait sur l'emplacement qui lui avait été assigné pour passer la nuit, il est assailli à l'improviste dans la plaine, un peu en avant et à droite de Rezonville, par trois régiments de hussards et de hulans qui le chargent dans tous les sens; faisant face partout, le 91e, par un feu à bout portant, mit cette cavalerie en désordre : son général fut tué, des prisonniers restèrent entre les mains du régiment.

Le Ier bataillon, formé en carré, rejoignit sa position sans perdre un seul homme. Le IIe bataillon, formé en cercle plein, ne put empêcher

---

(1) *Lire :* Vionville.

quelques cavaliers de pénétrer dans ses rangs. Son drapeau, enveloppé un moment par des hulans, fut défendu avec intrépidité, les cavaliers qui en approchèrent furent tués.

Pertes : 3 officiers tués, 13 blessés ; troupe : 30 tués, 254 blessés, 83 disparus.

Le régiment campa, dans la nuit du 16 au 17, sur le champ de bataille même.

Rapport du lieutenant-colonel Champion, commandant provisoirement le 91e régiment d'infanterie, sur la bataille de Rezonville.

Au camp, 18 août.

Vers les 10 heures du matin, le régiment se met en marche. Au début de l'action, les deux premières compagnies du Ier bataillon s'emparèrent des abords de Vionville où elles se maintinrent jusqu'à épuisement complet de leurs munitions, qu'elles ne purent renouveler. Elles se replièrent alors sur la crête, en arrière de la route, jusqu'à l'arrivée des IIe et IIIe bataillons ; mais bientôt forcés de se retirer par un feu écrasant de balles et d'obus, ces deux bataillons se sont repliés en bon ordre, en arrière d'une crête qui a été occupée pendant cinq heures en première ligne, par le régiment.

Pendant cette période, le Ier bataillon a exécuté des feux de salves bien ajustés qui ont empêché le déploiement de colonnes ennemies et l'installation de plusieurs batteries sur la droite de Vionville (1).

A la nuit tombante, un peu en avant et à droite de Gravelotte (2), les charges de trois régiments de hussards et de hulans ont été repoussées. Par sa bonne contenance et son feu bien dirigé, le régiment a mis en fuite la cavalerie ennemie. Après avoir repoussé cette charge, le Ier bataillon, commandé par le chef de bataillon de Hay-Durand, s'est formé en carré régulier et a rejoint, dans cet ordre, la position qui lui fut assignée.

Le IIe bataillon forma, de son côté, un cercle plein, ce qui, malgré une très vive fusillade, n'empêcha pas quelques cavaliers d'y pénétrer. Un hulan avait déjà touché l'aigle du drapeau en passant ; il est tué à coups de baïonnette ; un second s'élance, à son tour, pour l'enlever : il est tué raide d'un coup de revolver par M. le sous-lieutenant Vial, porte-drapeau du corps.

---

(1) Il s'agit sans doute des batteries prussiennes qui ont pris position au Nord de Flavigny.

(2) *Lire :* Rezonville.

Le caporal sapeur Lebrun et le sergent Grenier ont aussi contribué beaucoup à la défense de notre drapeau.

Les noms des militaires qui se sont le plus distingués dans cette affaire sont :

1er bataillon. — M. de Hay-Durand, chef de bataillon, qui a fait preuve d'un entrain, d'une vigueur, d'un sang-froid et d'une intelligence remarquables; M. Anouilh, capitaine adjudant-major; M. Ferrières, lieutenant, blessé deux fois à la tête de sa section; M. Guillemaut, capitaine, tué glorieusement à la tête de sa compagnie.

IIe bataillon. — M. Magnol, capitaine adjudant-major, officier très brillant dans l'action, tué à l'entrée du village; M. Blanc, lieutenant; le sergent Frapper.

IIIe bataillon. — M. Poix, lieutenant; M. Césari, lieutenant; ce dernier grièvement blessé; le sergent-major Santini.

Dans cette journée, les pertes du régiment se sont élevées à : 13 officiers blessés, 3 tués; 264 hommes blessés, 34 tués, 95 disparus.

Rapport du colonel Ganzin, commandant le 93e régiment d'infanterie, sur la bataille de Rezonville.

Saint-Privat, 18 août.

Le régiment a pris les armes à un coup de canon, qui s'est fait entendre vers 9 h. 30 du matin. Il s'est formé en bataille en seconde ligne, derrière la 1re brigade de la division.

A 11 heures (1), le 91e de ligne, ayant épuisé ses munitions, a été remplacé, en première ligne, par le demi-bataillon de gauche du IIIe bataillon (commandant Paon) et le demi-bataillon de gauche du Ier bataillon destiné à suppléer les trois compagnies de droite du IIIe bataillon, employées comme soutien de deux batteries d'artillerie.

Vers 11 heures, également (2) le 75e de ligne s'est retiré après avoir épuisé ses cartouches et a été remplacé, en première ligne, par le demi-bataillon de droite du Ier bataillon et le IIe bataillon.

Le demi-bataillon de droite du Ier bataillon et le IIe bataillon se rapprochent de l'ennemi par des mouvements successifs jusqu'à une distance de 500 mètres.

Ces troupes, après avoir supporté, pendant environ trois heures, un feu très vif d'artillerie et de mousqueterie, allaient se porter en avant

---

(1) Probablement bien plus tard, car le 91e ne s'est retiré qu'après la prise de Vionville (11 h. 30).

(2) Sans doute bien plus tard, c'est-à-dire durant l'attaque des bataillons des *20e* et *24e* régiments.

lorsqu'une colonne ennemie d'infanterie profonde (1) débouchant sur le flanc gauche du II⁰ bataillon les oblige à se porter en arrière ; elles prennent des positions successives pour résister à l'ennemi et, vers 3 h. 30, elles se trouvent à la hauteur du III⁰ bataillon (2).

Tout le régiment se trouve alors réuni. A ce moment l'artillerie de la division se retire devant une charge de cavalerie ennemie (3) ; en se retirant elle rompt les rangs sur une grande étendue au centre du régiment, et par cette trouée passe la charge de cavalerie. Le porte-drapeau est renversé et le drapeau, brisé au-dessous de l'aigle par un seul projectile, tombe à terre.

Notre cavalerie ramène vivement les cavaliers ennemis et, en passant, un cavalier d'un régiment de chasseurs à cheval prend à terre notre drapeau, dont le porte-drapeau, dans sa chûte, n'avait pu saisir que l'aigle. La garde du drapeau avait été rompue par la retraite de l'artillerie et dispersée ensuite par les charges de la cavalerie.

Pour ne pas gêner l'action de notre cavalerie, le demi-bataillon de droite du I⁰ʳ bataillon, le II⁰ bataillon et le demi-bataillon de droite du III⁰ bataillon vont prendre position face à la lisière du bois. Cette partie du régiment s'est ensuite ralliée à la portion principale de la division par la droite de la route en avant du village de Rezonville. Les hommes avaient alors épuisé leurs cartouches presque en totalité.

La gauche du régiment composée des demi-bataillons de gauche du I⁰ʳ et du III⁰ bataillon, où se trouvait le colonel, s'est maintenue sur son terrain, elle était en position sur une côte de terrain parallèle à la route allant de Rezonville à Verdun.

De cette position, au dire des prisonniers que nous avons faits dans la soirée, nous avons infligé, par nos feux de mousqueterie, des pertes considérables à de l'artillerie et à de la cavalerie ennemies passées en avant de nous à environ 1200 mètres.

Vers 6 heures, nous nous sommes rapprochés un peu du village de Rezonville et nous avons pris position derrière les zouaves de la Garde, à 200 mètres de la route.

Vers 8 h. 30, une colonne d'infanterie débouche sur notre position. Le feu de ses tirailleurs jette le trouble dans nos rangs et cause un peu de désordre ; nos hommes, qui se retiraient, sont ramenés sur leurs

---

(1) Peut-être les fractions du *64⁰* quand elles se rapprochèrent du 24⁰ au Nord-Est de Vionville.

(2) C'est-à-dire des trois premières compagnies du III⁰ bataillon et en arrière de l'artillerie, ainsi que le prouve la suite. L'heure est, d'ailleurs, très erronée, puisque ceci se passait avant la charge Bredow.

(3) Charge Bredow.

positions. Quelques minutes après ils reçoivent une charge de cavalerie ennemie que nous prenons d'abord pour de la cavalerie française, à cause de leurs cris : « Vive la France ! » ; mais l'erreur fut vite reconnue, et une décharge de mousqueterie dispersa complètement la cavalerie ennemie. Sept chasseurs à cheval prussiens sont restés nos prisonniers.

Rapport du colonel de Geslin, commandant le 94ᵉ, sur la bataille de Rezonville.

Camp de Saint-Privat, 18 août.

Le 16, sur l'ordre de S. E. le Maréchal commandant le 6ᵉ corps d'armée, les trois bataillons du 94ᵉ de ligne firent un léger changement de front, l'aile droite en avant, chaque homme ayant armes et bagages (1). Nous traversâmes la route de Metz à Mars-la-Tour, entre Rezonville et Vionville et nous redressâmes ensuite en faisant avancer l'aile gauche, sur la ferme de Flavigny qu'abandonnaient en toute hâte des hommes de différents régiments. Il était environ 9 h. 45 (2). Nous nous installâmes dans la ferme, laissant plusieurs compagnies du Iᵉʳ et du IIIᵉ bataillons à la droite et à la gauche de la ferme ; une portion du IIᵉ était en réserve derrière une haie épaisse coupant le ravin en arrière de Flavigny. Dans la ferme, les hommes étaient disposés de façon à faire feu à droite sur la batterie placée sur la hauteur de Vionville, à gauche sur les deux petits bataillons prussiens placés dans le ravin et aussi sur les batteries qui couronnaient les crêtes commandant le ravin. Jusqu'au moment de l'arrivée dans Flavigny, le régiment marchait dans un ordre parfait, comme sur un champ de manœuvre, malgré un feu d'artillerie très nourri ; tous les officiers étaient devant la ligne de bataille pour éviter que l'on ne tirât sur les fuyards de certains régiments. En marchant ainsi, les balles ne nous firent aucun mal, nous n'avions que peu ou pas d'infanterie devant nous. Dans Flavigny, nous fûmes écrasés ; les murs croulaient, la toiture de la ferme s'affaissa et tout fut en feu. Nous y tînmes cependant jusque vers 11 heures (3) et ne l'abandonnâmes qu'au moment où l'ordre nous fut donné de nous retirer. M. le général Colin, à cheval, était dans la cour de cette ferme, nous encourageant de son exemple et de ses conseils. M. le commandant d'Amfreville (4) qui avait la majeure partie de son bataillon dans

---

(1) Les premières heures de la bataille sont passées sous silence.
(2) Heure très erronée, comme le prouve la phrase précédente.
(3) Heure très erronée ; comme la précédente.
(4) Commandant le IIIᵉ bataillon.

Flavigny restait à cheval pour diriger ses hommes, quoique ayant l'épaule traversée; il reçut une seconde blessure à la tête, heureusement sans gravité, et fut obligé de se retirer. M. le commandant Horcat (1), toujours à cheval, eut l'heureuse chance de ne pas être blessé, mais sa monture atteinte trois fois est perdue. Cet officier supérieur fut d'un calme remarquable; il fut tel qu'on l'avait déjà vu en Crimée et au Mexique. Notre retraite, il faut en convenir, ne peut prendre ce nom; ce fut un sauve-qui-peut général, quoique ait fait M. le lieutenant-colonel Hochstetter pour rallier des hommes et les empêcher de jeter leur sac, ce qu'ils faisaient pour courir plus vite. Ce fut en ce moment que cet officier supérieur eut son cheval tué sous lui et reçut dans le dos une forte contusion produite par un éclat d'obus. Quant à moi, mon cheval fut tué au moment où j'arrivai à la ferme. Je restai dans la ferme avec MM. Jacquier et Genson, capitaines, cherchant à garder quelques hommes pour soutenir la retraite. Je pus réunir une quarantaine d'hommes; nous nous arrêtâmes alors derrière une haie épaisse coupant le ravin et nous cherchâmes à atteindre les batteries de Vionville et les fantassins du ravin. Cela dura 20 minutes environ. C'est alors que le capitaine Jacquier fut blessé mortellement. Nous l'enlevâmes, mais il succomba en route. Séparé alors de mon régiment qui battait en retraite, j'arrivai sur la route sans savoir dans quelle direction il se reformait. J'appris que le lieutenant-colonel avec 600 hommes environ était en arrière de Rezonville; je le rejoignis, fis distribuer de nouveau des cartouches, pour le cas où j'aurais pu être utile. Je restai ainsi jusqu'à 6 heures ; c'est alors que j'appris que M. le général de division était sur le plateau situé entre Gravelotte et Vernéville avec la 2e brigade, je l'y ralliai.

Pendant ce temps, les commandants Horcat et Froidevaux (2) ralliaient environ 400 hommes et sous les ordres de M. le général Colin se mettaient à la disposition de M. le général Bisson.

Il ne m'est pas possible de signaler en ce moment d'une manière exacte les militaires qui méritent une mention.

P.-S. — Ci-joint les rapports particuliers de MM. Horcat et Froidevaux, chefs de bataillon.

Rapport du chef de bataillon Horcat, commandant le Ier bataillon du 94e, sur la bataille de Rezonville.

J'ai l'honneur de vous rendre compte qu'après l'évacuation de la

---

(1) Commandant le Ier bataillon.
(2) Commandant le IIe bataillon.

ferme de Flavigny, j'ai ramené mon bataillon sur la pente occidentale du plateau de Wœvres, en arrière des batteries qui couronnaient la crête de cette position, conformément aux ordres qui me furent donnés par M. le général de division Bisson qui me prescrivit, une heure après, de me reporter en avant, sur l'alignement même des batteries, pour riposter par un feu très vif à la fusillade engagée par les troupes prussiennes placées à 800 mètres du village de Rezonville, à cheval sur la route de Mars-la-Tour.

Ce feu ayant produit un effet satisfaisant, et après épuisement complet de cartouches, je reportai mon bataillon en arrière pour le défiler et l'abriter en mettant à profit la déclivité très prononcée de la pente du plateau. Je le maintins dans cette situation, immobile et couché, jusqu'à 1 heure du soir, moment auquel se produisait un certain mouvement résultant de l'irruption subite d'un escadron du 3º hussards prussien qui fut refoulé par plusieurs groupes formés en cercle autour de leurs officiers, et rejeté sur un régiment de voltigeurs de la Garde, placé à notre gauche et qui le détruisit presque entièrement.....

Rapport du chef de bataillon Froidevaux, commandant le IIe bataillon du 94e, sur la bataille de Rezonville.

Vernéville, 17 août.

Aussitôt après l'attaque infructueuse de la ferme et après avoir fait de vains efforts pour faire démasquer les trois pelotons que je commandais et réunir les tirailleurs battant précipitamment en retraite, j'ai dû me retirer en aussi bon ordre que possible et regagner le plateau où, par ordre du général Bisson, je crois, les trois compagnies ont été immédiatement employées à garder une batterie répondant aux batteries prussiennes.

Notre retraite, depuis la ferme jusqu'au plateau, ne s'est pas faite sans pertes sérieuses, parmi lesquelles quatre officiers tués ou blessés; sur le susdit plateau se trouvaient reformés les débris des Ier et IIIe bataillons.

Par suite des ordres du général Bisson, après nous être reposés un instant, couchés à terre, j'ai fait sortir des rangs les meilleurs tireurs pour essayer d'éteindre le feu de la batterie prussienne qui tirait sur nous.

Après une demi-heure de feux de tirailleurs, la batterie prussienne n'a plus tiré.

Vers 2 heures (1), M. le maréchal Canrobert, visitant le plateau et

---

(1) Beaucoup plus tard, car le Rapport ne parle pas de la charge Bredow, qui aurait certainement traversé, au moins au retour, les fractions du 94e.

croyant le moment favorable à une reprise d'attaque, fit battre la charge. Les trois compagnies du IIe bataillon s'élançaient bravement en avant, mais arrivées sur la pente, elles sont reçues par un feu de tirailleurs très violent, partant des revers de la route, et par un feu d'artillerie d'une extrême précision. Dans cette attaque, il y a eu un officier de tué : M. le général Colin, marchant en avant l'épée à la main, a été démonté par un boulet.

A partir de cette attaque infructueuse et sanglante, nous sommes restés couchés à terre en arrière des crêtes, prêts à repousser toute attaque.

Vers 7 h. 30 ou 8 heures, une véritable panique s'est produite et a eu pour cause une attaque partielle de hulans (paraît-il). Cette attaque, repoussée à coups de fusil, avait pour fâcheuse conséquence de nous faire recevoir tous les projectiles destinés aux hulans, car certains corps avaient fait demi-tour pour les recevoir.

Cette pluie soudaine de balles a mis un désordre complet dans le reste des bataillons du 94e, désordre qui n'aurait pas eu de suite, sans une véritable avalanche d'hommes du 91e et du 93e, qui a tout emporté avec elle.

Nos hommes ont été ralliés, partie sur le terrain même et la plus considérable partie en avant du bois qui était derrière nous.

Nous avons bivouaqué, par ordre du général, sur le terrain où nous nous étions ralliés.

Ce matin 17, le IIe bataillon a, par ordre du Maréchal, tenu l'extrême arrière-garde du 6e corps.

Rapport du lieutenant-colonel Jamet, commandant l'artillerie de la 3e division du 6e corps, sur la bataille de Rezonville (5e, 6e, 7e *batteries du* 14e *régiment*).

18 août.

L'alerte a été donnée vers 9 h. 30 au camp de l'artillerie par le passage au milieu de son campement de la cavalerie d'avant-garde, attaquée au moment de ses corvées par l'armée prussienne. Une partie des servants des trois batteries était à ce moment à la distribution des vivres ; néanmoins, en dix minutes, les batteries de combat ont été en mouvement et sont venues s'établir à 150 mètres en avant des intervalles de la ligne, la batterie Grimard (5e du 14e) au centre, la batterie Heintz (6e du 14e à gauche, la batterie Delabrousse, 7e du 14e à droite). Les trois batteries ont ouvert le feu à 9 h. 45. Au bout de quelques instants, la batterie du centre $\left(\frac{5}{14}\right)$ a été, sur l'ordre du général de division, et pour éviter une trop grande dépense de projectiles, retirée en arrière de la première ligne et placée en réserve. Elle a recommencé son feu une heure après environ (1).

La ligne dont faisait partie la 3e division a été exposée au feu de sept ou huit batteries prussiennes, dont deux de position très forte placées à côté d'une route perpendiculaire au front des troupes. Ces batteries étaient armées de pièces d'un calibre supérieur au nôtre, du 12 ou du 8 au moins.

Le tir de l'artillerie prussienne était remarquablement juste et parfaitement réglé. Elles tiraient des projectiles creux explosibles à fusées percutantes.

Les obus arrivaient avec beaucoup de précision au milieu des batteries et même sur la batterie placée en réserve (2). Cependant, grâce à la précaution prise de prendre de grands intervalles entre les pièces, elles n'ont eu relativement que peu à souffrir du feu violent qu'elles avaient à supporter.

Pendant la durée de l'action, les batteries de la 3e division ont combattu les batteries prussiennes, empêché à plusieurs reprises la formation de colonnes d'attaque ennemies, qui se massaient vers la gauche du front; empêché également la cavalerie ennemie de se former pour charger sur ce même point.

Vers 3 heures (3), quelques mouvements de l'ennemi faisant craindre une charge de cavalerie sur l'angle du bois auquel s'appuyait la droite de la ligne, la batterie Heintz $\left(\frac{6}{14}\right)$ fut reportée rapidement sur la position menacée, tandis que les batteries Delabrousse $\left(\frac{7}{14}\right)$ et Grimard $\left(\frac{5}{14}\right)$ continuaient leur feu en le dirigeant à droite (4). La batterie Heintz avait à peine eu le temps de se mettre en batterie que la cavalerie ennemie poussa avec une impétuosité irrésistible une charge

---

(1) C'est-à-dire vers 11 heures, au moment où l'artillerie de Vionville s'est renforcée (l'Historique dit 12 h. 30.) Cette batterie revint en position, mais elle ne tira pas, car elle ne consomma que 14 projectiles pendant toute la journée.

(2) Sans doute $\frac{5}{14}$.

(3) Avant 3 heures, puisqu'il s'agit de la charge Bredow.

(4) D'après l'Historique la 7e batterie venait de se porter en avant quand elle aperçut des hulans.

tellement vive qu'elle traversa l'infanterie placée à la droite de la ligne (1).

Les batteries Heintz et Delabrousse ont été traversées par la charge et ont éprouvé à ce moment des pertes sensibles (2).

Le mouvement en arrière exécuté par l'infanterie, débordée à son aile droite par la cavalerie prussienne, força la batterie Grimard à se reporter en arrière pour ne pas être enlevée.

Après la charge, les batteries, ayant perdu quelques-uns de leurs attelages, ayant leurs servants dispersés, la presque totalité des approvisionnements brûlée, ont été forcées de se retirer en arrière pour se rallier et se réapprovisionner. Le capitaine de Chalus, envoyé à la réserve générale, put se procurer quelques caissons à munitions pour l'artillerie et l'infanterie.

Les batteries, réunies en avant d'une ligne de cavalerie, allaient se rejoindre à la division également en formation à la même hauteur ; mais à partir de ce moment, l'attaque ayant été portée vers la gauche, la division ne fut plus engagée.

Voici le tableau des pertes subies par les batteries en personnel et matériel :

		HOMMES			CHEVAUX		
		TUÉS.	BLESSÉS.	DISPARUS.	TUÉS.	BLESSÉS.	DISPARUS.
5e batterie.	Officiers......	»	»	»	»	»	»
	Troupes......	»	7	»	2	1	»
6e batterie.	Officiers......	»	1	»	»	»	»
	Troupes......	»	20	9	8	3	19
7e batterie.	Officiers......	»	1	»	»	»	»
	Troupes......	2	10	1	5	4	»
Réserve divisionnaire......		»	»	7	»	2	13
TOTAUX.....		2	39(1)	17	15	10	32

(1) Dont 2 officiers.

(1) $\frac{3, 4, 6}{9 \text{ Ch}}$.

(2) D'après l'Historique de la 7e batterie, une section seulement de cette dernière fut atteinte par les hulans aux côtés de la 6e auprès de laquelle elle était restée.

MATÉRIEL.

5e *batterie.* — Inconnu.

6e *batterie.* — Une pièce restée probablement à Gravelotte, où elle a dû être ramenée après la charge de cavalerie par des dragons ; trois caissons.

7e *batterie.* — Deux caissons.

Réserve. — Un caisson à deux roues (a sauté par suite du choc d'un projectile).

Historique des 5e, 6e *et* 7e *batteries du* 14e *régiment d'artillerie* (3e *division, commandant Bernadet*).

16 août.

5e *batterie.* — Vers 9 h. 30 du matin, la batterie a pris position sur la crête du plateau situé entre Rezonville et Vionville, à la droite de la route, et de là a ouvert son feu, qui n'a duré que peu d'instants. Elle est de nouveau rentrée en ligne vers midi et demi et a entretenu une canonnade violente avec les batteries ennemies (1). Elle a ensuite suivi le mouvement de retraite de sa division et est rentrée à son campement vers 7 heures du soir.

Pertes : 7 hommes blessés ; 3 chevaux tués.

6e *batterie.* — Une partie des chevaux était à l'abreuvoir quand les premiers obus prussiens ont commencé à tomber dans le camp. Attelée rapidement et renforcée par une section de la 7e batterie, elle se porta en avant de la ligne de bataille d'infanterie et ouvrit son feu à 1800 mètres. Elle riposta vigoureusement au feu des batteries et, malgré des pertes énormes, ne se retira qu'après avoir épuisé ses munitions.

Pertes : 1 officier tué, 25 hommes blessés ; 20 chevaux tués, 10 blessés.

7e *batterie.* — Vers 9 heures du matin, une reconnaissance de cavalerie traversa le camp de la batterie en désordre. Deux sections étaient attelées et prêtes, la troisième à l'abreuvoir. Sur l'ordre du général de division, les deux premières sections se portèrent en avant, se placèrent à la gauche de leur division et ouvrirent immédiatement le feu sur

---

(1) Ceci est une opposition formelle avec le renseignement donné par le lieutenant Marchot, de la 6e batterie, renseignement d'après lequel la 5e batterie ne tira que 12 ou 14 coups en tout. (Lettre du 16 décembre 1872.)

une batterie placée en avant de Vionville, à 1800 mètres environ. Deux caissons de l'ennemi firent explosion, mais son feu, éteint un moment, ne tarda pas à reprendre de l'intensité et à s'étendre par l'arrivée de nouvelles batteries.

S'étant portée un peu en avant, la batterie aperçut à bonne portée, (1100 mètres environ) un régiment de hulans en bataille dans un pli de terrain. Aux premiers coups, la cavalerie ennemie fit demi-tour au galop pour aller charger nos batteries de la droite.

Pendant ce temps, la troisième section, revenue de l'abreuvoir, fut portée en avant par son lieutenant. Ne retrouvant plus la batterie, cette section resta avec la 6ᵉ batterie et joignit son feu au sien. Cette partie de la ligne fut chargée par deux régiments de hulans (1).

Le feu de la portion principale de la batterie arrêta à plusieurs reprises par son feu les têtes de colonnes ennemies qui se présentaient au débouché de Vionville. Vers 3 heures du soir, réapprovisionnée avec les caissons de sa réserve, la batterie prit position en arrière de son premier emplacement et contre-battit, à 2,500 mètres environ, les batteries ennemies.

Après avoir épuisé ses munitions, elle rejoignit, vers 7 heures du soir, sa division massée sur la route de Verdun, près de Gravelotte.

Pertes : 1 officier blessé, 2 hommes tués, 15 blessés.

Rapport du capitaine commandant la 7ᵉ compagnie de sapeurs du 3ᵉ régiment du génie (3ᵉ division).

Camp de Saint-Privat-la-Montagne, 18 août.

Le 16 août 1870, vers 10 heures du matin, la bataille s'étant engagée, la compagnie a pris les armes et a été placée entre le 93ᵉ de ligne et le 94ᵉ de ligne, à peu près au centre.

Le 93ᵉ s'étant porté en avant, la compagnie, restée seule et à découvert, a été repliée à hauteur d'un intervalle entre deux bataillons du 94ᵉ, et comme elle gênait dans cet endroit, on l'a placée en réserve derrière la gauche du bataillon qui était à sa droite, et devait être le second.

Elle est restée là se portant en avant ou en retraite avec le bataillon auquel elle était accolée, suivant les incidents de la bataille, et plusieurs hommes ont reçu des éclats d'obus et des balles qui n'ont produit que de légères contusions sans aucune gravité.

Vers 2 heures de l'après-midi, elle s'est portée auprès de l'ambu-

---

(1) Charge Bredow : *7ᵉ* cuirassiers et *16ᵉ* hulans.

lance de la ferme de Villers-aux-Bois, le long de la lisière du bois, et elle s'y trouvait au moment où une charge de hulans faisant battre en retraite une batterie d'artillerie, est arrivée sur elle. Les pièces battaient en retraite au galop, et il a fallu leur faire place, ce qui a désuni un instant la compagnie qui s'est reformée immédiatement en couvrant l'ambulance de la ferme de Villers-aux-Bois.

Vers 4 heures du soir, sur l'ordre qu'elle en a reçu, elle s'est dirigée sur le point où se rassemblaient les débris de la 3e division; elle a accompagné jusqu'au soir l'État-Major général, et a campé à côté du parc de réserve du génie du corps de la Garde impériale, entre le village de Gravelotte et la Malmaison.

Dans le moment où la compagnie battait en retraite devant la charge des hulans et l'artillerie, M. le capitaine-commandant Belfort, le sergent Merlet et le 1er chasseur Chabasse ont disparu, sans avoir rejoint jusqu'à ce matin.

Des renseignements assez incertains sur le sort du capitaine Belfort sont parvenus au commandant du génie, qui a envoyé chercher le capitaine dans les endroits où on lui signalait sa présence, sans avoir pu le rencontrer. On n'a plus entendu parler du sergent Merlet et du sapeur Chabasse.

4e DIVISION (LEVAVASSOR-SORVAL.)

Journal de marche de la 4e division du 6e corps.

16 août.

Le 16, au début de l'action, la 4e division était placée au village de Rezonville, en seconde ligne, à l'extrême gauche de l'armée. La première ligne s'étant repliée, la division ne tarda pas à être directement engagée. L'ennemi concentrait sur Rezonville le feu de nombreuses batteries; en enlevant cette position, ils pouvaient tourner la gauche de la ligne française et la forcer à changer son front de bataille dans des conditions désavantageuses. Aussi, depuis 10 heures du matin jusqu'à la nuit tombante, on se battit en avant de Rezonville.

La 4e division, que vinrent successivement appuyer plusieurs régiments de la Garde, conserva ses positions, malgré un feu terrible d'artillerie. Ce fut elle, encore, qui reçut les derniers boulets et eut à soutenir la charge des réserves de cavalerie prussienne, lorsqu'à 6 heures du soir le succès de la journée étant assuré à l'armée française, l'ennemi couvrit sa retraite par un vigoureux retour offensif.

Le général de Marguenat commandant la 1re brigade fut tué.

Pertes : 14 officiers tués, 41 blessés, 2 disparus; 111 hommes tués, 648 blessés, 300 disparus environ.

Rapport du général Levassor-Sorval sur la bataille du 16 août.

Camp de Saint-Privat, 18 août.

La 4ᵉ division du 6ᵉ corps a opéré par brigades isolées ; la brigade de Chanaleilles, composée du 28ᵉ et du 70ᵉ, ayant été détachée dès le commencement de l'action, sur un ordre du Maréchal commandant le corps d'armée. Cette brigade prit position en arrière de la route de Verdun, sa gauche appuyée aux dernières maisons du village de Rezonville. Le 28ᵉ détacha, à plusieurs reprises, des compagnies comme soutien des batteries. Les deux régiments restèrent ainsi, depuis midi jusqu'à la tombée de la nuit, couchés et en butte à un feu très violent d'obus, de bombes et de mitraille, sans pouvoir répondre par un seul coup de fusil. Un bataillon du 70ᵉ, cependant, empêcha par son feu l'établissement d'une batterie prussienne. A l'entrée de la nuit, quelques escadrons de hulans ont pénétré par surprise dans nos lignes en criant : « Vive la France ! » et ont causé une panique qui s'est fait sentir surtout dans le 70ᵉ.

La brigade de Marguenat a opéré sur la gauche du village de Rezonville. Le 25ᵉ et le 26ᵉ se sont portés en avant pour attaquer la position défendue par la batterie de 12 prussienne, l'ont emportée, mais n'ont pu s'y maintenir, par suite des pertes considérables que leur faisait subir le feu de l'artillerie. Ces deux corps ont soutenu le mouvement des grenadiers de la Garde.

L'artillerie de la division a fait feu trois fois ; les deux premières contre une batterie de position prussienne située à environ 3,000 mètres ; la troisième fois, la batterie s'est portée en avant pour soutenir l'infanterie, et a mis en batterie à environ 1500 mètres de l'artillerie ennemie. Dans cette dernière position, elle a beaucoup souffert, et a été obligée de se retirer devant la supériorité du feu de l'artillerie prussienne. Chaque pièce a tiré de 25 à 30 coups à cette dernière station.

Pertes : 12 officiers tués, 49 blessés, 8 disparus ; 128 hommes tués, 623 blessés, 1010 disparus.

Rapport du colonel Gibon, commandant le 25ᵉ régiment d'infanterie, sur la bataille de Rezonville (4ᵉ division, 1ʳᵉ brigade).

Nous avons quitté le camp à 9 h. 15 pour prendre position.

Le 1ᵉʳ bataillon a été envoyé pour soutenir l'attaque et enlever la position située sous les batteries de 12 prussiennes ; cette position a été prise, mais le bataillon n'a pu la garder, la mitraille et la fusillade ayant forcé le bataillon à se retirer, avec beaucoup de pertes et manquant de cartouches. Tous les hommes ont été tués dans la mitraille ; ce bataillon était commandé par le commandant Philebert.

Le III⁰ bataillon, commandé par le commandant Terrière, a été envoyé pour soutenir le Iᵉʳ bataillon et a beaucoup souffert dans les positions prises et reprises ; l'artillerie de la batterie de 12 faisant beaucoup de ravages, le II⁰ bataillon, commandé par le commandant Faure, a été employé aussi à soutenir le bataillon de grenadiers de la Garde, et a été envoyé plusieurs fois en avant ; le commandant a été tué ; les trois bataillons sont restés sur le terrain en avant de l'artillerie depuis midi jusqu'à 5 heures du soir.

Le régiment a eu 7 officiers tués, 10 blessés, 3 disparus mais ayant reçu plusieurs blessures.

En hommes, 437 tués ou disparus, les morts et les blessés n'ayant pu être emportés, le régiment s'étant trop avancé sous le feu de l'ennemi.

Rapport du colonel Hanrion, commandant le 26⁰ régiment d'infanterie, sur la bataille de Rezonville (4⁰ division, 1ʳᵉ brigade).

18 août.

Pendant la journée du 16 août, le 26⁰ de ligne appuyait en seconde ligne la gauche du 6⁰ corps. Sa position, au commencement de l'action, sur les berges du ravin, était complètement défilée des hauteurs occupées par le gros des forces ennemies. Plus tard, prenant part au mouvement en avant de tout le corps d'armée, il fut porté en première ligne. Vers 4 heures, un régiment de grenadiers de la Garde se trouvant trop engagé, le 26⁰ quitte sa position pour aller le soutenir.

Le régiment se porta sans sourciller, sous une pluie de projectiles, jusqu'aux positions qui lui étaient indiquées, dirigé dans son mouvement par le général de brigade ; chaque bataillon marchant en bataille à 40 pas les uns des autres, franchit un ravin et gravit une pente sur laquelle un bataillon de grenadiers faisait une héroïque résistance. Les tirailleurs vinrent se placer à la gauche de ce bataillon, mais bientôt la situation n'est plus tenable : le feu est devenu de plus en plus meurtrier, les munitions commencent à s'épuiser, il faut battre en retraite ; les deux premiers bataillons se retirant ajoutent des pertes nouvelles à celles déjà subies.

Le III⁰ bataillon, commandé par le commandant Fain, séparé des autres par un mouvement sur sa droite, n'avait pas été contraint de participer à ce mouvement en arrière, son action devenant isolée avait été utilisée jusqu'à la fin de la journée dans la défense des positions en avant du village de Rezonville.

Le régiment a eu : 2 officiers tués, dont un douteux, 12 officiers blessés; 32 hommes tués, 240 blessés, 107 disparus, 879 manquants le 16 au soir.

Rapport du colonel Lamothe, commandant le 28ᵉ régiment d'infanterie, sur la bataille de Rezonville (4ᵉ division, 2ᵉ brigade).

Camp de Vernéville, 17 août.

Le 28ᵉ de ligne, placé sous mes ordres, a été engagé pendant la bataille de Rezonville dans les circonstances suivantes.

Après avoir pris les armes au commencement de l'action, il avait pris place à gauche et en arrière de la route de Verdun. Il détacha deux compagnies comme soutien de l'artillerie divisionnaire. Sur un ordre du Maréchal commandant le 6ᵉ corps, le régiment fut envoyé sur un point d'attaque de droite où s'étaient concentrés les efforts simultanés de l'attaque et de la défense. Il a conservé cet emplacement jusqu'à la fin de l'action; des compagnies furent successivement désignées pour appuyer les efforts des batteries. Dans cette situation, le régiment a été constamment exposé à une pluie d'éclats d'obus, de bombes, de mitraille sans pouvoir se défendre. A l'entrée de la nuit, quelques escadrons de hulans, protégés par les derniers coups de canon, ont pénétré dans les lignes françaises en criant: « Vive la France! Vive l'Empereur! » Grâce à cette ruse, ils occasionnèrent un peu de désordre dans nos rangs. Les soldats du 28ᵉ, ralliés par leurs officiers les ont assaillis à coups de fusil.

Dans les différentes phases de l'action, nos pertes se sont élevées aux chiffres de: 11 sous-officiers et soldats tués; 25 sous-officiers et soldats disparus; 1 officier, 25 sous-officiers et soldats blessés grièvement; 6 officiers, 81 sous-officiers et soldats blessés légèrement. En tout: 7 officiers et 106 hommes hors de combat.

Rapport du colonel Henrion Berlier, commandant le 70ᵉ de ligne, sur la bataille de Rezonville (4ᵉ division, 2ᵉ brigade).

17 août.

Midi. — Le régiment, après diverses positions, se forme par divisions en colonne, par bataillon en masse à demi-distance, la gauche appuyée au dernier mur des maisons du village de Rezonville du côté de l'ennemi.

Bien qu'en troisième ligne il souffre déjà du feu.

Midi et demi. — Le régiment s'avançant en première ligne se déploie à la gauche de la route de Verdun et en bon ordre malgré la retraite précipitée de deux régiments qui le traversent au moment de son déploiement.

De midi et demi à la tombée de la nuit. — Le régiment déployé, couché sans broncher, reçoit les coups d'une batterie, qui lance de gros projectiles avec une précision d'exercice. Il est même enfilé de temps en temps par des projectiles venant de la gauche et subit quelques pertes. Il empêche deux pièces d'artillerie de se mettre en batterie par le feu d'un bataillon qui brûle de 10 à 12 cartouches.

Tombée de la nuit. — Des tirailleurs prussiens s'avancent lentement.

Six bataillons ennemis, appuyés à droite par une batterie, à gauche et en arrière par quatre escadrons de cavalerie, s'avancent en bon ordre sans tirer et sont reçus froidement à 600 mètres par un premier feu commandé à la voix du chef de bataillon et ensuite par des feux à volonté.

Les Prussiens s'arrêtent ; de nombreux cris « ce sont des Français » font cesser le feu ; les Prussiens tirent à volonté.

Panique générale du régiment et de toute la ligne composée d'hommes de trois régiments.

Le régiment n'aurait pas dû tirer, les Prussiens n'avançant que timidement, malheureusement la nuit ne permettait pas de s'en apercevoir tout de suite.

Quelques braves soldats ont voulu rester jusqu'au bout et ont été sabrés par la cavalerie.

Nuit. — Vers 9 heures, le régiment a été rallié assez difficilement et a bivouaqué moitié sur son premier emplacement de combat, moitié sur son emplacement de la nuit précédente.

Rapport du chef d'escadron Kesner, commandant l'artillerie de la 4ᵉ division du 6ᵉ corps, sur la bataille de Rezonville (7ᵉ et 8ᵉ batteries du 18ᵉ).

Saint-Privat, 18 août.

L'artillerie de la division a quitté son campement à 10 heures et s'est rendue à gauche de la route de Metz à Paris, en arrière du village de Rezonville.

Elle a mis deux fois en batterie en arrière du village et tiré à 3,000 mètres sur la batterie prussienne établie près du bois en avant du village ruiné.

Les batteries se sont ensuite portées en avant pour soutenir l'infanterie et se sont placées à 1800 ou 2,000 mètres environ de la ligne des batteries prussiennes ; elles n'ont pu tirer dans cette position qu'une vingtaine de coups par pièce, le feu des Prussiens étant concentré sur elles.

Elles ont été obligées de se retirer en laissant deux pièces sur le terrain; après avoir reculé d'environ 100 mètres, elles se sont arrêtées et la 8ᵉ batterie, dont un avant-train avait été brûlé, a été chercher les pièces sur le terrain; elles ont été ramenées, et les batteries se sont retirées au pas à leur deuxième position.

Un avant-train de la 8ᵉ batterie a sauté sur le champ de bataille et on a été obligé d'y laisser, faute d'attelages, deux caissons.

L'artillerie a eu 2 officiers blessés, 1 homme tué et 15 blessés; elle a perdu 29 chevaux.

Journal de marche de la 8ᵉ batterie du 18ᵉ régiment.

16 août.

La batterie se rend sur le théâtre de l'action à 11 h. 30. Elle a pour mission dans la journée de contre-battre l'artillerie ennemie, de protéger le déploiement et la marche en avant des colonnes d'infanterie de la 4ᵉ division, de tirer sur les masses ennemies se déployant à grandes distances, de soutenir le feu de l'infanterie par son action combinée avec les mouvements de cette troupe.

Tous ces mouvements sont ordonnés par M. le commandant Kesner, chef d'escadron, commandant les 7ᵉ et 8ᵉ batteries.

Après avoir occupé successivement quatre positions différentes vers la gauche de Rezonville, depuis 1 heure jusqu'à 5 heures du soir, la batterie reçoit l'ordre de la retraite.

Elle avait eu particulièrement à souffrir d'une batterie de gros calibre retranchée à près de 3,000 mètres en lui envoyant son feu de plein fouet.

Les pertes qu'elle avait essuyées sont, en hommes :

Genibrel, 1ᵉʳ canonnier conducteur, tué à la 5ᵉ pièce.
Bedell, lieutenant en 1ᵉʳ, blessé (éclat d'obus).
Gayssa, 2ᵉ canonnier servant, blessé.
Carrière, 2ᵉ canonnier servant, blessé.
Schmutz, Jacques, 2ᵉ canonnier servant, blessé.
Pagès, Jean-Baptiste, 2ᵉ canonnier servant, blessé.
Bordes, 1ᵉʳ canonnier conducteur, blessé.
Daujean, 1ᵉʳ canonnier conducteur, blessé.
Milhau, 1ᵉʳ canonnier conducteur, blessé.
Darail, 2ᵉ canonnier servant, dont la blessure n'a pas été bien constatée, entré à l'ambulance cependant.

12 chevaux tués, 4 disparus (l'un d'eux a été retrouvé le 25 août).

En matériel : 2 avant-trains brisés, 2 caissons renfermant encore 20 coups.

Deux pièces laissées sur le champ de bataille n'ayant plus d'avant-trains, sont ramenées immédiatement avec les deux avant-trains des caissons qui n'ont pu être ramenés faute de chevaux et d'avant-trains.

La consommation en munitions a été en moyenne de 60 coups par pièce.

La batterie bivouaque le soir à droite de la route de Gravelotte à Rezonville, la réserve la rejoint. Les attelages sont complétés au moyen des chevaux de la réserve.

Historique des 7e et 8e batteries du 18e régiment d'artillerie.

16 août.

Le 16 août, à 9 heures du matin, la 4e division prend les armes et traverse la route non loin de Rezonville. Les batteries sont établies à gauche de cette route, mais étant trop éloignées des batteries ennemies elles se portent plus en avant; dans ces deux positions les 7e et 8e batteries eurent quelques hommes blessés et quelques chevaux tués. Dans l'après-midi, le commandant Kesner porte ses batteries plus à gauche entre Rezonville et le bois, et les place à 800 mètres environ du bois pour soutenir un mouvement offensif de l'infanterie, mais cette position ne put pas être conservée longtemps devant le feu efficace et soutenu de l'artillerie ennemie.

C'est dans ce mouvement de retraite de ces batteries que le lieutenant en 1er de la 8e batterie, Bedell fut blessé.

Le soir, les batteries bivouaquèrent entre Gravelotte et Rezonville accusant les pertes détaillées ci-après :

7e batterie : 6 hommes blessés ; 8 chevaux tués, 10 blessés ;

8e batterie : 1 officier blessé (M. Bedell), 1 homme tué, 10 blessés ; 12 chevaux tués, 4 disparus.

CAVALERIE.

Rapport du lieutenant-colonel de Maurel, commandant le 2e régiment de chasseurs à cheval, sur la bataille de Rezonville.

Vernéville, 17 août.

Venu du 3e corps au 6e, le matin du 16 août, le régiment fut placé au bivouac, près de Rezonville.

Le 2e escadron fut détaché, par ordre du Maréchal, auprès du général de division Levassor-Sorval.

Au moment de l'attaque, vers 10 heures, le régiment fut placé en bataille sur le flanc droit de la route, en avant du village, à 200 mètres environ.

Je leur fis suivre les mouvements en avant de l'infanterie pendant plus de deux heures, puis, entouré de lignes que je gênais, je ramenai le régiment à la gauche de la division de cavalerie de Forton, dont nous suivîmes les mouvements.

A la fin du combat de cavalerie de cette division, le 2ᵉ chasseurs poussa une marche en bataille pour ramasser quelques prisonniers et protéger le ralliement des égarés et de deux pièces d'artillerie, dont les chevaux fuyaient.

Pendant la plus grande partie de la journée, le régiment a été exposé au feu d'une artillerie qui semblait suivre les mouvements de la cavalerie.

A la suite de notre marche en bataille une dernière salve envoya un boulet, qui, après avoir ricoché, frappa en pleine poitrine le chef d'escadron d'Aure. Cet officier supérieur succomba quelques moments après.

C'est la seule perte du régiment. Quelques hommes disparus se sont retrouvés depuis.

Enfin, de 6 heures à la nuit, après le passage de la division Montaudon, venue de la droite vers le centre, je fis faire des reconnaissances vers l'extrême droite, et l'une d'elles appuya la fin d'un combat de cavalerie qui venait d'avoir lieu entre les dragons, les lanciers de la Garde, le 2ᵉ hussards et l'ennemi vers Bruville.

Artillerie.

Journal des opérations de l'artillerie du 6ᵉ corps (général de Berckheim).

16 août.

Le 16 août, le 6ᵉ corps avait pris position dès 10 heures du matin. Sa droite s'étendait de Rezonville à la voie romaine et se reliait par le bois de Villers au 3ᵉ corps; sa gauche, établie le long de la route de Rezonville à Gravelotte, surveillait les pentes qui descendent vers le bois des Ognons.

En avant de la ligne d'infanterie, de Rezonville au bois de Villers, furent installées huit batteries, dont six de 4 des 1ʳᵉ et 3ᵉ divisions du corps, et à leur droite deux de 12 (1), sous les ordres du commandant Brunel, tirées de la réserve générale.

---

(1) $\frac{9,\ 10}{13}$ à la *gauche* des batteries des 1ʳᵉ et 3ᵉ divisions.

Ces batteries firent feu, de 2,500 à 2,800 mètres, sur des troupes ennemies et des batteries placées entre Flavigny et Vionville, dont le nombre de pièces s'accrut peu à peu, et fut porté à quarante environ.

Beaucoup de nos obus éclatèrent en l'air.

Nos batteries reçurent beaucoup d'obus percutants qui leur firent peu de mal, mais elles furent plus éprouvées par une mitraille que les uns attribuent au tir des mitrailleuses, les autres à l'éclatement de shrapnels.

Vers 2 h. 30 elles furent complètement surprises par une charge de cavalerie qui déboucha brusquement d'un ravin partant de Flavigny. La cavalerie traversa nos batteries sans leur faire grand mal, et fut complètement mise en déroute par la brigade de cuirassiers de Gramont.

Après la charge, ces batteries furent remplacées par des batteries tirées de la réserve générale et de la réserve du 3e corps; cependant l'une des batteries du 6e corps, batterie Blondel, après s'être reformée à l'abri, revint prendre position vers 3 h. 30 et contribua à tirer sur l'artillerie et les troupes ennemies jusqu'à 7 heures du soir.

A la gauche, les batteries à cheval de la 4e division (1) furent d'abord engagées auprès de la route de Mars-la-Tour, et tirèrent de 2,500 à 3,000 mètres, jusqu'à 11 h. 30, mais sans grands résultats, sur la grosse batterie de Vionville. A 4 h. 30, elles furent portées plus à gauche vers le bois des Ognons, et ouvrirent le feu, à 1700 mètres, contre de grosses colonnes d'infanterie ennemie. Leur tir fut très efficace, mais elles ne tardèrent pas à être abîmées par la mitraille, et furent obligées de se retirer. Elles furent remplacées par l'artillerie de la Garde. La Garde fut, en effet, à partir de ce moment fortement engagée entre le 6e corps et le bois des Ognons. Quant au 6e corps, soutenu par la division Aymard du 3e corps, il conserva sa position jusqu'à la nuit.

b) **Administration.**

Le général Tixier au maréchal Canrobert.

Rezonville, 16 août.

J'ai l'honneur de vous rendre compte que par suite des circonstances exceptionnelles dans lesquelles on s'est trouvé toute la journée d'hier,

---

(1) $\frac{7, 8}{18}$.

l'administration, ainsi que l'ambulance le trésor et le troupeau de la division, n'ont pas encore rallié mon camp.

Dans cette situation, mes troupes, épuisées de veilles et de fatigues, n'ont pu toucher de viande depuis deux jours, attendu que le troupeau a dû être mis en route avant-hier 14 du courant au matin, et que l'abatage a dû cesser dans la matinée du 13. Les hommes n'ont pu manger la soupe depuis le 13 au soir. Par suite, les petites provisions d'ordinaire : lard, légumes secs, etc., ont été épuisées.

Journée du 16 août.

GARDE IMPÉRIALE.

a) Journaux de marche.

Journal de marche de la Garde impériale.

16 août.

Le 16 août, la division Deligny est venue rejoindre le corps d'armée vers 8 h. 30.

A 10 heures du matin, au moment où les troupes s'attendaient à poursuivre leur route dans la direction de Verdun, le bruit du canon et de la fusillade annonça une attaque de l'ennemi sur le front de l'armée française. L'armée prussienne avait, en effet, pris position sur la route de Metz à Verdun, au delà de Rezonville.

Vers 10 h. 30, par ordre du général commandant en chef, la Garde se développait en avant de Gravelotte, faisant surveiller à sa gauche par la division Picard, le bois des Ognons et la vallée descendant à Ars-sur-Moselle ; à sa droite, par la division Deligny, le bois de la Jurée, qui fut fouillé jusqu'à la lisière opposée par le général Brincourt, à la tête des deux bataillons.

L'apparition de la Garde en avant de Gravelotte eut pour premier effet de déterminer un mouvement rétrograde sur la droite de l'armée prussienne, mouvement qui s'opéra sous la protection d'une forte batterie de dix-huit pièces environ, de calibre 12, abritée derrière un épaulement. Quatre batteries de la Garde (deux de l'artillerie de réserve et deux de la 2ᵉ division d'infanterie) vinrent alors prendre position sur la crête, à gauche de la route et à hauteur du village de Rezonville, et ouvrirent le feu contre la colonne d'infanterie prussienne, qui se retira, et contre la grande batterie de position, qui riposta vivement, mais dont le feu diminua peu à peu d'intensité.

Nos batteries se retirèrent un instant en arrière de la crête ; mais, un peu plus tard, rejointes par les deux autres batteries de réserve, elles reprennent leur première position sur des masses de tirailleurs, qui s'avancent vers nous et reprennent ainsi le deuxième mouvement offensif de l'armée prussienne.

Les chasseurs à cheval de la Garde et les guides étant détachés avec les 1re et 2e divisions d'infanterie, et d'un autre côté, les lanciers de la Garde et les dragons de l'Impératrice étant partis le matin, à 4 heures, pour escorter l'Empereur sur la route de Verdun, il ne restait plus sous les ordres du général Desvaux, commandant la division de cavalerie de la Garde, que les deux régiments de cuirassiers et de carabiniers formant la 3e brigade, établie en avant de Gravelotte.

Vers 11 h. 30, sur l'ordre du Maréchal commandant en chef, le régiment de cuirassiers est envoyé par le général Desvaux au Sud de la route de Metz à Verdun, pour soutenir le 3e lanciers du corps Frossard.

Les cuirassiers, dirigés par M. le général du Preuil, vont prendre position à 500 mètres des lanciers, en arrière de Rezonville.

A midi quinze, l'infanterie du 2e corps se replie en désordre sur l'artillerie et le village ; les colonnes ennemies s'avancent, menaçant de couper notre extrême gauche par Flavigny.

Le général Frossard donne l'ordre au général du Preuil de faire charger le 3e lanciers et d'appuyer la charge avec les cuirassiers. Cet ordre est confirmé par le maréchal Bazaine.

Les deux premiers escadrons de lanciers partent vivement à la charge, les deux derniers perdent du temps à manœuvrer, les cuirassiers s'élancent et chargent sur trois lignes successives.

L'ennemi s'arrête et se forme en carrés échelonnés. Les deux escadrons de lanciers sont ramenés sur le village et les cuirassiers passant sous les feux croisés des batteries et des carrés ennemis, tombent jusque dans les rangs prussiens et sabrent quelques servants ; mais, le régiment, écrasé, est obligé de faire demi-tour et vient, après avoir subi d'immenses pertes, se retirer à l'entrée du village, poursuivi par les hulans, qu'arrête l'artillerie française.

Le colonel, le lieutenant-colonel et les deux chefs d'escadrons ont été blessés.

Le régiment de cuirassiers rentre alors sous les ordres du général Desvaux et se reforme derrière les carabiniers.

Au retour de la charge des cuirassiers, vers midi trente, le général commandant en chef de la Garde, qu'un rapport vient d'inquiéter sur le sort du maréchal Bazaine, un instant disparu, aperçoit sur la droite de la route une forte débandade causée par un régiment de chasseurs, qui descendait au galop des hauteurs de Rezonville.

Il place alors lui-même le régiment de zouaves à droite et à gauche de la route, au-dessus des escarpements du ravin de la Jurée qui descend du bois de ce nom et traverse la route entre les bois des Ognons et de Saint-Arnould, pour rejoindre Gorze.

Lorsque l'ordre est rétabli dans les colonnes qui se retiraient, le général commandant en chef, prescrit au général Picard de porter sa division à la hauteur de Rezonville, en arrière de la crête, à droite et à gauche de la route.

Cette division est déployée, vers 1 h. 30, sur la position indiquée; les zouaves à droite du village, le 1er grenadiers à gauche des zouaves, deux bataillons du 2e grenadiers, avec le général de Lacroix, se reliant au 1er grenadiers, dans le prolongement de la ligne. Ces mouvements s'opérèrent sous la protection de deux batteries de la division et des quatre batteries (1) de réserve, dont le feu repoussait les tirailleurs ennemis.

La présence de la division Deligny à l'intérieur et aux abords du bois de la Jurée avait permis, de l'autre côté du bois, à des troupes du 6e corps de se rallier, et avait d'ailleurs, d'une manière générale, contribué à arrêter la débandade de midi et demi et ranimé la confiance en montrant que notre flanc droit était parfaitement gardé.

En même temps que le général commandant en chef la Garde avait ordonné le mouvement en avant de la division Picard, il avait prescrit au général Deligny de porter sa division tout entière à gauche de la route et d'assurer la défense des bois des Ognons et de la vallée d'Ars-sur-Moselle, les Prussiens semblant faire effort de ce côté. Un bataillon et deux batteries furent aussitôt envoyés vers le bois, en même temps que le bataillon de chasseurs, placé sur la lisière, engageait dans l'intérieur, quatre compagnies de tirailleurs, qui eurent immédiatement à lutter et à subir des pertes sensibles. Deux bataillons du 4e voltigeurs s'étant établis parallèlement au bois, la position se trouva ainsi gardée par quatre bataillons et deux batteries. Les autres troupes de la division se formèrent en arrière de ces bataillons et y restèrent réunies jusqu'à 3 heures, pendant que les lignes étaient traversées par des colonnes du 2e corps, qui se portaient en arrière de la gauche.

De 1 h. 30 à 4 heures, la division Picard reste dans sa position, essuyant un feu intense de l'artillerie ennemie; la brigade Jeanningros

---

(1) 3e et 4e, puis 5 ch. et 6 ch.

couchée et soutenant nos batteries, le général de Lacroix, luttant avec deux bataillons du 2ᵉ grenadiers contre les tirailleurs prussiens, postés dans les bois à notre gauche.

Placé sur le versant des hauteurs constamment battues par le feu de l'artillerie, le général de Lacroix eût, pour se maintenir derrière la crête, à déployer beaucoup d'énergie, ainsi que les officiers et les troupes sous ses ordres. Le colonel Lecointe est frappé d'une balle à la jambe droite, le lieutenant-colonel de Maisonneuve est atteint d'une blessure des suites de laquelle il est mort. Manquant de cartouches, mais approvisionnés de nouveau, les deux bataillons du 2ᵉ grenadiers, reprennent l'offensive à 4 h. 30.

C'est alors que les Prussiens se voyant repoussés, lèvent la crosse en l'air, agitant un drapeau blanc et arrêtent ainsi pendant quelques temps le feu de nos troupes. Cette ruse de guerre n'était qu'une lâcheté, n'ayant d'autre but que de permettre à une nouvelle colonne prussienne de déboucher et de venir faire une terrible décharge sur nos bataillons.

Le général de Lacroix fait alors recommencer le feu et, par un vigoureux mouvement en avant, ébranle l'ennemi qui s'éloigne.

Le général Picard profite de ce moment pour faire relever les deux bataillons épuisés du 2ᵉ grenadiers, par le IIIᵉ bataillon du même régiment, pendant que deux bataillons du 3ᵉ grenadiers se portent plus à gauche pour résister à un mouvement tournant de l'ennemi qui, reprenant l'offensive, débouchait d'un ravin appuyé par des batteries, qui couvraient les crêtes de projectiles; la lutte s'engage avec opiniâtreté; trois porte-drapeau du 3ᵉ grenadiers sont successivement tués ou blessés. Le colonel Cousin prend alors lui-même le drapeau et charge l'ennemi à la tête de ses grenadiers. Les Prussiens finissent par se retirer après avoir essayé encore une fois de la ruse de la crosse en l'air; mais le combat a coûté cher : Le colonel Cousin est tombé mortellement frappé, les commandants Herbillon et Lavollée ont été blessés.

Pendant ces différentes phases de l'action, le général Picard avait employé le reste des troupes disponibles de sa division à relier sous un feu d'artillerie très meurtrier la droite et la gauche de sa division.

Cependant, le général commandant en chef de la Garde était vivement préoccupé des efforts que la Garde avait à supporter sur la gauche de la position.

Vers 3 heures, par son ordre, la batterie de mitrailleuses de la 1ʳᵉ division s'était portée sur la crête à gauche des troupes de la 2ᵉ division, en face de la batterie de position prussienne, sur laquelle elle ouvrit le feu ainsi que sur deux batteries mobiles, qui occupaient une crête à 2,500 mètres de distance.

A la même heure, le général commandant en chef de la Garde, faisait donner l'ordre au général Garnier de se porter en avant avec les trois bataillons du 3e voltigeurs pour se joindre au mouvement exécuté par la ligne des grenadiers. Le 3e voltigeurs arrive vers 4 heures à gauche des grenadiers, sur une ligne de bataillons déployés et échelonnés par la droite, ayant en avant et sur ses flancs des batteries, dont le feu ne l'empêche pas, malgré des pertes sensibles, de se tenir sur les emplacements qui lui avaient été désignés.

A ce moment, les deux batteries de 4 de la 1re division prennent leur position sur le plateau à gauche des mitrailleuses, en face de la grande batterie fixe et à gros calibre de l'ennemi.

Un combat d'artillerie s'engage et dure jusqu'à la nuit tombante, facilitant les mouvements des voltigeurs, qui prononcent un mouvement en avant et vont avec les grenadiers se porter à hauteur de la brigade Jeanningros, qui avait dépassé le village de Rezonville, sur la droite de la route.

Vers 4 h. 30, la batterie de mitrailleuses, sur un ordre du général, commandant en chef la Garde, apporté par le général d'Auvergne, est dirigé sur une position plus élevée, d'où elle canonne de ses feux une crête le long de laquelle circulent de l'artillerie et des colonnes d'infanterie prussiennes. Elle reste là jusqu'à 5 h. 30, maintenant un tir énergique malgré les pertes, dont elle est accablée. A ce moment quatre des mitrailleuses sont complètement hors de service. Aucun mot ne peut rendre la bravoure et la solidité avec lesquelles cette batterie a combattu.

D'un autre côté, le général Brincourt, avait reçu vers 4 heures, du général commandant en chef la Garde, l'ordre de faire surveiller, avec un régiment, le rentrant du ravin des Ognons, situé du côté du chemin de Gorze. Il partit avec le 2e voltigeurs, son Ier bataillon dut, aussitôt arrivé, relever un bataillon de grenadiers, qui avait épuisé ses munitions, le IIe fut déployé face au ravin et le IIIe mis en réserve.

Dans cette position, le général Brincourt était couvert à gauche (?) par une batterie, que soutenaient quelques compagnies d'infanterie du côté de la crête du chemin de Rezonville à Gorze, par des troupes de la division Montaudon et de la brigade Lapasset et par quatre compagnies de chasseurs à pied de la Garde.

A droite il était relié à la ligne des grenadiers par les voltigeurs du général Garnier.

Le feu se continue dans cette position des troupes jusqu'à 7 heures, entretenu de part et d'autre avec une grande ardeur.

Vers 7 heures, le général commandant en chef la Garde, constatant que l'armée prussienne réduisait sensiblement son front et qu'elle paraissait vouloir dissimuler sa retraite par une offensive vigoureuse, donna l'ordre au général commandant l'artillerie, de réunir toute l'artillerie qui se trouvait à sa portée ; 54 bouches à feu, parmi lesquelles celles de la 2ᵉ batterie du 5ᵉ régiment d'artillerie (1), forment une énorme batterie, qui ouvre le feu à volonté contre les lignes d'infanterie qu'elles désorganisent.

L'ennemi prolongeant sa résistance vers la gauche, le général Deligny, qui était resté à sa position près du bois des Ognons, se porte en avant, sur un ordre du commandant en chef de la Garde, avec quatre bataillons du 1ᵉʳ et du 4ᵉ voltigeurs (2), déployés sur deux lignes, rejoint les autres troupes de sa division, les dépasse et atteint les hauteurs du versant droit du ravin de Rezonville.

Il essuie pendant cette marche un feu des plus nourris et est obligé de faire exécuter un changement de direction à gauche à l'un de ses bataillons, pour éteindre un feu tiré d'écharpe, partant de la lisière du bois de Saint-Arnould ; son échelon droit avait dû aussi arrêter par son feu une charge de hulans.

A la même heure les trois bataillons de voltigeurs du général Brincourt avaient eu à repousser une attaque vigoureuse des Prussiens, qui, voyant se retirer deux batteries de la Garde, avaient supposé un mouvement de retraite à notre extrême gauche. Cette attaque fut repoussée avec un tel entrain que le général dut arrêter ses tirailleurs pour ne pas dépasser le front de bataille.

Vers 8 heures, une panique, provoquée par un régiment de cavalerie et des troupes du 6ᵉ corps, se produisit sur notre droite à hauteur et sur la droite de Rezonville.

A ce moment le maréchal Bazaine fit établir les zouaves perpendiculairement à la route, tandis que le général Bourbaki, réunissant toutes les troupes qui étaient sous sa main, troupes de la Garde et troupes d'autres corps, réussissait à rétablir l'ordre.

La nuit fit cesser le combat et les troupes de la Garde bivouaquèrent sur le terrain où elles avaient combattu en avant de leur position primitive.

En résumé, la journée du 16 fait le plus grand honneur à la Garde. Les troupes ont fait preuve d'une bravoure et d'une solidité inébranlables sous la main de leurs chefs, dont l'intelligence et le sang-froid se sont montrés à la hauteur de toutes les difficultés.

---

(1) Il y a certainement erreur de numéros car la 2ᵉ batterie du 5ᵉ était restée à Strasbourg.

(2) En réalité 5 bataillons : $\frac{\text{I, II, III}}{1\,\text{V}}$ et $\frac{\text{I, II}}{4\,\text{V}}$, mais $\frac{\text{III}}{1\,\text{V}}$ fut détaché bientôt vers le sud.

Pertes de la journée.

CORPS.	OFFICIERS			TROUPES		
	TUÉS.	BLESSÉS.	DIS-PARUS.	TUÉS.	BLESSÉS.	DIS-PARUS.
1re division d'infanterie.....	4	33	»	39	436	68
2e division d'infanterie.....	14	60	»	118	1,157	117
Cavalerie................	1	29	18	3	106	173
Artillerie...............	»	2	1	10	76	14
Totaux.....	19	124	19	170	1,775	372
Totaux généraux...	162			2,317		

(*Annexe au rapport sur la journée du 16 août* 1870).

Génie. — La 8e compagnie du 3e régiment, attachée à la 1re division d'infanterie, a occupé, dès le début de l'action, la vaste ferme dite ancienne maison de Poste, en avant de Gravelotte, avec mission de mettre cette ferme en état de défense et d'y résister jusqu'à la dernière extrémité. La 1re section de la 10e compagnie, adjointe à un bataillon du 2e grenadiers, s'est trouvée dès le commencement de l'action, en tête de colonne, exposée à un feu très vif et a été dirigée sur le village de Rezonville qu'elle a mis en état de défense sous le feu des obus et par ordre du maréchal Canrobert.

L'état-major du génie de la Garde a accompagné pendant la journée, le général commandant en chef, se tenant à sa disposition.

Cavalerie, 1re *brigade.* — Régiment de chasseurs attaché, à la 1re division d'infanterie, n'a pas donné.

Régiment de guides, attaché à la 2e division d'infanterie, n'a pas donné.

2e, *brigade.* — La 2e brigade est partie de Gravelotte à 4 heures du matin pour escorter l'Empereur dans la direction de Verdun. L'Empereur l'a remplacée à Conflans par une brigade de chasseurs d'Afrique.

A 11 heures, la brigade monte à cheval pour appuyer le général du Barail qui avait prévenu le général de France du voisinage de la cavalerie ennemie, et l'avait invité à le soutenir, étant resté avec un seul régiment de chasseurs d'Afrique.

Pendant toute l'après-midi, elle occupe l'extrême droite du corps

Ladmirault et contient par sa présence plusieurs régiments de cavalerie prussienne qui se trouvaient au delà de Mars-la-Tour.

Vers 5 heures, l'ordre arrive, de la part du général de Ladmirault, de charger vigoureusement le régiment de cavalerie qui se trouvait dans la plaine de Ville-sur-Yron.

Le régiment de lanciers, puis le régiment de dragons chargent sur une cavalerie en ligne. Les dragons chargent obliquement sur la cavalerie prussienne qui prenait nos lanciers de flanc.

Les pertes furent grandes de chaque côté, en raison de la difficulté de se rallier dans un terrain accidenté et encombré de cavalerie.

Lanciers. — Le colonel des lanciers, blessé; le commandant de Villeneuve, disparu.

Dragons. — Le colonel, blessé; le lieutenant-colonel, tué.

Un escadron du régiment des guides est parti avec l'Empereur.

Un bataillon du 3e grenadiers, qui a escorté les bagages de la maison de l'Empereur, n'est pas rentré à la Garde.

Rapport sommaire du général Bourbaki sur la bataille de Rezonville.

Le Sansonnet, 21 août.

Le 16 août, la Garde était dans ses campements autour de Gravelotte, lorsque vers 10 heures du matin, le bruit du canon et de la mousqueterie annonça une attaque de l'ennemi sur le front de l'armée française.

Vers 10 h. 30, la Garde se développait en avant de Gravelotte entre le bois des Ognons et l'ancienne voie romaine, la division Picard surveillant le bois des Ognons, ainsi que la vallée descendant à Ars-sur-Moselle, la division Deligny surveillant le bois de la Jurée.

L'apparition de la Garde en avant de Gravelotte ayant déterminé vers la droite de l'armée prussienne un mouvement rétrograde (?) qui s'opère sous la protection d'une forte batterie prussienne, quatre batteries de la Garde (deux de la réserve, deux de la 2e division) vont prendre position sur la crête à gauche de la route de Metz à Verdun et à hauteur de Rezonville. Aussitôt arrivées, elles ouvrent le feu sur l'artillerie prussienne qui ralentit le sien.

Vers midi et demi, le général commandant en chef, qu'un rapport venait d'inquiéter sur le sort du maréchal Bazaine, aperçut sur la droite de la route une forte débandade causée par un régiment de cavalerie qui revenait au galop des hauteurs de Rezonville. Il plaça alors lui-même le régiment de zouaves à droite et à gauche de la route, au-dessus des escarpements abrupts du ravin de la Jurée, puis lorsque l'ordre fut rétabli dans les colonnes qui se retiraient, il prescrivit au général

Picard de porter sa division à la hauteur de Rezonville, en arrière des crêtes, à droite et à gauche de la route.

Cette division fut déployée vers 1 h. 15 sur la position indiquée ; les zouaves à droite et à gauche du village de Rezonville, le 1er grenadiers à la gauche des zouaves ; deux bataillons du 2e grenadiers avec le général de La Croix se reliaient au 1er grenadiers dans le prolongement de la ligne.

Les quatre batteries de réserve étaient alors placées avec deux batteries de la 2e division sur la crête à gauche de Rezonville, tirant à mitraille sur des masses de tirailleurs ennemis qui s'avançaient sur nos positions et les repoussant.

La division Deligny, en faisant fouiller le bois de la Jurée par deux bataillons sous les ordres du général Brincourt, avait contribué par sa présence dans le bois à ramener la confiance, en montrant aux troupes qui se retiraient que notre flanc droit était parfaitement couvert. En même temps que le général commandant en chef avait donné au général Picard l'ordre d'effectuer son mouvement, il ordonnait au général Deligny de porter toute sa divison à gauche de la route, et de pourvoir à la défense du bois des Ognons et de la vallée d'Ars-sur-Moselle.

Un bataillon et deux batteries furent aussitôt envoyés entre Gravelotte et ce bois ; le bataillon de chasseurs à pied, placé sur la lisière, y engagea quatre compagnies de tirailleurs qui eurent à y soutenir de sérieux engagements. Les autres troupes de la division se formèrent en arrière du bois et parallèlement au bois. Elles restèrent dans cette position jusqu'à 3 heures, pendant que ses lignes étaient traversées par les colonnes du 2e corps qui se portaient sur la gauche.

De 1 h. 15 à 4 heures, la division Picard resta dans sa position, sur la crête de Rezonville : la brigade Jeanningros couchée, protégeant les batteries ; la brigade de La Croix, luttant contre les tirailleurs placés dans les bois à notre gauche et supportant de grandes pertes.

Vers 3 heures, la batterie de mitrailleuses de la 1re division s'était portée par ordre du général commandant la Garde, sur la crête à gauche des troupes de la 2e division, en face de la batterie de position prussienne (d'environ 18 pièces du calibre de 12) sur laquelle elle ouvrit son feu, ainsi que sur deux batteries mobiles qui occupaient une crête à environ 2,500 mètres.

Malgré la protection des mitrailleuses contre les troupes que le général de La Croix avait contre lui, la lutte était si vive, qu'en se prolongeant, elle épuisa les munitions et que les deux bataillons durent être appuyés et relevés. Le général commandant en chef voyant que les efforts s'étaient portés sur la gauche, s'était préoccupé d'y envoyer tous les secours possibles.

Ce fut d'abord un bataillon du 3ᵉ grenadiers qui vint se placer en première ligne où il eut à supporter un feu meurtrier sous lequel le colonel Cousin fut frappé mortellement.

A la même heure, le général Garnier, détaché de la division Deligny par ordre du général commandant en chef, se porta en avant avec les trois bataillons du 3ᵉ voltigeurs et se trouva, vers 4 heures, à la gauche de la ligne des grenadiers, relevant les deux bataillons du 2ᵉ grenadiers qui se retirèrent vers la droite, à hauteur du village de Rezonville.

Au même moment, le général Picard arrivait sur la gauche avec le reste des troupes de sa division, et, par ordre du général commandant en chef, effectuait avec la ligne, un mouvement pour se relier, en avant du village, avec la brigade Jeanningros qui s'y était portée avec deux batteries de la division.

Le général Brincourt, par ordre du Maréchal commandant en chef, avait quitté la division Deligny pour aller surveiller le rentrant du bois des Ognons, situé du côté du chemin de Gorze. Il emmena avec lui les trois bataillons du 2ᵉ voltigeurs, et prit position de manière à être couvert: à gauche par une batterie que soutenaient quelques compagnies d'infanterie ; du côté de la crête du chemin de Rezonville à Gorze, par des troupes de la division Montaudon et de la brigade Lapasset, et par quatre compagnies de chasseurs à pied de la Garde. A droite, il était relié à la brigade des grenadiers par les voltigeurs du général Garnier.

Vers 4 h. 30, la batterie de mitrailleuses de gauche avait été dirigée sur une position plus avancée, d'où elle couvrait de ses feux une crête le long de laquelle circulaient de l'artillerie et des colonnes d'infanterie prussienne. A 5 h. 30, cette batterie, qui n'avait cessé de maintenir son feu, avait quatre mitrailleuses hors d'état de continuer leur service.

Jusqu'à 7 heures, les troupes restent dans la même position, sous l'action d'un feu entretenu avec ardeur de part et d'autre, et tenant bon, malgré une grêle de projectiles d'artillerie et de mousqueterie.

Vers 7 heures, le général commandant en chef, constatant que l'armée prussienne réduisait sensiblement son front, et qu'elle paraissait vouloir dissimuler sa retraite en la couvrant par un effort vigoureux, donna l'ordre au général commandant l'artillerie de réunir toutes les pièces à sa portée et de les mettre en batterie. 54 bouches à feu, parmi lesquelles une batterie d'artillerie de la ligne (2ᵉ du 5ᵉ) ouvrirent un feu à volonté contre les lignes de l'infanterie ennemie, et parvinrent à la désorganiser (1).

---

(1) Voir note 1, page 410.

Au moment où le général faisait établir cette artillerie, il faisait donner au général Deligny l'ordre de se porter en avant avec les bataillons laissés à sa disposition (quatre bataillons des 1er et 4e voltigeurs). Ces quatre bataillons, déployés sur deux lignes, rejoignirent les troupes du général Garnier et se portèrent avec elles jusqu'au sommet du versant droit du ravin de Rezonville. Dans cette marche, un bataillon de la deuxième ligne fut obligé d'exécuter un mouvement à gauche pour faire taire un feu violent de mousqueterie tiré du bois de Saint-Arnould, et prenant nos troupes d'écharpe.

Vers 7 h. 45, une panique, occasionnée par un régiment de cavalerie et des troupes du 6e corps, se produisit sur la droite, et à hauteur de Rezonville. Le maréchal Bazaine fit établir perpendiculairement à la route les bataillons de zouaves, et le général commandant en chef, rassemblant les troupes qu'il avait sous la main, de la Garde ou d'autres corps, eut bientôt fait cesser le désordre.

Bientôt après, la nuit venue, le silence succéda aux bruits de la journée, et la Garde put prendre ses bivouacs sur le terrain compris entre les positions initiales des deux armées (?), et si chaleureusement disputé de part et d'autre.

La Garde a montré, dans la journée du 16 août, une solidité à toute épreuve, et justifié sa réputation de bravoure et de sang-froid.

Ci-joint l'état des pertes éprouvées par la Garde :

DÉSIGNATION DES CORPS.	OFFICIERS		TROUPES			CHEVAUX tués ou disparus.
	TUÉS.	BLESSÉS.	TUÉS.	BLESSÉS.	DISPARUS.	
1re division............	4	33	39	436	68	»
2e division............	14	60	118	1,157	117	»
Cavalerie............	39 tués ou blessés		332 tués ou blessés		»	469
Artillerie............	»	2	10	76	4	77
Totaux.....	150		2,168		189	546

Notes du général Bourbaki pour sa déposition devant le conseil d'enquête.

16 août.

A 4 h. 30 du matin, l'Empereur partait de Gravelotte, escorté par une brigade de cavalerie de la Garde (dragons et lanciers), et gagnait

Verdun en prenant la route passant par Conflans. Ses bagages et ceux de sa suite suivaient, peu après, la même direction, escortés par un bataillon du 3ᵉ régiment de grenadiers.

Jugeant prudent de tenir toutes mes troupes réunies, je fis quitter, dès le matin, à la division de voltigeurs la ferme de Moscou, pour l'installer entre Gravelotte et le ravin d'Ars.

A 10 heures du matin, le canon se fait entendre. Les 2ᵉ et 6ᵉ corps d'armée (général Frossard et maréchal Canrobert) occupant, près de Rezonville, la crête du terrain sur la rive gauche du ravin de Gorze étaient attaqués. Je fis prendre immédiatement les armes à la Garde ; je disposai mes troupes de façon à protéger les deux corps d'armée engagés et à battre, par ma gauche, le ravin d'Ars.

A midi et demi, un grand nombre d'hommes, de chevaux et de voitures se retiraient en désordre par la route de Rezonville à Gravelotte, lorsqu'un officier de chasseurs à pied, officier d'ordonnance et neveu du maréchal Bazaine, arriva vers moi au galop et me dit : « Mon Général, assurez la retraite, le Maréchal est prisonnier. » J'ajoutai foi à la nouvelle, tout en comprenant, à l'animation de l'officier, qu'elle pouvait être exagérée.

Quelques instants après, j'apprenais qu'elle était fausse.

A midi 45, le Maréchal me faisait prescrire de confier à la division de grenadiers (général Picard), qui gardait par sa gauche le bois des Ognons et le ravin d'Ars, d'occuper la crête de Rezonville.

A 1 h. 15, ce mouvement était exécuté : le régiment de zouaves et le 1ᵉʳ grenadiers (brigade Jeanningros) étaient à droite de Rezonville ; les 2ᵉ et 3ᵉ grenadiers (brigade de La Croix) étaient à gauche. L'attitude calme et résolue de cette belle division rétablit le combat. Plus tard, la division de voltigeurs (général Deligny), moins quelques bataillons retenus en arrière presque toute la journée par le Maréchal lui-même, notamment à la maison de Poste de Gravelotte, vint se former à la gauche de la division de grenadiers et prit une part active au combat.

Cette division parvint à gagner du terrain, sous un feu très nourri, le long du bois de Saint-Arnould, pendant que les grenadiers continuaient à occuper fortement Rezonville et que les zouaves de la Garde accentuaient un mouvement d'échelons en avant par la droite. Malheureusement, tous ces efforts ne devaient produire d'autre résultat que de nous permettre de coucher sur le champ de bataille. A droite de la Garde se trouvaient les éléments du 2ᵉ corps (général Frossard) et le 6ᵉ corps (maréchal Canrobert).

Le 4ᵉ corps (général de Ladmirault), arrivé dans l'après-midi à Bruville, se dirigeant sur Mars-la-Tour, n'avait eu le temps d'engager qu'une seule de ses divisions. Quant au 3ᵉ corps (maréchal Lebœuf), il avait été placé, à la fin de la journée, à la gauche de la Garde, tenant le bois des Ognons (1).

Vers 5 heures, notre succès était complètement dessiné.

Les mouvements de l'ennemi, dans le voisinage de la crête de Vionville, sur laquelle se trouvaient ses principales batteries de position, ne laissaient aucun doute sur son parti de battre en retraite (?). Le moment était venu d'ordonner à l'armée un mouvement général, en prenant la gauche pour pivot. La moindre indication donnée à ce sujet par le commandant en chef nous aurait assuré un succès complet et nous aurait permis de rejeter les Prussiens dans la Moselle. Je ne reçus pas la moindre communication et je restai, toute la journée, dans une ignorance complète des intentions du maréchal Bazaine, du but commun à atteindre. J'aurais pris sur moi, néanmoins, d'achever le mouvement d'échelons par la droite, que j'avais fait amorcer par les zouaves de la Garde, quelque faible, d'ailleurs, que fut l'effectif de mon corps d'armée (13,500 hommes d'infanterie) si je n'avais éprouvé de l'inquiétude, à l'endroit de ce qui se passait du côté du maréchal Lebœuf (2), en entendant un bruit continuel de mitrailleuses. L'officier d'état-major que j'envoyai de ce côté pour me renseigner et pour demander qu'on cessât ce feu, s'il n'était pas tout à fait utile, trouva sur les lieux le maréchal Bazaine. Le Maréchal le chargea de me faire connaître que ce feu s'exécutait par son ordre, sous ses yeux, qu'il était indispensable, et que le régiment de voltigeurs, retenu par lui dans le voisinage des batteries ne pourrait m'être rendu. Dans ces conditions, mon initiative personnelle, en raison même du faible effectif de mon corps d'armée, comme de l'emplacement que j'occupais, au centre de la ligne de bataille, ne m'aurait pas permis de produire un résultat décisif. Je me dispensai donc d'ordonner une offensive qui ne pouvait être complètement utile qu'à la condition d'être combinée avec un mouvement semblable des autres corps d'armée.

A 7 heures, alors que le combat semblait devoir cesser depuis quelques instants, l'ennemi ouvrit tout à coup un feu violent d'artillerie et l'entretint pendant un quart d'heure environ.

Une charge de cavalerie, exécutée vers 7 h. 45, causa un désordre momentané parmi les troupes qui se trouvaient à droite de la Garde.

A 8 heures, il faisait nuit et la lutte, qui avait ainsi duré dix heures, était terminée.

Il est incontestable, selon moi, que, dans la matinée du 16 août, les deux routes conduisant de Gravelotte à Verdun, l'une par Mars-la-Tour,

---

(1) La 1re division seulement.
(2) Plus exactement, du côté de la division Montaudon.

l'autre par Conflans (cette dernière suivie par l'Empereur) étaient libres et que celle de Mars-la-Tour, la seule occupée par l'ennemi pendant la bataille, était à nouveau en notre pouvoir, dans la soirée du même jour. Le maréchal Bazaine aurait donc pu, s'il l'avait voulu, marcher sur Verdun, afin d'opérer sa jonction avec l'armée du maréchal de Mac-Mahon, au lieu de se retirer sous Metz.

Division de voltigeurs (Deligny).

Rapport du général Deligny sur la bataille de Rezonville.

Plappeville, 19 août.

Le 16, à 4 heures du matin (1), la division quitta la position du Point-du-Jour pour aller s'établir au village de Gravelotte derrière lequel elle était réunie et massée vers 8 heures du matin.

A 10 h. 30, elle prit les armes pour se porter en avant du village et à gauche de la route de Verdun et y forma d'abord deux lignes de bataillons en masse (2) ; puis la 2ᵉ brigade reçut l'ordre de traverser la route et de se déployer obliquement sur la droite. Ce mouvement commençait lorsqu'un contre-ordre fit replacer la division dans sa position première.

Une heure après, la division reçut, de nouveau, l'ordre de se former sur le côté droit de la route : toute la 1ʳᵉ brigade alla s'y placer en première ligne, et la 2ᵉ la suivait pour l'appuyer, quand un ordre du général en chef en retint trois bataillons (3).

Déjà, cependant, le général Brincourt, sur mon ordre, avait fait fouiller tout le bois de la Jurée qui masquait son front (4) par deux bataillons du 2ᵉ voltigeurs, qui, s'étant portés sur la lisière opposée avaient pu servir d'appui à des troupes de la droite du 6ᵉ corps qui se repliaient et leur avaient permis de se rallier (?).

Ces bataillons furent alors rappelés, et les lignes de la division se formèrent sous leur protection.

---

(1) Heure évidemment erronée, puisque l'ordre du général Bourbaki est daté de 5 h. 45.

(2) Pendant que la 1ʳᵉ division était rapprochée du bois des Ognons.

(3) Le 4ᵉ voltigeurs.

(4) Il n'existait plus, à cette époque, qu'une parcelle du bois de la Jurée. Mais les cartes n'avaient pas encore été rectifiées et ne portaient pas, comme aujourd'hui, le nom de bois Leprince. Il est donc probable que le rapport désigne sous le nom de bois de la Jurée, l'ensemble des bois situés immédiatement à l'Est de Villers-aux-Bois.

Le général de division reçut l'ordre du commandant en chef de la Garde de se porter en avant et de marcher aussi longtemps qu'il ne lui ferait pas dire de s'arrêter. Les troupes s'ébranlèrent, parcoururent une centaine de mètres et furent arrêtées.

Un officier d'état-major fut alors envoyé au général commandant la 1re division par le général commandant la Garde obligé de s'éloigner, pour l'informer que l'ennemi semblait faire effort sur la gauche, et pour le charger de pourvoir à la défense du bois des Ognons (1).

Aussitôt, un bataillon et deux batteries furent envoyés prendre position entre Gravelotte et le bois des Ognons pour surveiller le ravin qui remonte d'Ars vers Gravelotte. Le bataillon de chasseurs fut placé sur la lisière du bois dans lequel il engagea quatre compagnies en tirailleurs; deux autres restant en soutien (2). Ces quatre compagnies furent très vivement engagées dans le bois et eurent à subir des pertes sérieuses. Deux bataillons du 4e voltigeurs s'établirent parallèlement au bois, de telle sorte que la position fut gardée par quatre bataillons et deux batteries. Pendant ce temps, la compagnie du génie de la division mit en état de défense la maison de Poste de Gravelotte.

En ce moment de la journée, le mouvement du maréchal Lebœuf sur le flanc gauche de l'ennemi étant prononcé, l'armée exécuta un changement de front à gauche sur le village de Gravelotte comme pivot. Les nouvelles lignes se formèrent parallèlement à la position occupée par les quatre bataillons de la division en arrière du bois des Ognons, et les autres troupes de la division vinrent elles-mêmes s'établir en ordre déployé derrière ces lignes.

Pendant près de deux heures il se fit un mouvement de troupes considérable entre nos lignes : c'étaient les colonnes du 2e corps qui se portaient sur la gauche.

Puis, l'ennemi accentuant ses efforts sur Rezonville, trois bataillons de la brigade Garnier reçurent l'ordre d'appuyer le flanc gauche de la division de grenadiers qui se portait en avant; en même temps l'ordre fut donné au général Brincourt de se porter avec trois bataillons entre Gravelotte et la lisière du bois. La division se trouva ainsi morcelée, sans que le général de division en fut informé directement. Il conservait toutefois la position avec cinq bataillons de réserve, lorsqu'il reçut l'ordre de les porter en arrière de Rezonville où se trouvaient les batteries de réserve : l'artillerie de la division suivit les bataillons.

Vers 7 heures du soir, l'ennemi prolongeant sa résistance, les troupes

---

(1) Après le départ pour Rezonville de la 2e division.
(2) Les deux premières compagnies du bataillon escortèrent l'artillerie de la division pendant toute la journée.

de première ligne étant fatiguées, commençant à faiblir et manquant de cartouches, le général de division crut nécessaire de se porter en avant avec quatre bataillons déployés sur deux lignes. Il conduisit ces troupes jusqu'à la ligne extrême de nos positions, et à 600 mètres environ des batteries ennemies. Pendant cette marche l'ennemi dirigea un feu d'artillerie des plus violents sur nos bataillons, sans leur faire éprouver toutefois de grandes pertes, les troupes étant déployées, et les projectiles portant d'ailleurs trop haut pour les atteindre. Nos bataillons étaient en même temps pris d'écharpe par un violent feu de mousqueterie parti de la lisière du bois de Saint-Arnould ; il fallut, pour répondre à cette fusillade, faire exécuter à un bataillon de la deuxième ligne, un changement de direction à gauche ; mouvement qui se fit dans l'ordre le plus parfait, et qui permit de faire taire le feu de l'ennemi.

Les troupes étrangères à la division s'étant replacées sous la protection de nos bataillons, le général de division échelonna ces dernières de manière à parer à toute éventualité. La nuit arrivait, lorsque tout notre échelon du centre fut menacé par une charge de hussards prussiens qui fut arrêtée net par le feu de l'échelon de droite.

Vers 9 heures, les quatre bataillons se ployèrent en colonne et se retirèrent par échelons dans l'ordre le plus parfait et sans être nullement inquiétés. Ils allèrent se former derrière trois bataillons de la brigade Garnier établis pour bivouaquer en avant et sur la gauche du village de Rezonville.

État des pertes :

DÉSIGNATION DES CORPS.	OFFICIERS			TROUPES		
	TUÉS.	BLESSÉS.	DISPARUS.	TUÉS.	BLESSÉS.	DISPARUS.
Bataillon de chasseurs......	1	11	»	7	119	43
1er voltigeurs............	»	1	»	5	28	»
2e voltigeurs............	3	10	»	12	134	22
3e voltigeurs............	»	2	»	9	41	2
4e voltigeurs............	»	7	»	5	89	»
Artillerie...............	»	2	»	1	15	»
Génie..................	»	»	»	»	1	1
Totaux.....	4	33	»	39	427	68
Totaux généraux...	37			534		

Rapport du général Brincourt, commandant la 1re brigade de voltigeurs, sur la bataille de Rezonville.

Saint-Quentin, 18 août.

Dans la première partie de la journée du 16 août, la 1re brigade a manœuvré pour occuper diverses positions en réserve.

Vers 4 heures, elle se trouvait à hauteur de la maison de Poste de Gravelotte se dirigeant vers Rezonville par la gauche de la route, lorsque je reçus de Son Excellence le Maréchal commandant en chef, l'ordre de faire surveiller, avec un régiment, le rentrant du ravin du bois des Ognons situé au coin de la lisière du bois.

Les trois bataillons du 2e régiment des voltigeurs de la Garde furent placés de façon à remplir le but proposé. Le Ier, à peine entré en ligne, dut remplacer le bataillon du 3e régiment de grenadiers commandé par M. de Ligniville, qui avait épuisé ses munitions. Le IIe fut déployé face à gauche, ayant vue sur le ravin; le IIIe fut placé en réserve, déployé dans une position, qui lui permettait de soutenir le Ier ou le IIe.

La crête suivie par le chemin de Rezonville à Gorze, était occupée par des troupes appartenant à la division Montaudon et à la brigade Lapasset, par quatre compagnies du bataillon de chasseurs à pied de la Garde, commandées par le commandant du Bessol, et par plusieurs batteries d'artillerie. Une batterie soutenue par quelques compagnies d'infanterie flanquait notre gauche; et le général Garnier avec des voltigeurs de sa brigade nous reliait, vers Rezonville, au général commandant la division.

Pendant trois heures, les troupes demeurèrent dans cette position sous un très violent feu d'artillerie et de mousqueterie entretenu avec ardeur de part et d'autre. Nos pertes cependant n'ont pas été grandes, grâce à l'intelligence avec laquelle nos officiers supérieurs surent défiler leurs hommes tout en produisant l'effet meurtrier qu'on devait attendre.

Vers 7 h. 30, une batterie de la Garde placée sur le front se retira. Quelques minutes après, la batterie qui flanquait notre gauche s'étant retirée avec les compagnies de soutien, l'ennemi dut supposer que nous prononcions un mouvement de retraite, car quittant la position expectante, qu'il avait conservée depuis notre arrivée, il fit un mouvement prononcé en avant.

Je fis immédiatement déployer quatre compagnies du bataillon de Vatry (1) en tirailleurs, gardant en réserve la division du drapeau. Les

---

(1) Du 2e voltigeurs.

voltigeurs se portèrent avec entrain en avant pour occuper la position précédemment garnie par la batterie de gauche et son soutien. L'élan était tel que je dus arrêter la ligne des tirailleurs pour ne pas lui faire déborder le front de bataille qui, dans ce moment, se portait au pas de charge sur l'ennemi et le faisait rétrograder bien au delà du ravin vers le petit plateau (coté sur la carte 311), dans la direction du hameau de Flavigny.

Cette charge a été splendide et aurait pu être poussée jusqu'à Vionville, si nous avions eu derrière nous une réserve de bataillons en colonne.

Mon aide de camp, le capitaine d'état-major Tordeux, qui avait eu son cheval blessé, dominait de la tête et de la voix, voltigeurs et soldats de la ligne, qui se précipitaient sur ses traces et sur celles de leurs officiers. C'est alors que le 1er régiment de voltigeurs venant par les hauteurs de Rezonville et entraîné par nous se rapprocha du 2e.

Cependant la nuit arrivait. Les troupes de la brigade restèrent sur le terrain conquis jusqu'après 9 heures et ne rentrèrent au bivouac que quand elles furent assurées de la retraite de l'ennemi.

Rapport du chef de bataillon du Bessol, commandant le bataillon des chasseurs de la Garde, sur la bataille de Rezonville.

Placées d'abord en réserve derrière la seconde ligne des voltigeurs, les deux premières compagnies ont été envoyées par ordre du général de division, comme soutien pour l'artillerie; ces deux compagnies ont suivi l'artillerie dans tous ses mouvements, ont eu six ou sept hommes blessés, et le soir vers 10 heures ont été placées à l'entrée du bois par ordre du général commandant la garde; elles ont rejoint le bataillon, le lendemain matin 17, après avoir passé la nuit en embuscade.

Les six autres compagnies du bataillon, mises un instant sous les ordres du général Garnier, ont rejoint la 1re brigade au moment de sa formation vers la droite.

Vers 2 heures, le bataillon s'est porté, par ordre du général de division, en avant des bois, quatre compagnies ont été envoyées en tirailleurs pour les fouiller et deux sont restées en réserve.

A 3 heures, le mouvement de retraite des Prussiens paraissant se prononcer, deux de ces compagnies ont été échelonnées le long du ravin, dans les bois; leur feu a inquiété la retraite de l'ennemi et a dû lui causer des pertes.

A 4 heures, le Maréchal commandant en chef a donné l'ordre aux quatre compagnies, qui étaient sous les ordres directs du commandant, de se porter immédiatement à l'extrême gauche pour contenir une nouvelle attaque des Prussiens, qui avait produit un grand désordre dans nos lignes.

Le bataillon, arrivé sur le terrain au moment où plusieurs régiments battaient en retraite, a beaucoup contribué à arrêter ce mouvement par son attitude calme et résolue. Les premiers feux ont été des feux d'ensemble, mais bientôt un certain nombre d'hommes de tous les corps étant venus se rallier à cette ligne, j'ai dû me borner à faire tirer des salves d'un certain nombre de cartouches, qui ont chassé l'ennemi du versant opposé. Les Prussiens s'étaient retirés sur la crête, mais le ravin devant nous était profond et à pic, il était impossible d'en voir le fond sans se montrer complètement à découvert. Les Prussiens en ont profité pour se masser dans le fond, tout en nous occupant par le feu des crêtes, puis ils se sont portés en masse sur notre flanc gauche et ont pu arriver jusqu'à 60 pas sans être aperçus. Un mouvement de retraite, qui paraissait irrésistible, s'est produit à partir de la gauche, mais les hommes ont été entraînés aux cris de : « A la baïonnette ! » Les Prussiens ont pris la fuite avant d'avoir été abordés et on a pu en tuer un grand nombre.

Une heure après, le feu ne paraissait être entretenu sur la crête que par des tirailleurs; une partie du bataillon a traversé le ravin et a pris position sur les hauteurs. On a pu, là encore, tuer beaucoup de monde. Une charge de hulans a été reçue par un feu à 100 mètres, qui les a complètement mis en déroute. Les deux compagnies placées en tirailleurs dans le bois avaient en ce moment-là rejoint le bataillon.

Les positions ont été occupées jusqu'à 9 h. 30 du soir.

Le bataillon est resté engagé de 4 heures à 9 h. 30. Les hommes se sont bien conduits et leur action a été utile; leur attitude a arrêté le premier mouvement de retraite et la charge à la baïonnette a décidé à peu près la lutte de ce côté.

Ces résultats n'ont pas été obtenus sans pertes sensibles. Ces quatre compagnies, fortes d'à peu près 300 hommes, ont beaucoup souffert. 1 officier a été tué, 10 ont été blessés plus ou moins grièvement, 7 hommes ont été tués, 43 disparus, ou du moins sur le sort desquels je n'ai pas encore de renseignements assez exacts. Tout porte à croire qu'ils sont tués, l'ennemi n'ayant jamais occupé notre terrain. 119 sous-officiers ou chasseurs sont blessés plus ou moins grièvement.

11 officiers + 169 sous-officiers ou chasseurs = 180 hors de combat.

Le bataillon a bien rempli son devoir; il a montré de la solidité et de l'entrain; j'aurai l'honneur de vous citer, dans un état à part, les noms de ceux qui se sont fait remarquer.

Blessé vers 6 heures, j'ai dû quitter le commandement de mon bataillon pour me faire panser. Dans ce moment-là, la position paraissait parfaitement assurée par l'arrivée du 2ᵉ voltigeurs.

Le bataillon n'a fait que très peu de prisonniers, trois seulement ont été ramenés. Mais les Prussiens ayant tiré sur nous, après avoir mis la crosse en l'air, les hommes n'ont plus fait de grâce.

Rapport du colonel Dumont, commandant le 1ᵉʳ voltigeurs, sur la bataille de Rezonville.

Plappeville, 17 août.

Après diverses marches et contremarches ayant pour but d'appuyer tantôt la droite, tantôt la gauche de notre ligne de bataille, j'ai reçu l'ordre de me transporter avec mes trois bataillons au village de Rezonville, qui était sous le coup d'une attaque vigoureuse de la part de la gauche de l'armée prussienne. Pendant que j'exécutais ce mouvement par bataillons en masse à demi-distance, je reçus plusieurs avis de M. le général commandant la Garde, m'invitant à ne pas perdre un instant; je me hâtai alors de me former par bataillons en masse en avant en bataille; mais le mouvement n'était pas achevé, que je recevais directement de M. le général commandant la division, l'ordre de déployer mon Iᵉʳ bataillon en appuyant ma droite à Rezonville et de me porter en avant pour soutenir la gauche de la division de grenadiers, qui était très fortement engagée; je suis resté dans cette position avec mon Iᵉʳ bataillon jusqu'à 7 heures du soir, ayant laissé en arrière du village les IIᵉ et IIIᵉ bataillons; mais le IIIᵉ bataillon ne tarda pas à se porter à l'extrême gauche de la ligne de bataille de la division pour protéger une batterie de mitrailleuses; le IIᵉ bataillon resta ainsi seul en réserve.

Vers 7 heures du soir, M. le général commandant la division enleva les hauteurs qui nous faisaient face avec deux bataillons du 4ᵉ voltigeurs et deux compagnies de chasseurs à pied; jugeant que sa droite n'était pas suffisamment protégée par les troupes de la 2ᵉ division qui combattait en avant du village, je n'hésitai point, bien que je n'en eusse pas reçu l'ordre, à me porter en avant, formant ainsi un échelon en arrière des bataillons de la 2ᵉ brigade.

Pendant que j'exécutais ma marche en avant avec mon bataillon déployé, je rencontrai 150 hommes environ du 51ᵉ de ligne, qui étaient ramenés par un parti de hulans. Mon apparition arrêta la charge de cette cavalerie et me permit de rallier ces hommes.

Je me hâtai de former avec le Iᵉʳ bataillon les trois faces d'un carré, dont la quatrième fut occupée par les hommes du 51ᵉ de ligne. Je parvins alors sans difficulté sur la crête par une marche en avant par la première face de mon carré et je me plaçai de manière à me trouver en échelons à 100 pas environ en arrière des bataillons de M. le général

Deligny. Je dois ajouter, mon Général, que, pendant ce mouvement, je n'ai cessé de me trouver sous une grêle d'obus.

Il y avait quelques instants que j'étais dans cette position lorsque je vis venir à moi deux colonnes de cavalerie, que j'estimais à deux escadrons chacune ; je fis mettre genou à terre à mon carré en lui recommandant de ne pas tirer, cette cavalerie pouvant être française.

Les deux groupes s'avançaient lentement et avec précaution ; la nuit commençait à venir. Cette cavalerie était probablement une reconnaissance, qui venait voir si nous avions conservé cette hauteur qu'on peut considérer comme la clef de la position ennemie. Elle s'approcha si près de nous que nous pouvions distinguer les flammes triangulaires des lances ; je fis ouvrir à l'instant le feu par ma première face pendant que les bataillons de la 2ᵉ brigade les fusillaient de leur côté ; ils prirent la fuite dans le plus grand désordre. Quelques instants après, je revenais auprès du village occuper, d'après l'ordre de M. le général Deligny, la position de laquelle j'étais parti pour l'attaque des hauteurs.

Nos pertes dans cette journée sont : 1 officier blessé, 5 hommes tués, 28 blessés.

J'ai fait compléter mes cartouches et inspecter mes armes avec soin.

Rapport du colonel Peychaud, commandant le 2ᵉ voltigeurs, sur la bataille de Rezonville.

16 août.

Au commencement de l'action, le régiment a été envoyé sur la droite de la brigade pour fouiller les bois épais, qui pouvaient cacher quelque entreprise de l'ennemi. Malgré des fourrés presque impénétrables, le régiment entier s'est bien acquitté de sa mission. Il a pu non seulement fouiller les bois, mais je puis dire que sa présence a arrêté beaucoup de soldats de régiments, de je ne sais quel corps, qui s'étaient débandés et qui battaient en retraite.

Vers 2 heures à peu près, le régiment a été rapproché vers la gauche et a été ensuite directement sous les ordres du général de brigade.

A un moment donné le Iᵉʳ bataillon du régiment a reçu l'ordre d'aller relever un bataillon de grenadiers, qui se trouvait en avant et qui manquait de cartouches ; le commandant Ogier de Baulny a conduit son bataillon avec rapidité et vigueur sur l'endroit désigné par le général Brincourt.

Le IIᵉ bataillon, qui avait été tenu un moment en réserve, a été appelé vers la gauche pour renforcer la ligne de bataille, qui se trouvait vis-à-vis des bois assez épais.

Le IIIᵉ bataillon a dû se placer en arrière du Iᵉʳ bataillon, à bonne distance, dans une position parallèle et devant servir de soutien au Ier bataillon, et le relever au besoin.

Bientôt, le régiment étant dans ces positions, la bataille se continua avec des incidents divers ; les bataillons, exposés à un feu très nourri d'artillerie et de mousqueterie, soutenaient bravement leur position ; pas un homme ne quitta sa place et ne bougea.

Vers 5 heures l'ennemi tenta un retour offensif vers la gauche, et il s'avança, en sortant du bois, par une route qui conduisait vers le IIe bataillon.

L'ennemi fut reçu et refoulé avec pertes, et je ne pense pas qu'il reparut de ce côté.

Vers 6 h. 30 un retour offensif, mais qui prit des proportions considérables, se montra sur la droite du régiment, qui faisait face aux positions prussiennes ; l'ennemi s'avança en forte masse et après une canonnade terrible il se précipita sur nos lignes.

Il ne put arriver qu'à une certaine distance ; toute notre ligne, composée d'infanterie d'autres régiments et du 2e voltigeurs, se précipita sur l'ennemi, le chargea, le refoula avec de grandes pertes au fond du ravin et nos voltigeurs, remontant la pente opposée, se trouvèrent maîtres des positions prussiennes. Je dois dire qu'en ce moment, il n'y avait absolument que l'infanterie de la Garde sur ces diverses positions.

Dès ce moment l'ennemi ne chercha plus à rentrer en possession de sa position et se retira successivement.

Dans cette journée du 16 août, le régiment qui, du reste, était sous vos yeux, mon Général, fit bravement et glorieusement son devoir. Nous avons eu trois officiers tués, quelques-uns blessés et un bon nombre de sous-officiers et soldats tués ou blessés.

Journal de marche de la 2e brigade de la division de voltigeurs de la Garde impériale.

16 août.

Entre 7 et 8 heures du matin, la division entière quitte le bivouac et se porte en arrière du village de Gravelotte. Nous étions depuis près d'une heure dans cette position, l'ordre ayant été donné d'y faire faire le café, lorsque les premiers coups de canon se firent entendre. La division prend immédiatement les armes et se porte sur le champ de bataille où la brigade prend à l'action la part suivante (1) :

---

(1) La suite est la reproduction intégrale du rapport du général Garnier.

Rapport du général Garnier, commandant la 2ᵉ brigade de voltigeurs, sur la bataille de Rezonville.

La 2ᵉ brigade était arrêtée au village de Gravelotte pour y faire le café, lorsque vers 10 heures le bruit du canon se fit entendre. Des ordres furent immédiatement donnés par le général de division. Les régiments de la brigade vinrent se placer en avant et à gauche de Gravelotte, faisant face à la route de Metz à Verdun. Les régiments étaient placés par bataillons en colonne à distance de déploiement, deux bataillons de chaque régiment en première ligne, et le IIIᵉ bataillon en deuxième ligne.

Dans cette position et pour assurer notre gauche, le général de division fit placer le IIIᵉ bataillon du 4ᵉ voltigeurs sur les hauteurs qui dominent les bois de Vaux.

Sur un ordre donné, le 3ᵉ voltigeurs fit un changement de front à droite, l'aile gauche en avant; se porta par échelons sur les hauteurs situées à droite de la route de Verdun et fit face au bois de la Jurée, pendant que le 4ᵉ voltigeurs restait sur le côté gauche de la route, où un nouveau mouvement ramena le 3ᵉ voltigeurs. Les régiments vinrent ensuite se déployer, formant une ligne courbe, faisant face au bois des Ognons. Nous avions devant nous les cuirassiers de la Garde. La brigade occupait depuis quelques moments cette position, lorsque, par l'ordre du général en chef, le 3ᵉ voltigeurs, sous le commandement direct du général de brigade, se dirigea sur le village de Rezonville pour appuyer la division de grenadiers.

Vers 3 heures, le 3ᵉ voltigeurs, qui avait été placé en colonne en arrière du plateau, suivit le mouvement en avant exécuté par la ligne des grenadiers, mais, cette fois, par bataillons déployés et s'échelonnant par la droite. Les échelons vinrent successivement se placer sur une seule ligne brisée, la droite à 300 mètres environ des premières maisons de Rezonville. Dans cette situation, tout le régiment avait des batteries, soit devant lui, soit sur ses flancs. La position devint alors très dangereuse; mais malgré des pertes assez sensibles, les bataillons restèrent aux emplacements qui leur avaient été assignés.

En ce moment arrivait le 4ᵉ voltigeurs qui prenait position par bataillons déployés à la gauche du 3ᵉ voltigeurs; le IIᵉ bataillon de ce régiment, placé presque en potence, faisait face, partie aux batteries ennemies, partie au bois de Saint-Arnould, pour soutenir les premières lignes engagées avec des colonnes prussiennes.

Vers 6 h. 30 les lignes s'ébranlent, et le 3ᵉ voltigeurs marche en échelons par la droite, son premier échelon appuyé constamment au côté gauche de la route de Verdun, le 4ᵉ voltigeurs échelonnant ses bataillons vers la gauche. Arrivé à hauteur des dernières maisons de Rezonville, le premier échelon du 3ᵉ voltigeurs s'arrêta sur l'ordre du général Picard, commandant la 2ᵉ division de la Garde, qui réclama notre présence pour soutenir sa 1ʳᵉ brigade fortement engagée à droite. Les deux autres bataillons du 3ᵉ voltigeurs se portèrent en ligne. Les bataillons du 4ᵉ voltigeurs continuèrent leur mouvement en avant, le Iᵉʳ bataillon très à droite, et se liant avec un bataillon du 1ᵉʳ voltigeurs.

Cette marche en avant des deux bataillons du 4ᵉ voltigeurs se continua, sous les ordres du général de division, et les troupes gagnèrent les hauteurs qui dominaient notre gauche. Dans cette position, le 4ᵉ voltigeurs engagea une vive fusillade, soit contre des batteries de l'ennemi, soit contre de l'infanterie qui faisait des démonstrations dans les bois. Quelques moments après, à la tombée de la nuit, la cavalerie prussienne se présenta à trois reprises différentes, et chaque fois fut repoussée par un feu des mieux nourris. Cette phase du combat dura une demi-heure, et sur l'ordre du général de division, la nuit étant complètement arrivée, les bataillons du 4ᵉ voltigeurs vinrent se placer sur la ligne occupée par le 3ᵉ voltigeurs.

La brigade ainsi réunie, moins le IIIᵉ bataillon du 4ᵉ voltigeurs resté toute la journée dans sa première position, forme la première position avancée, qui couvre toute l'armée.

La brigade reste pendant toute la nuit sur cet emplacement, se gardant avec les plus grandes précautions.

Dans cette journée, les bataillons ont eu à changer plusieurs fois de position sans être engagés; ils sont venus ensuite se placer de manière à soutenir l'artillerie, et ils ont eu à souffrir beaucoup, dans cette position, des projectiles de l'ennemi Malgré ce danger, nos officiers et nos soldats ont montré le plus grand calme et la plus grande confiance.

Dans l'action engagée par le 4ᵉ voltigeurs, nos soldats ont prouvé par leur sang-froid qu'ils étaient dignes de faire partie d'un corps d'élite.

Les pertes ont été de 5 officiers blessés, 146 hommes tués ou blessés.

Historique du 3ᵉ régiment de voltigeurs (colonel Lian).

16 août.

Le régiment, campé à Châtel-Saint-Germain, lève le camp vers 6 heures du matin et se dirige sur la route de Metz à Verdun et vient faire la grand'halte à Gravelotte à 8 h. 30. Départ subit à 9 h. 30.

Première formation à gauche du village en ligne de bataillons en colonne double à intervalle de déploiement. Le IIᵉ bataillon reste à 100 mètres en arrière. Ensuite on échelonne les bataillons; puis se fait un changement de front, l'aile gauche en avant, au delà de la route de Rezonville, à 150 mètres.

Le régiment se forme ensuite en colonne face au bois de droite, puis en ligne de bataillons en colonne double face à Rezonville. A 3 heures, on quitte cette position pour se porter à gauche de la route. Ensuite on se forme en ligne de bataillons déployés face au bois de gauche; on n'y reste qu'un instant.

A 3 h. 15, on descend le ravin et on vient se former sur trois lignes de bataillons déployés, assez peu espacés à cause du terrain. On sert de deuxième ligne et de soutien à la 2ᵉ brigade de la 2ᵉ division. Les hommes sont couchés. Le régiment est entouré de batteries d'artillerie, qui attirent une riposte très vive de l'artillerie ennemie, laquelle éprouve assez sérieusement nos lignes.

A 6 h. 30, par ordre du général de division, marche en avant de toute la brigade, à laquelle se joint le 1ᵉʳ régiment de voltigeurs. Les bataillons du 3ᵉ se ploient en marchant en colonne double. Chaque bataillon est précédé d'une ligne de tirailleurs. Le 1ᵉʳ bataillon reçoit l'ordre direct du général en chef de se porter à droite de la route et de se mettre sous les ordres du général Picard, afin d'appuyer la 1ʳᵉ brigade de la 2ᵉ division.

Les deux autres bataillons restent à gauche; les hommes se couchent, toujours exposés à un feu très vif de l'artillerie.

L'affaire peut être considérée comme finie à 8 h. 30.

Les pertes du régiment sont de 2 officiers blessés. Troupe : 9 tués, 44 blessés.

Historique du 4ᵉ régiment de voltigeurs (colonel Ponsard).

16 août.

Vers 9 h. 30, toute la Garde fit une halte entre le village de Gravelotte, les routes de Verdun et de Moulins et le bois des Génivaux. Les troupes prenaient leur repas lorsque quelques coups de canon se firent entendre du côté de Rezonville.

Le général Deligny fit aussitôt sonner la marche de sa division. Le 4ᵉ voltigeurs alla prendre position à 300 mètres en avant de Gravelotte et y resta jusqu'à midi. L'ordre ayant été donné aux deux premiers bataillons de suivre le mouvement du 3ᵉ voltigeurs, ces bataillons, formés en colonne par division, la droite en tête, se dirigèrent vers Rezonville en longeant la route de Verdun. Vers 2 heures, le général Deligny envoya au colonel Ponsard l'ordre de porter ses deux bataillons en avant afin de protéger les batteries d'artillerie de la Garde. Cet ordre fut exécuté immédiatement. Le régiment se déploya en bataille et s'avança jusqu'à 150 mètres en avant des batteries, la droite du Ier bataillon appuyée à Rezonville et le IIe bataillon sur la même ligne de bataille. Dans cette position, le régiment éprouva des pertes très sensibles. C'est là que le commandant Chazotte fut blessé dangereusement d'un éclat d'obus; le capitaine Salles le remplaça dans le commandement.

Le général Deligny, après avoir fait coucher les hommes, fit cesser le feu de l'artillerie pendant quelques instants afin de faire croire aux Prussiens que nous avions évacué cette position, puis exécuter ensuite des feux de batteries qui ne tardèrent pas à démonter les batteries prussiennes. Ordre fut alors donné au Ier bataillon de marcher à l'ennemi. Il était environ 7 heures du soir. En descendant le ravin, ce bataillon rencontra la gauche du 84e de ligne, qui se retirait, puis quelques compagnies de grenadiers. Après une demi-heure de marche, le bataillon s'arrêta sur un petit monticule et exécuta des feux à volonté pendant environ un quart d'heure. La nuit arrivant, le feu cessa. Dans le ravin situé à gauche, une colonne de cavalerie s'étant approchée, le capitaine Vincens, à la tête d'une section, s'avança pour reconnaître cette troupe; s'étant aperçu que c'était une colonne prussienne, le capitaine Salles fit reprendre les feux à volonté et, au bout de quelques instants, la colonne disparut dans l'obscurité. Le Ier bataillon resta environ jusqu'à 10 heures du soir et revint s'établir à 500 mètres en arrière, sur un petit monticule qui dominait tout le terrain situé en avant et bivouaqua jusqu'au lendemain matin à 4 heures.

Au moment où le Ier bataillon reçut l'ordre de se porter en avant, le IIe bataillon exécuta un changement de direction sur son aile gauche et marcha dans cette nouvelle direction pendant 300 mètres environ. Arrivés à cet endroit, les hommes se couchèrent; mais comme les pertes subies étaient trop fortes, le colonel Ponsard fit mettre la baïonnette au canon et gravit au pas de charge le petit monticule qui se trouvait de l'autre côté du ravin. En quelques minutes la hauteur fut couronnée et le feu des batteries prussiennes cessa bientôt. Il commençait à faire nuit. Une demi-heure après, une colonne de cavalerie s'avança jusqu'à 300 mètres du bataillon. Malgré l'obscurité, il ne fut pas difficile de reconnaître que c'était de la cavalerie ennemie. Quelques feux à volonté suffirent pour mettre cette colonne en déroute. On resta encore deux heures dans cette position, puis le bataillon fit demi-tour, se forma en colonne double et alla rejoindre le Ier bataillon. Vers 6 heures du soir, la 6e compagnie avait été requise par le colonel Peychaud, du 2e voltigeurs, pour ramener au combat 300 hommes environ de divers régiments, surtout du 51e, qui s'enfuyaient dans toutes les directions. Ces hommes furent arrêtés à 350 mètres du bois des Ognons, déployés en tirailleurs, et on leur fit exécuter des feux à volonté sur les Prussiens, qui essayaient de sortir du bois. Cette compagnie rejoignit son bataillon vers 8 heures du soir.

Le IIIe bataillon, commandant Fonsale, était resté dans la position qu'il occupait au commencement de la bataille. Vers 1 heure, les 5e et 6e compagnies reçurent l'ordre de se porter sur la gauche et de se déployer en tirailleurs face au bois. Une autre compagnie, la 4e, alla s'établir à son tour à gauche du même bois, face au ravin qui traversait la route de Gravelotte à Ars-sur-Moselle.

Vers 3 heures, le maréchal Bazaine, craignant un mouvement tournant de l'ennemi de ce côté, fit placer deux batteries d'artillerie de la Garde un peu à droite de la route et donna l'ordre aux compagnies, qui étaient déployées en tirailleurs, de se maintenir dans cette position jusqu'à l'arrivée d'un puissant renfort. Il était à peu près 5 heures lorsque la 1re brigade du corps Lebœuf déboucha devant Gravelotte. Les deux batteries d'artillerie se retirèrent aussitôt pour aller joindre leur action à celle des autres batteries engagées du côté de Rezonville. Les trois compagnies déjà logées se rallièrent à leur tour aux trois premières et le bataillon alla prendre position tout à côté de Gravelotte, où il bivouaqua jusqu'au lendemain à 5 heures.

Les pertes éprouvées par les deux premiers bataillons dans cette journée s'élèvent à 24 hommes tués et 128 blessés; 2 officiers tués et 3 blessés.

Rapport du lieutenant-colonel Gerbaut, commandant l'artillerie de la division de voltigeurs, sur la bataille de Rezonville (1re 2e *et* 5e *batteries du régiment monté*).

Saint-Quentin, 18 août.

Le 16 août, de grand matin, la 1re division d'infanterie de la Garde leva son camp et se dirigea vers le village de Gravelotte, où elle stationna quelques heures.

La 2e batterie, qui avait passé la nuit aux grand'gardes avancées, y rallia les deux autres batteries.

Vers 10 heures, au bruit du canon, les batteries se portèrent avec la division Deligny en avant du village de Gravelotte. La batterie Pihan (1) (mitrailleuses) fut d'abord placée à l'extrémité gauche de la division, appuyée au village.

---

(1) $\frac{5}{6}$.

Les deux batteries de 4 Clairin (1) et Belin (2) furent placées en réserve au centre de la deuxième ligne, en avant des chasseurs. Pendant les premières heures du combat, ces batteries prirent différentes positions sans avoir l'occasion d'ouvrir leur feu.

A 3 heures, la batterie de mitrailleuses se porta, par ordre du général Bourbaki, en avant et à gauche de Rezonville, en face de la batterie de position prussienne, sur laquelle elle ouvrit le feu, ainsi que sur deux batteries mobiles qui occupaient une crête située à 2,500 mètres environ. Son feu se continua presque sans interruption pendant une heure et demie. Elle fut ensuite dirigée par le général d'Auvergne sur une position plus avancée d'où elle pouvait couvrir de ses feux une crête le long de laquelle circulaient de l'artillerie et des colonnes prussiennes. Elle resta dans cette nouvelle position jusqu'à 5 h. 30, faisant sans cesse le feu le plus vif, ainsi qu'elle en avait reçu l'ordre. A ce moment, quatre des mitrailleuses étaient hors d'état de continuer le feu ; le dégorgeoir de l'une d'elles avait été faussé par un obus et les trois autres complètement encrassées ne permettaient plus de tirer sans s'exposer à des accidents. La batterie avait tiré 1020 coups.

Vers 4 heures, quand la division de voltigeurs entra en ligne, les deux batteries de 4 vinrent prendre position de combat sur le plateau et à gauche des mitrailleuses, en face de la grande batterie fixe et à gros calibre de l'ennemi.

Ces deux batteries ouvrent leur feu à 1500 et 2,300 mètres. Un combat d'artillerie contre artillerie s'engage et dure quatre heures environ, jusqu'à la nuit tombante. Les coups, sagement tirés, produisent de très bons effets et facilitent l'attaque des batteries ennemies par une colonne d'infanterie dirigée par le général Deligny. En un mot, nos batteries donnent aux voltigeurs l'appui matériel et moral dont l'efficacité est affirmée par ceux-ci d'une façon élogieuse pour nos batteries.

Pendant ce long engagement, les batteries ont été sans cesse en butte aux coups très précis de la meurtrière batterie fixe prussienne et sillonnées par des obus à balles. Aussi ont-elles subi des pertes douloureuses, et si elles n'ont pas été plus considérables, c'est à une heureuse chance qu'il faut l'attribuer.

La compagnie du train, détachement Paris, a aussi pris part au

---

(1) $\frac{1}{G}$.

(2) $\frac{2}{G}$.

combat en attelant une réserve divisionnaire et en fournissant à la 1re division 13 caissons à deux roues.

État des pertes.

UNITÉS.	HOMMES		CHEVAUX	
	TUÉS.	BLESSÉS.	TUÉS.	BLESSÉS.
1re batterie............	»	6	3	»
2e batterie............	1	3	1	2
5e batterie............	»	5	2	1
1re compagnie du train......	»	1	1	2
TOTAUX........	1	15	7	5

Historique des batteries de la division de voltigeurs (1re, 2e *et* 5e *batteries du régiment monté*).

Emploi des batteries de la 1re *division.* — Cependant la 1re division de la Garde a d'abord été placée en réserve, vers le centre du champ de bataille, où elle est restée jusqu'à 4 heures.

Dans cet intervalle son artillerie n'est pas restée inactive ; elle s'est mise en batterie en diverses positions, de manière à battre les débouchés des bois et des ravins à droite et à gauche.

5e *batterie.* — Vers 2 heures, le général commandant le corps de la Garde envoie la 5e batterie, capitaine Pihan, armée de mitrailleuses, à gauche et à peu près à hauteur de Rezonville. Là, cette batterie commence son feu vers 2 h. 30. Une heure après, le tir trop bien réglé de l'ennemi rendant sa position intenable, elle s'avance de 500 pas et plus tard de 600 mètres, en exécutant un feu extrêmement vif jusqu'à 6 heures du soir.

Elle se retire alors progressivement pour passer en deuxième ligne. Lorsqu'elle cesse complètement son feu, à 7 heures du soir, elle a tiré 1190 coups. Le lieutenant en 2e, M. Naquet, est légèrement blessé ; un homme est tué, neuf sont blessés. Quatre mitrailleuses sont hors de service par suite de l'encrassement, et le déchargeoir de l'une d'elles a été brisé par un obus.

A la nuit, cette batterie vient camper à côté des 1re et 2e (capitaines Clairin et Belin) dont elle a été séparée toute la journée.

1re *et* 2e *batteries.* — Celles-ci n'ont ouvert le feu que vers 4 heures du soir. Elles se sont établies à gauche et un peu en avant de Rezonville, et ont tiré contre la batterie prussienne de Flavigny jusqu'à l'entrée de la nuit.

Pendant ce tir, le lieutenant-colonel Gerbaut, commandant l'artillerie de la division, a été blessé à la jambe gauche. Les deux batteries ont 4 hommes tués, 9 blessés et 16 chevaux hors de combat. Elles ont consommé 60 coups par pièce.

Rapport sur les opérations du génie de la division de voltigeurs, le 16 août.

Mont Saint-Quentin, 17 août.

La 8e compagnie de sapeurs du 3e régiment du génie, attachée à la division de voltigeurs, a passé la nuit qui a précédé la bataille au bivouac du Point-du-Jour. Arrivée vers 9 heures du matin au village de Gravelotte, elle s'est formée en colonne de marche derrière le bataillon de chasseurs à pied, qui marchait en tête de la division. Par ordre de M. le général commandant la division elle a occupé, au début de l'action, une vaste ferme (ancienne maison de Poste) commandant la route de Verdun; elle l'a mise en état de défense et a été chargée d'y rester en cas d'attaque jusqu'à la dernière extrémité.

« Vous me répondez de cette position », disait le général en nous y jetant.

La compagnie y a passé la nuit qui a suivi la bataille et quand elle a reçu avis que la division se mettait en marche sur Metz, elle a confié la défense du poste à la 3e division du 3e corps et a rejoint la 1re brigade de voltigeurs.

DIVISION DE GRENADIERS (PICARD).

Rapport sommaire du général Picard sur la bataille de Rezonville.

17 août.

A 9 h. 30 du matin, conformément à vos ordres, je fis placer mes troupes en avant et à gauche du village de Gravelotte, la droite appuyée à la route de Verdun, la gauche surveillant le débouché de la route d'Ars-sur-Moselle. Vers 10 heures je dus, d'après vos instructions, changer ma ligne de bataille et l'établir perpendiculairement à la route de Verdun, à hauteur du village de Rezonville. Le général Jeanningros, commandant la 1re brigade, plaça le 1er et le IIe bataillons de grenadiers en avant du village, le IIIe bataillon formant réserve; l'action s'engageant avec plus d'intensité, le général fait porter en avant les deux bataillons de zouaves en échelons à environ 1500 mètres en avant du village ; ce mouvement avait pour but de soutenir une ligne d'infanterie, qui cédait devant une charge vigoureuse de cuirassiers prussiens. Ces deux bataillons furent appuyés par deux batteries de la division, dont une de canons à balles. On s'arrêta à environ 150 mètres des crêtes. Là, les deux batteries essayèrent de prendre position et durent bientôt se retirer sous le feu de batteries de position prussiennes pour se reporter en arrière.

Le régiment de zouaves et les deux batteries se replièrent et reprirent leur première position en avant du village, à l'arrivée d'un corps français venant de la droite (1).

Pendant cette première partie de la lutte, le général de La Croix déployait deux bataillons du 2e grenadiers sur la crête à gauche et en avant du village de Rezonville, se reliant ainsi avec le 1er grenadiers. Ces bataillons, qui eurent à soutenir un feu violent de l'artillerie ennemie, n'en tinrent pas moins leur position pendant au moins trois heures. Mais voyant les efforts que la gauche de cette ligne éprouvait, j'envoyai un bataillon du 3e grenadiers, qui soutint avec la plus grande énergie une lutte sanglante dans laquelle le colonel Cousin fut tué. Me rendant compte des difficultés qu'éprouvaient les troupes déjà engagées, je fis renforcer ma première ligne par le reste des troupes de ma division, que j'amenai moi-même sur le terrain d'action. Je fis passer un des bataillons de zouaves sur la gauche de la route, et fis placer en batterie sur la droite les deux batteries de ma division, qui s'étaient repliées. Quant à la 3e batterie, appelée d'abord à surveiller la route d'Ars, elle a été ensuite se placer en avant et à gauche de la route de Rezonville ; elle abandonnait bientôt cette position trop dangereuse et se préparait à se porter à la droite des zouaves lorsque, sur l'ordre du maréchal Bazaine, elle vint prendre position sur la crête à gauche de la route et en arrière du village de Rezonville.

Vers le milieu de la journée, pensant que le régiment des guides pourrait fournir une charge utile, je le fis placer à gauche du village en le défilant derrière un mur. Un obus étant venu éclater au milieu du régiment, et voyant que sa présence n'était plus nécessaire, je le fis rentrer dans l'intérieur du village.

Quant à la section du génie, elle a été, d'après les ordres du maréchal Bazaine, employée à mettre le village de Rezonville en état de défense.

L'ambulance occupait la maison de Poste de Rezonville et y a recueilli 750 blessés, qui ont été soignés avec le plus grand dévouement.

Toutes les troupes de la division étant engagées, j'ai pu, par leur

---

(1) La division Montaudon.

brillante attitude et malgré un feu d'artillerie très meurtrier, repousser jusqu'à la tombée de la nuit plusieurs retours offensifs de l'ennemi.

A la nuit, et pour résister aux retours offensifs, j'ai gardé les positions en avant du village en disposant mes troupes de la manière suivante : sur la droite de la route un bataillon de zouaves déployé, sur la route un bataillon de zouaves et à gauche le 1er régiment de grenadiers (deux bataillons déployés et un autre en deuxième ligne en arrière des crêtes), ayant gardé en soutien un bataillon de voltigeurs sous les ordres du commandant Biadelli.

J'ai conservé cette position jusqu'au moment où, d'après vos ordres, j'ai dû me mettre en retraite à 3 h. 30 du matin.

La division a éprouvé les pertes suivantes :

	OFFICIERS			TROUPES		
	TUÉS.	BLESSÉS.	DISPARUS.	TUÉS.	BLESSÉS.	DISPARUS.
Zouaves...............	1	4	»	5	84	2
1er grenadiers.........	2	11	»	22	146	25
2e grenadiers.........	3	22	1	37	354	91
3e grenadiers.........	6	20	»	20	234	187
Artillerie.............	»	1	»	6	44	»
Guides...............	»	2	»	3	8	»
TOTAUX.....	12	60	1	93	870	305

Rapport détaillé du général Picard sur la bataille de Rezonville.

Plappeville, 19 août.

La division de grenadiers de la Garde, arrivée dans la nuit au village de Gravelotte, était campée, le 16 août au matin, de la manière suivante :

La 1re brigade avec deux batteries divisionnaires et le régiment des guides était en avant du village, la 2e brigade avec une batterie était à la gauche du village faisant face à gauche.

Vers 10 heures du matin, sur l'ordre du général Bourbaki, commandant en chef la Garde impériale, le général Picard fit placer ses troupes dans l'ordre suivant : la 1re brigade appuyée à la route de Verdun, déployée ; la 2e brigade se reliant à la 1re et refusant l'aile gauche pour surveiller le débouché par les bois de la route d'Ars-sur-Moselle. Les deux batteries Malcor et Robert en arrière de la 1ʳᵉ brigade; la batterie Barjou, à gauche de la ligne de bataille, prête à balayer la route d'Ars-sur-Moselle, était appuyée par le 4ᵉ escadron des guides.

Vers 11 heures (1), et d'après les nouvelles instructions du général en chef, le général de division dut changer sa ligne de bataille et porter rapidement ses troupes en avant jusqu'à hauteur du village de Rezonville, où l'action était fortement engagée, et s'établir perpendiculairement à la route de Verdun. Bientôt après il fit porter la 1ʳᵉ brigade, sous les ordres du général Jeanningros, en avant du village avec les deux batteries Malcor et Robert (canons à balles).

Le général Jeanningros prit alors ses dispositions : il fit déployer le 1ᵉʳ bataillon du 1ᵉʳ grenadiers en avant de Rezonville, le IIᵉ bataillon occupant le côté gauche du village et les jardins, le IIIᵉ bataillon en réserve en arrière des premières maisons. L'action s'engageant plus vivement encore et les troupes de ligne, qui occupaient les crêtes, semblant céder devant un feu des plus meurtriers et devant une charge de cuirassiers (2) ennemis, le général Jeanningros déploya les deux bataillons du régiment de zouaves et les porta à 1500 mètres en avant du village, au pas de charge, les deux batteries suivant ce mouvement. Ce retour offensif vigoureux fut exécuté avec le plus grand sang-froid par les zouaves, qui ne s'arrêtèrent qu'à 100 mètres de la crête. Là les deux batteries essayèrent de faire feu, mais elles durent se replier bientôt attendu qu'elles étaient prises d'écharpe par l'artillerie ennemie d'un calibre supérieur.

L'action paraissant se ralentir sous l'influence des efforts de l'artillerie et de l'infanterie d'un corps français venant de la droite (3), le général Jeanningros, sur l'ordre du général Picard, fit porter le Iᵉʳ bataillon du 1ᵉʳ grenadiers plus à gauche du village de Rezonville, tous les efforts de l'ennemi semblant se concentrer sur la gauche de notre ligne de bataille.

Au moment où le général Jeanningros s'était porté en avant de Rezonville avec sa brigade, le général de La Croix reçut l'ordre de se porter, avec deux bataillons du 2ᵉ grenadiers, à gauche et en avant du village, à la gauche du IIᵉ bataillon du 1ᵉʳ grenadiers. Placé sur le versant des hauteurs battues constamment par un feu d'artillerie foudroyant, le général de La Croix sut se maintenir en arrière de la crête pendant

---

(1) Heure certainement très erronée, car l'ordre ne fut donné par le général Bourbaki qu'après que ce dernier eût appris que le Maréchal avait été chargé par les hussards Redern.
(2) De la brigade Bredow.
(3) La division Montaudon.

plusieurs heures et on ne saurait trop louer l'énergie qu'il déploya, ainsi que les officiers et les troupes placés sous ses ordres. M. le colonel Lecointe, du 2ᵉ grenadiers, frappé d'une balle à la jambe; M. le colonel de Maisonneuve, mort des suites de ses blessures et M. le commandant Delloye, du 1ᵉʳ grenadiers, se sont particulièrement fait remarquer. Les braves grenadiers commençaient à manquer de cartouches; mais approvisionnés de nouveau, ils purent reprendre l'offensive. Les Prussiens se voyant repoussés mirent la crosse en l'air et arrêtèrent ainsi pendant quelques instants le feu de nos troupes; mais cette lâcheté n'était qu'une ruse de guerre ayant pour but de permettre à une nouvelle colonne prussienne de venir faire une décharge terrible sur nos bataillons. Le général de La Croix fit recommencer le feu et porta les grenadiers en avant; ce mouvement ébranla l'ennemi et les colonnes prussiennes s'éloignèrent.

Profitant de cet instant, le général de division fit relever les deux bataillons du 2ᵉ grenadiers qui étaient épuisés, par le IIIᵉ bataillon du même régiment, pendant que deux bataillons du 3ᵉ grenadiers se portaient plus à gauche pour résister au mouvement tournant de l'ennemi qui, reprenant l'offensive, débouchait d'un ravin et cherchait à déborder notre gauche en s'appuyant sur des batteries qui couvraient les nôtres de projectiles. La lutte s'engagea de part et d'autre avec une grande opiniâtreté, trois porte-drapeau du 3ᵉ grenadiers furent successivement tués ou blessés. Le colonel Cousin prit alors lui-même le drapeau de son régiment et chargea l'ennemi à la tête de ses grenadiers; les commandants Herbillon et Lavollée, réunissant leurs efforts, se portèrent aussi vivement en avant; les Prussiens finirent par se retirer après avoir usé encore une fois de la ruse de mettre la crosse en l'air, mais leur retraite avait coûté la vie à un grand nombre des nôtres: le colonel Cousin était tombé mortellement frappé, les commandants Herbillon et Lavollée étaient blessés. Les grenadiers conservèrent leur position jusqu'à la fin du jour où ils furent relevés par le 3ᵉ voltigeurs.

Pendant que ces différentes phases de l'action se passaient à la droite et à la gauche de la ligne, le général de division, se rendant compte des difficultés qu'éprouvaient les troupes déjà engagées, amenait lui-même vers 5 h. 30 le reste des troupes disponibles de sa division, faisait passer à gauche et en avant du village un bataillon de zouaves et se maintenait en arrière de la crête, reliant ainsi toujours la droite et la gauche de la division, sous un feu d'artillerie très meurtrier.

Vers 7 heures, pendant que le 3ᵉ grenadiers luttait à gauche contre des forces très supérieures en nombre, l'artillerie prussienne tente un nouvel effort sur Rezonville; des colonnes profondes cherchent à pénétrer dans le village et à le tourner; mais les zouaves et un bataillon du 1ᵉʳ grenadiers soutenus par la présence du général de division, laissent l'ennemi s'approcher jusqu'à 500 mètres, l'accueillant par un feu très vif qui le force à batttre en retraite. Des hussards prussiens tentent alors un dernier effort et chargent sur l'entrée du village ; mais eux aussi sont repoussés pour ne plus revenir.

Le combat cesse sur toute la ligne et bientôt la nuit couvre de ses ténèbres le terrain de notre lutte.

Quant à la 3ᵉ batterie Barjon, en quittant la position qu'elle occupait au débouché de la route d'Ars-sur-Moselle, elle vint se placer en avant et à gauche du village de Rezonville et abandonna bientôt cette position, où elle était excessivement maltraitée par les projectiles de l'artillerie ennemie pour venir, d'après les ordres du maréchal Bazaine, prendre position sur la crête à gauche et en arrière du village de Rezonville, où elle continua le feu pendant une partie de la journée.

Vers le milieu de la journée, le général de division pensant que les guides pourraient être employés utilement, les fit placer à gauche du village en les défilant derrière un mur ; malgré ces précautions un obus vint éclater au milieu du régiment et y causa quelques pertes.

Quant à la section du génie, capitaine Olier, d'après les ordres de Son Excellence le maréchal Bazaine, elle a été employée à mettre le village de Rezonville en état de défense sous la direction du commandant Henry.

L'ambulance occupait la Maison de Poste de Rezonville ; elle y a recueilli 750 blessés, qui ont été soignés avec le plus grand dévouement.

A la nuit, et pour résister aux retours offensifs, le général de division a gardé les positions en avant du village en disposant ses troupes de la manière suivante : sur la droite de la route, un bataillon de zouaves déployé ; sur la route, un bataillon de zouaves ; à gauche de la route, le 1ᵉʳ régiment de grenadiers avec deux bataillons déployés en arrière des crêtes et un autre en deuxième ligne ; ce régiment soutenu lui-même par un bataillon de voltigeurs, sous les ordres du lieutenant-colonel Biadelli. Le général de division a conservé cette position jusqu'au moment où d'après les ordres du général en chef, il a dû se mettre en retraite vers 3 h. 30 du matin.

La division de grenadiers a perdu dans cette affaire : 14 officiers tués, 60 blessés ; 118 hommes de troupe tués, 1117 blessés, 157 disparus.

Historique des zouaves de la Garde (1).

16 août.

Pendant que l'armée française opère avec peine et lenteur son mouvement de retraite de la rive droite sur la rive gauche de la Moselle,

---

(1) Par le lieutenant Burkard.

l'armée prussienne fait diligence pour nous prévenir sur les routes de Verdun et nous imposer bataille.

Dès 9 h. 30, la Garde se déploie en avant de Gravelotte. La division Picard surveille les bois au Sud de cette localité ainsi que la vallée qui descend vers Ars-sur-Moselle. A sa droite, la division Deligny s'étend jusqu'à la voie romaine.

Les zouaves, formés en colonnes par division, se sont rapprochés du bois des Ognons, lorsque le général Bourbaki, accourant à eux, leur enjoint de se porter de l'autre côté de la route de Verdun et d'appuyer leur gauche au village de Rezonville. « Pressez-vous, les zouaves, — s'écrie-t-il en s'éloignant, — c'est grave ! » On se hâte, heureux de cette alerte qui rapproche l'heure du conflit attendu depuis tant de jours. Mais le régiment s'arrête dans une dépression de terrain, à hauteur de Rezonville, sans qu'il ait tiré un seul coup de fusil, tandis que le reste de la division Picard change de front et s'établit sur sa gauche, perpendiculairement à la grande route. La cavalerie ennemie a déjà passé par là, car, autour des nôtres, le sol est jonché de cadavres prussiens, cuirassiers blancs et hulans.

La bataille, d'ailleurs, est vigoureusement engagée. La canonnade depuis quelques instants fait rage. Du ravin plongeant vers Flavigny, au mamelon (cote 311) qui domine le champ de bataille, des centaines de bouches à feu braquent sur nos lignes leurs gueules d'acier et couvrent de leur assourdissant vacarme la mousqueterie encore très faible.

De nombreux obus tombent en avant du régiment, mais sans lui faire aucun mal.

Déjà, au delà du village, le 1er grenadiers est aux prises avec l'ennemi, et les zouaves, maintenus en réserve, ont peine à maîtriser leur impatience, lorsque, un peu après-midi, leur arrive l'ordre de prendre l'offensive.

Les deux bataillons, séparés par une intervalle de cinquante pas au plus, s'avancent aussitôt, alignés comme à la parade, et exécutent pendant plus de 1 kilomètre une marche en bataille presque parallèle à la route de Mars-la-Tour. Ils obliquent ensuite vers la gauche par un demi-changement de direction et gravissent les hauteurs qui sont devant eux. Bientôt ils sont arrêtés par la violence des décharges de l'artillerie prussienne auxquelles, à cause de l'éloignement, il leur est impossible de répondre. Pour les soustraire à ce danger, le colonel les fait coucher entre la voie romaine et la route, sur une ligne oblique à cette chaussée, face à Vionville. Derrière eux prennent position deux batteries de la Garde dont ils deviennent ainsi le soutien.

Celles-ci n'ont pas plus tôt tiré quelques gargousses que, obligées de céder devant la supériorité de l'artillerie adverse, elles se reportent en arrière. Les zouaves se lient à leur mouvement. Une deuxième fois elles rétrogradent jusque tout près de Rezonville. Le régiment veut encore les suivre. Mais il sert de cibles aux batteries allemandes qui, placées sur les hauteurs, lui rendent cette zone intenable. Son chef le défile alors par un changement de direction à droite et l'amène en une marche rapide au-dessus de Rezonville. Il est 2 h. 30.

Depuis midi, les zouaves n'ont eu devant eux que de l'artillerie et toujours à trop longue portée pour pouvoir brûler une seule cartouche.

A partir de ce moment, les deux bataillons opèrent séparément.

Ier *bataillon*. — Le régiment vient de se rassembler en arrière de Rezonville, lorsque ordre est donné au Ier bataillon de mettre sac à terre et de dégager le 3e grenadiers qui succombe, de l'autre côté du village, à un ennemi supérieur en nombre. Cette brave troupe, établie sur le plateau au Nord du bois de Saint-Arnould, soutient, depuis près de deux heures, une lutte acharnée et inégale. Peu à peu, elle a dû plier devant la poussée envahissante des Prussiens et se resserrer sur un petit mamelon qui domine la position. L'ennemi s'exténue en efforts impuissants pour l'en déloger ; les grenadiers s'y cramponnent désespérément au prix de sacrifices énormes. Les zouaves traversent Rezonville en courant. Les obus pleuvent autour d'eux ; à chaque pas ils sont arrêtés par des monceaux de cadavres d'hommes et de chevaux qui obstruent l'unique rue du village. Aussitôt qu'ils en débouchent, le demi-bataillon de droite s'élance au secours des grenadiers qui sont à bout de forces et de ressources. Les deux premières compagnies couronnent la crête avec un entrain superbe, de concert avec un bataillon du 51e, la 3e compagnie forme crochet défensif à droite, du côté de Flavigny. Toute la ligne se déploie en tirailleurs et se fusille à bonne portée avec l'ennemi qui sort en colonnes profondes du bois de Saint-Arnould pour repousser notre attaque.

Le demi-bataillon de gauche, pendant ce temps, placé un peu en arrière, tient en respect, par des feux d'ensemble, les masses prussiennes qui font irruption du bois des Ognons.

Grâce à cette vigoureuse intervention, les grenadiers peuvent rester maîtres du plateau ; ils s'y maintiennent avec les zouaves jusqu'à la fin de l'action, malgré les batteries adverses qui continuent à s'évertuer contre eux.

A la tombée de la nuit, la lutte cesse des deux côtés. Le bataillon se rallie en arrière, traverse le village de Rezonville et, après avoir erré quelque temps à la recherche de ses sacs, va bivouaquer tout près de là, en plein champ de bataille.

IIe *bataillon*. — Il peut être 3 heures, quand le lieutenant-colonel du 2ᵉ grenadiers, arrivant à bride abattue sur le général Jeanningros, qui se tient à cheval près des zouaves, lui expose : « que notre aile gauche fait un sérieux mouvement en avant et que pour réussir elle a besoin d'être soutenue sur sa droite, où son régiment, — le 2ᵉ grenadiers, — est fort en l'air ». Le général, déférant à cette requête, donne l'ordre aux quatre compagnies de gauche du 11ᵉ bataillon de franchir la route de Verdun, de se porter au pas gymnastique au delà du village, face au Sud, et de prolonger la droite des grenadiers. Cette manœuvre, exécutée avec un élan et une crânerie incroyables, amène les zouaves, leur drapeau au milieu d'eux, sur un terrain absolument nu, balayé en tous sens par les obus et la mitraille, auxquels ils ne se dérobent qu'en se couchant.

La partie n'est pas égale. A nos soldats, n'est opposé que du canon contre lequel ils ne peuvent rien et qui, de front, de flanc et d'écharpe, les enserre dans un étau de feu.

Près d'une heure ils restent là sans broncher. Puis le commandant Raison, reconnaissant l'inutilité de cette lutte à grande distance, se décide à retirer son monde en dehors de la zone dangereuse. Mais à peine le mouvement est-il entamé que le général Jeanningros l'arrête et ramène le bataillon au delà de son emplacement primitif.

Sur ces entrefaites, une batterie placée en face du bataillon, à 1200 mètres environ, et une autre un peu plus à droite, profitent de leur supériorité pour tenter un bond en avant.

Le capitaine Corréard, qui, avec sa compagnie, occupe la droite de la ligne, ne leur laisse pas le loisir de reprendre position ; par quelques salves bien ajustées, il les arrête et les contraint à se reporter en arrière.

On paye cher ce léger succès ; les pièces qui viennent d'être si malmenées prennent pour nouvel objectif le coin du champ de bataille où se meuvent les zouaves. Ceux-ci, calmes sous l'avalanche des projectiles, semblent chevillés au sol et ripostent par des feux d'ensemble, aussi froidement exécutés que sur un polygone, qui ne restent pas sans effet.

Cependant, l'issue de ce duel disproportionné entre les canons allemands et nos chassepots n'est pas douteuse. En peu de temps, le bataillon a fait des pertes sensibles. L'artillerie ennemie, de minute en minute, rectifie davantage son tir. Chaque coup fait maintenant des victimes. La position n'est plus tenable. Après l'avoir gardée durant près de quatre heures avec une fermeté et une constance que possèdent seules les vieilles troupes qui ont fait la guerre, les zouaves se replient et rejoignent, derrière le remblai de la route de Verdun, à l'Ouest de Rezonville, les deux compagnies qui n'ont pas été engagées.

A 7 h. 30, la lutte s'étant ralentie sur toute la ligne, des batteries prussiennes dessinent un mouvement rétrograde sur les hauteurs dont elles avaient un peu descendu les pentes. Aussitôt les zouaves franchissent de nouveau la chaussée aux cris répétés de « En avant ! » et ouvrent sur elles un feu à volonté qui, à cette distance, ne peut avoir aucune efficacité.

Après cette stérile démonstration qui leur coûte encore plusieurs victimes, ils reviennent se masser derrière la route.

A 8 heures, au moment où le jour baisse, l'ennemi tente un dernier effort et essaye par des charges de cavalerie de rompre notre ligne et d'y jeter le trouble.

Deux régiments de hussards rouges se précipitent, en poussant des hourras, sur les troupes qui sont à la droite du IIe bataillon. Favorisé par l'obscurité, par son uniforme et ses cris, qui nous laissent un instant dans l'incertitude, l'ennemi arrive sur notre front sans presque être reconnu.

La surprise, pourtant, est de courte durée. Accueillie par un feu meurtrier, la charge s'arrête, tourbillonne un moment, puis fait demi-tour et vient défiler en désordre, à six pas devant les zouaves qui, en quelques charges bien dirigées, en font un sanglant massacre. Cet épisode clôt la bataille.

Le IIe bataillon passe la nuit sur la route, un peu en avant du Ier. Le régiment est ainsi de nouveau réuni. Les fatigues de cette journée, que tous croient être une victoire, ne lui ont rien enlevé de sa vigueur. Il est plein d'espoir et d'enthousiasme.

Ses pertes sont de 18 tués, dont le capitaine Manceaux, et 87 blessés, dont les capitaines Mamalet et Jacob, le lieutenant Spitalier, les sous-lieutenants Méquesse et Coste, porte-aigle.

Pertes du régiment dans la journée du 16 août.

	OFFICIERS				TROUPES			
	Présents à la bataille.	Tués.	Blessés.	Disparus.	Présents à la bataille.	Tués.	Blessés.	Disparus.
État-major................	8	»	1	»	45	»	»	»
Ier bataillon...............	18	»	1	»	550	4	21	1
IIe bataillon...............	18	1	3	»	550	14	66	2
Totaux.......	44	1	5	»	1145	18	87	3

Rapport du chef de bataillon Raison, commandant le IIe bataillon des zouaves de la Garde, sur la bataille de Rezonville.

J'ai l'honneur de vous rendre compte de la part prise par le IIe bataillon au combat du 16 août.

Vers 11 heures (1), le IIe bataillon, sur l'ordre du général Bourbaki, se porta en avant, formant échelon avec le Ier bataillon, pour soutenir la droite de la ligne qui faiblissait. Il se plaça en bataille à droite de la route de Verdun et supporta bravement le feu des pièces de position à l'aide desquelles l'ennemi a, pendant toute la durée du combat, paralysé notre action sur la droite, démontant l'artillerie quand elle se présentait. Dans cette position, où le IIe bataillon partageait le sort du Ier, la 6e et la 2e compagnies furent déployées en tirailleurs et tirèrent quelques cartouches.

Vers 3 h. 30, sur l'ordre du général Jeanningros, le bataillon (3e, 4e, 5e et 6e compagnies) se porta en avant afin d'appuyer un mouvement offensif vivement prononcé des troupes qui se trouvaient déployées à notre gauche. L'espace à parcourir était nu, découvert et battu en tous sens par une artillerie nombreuse. Le bataillon, pour traverser ce terrain dangereux et pour s'y maintenir pendant plusieurs heures, s'est bien comporté; il a fait preuve de calme et de persévérance; ses feux n'ont pas cessé d'inquiéter l'ennemi, tirant sur l'infanterie prussienne dès qu'elle se levait pour faire un mouvement en avant et sur les batteries qui nous prenaient de front et d'écharpe, faisant un feu constant. Nous avons employé avec succès les feux à commandement; la 3e compagnie s'est particulièrement fait remarquer dans cette circonstance; M. le capitaine Corréard, qui la commande, officier calme et courageux, bien maître de sa compagnie, à laquelle il inspire de la confiance, a fait faire sur les batteries les plus rapprochées des feux à commandement d'une telle précision que ces batteries furent forcées de s'éloigner, après avoir éprouvé des pertes sensibles. C'est alors que le bataillon devint le point de mire de l'artillerie; je fis prendre position un peu en arrière; les hommes en dernier lieu, s'abritèrent derrière le talus de la chaussée, où ils dominaient le terrain.

Quelques instants après, lorsque l'infanterie prussienne se porta en avant pour repousser une attaque de notre centre, le bataillon, la prenant de flanc, dirigea sur elle un feu très nourri qui contribua à lui faire rebrousser chemin.

---

(1) Beaucoup plus tard. Voir le Journal de marche de la Garde et les *Notes* du général Bourbaki.

La nuit était arrivée, on ne distinguait plus rien ; cependant l'ennemi voulut tenter un dernier effort ; il reparut sur notre droite qu'il avait abandonnée depuis longtemps ; on le prit un moment pour une troupe française ; avec une longue-vue, je parvins à distinguer les casques prussiens ; au même moment, des hussards prussiens se formaient en bataille sur la crête du mamelon, se préparant à charger ; ils tirèrent leurs salves en poussant un hourra auquel nous répondîmes par le cri de : « Vive l'Empereur ! » Lorsqu'ils arrivèrent à 10 mètres, les zouaves ouvrirent sur eux un feu meurtrier qui les rompit et les dispersa. Pendant cette journée passée sous le feu de l'ennemi, le bataillon a montré de la solidité.

Historique du 1er régiment de grenadiers.

16 août.

Le 16, de bon matin, on reçoit l'ordre de se tenir prêt à partir. A 10 heures du matin on entend les premiers coups de canon dans la direction de Verdun. On voit des voitures et des chevaux de main revenir à fond de train. Vers 11 heures, un officier d'ordonnance du maréchal Bazaine vient mettre le maréchal Bourbaki, commandant la Garde, au courant de la situation, qui est des plus graves.

Le général Bourbaki vient trouver le général Jeanningros et lui donne l'ordre, pour rétablir la « situation compromise », de se porter en avant de Rezonville avec les zouaves et le 1er grenadiers, composant la brigade.

La brigade rompt par pelotons, marche comme à l'exercice. Arrivé à Rezonville le général Jeanningros prend les dispositions suivantes : les deux bataillons de zouaves à droite du village, le 1er bataillon de grenadiers en avant du village et les deux autres bataillons à sa gauche. Les zouaves, qui ont mis sac à terre, se portent en avant en battant la marche du régiment.

Le général, qui les conduit, reçoit l'ordre de venir reprendre la ligne de bataille qu'il occupait primitivement. Le 1er bataillon de grenadiers reste toute la journée en avant de Rezonville dont les Prussiens ne s'approchent pas. Le lieutenant-colonel Péan, qui est chargé spécialement par le général Jeanningros de la défense du village, a pris les dispositions pour que la troupe ne reste pas inutilement exposée au feu. Il l'a abritée dans de bonnes positions où il peut attendre l'ennemi. Deux mitrailleuses sont sauvées par des grenadiers de ce bataillon.

Les IIe et IIIe bataillons sont en grande partie déployés en tirailleurs sur la gauche de la route de Verdun. Ils arrêtent la marche des colonnes prussiennes. Ils sont sous les ordres du colonel Théologue. Le IIe bataillon, sous les ordres du commandant Delloye, a même gagné du terrain sur l'ennemi. Pendant quatre heures il a tenu la position sous un feu écrasant. Le III° bataillon, sous les ordres du commandant d'Escayrac-Lauture, a toujours maintenu l'ennemi à la même distance.

Le soir, les Prussiens battent en retraite et abandonnent les positions qu'ils ont occupées toute la journée. Le régiment se reforme et vient se masser en colonne par division en avant de Rezonville. Il bivouaque sur le champ de bataille. Ses pertes dans la journée s'élèvent à 2 officiers tués, 12 officiers blessés et 203 tués ou blessés. Il a fait preuve de beaucoup de courage et de sang-froid. A la fin de la journée, les bataillons réunis avec ordre et cohésion, quoique épuisés de fatigue, offraient une masse solide sur laquelle on pouvait fonder de grandes espérances.

Journal de campagne du lieutenant de La Forest-Divonne, du 1er grenadiers.

16 août.

A 3 heures du matin, nous nous arrêtons à 6 kilomètres de Mars-la-Tour, à côté d'un village appelé Gravelotte, que 500 Prussiens étaient venus piller la veille (?).

Nous bivouaquons dans un champ de chaume à gauche de la route, face à Mars-la-Tour ; nos tentes arrivent et je puis enfin dormir tranquille ; mais dès 8 heures du matin, elles nous sont enlevées et nos bagages sont emmenés.

Hier, un combat de cavalerie s'est livré à Mars-la-Tour, il y a eu 2,000 Prussiens hors de combat. Il fait très beau temps ; les nuits seules sont un peu fraîches.

Les Prussiens ont brûlé Ars-sur-Moselle.

A 9 heures du matin, le canon se met à résonner devant nous, direction de Verdun. Une grande bataille s'engage. La route de Verdun, après avoir traversé Gravelotte, coupe en deux, à 2 kilomètres de là, un deuxième village du nom de Rezonville; elle est bordée à droite et à gauche, sur une largeur de 1300 mètres, des deux côtés, par des champs cultivés au delà desquels s'étend une lisière de bois. Entre Rezonville et Gravelotte un fort ravin coupe perpendiculairement la route; au delà de Rezonville, un autre ravin parallèle au premier, et à 2,700 mètres de Rezonville une crête élevée sur laquelle on voit les Prussiens massés à droite et à gauche de la route.

Sur la partie gauche de cette crête, ils ont placé des batteries de position avec épaulements.

A midi, la Garde impériale tout entière se forme en colonne double de bataillon et se porte face au bois à gauche. Au bout d'une heure d'attente, nous changeons de direction et nous prenons celle de

Rezonville. A hauteur de Rezonville et à droite de la route, il y a des masses de cavalerie française. Les blessés défilent sur la route en se dirigeant sur Metz.

Le 1er grenadiers entre dans la rue principale de Rezonville ; nous enjambons un artilleur de la ligne étendu mort les bras en croix, la face contre terre, au milieu de la rue.

Les maisons à droite et à gauche sont pleines de blessés qui crient. Le régiment débouche de Rezonville et se déploie en ligne de bataillon en colonne double, sa droite appuyée à la route de Verdun. Le commandant Delloye donne l'ordre à ma compagnie de s'établir dans la première maison de gauche à la sortie du village.

Cette maison est solide, en pierres, avec un jardin asez grand entouré d'un mur de pierres de un pied d'épaisseur ; elle est à un étage au-dessus du rez-de-chaussée, possède une cave voûtée et est couverte en tuiles. Une partie du mur du jardin, précisément celle qui fait face à la direction de Mars-la-Tour, ne s'élève qu'à hauteur d'appui. Je m'y place avec ma section ; je découvre admirablement tout le plateau et les hauteurs occupées par les Prussiens. Devant nous, dans le champ et à quelques pas du mur, est couché à plat ventre un bataillon du 28e de ligne. La division de grenadiers tout entière se déploie à la gauche du 1er grenadiers ; derrière elle se place la division de voltigeurs en 2e ligne. Les obus prussiens balayent la plaine dans tous les sens. Deux mitrailleuses arrivent se mettre en batterie en avant de notre maison, à l'angle de notre jardin ; elles tirent quatre coups et sont démontées par les obus allemands. Quatre de ces obus crèvent notre maison ; le caporal Errard est blessé à la tête, le soldat Bolleker est atteint à la jambe.

Nous restons jusqu'à 7 heures du soir, sans tirer un coup de fusil, accroupis dans notre jardin.

Le bataillon du 28e disparaît dans le village ; quatre pièces d'artillerie de la Garde essayent de se porter en avant de notre maison, mais en un clin d'œil elles sont démontées et s'en vont comme elles peuvent.

Dans le fond du côté du bois Sud, je vois comme une charge à la baïonnette et des Prussiens qui se sauvent ; c'est là que se trouve le 3e régiment de grenadiers.

A 3 heures de l'après-midi, des colonnes allemandes descendent des hauteurs où sont placées leurs batteries et disparaissent dans un repli de terrain ; à ce moment une grêle de balles nous arrive. De nouveau, cinq obus percent notre mur et nous tuent net quatre grenadiers de ma section.

Le 100e de ligne débouche tout à coup de la rue du village, colonel en tête, et commence à tirer sur la division de grenadiers ; le capitaine Vuillet court prévenir ce colonel de son erreur. Le 100e de ligne fait alors demi-tour et s'en va par où il était venu; c'est le mieux qu'il avait à faire après un aussi brillant exploit.

A 4 heures, de nouveau, les balles pleuvent dans notre jardin.....

Vers les 2 heures, j'aperçois Horry, lieutenant au régiment, s'en allant seul à travers la plaine, son mouchoir sur la figure; on ne l'a plus revu depuis au régiment.

Le sergent Morelli, le sergent-major Berthelmot, font bien leur devoir.....

Un malheureux caisson d'artillerie abandonné devant nous semble servir de jalon au feu de l'ennemi; les boulets pleuvent sur lui; à côté se trouve sur trois pattes un cheval qui a une jambe coupée et quelques pas en avant, un artilleur est étendu par terre et criant au secours.

Nos lignes de troupes dans la plaine sont immobiles.

A 7 heures, la compagnie reçoit enfin l'ordre de quitter sa maison, où elle est depuis 11 heures du matin (?). Arrivés dans la rue, nous entendons battre la charge et nous voyons une colonne de grenadiers courant sur la route vers Mars-la-Tour. Convaincu que les Prussiens, profitant de l'ombre naissante, tentaient une attaque de vive force sur le village, je me jette avec ma compagnie au milieu de cette colonne, qui se trouve formée du 1er grenadiers mêlé à des soldats du 28e de ligne. Un grand jeune homme imberbe, à pied, portant l'uniforme de capitaine d'état-major et semblant avoir perdu la tête, posté au bord de la route, accablait les grenadiers d'injures. Nos hommes, étourdis par les cris de ce fou et aveuglés par un nuage de poussière, se mettent à tirer sur les zouaves de la Garde qui nous précédaient, paraît-il. La cavalerie charge à droite de la route dans les champs.

Enfin moi et les autres officiers, à force de peine, nous parvenons à calmer nos hommes, à faire cesser le feu, enfin à faire taire notre fou de capitaine d'état-major, cause du désordre par ses hurlements sauvages.

Le 1er grenadiers tout entier ne tarde pas à se ressaisir et à venir se coucher dans le fossé à droite de la route. Là, un vilain petit soldat du 28e de ligne, égaré au milieu de ma compagnie, me tire un coup de fusil, dont la balle siffle à mon oreille; je me précipite sur lui, l'épée à la main, croyant qu'il l'avait fait exprès. A son air piteux, je vis qu'il n'en était rien, que ce n'était qu'un affolé, et il disparaît, après avoir reçu mon pied au derrière. Des quantités de soldats de la ligne reviennent par petits groupes isolés et se sauvent en nous tirant dessus et en tirant sur nos cavaliers qui chargeaient à droite de la route, les prenant sans doute pour des Allemands. Heureusement que presque tous ces coups nous passaient par-dessus la tête.

Le colonel Théologue arrive à pied sur la route, son binocle sur le nez, réclamant son drapeau qui, dans la bagarre, était resté avec sa garde dans le village de Rezonville. Que le soldat français a peu de sang-froid !

Enfin la nuit tombe, de plus en plus épaisse ; la sonnerie de « Cessez le feu » retentit partout et le feu cesse.

Le régiment se reforme assez lentement, à cause de l'obscurité, et bivouaque à l'entrée du village, à gauche de la route.....

Rapport du général de La Croix, commandant la 2ᵉ brigade de grenadiers, sur la bataille de Rezonville.

Plappeville, 19 août.

La brigade était campée à l'extrémité du village de Gravelotte ; le 2ᵉ grenadiers en avant et à gauche de Rezonville, le 3ᵉ entre les dernières maisons du village et les bois ; ces deux régiments formant un angle dont le saillant, occupé par une batterie d'artillerie, était tourné vers le village d'Ars.

Vers 10 h. 30, elle reçut du général commandant la division l'ordre de prendre les armes et de se porter tout entière en avant du village, entre la route de Verdun et les bois.

Le 2ᵉ grenadiers se forma en colonne de bataillon à demi-distance ; des compagnies de tirailleurs, une par bataillon, furent envoyées en avant pour occuper le bois.

Quand le 3ᵉ grenadiers arriva à hauteur du 2ᵉ, un bataillon tout entier fut envoyé dans le bois, s'y engagea très avant, et se relia aux tirailleurs du 2ᵉ. L'autre bataillon vint se poster, avec un escadron de guides et une batterie, en face du ravin qui débouche à Ars-sur-Moselle. On craignait, paraît-il, un mouvement tournant de ce côté.

Un peu avant midi (1), l'action s'engageant décidément en avant de Rezonville, le 2ᵉ grenadiers reçut ordre de se masser en arrière du village, et le 3ᵉ de se porter à sa hauteur. Il allait y arriver quand le général de La Croix, sollicité déjà de la part du général Frossard de venir à son secours, reçut du général commandant la division l'ordre de prendre position sur la gauche de Rezonville, en avant d'un vallon assez profond, sur un mouvement de terrain dont les pentes s'inclinent vers Flavigny.

Pendant qu'il s'y rendait, le IIIᵉ bataillon du 2ᵉ grenadiers, et tout le 3ᵉ grenadiers, furent retenus par des considérations que je ne connais pas, pour concourir à une autre opération.

Dès lors, l'action de la brigade se subdivise en trois périodes distinctes :

---

(1) Heure très erronée.

Action des deux premiers bataillons du 2ᵉ grenadiers;
Action du IIIᵉ bataillon de ce régiment;
Action du 3ᵉ grenadiers.

Action des deux premiers bataillons du 2ᵉ grenadiers. — Ces bataillons, formés en bataille et couverts chacun par une ligne de tirailleurs, gravirent les hauteurs à gauche et en avant du village, et relevèrent le régiment d'infanterie qui s'y trouvait; le bataillon Delloye, du 1ᵉʳ grenadiers, se forma sur la même ligne.

Le versant de ces hauteurs était battu par plusieurs batteries prussiennes établies sur une crête beaucoup plus élevée, couvertes par des épaulements dans une position choisie et préparée à l'avance, et qui vomissaient une grêle continue de mitraille, d'obus et de boulets.

Dans ces conditions, se tenir sur la déclivité, à mi-pente, eût été encore plus dangereux, car un peu en arrière de la crête on pouvait espérer voir les boulets passer par-dessus nos têtes, tandis qu'en arrière la trajectoire rasait la pente et aucun coup n'eût été évité. Ainsi, avant d'être arrivés à la crête, trois officiers blessés étaient obligés d'abandonner les bataillons.

Malgré l'intensité du feu, la ligne de tirailleurs franchit la crête sous ma direction, prit position en avant, et ouvrit le feu.

Les deux bataillons, sous les ordres du colonel, s'établirent un peu en arrière de la crête et ouvrirent aussi le feu. Après un feu de tirailleurs dont les résultats échouaient contre les épaulements qui protégeaient les batteries prussiennes, le colonel fit cesser le feu qui fut rouvert quelques instants après, après rectification de la hausse. Même impuissance : les batteries prussiennes continuèrent pendant plus d'une heure leur feu, n'ayant à lutter que contre la mousqueterie du régiment. Beaucoup d'officiers et de soldats tombèrent pendant cette première période.

Un feu, dirigé par deux batteries de 12 de la réserve établies beaucoup en arrière de nous, répondit alors aux batteries prussiennes, qui ne s'en occupèrent point; les coups des nôtres partaient de trop loin et les leurs redoublèrent d'activité sur la ligne d'infanterie, et avec une justesse effrayante.

Au bout de deux nouvelles heures de cette mitraillade, les hommes ayant presque épuisé leurs munitions, j'ai dû commencer un mouvement de retraite; mais l'infanterie prussienne se montrant sur des hauteurs à gauche, nous revînmes en avant, profitant de ce qu'au même moment un caisson de munitions nous amenait des cartouches.

Les Prussiens mirent la crosse en l'air; les hommes, croyant que c'étaient des chasseurs à pied, hésitaient à tirer; je reconnus leur erreur et fis recommencer le feu. Ils renouvelèrent la même manœuvre dont la persistance nous trompa encore un instant.

Une deuxième tête de colonne prussienne apparut en face de nous, mit aussi la crosse en l'air et agita un drapeau blanc au bout d'une longue hampe pour arrêter notre feu. Ils furent accueillis si vigoureusement qu'ils disparurent. C'est alors que quatre bataillons d'infanterie vinrent nous relever et nous permirent d'effectuer notre retraite en bon ordre. Beaucoup d'officiers étaient plus ou moins gravement atteints.

Vers 4 h. 30, ces deux bataillons se reformèrent derrière le village.

Action du IIIe bataillon. — Le IIIe bataillon, par ordre du général de division, était préposé à la garde de la batterie de mitrailleuses, plus à gauche. Dès que les deux premiers commencèrent leur mouvement de retraite, le commandant en chef de la Garde envoya au chef du IIIe bataillon l'ordre de détacher deux compagnies en tirailleurs en avant et de se porter lui-même avec le reste de son bataillon en arrière de ces compagnies. Ce bataillon soutint un feu très nourri jusqu'à ce qu'il eût épuisé ses cartouches. Relevé alors par un bataillon de voltigeurs, il se replia dans un chemin creux pour reprendre des munitions.

Vers 7 h. 30, il tenta un dernier effort pour assurer le succès de la journée; reprenant l'offensive un peu à gauche, il franchit le ravin et déboucha au pas gymnastique sur les pentes où se trouvait l'infanterie prussienne sous la protection de ses batteries. Il arriva jusqu'à 500 ou 600 mètres de cette infanterie; c'est alors qu'il subit, par les feux de l'artillerie et de la mousqueterie combinés, des pertes très sérieuses. Toutes les compagnies envoyées en tirailleurs dans le bois ont rallié le régiment, à l'exception d'un petit poste commandé par un officier qu'on a pas revu.

Pendant toute la journée du 16 août, le 2e grenadiers, qui a occupé une position centrale et des plus dangereuses du champ de bataille, a gardé sous un feu terrible la plus belle contenance. Les grenadiers se sont montrés dignes de leur vieille réputation.

Toute cette partie de la lutte s'est passée à gauche de la route de Verdun.

Action du 3e grenadiers. — Le Ier bataillon du 3e grenadiers était arrivé au village de Rezonville peu après le 2e grenadiers, avait traversé la route et était allé se poster derrière les zouaves.

Le IIe bataillon, après avoir rallié ses tirailleurs qui étaient dans le bois, en suivit la lisière et vint se porter au delà du vallon que le 2e grenadiers avait traversé à droite pour remplacer une ligne d'infanterie qui battait en retraite.

Le Ier bataillon retraversa la route de Verdun et vint rejoindre le 2^e

par un mouvement de flanc, après avoir été arrêté quelque temps entre une batterie de mitrailleuses et la route. Il continua son mouvement par le flanc pour aller à gauche résister aux efforts que faisait l'ennemi pour tourner notre ligne.

Entre 3 et 4 heures, les bataillons étaient en ligne et engageaient immédiatement le feu contre l'infanterie prussienne qui sortait du bois. Ils s'avancèrent, sur l'ordre du commandant en chef, lentement et déployés, vers la crête. A ce moment, ils avaient leur gauche appuyée au bois et à un ravin qui en débouchait ; les mêmes batteries de position, qui avaient criblé le 2e grenadiers, couvrirent de projectiles de toutes sortes le terrain occupé par le 3e et nos pertes commencèrent.

Le premier atteint fut le porte-aigle ; plusieurs autres officiers tombèrent ensuite.

Les grenadiers continuent leur feu sur l'infanterie prussienne, mais à la suite des pertes, une certaine confusion règne dans les rangs. Les tirailleurs ennemis se montrent à une faible distance ; nos hommes manquent de munitions ; beaucoup d'armes encrassées ne fonctionnent plus ; un léger mouvement de retraite se produit aussitôt.

C'est alors qu'une cinquantaine de tirailleurs ennemis accourent à nous en levant la crosse en l'air ; croyant qu'ils se rendent, nous allons à eux ; le lieutenant Fabrègue, qui somme l'officier supérieur prussien de se rendre, est tué, et le feu part de tous côtés des bois ; nous y répondons et le capitaine Stephanopoli tue l'auteur de cette lâche fourberie.

La position était devenue critique et le mouvement de retraite s'accentuait. Le colonel Cousin saisit le drapeau, appelle ses hommes à lui et tombe. Le capitaine Morand ramasse l'aigle, dont la hampe est brisée, et rallie en arrière un certain nombre de combattants ; d'autres officiers en font autant et se reportent en avant jusqu'à ce que le 3e voltigeurs soit venu occuper les crêtes vers 8 h. 30, au moment où le feu cessait.

Le régiment alla camper sur l'emplacement qu'il occupait le matin.

Dans cette journée : 5 officiers tués, 21 blessés ; 578 hommes tués, blessés ou disparus au 2e grenadiers ; 4 officiers tués, 23 blessés ; 483 hommes tués ou blessés au 3e grenadiers attestent que les grenadiers de la 2e brigade ont fait leur devoir.

Journal de marche du 2e grenadiers.

16 août.

La division quitte Gravelotte à 10 h. 30 sur l'ordre du général commandant en chef, laissant ses bagages et ses *impedimenta* et vient prendre position, la droite appuyée à la route de Verdun, la gauche surveillant les débouchés de la route d'Ars-sur-Moselle, et le bois des Ognons. Le 2ᵉ grenadiers est d'abord placé en colonne par division, sa droite appuyé au petit ravin.

Une compagnie par bataillon est détachée en tirailleurs et pénètre dans le bois.

La batterie divisionnaire prend position en avant pour battre le grand ravin qui va aboutir à Novéant.

L'action s'étant engagée plus vivement, vers midi, le général commandant en chef fait, d'après les ordres, changer la ligne de bataille et l'établit perpendiculairement à la route de Verdun, sur les hauteurs à mi-chemin entre Gravelotte et Rezonville. La division de voltigeurs remplace les grenadiers dans la première position. La 1ʳᵉ brigade est portée encore plus en avant, à gauche du village de Rezonville où elle commence à supporter un feu d'artillerie intense.

Un caisson d'artillerie abandonné est incendié par un obus et éclate au moment où le régiment passe à sa hauteur ; heureusement personne n'est atteint.

Pendant cette première partie de la bataille le général de brigade fait déployer les Iᵉʳ et IIᵉ bataillons du 2ᵉ grenadiers et les porte sur la crête à gauche et en avant du village de Rezonville, se reliant ainsi avec le 1ᵉʳ grenadiers.

Ces bataillons eurent à supporter un feu des plus violents de l'artillerie ennemie établie derrière des épaulements et forte d'environ 60 pièces. La mitraille, les obus, pleuvaient comme grêle et décimaient les rangs malheureusement trop serrés ; l'espace pour un déploiement plus ouvert n'avait pas été réservé, la gauche de la ligne étant occupée par un régiment de ligne (le 25ᵉ). Les deux bataillons n'en tinrent pas moins pendant près de deux heures dans cette position, malgré les pertes énormes qui se firent sentir tout de suite parmi les officiers supérieurs.

Les grenadiers commençaient à manquer de cartouches et pliaient ; mais approvisionnés de nouveau, ils purent reprendre l'offensive. Les Prussiens se voyant repoussés mirent la crosse en l'air, agitèrent un drapeau blanc et arrêtèrent ainsi pendant quelques instants le feu de nos troupes. Mais cette lâcheté n'était qu'une ruse de guerre, ayant pour but de permettre à une nouvelle colonne prussienne de venir faire une décharge terrible sur nos bataillons.

Le général de La Croix fait recommencer le feu et porte les grenadiers en avant ; ce mouvement ébranle l'ennemi, et les colonnes prussiennes s'éloignent.

Profitant de cet instant, le général de division fit relever les deux bataillons, qui étaient épuisés, par le IIIᵉ bataillon, pendant que deux bataillons du 3ᵉ se portaient plus à gauche pour résister au mouvement tournant de l'ennemi, qui débouchait du ravin à gauche et cherchait à nous déborder.

Ce troisième bataillon eut à repousser l'ennemi et fut renforcé vers 7 heures du soir par un bataillon de zouaves et le Ier du 1er grenadiers, qui s'opposèrent à de fortes colonnes enuemies, qui cherchaient à tourner le village.

La nuit survint et le combat cessa sur toute la ligne. Le régiment alla bivouaquer en bataille, à droite du village, faisant face à Vionville.

Cette journée dans laquelle les grenadiers soutinrent dignement la réputation acquise à Magenta coûta très cher au régiment.

Pertes : 5 officiers tués, 20 blessés, 1 disparu ; 37 hommes tués, 386 blessés, 129 disparus.

Rapport du commandant Lucas, commandant provisoirement le 2e grenadiers, sur la bataille de Rezonville.

Plappeville, 17 août.

Les trois bataillons du 2e régiment de grenadiers sont partis le 16 août du bivouac de Gravelotte, vers 10 heures du matin, et ont pris position face au bois, tandis que l'affaire s'engage sur la droite.

Le régiment va prendre ensuite position en arrière et à droite du village de Rezonville.

A 1 h. 30, les deux premiers bataillons, sous les ordres du général de La Croix, ont gravi les hauteurs qui se trouvent à gauche en avant du village pour relever en première ligne, un régiment d'infanterie, qui occupait cette position ; les premières compagnies de chaque bataillon déployées en tirailleurs.

Ces deux bataillons ont pris leur position sous le feu le plus violent de l'artillerie ennemie établie derrière un épaulement.

Pendant une grande heure, ces troupes ainsi embusquées ont eu à lutter contre le tir plongeant de deux batteries de 16, sans être elles-mêmes soutenues par de l'artillerie ; ce n'est qu'au bout de cette grande heure que des batteries françaises ont riposté aux batteries ennemies.

Après deux heures dans cette situation, ces deux bataillons décimés par la mitraille, presque sans munitions, ont été obligés de battre en retraite tout en continuant leur feu et en s'arrêtant plusieurs fois pour reprendre l'offensive contre l'infanterie prussienne qui s'avançait.

Ces deux bataillons, une fois ralliés, ont pris position à gauche de la route et en arrière du village, vers les 5 heures du soir.

D'un autre côté, au moment où les deux bataillons se portaient en avant, le IIIe bataillon, par ordre du général de division, était préposé à la garde de la batterie de mitrailleuses établie à gauche de Rezonville.

Dès que les deux premiers bataillons commencèrent leur mouvement de retraite, le commandant en chef de la Garde envoya à ce bataillon, l'ordre de détacher deux compagnies en tirailleurs en avant et de se porter lui-même en arrière d'elles, derrière une haie.

Ce bataillon soutint un feu très nourri jusqu'à ce qu'il eût épuisé ses cartouches ; relevé alors par un bataillon de voltigeurs, il se replia dans un chemin creux pour reprendre des cartouches.

Vers 7 h. 30, il se porta vers la gauche pour repousser un dernier effort de l'ennemi et parvint sur la crête en avant des positions de la journée.

Il ne rallia le régiment qu'à la nuit.

Dans cette affaire, le 2ᵉ régiment de grenadiers a eu 4 officiers tués, 21 blessés, 1 disparu et 37 sous-officiers et soldats tués et 515 blessés ou disparus.

A la fin de la journée, le régiment, qui était massé en arrière et à droite du village comme ligne de réserve, s'est établi en bataille, comme ligne de réserve et a passé la nuit sur le champ de bataille.

Rapport du lieutenant-colonel d'Argenton, commandant provisoirement le 3ᵉ grenadiers, sur la bataille de Rezonville.

Plappeville, 17 août.

Le 16 août, vers 9 heures du matin, les premiers coups de canon se font entendre en avant du village de Gravelotte et sur la gauche où ont campé les deux premiers bataillons du 3ᵉ grenadiers. Peu après, le régiment prend les armes. Le Iᵉʳ bataillon appuie vers la route de Metz à Verdun et le IIᵉ se dirige à gauche près du bois, où il envoie presque toutes ses compagnies, pour en fouiller les profondeurs et éclairer les routes.

Après être resté un certain temps en bataille, le Iᵉʳ bataillon forme la colonne double et se dirige sur les premières maisons de Rezonville. Un peu en avant de l'entrée du village il traverse la route et se trouve formé en arrière des zouaves de la Garde.

Un caisson d'artillerie fait explosion à environ 50 pas du flanc du bataillon et jette dans nos rangs un peu de désordre que le calme des officiers a bientôt fait cesser.

Vers 1 heure, le Iᵉʳ bataillon quitte cette place et se porte en colonne sur la gauche de la route; il est arrêté entre une batterie de mitrailleuses et la route près du village.

A la quantité de projectiles qui couvrent le terrain, le général Picard s'aperçoit bientôt qu'il serait dangereux de nous y laisser et nous fait porter en arrière et à gauche de cette batterie.

Bientôt après, le bataillon reçoit l'ordre de se porter plus à gauche et d'aller résister aux efforts que fait l'ennemi, de ce côté, pour percer notre ligne.

De nombreux tirailleurs prussiens sortent des lisières des bois et continuent une lutte, qui depuis longtemps est fort vive de ce côté.

Les choses en étaient là, lorsque vers 3 h. 30, le II° bataillon, qui avait quitté les bois et gardait l'artillerie de réserve, se porte en avant; le Ier bataillon fait un à gauche pour se joindre à lui. Le commandant Leperche, aide de camp du général commandant la Garde, venait d'apporter l'ordre de déployer nos deux bataillons et de s'avancer lentement dans cet ordre, vers la crête, en avant et à gauche vers les bois. Tous ces mouvements, qui se font par le flanc, étant déployé, n'échappent pas à l'attention de l'ennemi. Un feu terrible n'a cessé de pleuvoir depuis ce moment et de couvrir de projectiles de toutes sortes le terrain que nous occupions.

Le premier atteint est le porte-aigle renversé par un biscaïen, en criant : « Vive l'Empereur ! » ; ensuite tombent successivement : le capitaine Geoffroy et le sous-lieutenant Pollart qui prennent le drapeau et enfin les 27 officiers atteints plus ou moins grièvement, dont les deux chefs de bataillon ; M. Lavollée, d'abord blessé grièvement à l'aine, quitte le champ de bataille. Vers les 5 heures, après avoir parcouru les rangs pour distribuer des cartouches et ranimer les courages, le commandant Herbillon, blessé deux fois, est forcé de quitter le terrain vers 8 heures.

Nos pertes sont grandes ; une certaine confusion règne dans nos groupes. Les tirailleurs ennemis se montrent à une faible distance ; nos hommes, manquant de munitions et dont les armes encrassées sont presque toutes hors de service, voulant se retirer, sont ramenés par l'énergie des officiers.

C'est alors qu'une cinquantaine de tirailleurs ennemis accoururent à nous en levant la crosse en l'air, nous croyons qu'ils se rendent et nous allons à eux. On échange des poignées de mains, mais des coups de feu partent ; M. le lieutenant Fabrègue reçoit par derrière un coup de fusil qui l'étend mort au moment où il parlementait avec l'officier supérieur qui s'avançait en avant de cette troupe et criait aussi. Cet ennemi est tué par M. le capitaine Stephanopoli ainsi que la plupart des Prussiens.

Cependant la position ne devenaient pas meilleure et nos hommes, harassés par cette lutte stérile, veulent, une seconde fois, l'abandonner.

Le colonel Cousin, calme, sublime, prend le drapeau des mains du capitaine Besnard et tous font des efforts désespérés pour ramener leurs hommes.

Mais nos soldats ne purent plus tenir, le colonel, toujours calme, tombe criblé de projectiles; le sapeur Castéron ramasse le drapeau, que vient lui prendre le fourrier Fain, blessé au même moment et la hampe du drapeau est brisée. Le capitaine Morand ramasse l'aigle et se porte en arrière, suivi d'un petit groupe de combattants qu'il rallie autour de son aigle, et grâce aux efforts des capitaines Chambry, Lavigne, Volmérange, et de MM. Heusch, Tabaraud, Durand, de Ganay et Bonnardel, ce détachement ne quitte le terrain que lorsque le 3e voltigeurs vient occuper les crêtes vers 8 h. 30 au moment où le feu cessait.

Le manque de cacolets, la longueur de la lutte et l'énormité des pertes avaient fait disséminer les hommes dans l'espace compris entre le théâtre de la lutte et le village de Gravelotte.

Frappé moi-même, à 7 h. 30, par un éclat d'obus au pied gauche, j'ai dû quitter le terrain, mon pied déchaussé ne me permettant pas de me tenir ni à pied, ni à cheval. Arrivé au village, je ralliai le convoi et les isolés; je les fis camper sur notre ancien emplacement en rétablissant l'ordre autant qu'il était en mon pouvoir.

Le lendemain matin, le général Bourbaki donna l'ordre de suivre le bataillon du 4e voltigeurs qui gardait le village, et nous avons rejoint notre brigade à 3 heures.

En résumé, la tâche du régiment a été lourde, les pertes sérieuses : sur 44 officiers, 27 officiers plus ou moins grièvement atteints et 483 soldats tués, blessés ou disparus, sur un effectif de 750 soldats environ.

Les survivants sont surmenés ; beaucoup sont contusionnés ou blessés par la marche, bien que le moral soit suffisamment soutenu.

Rapport de l'artillerie de la division de grenadiers sur la bataille de Rezonville (3e, 4e et 6e *régiments*).

Le 16 août, à 9 h. 30, la division Picard se mit en marche avec les trois régiments de grenadiers et les zouaves de la Garde. La batterie Barjon (3e) accompagna la brigade de La Croix. La batterie Malcor (4e) et la batterie Robert (6e) (canons à balles) partirent en avant avec la brigade Jeanningros.

La batterie Malcor, appuyant le bataillon des zouaves, se mit en batterie vers 10 heures du matin, chargée de surveiller le ravin placé à la gauche de la ligne. Les zouaves ayant été portés en tirailleurs en avant du centre de la ligne, la batterie suivit ce mouvement et deux fois ouvrit le feu sur des batteries ennemies placées en avant et sur la gauche; une première fois on tira à 2,000 mètres; une deuxième fois à 1500 mètres. Ces engagements ne durèrent qu'un instant, un ordre général de retraite ayant été donné au centre.

La batterie Robert reçut l'ordre d'accompagner la brigade Jeanningros. Vers 1 heure on la fit porter en avant sur la crête, à droite des zouaves, pour tirer sur la queue d'une colonne d'infanterie qui traversait la route à environ 2,000 mètres. Au moment de la mise en batterie, une batterie prussienne qui protégeait ce mouvement ouvrit son feu contre nous. La batterie Robert répondit de suite; et comme deux autres batteries prussiennes vinrent se joindre à la première, je donnai l'ordre de faire cesser le feu et nous nous retirâmes derrière la crête. Dans ce mouvement, un avant-train partit au galop sans emmener son canon; m'en étant aperçu, je chargeai le lieutenant Bernard d'aller chercher cette pièce, qu'il ramena sous un feu très vif.

Vers 4 heures, un officier d'ordonnance du maréchal Canrobert vint me prévenir qu'un mouvement offensif très prononcé était fait par les Prussiens, et qu'une batterie d'artillerie placée à la droite du village de Rezonville serait utile pour aider à contre-battre l'artillerie ennemie qui inquiétait beaucoup l'infanterie forcée de reculer sous un feu violent. Le commandant Léveillé alla reconnaître un emplacement pour la batterie Malcor. Il la fit placer à la droite du village et commença aussitôt le feu qui dura une demi-heure. Dans l'origine, le feu de l'ennemi fut très modéré, mais bientôt après, plusieurs batteries prussiennes dirigèrent un feu très violent contre la batterie. Ce tir, exécuté avec une régularité remarquable, fit voir qu'il était impossible de contre-battre avec succès l'artillerie ennemie. Le commandant Léveillé demanda alors à être protégé par la batterie de mitrailleuses qui fut établie à la droite de la batterie Malcor. Le feu de l'ennemi redoubla d'intensité. Voyant alors que les batteries ne pouvaient rester dans cette position sans être complètement écrasées, je donnai l'ordre de faire cesser le feu et de se retirer derrière le village pour reformer les batteries.

Le résultat demandé par le maréchal Canrobert était obtenu; on ne tira plus sur l'infanterie, et le mouvement offensif des Prussiens fut arrêté. Nous éprouvâmes, dans cette circonstance, des pertes sensibles : La 4e batterie eut son capitaine blessé, 1 homme tué, 4 sous-officiers, 24 canonniers hors de combat; la 6e batterie eût 1 sous-officier et 3 canonniers tués, 4 sous-officiers, 6 canonniers blessés.

Un caisson et un avant-train complètement démolis furent laissés sur le champ de bataille après qu'on en eût retiré les munitions.

Quand le feu cessa, trois bouches à feu avaient été laissées sur le terrain faute d'attelages; les lieutenants, avec quelques hommes, les ramenèrent malgré le feu toujours croissant de l'ennemi.

Rapport du Capitaine commandant la 3º batterie montée de la Garde (artillerie de la 2º division) sur la bataille de Rezonville.

Au commencement de l'affaire, vers 10 heures du matin, la batterie, par les ordres du général commandant la division, s'est d'abord établie en position de manière à battre le débouché de la route d'Ars sur le plateau de Gravelotte. Puis elle se porta en avant, à hauteur et à gauche de la division de grenadiers parallèlement au ravin. Après avoir tenté de contre-battre la batterie de position de l'ennemi en se plaçant en avant et à gauche du village de Rezonville, obligée de se replier à l'abri du village elle allait s'établir à la droite du régiment de zouaves, lorsqu'elle fut rappelée à la gauche de la route par un ordre du Maréchal commandant en chef. Dans cette position elle agit peu efficacement sur les batteries de position de l'ennemi. Pour augmenter la précision elle s'avança de 500 mètres environ pour se retirer ensuite afin de ne pas gêner le mouvement en avant de l'infanterie.

Vers 3 heures, elle se reporta sur la crête pour recommencer le feu et après quelques coups de canon, elle fut envoyée à l'extrême gauche de notre ligne pour remplacer une batterie qui avait beaucoup souffert et qui avait épuisé ses munitions. Là elle fit feu jusqu'à la fin de la journée, en les prenant d'écharpe, sur des lignes d'infanterie qui cherchaient à déborder notre gauche à l'abri des bois. On lança à l'entrée du ravin, à 1000 mètres environ, des obus à balles, qui produisirent beaucoup d'effet : les troupes prussiennes, qui y étaient embusquées, se retirèrent en désordre derrière la crête et dans les bois plus éloignés. Cependant ayant reçu des renforts les tirailleurs ennemis couvrirent de feu le terrain occupé par la batterie, avec d'autant plus de facilité que nos tirailleurs ne cherchaient pas à les éloigner. Le capitaine commandant se vit obligé de reporter les pièces à 40 mètres en arrière afin d'être mieux couvert par la crête. Ce mouvement s'exécuta lentement au pas et à la prolonge et pourtant les tirailleurs couchés, que nous avions à droite et à gauche se retirèrent en désordre dans le ravin. La batterie s'arrêta un peu en arrière de la crête et recommença le feu pendant que la deuxième ligne d'infanterie venait remplacer la première.

A ce moment, quelques boîtes à mitraille furent lancées dans les bois à notre gauche pour inquiéter les tirailleurs ennemis qui cherchaient à la déborder de plus en plus.

J'ai été extrêmement satisfait des officiers, sous-officiers et canonniers placés sous mes ordres ; leur calme, leur sang-froid ne s'est pas un instant démenti.

Les pertes de la batterie sont : en hommes, de 1 adjudant tué, 1 maréchal des logis et 4 hommes blessés ; et en chevaux, de 9 tués et 7 blessés.

Historique des batteries de la division de grenadiers (2e, 4e et 6e du régiment monté).

16 août.

Plusieurs alertes ont eu lieu dans la nuit, Toutefois, le réveil est calme. On fait la soupe. Le boute-selle sonne à 9 heures pour continuer le mouvement de retraite, mais vers 9 h. 30 le canon commence à tonner en avant, du côté de Vionville.

C'est la IIe armée allemande qui cherche à nous barrer le passage en attaquant par le flanc nos têtes de colonne. L'armée française se déploie successivement contre elle.

Emploi de la 3e batterie. — La 2e division de la Garde, campée en avant de la 1re, est engagée presque au début, avec la 3e batterie qui reste seule attachée à la division pendant cette journée.

Pendant que le général de division fait reconnaître les bois des Ognons et de Vaux et la route d'Ars, le capitaine Barjou met en batterie, par son ordre, en diverses positions, permettant de battre les débouchés de ces bois.

Vers midi (?), la division se porte vers Rezonville ; la batterie l'accompagne, traverse le ravin des Ognons et cherche à prendre position à gauche et un peu en avant du village. Mais la place n'est guère tenable ; on est au pied d'un glacis dont une batterie prussienne occupe la crête.

La batterie s'apprête à changer de position pour s'établir à droite de la route, lorsqu'un officier d'ordonnance du général en chef lui porte l'ordre de revenir à gauche et à hauteur du village et d'ouvrir le feu contre la grande batterie prussienne qui, de sa position dominante de Flavigny, bat le terrain avoisinant jusqu'à 3,500 mètres.

Des batteries du 2e corps et de la réserve générale flanquent à droite et à gauche la 3e batterie, et des lignes d'infanterie sont couchées derrière elle.

La distance de tir est de 2,800 mètres ; à cette distance, la pièce de 4 manque de précision ; la batterie s'avance de 500 mètres, recommence et continue un tir qui semble précis, jusqu'à ce qu'elle reçoive l'ordre de cesser le feu.

A ce moment, les attelages de deux caissons ont été tués et ces voitures mises hors de service par les projectiles ennemis.

Il est environ 3 heures. La batterie se retire en arrière de la crête, et ne rentre en ligne que vers 3 h. 30 à l'arrière de la 1re division de la Garde.

A ce moment, le général commandant le corps de la Garde a accumulé un grand nombre de pièces sur le contrefort qui s'étend entre le vallon des Ognons et celui de Rezonville. Le tir manque un peu d'efficacité à la droite, mais la ligne est oblique et les distances sont plus favorables à la gauche. C'est donc avec une réelle satisfaction que, vers 4 h. 30, la 3e batterie reçoit du général commandant l'artillerie de la Garde l'ordre d'aller à l'extrême gauche remplacer une batterie qui a épuisé ses munitions et a été d'ailleurs fort maltraitée. Cette batterie communique ses hausses avant de se retirer de sorte que dès le premier coup, le tir de la 3e batterie est réglé, et ses servants peuvent très bien voir l'effet désastreux qu'il produit.

L'infanterie ennemie, massée dans le vallon de Gorze, occupant le bois de Saint-Arnould et une partie de celui des Ognons, cherche à déboucher et présente ses têtes de colonnes à 800 mètres. La batterie, tirant sur elles à obus à balles et à obus ordinaires, les oblige à fuir dans le plus grand désordre.

Près de deux heures se passent sans que cette infanterie puisse faire des progrès sensibles. Mais peu à peu ses tirailleurs, que nos hommes, couchés en avant des pièces et sur le côté, ne parviennent pas à éloigner, font pleuvoir sur la batterie une grêle de balles. En quelques instants, six hommes et plusieurs chevaux sont assez grièvement blessés. L'adjudant, atteint de trois balles, est transporté à l'ambulance et meurt pendant le trajet.

Enfin, la situation devenant de plus en plus critique, la batterie recule d'une vingtaine de mètres pour se trouver mieux abritée derrière la crête. A ce moment les lignes d'infanterie couchées en avant se lèvent et battent vivement en retraite, empêchant de reprendre le tir. L'ennemi les suit de près, mais les pièces sont remises promptement sur avant-train, et d'ailleurs notre deuxième ligne d'infanterie, remplaçant la première, se porte au-devant de l'ennemi et l'oblige à battre en retraite à son tour.

Il est 7 h. 30 environ; la nuit arrive et marque la fin de ce combat.

La 3e batterie (capitaine Barjou) rejoint sa division à droite de Rezonville, où elle bivouaque non loin des 4e et 6e batteries (capitaines Malcor et Robert).

Emploi des 4e et 6e batteries. — Celles-ci, au début de l'action et sur l'ordre du général en chef, se sont avancées, escortées des zouaves de la Garde, jusqu'au bord du ravin des Ognons. Là, elles s'établissent de manière à battre les débouchés des bois. Plusieurs heures se passent dans l'attente sur cette position.

Vers midi, quelques fuyards du 2ᵉ corps ayant causé une certaine panique dans la cavalerie qui se trouvait sur l'autre côté du ravin, le régiment de zouaves se porte en avant. Les deux batteries ne le suivent que quelques instants après, lorsque les progrès de nos troupes vers les bois des Ognons ont montré que leur mission sur ce point a pris fin.

Vers 2 h. 30, après s'être avancées de plus de 3 kilomètres, elles retrouvent les zouaves couchés par terre, entre la route et la voie romaine, sur une ligne oblique à la route, de sorte que leur droite est vers Vionville.

Aussitôt, les batteries, appuyant leur droite à la voie romaine, ouvrent le feu sur l'artillerie ennemie. Mais à peine ont-elles tiré de six à huit coups par pièce qu'on donne l'ordre de remettre sur avant-train et de se reporter à 1500 mètres en arrière. Les zouaves suivent le mouvement.

On s'établit de nouveau en position et, après quelques instants d'inaction, la 4ᵉ batterie rouvre le feu contre une batterie prussienne qui est venue se placer à 1200 mètres au bord et à gauche de la route de Verdun, entre Rezonville et Vionville. Quelques coups bien pointés obligent l'ennemi à reculer.

Mais un nouvel ordre prescrit encore de cesser le feu, quand chaque pièce a tiré une dizaine de coups, et de rétrograder le long de la lisière du bois qui longe la voie romaine. Les batteries s'arrêtent dans une dépression de terrain à hauteur de Rezonville. Les zouaves ont encore suivi ce mouvement.

Pendant ce temps le 3ᵉ corps, arrivant par la droite, occupe le terrain sur lequel les batteries de la Garde viennent de combattre.

Jusqu'alors, la 4ᵉ batterie n'a pas de pertes, mais la 6ᵉ batterie a cinq hommes hors de combat, dont trois tués, et deux chevaux tués.

Vers 4 heures, ces batteries sont en batterie face à Rezonville, et à 600 mètres de ce village. Devant elles, couchés par terre, sont les grenadiers du 1ᵉʳ régiment de la Garde; à leur gauche et un peu en avant, abritées derrière le village, deux batteries d'un autre corps d'armée.

L'action s'engage vivement et paraît se rapprocher de Rezonville. L'artillerie prussienne de Flavigny démonte successivement et fait décamper plusieurs batteries qui viennent s'établir à droite de la route, un peu en avant du village. La 4ᵉ batterie s'avance pour les remplacer, mais le général commandant la 2ᵉ brigade de la division réclame son soutien; ses troupes postées en avant et à gauche de la route sont écrasées par l'artillerie ennemie.

Laissant ses caissons à l'abri derrière les maisons de Rezonville, la 4ᵉ batterie, capitaine Malcor, vient s'établir au pied du glacis que domine la grande batterie prussienne, et commence aussitôt un feu très vif. Le pointeur de la première pièce, nommé Mire, se distingue entre tous par son sang-froid et la justesse de son tir. Son nom sera plus tard porté à l'ordre du jour de la Garde.

Au bout d'un instant, la 6ᵉ batterie, capitaine Robert, vient se placer à la droite de la 4ᵉ. L'ennemi concentre ses feux sur les deux batteries; son tir est d'une grande précision et fait bien des victimes. Mais l'infanterie est dégagée (1).

Cependant, les avant-trains de la 4ᵉ batterie s'épuisent; deux caissons sont appelés et le feu n'a pas perdu un instant de sa vivacité, malgré les pertes croissantes. Enfin, en voyant passer devant lui le capitaine Malcor, blessé, que l'on porte à l'ambulance, le lieutenant-colonel commandant l'artillerie de la 2ᵉ division se porte aux batteries et les fait retirer.

Pertes des 4ᵉ et 6ᵉ batteries. — 62 hommes de la 4ᵉ batterie (officiers compris), se sont trouvés là sous le feu de cinq batteries prussiennes, 30 sont hors de combat; il n'en reste plus un seul de la 6ᵉ pièce. Le maréchal des logis de cette pièce, n'ayant plus qu'un servant, s'est mis à charger lui-même sa pièce; pendant qu'il refoule, le servant placé à la culasse est frappé, la lumière est débouchée, le coup part et le maréchal des logis est projeté par le coup à 10 mètres en avant, aveuglé par la flamme, la face brûlée, le bras droit emporté et la main gauche entamée.

La 6ᵉ batterie est également très éprouvée. Le lieutenant en 1ᵉʳ Bernard est blessé, 1 homme est tué, 9 sont blessés; 19 chevaux sont tués ou blessés. Avant qu'elle ait ouvert le feu, l'adjudant et quatre chefs de pièces ont été mis hors du combat.

En l'état, la lutte ne peut plus guère continuer.

Trois pièces de la 4ᵉ batterie et autant de la 6ᵉ, privées de leurs attelages, sont ramenées à bras sur la route par leurs servants, et ce n'est pas leur moindre mérite, sous la grêle d'obus qui n'a pas cessé en ce lieu.

Dans sa dernière position, la 4ᵉ batterie a tiré de 50 à 60 coups par pièce, et la 6ᵉ batterie 36 boîtes à balles.

---

(1) Les Allemands ont reconnu, depuis, que le tir de l'artillerie française, de nos canons à balles et de nos tirailleurs avaient fait éprouver de grandes pertes à leur artillerie du centre. On est en droit de supposer que nos deux batteries de la Garde, qui étaient les plus rapprochées, ont eu leur part des pertes infligées à l'ennemi. Mais c'était elles aussi qui offraient à l'artillerie allemande l'objectif le plus rapproché et le mieux découvert. C'étaient donc elles qui devaient le plus souffrir.

Historique de la 10ᵉ compagnie de sapeurs du 3ᵉ régiment du génie (division de grenadiers).

16 août.

A Rezonville, la 1ʳᵉ section, commandée par le capitaine Olier, est engagée dès le commencement de l'action. Vers 1 heure après-midi, elle se trouve en première ligne, sous un feu très vif d'artillerie et de mousqueterie. A ce moment, elle reçoit l'ordre de mettre le village en état de défense et elle exécute ce travail sous les obus ; puis elle reste à la garde du village jusqu'à la nuit close et va ensuite rejoindre sa division à Plappeville.

Rapport sur les opérations de la 1ʳᵉ section de la 10ᵉ compagnie du 3ᵉ régiment du génie (2ᵉ division de la Garde impériale), le 16 août.

Plappeville, 18 août.

Le 16, la division avait l'ordre d'attendre que les 3ᵉ et 4ᵉ corps, qui étaient en arrière, eussent défilé, lorsque, à 10 heures du matin, l'artillerie a commencé à tonner du côté de Mars-la-Tour. La division s'est alors portée en avant par bataillons en colonne de division à demi-distance. Des tirailleurs ont été envoyés dans les bois à notre gauche ; un bataillon entier a été massé dans le bois où se trouvait le débouché supérieur du ravin et quelques pièces d'artillerie ont été placées avec un escadron de guides sur le terrain découvert d'où l'on pouvait battre le débouché même dudit ravin. Pendant cette première partie de la bataille, la section du génie a suivi dans son mouvement le 2ᵉ régiment de grenadiers.

Après une heure de combat, la division Picard a été portée en avant ; les grenadiers ont traversé la route pour se porter à droite, en arrière du village de Rezonville, la section l'a suivie dans ce mouvement avec la voiture de section ; la division Picard a été remplacée en arrière par une partie de la division Deligny.

Vers 1 heure, les grenadiers ont été reportés sur la gauche de la route et envoyés en avant dans le vallon, qui se trouvait devant les batteries d'artillerie de la division, lesquelles étaient à gauche du village de Rezonville; les bataillons en colonne, l'un de ceux du 2ᵉ régiment toujours suivi par la section du génie. Les colonnes ont cherché à remonter le vallon du côté de l'ennemi, mais le feu y étant très violent, les bataillons ont été bientôt reportés en arrière et la section, se trouvant dans cette position en tête d'une colonne, a été jugée plus embarrassante qu'utile et a alors rabattu sur le village de Rezonville où elle est restée jusqu'à ce que, sur la demande de M. le maréchal Canrobert, j'aie employé ce détachement à organiser pour la défense les murs des jardins du village. Ces murs en pierres sèches ont donné peu de peine pour être utilisés, les brèches ont été relevées en partie, une ruelle bouchée, des percées ont été faites pour faire communiquer les jardins entre eux, des haies intérieures ont été abattues, des barrières et des supports de vignes ont été enlevés, enfin des créneaux ont été formés sur quelques points en relevant en même temps le sommet des murs. J'ai pris soin de prévenir le colonel chef d'état-major de la division et le M. le Général commandant le génie de la Garde, du travail auquel j'avais cru devoir employer la 10ᵉ compagnie du 3ᵉ, en l'absence persistante de troupes du génie appartenant au corps de M. le maréchal Canrobert. Après avoir organisé les murs défensifs, la section du génie en a occupé une portion jusqu'à la nuit pour la défendre s'il y avait eu lieu. A la nuit, la section a rejoint la 2ᵉ brigade de la division et a bivouaqué à droite de la route, en arrière des premières maisons du village de Rezonville.

C'est après que la compagnie du génie a eu quitté les grenadiers, que ceux-ci ont été portés en ligne et ont beaucoup souffert. Au 1ᵉʳ régiment il a manqué 600 hommes à l'appel et 26 officiers ; les compagnies ont perdu jusqu'à 45 hommes. Les grenadiers, d'après ce que j'ai entendu dire, étaient trop loin de l'ennemi pour faire un bon usage du fusil et ils étaient exposés à tous les feux d'artillerie sans être soutenus par de l'artillerie française. Ils ont plusieurs fois épuisé leurs munitions. Le général de La Croix a eu un cheval tué ; son aide de camp également ; deux guides de son escorte ont été tués.

Personnellement, je me suis tenu avec l'état-major de la division, d'abord en arrière sur la gauche, puis près des batteries d'artillerie, qui étaient placées à la gauche de Rezonville, puis en avant de ces batteries, puis en avant et à gauche du village. Près des batteries, il est arrivé toute la journée des obus nombreux, qui n'éclataient pas tous grâce à la mollesse de la terre dans laquelle ils pénétraient ; un seul éclat a atteint le groupe dont je faisais partie et a frappé la fonte du lieutenant de zouaves, officier d'ordonnance du général Picard. En avant du village, les balles passaient généralement au-dessus de nos têtes et aucun feu d'artillerie n'était dirigé de ce côté.

J'ai quitté l'état-major du général Picard pour aller me mettre à la disposition temporaire de M. le maréchal Canrobert, comme il a été dit ci-dessus, sur la demande d'un de ses officiers d'ordonnance, qui ne pouvait trouver d'officiers et de troupes du génie appartenant à son corps d'armée.

Aucun officier, sous-officier ou soldat du génie de la division Picard n'a été atteint par le feu de l'ennemi, ou par les explosions de caissons français qui ont eu lieu, l'une en arrière du village de Rezonville et l'autre vers 6 heures du soir, dans le village même et tout près de la position où nous nous trouvions en ce moment.

DIVISION DE CAVALERIE (DESVAUX).

Journal de marche de la division de cavalerie de la Garde impériale.

16 août.

Réveil de la division à 4 heures du matin ; à 4 h. 30, les régiments de dragons et de lanciers de la Garde, suivis de leurs bagages, montent à cheval pour escorter l'Empereur, de Gravelotte à Étain. A 9 h. 30 du matin, la canonnade commence au village de Rezonville, occupé par le 2e corps d'armée, à 2 kilomètres en avant de Gravelotte et sur la route de Verdun par Mars-la-Tour. Aussitôt l'ordre est donné de former et d'établir le convoi de la division, prête à partir sur la route de Gravelotte à Verdun par Étain.

A 10 heures, l'armée prussienne, commandée par le prince Frédéric-Charles, engage une bataille générale sur les positions occupées par nos corps d'armée en avant de Gravelotte, sur la route de Verdun par Mars-la-Tour.

La cavalerie de la Garde, réduite à ce moment à deux régiments, se porte aussitôt en avant pour repousser l'ennemi du village de Rezonville, qu'il attaque avec des forces considérables. Le général de division fait déployer en bataille le régiment de cuirassiers à gauche de la route et le régiment de carabiniers à droite de la route.

A 11 h. 30 (1), et sur les instances du général Frossard, commandant en chef du 2e corps d'armée, le régiment de cuirassiers exécute, en trois échelons successifs, une charge héroïque contre les batteries et les carrés d'infanterie de l'armée prussienne, à gauche et en avant du village de Rezonville et près du hameau de Flavigny. Cette charge, destinée à arrêter le mouvement de l'ennemi, coûte des pertes énormes au régiment de cuirassiers de la Garde, qui ne peut rallier à la suite, qu'une moitié de ses chevaux et de ses cavaliers en arrière du village de Rezonville.

En même temps, la 2e batterie à cheval de la division, se mettant en batterie à gauche du régiment de cuirassiers, ouvre le feu contre l'ennemi. Mais, restant isolée et sans appui, elle est prise de flanc par une charge de la cavalerie prussienne et laisse trois pièces sur le ter-

---

(1) *Lire :* 12 h. 30.

rain avec une partie de ses officiers et de ses servants. Ces trois pièces abandonnées ont été ramenées, dans la soirée même, par d'autres batteries d'artillerie, passant sur le même terrain; elles ont pu ainsi être sauvées des mains de l'ennemi. Les autres pièces vont se rallier à la 1re batterie restée auprès du régiment des carabiniers, à droite de la route et du village de Rezonville.

Les restes du régiment de cuirassiers s'étant ralliés eux-mêmes à la droite des carabiniers, on se porte bientôt à la gauche du village pour appuyer, au besoin, la division de grenadiers, qui arrive à hauteur du village.

L'ennemi ayant été repoussé de ce côté, les carabiniers et les cuirassiers sont ramenés en arrière et sur l'aile gauche de l'armée pour observer et pour défendre le débouché du défilé du ravin d'Ars-sur-Moselle, par lequel on prête à l'ennemi l'intention de nous attaquer par de nouvelles colonnes.

Une reconnaissance exécutée dans ce passage ayant détruit cette supposition, la cavalerie et l'artillerie de la division sont ramenées en avant et s'établissent en bataille derrière une crête, où elles restent prêtes à repousser les forces ennemies qui pourraient déboucher des bois situés à gauche et à 2 kilomètres du village de Rezonville. Une batterie de mitrailleuses, de la réserve de l'artillerie de l'armée (1), se place elle-même en avant de cette position et ouvre un feu efficace, qui rend inutiles l'emploi et le rôle de la cavalerie de ce côté. En conséquence, le reste de la journée se passe sans nécessiter de nouveaux engagements de la part de la 3e brigade, qui reste en observation jusqu'à 11 heures du soir sur la position qu'elle occupe.

Le général de division reste de sa personne à la tête de cette brigade et ne la quitte qu'à 9 heures du soir pour aller prendre les ordres du général en chef à Gravelotte.

Au bruit de la canonnade, l'Empereur, déjà parvenu à Conflans, sur la route d'Étain, renvoie en arrière la 2e brigade, qui lui sert d'escorte, et continue avec sa Maison sa marche sur Verdun, sous l'escorte de deux régiments de chasseurs d'Afrique.

Revenant au trot, les régiments de lanciers et de dragons, arrivent, vers 3 heures du soir (2), à hauteur de l'aile droite de l'armée française, où ils se trouvent mis d'office à la disposition du général de Ladmirault, commandant le 4e corps d'armée, pour arrêter les progrès de la cavalerie ennemie, qui menace de déborder cette aile. Là, chacun de

---

(1) En réalité $\frac{8}{4}$ de la division Montaudon.

(2) Beaucoup plus tôt. Vers 1 heure.

ces régiments exécute des charges brillantes et meurtrières contre des régiments de hulans et de cuirassiers prussiens.

Ce n'est qu'à la nuit close que la 2ᵉ brigade rallie au bivouac de Gravelotte le reste de la division, dont elle a été séparée pendant toute la journée.

Rapport du général Bourbaki sur les opérations de la division de cavalerie de la Garde, le 16 août.

Les régiments de cavalerie légère, chasseurs et guides, attachés aux deux divisions d'infanterie ont eu pour mission de surveiller les routes, les bois et les ravins. Ils ont fait, dans ce but, des reconnaissances qui n'ont amené aucune rencontre avec l'ennemi.

La 2ᵉ brigade, lanciers et dragons, a quitté Gravelotte le 16 à 4 heures du matin pour escorter l'Empereur sur la route de Verdun. Elle a été remplacée à Conflans par une brigade de chasseurs d'Afrique, et s'y est arrêtée, d'après les prescriptions de l'Empereur, pour y attendre de nouveaux ordres.

A 11 heures, le général de France, entendant le canon sur sa gauche, s'est réuni au général du Barail qui lui avait demandé de le soutenir, parce qu'il se portait en avant avec un seul régiment de chasseurs d'Afrique lui restant encore.

Vers 5 heures, après avoir contenu par sa présence plusieurs régiments de cavalerie prussienne qui se trouvaient au delà de Mars-la-Tour et se disposaient à charger les pièces de l'aile droite, le général de France reçut du général de Ladmirault l'ordre de charger vigoureusement les régiments de cavalerie ennemis placés en ce moment dans la plaine de Ville-sur-Yron. Il se porta rapidement de ce côté, et lança à la charge le régiment de lanciers, puis le régiment de dragons sur une cavalerie qui était en ligne, et se disposait elle-même à le charger.

Les dragons chargèrent obliquement sur les Prussiens qui prenaient au même instant les lanciers de flanc. Un choc eut lieu dans lequel l'ennemi éprouva de grandes pertes, mais nous en fit éprouver également de grandes, en raison surtout de la difficulté du ralliement dans un terrain très accidenté et du nombre de troupes de ligne accumulées dans cet endroit.

La 3ᵉ brigade de cavalerie, à laquelle se trouvait réduite, le 16, la division, fut seule sous les ordres du général Desvaux pendant la journée. Le régiment de cuirassiers, envoyé à 11 heures, sous la direction du général du Preuil, pour appuyer le 3ᵉ lanciers, prit position à 500 mètres de ce régiment, à gauche et en arrière de Rezonville.

A 11 h. 30 (1), les colonnes prussiennes s'avançant rapidement vers ce village, appuyées par des batteries d'artillerie et de mitrailleuses, et menaçant d'occuper la route, le général Frossard envoya, au 3ᵉ lanciers, l'ordre de charger ces colonnes, et aux cuirassiers, l'ordre d'appuyer la charge. Il donna, en outre, mission au général du Preuil de se mettre à la tête des deux régiments pour les conduire à fond de train sur les batteries.

Ces ordres étant confirmés par le Maréchal commandant en chef, la charge fut commencée par deux escadrons de lanciers; les deux derniers perdant du temps à manœuvrer, les cuirassiers s'élancèrent en avant sur trois lignes, les deux premières de deux escadrons, la troisième d'un seul. Sous cette charge vigoureuse, l'ennemi s'arrête et se forme en carrés échelonnés; les lanciers sont ramenés vers le village, et les cuirassiers, passant sous les feux croisés des batteries, des mitrailleuses et des carrés ennemis, pénétrèrent jusque dans les rangs prussiens où ils sabrèrent quelques servants; mais ils leur fallut faire demi-tour et se rallier à l'entrée du village de Rezonville, poursuivis par des hulans (2) et protégés par une batterie de mitrailleuses et des tirailleurs de notre armée.

Lorsque le régiment de cuirassiers rallié vint prendre position en arrière du régiment de carabiniers il n'avait plus que 150 hommes présents. Le reste, tué, blessé ou démonté, et parmi ceux-ci, tous les officiers supérieurs.

Artillerie à cheval. — L'artillerie de la cavalerie, vers 10 h. 30, placée à gauche des cuirassiers, à droite de Rezonville, a tiré sur un bataillon d'infanterie et sur l'artillerie ennemie. Une des deux batteries restée sans soutien, a été chargée en flanc par un escadron de hulans (3) et a eu momentanément trois pièces compromises, qui ont rejoint ultérieurement. L'action se relentissant, les débris de cette batterie sont passés, avec l'autre batterie, à gauche de la route de Rezonville et ont ouvert le feu sur les bois, puis ils ont rejoint la cavalerie en avant de Gravelotte. Dans cette position, une section s'est associée au mouvement des chasseurs à pied pour balayer le chemin montant d'Ars-sur-Moselle.

Enfin, les batteries ont participé à la fin de la journée à l'action de la mitrailleuse placée à gauche en avant, protégeant le mouvement des voltigeurs et restant en position jusqu'à la fin.

---

(1) *Lire* : 12 h. 30.
(2) Les hussards Redern.
(3) *Ibid.*

Rapport du Colonel commandant le régiment de chasseurs de la Garde sur la bataille de Rezonville.

Plappeville, 17 août.

Le rôle du régiment, pendant la journée d'hier, a consisté en une reconnaissance, forte de deux escadrons, dirigée sur la route de Metz et chargée de donner des nouvelles de l'ennemi s'il se présentait sur cette route et de surveiller les bois et surtout le profond ravin, qui s'étendaient sur notre gauche. Les trois escadrons restés disponibles ont fait différents mouvements ayant pour objet de flanquer ou d'appuyer au besoin la division de voltigeurs; les deux escadrons envoyés en reconnaissance sont rentrés à 5 heures du soir et se sont réunis aux trois autres. Le régiment n'a pas donné.

Un peloton du 1er escadron, commandé par M. le sous-lieutenant Leroy a été demandé hier à 4 heures par M. le général Desvaux; ce peloton n'est pas encore rentré et le corps n'en a pas de nouvelles.

Deux voitures, l'une voiture régimentaire du 1er escadron, portant les bagages des officiers de cet escadron, l'autre charrette de réquisition portant tous les sacs des hommes à pied, ont disparu depuis hier matin; on craint qu'elles ne se soient trop avancées sur la route de Verdun et qu'elles n'aient été enlevées.

Rapport du Colonel commandant le régiment des guides sur la bataille de Rezonville.

Plappeville, 17 août.

Le régiment des guides installé à Gravelotte, en avant du village, est monté à cheval à 10 heures du matin. Le 4e escadron, sous les ordres de M. le commandant Harmignies, a été envoyé tout de suite à l'extrémité du bois, situé à 1 kilomètre à gauche de Gravelotte pour aller reconnaître la position. Cet escadron s'est emparé d'un grenadier prussien, qui a pu donner quelques renseignements au chef d'état-major de la division. Il a ensuite appuyé une reconnaissance du général de La Croix, et a rejoint le régiment dans sa position en arrière des grenadiers.

Le 1er escadron, sous les ordres du commandant de Grasse, a été placé pour protéger les mouvements de la 4e batterie d'artillerie de la Garde.

Les trois autres escadrons, sous le commandement du colonel, ont suivi les mouvements de la 2e division d'infanterie de la Garde, en appuyant son artillerie sur le flanc gauche de la route de Gravelotte à Rezonville. Les grenadiers de la Garde et l'artillerie ont traversé la route pour se porter sur le flanc droit; le régiment a suivi le mouvement. Quelque temps après, le maréchal Bazaine a donné l'ordre au général du Fretay, de la 1re brigade, de traverser le village de Rezonville pour regagner le côté gauche de la route, afin d'augmenter la cavalerie, qui était inférieure de ce côté. A 3 h. 30 le général Picard ordonne au régiment de guides de se porter en avant avec ses trois escadrons pour charger en avant du village. Le colonel fait déployer le régiment, afin d'exécuter ces ordres, mais en présence de l'éloignement des troupes prussiennes et du grand nombre de projectiles qui pleuvaient sur le régiment, le colonel reçoit l'ordre de se défiler autant que possible dans un des angles rentrants du village.

Le régiment, formé en colonnes par pelotons afin de pouvoir se porter en avant au premier ordre, est resté dans cette position jusqu'à 6 heures du soir; pendant ce temps, les balles et les obus sont arrivés dans la colonne. Le colonel a reçu une balle dans la main gauche, le capitaine en second Manheimer a reçu un éclat d'obus à la jambe droite et est entré à l'ambulance. Deux hommes ont été tués, les guides Janin et Domberger; le guide Cany a eu l'épaule désarticulée à la suite d'un éclat d'obus; trois hommes ont été légèrement contusionnés; le guide Bernard a eu la mâchoire fracassée aussi par un éclat d'obus; six chevaux ont été tués. Le régiment a été ensuite prendre position en avant du village, sur le côté droit de la route; appelé à 7 h. 30 par le commandant en chef de la Garde, pour aller charger sur la gauche de la route, il a été reprendre sa position à droite, où il a passé la nuit.

Rapport particulier de l'escadron détaché à la 4e batterie d'artillerie. — Cet escadron, dans ses divers mouvements, a eu le brigadier Veraux blessé de divers éclats d'obus à la cuisse, à la poitrine et à la tête; son cheval a été tué sous lui. Le guide Balvet a reçu une balle à la cuisse gauche, un autre guide a eu son cheval tué sous lui.

Rapport de l'escorte du général de division Picard et des généraux de brigade. — Le guide Prioni a été tué d'un éclat d'obus et 4 chevaux ont été tués.

Rapport du capitaine Gourg de Moure, commandant le 5e escadron des guides, escorte de l'Empereur.

16 août.

A 5 heures du matin, je reçus l'ordre d'escorter, avec les gendarmes d'élite, les bagages de l'Empereur et d'aller à Verdun. L'Empereur quitta Gravelotte à 6 heures du matin avec la 2e brigade de cavalerie de la Garde qui fut remplacée à Doncourt (1) par les 1ᵉʳ et 3ᵉ chasseurs d'Afrique.

D'après les renseignements recueillis sur la route, j'appris que trois régiments de cavalerie de l'armée ennemie ayant de l'artillerie, avaient pour mission d'enlever l'Empereur dont cependant le départ n'avait été ordonné et connu qu'à 5 heures du matin. N'ayant que 150 cavaliers pour défendre un convoi qui avait 1 kilomètre de long, je forçai les cochers à activer l'allure, et j'arrivai à Étain au moment du départ de l'Empereur qui n'y avait pris à la hâte qu'une légère collation.

L'Empereur me fit dire de ne pas perdre une minute, et de partir une demi-heure après, ce que je fis à contre-cœur, car je désirai attendre le bataillon de grenadiers de la Garde qui devait continuer la route d'Étain à Verdun sur des voitures de réquisition. J'espérais, avec l'aide de ce bataillon, franchir le passage si difficile des hauteurs boisées qui dominent Verdun. Un officier d'ordonnance de l'Empereur ne voulut pas y consentir, ayant reçu des ordres formels à ce sujet.

J'arrivai à Verdun à 4 heures du soir. Le général Guérin de Waldersbach, qui commandait la place, me dit que les Prussiens nous avaient manqués de trois quarts d'heure, et avaient même réussi à enlever quelques hommes d'arrière-garde des grenadiers.

L'Empereur partit le soir même en chemin de fer avec toute sa maison, les Cent-Gardes, le bataillon de grenadiers et les gendarmes, pour le camp de Châlons.

Journal de marche de la 2ᵉ brigade de cavalerie de la Garde (général de France, lanciers et dragons).

Mars 1872.

Le 16 août, la brigade de dragons et de lanciers fut désignée pour escorter l'Empereur, qui se dirigeait sur Verdun et Châlons. Il partit à 4 heures du matin de l'auberge de Gravelotte, le régiment de dragons en avant de sa voiture, le régiment de lanciers en arrière. A Conflans, où l'on avait aperçu la veille et le matin des hulans, j'envoyai un peloton, puis une division de dragons pour explorer le pays; ils ne trouvèrent aucun ennemi et je revins près de l'Empereur pour lui en rendre compte et lui dire qu'il n'y avait aucun danger à continuer sa route. Il me remercia et me prescrivit d'attendre sur ce point avec ma

---

(1) *A Conflans.*

brigade les ordres du maréchal Bazaine. Une brigade de chasseurs d'Afrique, qui était dans un champ voisin, remplaça alors la mienne. Je m'établis donc au bivouac, fis boire et manger les chevaux ; les hommes firent le café et, à 11 heures, d'après les renseignements que mes reconnaissances m'apportèrent de l'ennemi, et entendant d'ailleurs le canon sur les plateaux situés à notre gauche, je fis monter à cheval et je me mis sous les ordres du général du Barail, qui n'avait plus qu'un régiment de sa division de chasseurs d'Afrique (deux étaient partis avec l'Empereur, un était resté en arrière). Arrivé sur le champ de bataille, le général du Barail se mit lui-même sous les ordres du général de Ladmirault, et nos trois régiments occupèrent toute la journée une position en arrière de la droite du 4ᵉ corps, appuyant tantôt à droite, tantôt à gauche, avançant ou reculant, pour se conformer à ses mouvements.

Vers 5 heures, un aide de camp du général de Ladmirault vint me dire de charger une nombreuse cavalerie prussienne qui apparaissait à notre extrême droite et menaçait de la tourner. Un ravin à pente très raide nous séparait du terrain indiqué ; je le fis franchir à ma brigade le plus rapidement possible et je me trouvai bientôt en face de cette cavalerie ennemie, que l'aide de camp me répéta être celle que je devais charger. Elle présentait à 500 ou 600 mètres de nous, une ligne noire d'un front de six à huit escadrons, ayant à sa droite un régiment en colonne serrée et à sa gauche, un régiment en colonne avec distance. Je formai le régiment des lanciers, qui avait la tête de colonne, sur la gauche en bataille et dès que je vis la cavalerie prussienne s'ébranler, je le fis partir ; ses cinq escadrons enlevés par leur colonel (de Latheulade) furent remarquables de vigueur et d'impétuosité. A 30 pas de l'ennemi ils essuyèrent son feu ; quelques hommes tombèrent, mais la charge n'en fut pas moins poussée à fond ; les rangs s'abordèrent et se traversèrent. Pendant ce temps, le régiment prussien placé en colonne serrée à l'aile droite de l'ennemi avait fait « Pelotons à droite » pour résister à la cavalerie du général Legrand, qui s'avançait d'un autre côté. Mes lanciers, en se ralliant, furent rencontrés par cette dernière cavalerie ; ce qui est bien la preuve, contrairement à ce qui a été dit et peut-être écrit, que la brigade de la Garde avait chargé la première et qu'elle l'avait fait au moment opportun, puisque c'est en se ralliant qu'elle avait été rencontrée par la cavalerie du général Legrand, qu'un pli de terrain nous cachait et qui n'avait pu également nous voir (?).

Le régiment prussien placé à l'aile gauche, en colonne avec distance, et dont j'ai parlé plus haut, se portait alors en avant, au grand trot, se disposant à prendre les lanciers en flanc ; je prescrivis aux dragons de l'Impératrice de se précipiter sur lui ; ils venaient de se former également sur la gauche en bataille, à peu près sur l'emplacement que les lanciers avaient occupé avant de charger. Les dragons, leur colonel en tête (Sautereau Dupart), se ruèrent sur ce régiment avec le plus grand élan, le culbutèrent en le prenant en flanc, à l'instant où il faisait : « pelotons à droite » pour envelopper les lanciers.

Malheureusement ces brillantes charges nous coûtèrent fort cher. Les deux colonels furent blessés, le lieutenant-colonel des dragons fut tué ; 4 capitaines-commandants des lanciers disparurent ; 17 officiers aux lanciers ; 12 aux dragons furent tués, blessés ou disparurent. Dans cette affreuse mêlée, que les charges de la division Legrand, sur la droite de l'ennemi étaient venues augmenter, on eut à déplorer la mort d'un officier de lanciers, tué par un sous-officier des dragons de la ligne. La fumée, la poussière, l'émotion de chacun et la ressemblance de certains uniformes avec les nôtres, furent la cause de plusieurs méprises.

La brigade de lanciers et de dragons de la Garde avait chargé l'ennemi en face et la division Legrand l'avait chargé sur la droite et presque en même temps, ce qui occasionna des erreurs, des accidents et des difficultés extrêmes pour se rallier.

Ce ne fut qu'à 7 heures du soir que je parvins à réunir ce qui me restait de ma brigade et que je repris, à tout hasard, en sens inverse, la route suivie le matin en escortant l'Empereur. Je rentrai à 10 h. 30 du soir à Gravelotte où je retrouvai le maréchal Bazaine et le reste de l'armée. Nous nous établimes au bivouac quitté le matin, mais un ordre du Maréchal, qui destinait cet emplacement à la division d'infanterie Metman, qu'il voulait avoir sous la main, nous obligea d'en aller prendre un autre un peu plus loin.

Rapport du général de France, commandant la 2e brigade de cavalerie de la Garde, sur la bataille de Rezonville.

Gravelotte, 17 août.

Ayant été désigné hier matin 16, pour escorter l'Empereur avec ma brigade nous sommes partis à 4 heures ; arrivés à Conflans, Sa Majesté nous a remplacés par une brigade de chasseurs d'Afrique, me prescrivant d'attendre là de nouveaux ordres.

Vers 11 heures, entendant le canon sur notre gauche et d'après les renseignements qui me parvenaient de tous côtés que la cavalerie ennemie était fort près de nous, nous sommes montés à cheval pour appuyer le général du Barail, qui, du reste, m'avait fait prévenir et demander de le soutenir parce qu'il se portait en avant avec le seul régiment de chasseurs d'Afrique lui restant encore.

Après avoir occupé pendant toute l'après-midi l'extrême aile droite du corps d'armée du général de Ladmirault et avoir contenu par notre présence plusieurs régiments de cavalerie prussienne, qui se trouvaient au delà de Mars-la-Tour et se disposaient à charger sur nos pièces de l'aile droite, vers 5 heures, un aide de camp du général de Ladmirault est venu nous dire de sa part de charger vigoureusement les régiments de cavalerie, qui se trouvaient en ce moment dans la plaine de Ville-sur-Yron.

Je me portai rapidement avec ma brigade de ce côté et je lançai à la charge le régiment de lanciers, puis le régiment de dragons sur une cavalerie qui était en ligne et qui se disposait elle-même à nous charger. Les dragons, qui venaient après, chargèrent obliquement sur la cavalerie prussienne, qui prenait au même instant nos lanciers de flanc. Un choc eut lieu, dans lequel nous avons fait éprouver de grandes pertes à l'ennemi ; malheureusement les nôtres sont grandes aussi, en raison surtout de la difficulté du ralliement dans un terrain très accidenté et au grand nombre de troupes de cavalerie : dragons de la ligne, hussards, chasseurs d'Afrique, accumulées dans cet endroit.

Historique du régiment de lanciers de la Garde (colonel de Latheulade).

16 août.

A 4 heures du matin, la brigade des lanciers et dragons monte à cheval et escorte l'Empereur jusqu'au delà de Conflans, où elle est relevée par une brigade de chasseurs d'Afrique. Des éclaireurs ennemis ayant été signalés sur la gauche, la brigade fut chargée de s'étendre dans la plaine, et de surveiller les abords de la route pour permettre le départ de l'Empereur.

La brigade campe à Conflans, après avoir envoyé en reconnaissance deux pelotons par régiment.

Vers 11 h. 30 le canon se fait entendre ; une reconnaissance envoyée sur Rezonville signale la cavalerie ennemie. Ordre est donné, vers 1 heure (?), à la brigade de monter à cheval. Elle se dirige sur le champ de bataille vers Ville-sur-Yron, après de nombreux détours dans les terres labourées et les bois. Vers 5 h. 30 un officier d'état-major vient prévenir le général de France de l'approche de l'ennemi ; une forte masse de cavalerie prussienne, appuyée par de l'artillerie, débouchant derrière Mars-la-Tour, cherchait à tourner l'aile droite du corps Ladmirault ; cette cavalerie devenant menaçante, ordre est donné au général de France de la faire charger de front par sa brigade ; un ravin qui l'en séparait fut passé, et le régiment, formé en ligne, marche à la rencontre des lignes prussiennes, pendant que les chasseurs d'Afrique chargeaient vigoureusement l'artillerie ennemie. De notre côté, l'artillerie de la division du Barail ne tira pas (1). La ligne ennemie ne se trouvant plus qu'à 100 mètres de nous, le colonel commanda la charge ; le régiment aborda avec un entrain remarquable la cavalerie prussienne, formée sur deux lignes, composée de deux régiments de hulans, deux de dragons, deux de cuirassiers, deux de hussards. Après le premier choc, une mêlée s'engage dans laquelle viennent successivement se jeter les dragons de l'Impératrice, la division Legrand et une partie du 2e chasseurs d'Afrique. Au bout de dix minutes d'un combat acharné, la sonnerie du ralliement s'étant fait entendre, on vient se reformer à quelques centaines de mètres en arrière.

Pertes : 2 officiers tués, 17 blessés, 108 cavaliers hors de combat; 88 chevaux tués, blessés ou disparus.

Le même jour, le régiment va à Gravelotte où il arrive vers 10 heures du soir.

Historique du régiment de dragons de la Garde (colonel Sautereau-Dupart).

16 août.

A 2 heures du matin, on sonne « A cheval », et bientôt le régiment de dragons s'engage sur la route de Conflans après avoir détaché un escadron d'avant-garde pour éclairer la route. La voiture impériale suit les dragons. La marche, jusqu'à Jarny, est rapide, mais sans incidents. Entre Jarny et Conflans la colonne rencontre la division du Barail. Près de Conflans le lieutenant Antonin, commandant la pointe d'avant-garde, fait prévenir que des hulans ont été vus dans Conflans et que les gens du pays les croient en grand nombre derrière cette ville et dans les bois environnants. On arrête la colonne. Une forte reconnaissance de dragons est poussée sur Conflans; le reste du régiment marche à travers champs pour aller fouiller tous les bois qui bordent la route, et les fermes cachées dans les arbres. Les ennemis sont partis et déjà loin. L'Empereur donne l'ordre de continuer et emmène avec lui les 1er et 3e chasseurs d'Afrique; sa précédente escorte revient bivouaquer un peu au delà de Conflans.

La brigade place aussitôt ses grand'gardes; les hommes mangent rapidement la soupe, et on se tient prêt à partir au premier signal. Vers 11 h. 30 ou midi, le bruit des mitrailleuses et du canon parvient à Conflans.

Le général du Barail, qui est resté avec le 2e chasseurs d'Afrique, prend le commandement des trois régiments et donne l'ordre de monter

---

(1) Erreur. Voir l'Historique des 5e et 6e batteries du 19e.

à cheval; il a aussi avec lui de l'artillerie. Cette division improvisée se met en route et marche au canon à travers champs par Ville-sur-Yron; elle arrive à l'extrême droite de l'armée française un peu en arrière de la ferme de Greyère.

La 2e brigade de cavalerie de la Garde, formée en colonne serrée, attend des ordres; les chasseurs d'Afrique fouillent les bois avec leurs éclaireurs et prennent quelques cavaliers prussiens.....; devant nous apparaissent deux profondes colonnes ennemies qui disparaissent pendant que la brigade fait un changement de position. On se dirige alors du côté de Mars-la-Tour, se rapprochant de la division Legrand. Jusqu'à 5 heures on fait quelques mouvements de va-et-vient, attendant une occasion favorable.

Deux divisions de cavalerie prussienne, nous tournant par la droite, arrivent parallèlement à nous et sur nos derrières; la brigade se déploie rapidement face en arrière, pendant que les chasseurs d'Afrique sont lancés en fourrageurs contre une batterie prussienne qui veut s'établir sur la route de Mars-la-Tour à Verdun; ils sont repoussés par un régiment de dragons prussiens. Mais le moment est venu d'arrêter la cavalerie ennemie.

Les lanciers partent au galop; les dragons, à leur droite, font le même mouvement; la division Legrand, à gauche, est aussi prête à charger. A plus de 600 mètres, les dragons entament la charge, tout en envoyant plus de 100 coups de fusil qui produisent beaucoup d'effet, puis tombent sur les hulans qui sont au trot; l'escadron de droite fait face à un mouvement de flanc d'un escadron ennemi (1). Les hulans sont traversés, et la charge vient briser la deuxième ligne de dragons prussiens en se rompant elle-même. Une mêlée de dix minutes environ, pendant laquelle on lutte corps à corps, à l'arme blanche, s'ensuit. Les cavaliers démontés utilisent leur chassepot. Les officiers et les trompettes, signalés par leurs galons, sont particulièrement attaqués. Enfin les Prussiens sonnent le ralliement; leurs dragons abandonnent le terrain, les hulans s'échappent de tous côtés; la poursuite commence; on l'arrête avec peine pour le ralliement. Deux escadrons environ de dragons peuvent être reformés sur le lieu même du combat, prêts à recommencer la charge; mais les ennemis se rallient tout au fond de la plaine sur la route de Verdun; les deux escadrons de dragons de la Garde rejoignent alors le régiment qui s'est reformé en arrière, près de la division de Cissey.

Quatre escadrons, soit 320 sabres environ, avaient pris part au combat.

---

(1) $\frac{5}{2 \text{ Dr. G}}$.

Les pertes furent de : 5 officiers tués, dont le lieutenant-colonel, 5 officiers blessés, dont le colonel ; 27 dragons tués, 33 blessés ; 40 chevaux tués ou perdus.

La brigade, une fois ralliée, exécute un mouvement en arrière, et vient bivouaquer près de la ferme de Gravelotte, du côté droit de la route de Verdun, en face du campement de la veille.

Rapport du général du Preuil, commandant la 3e brigade de cavalerie de la Garde, sur la bataille de Rezonville.

Châtel-Saint-Germain, 18 août.

La 3e brigade de cavalerie de la Garde monta à cheval vers 10 h. 30 du matin et se mit en mouvement sur les ordres reçus de Son Excellence le maréchal Bazaine ; elle fut rejointe immédiatement par le général commandant la division, qui en dirigea les mouvements.

Vers 11 h. 30, le régiment de cuirassiers de la Garde fut envoyé par le général de division au Sud de la route de Metz à Verdun pour appuyer le 3e régiment de lanciers. Dirigé par le général du Preuil, il prit position à 300 mètres de ce régiment en arrière du village de Rezonville.

A 12 h. 15, les lignes de notre infanterie, repoussées par les forces prussiennes, se replièrent en désordre sur l'artillerie et le village de Rezonville. Les colonnes ennemies, appuyées par des batteries d'artillerie et des mitrailleuses, s'avancèrent rapidement et en bon ordre vers ce village, menaçant de couper l'extrême gauche de la ligne française et d'occuper la route de Verdun à Metz en venant par Flavigny.

Le général Frossard envoya au 3e régiment de lanciers l'ordre de charger ces colonnes et au général du Preuil l'ordre d'appuyer la charge avec ses cuirassiers.

Le général du Preuil se porta sur la ligne des tirailleurs pour prendre les ordres du général Frossard, qui lui dit : « Général, prenez le commandement des lanciers (3e régiment) et des cuirassiers ; chargez sur les batteries à fond de train et aussi loin que possible..... ». Au moment où le général du Preuil partait pour exécuter l'ordre, Son Excellence le maréchal Bazaine arriva et lui dit : « Chargez, du Preuil, c'est urgent et ne perdez pas de temps. »

Sur les ordres du général du Preuil, les deux premiers escadrons de lanciers, le colonel Tohrel en tête, partirent vivement à la charge ; les deux derniers perdirent du temps à manœuvrer et les cuirassiers s'élancèrent en avant. La charge de ce régiment se fit sur trois lignes successives, les deux premières de deux escadrons ; la dernière d'un seul. L'ennemi s'arrêta et se forma en carrés échelonnés ; les deux escadrons du 3ᵉ lanciers furent ramenés vers le village et les cuirassiers, passant sous les feux croisés des batteries, des mitrailleuses et des carrés ennemis, tombèrent jusque dans les rangs prussiens ; quelques servants des mitrailleuses (?) furent sabrés, mais le régiment écrasé fut obligé de faire demi-tour et se rallia à l'entrée du village de Rezonville, poursuivi par une charge de hulans (1).

Pendant la charge, une batterie de mitrailleuses française (2) et des tirailleurs s'étaient postés sur le côté droit de la route de Verdun en avant de Rezonville et écrasèrent de leurs feux les hulans et les colonnes ennemies, qui s'arrêtèrent dans leur mouvement sur ce village.

Après avoir été rallié, le régiment de cuirassiers prit position en arrière du régiment de carabiniers et le général de division reprit le commandement de la brigade. En ce moment, le régiment de cuirassiers ne comptait plus que 150 hommes présents ; le reste était tué, blessé ou démonté et parmi ceux-ci le colonel, le lieutenant-colonel et les deux chefs d'escadrons.

Historique du régiment des cuirassiers de la Garde (colonel Dupressoir).

16 août.

A 10 heures du matin, le canon se fait entendre dans la direction de Rezonville ; la cavalerie qui était établie au delà de ce village, surprise par les obus qui tombaient dans son camp, se replie en désordre sur nous. Le régiment monte à cheval et se porte un peu en arrière de Rezonville à gauche de la route de Metz à Conflans, les carabiniers sont placés à droite de la route, les cuirassiers forment trois échelons à 100 pas. Les obus arrivent dans nos rangs sans éclater.

L'infanterie prussienne, appuyée par une forte artillerie et de la cavalerie, est en avant de la ferme de Flavigny, derrière une crête, qui la met à l'abri du feu (?) ; notre artillerie ne peut prendre position, elle est trop à découvert ; l'infanterie ne peut tenir la plaine qui est devant nous, pour la même raison ; cependant l'ennemi avance ; il menace de tourner la gauche de notre ligne. Le 3ᵉ lanciers tente une charge qui n'aboutit pas ; alors le régiment reçoit l'ordre de charger. Il atteint au pas la crête du plateau et s'avance sous les projectiles contre trois carrés flanqués d'artillerie et de cavalerie (?). Le premier échelon charge à fond sans pouvoir entamer les carrés. Le deuxième et le troisième échelon

---

(1) Hussards Redern.

(2) Sans doute $\frac{9}{5}$.

sont repoussés sans les atteindre ; le régiment est décimé, mais l'ennemi hésite, recule, et le combat se rétablit.

200 hommes environ se rallient en arrière de Rezonville.

Pertes : 7 officiers tués ou disparus, dont le lieutenant-colonel ; 12 blessés dont le colonel ; troupe, 133 tués ou blessés dont 24 sous-officiers ; 55 blessés dont 5 sous-officiers ; chevaux, 208 manquants.

Le régiment a couché sur le champ de bataille.

Historique du régiment des carabiniers (colonel Petit).

16 août.

A 3 heures du matin, on selle les chevaux, on lève les tentes et on charge les voitures. Vers 5 heures, l'Empereur, escorté de la 2ᵉ brigade de cavalerie de la Garde, passe sur la route, se dirigeant vers Conflans.

Vers 9 heures, des cavaliers des divisions Forton et Valabrègue, que les obus de l'ennemi sont venus surprendre dans leurs camps à Vionville, traversent en désordre notre bivouac. On sonne à cheval. La brigade se trouve formée sur une ligne, les cuirassiers à gauche appuyés à la route de Rezonville, les carabiniers à droite; appuyés aux bois de Villers. On se porte de suite en avant dans cet ordre. Arrivée à l'endroit où l'ancienne voie romaine fait un coude, la brigade s'arrête ; nous sommes alors à peu près à hauteur de Rezonville que nous apercevons à gauche et un peu en avant; une nombreuse artillerie est en batterie en avant de nous sur la crête du plateau. La division de Forton est massée devant nous et vers notre droite, le long des bois de Villers. La bataille est chaudement engagée.

Vers midi, l'ennemi semble vouloir accentuer son mouvement sur Rezonville; ses nombreuses batteries, que nous apercevons au loin, vers Flavigny et Vionville, nous lancent quantités d'obus qui font peu d'effet. Un mouvement en arrière nous met hors de portée du tir.

A ce moment, les cuirassiers chargent dans la direction de Flavigny, puis viennent se rallier derrière nous; on rompt alors en colonne par pelotons et l'on se porte de l'autre côté de la route de Rezonville; là, on se déploie, la gauche appuyée au bois des Ognons.

Vers 3 heures, le maréchal Bazaine, craignant toujours une tentative de l'ennemi vers les défilés d'Ars, vient, lui-même, s'assurer de la position des Prussiens de ce côté. Le régiment de carabiniers l'accompagne dans cette reconnaissance. Le Maréchal place une batterie de mitrailleuses sur la rive gauche du ravin; le régiment s'établit en arrière de cette batterie pour la soutenir. C'est dans cette position que la nuit nous trouve. Chaque corps bivouaque où il se trouve. On se décide à envoyer boire pendant la nuit les chevaux qui n'avaient pas bu depuis la veille au matin. Les hommes passèrent le reste de la nuit en armes et la bride au bras.

Artillerie.

Rapport du général Pé de Arros, commandant l'artillerie de la Garde, sur la bataille de Rezonville.

Plappeville, 18 août.

A 10 heures du matin, au moment où les troupes de la Garde ayant replié leurs tentes, attendaient, dans leurs camps respectifs, l'ordre de continuer leur route vers Mars-la-Tour, le bruit du canon et de la fusillade annonça une attaque de l'ennemi sur le front de notre ligne. Une armée prussienne avait effectivement pris position entre les villages de Vionville et de Rezonville, à cheval sur la route de Metz à Verdun, et avait commencé l'attaque sur le 2e corps de notre armée, dont le quartier général était à Rezonville.

Les troupes prirent rapidement les armes, et l'armée française se porta en ligne parallèlement à l'armée prussienne, sa gauche appuyée au bois des Ognons qu'on fit occuper par des tirailleurs, et sa droite aux bois qui s'étendent le long de l'ancienne voie romaine. L'artillerie est répartie de la manière suivante :

Les deux batteries de 4 attachées à la division de cavalerie, une batterie de 4 et une batterie de mitrailleuses de la 2e division d'infanterie sont à droite de la route ; la réserve, composée de quatre batteries de 4, une batterie de 4 de la 2e division et les trois batteries de la 1re division sont à gauche de la route, où le général commandant l'artillerie est de sa personne.

Au moment où la Garde arrive sur le terrain, 10 h. 30, l'infanterie prussienne exécute un mouvement rétrograde sous la protection d'une forte batterie de dix-huit pièces environ du calibre de 12 protégées par un épaulement. Quatre batteries de la Garde, dont deux de la 2e division et deux de la réserve ouvrent le feu contre les colonnes d'infanterie prussiennes qui se retirent, et contre la grande batterie de position qui riposte vivement, mais dont le feu diminue peu à peu d'intensité. Nos batteries cessent alors le leur et se retirent à couvert derrière la crête qu'elles occupaient.

Les deux batteries de la réserve reprennent bientôt leur première position où elles sont rejointes par les deux autres pour tirer sur des masses de tirailleurs ennemis qui s'avancent vers les crêtes que nous occupons. Ce deuxième mouvement offensif de l'infanterie prussienne est repoussé.

Vers 3 heures, la gauche de notre armée est inquiétée par un feu très vif de mousqueterie partant du bois de Saint-Arnould et de la naissance du ravin de Gorze. Deux batteries de la réserve sont portées en avant et dirigent leur feu sur ce ravin et sur la lisière des bois par lesquels l'ennemi paraît vouloir déboucher. Les deux autres batteries de la réserve, ainsi que la batterie de mitrailleuses de la 1re division, continuent à battre de front les lignes de l'infanterie ennemie.

Vers 4 heures, le maréchal Canrobert envoie demander, au commandant de l'artillerie de la 2e division, une batterie pour repousser un mouvement offensif très prononcé des Prussiens. On envoie alors une batterie de 4 en avant du village de Rezonville, et, comme elle est insuffisante, on la fait soutenir par une batterie de mitrailleuses. Mais ces deux batteries souffrent beaucoup du feu de la grande batterie de position prussienne; on les dégage en dirigeant sur cette batterie un feu très vif de trois batteries de la réserve, la quatrième étant laissée en position pour battre le débouché du ravin.

Le feu continua quoique plus lentement et avec quelques intermittences jusqu'à 7 heures.

A ce moment, l'armée prussienne parut vouloir prendre une offensive vigoureuse. Elle couvrit de batteries la crête qu'elle occupait, et lança des masses d'infanterie déployées sur la crête située entre ses lignes et les nôtres. Le général commandant l'artillerie réunit alors, en une seule grande batterie, toute l'artillerie qu'il trouva à sa portée, y compris une batterie de la ligne (2e du 5e) (1). Les cinquante-quatre bouches à feu ainsi réunies, ouvrirent le feu à volonté contre les lignes d'infanterie ennemies qui avançaient, et les désorganisèrent. Notre infanterie gravit le coteau au pas de course et délogea l'infanterie prussienne ébranlée par le feu de l'artillerie; elle prit définitivement possession du terrain si longtemps disputé entre les positions initiales des deux armées.

Pertes de l'artillerie de la Garde à la bataille de Rezonville : 2 officiers blessés, 1 disparu; 10 hommes tués, 76 blessés, 4 disparus; 77 chevaux tués ou disparus.

Historique du régiment d'artillerie à cheval de la Garde (colonel Clappier).

16 août.

Les batteries devaient partir à 5 heures du matin. Un nouvel ordre suspend le départ pour attendre les 3e et 4e corps qui, ayant été engagés

---

(1) Cette batterie était restée à Strasbourg. Il y a donc erreur dans la désignation.

à Borny n'ont pas encore pu rejoindre le reste de l'armée. À 10 heures du matin, on entend le bruit du canon annonçant une attaque des Prussiens sur le 2e corps. Les troupes prennent rapidement les armes, et une lutte très vive s'engage entre les deux armées sur une ligne de plusieurs kilomètres d'étendue, principalement artillerie contre artillerie.

La 1re batterie est envoyée en reconnaissance autour des bois de Vaux ; la 2e est désignée par le général Desvaux pour appuyer la charge de notre cavalerie. Elle est portée en avant sans troupes de soutien, et au moment où elle va ouvrir son feu contre une batterie prussienne qui tire sur la charge ramenée des cuirassiers de la Garde, elle est elle-même chargée de flanc et envahie par un escadron de hussards royaux. Les trois pièces de gauche, qui viennent à peine d'être mises en batterie, sont surprises avant de pouvoir faire feu et restent pendant quelque temps au pouvoir des hussards qui sabrent les conducteurs et servants sur leurs chevaux. La plupart sont heureusement préservés par leurs talpacks, mais 1 lieutenant est tué, 6 hommes blessés ; 10 chevaux tués, dont 6 appartenant aux avant-trains des pièces qu'on est obligé d'abandonner. Le reste de la batterie se replie en bon ordre et vient se placer à la gauche de la 1re qui gardait les débouchés du bois des Ognons. Les deux batteries réunies lancent quelques projectiles qui suffisent à arrêter les colonnes prussiennes qui cherchaient à sortir du bois pour tourner notre gauche. Vers le soir, elles viennent se placer auprès des batteries de la réserve, à droite de la route de Mars-la-Tour pour tirer sur la grande batterie fixe établie par les Prussiens.

Les pièces laissées sur le champ de bataille ont été reprises par nos troupes, et la 2e batterie les a retrouvées à l'arsenal.

Vers 10 heures, les batteries de la réserve (1), après avoir traversé devant elles la route d'Étain, tournent à gauche, traversant la route de Mars-la-Tour et viennent se déployer en avant du village de Gravelotte, face au bois. Vers midi, elles reçoivent l'ordre de se porter en avant ; les 3e et 4e marchent parallèlement à la route de Mars-la-Tour, se forment en colonne par section et enfin se déploient au trot sur une crête perpendiculaire à la route, un peu en arrière et à gauche du village de Rezonville. La 3e batterie, placée en tête, est accueillie par le feu très violent d'une batterie ennemie située à 2,500 mètres derrière un épaulement montrant 18 embrasures. Le capitaine commandant fait d'abord faire feu à volonté pour occuper les hommes dont la plupart sont engagés sérieusement pour la première fois. Puis une fois la ligne déployée et les coups répartis sur une étendue plus considérable, toutes

---

(1) Les 3e, 4e, 5e, et 6e à cheval.

les pièces font un feu peu rapide à commandement. La 4ᵉ batterie est détachée en avant pendant quelque temps pour tirer sur une batterie de campagne qui est venue s'établir en avant et en contre-bas de la batterie fixe. Cette batterie ne tarde pas à cesser son feu et la 4ᵉ batterie reprend sa position en arrière, où elle est à peu près couverte par le terrain. Le feu continue ainsi avec quelques interruptions jusqu'à la nuit tombante.

Les 5ᵉ et 6ᵉ sont aussi portées en avant. Pendant que la 5ᵉ va prendre position au bord du plateau, en avant du point où aboutit le ravin qui descend à Gorze par les bois, la 6ᵉ est mise en batterie à l'entrée du ravin, sans avoir occasion de faire feu. Quelques minutes après, elle va se placer à la gauche de la 5ᵉ, et ces deux batteries dirigent leurs feux sur les têtes de colonnes ennemies qui cherchent à sortir du bois. Au bout de trois quarts d'heure, le capitaine commandant la 6ᵉ, voyant reculer l'infanterie française qui était à sa gauche et craignant de se voir surpris par l'infanterie prussienne, qui pouvait s'approcher de très près tout en restant défilée par les pentes sur le bord desquelles était placée la batterie, donne l'ordre de déployer les prolonges. Puis, des renforts étant arrivés, les batteries deviennent disponibles, étant remplacées par une batterie de mitrailleuses de la ligne (1) que le maréchal Bazaine est venu placer lui-même, pour s'opposer vigoureusement au débouché des Prussiens, ce qu'elle réussit complètement à faire.

Ces deux batteries vont alors se placer à la gauche des 3ᵉ et 4ᵉ pour contre-battre la grande batterie de position et tirer sur les colonnes prussiennes qui, vers 5 heures, font une vive attaque sur Rezonville. Les quatre batteries de la réserve, jointes aux batteries attachées à l'infanterie de la Garde et avec des batteries de la réserve générale de la ligne, en tout 54 pièces, réussissent à arrêter la marche de l'ennemi et à permettre aux zouaves et aux grenadiers un mouvement offensif en avant d'elles. La gauche de la ligne de bataille, que le corps de la Garde tenait depuis 11 heures du matin, et qui était à la fois le pivot de l'armée française et la clef de la position, reste ainsi définitivement en notre pouvoir, et l'extrême droite repousse l'ennemi jusqu'à Mars-la-Tour.

Vers le soir, la batterie fixe sur laquelle nous tirons, est renforcée par des batteries mobiles qui reviennent se placer en avant et à sa gauche. La réserve dirige immédiatement son feu sur elles, et les oblige à rebrousser chemin sans leur laisser le temps de se mettre en batterie.

---

(1) $\frac{8}{4}$.

La 5ᵉ batterie est alors demandée pour appuyer une colonne d'attaque formée par le général Montaudon à gauche de la ligne de la Garde. Les deux premières sections prennent position à droite, la troisième à gauche de la colonne d'infanterie. Elles ouvrent aussitôt leur feu, les sections de droite à 2,300 mètres sur la batterie de position, et la section de gauche à 1700 mètres sur des batteries mobiles qui se sont avancées vers notre extrême gauche, en longeant les bois de Rezonville. La nuit est presque venue ; nos coups ont probablement peu de justesse, tandis que la batterie fixe ennemie qui a tiré toute la journée sur la crête que nous occupons, nous couvre d'obus ainsi que l'infanterie. Un certain désordre se met dans le 51ᵉ, et on fait cesser le feu. Les Prussiens en font autant, et leurs batteries paraissent se retirer.

La 5ᵉ batterie rejoint à la nuit les trois autres à hauteur de Rezonville. On bivouaque sur place, les batteries placées en colonne serrée. Le train d'artillerie vient d'abord distribuer des munitions, puis les batteries sont prévenues d'attendre jusqu'à leur retour vers Metz qui doit s'effectuer le lendemain.

Les pertes pendant cette journée sont :

1ʳᵉ batterie : 1 sous-officier tué, 1 brigadier blessé ;

2ᵉ batterie : 1 officier tué, 6 hommes blessés, 10 chevaux hors de combat ;

3ᵉ batterie : 2 hommes tués, 3 hommes blessés, 12 chevaux hors de combat ;

4ᵉ batterie : 1 homme tué, 2 hommes blessés, 9 chevaux hors de combat ;

5ᵉ batterie : 1 officier blessé, 5 hommes tués, 8 hommes blessés, 21 chevaux hors de combat ;

6ᵉ batterie : 3 hommes blessés, 12 chevaux hors de combat.

Parc d'artillerie.

Le 16 août, le parc se trouve à la sortie du village de Gravelotte. A minuit, un convoi, sous la conduite du colonel directeur de Vassoigne va ravitailler sur le champ de bataille même les troupes de la Garde.

Après avoir en partie accompli sa mission, il rentre au camp à 3 h. 30 du matin.

Opérations du parc du génie de la Garde impériale, le 16 août.

Plappeville, 18 août.

Au commencement de l'action qui a eu lieu le 16 août entre l'armée française et l'armée prussienne, le parc du génie de la Garde impériale était campé au village de Gravelotte, à gauche et à 200 mètres environ de la route de Metz à Verdun. Il a occupé cette position jusqu'à midi, mais lorsqu'il a paru se faire un mouvement de nos troupes et de celles de l'ennemi vers notre gauche, dans le pressentiment que nous pourrions être tournés de ce côté, le parc du génie s'est transporté sur la route d'Étain, à proximité de bonnes communications et plus au centre en arrière de nos lignes, dans le but de mieux pourvoir aux besoins de nos opérations.

Le parc du génie de la Garde impériale a conservé cette nouvelle position jusqu'au lendemain matin, à l'heure où il a levé le camp pour venir s'installer à Plappeville, où il est encore en ce moment.

b) **Organisation et administration.**

Ordre du Général commandant la division de voltigeurs de la Garde.

Gravelotte, 16 août (sans heure).

Aujourd'hui, il sera fait les distributions suivantes :

1° A 8 heures, une ration de biscuit de manière à ce que tous les corps soient alignés jusqu'au 19 inclus, y compris les quatre jours de biscuit de réserve ;

2° A 8 heures également, deux rations d'avoine de manière à ce que tous les corps soient alignés jusqu'au 17 inclus ;

3° A 10 heures, une ration de viande pour la journée du 17.

Le biscuit sera distribué sur la route à la sortie du village où l'on trouvera le sous-intendant ; l'avoine sur la route au milieu du village ; la viande à 100 mètres en avant du front de la 1re brigade.

Les corps se présenteront de quart d'heure en quart d'heure dans l'ordre suivant :

> L'ambulance ;
> Les parties prenantes isolées ;
> Génie ;
> Gendarmerie ;
> Train ;
> Artillerie ;
> 1re brigade ;
> 2e brigade ;
> Cavalerie.

Il sera distribué immédiatement une demi-ration de pain à tous les officiers de la Garde ; cette distribution aura lieu au magasin des vivres du quartier général de la Garde, dans la partie Ouest du village.

Le général Pé de Arros au général Soleille, à Metz.

Camp de Saint-Quentin, 19 août.

J'ai l'honneur de vous rendre compte que dans la bataille de Rezonville, livrée le 16 août, la 2ᵉ batterie du régiment d'artillerie à cheval de la Garde attachée à la division de cavalerie, a perdu trois canons de 4 sur affût et un avant-train, qui lui ont été enlevés par une charge de la cavalerie prussienne (1). Le parc d'artillerie de la Garde ne possédant pas de rechanges de cette nature, je vous prie de vouloir bien donner des ordres pour que le régiment à cheval prenne livraison de ce matériel, s'il est possible, à la direction d'artillerie de Metz.

État des munitions consommées le 16 août par la Garde impériale.

1ᵉʳ régiment de voltigeurs	11,709 cartouches.
4ᵉ — —	2,794 —
Chasseurs à pied	19,920 —

Artillerie.

	Obus ordinaires.	Obus à balles.	Boîtes à mitraille.	Charges à balles.	Sachets.
1ʳᵉ division	632	»	»	1020	634
2ᵉ division	605	55	4	324	647
Réserve	1221	»	»	»	1214

Toutes les munitions consommées ont été remplacées au parc; les batteries sont au complet.

Pertes en matériel.

Caisson à 4 roues	1
— à 2 roues	1
Avant-train	1
Coffre	1
Timons	11
Roues	8
Caisse couvercle de mitrailleuse	1
Planchettes n° 1 de mitrailleuse	2

---

(1) Ces trois pièces et cet avant-train furent en réalité ramenés à Metz par des troupes françaises.

c) Correspondance relative aux opérations.

Le général Bourbaki au général Deligny.

Gravelotte, 16 août, 5 h. 45 matin.

La division Deligny prendra les armes, au reçu du présent ordre, pour venir se masser sur le terrain compris entre la route, le ravin et le village de Gravelotte. Elle quittera la route pour se rendre à ce terrain, par le chemin s'embranchant à gauche, aussitôt après avoir passé le pont. Elle laissera un escadron d'arrière-garde en observation aux environs de la ferme du Point-du-Jour.

Le général Bourbaki au maréchal Bazaine.

Gravelotte, 16 août.

Afin d'avoir tout à fait sous la main la division Deligny, je viens de lui prescrire de s'établir immédiatement à gauche de la route et en arrière du village de Gravelotte. Elle laissera un escadron en observation à la ferme du Point-du-Jour, sur la route conduisant à Metz.

Journée du 16 août.

RÉSERVE DE CAVALERIE.

1re DIVISION (DU BARAIL).

a) Journaux de marche.

Journal de marche de la 1re division de cavalerie.

16 août.

L'Empereur passe le 16, à 5 heures du matin, à Doncourt et donne l'ordre que la 1re brigade de chasseurs d'Afrique l'escorte jusqu'à Étain et Verdun, en remplacement de la brigade de dragons et de lanciers de la Garde, qui s'arrête à Conflans, sous les ordres du général de France.

La 1re division de la réserve de cavalerie ne comprend donc plus à ce moment que le 2e chasseurs d'Afrique et deux batteries à cheval du 19e régiment d'artillerie. C'est avec cet effectif qu'elle traverse Jarny, Conflans et qu'elle s'arrête, à 8 heures du matin, à 1800 mètres au delà de cette bourgade pour attendre de nouveaux ordres.

A 10 h. 30, on commence à entendre très distinctement le bruit du canon et l'on monte à cheval pour se diriger de ce côté, en informant de ce mouvement le général de France, qui bivouaque près de Conflans.

La colonne rejoint à travers champs le chemin qui, de Conflans, conduit à Friauville; là, elle tourne à gauche et, montant sur un plateau qui domine les villages de Ville-sur-Yron, la Ville-aux-Prés et Droitaumont, elle franchit près de ce dernier un pont en pierre construit sur l'Yron. Elle s'avance ensuite à travers bois vers la route qui, de Jarny, conduit à Mars-la-Tour et débouche à 11 h. 30 (1) sur ce chemin, presque à mi-distance des deux villages et à la lisière des bois qui le bordent. Sur sa gauche, la division est séparée, par un ravin très encaissé, du corps Ladmirault, qui vient d'arriver en ligne, et elle se trouve en présence d'un corps prussien, que l'on estime composé d'infanterie, de quatre régiments de cavalerie et d'une certaine quantité de bouches à feu.

Par suite d'une fausse reconnaissance, exécutée sur sa gauche par un officier de dragons de la Garde, le général du Barail, se croyant menacé des deux côtés et coupé du corps Ladmirault, fait replier par les bois et la route de Jarny ses troupes et la brigade de France, qui s'est jointe à lui; il donne en même temps ordre aux deux batteries d'artillerie de chercher une bonne position aux abords de Jarny, pour couvrir la retraite.

Mais bientôt l'erreur est reconnue; le 6e corps exécute un mouvement offensif très accusé (2) et la division se reporte en avant en obliquant sur sa gauche et traversant le ravin qui borde la route. A ce moment, d'ailleurs (3), les troupes, qui avaient paru devant elle entre Hannonville et Mars-la-Tour, disparaissent derrière ce dernier village (4).

---

(1) A cause de l'indication donnée par la phrase suivante, l'heure (1 heure) indiquée par le Journal de marche de la 2e brigade paraît beaucoup plus admissible.

(2) Attaque du bois de Tronville par une fraction de la division Tixier.

(3) Un peu après 2 h. 30.

(4) Dragons de la Garde prussienne.

A 3 heures, l'ennemi semble débordé et il reste seulement à le chasser du village de Vionville et d'un grand bois qui nous sépare de ce bourg. Pendant que le général de Ladmirault prépare par une canonnade énergique une attaque de ce côté, la division se rejette à droite pour pénétrer dans Mars-la-Tour avec toute la cavalerie du 4ᵉ corps et tourner complètement l'aile gauche ennemie. Un escadron prussien, en bataille (1) à l'Ouest du village, sur la route, est chassé rapidement par le feu d'un escadron de chasseurs d'Afrique, déployé sur un rang, et une reconnaissance entre dans Mars-la-Tour pour le fouiller. Elle revient avec quelques prisonniers, annonçant qu'il ne reste plus aucun Prussien dans ce village.

Les deux batteries d'artillerie, rappelées de Jarny, se préparaient à ouvrir le feu, par-dessus le village, contre de la cavalerie ennemie qu'on voit se diriger sur notre droite. Mais, avant que le feu soit entamé, le 4ᵉ corps se replie sur sa position précédente (2). La cavalerie suit ce mouvement de retraite en profitant des plis de terrain et nos deux batteries commencent à tirer contre les bois et les positions occupées par les Prussiens.

Vers 5 heures, le côté Ouest de Mars-la-Tour se couvre de cavalerie ; une batterie ennemie s'avance sur la route de Jarny (3) et ouvre son feu contre l'aile droite du 4ᵉ corps, qu'elle prend en écharpe. Le général de Ladmirault donne alors à la division l'ordre d'enlever cette batterie ; le 2ᵉ chasseurs d'Afrique descend dans le ravin, franchit un petit fossé à sec en cet endroit et, déployant ses quatre escadrons en fourrageurs (?), traverse obliquement la route pour tomber sur la batterie. Les pièces sont déjà abandonnées et probablement enclouées, car elles ne tireront plus pendant le reste de la journée.

A ce moment, des escadrons prussiens arrivent en nombre prendre d'écharpe nos chasseurs (4) ; ceux-ci sont ramenés, tout en restant en bon ordre. Ils repartent de nouveau et viennent se reformer en arrière du 2ᵉ hussards ; le 3ᵉ dragons et la brigade de France, qui débouchent successivement sur le terrain, chargent dans diverses directions et sont ramenés dans le plus complet désordre (5).

Dans ce tumulte, le ralliement devient impossible et toute cette

---

(1) Des dragons de la Garde prussienne.
(2) La division Grenier.
(3) $\frac{1\ c}{G}$.
(4) *13ᵉ* dragons.
(5) Contradiction avec le Rapport du général du Barail et l'Historique des chasseurs d'Afrique.

masse se retire à fond de train : une fraction par la route de Jarny ; l'autre par le ravin, dans un endroit où le fossé est rempli d'eau et d'un passage difficile. Cet obstacle arrête l'élan des fuyards et quelques-uns y tombent avec leurs chevaux sans pouvoir en ressortir (?) (1).

Le 2e chasseurs d'Afrique se reforme au point qu'il occupait avant la charge, mais les chevaux sont épuisés et l'on renonce à les lancer de nouveau. 3 officiers sont blessés, 1 est tué, et il manque 79 hommes à l'appel.

Vers 7 h. 30, la bataille cesse et la division bivouaque sur le lieu du combat.

A 11 h. 30 du soir, elle se replie sur Doncourt, où elle est rejointe par ses bagages et son ambulance.

Les batteries d'artillerie n'ont encore aucune perte à déplorer.

Rapport du général du Barail sur la bataille de Rezonville.

Vernéville, 18 août.

Le 16 août, de très bonne heure, je reçus au bivouac de Doncourt l'ordre de faire escorter l'Empereur par la 1re brigade de ma division (général Margueritte, 1er et 3e chasseurs d'Afrique). Je devais moi-même, avec le 2e régiment de chasseurs, suivre le mouvement jusqu'au village de Conflans, où j'arrivai vers 7 heures et où je m'arrêtai, sans toutefois m'établir au bivouac.

Vers 10 heures, je fus averti par mes éclaireurs de gauche qu'une forte canonnade se faisait entendre du côté de Mars-la-Tour. Je montai à cheval immédiatement ; et avec le seul régiment dont je disposais, deux batteries à cheval du 19e régiment, et suivi à courte distance par la 2e brigade de cavalerie de la Garde, je me dirigeai du côté où la bataille semblait être engagée. Je traversai le village de Friauville et laissant à gauche Droitaumont, je me trouvai bientôt au sortir d'un bois (2), en arrière de l'aile droite de l'armée française, débordant de tout mon front l'aile gauche des lignes prussiennes.

---

(1) Le Fond de la Cuve est à sec pendant tout l'été (même après une période de pluie) jusqu'à un point situé à 600 mètres au Nord de Greyère. A partir de ce point, plusieurs sources forment un ruisseau dont les berges sont insignifiantes, dont la largeur ne dépasse pas 1 mètre et n'ayant, au maximum, que quelques décimètres de profondeur.

(2) Bois la Grange.

Tandis que je me portais en avant pour arriver à hauteur de notre ligne de bataille, je me trouvai en présence de masses considérables de cavalerie prussienne (1), accompagnées de fortes batteries, dont l'apparition, coïncidant avec un temps d'arrêt de nos lignes, m'obligea à m'arrêter moi-même et à prendre mes dispositions de combat (2).

Cependant l'ennemi ne tarda pas à replier sa cavalerie; on continua à marcher en avant et, à 2 h. 30, je pus prendre position à l'extrême droite du 4ᵉ corps, en face du village de Mars-la-Tour.

Après avoir délogé de ce village, par le feu d'ensemble d'un escadron (3), la cavalerie prussienne qui l'occupait, et dispersé par le feu d'une des batteries sous mes ordres les cavaliers prussiens qui se montraient sur notre flanc droit, je dus, pour suivre le mouvement général, prendre de nouveau position sur le plateau de la ferme située en arrière de notre aile droite.

A 4 heures environ (4), le général commandant le 4ᵉ corps, me fit avertir que l'ennemi, par un effort considérable, tentait de prendre le centre de la position, tandis qu'avec toute sa cavalerie et une partie de son artillerie, il tentait de prendre notre aile droite à revers. Je reçus en même temps l'ordre de m'opposer à tout prix au mouvement de la cavalerie ennemie.

Le 2ᵉ régiment de chasseurs d'Afrique franchit rapidement un ravin profond, qui nous séparait de la plaine occupée par l'ennemi, et, par une charge brillante, arrêta toute la marche de la cavalerie prussienne. Se ralliant immédiatement sous le feu de l'artillerie et à très courte distance, ce régiment fournit une seconde charge (5), qui força de nouveau l'ennemi à se reformer et à rappeler son artillerie, qui se retira en désordre après avoir enlevé quelques-unes de ses pièces. A ce moment je fus appuyé par la 1ʳᵉ brigade de la division Legrand et la 2ᵉ brigade de la cavalerie de la Garde, et enfin par la plus grande partie de la cavalerie du 3ᵉ corps.

L'ennemi replia sa cavalerie, renonça à son mouvement offensif et cessa de menacer notre droite.

Les pertes éprouvées par le 2ᵉ régiment de chasseurs d'Afrique sont de : 1 officier tué, 2 officiers blessés, 58 hommes tués, blessés ou disparus; 63 chevaux tués, disparus ou hors de service.

---

(1) Dragons du général de Brandebourg.
(2) Le mouvement de retraite vers le Nord est passé sous silence.
(3) $\frac{2}{2 \text{ ch. Af}}$
(4) En réalité, un peu avant 5 heures.
(5) Allusion probable au combat avec le *13ᵉ dragons*.

Historique du 1ᵉʳ régiment de chasseurs d'Afrique (colonel Clicquot).

16 août.

Le 1ᵉʳ et le 3ᵉ chasseurs d'Afrique partent à 4 heures du matin de Doncourt, escortant l'Empereur et le Prince impérial ; arrivée à Étain à 9 heures, départ à 10 heures. Arrivée à Verdun à 2 heures (42 kilomètres).

Les bagages du régiment, ainsi qu'un détachement de 90 hommes et 90 chevaux, restent à Metz sous le commandement de M. le sous-lieutenant de Laisle et prennent part aux opérations sous Metz jusqu'à la capitulation.

Historique du 3ᵉ régiment de chasseurs d'Afrique (colonel de Galliffet).

16 août.

On attendait de bon matin l'ordre du départ, quand l'Empereur, passant à proximité de notre division, fit demander la brigade Margueritte pour son escorte. Cette brigade remplaça dans ce service les dragons et lanciers de la Garde. Le 1ᵉʳ chasseurs marche en avant des voitures impériales ; le 3ᵉ en arrière. A 11 heures, grand'halte à Étain. Arrivée à Verdun à 3 heures. Nous bivouaquons sur les glacis de la place, près de la porte de France. Les officiers attendent d'un moment à l'autre leurs bagages et leurs chevaux de main. Nous ignorions alors notre séparation définitive de l'armée de Metz, et que peu d'instants après notre départ, s'engageait la bataille de Gravelotte. Nous laissions en outre derrière nous, quelques officiers (MM. de Buros, Bleichner, Paillet et Arney), des hommes et des chevaux en assez grand nombre.

Journal de marche de la 2ᵉ brigade de la 1ʳᵉ division de cavalerie de réserve (de Lajaille).

16 août.

Le 16, à 5 heures du matin, on reprend la marche en avant. On dépasse Conflans et on arrive à 8 heures, à hauteur de Boncourt. La colonne s'arrête pour laisser passer l'Empereur, qui emmène avec lui la 1ʳᵉ brigade pour lui servir d'escorte jusqu'à Verdun. La division se trouve alors réduite à un seul régiment, le 2ᵉ chasseurs d'Afrique.

La marche ayant été suspendue par ordre du commandant en chef, on attend de nouveaux ordres, lorsque, vers 10 heures, une violente canonnade se fait entendre dans la direction du Sud. Le général donne l'ordre de marcher au canon. Le 2ᵉ chasseurs d'Afrique et les deux batteries de la division se dirigent à travers champs sur Friauville, et viennent déboucher en face Mars-la-Tour, au Nord de la route de Jarny à ce dernier village, le dos appuyé au bois : ils ont devant eux de grandes masses de cavalerie déployées en avant de Mars-la-Tour, sur la crête du plateau.

Vers 1 heure, la division Grenier du 4ᵉ corps, débouche de Bruville pour entrer en action ; le 2ᵉ chasseurs d'Afrique se formant en colonne serrée, traverse le ravin, qui descend de Mars-la-Tour, et vient se placer en arrière de la droite du 4ᵉ corps (1), dont il suit le mouvement.

A 4 heures, le régiment est déployé en face de Mars-la-Tour et les tirailleurs qui le précèdent s'engagent avec les dragons prussiens.

Vers 5 heures, un mouvement de retraite se produit dans la ligne de bataille ; les Prussiens ont cherché à tourner notre droite et ont établi une batterie sur la route de Mars-la-Tour à Jarny. Le général du Barail donne l'ordre de charger.

Le régiment part au galop en colonne serrée (?), masque son mouvement en longeant le petit ravin situé derrière la ferme de Greyère, traverse le grand ravin de Mars-la-Tour, débouche sur le plateau et se rabat brusquement sur l'artillerie ; il arrive sur les premières pièces, que les servants ont abandonnées, lorsqu'il est chargé et pris en flanc par une brigade de dragons prussiens (2). Mais le général de Lajaille a conservé un escadron sous la main, il le déploie en tirailleurs : son feu arrête l'ennemi et permet à nos escadrons de se rallier.

L'action engagée par le 2ᵉ chasseurs d'Afrique est soutenue par la division Legrand, par la brigade de cavalerie de ligne de la Garde et par la division de Clérambault, successivement arrivées sur cette partie du champ de bataille.

La charge de Mars-la-Tour coûte au 2ᵉ régiment de chasseurs d'Afrique : 1 officier tué (M. Brugière, lieutenant), 2 blessés (M. Brouard, capitaine et Blethener, sous-lieutenant) ; 79 hommes tués ou blessés.

Le régiment reprend la place qu'il occupait à 5 heures devant Mars-la-Tour et y bivouaque une partie de la nuit ; sur l'ordre verbal apporté vers minuit par un officier d'état-major, il quitte cette position avancée et se retire par Bruville sur Doncourt, où il arrive à 1 h. 30 du matin.

---

(1) Beaucoup plus tard, car la marche rétrograde vers le Nord est passée sous silence.

(2) Le *13ᵉ* dragons.

Historique du 2ᵉ chasseurs d'Afrique (colonel de la Martinière).

16 août.

L'Empereur, venant de Gravelotte, passe un peu avant 6 heures du matin à portée du camp. Aussitôt, la division monte à cheval et forme escorte jusqu'au delà de Conflans; la 1ʳᵉ brigade de chasseurs d'Afrique continue seule alors de suivre la route d'Étain, la 2ᵉ brigade (formée seulement par le 2ᵉ chasseurs d'Afrique) et l'artillerie à cheval restent avec les dragons et les lanciers de la Garde dans les prairies de l'Orne.

Vers 11 heures du matin, une vive canonnade se fait entendre dans la direction du Sud-Est; le régiment marche rapidement au canon, traverse le village de Droitaumont, ainsi que les bois, qui se trouvent au Sud, et débouche bientôt sur le plateau en face de Mars-la-Tour, où les chasseurs d'Afrique et la brigade de la Garde se déploient, formant l'extrême droite de l'armée française. Après un engagement de tirailleurs et une contremarche, le régiment et l'artillerie de la division se portent en avant, suivant le mouvement offensif du 4ᵉ corps (Ladmirault). Les chasseurs d'Afrique traversent les ravins qui se trouvent sur le côté gauche de la route de Jarny à Mars-la-Tour et, dépassant la ferme de Greyère, se déploient en face de ce dernier, à la droite de l'infanterie du 4ᵉ corps.

Il est environ 2 heures de l'après-midi, la bataille s'étend sur la gauche, parallèlement à la route de Verdun, sur une étendue de 12 kilomètres; l'action est surtout fortement engagée à Rezonville et à Vionville. Un poste ennemi est placé en observation à l'extrémité Ouest de Mars-la-Tour; sur l'ordre du général du Barail, un demi-escadron du régiment est formé sur un rang par le commandant Dosson, à 700 mètres environ et vis-à-vis de ce point. Un feu d'ensemble de pied ferme parfaitement dirigé, disperse instantanément l'adversaire. Le peloton du lieutenant Plantier est aussitôt lancé en fourrageurs et il est soutenu par le reste de l'escadron du capitaine Chaulin. Nos chasseurs d'Afrique ramènent prisonniers tous les Prussiens rencontrés dans le village.

Vers 4 heures, un retour offensif de l'ennemi se prépare sur notre droite; il veut tenter de nous tourner de ce côté. L'effort se dessine bientôt, il est considérable et oblige d'abord notre aile à rétrograder et à repasser le ravin (1) sous un feu d'artillerie des plus vifs, auquel répondent nos batteries à cheval. Mais le 2ᵉ chasseurs d'Afrique reçoit l'ordre de charger pour déblayer le terrain : le régiment en colonne

---

(1) Le ravin du bois Dessus.

gravit au galop l'escarpement, qui le sépare de l'ennemi et débouche à toute allure sur le plateau de la Grange, où les Prussiens ont amené des batteries. « Aux canons ! » s'écrie le colonel de la Martinière et ses quatre escadrons se précipitent avec tant d'impétuosité que les artilleurs ennemis n'ont que le temps de lancer deux obus sur les assaillants. Les pièces sont dépassées ; une nombreuse cavalerie prussienne apparaît sur la droite : nos chasseurs exécutent, au train de charge, une grande conversion de ce côté, renversent les premiers escadrons ennemis, se reforment en un clin d'œil et fusillent de pied ferme l'adversaire, qui s'arrête indécis.

Cependant, les dragons et lanciers de la Garde impériale s'élancent à leur tour, bientôt suivis par des hussards et des dragons : la mêlée est terrible. Les chasseurs d'Afrique cessent leur feu et se précipitent de nouveau (?), mais leur attaque est en partie masquée par le ralliement des autres régiments français ; ils se reforment au delà du ravin, d'où ils envoient encore quelques coups de carabine aux cavaliers prussiens dispersés.

Ce bel engagement eut pour résultat définitif l'abandon du plateau par l'ennemi qui, renonçant dès lors à son mouvement tournant, cessa son feu de ce côté et battit en retraite au delà de Mars-la-Tour.

Toute l'armée française campa sur le champ de bataille, la droite en avant du terrain de combat.

Les pertes du régiment furent de 21 tués ou disparus, dont 2 officiers, et une trentaine de blessés, dont 3 officiers.

Départ à minuit pour Doncourt ; l'armée ennemie a opéré le soir même un mouvement sur sa droite.

Historique des 5° et 6° batteries du 19° régiment d'artillerie à cheval (1re division de cavalerie, commandant Loyer).

16 août.

Le 16 août, la division du Barail et les deux batteries reprennent la route de Verdun ; elles dépassent Conflans, mais elles s'arrêtent au bruit du canon et attendent trois heures sans faire aucun mouvement. La bataille avait commencé à 9 heures du matin.

A 2 heures, les deux batteries marchent sur Mars-la-Tour avec une brigade de chasseurs d'Afrique (1) — l'autre brigade avait poursuivi sa route, escortant l'Empereur — elles prennent successivement diverses

---

(1) L'arrivée au Sud du bois la Grange, puis le mouvement de recul vers Jarny sont passés sous silence.

positions à proximité de Mars-la-Tour et s'établissent définitivement en batterie au Nord-Est et à 1500 mètres de ce village; elles tirent d'abord sur une batterie, qui sort du village par le Nord pour prendre sa position de combat; plus tard, sur divers groupes, qui se sont avancés à 1500 mètres environ dans la même direction, et enfin sur des colonnes de cavalerie, qui se forment à l'Ouest de Mars-la-Tour en arrière de la route de Jarny.

Les deux batteries tirent 6 ou 8 coups par pièce, et, au moment où le tir est à peu près réglé, elles reçoivent l'ordre de se porter en arrière pour laisser le champ libre à la cavalerie, qui se dispose à charger la cavalerie prussienne.

Les deux batteries prennent position sur une hauteur en arrière et y restent inactives jusqu'à la fin du combat.

Les pertes se réduisent à quelques chevaux blessés.

Les deux batteries établissent leur bivouac à 300 mètres environ et à l'Ouest du village de Bruville.

b) Opérations et mouvements.

Le général Margueritte au général du Barail, à Étain ou à Conflans (D. T.).

Verdun, 16 août, 2 h. 40 soir.

Arrivés à Verdun à 2 heures. Ordre de l'Empereur d'attendre les ordres du maréchal Bazaine. Reçu deux croix et six médailles pour Pont-à-Mousson. Quoi de nouveau?

3ᵉ DIVISION DE CAVALERIE (DE FORTON).

a) Journaux de marche.

Rapport du général de Forton sur la bataille de Rezonville, le 16 août.

Camp de Châtel, 18 août.

En rentrant de Mars-la-Tour après mon engagement du 15 août, et la reconnaissance offensive que j'avais faite avec la brigade Murat, ma division était campée à Vionville, en avant et à droite du village.

Dans la matinée du lendemain 16 août, les éclaireurs signalèrent la présence de l'ennemi (cavalerie peu nombreuse) dans la direction de Tronville et de Mars-la-Tour.

Un capitaine de garde mobile, M. Arnoux Rivière (1), qui était le matin à Tronville, croyant ce village occupé par les troupes du maréchal Canrobert, me fit connaître que Tronville n'était pas occupé par l'ennemi.

Peu de temps après, les vedettes des grand'gardes confirmèrent la déclaration des éclaireurs, et à 9 h. 30 annoncèrent l'arrivée de deux régiments de cavalerie ennemie venant de Puxieux, au moment même où les bagages de la division, l'ambulance et le trésor, restés au Ban-Saint-Martin, commençaient à arriver dans Vionville.

La brigade de dragons occupant les crêtes en avant de ce village, les batteries ont pris position à droite sur un point culminant, qui leur permettait de battre le plateau en avant de Tronville et le vallon situé au Sud de la route impériale n° 3. A peine avait-elle pris position qu'une batterie de dix-huit pièces ouvrit le feu contre nous en avant de Tronville, suivie presque immédiatement par une autre batterie placée entre Tronville et la route.

Nos batteries perdirent rapidement des hommes et des chevaux, et les obus arrivèrent dans le village et sur la brigade de dragons.

La position n'étant pas tenable, cette brigade s'est repliée en arrière du village et de là sur le plateau de Rezonville; les batteries suivirent le mouvement en se soutenant par leurs feux. La 2ᵉ brigade s'est ralliée lentement sur la division d'infanterie (2) placée derrière elle, et a pris position en arrière de cette division et en avant de la 2ᵉ brigade de la cavalerie de la Garde (3).

Sur un ordre de Votre Excellence, la 1ʳᵉ brigade s'est appuyée au bois situé au Nord de Rezonville, face à la route et sur une seule ligne (4).

La brigade de cuirassiers fut placée à la gauche et sur deux lignes : les deux batteries à gauche de cette brigade.

Un officier supérieur de la réserve d'artillerie vint peu de temps après, de la part du général Soleille, demander l'appui de ces deux batteries pour les mettre en position sur les crêtes du plateau (5).

Vers *1 heure* (6) une charge de cavalerie prussienne, composée de

---

(1) Des éclaireurs du grand quartier général.

(2) $\frac{3\,D}{6}$.

(3) Laquelle n'arriva près de Rezonville que bien plus tard.

(4) Vers 1 heure seulement.

(5) En réalité, le commandant Vignotti, de l'artillerie de la 1ʳᵉ division du 6ᵉ corps.

(6) 2 h. 30, en réalité.

trois régiments (cuirassiers du Roi, *16ᵉ régiment de hulans et lanciers*)(?), a débouché en avant des crêtes dans une direction parallèle à la route, à égale distance de cette route et du bois qui la flanque au Nord.

La brigade de dragons tomba sur elle en la prenant à revers sur son flanc gauche et la chargea jusqu'au moment où elle essaya de rejoindre l'armée prussienne en faisant demi-tour.

Un combat très vif à l'arme blanche s'engagea alors entre ces deux troupes; enfin elle se mit à fuir : je lançai alors sur son flanc droit le 7ᵉ régiment de cuirassiers, qui lui fit beaucoup de mal, et je détachai deux escadrons (1) du 10ᵉ cuirassiers sur la queue de la colonne ennemie, qui fut poursuivie ainsi pendant 1 kilomètre environ.

Pendant ces deux charges, nous avons eu à souffrir du feu de quelques groupes de notre infanterie, qui se mirent à tirer sur la masse de cavalerie engagée.

La division s'est ensuite ralliée sur les points qu'elle occupait.

Vers 3 h. 30 environ, je reçus l'ordre de me porter en arrière de Gravelotte pour appuyer notre gauche, que l'on supposait menacée par un corps tournant (2).

Une heure après, je recevais l'ordre de reprendre ma première position et de me tenir prêt à charger.

L'ennemi ne s'étant pas présenté dans cette direction et le feu ayant complètement cessé sur toute la ligne, je ramenai ma division à Gravelotte (3).

Mes régiments, dans cette belle affaire, ont perdu assez de monde, l'ennemi a cruellement souffert; les cuirassiers du Roi ont été écrasés.

Nous avons eu 16 officiers blessés, 1 médecin disparu, 7 hommes tués, 50 blessés, 81 disparus, 139 chevaux tués ou disparus.

Je suis heureux de pouvoir signaler à Votre Excellence l'entrain remarquable de mes régiments, qui ont chargé aux cris de : « Vive l'Empereur ! »

J'adresserai à Votre Excellence, dès qu'il me parviendra, le Rapport du chef d'escadron Clerc, commandant les 7ᵉ et 8ᵉ batteries du 20ᵉ régiment d'artillerie, attachées à ma division, pour le temps où ses batteries ont été séparées de moi, d'après les ordres de M. le général Soleille (4).

---

(1) Un seul escadron. (Voir le Rapport du 24 octobre.)

(2) Au moment où la division Montaudon fut envoyée de ce côté.

(3) Pas immédiatement..... A 8 h. 30 la division était encore au Nord de Rezonville puisqu'elle assista à la charge de 6 D. C. D'ailleurs le Rapport ne parle pas du mouvement vers Villers-aux-Bois (probablement vers 5 et 6 heures).

(4) Voir note 4, page 498.

Je demande à Votre Excellence l'autorisation de lui présenter des propositions en faveur des officiers, sous-officiers et cavaliers de ma division.

Second rapport du général de Forton sur l'engagement du 15 août et sur la bataille de Rezonville (1).

Camp de Chambières, 9 septembre.

Parti de Gravelotte le 15 août au matin, je me suis dirigé, conformément aux ordres que j'avais reçus, sur Mars-la-Tour où je devais passer la nuit du 15 au 16. Dans cette marche j'étais précédé par un escadron du 1er dragons, qui faisait l'avant-garde et j'étais flanqué à gauche par un escadron du 9e dragons, en même temps que je me reliais à la droite avec la division du Barail, qui suivait la route de Conflans.

J'acquis, de bonne heure, au moyen de renseignements, la certitude que des forces ennemies assez considérables se trouvaient massées sur la gauche de Mars-la-Tour, dans la direction des villages de Puxieux et de Chambley.

Cependant afin de juger plus sûrement encore de la force numérique de ces troupes, je détachai en reconnaissance de ce côté, la brigade tout entière de dragons, sous les ordres du prince Murat.

Cet officier général n'avait pas encore rejoint ma colonne lorsque je traversais Mars-la-Tour à la tête de ma brigade de cuirassiers suivie par mon artillerie. Je disposai alors l'une et l'autre en bataille en avant et à gauche du village, en attendant que la reconnaissance rentrât.

Peu de temps après, elle me rejoignait et me rendait compte qu'elle avait traversé le village de Puxieux, où elle avait rencontré plusieurs escadrons de cuirassiers et de hulans appuyés par de l'artillerie, que le village avait été évacué à son approche et qu'après l'avoir dépassé, elle avait trouvé les bois en avant occupés par de l'artillerie et une infanterie assez nombreuse. Je pus me convaincre bientôt moi-même de l'exactitude de ces renseignements, car le prince Murat avait été suivi, dans la retraite qu'il avait effectuée pour rallier la division, par les troupes ennemies qu'il avait reconnues et qui venaient occuper la crête, qui s'étend au delà de Puxieux et qui domine Mars-la-Tour. En même temps, l'artillerie prussienne ouvrait un feu auquel je faisais répondre

---

(1) Nouveau rapport demandé par le commandant en chef « sur une prétendue surprise » dont « aurait été victime » la 3e division de cavalerie dans la matinée du 16 août.

par mes batteries, pendant que les quatre régiments de ma division, dérobés derrière un pli de terrain, restaient à l'abri des projectiles.

Vers la fin de ce combat d'artillerie, qui a duré une heure environ sans aucune perte de notre côté, la division de chasseurs d'Afrique du général du Barail, que j'avais fait prévenir immédiatement et qui, d'ailleurs, avait elle-même marché au canon, avait montré sa tête de colonne au-dessus de Mars-la-Tour ; la division de cavalerie du 2ᵉ corps avait également fait un mouvement en avant et était apparue sur la crête entre les villages de Vionville et de Rezonville à la croisée des deux routes qui y passent.

M. le général commandant le 2ᵉ corps s'était lui-même porté en avant de sa division de cavalerie et je pus le renseigner de ma propre bouche sur les mouvements que j'avais aperçus et qui constataient que les hauteurs ainsi que les bois de Puxieux étaient garnis de troupes prussiennes.

C'est alors que je jugeai la position de Mars-la-Tour trop dominée et trop difficile à tenir pour de la cavalerie. Seul, M. le général Frossard approuva l'opinion que j'avais émise de me replier sur son corps à Vionville.

A 1 heure de l'après-midi, après avoir fait boire et reposer mes chevaux, je commençai en effet mon mouvement sur ce village, où je m'établis au bivouac en prenant les dispositions suivantes :

La brigade de dragons en avant des maisons et en arrière de la crête que suit le grand chemin de Vionville, par régiments déployés sur deux lignes, le 1ᵉʳ dragons en avant et le 9ᵉ dragons en arrière, puis l'artillerie en arrière de celui-ci et en avant des premières maisons, prête à se mettre en batterie sur les crêtes au premier signal.

La brigade de cuirassiers sur la droite du village et en arrière, ayant son flanc gauche appuyé à une partie de la division de cavalerie du 2ᵉ corps. Les tentes ne furent point dressées. A peine mes troupes étaient-elles installées dans ces positions, que je fis prévenir M. le général Valabrègue, commandant cette division, de ce que j'avais vu dans la journée, dans le cas d'une tentative de l'ennemi sur nos bivouacs.

Le même officier que j'avais envoyé à cet officier général allait ensuite jusqu'à Rezonville, au quartier général de M. le commandant du 2ᵉ corps d'armée et faisait part au chef d'état-major général de tout ce qui s'était passé depuis le matin (1). Les dispositions prises pour couvrir le bivouac furent les suivantes :

---

(1) Le capitaine Lafouge rendit également compte au maréchal

Une grand'garde du 1ᵉʳ régiment de dragons composée d'un demi-escadron (1) commandé par M. Peyrouny, lieutenant, ayant sous ses ordres M. de la Neuville, sous-lieutenant, qui fut placé sur la gauche de la route de Tronville, détachant ses petits postes et ses vedettes à une grande distance en avant, ainsi que dans l'angle des deux routes de Tronville et de Mars-la-Tour, afin d'éclairer tout le terrain compris entre ces deux villages.

Une grand'garde du 9ᵉ dragons forte de un petoton (2) et commandée par M. Clauzade de Mazieux, lieutenant, se reliait par la droite à la précédente, par la gauche, à une grand'garde du 7ᵉ dragons (3) (division Valabrègue) en place sur la croupe qui descend sur la gauche de Vionville en avant du cimetière du village.

Ces deux grand'gardes, par leurs vedettes, éclairaient tout le terrain compris entre Mars-la-Tour et les avant-postes de l'infanterie du 2ᵉ corps.

Une grand'garde fournie par le 10ᵉ cuirassiers était forte d'un peloton et était établie sur la droite de la route de Mars-la-Tour, en arrière des bois qui couronnent la crête de cette partie. Elle se reliait par sa gauche à la grand'garde du 1ᵉʳ dragons et par sa droite à une grand'-garde du 7ᵉ cuirassiers.

Deux grand'gardes fournies par le 7ᵉ cuirassiers, fortes chacune environ d'un peloton, celle de gauche reliée à la grand'garde du 10ᵉ cuirassiers, celle de droite reliée à celle de gauche.

Ces trois grand'gardes étaient chargées de surveiller spécialement le défilé des bois de la crête, qu'elles faisaient fouiller par des reconnaissances et des patrouilles, en même temps qu'elles étaient en communication, par leur droite, avec une grand'garde du 4ᵉ régiment de chasseurs qui se reliait elle-même aux avant-postes de l'infanterie du 2ᵉ corps d'armée (4).

Toutes ces positions furent indiquées et vérifiées par MM. les Généraux commandant les deux brigades, et elles furent renforcées pendant la nuit au moyen de détachements adjoints aux troupes qui composaient les avant-postes pendant le jour :

Bazaine, mais celui-ci ne parut nullement inquiet d'apprendre la présence des Prussiens au delà de Mars-la-Tour et répondit « qu'il les jetterait le lendemain dans la Moselle..... »

(1) De $\frac{2}{1\,\text{Dr}}$.

(2) Du 4ᵉ escadron.

(3) Le 5ᵉ escadron.

(4) Lire le 6ᵉ (brigade Péchot).

1° Un poste de 20 dragons à pied détachés du 1er régiment commandé par M. le sous-lieutenant Duroizel, fut poussé en avant du point de jonction des deux routes de Tronville et de Mars-la-Tour sous l'angle qu'elles forment ; il était relié par ses vedettes aux grand'-gardes voisines ;

2° Tous les postes de cuirassiers furent doublés par des cavaliers du 4e régiment de chasseurs de la division Valabrègue, lesquels avaient mis pied à terre pour faire ce service.

Outre toutes ces précautions, des reconnaissances et des patrouilles furent exécutées pendant toute la soirée et toute la nuit. Elles éclairaient à de grandes distances en avant. Des rondes furent également faites par les officiers d'état-major de la division.

Pendant la nuit, quelques coups de feu furent tirés des bois qui s'étendent en avant et à droite de Mars-la-Tour, sur les vedettes du 10e cuirassiers. Un de ces coups de fusil tua le cheval de M. le lieutenant Chiré pendant que cet officier faisait une ronde. Les vedettes de dragons n'eurent pas à essuyer de coups de feu. Vers la pointe du jour, le 16, les reconnaissances de dragons signalèrent des cavaliers ennemis qui sortaient des bois en arrière et à gauche de Tronville et qui ne tardèrent pas, en effet, à venir engager un feu de tirailleurs avec notre cordon de vedettes. Je fis alors appuyer ces derniers de quelques hommes à pied du 1er dragons, que je fis embusquer, et je me portai moi-même, pendant la matinée, plusieurs fois sur la crête en avant du bivouac, afin de constater que jusqu'à 9 heures environ, il ne se présentait devant nous que des cavaliers isolés, appuyés à de très grandes distances par un peloton peu nombreux, qui se montrait dans la direction de la route qui va de Tronville à Puxieux.

Vers 6 heures, M. Arnoux Rivière, capitaine des éclaireurs, arriva à Vionville, accompagné de quatre de ses hommes et me donna quelques renseignements.

A Mars-la-Tour, il croyait qu'il n'y avait que peu de monde et quant à Tronville, il l'avait parcouru en constatant que le village avait eu ses débouchés barricadés pendant la nuit, mais qu'il était pour le moment inoccupé.

A cette même heure, M. le capitaine Lafouge, mon aide de camp, montait à cheval par mon ordre pour se rendre au grand quartier général à Gravelotte, afin de rendre compte à M. le Chef d'état-major général, ainsi qu'à M. le Maréchal, commandant en chef, de tous les faits qui s'étaient produits la veille et qui sont relatés ci-dessus.

Au moment même où cet officier rentrait à Vionville, après sa mission accomplie, les reconnaissances me faisaient prévenir que des forces plus nombreuses semblaient vouloir déboucher des bois de

Tronville et que la cavalerie se montrait dans la plaine du côté de Mars-la-Tour.

M. le capitaine Saint-Arroman, envoyé par mon chef d'état-major, avait vers la même heure dépassé nos avant-postes établis du côté de Tronville et rendait compte également de l'arrivée de colonnes prussiennes sur notre gauche et au delà de Tronville.

De nouveau, je me portai alors de ma personne au point culminant (1), après avoir donné à l'artillerie l'ordre de venir se mettre en batterie sur les crêtes. Je faisais aussi prévenir, par le capitaine Leplus, aide de camp du prince Murat, le général commandant la division de cavalerie du 2ᵉ corps, qu'une attaque était imminente.

Pendant que l'artillerie et les dragons prenaient leurs dispositions de combat, les Prussiens ouvrirent sur le bivouac, ainsi que sur le village de Vionville, un feu violent d'artillerie, dont les pièces venaient seulement de déboucher des bois à gauche de Tronville et de ceux en arrière de Puxieux.

Cette artillerie se composait de deux batteries, l'une de 18 pièces de 6 et de 4 en arrière de Tronville, l'autre de 12 pièces environ, établies à notre gauche dans la direction qui va de Tronville aux bois qui s'étendent vers le Sud-Est.

A ce moment, les bagages de la division, concentrés le 14 au Ban-Saint-Martin et retenus en arrière, venaient seulement d'arriver à Vionville, encombrant en partie la grande rue du village et la route de Rezonville.

Quelques obus tombés dans ces bagages brisèrent des voitures et occasionnèrent parmi les conducteurs, la plupart civils, une sorte de panique, qui leur fit reprendre le chemin en arrière, suivis dans leur fuite par un certain nombre de dragons des deux régiments et par quelques chevaux de l'artillerie.

Cette confusion se produisait pendant que je me trouvais à cheval, accompagné de mon état-major, du général commandant la brigade de dragons, ainsi que des deux colonels de dragons, prenant les dispositions nécessaires pour appuyer notre artillerie dans le cas où elle aurait été attaquée directement.

Toutefois je dois ajouter ici que la plupart des cavaliers qui avaient suivi la panique des conducteurs, et dont quelques-uns étaient allés jusqu'à Gravelotte, avaient rallié leur camp avant le milieu de la journée et pouvaient prendre part à la charge que la division eut à fournir plus tard vers les bois à droite de Rezonville contre la cavalerie prussienne.

---

(1) Cote 297.

Pendant ce temps la 2ᵉ brigade (cuirassiers), placée hors de portée des projectiles ennemis, montait à cheval, sans avoir eu le temps d'exécuter l'ordre qu'elle avait reçu de conduire ses chevaux à l'abreuvoir, après l'avis qui m'avait été donné officiellement que je ne devais me mettre en route qu'à 1 heure de l'après-midi.

Cette brigade se tenait prête à appuyer, si cela devenait nécessaire, le mouvement de retraite que je dus ordonner à la 1ʳᵉ brigade lorsque le feu trop supérieur de l'artillerie ennemie eut démonté la plus grande partie de nos pièces, dont pas une cependant ne resta sur le terrain.

La retraite s'effectua au pas et en colonne par pelotons; après être resté trois quarts d'heure au moins sous le feu de 30 pièces environ, je me retirais et permis à l'infanterie du corps d'armée en arrière de prendre les armes et de se former.

La brigade de dragons vint se placer alors en arrière de la brigade de cuirassiers, pendant que l'artillerie rattelée prenait la route et allait se mettre en position sur les hauteurs immédiatement en arrière d'où elle put continuer pendant quelque temps à combattre les batteries ennemies.

Le mouvement en arrière de ma brigade de dragons ne fut suivi par aucun cavalier prussien et l'infanterie ne prit possession de Vionville que lorsque le village était déjà depuis un certain temps complètement évacué par nos troupes.

Je me repliai plus tard sur l'infanterie du 2ᵉ corps d'armée.

Telle est, mon Général, la relation des événements, qui ont eu lieu le 15 août et le 16 au matin, il me semble difficile d'y trouver la trace d'une surprise, que ma division serait sensée avoir subie.

Je me permettrais d'appeler votre attention sur ce fait, que je vous ai fait connaître plus haut que, dès le 15, à 1 heure de l'après-midi, M. le général Frossard était prévenu par moi-même de tout ce qui se passait devant nous; que le soir de ce même jour, j'en faisais également prévenir par mon aide de camp, M. le général de Valabrègue, ainsi que le chef d'état-major général du 2ᵉ corps d'armée à Rezonville et enfin que le 16, à 6 heures du matin, j'envoyai ce même officier à Gravelotte faire mon rapport à M. le Général chef d'état-major général ainsi qu'à M. le Maréchal commandant en chef, sur tout ce qui s'était passé la veille et pendant la nuit.

Quant aux prescriptions prescrites (*sic*) par le titre VIII du service en campagne, elles ont été minutieusement exécutées, comme vous avez pu vous en convaincre par la lecture des détails qui précèdent et qui sont des plus circonstanciés.....

Troisième rapport du général de Forton sur la bataille de Rezonville (1).

Ile Chambières, 24 octobre.

Vers 1 heure de l'après-midi, alors que la bataille était le plus violemment engagée, je venais d'exécuter l'ordre que vous m'avez transmis de changer le front de ma ligne de bataille afin d'adosser mes deux brigades au bois de Villers situé au Nord du village de Rezonville, parallèlement à la route de Verdun et lui faisant face. La division était alors disposée de la manière suivante : à droite, la 1re brigade, formée des 1er et 9e de dragons, sous le commandement du prince Murat, déployée sur une seule ligne ; à gauche, la 2e brigade, formée des 7e et 10e cuirassiers, sous le commandement du général de Gramont, déployée sur deux lignes à 60 mètres de distance l'une de l'autre, le 7e cuirassiers en avant.

Ces dispositions venaient d'être prises, lorsque les deux batteries à cheval du 20e d'artillerie, attachées à ma division, me furent demandées par le commandant d'artillerie Vignotti, de la 1re division du 6e corps, afin de renforcer le feu de ses pièces, qui devenait insuffisant pour répondre au feu de l'artillerie prussienne.

Je leur donnai l'ordre de se mettre à la disposition de cet officier supérieur, qui les plaça alors en avant de notre droite sur le prolongement des batteries du 6e corps déjà établies et sur la crête qui, allant de la route de Verdun au bois de Villers, domine le village de Vionville.

Pendant que ce mouvement s'exécutait et au moment même où elles commençaient le feu, une colonne de cavalerie prussienne gravissait les pentes et débouchait sur la crête, enveloppant ces deux batteries, qui eurent leurs artilleurs sabrés, plusieurs officiers tués ou blessés et leurs pièces en grande partie démontées.

Cette colonne se composait du 7e régiment de cuirassiers (Magdebourg), du *16e* hulans, ainsi que de dragons et hussards (?), le tout comprenant un effectif de 1200 à 1500 chevaux environ (2). Après avoir dépassé la crête, elle continua son mouvement en avant parallèlement à la route de Verdun, en parcourant le terrain en pente qui descend vers Rezonville. Elle était alors complètement désunie et le

---

(1) Nouveau rapport demandé par le commandant en chef sur le rôle de la 3e division de cavalerie pendant l'après-midi du 16.

(2) Chiffre très exagéré. En réalité, six escadrons à 125 sabres environ. (*Einzelschriften. Heft 11.*)

désordre était assez grand dans ses rangs pour que, vue de la distance où je me trouvais, elle présentât l'aspect d'une sorte de goum.

C'est dans cet état que la colonne arriva à hauteur de la droite de ma division, présentant son flanc gauche à environ 400 à 500 mètres et ayant à défiler devant mes régiments en bataille. Je lançai immédiatement la brigade Murat, dont le choc eut pour premier résultat de séparer la colonne en deux tronçons. La tête, composée principalement de hulans, de dragons, de hussards (?), poussée en arrière par les dragons, vint se heurter en avant à la cavalerie du 2ᵉ corps ; elle fut à peu près anéantie. La queue, composée surtout de cuirassiers, tourbillonna quelques instants sur elle-même et finalement essaya de regagner au galop sa ligne de retraite, défilant alors devant ma brigade de cuirassiers, que j'avais tenue en réserve dans l'hypothèse d'une deuxième charge prussienne, qui aurait pu venir appuyer la première. Dans ce mouvement, elle me prêtait le flanc droit, et je saisis l'occasion pour la faire charger par le 7ᵉ régiment de cuirassiers, que je fis soutenir en même temps par un escadron du 10ᵉ, conservant ainsi trois escadrons en dernière réserve. Le choc fut décisif : la colonne ennemie en désordre fut abordée une seconde fois par nos cavaliers avec la plus grande vigueur et presque détruite ; le peu d'hommes qui réussirent à nous échapper furent tués plus loin par nos fantassins.

Dans cette affaire, le nombre de tués ou de blessés dans ma division a été relativement faible, ce qu'il faut attribuer à ce que les cavaliers prussiens se servaient exclusivement du tranchant de leur lame, tandis que les nôtres ne se sont servis que de leur pointe ; le nombre des blessures par suite des coups de lance est extrêmement minime. Il faut ajouter aussi que les chevaux de la cavalerie ennemie, en arrivant devant la division, étaient déjà exténués par une longue course, tandis que les nôtres étaient parfaitement reposés.

Quant à l'effet produit, il y a lieu, je crois, d'en tenir compte non seulement au point de vue du grand nombre d'hommes que l'ennemi a perdus, mais encore et surtout au point de vue de l'influence que le mouvement tenté par la cavalerie prussienne pouvait exercer sur le résultat définitif de la journée. Cette cavalerie, en effet, parcourait un terrain qui venait d'être évacué par l'infanterie portée de la droite vers la gauche, et si la colonne ennemie n'avait pas été arrêtée dans sa marche par ma division, elle pouvait, dans son mouvement de retour, ou bien prendre à revers toutes les lignes de notre infanterie, qui bordait la route de Rezonville et y porter le plus grand désordre, ou bien reprendre le chemin même qu'elle avait suivi déjà une première fois lorsqu'elle se portait en avant et sabrer alors toutes les pièces que nous avions en batterie sur la crête de Vionville. Dans l'un comme dans l'autre cas, les conséquences auraient pu être des plus sérieuses.

Fait à signaler. — Pendant que mes cavaliers étaient mêlés aux cavaliers prussiens, ceux-ci perdirent un étendard qui, pendant quelque temps, resta avec les morts sur le champ de bataille et qui ne fut pas aperçu tout d'abord ; il ne fut relevé qu'un peu plus tard et par hasard, par un chasseur, dont le régiment n'avait pris aucune part à l'action à ce moment (1).

Historique du 1er dragons (3e division de cavalerie, colonel de Forceville).

16 août.

Dès le matin du 16, chacun sentait l'heure approcher ; mais à 8 heures, on reçoit l'ordre de desseller et de faire boire les chevaux. Cependant les grand'gardes préviennent de l'approche de l'ennemi qui s'avance en grandes masses.

Le colonel fait prévenir les généraux. Un nouvel avertissement est apporté par le maréchal des logis Burgard, envoyé par le lieutenant Peyronny ; cet officier annonce qu'il est fortement pressé et qu'il va être obligé de se retirer. Le colonel en informe le général de division qui vient à pied monter la petite colline derrière laquelle nos chevaux étaient à la corde ; à ce moment, on voyait distinctement les masses noires des Prussiens se mouvoir devant nous à l'horizon. Le général les regarde et redescend la colline sans donner d'ordres.

Le général de brigade était venu de même au milieu de notre camp et n'avait pas voulu non plus croire à l'imminence de la lutte. A ce moment, l'ennemi, qui avait eu le temps d'établir son artillerie, envoie une grêle d'obus sur le camp.

Les hommes surpris, sans ordre, les chevaux à la corde, quelques-uns non sellés, eux-mêmes non habillés, non armés, non formés, cèdent à un instant de trouble. Le 9e dragons, établi en arrière de nous, quitte le camp pour se replier à droite du village de Vionville et ce mouvement de retraite achève de mettre le désordre dans le régiment. En vain le colonel, resté à la droite du régiment, où était le 1er escadron, ramène autour de lui une bonne partie des hommes ; les autres ne le voyaient plus.

Notre artillerie avait essayé de se mettre en batterie pour soutenir la défense ; mais, brisée dès le commencement, elle n'a pu montrer que

---

(1) C'était, en réalité, le drapeau du 93e régiment d'infanterie française.

deux pièces, l'une manœuvrée énergiquement par le lieutenant Lienard ; celle-là allait, ayant perdu ses attelages, tomber au pouvoir des Prussiens : sur l'appel des officiers, la portion du régiment, groupée autour du colonel, a fait noblement son devoir : elle prend à bras les pièces, les tire du feu, les roule au bas de la colline où l'on trouve des chevaux auxquels on les attelle, et elles sont sauvées.

Le régiment, successivement rallié par les hommes dispersés par l'attaque, se retrouve à côté de son codivisionnaire et la brigade prend position en arrière à droite de Vionville, en avant du bois de Villers. Le colonel avait alors sous ses ordres les deux tiers du régiment ; le reste ne put le rejoindre que fort avant dans la journée.

Dans cette première phase de la bataille, les obus avaient tué des hommes et des chevaux à la corde et avaient détruit les voitures du régiment : celle de la cantinière et quatre voitures de réquisition sur sept ; l'une d'elles portait la caisse du régiment et la comptabilité. Tout cela est resté au pouvoir des Prussiens ou a été incendié par les obus.

La bataille continuait avec furie, surtout sur notre gauche entre Vionville et Rezonville ; nos deux batteries, en position sur notre droite, tiraient sur les masses prussiennes alors établies sur le terrain que nous occupions le matin. Le feu ennemi obligea à changer plusieurs fois de place : tantôt les cuirassiers, tantôt les dragons étaient éprouvés par les obus ; un d'entre eux, qui a éclaté dans les rangs du 2ᵉ escadron, a blessé 1 cavalier et 2 officiers.

Vers les 2 heures, nos batteries sont chargées par deux régiments de cavalerie prussienne, le 7ᵉ cuirassiers Magdebourg et le 16ᵉ hulans : les cavaliers ennemis éteignent leurs feux et les dépassent ; alors, les deux régiments de dragons reçoivent l'ordre de charger, les cuirassiers se préparent à les suivre. Le 1ᵉʳ dragons a la tête de colonne et arrive sur l'ennemi avec deux avantages : d'être à droite de ceux que l'on attaque et au début d'une charge au lieu d'être à la fin.

La charge a été brillante ; la tête de colonne prussienne a été écrasée par les deux régiments français ; le reste, successivement abordé par le 7ᵉ cuirassiers français et un escadron du 10ᵉ, par les fantassins, qui avaient été dispersés par la vigueur de l'attaque, a été abîmé à son tour et bien peu de cavaliers de ces deux régiments avaient pu s'échapper. Les escadrons du régiment avaient chargé de biais et les deux têtes de colonne française et prussienne, avant de se traverser, ont galopé pendant un moment pour ainsi dire côte à côte. Au retour de la charge, nos cavaliers, encore entraînés par la chaleur de la lutte, ont salué leur victoire du cri de : « Vive l'Empereur ! Vive la France ! ». Malheureusement, quelques balles égarées, tirées par les fantassins français que nous venions de secourir, avaient frappé aussi dans nos rangs. Cette rencontre entre les deux cavaleries n'a pas de valeur stratégique (?), mais le régiment, bien enlevé par ses chefs, y a montré de l'élan et de la bravoure individuelle : elle a duré environ vingt minutes. Dans cette charge, 5 officiers ont été blessés, 1 homme tué et 6 blessés.

Il y eut dans la bataille un moment d'arrêt; puis elle reprit plus violente à 3 heures et s'étendit de la droite à la gauche. Nous assistons sans y prendre part à toutes les grandes luttes que soutiennent l'infanterie et l'artillerie. Vers la tombée de la nuit, les Prussiens, pour couvrir leur retraite, exécutent sur notre gauche un mouvement offensif extrêmement vigoureux; un moment d'hésitation a lieu dans la partie de l'armée française qui est à notre portée et un régiment d'infanterie recule.

La division de Forton fait face du côté de l'ennemi et se prépare à charger; mais tout s'apaise et les balles, qui tombaient autour de nous, cessent de pleuvoir.

A 8 h. 30, harassés, mais joyeux de notre succès, nous quittons le champ de bataille et nous venons, par un commencement de nuit obscure, reprendre position en avant de Gravelotte : nous n'avions ni vivres pour les hommes ni possibilité d'abreuver les chevaux.

Historique du 9ᵉ dragons (3ᵉ *division de cavalerie, colonel Reboul*).

16 août.

Le 16, à 8 h. 30 du matin, on donne l'ordre de desseller les chevaux et de les mener successivement à l'abreuvoir. L'approche de l'ennemi est signalée par les commandants des grand'gardes, qui préviennent plusieurs fois qu'une concentration de troupes ennemies s'opère non loin d'eux.

A 9 h. 15, le 3ᵉ escadron était à l'abreuvoir, lorsque les premiers obus vinrent tomber dans le camp. Les hommes sellent leurs chevaux sous le feu de l'artillerie ennemie et, après un moment de désordre, le régiment se reforme et se porte en arrière sur le plateau au Nord de Vionville, après avoir protégé la retraite des deux batteries d'artillerie campées derrière lui et qui ont inutilement essayé d'ouvrir leur feu pour répondre à l'artillerie prussienne. Les bagages, arrivés depuis une demi-heure à peine, restent sur le terrain et la bataille s'engage sur toute la ligne.

Vers 2 heures de l'après-midi, le régiment prend une part active à la lutte.

Le 7ᵉ cuirassiers, les *16ᵉ* et *21ᵉ* hulans (?) prussiens chargent notre infanterie et notre artillerie, qu'ils traversent en éprouvant de grandes pertes.

Tout ce qui reste de ces régiments tombe sous les coups de nos dragons, qui les prennent en flanc et les sabrent presque jusqu'au dernier.

Dans cette charge, le colonel et plusieurs officiers ont leurs chevaux tués sous eux.

Le dragon Moretti, qui n'avait pas de cheval, est médaillé pour avoir combattu dans les rangs d'un bataillon de chasseurs à pied.

Le dragon Briand est médaillé pour avoir ramené un canon dont les conducteurs et les servants avaient été tués ou blessés.

Les pertes du régiment, qui, dans cette journée, reste constamment exposé au feu, sont assez minimes et peuvent se résumer en 2 officiers blessés, 43 hommes morts, blessés ou disparus et 22 chevaux tués ou blessés. Le soir, à la nuit close, le régiment se porte en arrière de l'infanterie et le bivouac est établi en avant de Gravelotte.

Relation du chef d'escadrons Le Flem (alors adjudant au 9ᵉ dragons).

16 août.

Vers 8 heures ou 8 h. 30, aucun mouvement ne paraissant se dessiner du côté de l'ennemi, on donna l'ordre de desseller les chevaux, qui étaient sellés depuis la veille au matin, et de les conduire à l'abreuvoir à Vionville, successivement et par escadron ; vers le même moment, un cavalier de 1ʳᵉ classe envoyé par le commandant de la grand'garde du 9ᵉ de dragons, était passé près de moi au trot, dans le bivouac, et s'était dirigé sur Vionville, où se trouvait le général de division. Très peu d'instants après le brigadier Descours, venant également de la grand'garde du 9ᵉ dragons, passait aussi au trot entre notre bivouac et celui des batteries d'artillerie. Descours, qui paraissait pressé et troublé, apportait au général de division un nouveau renseignement. Après le passage du brigadier Descours, le général de division, accompagné de son chef d'état-major et de notre général de brigade, vint à pied sur la route et s'avança jusqu'à la crête en avant de Vionville. Il s'arrêta à peu près à hauteur du front de bandière, sans sortir de la route. Le colonel Reboul (1) s'était joint au général et plusieurs dragons se tenaient groupés un peu en arrière. Grâce à sa haute stature, le colonel chef d'état-major (2) découvrait sans doute tout le terrain en avant vers la gauche, qui devait échapper à la vue du général de division, qui était de très petite taille. Après avoir regardé un instant vers la gauche, le chef d'état-major se retourna vers le général et lui dit à haute voix :

---

(1) Commandant le 9ᵉ dragons.
(2) Colonel Durand de Villers.

« Mais, mon Général, ce qu'on vous signale, c'est le 4ᵉ corps, qui nous rejoint. » Les généraux et les officiers qui se trouvaient avec lui redescendirent vers Vionville.

A la même heure (1) arrivait dans Vionville le convoi de la division, dont l'escorte était formée par un escadron du 10ᵉ régiment de cuirassiers. La sonnerie de la distribution se fit entendre ; la distribution une fois terminée (pour l'état-major du régiment), je quittai Vionville et me dirigeai vers la gauche du régiment, où je pensais trouver le commandant Laviarde, lorsque je fus croisé par le lieutenant de Clauzade. Sans un geste et le visage bouleversé, il passa au galop près de moi en me regardant fixement. Sa grand'garde étant relevée, il avait laissé le commandement de son peloton au sous-lieutenant Larrieu et il venait lui-même rendre compte au général de division de ce qui se préparait ou se passait sur la ligne même de nos avant-postes. Pas un coup de feu n'avait certainement été tiré par les vedettes.

J'étais à la droite du capitaine Dubois et promenais mes regards dans la campagne, tout à coup, je m'écriai : « Mon capitaine, vous ne voyez pas ce qui se passe? Regardez! Nous allons être attaqués. Je cours prévenir le colonel. Vous devriez faire monter votre escadron à cheval sans plus attendre. » Le capitaine s'était redressé et regardait dans la direction que je lui indiquais.

A notre gauche des colonnes épaisses d'infanterie (2) descendaient du plateau au Sud-Est de Tronville et rejoignaient une masse sombre et profonde déjà accumulée, et en partie abritée derrière un pli de terrain ou dans un ravin à moins de 2 kilomètres au Sud-Ouest de Vionville. Ce mouvement s'exécutait avec beaucoup d'ordre et sans être inquiété. Un simple coup d'œil m'avait suffi pour m'en convaincre. A ce moment je n'aperçus plus les grand'gardes, ni l'ancienne, ni la nouvelle.

Je courus vers la droite du régiment, où se trouvait le colonel. Le 3ᵉ escadron était à l'abreuvoir, au ruisseau de Vionville, au Sud-Est du village. La forge de campagne, arrivée avec le convoi, se trouvait derrière le centre du régiment et trois chevaux à ferrer venaient d'y être amenés. En passant je jetai ces quelques mots au brigadier maréchal : « Renvoyez ces chevaux ; faites atteler la forge s'il est possible et renvoyez-là en arrière. Nous allons être attaqués. » Cette prescription fut exactement suivie et la forge fut ainsi sauvée.

A quelques pas de la forge, j'aperçus le maréchal des logis chef de l'une des deux batteries attachées à la division. Presque sans m'arrêter

---

(1) C'est-à-dire vers 8 heures, d'après l'Historique du 10ᵉ cuirassiers.
(2) C'était en réalité la brigade Redern. Vers 9 heures.

je lui dis rapidement : « Nous sommes surpris. Prévenez votre capitaine. Faites atteler vos pièces, n'y mettez que deux chevaux si vous ne pouvez faire mieux, mais tâchez d'arriver sur la crête, l'ennemi n'est pas à 1 kilomètre en avant et à gauche. »

Ma course à travers le bivouac et les avis que je donnais, commençaient à attirer l'attention. En passant sur l'emplacement du 1er escadron, j'eus le temps de prévenir mon ordonnance et j'arrivai sur la route, où s'étaient arrêtées les voitures des cantinières. Le colonel Reboul et le lieutenant-colonel de la Loyère, debout derrière la voiture de la cantinière Réveillon, prenaient du bouillon dans une tasse — quart de troupe — en fer battu. J'abordai le colonel avec ces mots : « Mon colonel, nous sommes surpris. L'ennemi est sur nous. Je cherche un trompette pour faire sonner « à cheval ! » — Croyez-vous que..... », avait commencé à dire le colonel. Il n'eut pas le temps d'achever, le premier coup de canon retentit. L'obus arriva dans un pavillon isolé à l'extrémité du village, en arrière de notre bivouac. Un deuxième obus, suivant de très près le premier, arriva dans le clocher de l'église. Le troisième coupa quelques branches à un des hauts peupliers de la route, tout près de l'endroit où se trouvait le colonel. Le quatrième emporta l'épaule gauche du cheval du porte-étendard. Le cinquième défonça une voiture de cantinière. Je n'en vis pas plus pour le moment. Après ces premiers coups de canon, j'étais allé chercher mon cheval. J'étais à peine en selle que parut sur la route notre première pièce de canon. Accompagnée par le capitaine de la batterie et suivie de trois ou quatre servants à cheval, cette pièce, traînée par deux chevaux seulement, gravit la côte à plein galop, se frayant un passage au milieu des cavaliers, qui traversaient déjà la route et se retiraient en désordre. Arrivée sur la crête, cette pièce sortit de la route et parvint à se mettre en batterie, mais je n'entendis que deux coups de canon. Une deuxième pièce, qui n'était également attelée que de deux chevaux, suivit de très près la première. J'étais encore dans le bivouac et je ne vis pas ce que devenait cette pièce, mais il me fut dit qu'en franchissant le fossé de la route, le timon s'était cassé et que la pièce s'était renversée dans le fossé, les autres pièces ne vinrent pas (1).

Aussitôt à cheval, je me suis dirigé vers le point où je pensais trouver le colonel. Je passai près de la voiture à bagages des officiers de l'état-major, dans laquelle se trouvait la caisse du régiment. Le mulet, encore garni de son harnais, était attaché à la roue de gauche, mais le

---

(1) Ceci est en contradiction avec l'Historique des $\frac{7, 8}{20}$ qui dit que trois pièces parvinrent à rejoindre les deux premières.

conducteur avait disparu et je ne pus faire atteler la voiture. Je ne m'arrêtai pas à cette idée et j'arrivai enfin sur la route. Le colonel n'y était pas et cependant il ne pouvait être parti.

Ma montre marquait 9 h. 15 ; c'était, à quelques minutes près, l'heure exacte. Immobile sur la route et attendant toujours le colonel, je voyais passer à mes côtés les cavaliers des deux régiments, qui se dirigeaient au trot et sans aucun cri vers la brigade de cuirassiers à quelques centaines de mètres en arrière et sur notre droite. Ne voyant pas d'officiers, je me demandai par quel moyen ce mouvement pourrait bien être arrêté, mais je ne croyais pas avoir une autorité suffisante sur ces hommes pour les rallier.

Plusieurs fois déjà j'avais jeté un coup d'œil rapide du côté des cuirassiers, que je vis enfin à cheval. Je crus d'abord que cette brigade allait se porter en avant pour nous permettre de nous reformer. Mais tout aussitôt j'entendis très distinctement les commandements de : « Pelotons, demi-tour à droite ; Marche. En avant ! » répétés par les capitaines commandants, puis par les chefs de peloton et la brigade de cuirassiers disparut.

Il n'y avait plus rien à attendre de ce côté. Je compris qu'il fallait se tirer d'affaire sans le secours de personne et prendre une décision suprême afin d'arrêter, pendant qu'il en était temps encore, le mouvement de retraite de nos cavaliers, qui s'éloignaient aussitôt qu'ils étaient à cheval. J'en étais là de ces rapides réflexions, lorsque je fus rejoint par le commandant Dessort : « Que faites-vous là ? me demanda-t-il. — J'attends le colonel. — Et vous n'empêchez pas tous ces hommes de s'en aller ? — Je voudrais bien les retenir. Mais le moyen ? Il n'y a pas d'officiers. — Eh bien ! Faites comme moi, mettez le sabre à la main. » J'étais à la gauche du commandant ; nous mîmes le sabre à la main en nous portant en avant au pas. Mais, perdu dans la cohue, notre mouvement n'avait pas été remarqué. Les dents serrées le commandant n'avait pas prononcé un mot après notre rapide entretien. Élevant alors le bras et le sabre dans la direction de l'ennemi, je m'écriai : « Face à l'ennemi et suivez-nous ! » Ce cri ou plutôt ce commandement fut entendu et je n'eus pas à le répéter. Le désordre cessa comme par enchantement et les cavaliers, qui se trouvaient encore sur le terrain, vinrent rapidement et en silence se grouper autour de nous.

Ce groupe s'augmentait à vue d'œil et nous nous arrêtâmes un peu en arrière de la crête, au moment où le capitaine d'artillerie, à quelques pas devant nous et ne voyant encore que des cavaliers en désordre s'écriait : « Dragons ! abandonnez-vous vos pièces ? » Nous ne pouvions pas, nous ne voulions pas abandonner nos pièces, mais je n'eus pas à intervenir. Plusieurs hommes du 1er régiment de dragons, rassurés par la vue de mes cavaliers, qui reprenaient leurs rangs, se précipitèrent pour ramener sur la route les deux pièces, qui purent redescendre vers Vionville. J'étais occupé à regarder comment se reformaient les escadrons et je ne vis pas relever la pièce qui était renversée dans le fossé de la route.

Le colonel, le lieutenant-colonel et nombre d'officiers vinrent nous retrouver. Le prince Murat arriva au même instant : « La position n'est pas tenable » dit le général. Nous nous retirâmes en traversant la route et en laissant Vionville à notre droite. Ce mouvement s'exécuta au pas.

Au moment où nous franchissions la route, nous aperçûmes à 100 ou 150 mètres en arrière et à moins de 300 mètres sur notre gauche un régiment de hulans (1) qui venait de sortir du bois au Nord-Ouest de Vionville et s'avançait au trot, en colonne de pelotons, parallèlement à la route de Verdun. Un peloton, formant une ligne bien alignée de fourrageurs, précédait le régiment de 80 ou 100 mètres. Je crus que nous allions nous aborder; nous continuâmes notre marche au pas. En passant sur l'emplacement, que venaient de quitter les cuirassiers, je constatai qu'ils n'avaient pas pris le temps d'enlever les cordes de bivouac.

Après avoir dépassé une ligne déployée d'infanterie (2), l'arme au pied, nous retrouvâmes tous les hommes qui avaient quitté le bivouac dès le premier moment. Des officiers qui se trouvaient avec ces hommes, les avaient groupés par escadron. Les deux fractions du 9º dragons étaient à peu près égales. Les escadrons se reformèrent et après un demi-tour par peloton, ils mirent pied à terre pendant quelques minutes. Avant de laisser les deux fractions du régiment se rejoindre, le prince Murat avait arrêté celle qu'il avait ramenée avec le colonel et passant en avant de l'autre ligne, avait adressé ces mots aux officiers qui s'y trouvaient : « Tous mes compliments, Messieurs ! »

La division se porta ensuite en arrière, presque jusqu'au chemin de Rezonville à la ferme de Villers-aux-Bois et resta pendant plusieurs heures sur deux lignes déployées face à l'Ouest.

Vers 2 heures (3), le 1ᵉʳ régiment de dragons prit position face au Sud, c'est-à-dire adossé à la voie romaine, à 150 mètres environ de notre front. Le prince Murat dit alors au colonel du 9º dragons : « Décidément il y a trop peu de monde au 1ᵉʳ dragons. Colonel Reboul, allez prolonger la ligne avec votre régiment. » Les escadrons

---

(1) *16ᵉ* hulans.
(2) 91ᵉ et 94ᵉ.
(3) Vers 1 heure, d'après le Rapport du général de Forton, daté du 24 octobre.

du 1ᵉʳ dragons paraissaient réduits à la moitié de leur effectif et il en fut de même pendant toute la journée. Le 9ᵉ dragons vint se placer à la droite du 1ᵉʳ dragons et le colonel, ne conservant près de lui que le maréchal des logis trompette, prescrivit à chacun de prendre sa place de bataille. Le lieutenant-colonel se plaça à la droite du régiment, ayant derrière lui le capitaine adjudant-major. Je m'y trouvais également à côté du porte-étendard et de l'officier payeur, qui étaient à ma gauche et à hauteur du premier rang.

A 300 mètres environ de la droite du régiment, un bataillon de chasseurs à pied, arrivant au pas gymnastique, déploya une ligne de tirailleurs, face au Sud, dans les terrains en contre-bas du bois et de la voie romaine, tandis qu'une batterie d'artillerie, arrivant au trot (venant du côté de Saint-Marcel) se mettait en batterie à la lisière du bois, d'où elle dominait le terrain et ouvrait le feu dans la direction de Vionville.

Puis, presque sans commandements, notre brigade partit au galop. Nous entendions siffler des balles; c'étaient des balles françaises, destinées à la brigade von Bredow. Devant nous la campagne absolument nue et déserte. Nous étions sur un terrain qui s'élevait insensiblement et nous empêchait de rien voir (tout au moins devant la droite du régiment) et nous avions hâte d'arriver; à notre gauche quelques groupes épars de hulans, débris de la brigade Bredow, étaient aux prises avec nos dragons, qui prenaient leur revanche de la surprise du matin.

Apercevant un groupe de quinze ou vingt cuirassiers prussiens qui cherchaient à retourner vers Vionville, je me précipitai sur eux, espérant trouver un officier en tête de ce groupe, que j'aurais voulu faire prisonnier. Peine inutile. Lorsqu'en arrivant près de celui qui était en tête, je me retournai, il n'en restait plus d'autre. Les dragons, qui m'avaient suivi, avaient lardé les autres de coups de pointe. J'entendis la sonnerie répétée du ralliement; j'étais obligé de rejoindre le régiment, qui était déjà rallié, lorsque j'y arrivai.

Après le ralliement la division se porta en arrière. En arrivant près du chemin de Villers-aux-Bois, le colonel m'envoya, de la part du général de division, pour prendre des nouvelles du général de Gramont, qui se trouvait à l'ambulance. Un sous-intendant militaire, qui se tenait devant l'entrée du château de Villers-aux-Bois, me dit que le général n'avait qu'une contusion à la jambe et qu'il rejoindrait probablement sa brigade le soir même.

La division avait mis pied à terre près du lit d'un ruisseau à sec, à égale distance entre Rezonville et Gravelotte.

Peu après, des cavaliers, portant encore la tenue (en veste) du régiment des guides de la Garde, dont le prince Murat avait été colonel, passèrent avec les chevaux de main du général, près de la division, qui était encore pied à terre. Je questionnai ces cavaliers, qui me dirent qu'ils venaient de quitter Villers-aux-Bois et qu'on les renvoyait sur les derrières de l'armée parce que nous étions tournés sur notre droite par un corps de 30,000 Prussiens. Je rapportai ces paroles au colonel, qui me conduisit au général de division, qui se trouvait avec le prince Murat, pour lui répéter ce qui venait de m'être dit. Le général de division répondit qu'il était urgent de savoir si nous étions gardés sur la droite. Je partis tout aussitôt au trot, seul, en laissant à ma gauche un bois (le bois Leprince). J'aperçus, en passant, une ambulance établie à l'ombre de ce bois. N'ayant pas de carte et ne voyant rien, je cherchai à atteindre un point plus élevé. Après avoir gravi une pente très raide, je me trouvai à quelque distance d'une ferme (la Malmaison), que j'avais à ma droite. Sur la route se trouvait un parc de fourgons du train, dont la couverture était relevée. Je me dirigeai vers un groupe à pied, formé de plusieurs sous-intendants militaires et de trois chefs d'escadron d'état-major, qui me dirent qu'il n'était pas utile d'aller plus loin et que je pouvais rassurer le général, qui m'avait envoyé, ajoutant que nous étions gardés par deux escadrons de chasseurs à cheval. Ils me montrèrent en même temps, à grande distance, deux pelotons à cheval.

Muni de ces renseignements, je revins sans retard pour rendre compte au général. La division avait quitté sa position. Je me dirigeai vers un groupe d'artillerie que j'apercevais à quelque distance. C'était la réserve de batteries du régiment d'artillerie montée de la Garde. La division de Forton ne s'était pas dirigée de ce côté. Je marchai ensuite vers l'Ouest et j'arrivai devant un régiment de chasseurs déployé, face à la route de Verdun. Le lieutenant-colonel, qui commandait ce régiment, me dit qu'une division, composée de deux régiments de cuirassiers et de deux régiments de dragons, était passée depuis peu, se dirigeant vers l'Ouest. Je retrouvai la division à quelques centaines de mètres au delà (à l'Ouest) du chemin de Rezonville à Villers-aux-Bois. Elle se portait tantôt en avant (vers l'Ouest), tantôt en arrière, se tenant toujours entre la voie romaine et la route de Verdun. Pendant que nous étions arrêtés, face à l'Ouest, le régiment des zouaves de la Garde en pantalon de toile, passa à notre gauche, paraissant se diriger sur Flavigny. Sur le terrain, que nous parcourions, gisaient les cuirassiers tués par les dragons, qui m'avaient suivi.

J'étais de retour près du colonel depuis peu de temps, lorsque vers 5 heures du soir, autant que je puis me le rappeler, la division se dirigea (par le chemin de Villers-aux-Bois) au Nord des bois bordant la voie romaine. Le général prince Murat, s'étant porté sur la crête avec le colonel, que je suivais, je pus voir l'action qui se déroulait au loin vers l'Ouest. On ne voyait guère que la fumée produite par la fusillade et par le feu de l'artillerie. Aucune troupe ne se trouvait entre notre division et les troupes engagées.

Après un court séjour sur ce point la division revint, en passant encore par Villers-aux-Bois, sur le terrain que nous occupions précédemment. Elle se forma ensuite sur quatre lignes déployées l'une derrière l'autre. Un obus tombant sur la gauche d'un escadron du régiment de cuirassiers, qui se trouvait en avant du 9e dragons, éclata, tuant quatre chevaux et blessant deux cavaliers. Le feu se mit dans les paquetages et les consuma lentement sous nos yeux.

Il faisait presque nuit et nous croyions la journée finie, lorsque la division se forma subitement sur une seule ligne, le sabre à la main, entre Rezonville et Vionville, la ligne ayant sa droite à peu de distance de la voie romaine. Un bourdonnement sourd d'abord, qui se transforma rapidement en une immense clameur, parvenait à nos oreilles. Bientôt nous vîmes arriver une multitude de fantassins frappés de panique. Un chef de bataillon, qui les suivait au trot de son cheval, ne pouvait se faire entendre ni rallier ses hommes également sourds aux appels d'un clairon, qui répétait à chaque instant la sonnerie : « Halte ! » Les fantassins, détalant à toutes jambes, se trouvèrent bientôt en arrière de notre division. Heureusement, un régiment d'infanterie, qui se trouvait aussi au Nord de Vionville, faisait meilleure contenance et repoussait au même moment une attaque de cavalerie. A la lueur projetée par les coups de fusils, je reconnus à leur coiffure des hussards prussiens, que je vis tourbillonner un instant autour de l'infanterie, puis s'effondrer et disparaître anéantis (1). Une batterie à l'Ouest de Vionville tira encore à outrance pendant quelques instants. Son feu s'éteignit bientôt. La bataille était finie. Il était plus de 8 heures et il faisait complètement nuit.

Nous nous retirions dans la direction de Gravelotte, marchant en colonne de pelotons entre la voie romaine et la route de Verdun, lorsqu'un coup de feu partit des bois qui bordent la voie romaine. A ce coup de feu succéda une fusillade des plus nourries des nombreux fantassins qui s'étaient retirés dans ces bois. Nous n'eûmes aucune perte à déplorer. Pour éviter toute méprise, les trompettes, placés en tête de chaque régiment, sonnèrent la marche sans interruption.

Vers 9 h. 30, la division s'arrêta à l'Ouest de Gravelotte, à peu de distance de son emplacement de l'avant-veille, mais sur le côté opposé de la route. Les chevaux furent dessellés et mis à la corde, mais les tentes ne furent pas dressées.

---

(1) Chargé de la 6e division de cavalerie ; vers 8 heures du soir.

Nous étions au milieu, sinon en arrière de l'armée ; il ne fut pas fourni d'avant-postes pendant cette nuit.

Historique du 7ᵉ cuirassiers (3ᵉ division de cavalerie, colonel Nitot).

16 août.

Le 16, dès le matin, l'ennemi fut signalé par les avant-postes de la division. A 9 h. 30, de nombreux projectiles tombèrent dans le camp du régiment, qui monta à cheval avec le plus grand sang-froid. Toute la matinée, le 7ᵉ cuirassiers fut exposé aux feux de l'artillerie ennemie. Vers 2 heures, une colonne de cavalerie prussienne, composée du 16ᵉ hulans et du 7ᵉ cuirassiers Magdebourg, apparut sur le champ de bataille. L'occasion de se distinguer se présenta enfin aux officiers et aux cavaliers, qui, remplis d'ardeur, brandissaient déjà leurs sabres avant de recevoir l'ordre de charger. Le général de Forton leur donna le signal en disant « Allons le 7ᵉ ! ! ». Aussitôt, un formidable hurrah se fit entendre, le 7ᵉ cuirassiers s'élança comme un ouragan et tomba comme la foudre sur l'ennemi, qui, surpris par une charge aussi vigoureuse, se défendit mollement, chercha son salut dans la fuite et éprouva des pertes considérables. A la fin de la mêlée, le lieutenant-colonel de cuirassiers aperçut un parti de cuirassiers en arrière de son flanc droit, il fit sonner le ralliement et les officiers et les hommes, qui s'étaient groupés autour de lui, anéantirent ce parti de cuirassiers prussiens.

Le commandant d'artillerie Vignotti adressa au régiment, sur le champ de bataille, des remerciements pour cette charge, qui sauva son artillerie.

Après être resté plus de dix heures à cheval, le régiment revint bivouaquer à côté de Gravelotte.

En faisant le dénombrement des pertes éprouvées durant cette journée, on constata : 1 tué, 5 disparus, 20 blessés, tant officiers que cavaliers, plus 30 chevaux tués ou disparus.

Historique du 10ᵉ cuirassiers (3ᵉ division de cavalerie, colonel Juncker).

16 août.

Le 16, à 8 heures du matin, le 3ᵉ escadron rejoint le régiment à Vionville.

Vers 9 h. 30, une nombreuse cavalerie débouche par la route de Verdun et s'avance avec de l'artillerie légère à 1500 mètres du campement de la division. La cavalerie s'arrête : l'artillerie arrive au galop, place ses pièces en batterie et commence immédiatement le feu sur les grand'gardes, qui sont forcées de se replier. Le régiment monte à cheval à la hâte et se forme seul en bataille en avant de son front de bandière. Son attitude dans cette circonstance contribua certainement à tenir en échec la cavalerie ennemie (composée d'une brigade de cuirassiers et de hulans), qui en ce moment débouchait au trot entre deux bois situés près de la route, se disposant à prendre l'offensive.

Le régiment fait ensuite demi-tour par pelotons au pas et se porte en arrière de 200 mètres pour permettre à une batterie d'artillerie de s'établir, puis il exécute un mouvement de flanc pour aller rejoindre la division qui a pris position sur le plateau dominant en partie les deux villages de Vionville et de Rezonville. Bientôt l'artillerie ennemie découvrant la division dirige son feu sur l'emplacement qu'elle occupe et force les régiments à changer plusieurs fois de position. Un sous-officier est grièvement blessé; quelques hommes et un assez grand nombre de chevaux sont également atteints.

Vers 1 h. 30, le centre de l'armée prussienne fait un effort sur celui de l'armée française. Une masse de cavalerie (*13*ᵉ (?) et *16*ᵒ hulans et 7ᵉ cuirassiers) arrive au galop par la route de Mars-la-Tour, passe dans le vallon où le régiment bivouaquait la veille, traverse l'artillerie, sabre les artilleurs, essaye, mais en vain, d'enlever les pièces et continue son mouvement en passant devant le front de la division. Chargée sur son flanc gauche par le 1ᵉʳ et le 9ᵉ dragons, cette cavalerie se trouve exposée au feu d'un bataillon du 93ᵉ de ligne et du 9ᵉ bataillon de chasseurs à pied, placés, le premier à 400 mètres vis-à-vis la droite du régiment, le deuxième en face et à la même distance. Le plus grand nombre des cavaliers prussiens tombe sur le champ de bataille. Ceux qui, jusqu'à ce moment, ont échappé à la mort, continuent leur marche au galop, résolus qu'ils sont de traverser les lignes françaises. Ils les traversent, en effet; mais, à leur retour, le 7ᵉ cuirassiers et le 1ᵉʳ escadron du régiment s'élancent à la charge, refoulent la cavalerie ennemie dans le vallon qu'elle vient de traverser et la détruisent presque entièrement.

Vers 7 heures du soir, la division allait quitter le champ de bataille, lorsque, par suite d'un retour offensif de l'ennemi, elle dut conserver sa position et même se rapprocher de la route, ayant devant elle deux régiments d'infanterie, exposée au feu meurtrier de l'artillerie prussienne.

A 8 h. 30, la division quitte le champ de bataille et va bivouaquer à Gravelotte, dans un champ situé à gauche de la route, près du campement de la Garde.

Dans cette journée, le régiment eut 2 hommes tués, 9 cavaliers ou sous-officiers blessés, 2 cavaliers disparus, 1 officier blessé.

Rapport du commandant Clerc, de l'artillerie de la 3ᵉ division de cavalerie, sur la bataille de Rezonville (7ᵉ et 8ᵉ batteries du 20ᵉ).

Rozérieulles, 18 août.

Notre matériel a un peu souffert du feu de l'ennemi, mais nos pièces sont à peu près intactes et nous n'avons rien laissé aux mains de l'ennemi, malgré les circonstances critiques dans lesquelles nous nous sommes trouvés dans la journée du 16 août. En attendant un rapport détaillé, je vous fais connaître en quelques mots ce que nous avons fait :

L'artillerie de la 3ᵉ division de cavalerie de réserve a rempli un rôle de dévouement dans la bataille du 16 août :

1° A Vionville, en tirant les premiers coups de canon de la journée, vers 9 h. 30 du matin, pour donner le temps à la division de se replier sur les corps voisins devant une attaque écrasante et en prenant ensuite position à côté d'autres batteries françaises, de l'autre côté de Vionville, pour aider à contre-battre et à éteindre l'artillerie ennemie, établie alors sur la crête de notre ancien campement;

2° En s'empressant de porter assistance à l'artillerie de la 1ʳᵉ division du 6ᵉ corps, sur la demande du maréchal Canrobert (1), et venant s'établir en batterie dans les positions indiquées vers l'angle du plateau de Rezonville, sous un feu terrible et bien réglé de mitrailleuses prussiennes (?).

Elle était à peine en batterie, commençant à contre-battre les batteries ennemies, qu'elle était surprise, à 50 pas de distance, par une charge furieuse de cuirassiers prussiens, dissimulés par un pli du terrain. Les pièces en batterie n'avaient que le temps de faire une décharge, qui produisait un grand désordre dans la tête, mais ne pouvait pas suffire pour l'arrêter. Après avoir été décimée par les mitrailleuses (?), l'artillerie était sabrée sur ses pièces par des charges successives, qui traversaient jusqu'à quatre fois les batteries. La 8ᵉ batterie a moins souffert que la 7ᵉ, parce qu'elle n'arrivait que la seconde et qu'elle n'avait encore que trois pièces en batterie; les trois autres ont pu se retirer vers la division et les trois premières ont pu être emmenées également une fois la charge repoussée.

Dans la 7ᵉ batterie, au contraire, il ne restait plus à la fin que le commandant debout en fait d'officiers; les autres étaient mis hors de combat. Je restais pour sauver les pièces, faisant encore tirer sur les

---

(1) En réalité, demande formulée par le commandant Vignotti au général de Forton.

escadrons ennemis, lorsqu'ils repassaient devant la batterie, au moyen des quelques hommes qui restaient encore.

M. Granjean, sous-lieutenant du 9e bataillon de chasseurs à pied, est venu lui-même, en ce moment critique, m'offrir son concours pour sauver les pièces avec 40 hommes environ. Je désire vivement que ce brave officier soit récompensé par la décoration, car il a contribué beaucoup à la défense de nos pièces, en se mettant autour avec ses hommes et fusillant les cavaliers ennemis chaque fois qu'ils se présentaient.

Une fois la charge repoussée définitivement par nos chasseurs, dragons et surtout par nos cuirassiers, qui ramenaient vivement les débris des Prussiens vers l'extrémité du plateau et passaient près de nos batteries, entremêlés avec eux et les sabrant, je pouvais, avec quelques chevaux restant encore, quelques canonniers et chasseurs à pied, faire emmener toutes les pièces de la 7e batterie et réunir ce qui restait des deux batteries à la division de Forton. Le parc divisionnaire avait été mis en lieu sûr, en arrière de la division, par le capitaine Boucher. Le général de Forton et tous les officiers de la division m'ont fait les plus grands compliments sur l'artillerie que je commande.

J'ai eu deux chevaux tués : l'un à Vionville; l'autre sous moi, sur le plateau de Rezonville, devant les mitrailleuses (?) prussiennes, mais je n'ai pas reçu la moindre blessure, bien que je me sois trouvé quatre ou cinq fois entouré de cavaliers ennemis. Je m'étais placé entre deux pièces, toujours sur mon cheval, qui, quoique blessé mortellement, n'est tombé qu'à la fin, et me servis de mon revolver pour me parer, car je ne l'ai pas même tiré. Chose singulière, aucun cavalier ennemi n'a même essayé de me sabrer.

Historique des 7e et 8e batteries du 20e régiment d'artillerie à cheval (3e division de cavalerie, commandant Clerc).

16 août.

Le 16 août, à 5 heures du matin, les batteries sont attelées et prêtes à marcher.

A 8 h. 30, dans la conviction que « ce ne sera pas pour aujourd'hui », elles reçoivent l'invitation de dételer tout en laissant les chevaux harnachés.

A 9 h. 15, au moment de déjeuner, le cri : « Aux armes ! » retentit. Les officiers se hâtent de faire atteler. Deux pièces de la 7e, prêtes immédiatement, partent au galop avec le commandant, le lieutenant et le capitaine, qui enjoint aux autres de le rejoindre, dès qu'elles seront prêtes. A peine arrivées sur la crête, à la droite des dragons, les deux pièces sont accueillies par une salve d'artillerie ennemie, qui, débouchant rapidement de Tronville, s'était mise en batterie à 800 mètres environ de notre camp. Du premier coup de canon, le cheval du trompette Bossu est tué à côté du capitaine ; la section se met en batterie derrière un épaulement naturel formé par la route et répond vivement et avec succès au feu des Prussiens ; malheureusement, elle n'est pas rejointe par le gros des batteries, qui est entraîné, malgré les efforts des capitaines Chardin et Boucher, dans la retraite précipitée que font les dragons pour échapper à la mitraille prussienne. Trois autres pièces ont pourtant réussi à se mettre en batterie, grâce à l'énergie des lieutenants Marquet, Liénard, Vuillin et Hummel, qui les ont servies eux-mêmes, soit comme pointeurs, soit comme premiers servants.

La position n'était pas tenable : déjà plusieurs hommes étaient tués ou blessés, les attelages commençaient à faire défaut. Au bout de quelques minutes, le général de Forton se résigna à faire feu en retraite et nous rejoignîmes la cavalerie, qui s'était ralliée à quelque distance en arrière et à droite de Vionville, entre la route et le bois situé au Sud de Saint-Marcel.

Le capitaine Boucher, qui commandait la réserve, avait réussi, malgré les obus qui pleuvaient dans le camp et les chevaux tués à la corde, à atteler ses voitures et à les mettre en sûreté.

Vers 1 h. 30, la division s'était formée en bataille sur la lisière du bois Saint-Marcel, face à la route de Rezonville, les deux batteries du 20e à sa gauche. A ce moment, un aide de camp vint, au nom du maréchal Canrobert (1), demander d'une manière formelle les deux batteries. Le général de Forton consentit à regret et les deux batteries rompant par section, le commandant Clerc à leur tête, se dirigèrent de toute la vitesse de leurs chevaux épuisés, sur les traces de l'aide de camp.

A peine quelques pièces de la 7e batterie, qui étaient en tête, étaient-elles en batterie, qu'elles se virent charger par les cuirassiers. Le petit nombre de coups à mitraille qu'elles tirèrent, n'arrêta pas leur élan et les batteries furent traversées et sabrées.

Le lieutenant Marquet tué, le sous-lieutenant Tocannier affreusement mutilé, le capitaine Coillot renversé d'un coup de sabre à la tête, le sous-lieutenant Ondedieu fortement contusionné par un éclat d'obus, trois sous-officiers blessés et une trentaine d'hommes mis hors de combat, tel fut le triste résultat de la journée pour la 7e batterie.

La 8e batterie eut beaucoup moins à souffrir de la charge qui ne la

---

(1) En réalité, le commandant Vignotti.

traversa pas directement, une seule (?) pièce de la section du lieutenant Vuillin avait pu se mettre en batterie et deux sous-officiers, un brigadier et deux ou trois hommes seulement furent blessés (1).

Le commandant Clerc, ainsi que tous les officiers de la 7e batterie eurent leurs chevaux tués. Grâce à son énergie et à celle des officiers encore valides des deux batteries, les pièces furent ramenées en lieu sûr. La charge fut, du reste, victorieusement repoussée par la 3e division de cavalerie de réserve, et les troupes qui la composaient furent anéanties.

Le 9e bataillon de chasseurs à pied rendit les plus grands services aux batteries du 20e; son feu décima les Prussiens surtout à leur retour. Quelques sous-officiers des batteries se servirent de leur pistolet.

Pour reconstituer la batterie, après la bataille de Gravelotte, il fallut demander au dépôt du 17e d'artillerie, à Metz, 24 hommes et 38 chevaux.

Le soir du 16, les batteries allèrent camper au pied de Gravelotte, emportant le regret de n'avoir pu aborder le terrain, où elles avaient laissé les morts et les blessés; mais toutes les tentatives faites dans ce but, vers 9 heures du soir, par les officiers et canonniers des deux batteries, furent infructueuses, les balles prussiennes balayant le terrain, de manière à le rendre impraticable.

---

(1) D'après le rapport du commandant Clerc et surtout d'après le rapport détaillé des pertes de l'artillerie de la 3e division de cavalerie (avec indication de la nature des blessures), la 8e batterie fut au contraire traversée par la charge.

Journée du 16 août.

COMMANDEMENT DE L'ARTILLERIE DE L'ARMÉE
ET
RÉSERVE GÉNÉRALE D'ARTILLERIE.

a) Journaux de marche.

Journal des opérations du général Soleille, commandant l'artillerie de l'armée.

16 août.

En apprenant cet engagement (1), le maréchal Bazaine forma le projet de diriger lui-même le lendemain matin une reconnaissance sur Mars-la-Tour (?). Il en fut détourné par un événement considérable, le départ de l'Empereur (?). L'Empereur, en effet, s'était décidé à gagner directement et immédiatement Verdun par la route d'Étain, il partit le 16 ; la brigade Margueritte (1er et 3e chasseurs d'Afrique) lui servit d'escorte. Les mouvements prescrits pour le matin furent ajournés à l'après-midi.

Le 16 août, les corps d'armée occupaient les positions suivantes : le 2e corps appuyant sa droite à Rezonville, s'étendait à gauche jusqu'au bois de Saint-Arnould ; le 6e corps, appuyant sa gauche à Rezonville, campait sur le plateau qui va jusqu'à l'ancienne voie romaine ; la Garde était en réserve en arrière du centre de cette première ligne.

Les 3e et 4e corps suivaient la route qui passe par Conflans et Étain (?). Le 15 au soir, le quartier général du 3e corps était établi à Saint-Marcel ; le 4e corps, attardé par la lenteur du passage de la Moselle qu'il était chargé de couvrir, ne quitta Woippy que le 16 à 5 heures du matin. En cas d'attaque, ces deux corps devaient se rabattre vers Mars-la-Tour, contenir et tourner l'aile gauche de l'ennemi (?).

Les camps avaient été levés dès le matin ; profitant du contre-ordre qui venait d'être donné, les troupes faisaient la soupe, lorsque soudain,

---

(1) Celui du 15 août, près de Mars-la-Tour.

à 9 h. 30, le canon se fit entendre. De Vionville au bois de Gaumont des batteries se démasquèrent et ouvrirent un feu violent sur le front des 2ᵉ et 6ᵉ corps. La division de Forton surprise, se rejeta en arrière avec une précipitation fâcheuse, sans songer à protéger la retraite de son artillerie. Le chef d'escadron Clerc attela ses pièces, prit position, ouvrit le feu, rallia les éléments de ses batteries et les ramena en bon ordre à la droite du 6ᵉ corps où la division de réserve de cavalerie s'était reformée.

La division de cavalerie du 2ᵉ corps s'était repliée avec une vivacité non moins grande : la batterie Saget (7ᵉ du 17ᵉ) qui marchait avec elle ne put atteler ses pièces qu'à deux chevaux; le capitaine chercha une position, s'y établit et essaya de contenir l'ennemi, il y parvint tout d'abord, mais les munitions qu'il avait sous la main étant épuisées, il fut obligé de se reporter en arrière.

Cependant l'artillerie des 2ᵉ et 6ᵉ corps, attelée et mise en mouvement avec une prodigieuse promptitude, se porta en avant de l'infanterie et répondit vivement au feu de l'artillerie prussienne.

La canonnade s'étendant et se prolongeant, l'action devint bientôt générale. A 10 heures, le général commandant l'artillerie de l'armée était rendu sur le terrain. En ce moment, c'était devant le 2ᵉ corps que l'engagement présentait la plus grande vivacité. A la gauche de ce corps la brigade Lapasset observait les débouchés du ravin de Gorze par lequel arrivaient de nombreuses colonnes; la batterie Dulon (7ᵉ du 2ᵉ), venue du 5ᵉ corps avec cette brigade, canonnait vigoureusement ces colonnes, mais elle ne tarda pas à être réduite au silence par une batterie de position armée de dix-huit pièces de gros calibre qui la prenait d'enfilade. Les batteries de la réserve Calemard du Genestoux (6ᵉ du 15ᵉ) et Humann (11ᵉ du 5ᵉ), sous les ordres du commandant de Germay, essayèrent de soutenir la batterie Dulon; leur feu fut éteint et le commandant de Germay tué par un obus.

Cette batterie de position établie en avant de Flavigny, joua dans la journée du 16, un rôle des plus considérables; couverte par un épaulement et armée de pièces d'un calibre supérieur elle rendit longtemps vains les efforts tentés contre elle. Les batteries de la division Vergé, celles de la division Bataille, ce qui restait au colonel Beaudoin de sa réserve, tout fut mis en ligne, et en peu d'instants, obligé de se reporter en arrière. Ce mouvement rétrograde de l'artillerie détermina dans les lignes de l'infanterie surtout à la droite du 2ᵉ corps, un flottement très marqué. Le général Bataille cherchant à maintenir ses troupes sous le feu, fut grièvement blessé et obligé de quitter le champ de bataille.

Exposés aux mêmes coups, car Rezonville était l'objectif principal des batteries ennemies, la gauche du 6ᵉ corps commençait également à céder. Notre centre était compromis, il fallait à tout prix rétablir le combat et permettre à nos lignes de se reformer. Sur l'ordre du Maréchal commandant en chef, le général commandant l'artillerie de l'armée fit avancer la réserve générale. Le général Canu la dirigeait en personne.

Cette réserve générale était réduite à huit batteries : deux de 12 et six de 4. Quatre batteries du 13ᵉ régiment étaient restées à Metz, deux batteries du même régiment avaient été détachées avec le commandant Brunel pour servir de réserve au 6ᵉ corps. A la 4ᵉ division de ce même corps, dont l'artillerie était restée au camp de Châlons, avaient été attachées deux batteries du 18ᵉ régiment sous les ordres du chef d'escadron Kestner.

Le général Canu envoya les deux batteries de 12 rayé (capitaines Audoy et Zœgger) (1) à l'extrême gauche; il plaça quatre batteries de 4 (2) en avant et à droite de Rezonville; les deux dernières batteries (3) à gauche du même village. Les batteries de Vesins (Zœgger et Audoy) tinrent pendant une demi-heure sous le feu de la batterie de position; au bout de ce temps, elles furent contraintes de renoncer à la lutte. Plus heureuses, les batteries de 4 avaient arrêté le mouvement de l'infanterie prussienne et débusqué ses tirailleurs. Le maréchal Bazaine les lança alors sur la crête la plus avancée de la position; elles y furent assaillies par une canonnade tellement vive et d'une si grande précision que la plupart d'entre elles ne purent s'y maintenir et se retirèrent après avoir subi des pertes très sérieuses.

L'artillerie de la Garde entra alors en ligne. L'intervention de la réserve générale n'avait pas été inefficace; l'ennemi était ébranlé : il fallait le refouler complètement. Le général Frossard demanda dans ce but les cuirassiers de la Garde et les jeta sur l'infanterie prussienne qui se retirait. Cette charge ne produisit pas tout l'effet qu'on en attendait; les cuirassiers chargeaient avec un entrain remarquable; mais l'infanterie prussienne les arrêta et les hulans, les prenant en flanc, les ramenèrent en leur tuant beaucoup de monde. La batterie Donop (2ᵉ du régiment à cheval de la Garde), qui prenait position pour appuyer les cuirassiers, fut surprise par les hulans (4),

---

(1) $\frac{11, 12}{13}$.

(2) $\frac{1, 2, 3, 4}{18}$.

(3) $\frac{5, 6}{18}$.

(4) Hussards Redern.

qui sabrèrent les canonniers et enlevèrent le lieutenant d'Esparbès de Lussan.

Pendant que s'accomplissait cet épisode, le feu des autres batteries de la Garde avait déterminé dans les lignes prussiennes un mouvement général de retraite et fait taire enfin la grande batterie de position.

L'ennemi avait échoué dans sa tentative de percer notre centre ; pendant que son artillerie entretenait l'action sur tout le front de bataille, ses forces s'accumulaient à leur gauche dans le but de tourner notre droite. Longtemps empêchée par le feu des batteries du 6° corps placés sous les ordres des lieutenants-colonels de Montluisant et Jamet, auxquelles étaient venues se joindre les batteries du commandant Clerc ; l'attaque prit tout à coup une allure brusque et impétueuse. Dissimulés dans un ravin qui part de Flavigny, deux régiments de cavalerie (hulans et cuirassiers) se rapprochèrent de nos batteries, débouchèrent et chargèrent d'écharpe avec un irrésistible élan. Les batteries Abord (3° du 8°), Heintz (6° du 14°), Delabrousse (7° du 14°), Coillot (7° du 20°) et Chardin (8° du 20°) furent traversées, sabrées, culbutées. Le général commandant l'artillerie de l'armée, qui s'était porté à la droite du 6° corps depuis que l'ennemi paraissait concentrer ses efforts sur ce point, fut enveloppé dans le tourbillon produit par cette charge, renversé de cheval et fortement contusionné.

Le maréchal Bazaine, passant quelques instants auparavant sur le même terrain, avait masqué derrière une lisière de bois la division de cavalerie de Forton. Cette position permit à notre cavalerie de prendre en flanc la cavalerie prussienne, sur laquelle se jetèrent avec entrain les chasseurs à cheval et les dragons du prince Murat. Les Prussiens, malgré cette vigoureuse diversion, se ralliaient pour traverser une seconde fois nos batteries, mais les cuirassiers du général de Gramont les surprirent pendant cette formation et les taillèrent en pièces.

La poursuite fut acharnée. Cette audacieuse cavalerie fut presque détruite.

Quelques hommes échappés au carnage se préparaient néanmoins à sabrer au retour la batterie Coillot qu'ils avaient déjà fort maltraitée ; une section de chasseurs à pied du 9° bataillon étant venue spontanément couvrir le flanc de cette artillerie, attendit avec calme les cuirassiers et tua tous ceux qui ne furent pas assez avisés pour passer au large. Preuve frappante de la nécessité d'affecter à la défense des batteries une troupe spéciale de soutien.

Grâce à l'action vigoureuse de l'artillerie de la réserve générale et de la Garde d'une part ; grâce, d'autre part, à l'énergique diversion de la cavalerie du général de Forton ; le combat était rétabli sur toute la ligne et on commença à attendre avec anxiété l'arrivée des 3° et 4° corps destinés à frapper le coup décisif sur le flanc gauche de l'ennemi. On voyait la cavalerie prussienne s'étendant par masses vers Vionville et Mars-la-Tour, on redoutait de la voir renouveler ses tentatives. Enfin, on entendit le canon en avant de Saint-Marcel et de Bruville; le maréchal Lebœuf et le général de Ladmirault débouchaient.

La présence de ces corps vers notre extrême droite arrêta les mouvements offensifs de l'ennemi; ils formèrent une nouvelle ligne de bataille perpendiculaire à la première; les batteries des 1re et 4e divisions du 3e corps renforçant à gauche les positions du maréchal Canrobert; la réserve du colonel de la Jaille dirigée par le général de Berckheim, reliant à droite le 3e corps au 4e, et permettant à ce dernier d'étendre son action jusqu'à Mars-la-Tour,

L'artillerie du général Laffaille (4e corps) commença par balayer, sous le feu des canons à balles, des colonnes de cavalerie qui cherchaient à gagner Conflans et à nous tourner. Les batteries du 12e de la réserve contre-battaient énergiquement l'artillerie de Vionville, dont le feu avait repris avec une grande intensité. Les batteries du lieutenant-colonel de Narp (1re division, de Cissey), envoyant leurs projectiles dans les bois de Vionville, les rendaient intenables et permirent à nos troupes de s'en emparer.

Pour accentuer encore davantage l'attaque dirigée sur le flanc gauche de l'ennemi, le général Laffaille lança les batteries à cheval Cahous et Albenque (5e et 6e du 17e), ainsi que les mitrailleuses de Saint-Germain (5e du 1er) sur les pentes qui descendent vers Mars-la-Tour (1). Ce mouvement hardi détermina les Prussiens à concentrer sur cette artillerie tous les moyens dont ils disposaient. Nos batteries ne purent tenir sous le feu écrasant dirigé contre elles, elles durent se retirer et furent poursuivies par l'infanterie prussienne; le général de Cissey vint les dégager. Pendant ce même temps, la droite du général de Cissey était chargée par la cavalerie ennemie. C'est en ramenant cette charge que le général Legrand trouva une mort glorieuse, ses efforts furent puissamment secondés par la batterie Boniface (5e du 15e) (2).

Cependant, le bruit du canon allait se ralentissant; dans les lignes prussiennes se manifestait un mouvement de retraite vers le ravin de Gorze. Pour couvrir ce mouvement, la batterie de position de Flavigny rouvrit tout à coup son feu, et sur toute l'étendue du champ de bataille, de Vionville à Gorze, les batteries mobiles prirent position, tirant à outrance sur nos lignes d'infanterie qui couronnaient les crêtes

---

(1) En réalité : $\frac{5, 6}{1}$ et $\frac{6}{17}$.

(2) Confusion entre la charge du 1er dragons de la Garde et la mêlée du plateau de Ville-sur-Yron.

et se portaient en avant. Nous répondions faiblement à cette violente canonnade qui ne nous causait pas beaucoup de mal, lorsque soudain, les dispositions de l'ennemi changèrent. Steinmetz avait dû arriver sur le terrain. Le mouvement de retraite fut suspendu, et sur notre gauche une nouvelle attaque commença, entamée par un feu de mousqueterie des plus vifs partant des bois de Saint-Arnould.

Cette éventualité avait été prévue par le Maréchal commandant en chef qui, depuis le commencement de la journée faisait observer avec le plus grand soin les débouchés du ravin de Gorze et qui venait de placer la division Montaudon (1re du 3e corps), sur la route conduisant d'Ars à Gravelotte. Deux batteries de mitrailleuses, la batterie Barbe (8e du 4e) et la batterie Pihan (5e du régiment monté de la Garde), reçurent du Maréchal la mission de balayer les pentes qui, de Gravelotte descendent vers les bois; leurs salves retentirent jusqu'à la nuit close, elles fauchèrent sans relâche les têtes de colonne incessamment renouvelées et rendirent vaine l'arrivée des troupes fraîches qui pouvait changer en victoire la défaite de l'ennemi (?).

Toutes les batteries des 2e, 3e et 6e corps et de la réserve générale de la Garde, s'étaient réorganisées et ravitaillées; elles se portèrent sur les crêtes extrêmes, recommencèrent à lutter contre l'artillerie prussienne et parvinrent à diminuer son feu, sinon à l'éteindre.

L'infanterie ennemie tenta vers 7 heures du soir, un dernier effort, elle exécuta un mouvement offensif qui fut arrêté par les deux divisions de la Garde et par une batterie de 54 pièces que le général Pé de Arros réunit sous son commandement. Ces troupes se portèrent résolument en avant et restèrent maîtresses du terrain, si longtemps et si chèrement disputé. A 8 heures, le canon cessait de se faire entendre.

La bataille de Rezonville était à peine terminée que le commandant de l'artillerie de l'armée envoyait aux généraux commandant l'artillerie des corps d'armée, l'ordre d'employer la nuit à prendre dans les parcs toutes les ressources disponibles et à répartir uniformément ces ressources entre les diverses batteries de leur commandement; il fallait être en mesure de recommencer la lutte le lendemain et mettre chacun en état d'y prendre part.

La consommation des munitions avait été très considérable dans la journée du 16, surtout relativement aux ressources sur lesquelles l'armée pouvait compter; le matériel avait été fort maltraité par le feu de l'ennemi et le personnel, dont le rôle avait été incessant depuis le début jusqu'à la fin de la bataille, avait subi des pertes cruelles : 10 officiers tués, 36 blessés ; 57 hommes de troupe tués, 457 blessés, 65 disparus ; 604 chevaux hors de combat.

Ce n'était pas trop d'une nuit pour réparer tout ce dommage, surtout en présence de l'incertitude du lendemain.

Si le programme que le maréchal Bazaine s'était tracé avait pu recevoir une exécution complète, si l'ennemi repoussé de Mars-la-Tour et de Vionville avait été refoulé dans les ravins de Gorze et culbuté dans la Moselle, l'armée française aurait pu, le 17, continuer sa route sur Verdun. Malheureusement, la situation de l'ennemi n'était pas aussi critique : l'armée du prince Frédéric-Charles était battue (?), mais celle du général Steinmetz avait peu souffert; l'armée du Roi s'avançait; l'ennemi pouvait suivre pas à pas notre marche, la ralentir par des engagements incessants et finir par la rendre désastreuse. En nous devançant sur la ligne des hauteurs qui séparent la vallée de l'Orne de celle de la Meuse, en admettant que nos ressources en munitions nous permissent d'atteindre Verdun en disputant pied à pied le terrain, nous ne devions pas trouver dans cette place des approvisionnements suffisants pour nous mettre en état de combattre encore.

Le maréchal Bazaine venait en effet de recevoir du général commandant supérieur de Verdun un avis ainsi conçu :

Au Maréchal commandant en chef.

« Le grand parc d'artillerie possède dans Verdun 1,200,000 cartouches et quelques munitions pour canons de 4 et de 12.

« Il y a également à Verdun quatre jours de vivres pour toute l'armée. »

« *Le Général commandant supérieur,*
« GUÉRIN DE VALDERSBACH. »

Il n'était pas probable que postérieurement à cet avis, des munitions à canon fussent dirigés sur Verdun, car une dépêche chiffrée du Ministre de la guerre en date du 14, disait :

« Saint-Mihiel est, dit-on, occupé ; n'est-il pas à craindre que les approvisionnements que vous demandez pour Verdun ne courent des dangers ? Dans tous les cas, il en arrive à Châlons où vous pouvez en demander. »

En présence de cette situation, le Maréchal commandant en chef prit le parti de rentrer dans le camp retranché de Metz. Il notifia cette résolution au général commandant l'artillerie par la lettre suivante, écrite de Gravelotte, le 16 août, à minuit :

Gravelotte, 16 août, minuit.

« Mon cher Général,

« Après la bataille d'aujourd'hui, les corps ont dû reprendre leurs anciens campements en se resserrant. La grande consommation qui a été faite dans la journée de munitions d'artillerie et d'infanterie ainsi que le manque de vivres pour plusieurs jours ne nous permettent pas de continuer la marche qui avait été tracée. Nous allons donc nous reporter sur le plateau de Plappeville.

« Le 2ᵉ corps occupera la position comprise entre le Point-du-Jour et Rozérieulle ; le 3ᵉ se placera à sa droite, à hauteur du Châtel-Saint-Germain qu'il laissera en arrière ; le 4ᵉ, sur la droite du 3ᵉ, vers Montigny-la-Grange et Amanvillers ; la Garde, à Lessy et Plappeville, où sera le grand quartier général ; le 6ᵉ corps sera à Vernéville.

« La division du Barail suivra le mouvement du 6ᵉ corps à Vernéville et la division de Forton s'établira avec le 2ᵉ corps.

« Le mouvement devra commencer le 17 au matin, à 4 heures et sera couvert par la division Metman, qui tiendra la position de Gravelotte et ira ensuite rallier son corps en passant par l'auberge de Saint-Hubert et prenant à la cote 338, sur l'ancienne voie romaine, le chemin de grande communication qui, passant en avant de Châtel-Saint-Germain et laissant la ferme de Moscou à gauche, conduit à Montigny-la-Grange. Le général de Forton marchera avec le 2ᵉ corps.

« Dans le cas où l'ennemi entreprendrait une attaque sur une des directions à parcourir, le mieux serait d'indiquer comme point de ralliement le plateau qui est au-dessus de Rozérieulles, entre Saint-Hubert et le Point-du-Jour. De là, on pourra les diriger sur les campements indiqués plus haut.

« Dans le cas où les troupes qui sont en position depuis la bataille y seraient encore, vous les rappelleriez dès à présent, si la sécurité de vos campements ne s'y oppose pas.

« Ces dispositions ne vous permettront probablement pas d'amener votre convoi de munitions sur nos positions actuelles. Vous aurez alors à le diriger sur les positions qui doivent être occupées dans la journée du 17.

« *Le Maréchal commandant en chef,*

« BAZAINE. »

Le général Soleille, commandant l'artillerie de l'armée, au maréchal Bazaine.

Camp sous Metz, 21 août.

J'ai l'honneur de vous adresser le rapport relatif à la part qu'ont prise les batteries de la réserve générale à la bataille du 16 :

13ᵉ *régiment.* — Il ne restait au 13ᵉ régiment que deux batteries (1)

---

(1) $\frac{11, 12}{13}$.

(Audoy et Zœgger), sous les ordres du commandant de Vesins : elles ont, dès 10 h. 30, pris part à la lutte. Après avoir été exposées pendant une demi-heure au tir de pièces beaucoup plus nombreuses, elles ont exécuté un mouvement en arrière pour reformer, à l'aide de leurs réserves, leurs batteries de combat.

Dans ce mouvement, les batteries du 13º ont ramené trois canons de 4 rayés de campagne, qui avaient été laissés sur le champ de bataille. Vers 2 heures, les batteries de Vesins se sont reportées en avant et, conjointement avec une batterie de mitrailleuses, ont tiré contre les troupes qui menaçaient la gauche de la ligne. Elles sont restées jusqu'à 9 heures sur le terrain.

18º *régiment*. — Les six batteries présentes au 18º (1) sont montées à cheval vers 10 heures. D'après les ordres du Maréchal commandant en chef, quatre d'entre elles (2) ont été placées à hauteur et à droite du village de Rezonville ; les deux autres (commandant Rey), restées quelque temps en réserve, ont reçu l'ordre d'occuper une position à 400 mètres à gauche du même village.

Les 1re, 2e et 4e batteries, après quelques coups tirés contre les troupes qui s'abritaient dans les bois, ont dû rejoindre les deux autres à gauche de la route.

Le maréchal Bazaine donna l'ordre à trois d'entre elles (3) de se porter en avant, sur la crête la plus avancée de la position. Elles eurent beaucoup à y souffrir du feu des pièces prussiennes d'un fort calibre et dont le tir était réglé depuis la matinée. Malgré l'énergie des officiers et de la troupe, il fallut abandonner cette position, après y avoir subi des pertes considérables. La 6e batterie suivit bientôt le mouvement ; la 5e, moins exposée, se maintint plus longtemps et revint, avec les autres batteries du régiment, sur l'emplacement primitif. La 3e batterie, restée seule contre la route à droite du village de Rezonville, soutint la lutte contre l'artillerie ennemie pendant plus de deux heures avant de se retirer du champ de bataille.

Le 18º régiment a fait des pertes sensibles : 2 officiers tués (capitaine d'Adhémar et lieutenant Rauber), 3 officiers blessés (capitaine Biot, lieutenant Cothenet, lieutenant Veysset), 25 hommes tués, 54 blessés, 111 chevaux tués ou disparus et 37 chevaux blessés.

---

(1) $\frac{1, 2, 3, 4, 5, 6}{18}$.

(2) $\frac{1, 2, 3, 4}{18}$.

(3) $\frac{1, 2, 4}{18}$.

Mais, malgré ces pertes nombreuses, chacun a fait bravement son devoir.

Rapport du colonel Saivador, commandant les batteries du 13ᵉ régiment, sur la bataille de Rezonville.

Plappeville, 18 août.

La 11ᵉ batterie (capitaine Audoy) et la 12ᵉ (capitaine Zœgger), les seules restées à la réserve générale avec le chef d'escadrons de Vesins, ont quitté leur camp vers 10 h. 30 du matin pour aller occuper, sous la direction du colonel, les hauteurs en avant de Gravelotte (1), où elles avaient été précédées par les batteries à cheval du 18ᵉ. Elles se sont mises en batterie : la 12ᵉ à la droite, la 11ᵉ obliquant à gauche pour contre-battre les batteries prussiennes placées en position sur les crêtes opposées, à une distance de 1500 à 2,000 mètres (2).

Après un feu d'une demi-heure, pendant lequel la 12ᵉ batterie a tiré 147 coups et la 11ᵉ 86, ces deux batteries, exposées au tir de pièces beaucoup plus nombreuses, qui avaient réglé leur tir, ont beaucoup souffert. Elles ont dû se porter en arrière pour reformer, à l'aide de leurs réserves, les batteries de combat, qui avaient consommé une grande quantité de munitions et subi de nombreuses pertes en hommes et en chevaux.

En se retirant à la suite de ce meurtrier combat d'artillerie, les batteries du 13ᵉ régiment ont ramené trois pièces de 4 qui avaient été laissées sur le terrain du combat (?), les avant-trains ayant été détruits, les conducteurs et les chevaux tués ou blessés.

Après s'être reformées en arrière, les 11ᵉ et 12ᵉ batteries ont reçu, vers 2 heures, l'ordre de se reporter en avant; elles se sont placées à côté d'une batterie de mitrailleuses pour contre-battre des batteries de l'ennemi et tirer sur des troupes qui s'avançaient sur notre gauche. Cette fois, l'avantage est resté à notre feu, qui, en moins de vingt minutes, a fait taire celui des batteries qui nous étaient opposées sans que nous ayons éprouvé aucune perte dans cette position.

Les batteries ont encore changé de position pour aller se placer dans un intervalle de la ligne de bataille formée sur notre gauche. Elles y

---

(1) Près de *Rezonville*.

(2) $\frac{12}{13}$ est donc venu, au Nord de la route, sur la croupe 300, et $\frac{11}{13}$ s'est arrêtée à la gauche de l'artillerie de la division Bataille, sur la croupe 296.

sont restées jusqu'à la nuit sans avoir à faire feu de nouveau et ne sont rentrées qu'à 9 heures dans leur campement, à Gravelotte.

État des pertes. — 11ᵉ batterie du 13ᵉ : 2 hommes tués, 9 blessés; 14 chevaux hors de service. 12ᵉ batterie : 3 hommes tués, 16 blessés; 17 chevaux hors de service.

Historique des 5ᵉ, 6ᵉ, 7ᵉ, 8ᵉ, 11ᵉ *et* 12ᵉ *batteries du* 13ᵉ *régiment d'artillerie (réserve générale, colonel Salvador).*

16 août.

5ᵉ *batterie.* — Séjour au fort Moselle, que la batterie est d'abord destinée à défendre.

6ᵉ *batterie.* — Du 13 au 16, séjour au fort Moselle, que la batterie est destinée à défendre, dans le cas où l'armée quitterait Metz.

7ᵉ *batterie.* — La 7ᵉ batterie est remplacée au fort Bellecroix par une batterie du 15ᵉ régiment; elle est dirigée vers le village de Lessy, en passant par le plateau de Saint-Quentin; arrivée sur le plateau à l'approche de la nuit, elle reçoit l'ordre de camper près des batteries du 13ᵉ régiment déjà établies sur ce point.

8ᵉ *batterie.* — Du 8 au 17, armement du fort Moselle; la batterie envoie un détachement de 25 hommes, commandés par M. le lieutenant Thomas, pour concourir à l'armement du fort Bellecroix.

11ᵉ *batterie.* — A 10 h. 30 du matin, la batterie quitte son campement pour se porter sur les hauteurs en avant de Gravelotte, à gauche de la route de Rezonville. Elle contre-bat les batteries prussiennes placées à 1800 mètres. Écrasée par la supériorité et la précision des feux de l'ennemi, elle se retire en arrière pour se reformer.

Elle revient bientôt au combat, et plus heureuse, elle contribue à faire taire les batteries de l'ennemi et à arrêter la marche de son infanterie. Elle va ensuite se placer dans un intervalle, laissé plus à gauche, dans la ligne de bataille, sans avoir occasion de faire feu.

La batterie se retire à 9 heures vers Gravelotte où elle établit son campement.

Pertes dans la journée : 2 hommes tués, 9 blessés; 14 chevaux tués ou mis hors de service; un caisson laissé sur le champ de bataille, son avant-train sert à ramener une pièce de 4 abandonnée.

La batterie a tiré 300 coups environ avec des obus ordinaires munis de fusées fusantes. Elle n'a pas tiré d'obus à balles. Les distances de tir ont varié de 900 à 2,700 mètres.

12ᵉ *batterie.* — La batterie quitte son camp à 11 h. 30, une heure après le commencement de l'action. Elle suit d'abord un petit ravin sur la droite de la route, traverse celle-ci et va prendre position sur la gauche de Rezonville, suivie dans ce mouvement par la 11e batterie.

Au bout de vingt minutes de tir, pendant lesquelles elle tire environ huit coups par pièce, les batteries prussiennes cessent leur feu pour aller s'établir à 200 ou 300 mètres en arrière de leur première position. De ce point, repéré probablement pendant la première partie de l'action, elles ouvrent un feu terrible par sa justesse devant lequel, en un quart d'heure, la batterie doit amener les avant-trains. Elle se reforme sur le plateau de la Poste, où elle arrive à 1 h. 30 ; à 2 heures les avaries sont réparées en partie, les munitions remplacées ; vers 3 h. 30, elle retourne se mettre en position au même endroit, et tire quatre ou cinq coups par pièce. Le soir elle réoccupe le campement quitté le matin.

Pertes de la journée : 4 hommes tués, 16 blessés ; 23 chevaux tués ; 2 caissons brisés, 1 sauté.

Historique des 1re, 2e, 3e, 4e, 5e *et* 6e *batteries du* 18e *régiment d'artillerie à cheval (réserve générale, colonel Toussaint).*

16 août.

Le 16, à 10 heures, les Prussiens commencèrent l'attaque. La réserve générale se rapprocha immédiatement du théâtre du combat. Le régiment fut disposé en bataille sur les hauteurs situées au-dessus de Rezonville, parallèlement à la route de Verdun. Il y était depuis peu de temps lorsqu'un ordre du Maréchal prescrivit de conduire deux batteries de l'autre côté de la route pour soutenir les batteries divisionnaires, qui avaient trop à souffrir du feu de l'ennemi. Le lieutenant-colonel fut chargé d'exécuter cet ordre avec les batteries du commandant Rey (5e et 6e, 11 h. 30).

Ces deux batteries prirent position entre Rezonville et le bois des Ognons. La 5e, à l'extrême gauche, ouvrit le feu dans la direction du ravin qui descend dans la vallée de la Moselle en passant un peu au-dessous de Gorze, la 6e, plus à droite, tirant sur *une grande batterie* (1), dont la droite était appuyée au bois de Flavigny (2).

A midi environ, l'ordre fut donné aux autres batteries du régiment de se porter en avant. Les quatre premières batteries, sous les ordres du colonel, partirent au galop et se mirent en batterie à droite de Rezonville, à 100 mètres environ de la route de Verdun ; mais elles ne restèrent pas longtemps dans cette position ; le général Canu fit dire

---

(1) Artillerie de la 5e division prussienne.
(2) *Lire :* Vionville.

au colonel de porter les 1re, 2e et 4e batteries auprès des 5e et 6e batteries. La 3e batterie resta seule dans sa première position.

Un nouvel ordre arriva de porter plus en avant les 1re, 2e et 4e batteries. Le général et le colonel les accompagnèrent, elles marchèrent au galop sur un terrain accidenté et vinrent se mettre en batterie sous une grêle de projectiles.

A partir de ce moment, les différentes batteries du régiment se trouvent séparées.

1re batterie. — Capitaine Gouzy.

La 1re batterie à gauche du village de Rezonville et en arrière de la route avec les autres batteries du régiment, tira dans cette position quelques coups de canon; elle se porta ensuite en avant de la route, en arrière du ruisseau de Rezonville et du même côté de ce village, mais elle fut presque aussitôt envoyée sur une crête plus avancée déjà garnie d'artillerie, où elle prit place entre deux autres batteries. Elle resta là environ une heure, bien que le feu de l'artillerie ennemie fut extrêmement violent; la 1re batterie, protégée par une ondulation de terrain, fut assez heureuse pour n'avoir que quelques blessés et quelques chevaux tués; bonheur d'autant plus grand que les batteries qui l'encadraient furent maltraitées. Les projectiles passaient par-dessus la batterie, le tir fut rapidement réglé, le commandant Masson fit prévenir le capitaine d'avoir à continuer le feu avec la même hausse, le tir étant très efficace; mais la position devint impossible pour les batteries voisines; l'ordre fut donné d'aller prendre position en arrière; la batterie repassa de l'autre côté de la route et vint rejoindre les autres batteries du régiment qui, arrivant de différents côtés, se reformaient sous les ordres du colonel.

Pertes : 6 hommes hors de combat; 2 chevaux tués, 5 chevaux blessés.

2e batterie. — Capitaine Mengaud.

La 2e batterie se mit d'abord en batterie à gauche de Rezonville en arrière de la route de Verdun, peu de temps après elle est envoyée en position de l'autre côté de la route sur une crête située entre le bois des Ognons et Rezonville. Elle commença le feu, ayant le bois des Ognons à gauche, tirant dans la direction de Flavigny.

Vers 1 heure de l'après-midi, la batterie, d'après l'ordre du général Canu, dirigée par le colonel, traverse le ravin au fond duquel coule le ruisseau qui passe à Rezonville et se porte sur le plateau situé en avant de Flavigny pour contre-battre une batterie de position, placée à 700 mètres de Vionville et à 2,000 mètres de distance du sommet de ce plateau.

Cet emplacement était extrêmement périlleux, l'ennemi, ayant dirigé son feu depuis le matin sur ce point, devait facilement régler son tir. Le colonel en fit l'observation et se fit répéter l'ordre de se porter à la position indiquée ; ce qui était prévu arriva : les projectiles venaient sans éclater dans la batterie et causaient de tels ravages qu'au bout de dix minutes, 21 hommes, dont 3 chefs de pièces et 29 chevaux étaient tués ou blessés.

Au moment de la mise en batterie un coffre sauta tout d'abord ; le chef de pièce, le brigadier et 5 chevaux étaient frappés, la pièce n'était plus en état de faire feu. La retraite était devenue nécessaire, elle se fit en bon ordre. Le capitaine commandant put reformer trois pièces complètes avec lesquelles il revint se placer à côté des autres batteries du régiment.

Pertes : 2 hommes tués, 19 hommes blessés ; 29 chevaux tués ou blessés.

3ᵉ *batterie*. — Capitaine Arveuf.

La 3ᵉ batterie était restée seule à 200 mètres environ à droite et en avant de Rezonville ; elle tirait sur une batterie qui se trouvait dans la direction de Flavigny, à 2,000 mètres de distance environ, et sur des troupes prussiennes placées en arrière. Plusieurs charges de cavalerie ayant eu lieu de l'autre côté de la route, la batterie tira sur la cavalerie prussienne chaque fois que cette dernière n'était pas masquée par la cavalerie française.

Vers 1 h. 30 la batterie fut prise de flanc par les feux d'une batterie ennemie, qui était venue se placer du côté de Vionville ; trois pièces de la batterie furent alors dirigées de ce côté, mais cette batterie ayant disparu au bout de quelque temps, le tir des six pièces fut repris dans la première direction.

Jusqu'à ce moment la batterie avait peu souffert ; masquée par les arbres de la route, elle était mal vue par l'ennemi ; tous les projectiles passaient par-dessus la batterie ou tombaient en avant, les projectiles n'arrivèrent en grande partie que vers 2 h. 30.

A ce moment l'infanterie, qui était couchée dans les fossés de la route, battit en retraite ; une batterie, qui était venue se placer à droite de la 3ᵉ batterie, avait devancé le mouvement de l'infanterie.

C'est alors que le lieutenant en 1ᵉʳ Veysset eut la jambe traversée par une balle ; le cheval du commandant Bonnet est grièvement blessé par un éclat d'obus, et bientôt le tir de l'artillerie allemande, qui avait été jusque-là trop long ou trop court, devient parfaitement juste ; les projectiles arrivèrent régulièrement dans la batterie. 12 hommes sont mis hors de combat et 25 chevaux tués ou blessés. Il était inutile de rester plus longtemps dans cette mauvaise position et la batterie, en se retirant, faillit être enlevée par une charge de cavalerie, mais heureusement les cuirassiers prussiens furent chargés par la cavalerie française et culbutés.

La 3ᵉ batterie se réunit ensuite aux autres batteries du régiment, qui, après avoir remis un peu d'ordre dans les attelages et dans les munitions, se reportèrent en avant.

Pertes : capitaine en second tué; lieutenant en 1ᵉʳ blessé; 3 hommes tués, 9 blessés; 25 chevaux tués ou blessés.

4ᵉ *batterie.* — Capitaine Biot.

La 4ᵉ batterie part de sa première position à droite de Rezonville, passe derrière le village, traverse la route et vient s'établir en batterie sur la crête à 2,200 mètres environ des batteries prussiennes (1).

De Flavigny, l'ennemi dirige immédiatement son feu sur la 4ᵉ batterie, qui avait à répondre à des pièces de position. La situation était fort critique, néanmoins le feu commença immédiatement. Les munitions des coffres d'avant-train étaient brûlées lorsque le colonel fit dire à la batterie de se retirer. A cet instant, le lieutenant en 1ᵉʳ Rauber a la tête enlevée, le capitaine Biot a le bras emporté, le lieutenant en second Lecuir, resté seul, ramène la batterie, qui est couverte de projectiles, lesquels causent de grands ravages; enfin la 4ᵉ va rejoindre les autres batteries du régiment.

Pertes : 1 officier tué, 1 blessé; 13 hommes tués, 7 blessés; 41 chevaux tués ou blessés.

5ᵉ *batterie.* — Capitaine de Cambolas.

La 5ᵉ batterie, établie en bataille au-dessus de Rezonville, fut dirigée, sous les ordres du lieutenant-colonel et du commandant Rey, de l'autre côté de la route pour surveiller le ravin, qui, remontant de la vallée de la Moselle, passe près de Gorze, débouche sur le plateau entre Rezonville et Gravelotte.

Nos troupes ayant gagné du terrain, la batterie se porte en avant et s'établit en un point d'où on pouvait surveiller le ravin et le bois des Ognons.

Le capitaine fait ouvrir le feu sur une batterie à couvert du bois, qui prenait d'enfilade nos batteries établies sur la crête parallèle au ruisseau de Rezonville; bientôt des tirailleurs ennemis sortirent du bois, mais quelques obus arrêtèrent leur mouvement; le feu fut dirigé de nouveau entièrement sur la batterie, qui parut au bout de quelque temps ne plus tirer.

---

(1) Le changement de position avec les 1ʳᵉ et 2ᵉ batteries est passé sous silence.

Le corps du maréchal Lebœuf et la Garde étant arrivés sur le terrain, la batterie fut placée en réserve par ordre du général Canu à hauteur de Rezonville.

Elle y était établie depuis 20 minutes, lorsque le maréchal Canrobert la fit réclamer pour soutenir son artillerie.

La batterie, sous la direction d'un aide de camp, vint s'établir à droite de la route de Verdun en avant d'un bois, qui longe la voie romaine ; mais le lieutenant-colonel jugea cette position mauvaise et indiqua un autre emplacement voisin où la batterie resta de 2 heures à 5 heures ; elle ouvrit le feu contre les batteries ennemies, placées près de Vionville et, vers 3 h. 30 contre les colonnes, qui se dirigeaient vers la vallée de Gorze.

La batterie n'eut pas beaucoup à souffrir, grâce à sa position en arrière d'une crête en avant du bois qui longe la voie romaine ; tous les obus venaient éclater dans ce bois ; mais peu à peu le tir de l'artillerie ennemie se rectifia et un déplacement devint nécessaire ; la 5ᵉ batterie continuant son feu, les pièces furent portées successivement de 300 mètres à gauche, mais à 6 h. 30 une nouvelle batterie vint prendre la 5ᵉ d'enfilade, ce qui força cette dernière à se transporter de 500 mètres vers sa droite ; la nuit étant venue, la batterie rejoignit le régiment et reprit son campement précédent.

Pertes : 15 hommes blessés ; 11 chevaux tués, 9 chevaux blessés.

6ᵉ *batterie*. — Capitaine Mondon.

La 6ᵉ batterie partit avec la 5ᵉ et vint se placer de l'autre côté de la route, sur la crête, située entre Rezonville et le bois des Ognons.

Elle ouvrit le feu sur une grande batterie prussienne, située entre Flavigny et le bois, principalement sur la partie de cette batterie, qui s'appuyait au bois ; la 6ᵉ batterie fut tout de suite assaillie par une foule de projectiles, dont la plupart éclatèrent dans la batterie en y occasionnant des pertes sensibles. La 6ᵉ, continuant à être éprouvée, le général Canu prescrivit de la reporter en arrière du village ; la 6ᵉ se rallia alors aux autres batteries du régiment.

Pertes : 1 officier blessé mortellement ; 1 homme tué, 10 hommes blessés ; 10 chevaux tués, 9 chevaux blessés.

Les 1ʳᵉ, 2ᵉ, 3ᵉ, 4ᵉ, 5ᵉ et 6ᵉ batteries étaient de nouveau réunies sous les ordres du colonel vers 3 heures ; elles se reportèrent en avant et vinrent occuper la position au-dessus de Rezonville, qu'elles occupaient le matin, mais elles ne furent pas employées et, à la nuit, elles retournèrent à Gravelotte et reprirent le campement de la ville.

b) Organisation et administration.

Le général Soleille aux Commandants de l'artillerie des corps d'armée, de la réserve générale et des divisions de cavalerie.

16 août (sans heure) (1).

J'ai l'honneur de vous inviter à m'adresser aussi promptement que possible :

1° L'état des consommations, en munitions et en matériel, des batteries sous vos ordres, faisant ressortir l'existant actuel en munitions ;

2° L'état de leurs pertes en hommes et en chevaux.

J'attache la plus grande importance à ce que le premier de ces renseignements me parvienne immédiatement, et je vous prie de me l'adresser dès ce soir, aussitôt que vous aurez pu réunir les rapports des commandants de batterie.

Je vous prie de m'envoyer également les renseignements que vous pourrez recueillir sur l'approvisionnement existant en cartouches à la date de ce soir, dans les bataillons ou régiments d'infanterie de votre corps d'armée (ou division).

P.-S. — Je vous prie de donner des ordres pour faire ramasser autant que possible les armes et les munitions abandonnées sur le champ de bataille et faire retirer des ambulances les cartouches que les hommes y auraient apportées.

Vous devrez enfin, d'ici à demain matin, faire faire entre les batteries de votre corps d'armée, la répartition des munitions restantes.

Note des munitions délivrées par la Direction d'artillerie de Metz, le 16 août.

Metz, 17 août.

Cartouches.

	Modèle 1866.	Modèle 1863.
1ᵉʳ régiment du génie	57,600	»
16ᵉ d'artillerie	»	3,480
1ᵉʳ d'artillerie	20,000	»
11ᵉ bataillon de chasseurs	9,000	»
Totaux	86,600	3,480

(1) Dans la soirée, ainsi qu'il résulte du texte même de la lettre.

Munitions d'artillerie de 4.

6° batterie du 4° régiment ...... 197 »

De Girels.

Journée du 16 août.

PLACE DE METZ.

a) **Journaux de marche.**

Journal de la défense de la place de Metz (Commandant du génie).

16 août.

Le général commandant supérieur de Metz ordonne que « sauf les cas imprévus de la guerre, les portes Serpenoise, des Allemands, de France et Chambière resteront ouvertes de 6 heures à 8 heures du matin et de 5 heures à 7 heures du soir. Les autres seront fermées. Pendant ce temps, les postes militaires seront chargés de la surveillance, ainsi que deux agents de police et un gendarme. »

Journal du général Coffinières.

16 août.

Bataille de Gravelotte. — Après deux jours de marche, notre armée était arrivée en avant de Gravelotte, à 12 kilomètres environ en avant de Metz. Les hommes faisaient le café, les chevaux étaient à l'abreuvoir, lorsque, vers les 10 heures du matin, la division de cavalerie de Forton, qui éclairait notre gauche, est subitement attaquée. Une lutte violente s'engage, et l'ennemi reçoit sans cesse de nouveaux renforts ; son artillerie est écrasante. Cependant, le général de Ladmirault gagne du terrain à droite, du côté de Mars-la-Tour ; le centre et la gauche maintiennent bravement leurs positions, et notre feu produit de grands ravages. Si notre mouvement de conversion à gauche s'accentue, les Prussiens sont rejetés dans la Moselle et éprouvent un désastre ; mais notre armée conserve sa ligne de bataille, et le combat finit à 8 heures sans que nous ayons tiré partie de ce succès.

Le Maréchal m'écrit le 16 au soir qu'il vient de livrer une bataille heureuse pour nos armes, mais qu'il a grand besoin de vivres et de munitions, et que je m'empresse de lui en donner. Dans une seconde lettre, il m'annonce l'arrivée d'un officier d'état-major qui me donnera des détails ; il fait connaître son intention d'établir, le lendemain, son quartier général à Plappeville.

Le général commandant en chef l'artillerie, me prévient qu'il va prendre à la place quatre batteries montées de 12.

b) Rapports des commandants des forts.

Le Commandant du fort de Plappeville au général Coffinières, à Metz (D. T.).

Plappeville, 16 août, 8 h. 45 matin.

Nuit calme. J'envoie un officier et une corvée de 50 hommes chercher les vivres de réserve, mais je n'ai pas de moyens de transport.

Le même au même (D. T.).

Plappeville, 16 août, 11 h. 5 matin.

On entend le canon sur la route de Verdun.

Le Commandant du fort de Saint-Julien au général Coffinières, à Metz (D. T.).

Saint-Julien, 16 août, 10 h. 35 matin.

Des soldats viennent d'arrêter deux frères, espions prussiens, au moment où ils voulaient entraîner, à Noisseville, des ouvriers civils, disant qu'il ne leur serait fait aucun mal chez les Prussiens s'ils venaient avec eux, et qu'ils leur montreraient le prince Charles, blessé à la figure, qui se trouve à Noisseville à la maison d'école avec 2,000 hommes seulement. Je vous adresse ces deux hommes.

Rapport du Commandant du fort de Saint-Julien.

Fort de Saint-Julien, 16 août.

On établi trois fourneaux de mine en avant des bastions n°s 1 et 3, en avant de la gorge. La corvée destinée à ensevelir les morts était partie lorsque la dépêche autorisant à augmenter le nombre des travailleurs est arrivée. On n'a pas osé envoyer d'autres hommes à l'aide des premiers, n'ayant aucune sauvegarde à leur donner. Il est probable que cette triste besogne ne sera pas terminée aujourd'hui.

On a construit une embuscade pour seize hommes en avant et à gauche du bastion n° 1, sur une jetée de terre facile à occuper. Elle voit parfaitement la route de Bouzonville, et permet d'épier l'approche de l'ennemi. Elle est assez proche de la porte d'entrée du fort pour pouvoir se replier facilement.

Rapport du capitaine Le Coispellier, du génie, commandant le fort de Saint-Quentin.

17 août.

Voici à peu près, d'après ce qu'on peut voir du fort, l'état actuel de la bataille qui a dû commencer à Gravelotte. La canonnade paraît s'affaiblir et s'éloigner dans la direction de la route de Verdun. Des troupes françaises considérables, campées en avant du fort de Plappeville, s'éloignent dans la direction de Briey.

Les colonnes prussiennes, aperçues sur la rive droite de la Moselle, ont disparu.

P.-S. — 400 travailleurs avaient été employés aux lignes. Ces travaux sont suspendus par le commandant Peaucellier, par l'excellente raison qu'avec la garnison actuelle du fort, il serait impossible de les défendre. Ils ne sont pas assez avancés pour fournir un couvert sérieux à l'ennemi.

Rapport du Commandant du fort de Bellecroix.

16 août.

Vers 2 heures du matin, quelques coups de feu se sont fait entendre sur le versant droit de Saint-Julien. La garnison de la Corne est restée debout toute la nuit.

Rien d'autre à signaler.

Le Commandant du fort de Queuleu au général Coffinières, à Metz.

Fort de Queuleu, 16 août.

Nuit calme. Le corps prussien dont je vous ai signalé le départ hier soir, corps Manteufel dit-on, a bivouaqué sur la côte de Mécleuves. Il a allumé des feux qui ont été subitement éteints à 10 heures du soir à l'apparition de nombreux feux rouges autour de Metz, sur toutes les hauteurs de la rive gauche et de la rive droite de la Moselle. Il n'y a plus devant nous trace de vedettes, ni à pied ni à cheval.

L'état sanitaire s'est amélioré; cependant certains symptômes cholériformes sont dus à la mauvaise qualité de l'eau de la Seille.

L'alimentation des gardes mobiles est très mal assurée: une des compagnies n'a pas reçu de vivres depuis vingt-quatre heures. Ils se sont rués sur les cantines et se sont grisés, ce qui en a nécessité la fermeture. On nous a donné de la farine, mais pas d'ustensiles nécessaires.

Il serait bon d'avoir une voiture pour le transport de nos malades.

Rapport du Chef d'escadron commandant l'artillerie de la rive gauche de la Moselle et de l'île Chambière.

Fort Moselle. — Est actuellement armé de 57 pièces, dont la majeure partie est approvisionnée à 30 coups; les autres le sont à 10 ou 15 seulement.

1 sous-chef artificier et 6 artificiers continuent la confection des munitions.

Il n'y a qu'un seul bateau pour circuler dans le fossé plein d'eau et ce bateau est en très mauvais état; il serait indispensable d'en avoir deux ou trois pour pouvoir faire le service de l'artillerie des demi-lunes et même davantage, si l'on avait à défendre le chemin couvert avec de l'infanterie.

La barbette du saillant du bastion 112 est loin d'être terminée, mais le génie y travaille et on pourrait déjà, au besoin, y placer six pièces de 12. Ce matériel est désigné d'avance, c'est celui de la 6e batterie du 13e régiment.

La répartition du personnel des trois batteries du 13e régiment, qui sont campées dans le fort Moselle, a été faite hier:

La 6e batterie (capitaine de Reynaud) doit défendre le front 112-113 (17 bouches à feu) et placerait au besoin ses six pièces mobiles au saillant du bastion 112 (total 23 pièces);

La 8e batterie (capitaine Blavier) doit défendre le front 110-111 (22 pièces);

La 5e batterie (capitaine Leclerc) doit défendre le front du centre 111-112 (18 pièces).

L'ordre a été donné hier à ces trois capitaines commandants de prendre connaissance immédiatement de l'emplacement, des espèces de bouches à feu que leurs batteries sont appelées à servir ainsi que des emplacements et des approvisionnements des différents magasins, et de désigner d'avance pour chaque pièce le chef de pièce et les servants nécessaires à l'exécution de la pièce, en utilisant pour ce service un tiers au moins des conducteurs et en tenant compte d'environ 20 canonniers auxiliaires par batterie, pris dans la compagnie d'artillerie de la garde mobile, qui campent dans le fort.

Front Chambière. — Est armé de dix bouches à feu, savoir :

1° Au saillant du bastion de gauche : un canon de 24, rayé, sur affût de place ;

2° Sur les flancs : deux canons obusiers de 12, qui ont été placés hier ;

3° Sur la face gauche du bastion de droite (petit polygone du 1er régiment) : une pièce de 24 tirant à barbette, au saillant ; une pièce de 16 sur affût de place ; une pièce de 12 rayé, sur affût de place ; une pièce de 30 sur affût de côte ; une pièce de 16 sur lisoir directeur ; une pièce de 12 rayé, sur lisoir directeur ; un canon obusier.

Toutes ces pièces sont prêtes à faire feu, mais elles ne peuvent rien voir à cause d'un rideau de peupliers, qui se trouve devant elles le long du polygone.

Lunette 195. — Est armée de cinq pièces :

1° Un obusier de 16 au saillant (dans une casemate) ;

2° Deux canons obusiers de 12 sur la face gauche (casemate) ;

3° Deux pièces supplémentaires de 12 qui ont été placées vendredi dernier. Ces pièces ont été mises sur les pentes voisines du fort Saint-Julien, mais à trop grande distance (2,000 mètres), elles devaient être remplacées par du 12 rayé.

Il y a en outre quatre pièces de 4 (deux dans chaque casemate).

Je n'ai pu voir hier le capitaine Vieux, malgré les recherches que j'ai faites pour le trouver, et par conséquent, je n'ai pu savoir pourquoi ces quatre pièces étaient dans cette lunette.

Lunette Miolis. — Est armée de trois canons de siège de 12, savoir : un au saillant, qui pourrait donner des feux sur les hauteurs de Saint-Julien, et deux sur la face droite pour battre le ravin du ruisseau de Vallières.

Mais la pièce du saillant ne voit rien à sa droite à cause d'une grande quantité de grands arbres qui devraient être abattus immédiatement, et les deux pièces de la face n'auraient qu'un effet incomplet parce que le ravin qu'elles doivent battre est encore caché par plusieurs bâtiments qu'on est, du reste, en train de démolir et aussi par une assez grande quantité de grands arbres et broussailles, qui devraient être abattus.

Ces pièces sont approvisionnées à soixante coups à mitraille et une cinquantaine de coups à obus ordinaires, sans compter un nombre égal de ces projectiles qui ne sont point encore chargés.

Il existe en avant de la face droite de la lunette Miolis, un petit pont ou passage établi sur les bras de la Moselle ; les communications entre l'île Chambière et la rive droite devraient être interrompues le plus tôt possible.

Redan 8. — N'est point armé et doit l'être de deux pièces de 4, qui sont dans la lunette 195 : pourraient y être amenées.

Cavalier 9. — Est armé de deux pièces : un canon de 24 rayé, au saillant et un obusier de 22 sur la face droite.

Pièce 47. — Est armée de trois pièces : un obusier de 22 à l'angle d'épaule ; un canon de 12 de siège au saillant ; un canon obusier de 12 pour battre le fossé du fort de Bellecroix.

Événements divers. — Hier au soir, en allant reconnaître la composition du petit polygone du 1er régiment, sur le bastion de droite du front Chambière, j'ai été arrêté comme espion, par l'adjudant de semaine qui a fait son devoir avec plus de zèle que d'intelligence.

Ordre du général de Mecquenem.

Metz, 16 août.

Les sections des hommes affectés à la défense des remparts se succéderont par intervalles de vingt-quatre heures et se relèveront à 6 heures du soir.

Le 1er d'artillerie fournira 200 hommes à l'arrondissement de la citadelle.

La batterie de montagne du 3e d'artillerie fournira 20 hommes au fort Moselle.

Il est entendu que tous les détachements doivent être accompagnés du plus grand nombre possible de sous-officiers et brigadiers et que la section qui n'est pas de service sur les remparts doit aller au travail à l'arsenal aux heures ordinaires.

La 4e compagnie de pontonniers remplacera la 7e compagnie d'ouvriers dans le service des remparts du front Chambière et des ouvrages extérieurs qui en dépendent. Le capitaine commandant de cette compagnie prendra les ordres du commandant de Contamine au fort Moselle.

Le capitaine de la compagnie d'ouvriers restera chargé seulement de la défense des ouvrages de l'arsenal, cavalier 9 et pièce 47.

Le général de Mecquenem au général Coffinières, à Metz.

Metz, 16 août.

J'ai eu l'honneur de vous signaler la facilité avec laquelle un parti ennemi, traversant de nuit le polygone, viendrait inquiéter le fort Moselle.

J'ai omis de vous signaler un point plus dangereux encore à ce point de vue : c'est le chemin qui, partant de l'extrémité du pont de Thionville, du côté de la ville, se dirige vers le polygone. Ce chemin peut être surveillé par la lunette 195 ; mais je crois, malgré cela, qu'il serait indispensable que ce chemin fût barricadé à son débouché sur le pont et qu'il fût surveillé par un petit poste. Je demande aussi qu'un poste d'infanterie ou de garde mobile soit placé dans la pièce 47 et dans la fausse braie de l'arsenal.

c) Situations.

Situation de la garnison du fort de Plappeville.

	Officiers.	Hommes.	Chevaux.
État-major....................	7	3	»
1er d'artillerie................	1	65	3
3e d'artillerie.................	1	30	5
2e train d'artillerie............	»	8	13
3e génie......................	2	134	14
40e de ligne...................	33	1,748	25
Artillerie mobile...............	3	57	»
Corps francs..................	»	10	»
TOTAL.........	47	2,055	60

Le Commandant du fort de Saint-Quentin au sous-intendant Antoine, à Metz (D. T.).

Saint-Quentin, 16 août, 12 h. 5.

Situation de la garnison du fort.

1 général, 1 aide de camp, 10 hommes, 14 chevaux.
Artillerie : 3 officiers, 70 hommes, 9 chevaux.
Génie : 2 officiers, 4 chevaux.
Infanterie : 28 officiers, 1190 hommes, 20 chevaux.
1 médecin, 1 homme, 2 chevaux.
Le fort est dépourvu d'approvisionnements de toute nature.

Rapport à M. le Général commandant l'artillerie de la 5ᵉ division militaire sur la situation en personnel, matériel et munitions du fort Saint-Quentin.

Saint-Quentin, 16 août.

Personnel.

3 officiers, 4 sous-officiers, 5 brigadiers, 60 canonniers.

Matériel et munitions.

DÉSIGNATION DES CALIBRES.		NOMBRE.	obus ordinaires chargés.	obus à balles.	boîtes à mitraille.	GARGOUSSES.
24	de place	3	157	»	20	157
	de siège	5	»	»	»	»
12	de place	1	»	»	»	»
	de siège	9	767	»	230	350
	de campagne	5	»	»	»	103
4	de campagne	4	180	»	70	400
	de montagne	3	»	»	»	190
Obusiers	de 22	3	40	»	40	130
	de 16	4	257	»	40	50
Mortiers de 15		5	»	»	»	»

Le Lieutenant chargé de l'armement,

MOYNE.

RENSEIGNEMENTS

Agent de Bâle au Major général (D. T.).

Saint-Louis, 16 août, 10 h. 50 matin.

Retour d'un agent absolument sûr; il n'y a plus de troupes sur la rive droite jusqu'à Carlsruhe. 700 hommes dans la Forêt-Noire, 1200 à 1500 jusqu'à Rastadt. Mouvement de descente militaire a cessé. Passage du Rhin pas à craindre.

Le Général commandant le camp de Châlons au maréchal Bazaine, à Verdun (D. T.).

Camp de Châlons, 16 août, 12 h. 25 matin.

Une portion seulement du corps Mac-Mahon est arrivée au camp de Châlons. Le Maréchal lui-même, croyant la gare de Blesmes menacée, paraît avoir pris, avec les dernières divisions de son corps d'armée, le chemin de Bar-sur-Aube.

J'ignore quand il arrivera. Le Ministre de la guerre a écrit au Maréchal une dépêche portant suscription *très urgent*. J'ai ouvert cette lettre qui parle de la composition d'une armée à Châlons, et en termes généraux d'une combinaison entre cette armée, quand elle sera constituée, et celle de Votre Excellence. Je m'empresse de vous prévenir, afin que vous sachiez que vos prescriptions ne pourraient pas être actuellement communiquées au maréchal de Mac-Mahon. L'arrivée de ce dernier vous sera aussitôt signalée par le télégraphe.

L'Agent de Thionville au Major général.

Thionville, 16 août.

Le petit corps qui a tenté de surprendre, hier matin, la place de Thionville, joint aux troupes qui s'étaient concentrées ces derniers jours entre Perl, Merzig et Saarburg, paraît former l'arrière-garde de l'armée commandée par le général Steinmetz.

On dit, en Prusse, que ces troupes forment un corps d'observation (on l'évalue à 20,000 hommes) destiné à tenir en respect la place de

Thionville pendant que le gros de l'armée prussienne va cerner Metz ou va continuer sa route sur Paris.

Il résulte des renseignements qui viennent de me parvenir, qu'aucun mouvement de troupes ne s'effectue, depuis deux jours, entre Bittburg, Wittlich, Trèves et Merzig, mais que les troupes qui s'étaient concentrées entre Saarburg et Perl se sont avancées dans la direction de Sarrelouis et de Boulay.

Le corps mis en déroute par le canon de Thionville serait actuellement campé entre Metzervisse, Metzeresche, Luttange, Tremery et Ennery.

Dépêches télégraphiques du poste de la cathédrale au général Coffinières, à Metz.

16 août, 8 h. 35 matin.

La brume du matin empêche de voir, au loin, de Marsilly à Pont-à-Mousson.

On ne voit aucun ennemi sur le plateau de Sainte-Barbe, ni à Mercy, ni en avant des Sablons.

16 août, 10 heures matin.

Augny et Marly sont probablement occupés par quelque cavalerie ennemie; on voit des vedettes en avant. Rien du côté de Sainte-Barbe.

16 août, 10 h. 50 matin.

Une longue colonne de cavalerie prusssienne défile derrière Saint-Agnan et arrive à Marsilly; la brume empêche de bien distinguer.

16 août, 11 h. 30 matin.

De longues colonnes d'infanterie débouchent du bois de Colligny et marchent derrière le bois vers Laquenexy.

16 août, 12 h. 40 soir.

Un escadron paraît se diriger vers Grigy à la gauche du fort d Queuleu.

16 août, 12 h. 55 soir.

Depuis midi il n'y a pas de nouvelles troupes marchant vers Laquenexy.

L'escadron de flanqueurs signalé en dernier lieu paraît être arrivé à la Grange-aux-Belles.

16 août, 1 h. 30 soir.

La tête d'une nouvelle colonne débouche du bois de Glattigny et se dirige vers la maison isolée sur la route de Saarbrück. Beaucoup de poussière; semble être de l'artillerie.

16 août, 1 h. 55 soir.

Colonnes de cavalerie prussienne sur la crête à gauche de Sainte-Barbe se dirigeant vers Servigny-lès-Sainte-Barbe.

16 août, 4 heures soir.

Rien dans le voisinage immédiat de Metz si ce n'est quelques vedettes prussiennes en avant de Borny et près de la ferme de Saint-Thiébaud.

Le mouvement des colonnes prussiennes continue sur Cheminot par deux routes parallèles passant par Vigny et Pommerieux.

16 août, 5 h. 15 soir.

Les mouvements des troupes ont complètement cessé depuis près de deux heures. On ne voit plus que quelques vedettes surveillant l'ensevelissement des morts. Un campement de deux régiments de cavalerie est établi sur la côte de Mécleuves à droite de la route de Strasbourg, sans doute pour recueillir les postes détachés et les vedettes.

16 août, 6 heures soir.

Un convoi de voitures suivi d'une colonne considérable d'infanterie défile en arrière de Retonfey et Ogy pour prendre la même direction que les colonnes précédentes. Les détachements de cavalerie rallient le campement de Mécleuves.

16 août, 7 h. 25 soir.

La queue du convoi ennemi passe derrière Saint-Aignan. On ne voit aucune vedette ennemie dans un rayon de 6 kilomètres.

16 août, 8 h. 15 soir.

Feux de bivouac au camp de cavalerie sur la côte de Mécleuves, puis entre Louvigny et Cheminot, enfin vers Lorry, Mardigny et Vezon et sur la côte qui domine ces villages.

Ce dernier camp semble prouver qu'une colonne veut passer la Moselle entre Metz et Pont-à-Mousson; deux feux de bivouac sur la rive droite de la Moselle vers l'extrémité du pont du chemin de fer en face de Longeville.

Dépêches télégraphiques du commandant du fort de Saint-Quentin au général Coffinières, à Metz.

16 août, 5 h. 40 matin.

Rien de nouveau. De Queuleu aux hauteurs de Pont-à-Mousson, très loin, des grands feux très espacés.

16 août, 10 h. 30 matin.

Il se livre une bataille sérieuse en ce moment du côté de Gravelotte. On voit parfaitement les obus éclater. On entend le roulement du canon.

16 août, 2 h. 49 soir.

Le combat continue au delà de Gravelotte mais en s'éloignant ; on n'entend plus le canon, mais on en voit la fumée. Des colonnes de troupes considérables ont été vues en arrière d'Augny se dirigeant vers les bois de Jouy et la Moselle. Il y avait beaucoup de cavaliers.

16 août, 6 heures soir.

Bataille commencée au jugé à Gravelotte. Su par les blessés qu'on a été surpris ; mais nous avons le dessus, parce que la canonnade qui continue paraît s'éloigner sur la route de Verdun.

On a vu, toute la journée, des réserves prussiennes gagner le bois de Jouy. On ne voit plus de Prussiens sur la rive droite. Les officiers blessés ont dit eux-mêmes qu'avant leur départ les Prussiens étaient refoulés.

Nous n'avons vu de Saint-Quentin que la fumée des bouches à feu et des obus.

16 août, 9 heures soir.

Soirée calme, on découvre feux assez considérables à l'horizon du bois de Jouy jusque dans la direction de Mercy-le-Haut.

Sur la rive gauche de la Moselle feux considérables à droite de Gravelotte.

Le général Micheler au général de Laveaucoupet, à Metz (D. T.).

Saint-Quentin, 16 août, midi.

Engagement très violent du côté du bois de Vaux. On croit apercevoir par la poussière soulevée, colonnes ennemies se dirigeant par la plaine de ce côté. On entend le canon.

PARIS. — IMPRIMERIE R. CHAPELOT ET Cⁱᵉ, 2, RUE CHRISTINE.

LIBRAIRIE MILITAIRE R. CHAPELOT & Ce
30, Rue et Passage Dauphine, à Paris

VIENT DE PARAITRE

George DURUY

L'Officier Éducateur

Leçons faites à l'École polytechnique

Paris, 1904, 1 vol. in-12 . . . . 3 fr. 50

Colonel ARDANT DU PICQ

ÉTUDES
SUR
LE COMBAT
COMBAT ANTIQUE ET COMBAT MODERNE

TROISIÈME ÉDITION

Préface de M. Ernest JUDET

Paris, 1904, 1 vol. in-12 avec portrait . . . . 3 fr. 50

Paris. — Imprimerie R. CHAPELOT et Ce, rue Christine, 2.

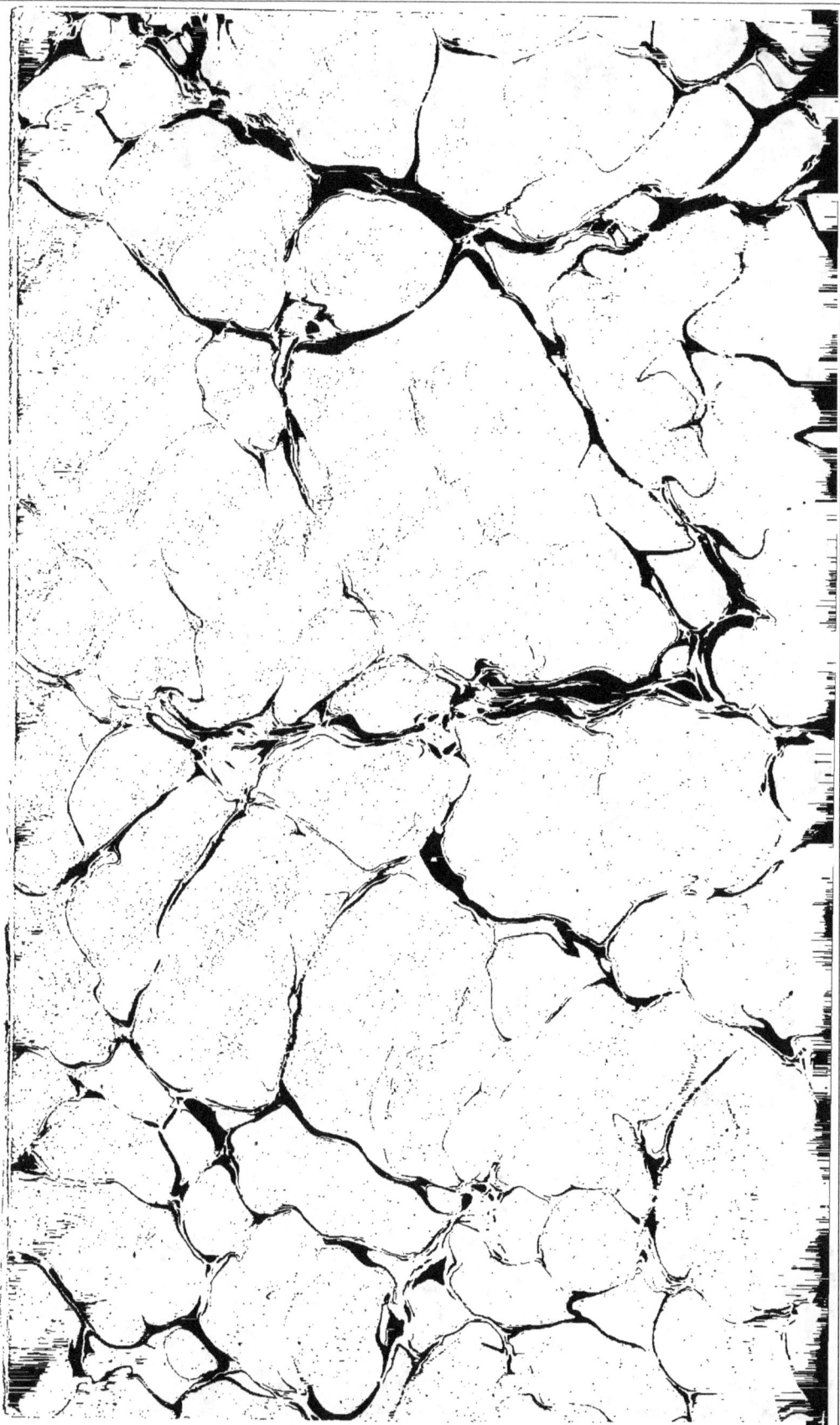

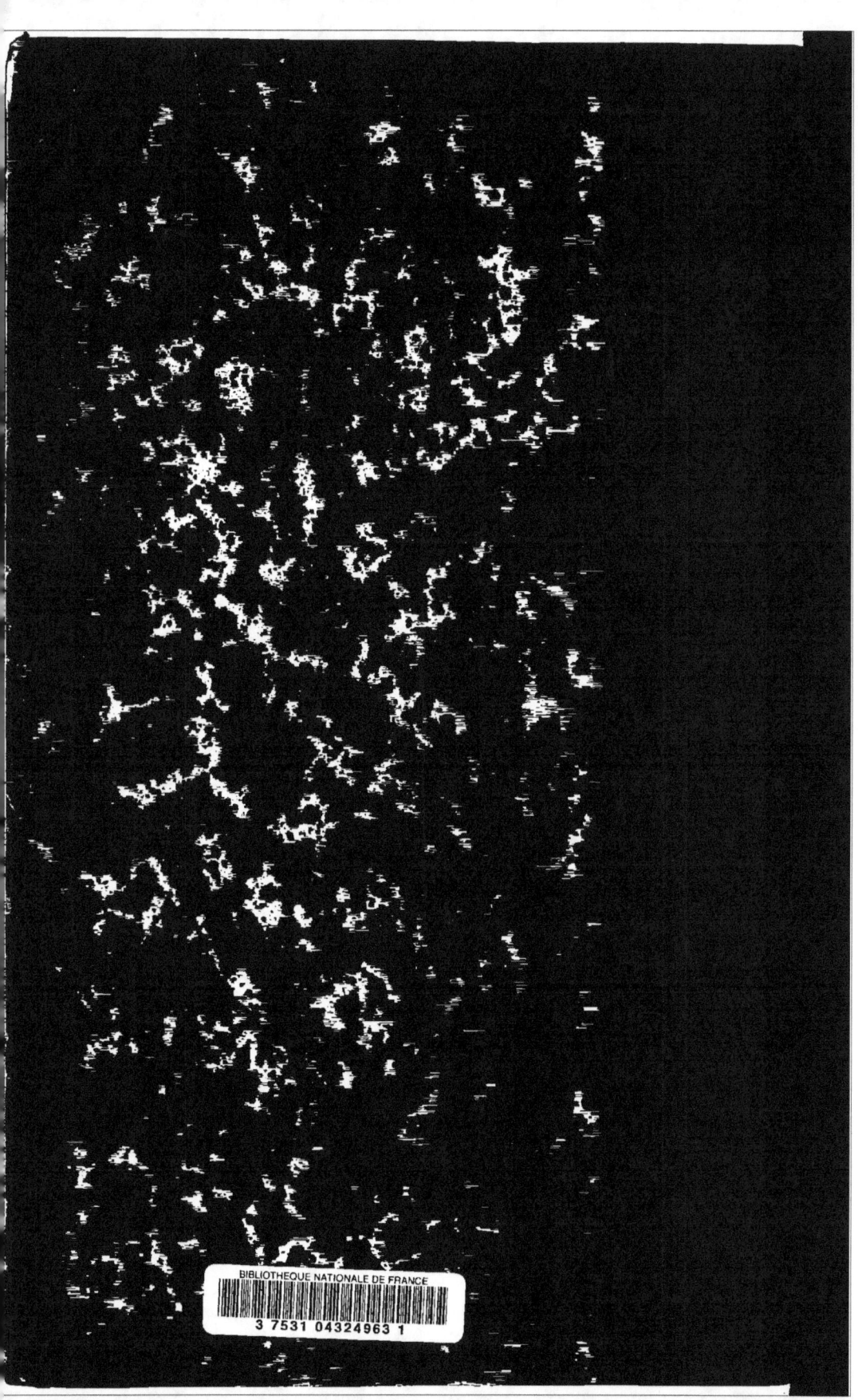

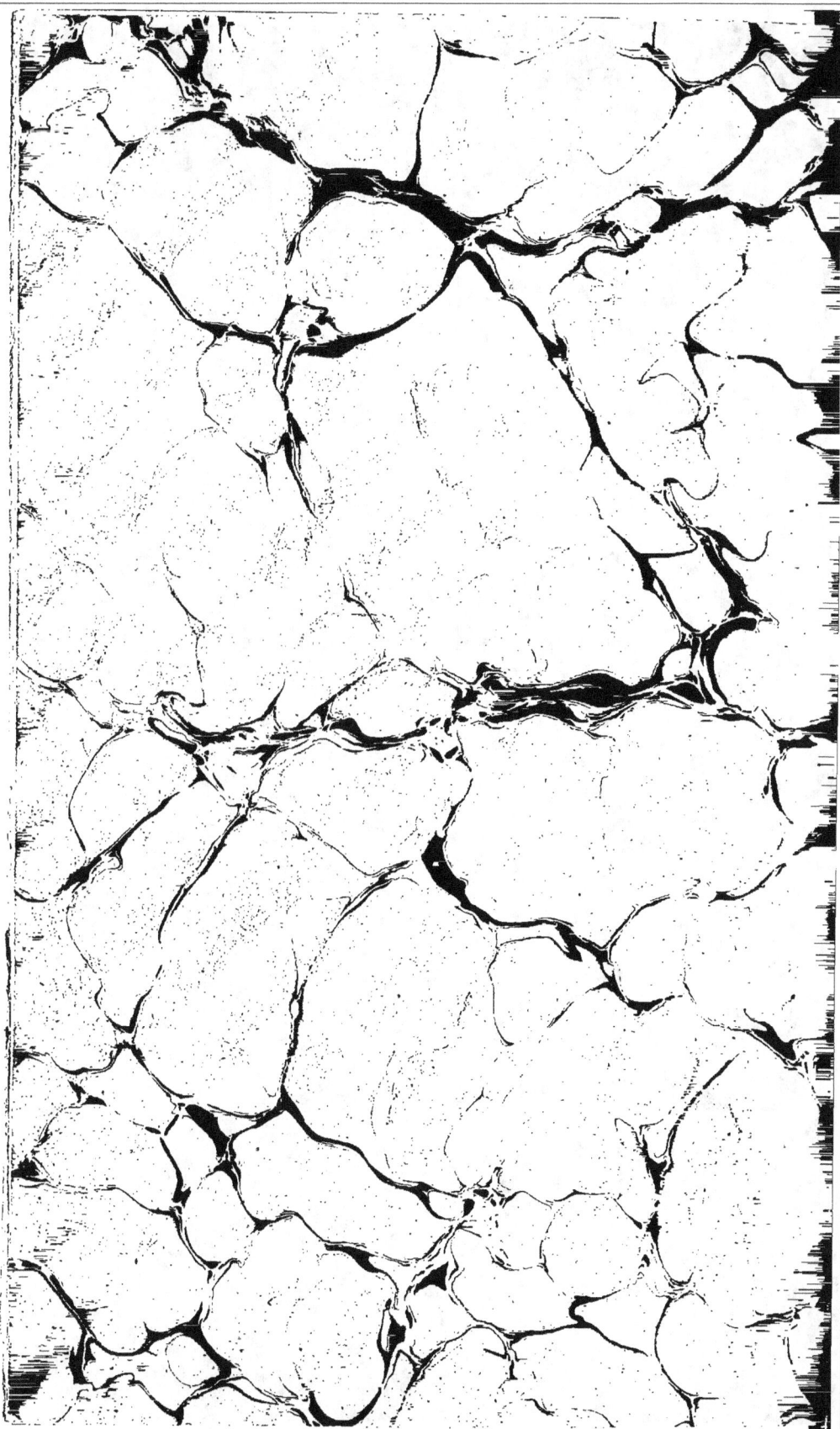

www.ingramcontent.com/pod-product-compliance
Lightning Source LLC
Chambersburg PA
CBHW050420240426
43661CB00055B/2221